秦文字編

王輝 主編
楊宗兵 彭文 蔣文孝 編著

三

中華書局

卷　八

1752  人

 杜虎符(秦銅·25):用兵五十人以上

 新郪虎符(集證·38):用兵五十人以上

 新郪虎符·摹(集證·37):用兵五十人以上

 二年寺工壺·摹(秦銅·52):廩人莽〖注〗廩人,官名,掌米入之藏者。裘錫圭說爲廩取糧食之人,廩食於公之人。

 十三年相邦義戈·摹(秦銅·30):工大人耆〖注〗工大人,官名。

 石鼓文·吳人(先鋒本):吳人憐亟〖注〗吳,王厚之釋爲"虞",官名。吳廣霈云:"吳人者,虞人也。"易越石、徐暢說吳人卽吳國人,指吳國軍隊。

 秦駰玉版·甲·摹:人壹(一)[家]里〈室?〉

 秦駰玉版·甲·摹:眾人弗智(知)

 秦駰玉版·乙·摹:人壹(一)[家]里〈室?〉

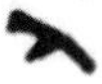 秦駰玉版·乙·摹:三人壹(一)家

 秦駰玉版·乙·摹:眾人弗智(知)

 會稽刻石·宋刻本:人樂同則

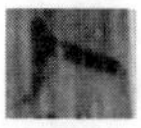 天簡 25·乙:爲人美

 天簡 26·乙:人

 天簡 27·乙:爲人小面

 天簡 27·乙:是亡盜者中人

 天簡 27·乙:爲人小頸

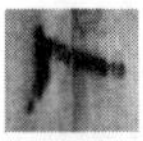 天簡 32·乙:□支(?)宜春夏主人

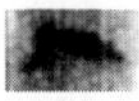 睡簡·秦律·18:其人詣其官

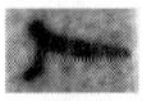 睡簡·語書·11:輕惡言而易病人〖注〗病人,侮辱別人。

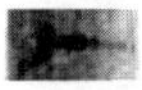 睡簡·答問·106:父殺傷人及奴妾

 睡簡·答問·206:貣(貸)人贏律及介人

 睡簡·答問·207:氣(餼)人贏律及介人

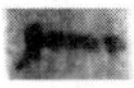 睡簡·答問·66:問殺人者爲賊殺人

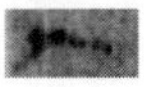 睡簡·答問·196:可(何)謂"署人、更人"

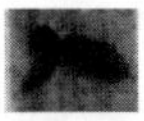 睡簡·秦律·61:隸臣欲以人丁粼者二人贖

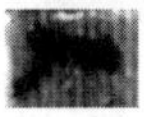 睡簡·秦律·74:三人以上鼠(予)養一人

 睡簡·秦律·109:更隸妾四人當工[一]人

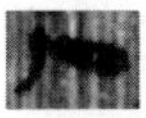 睡簡·秦律·109:冗隸妾二人當工一人

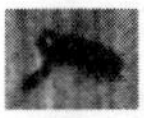 睡簡·秦律·109:小隸臣妾可使者五人當工一人

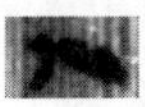 睡簡·秦律·110:女子一人當男子一人

 睡簡・答問・206:貣(貸)人贏律及介人

 睡簡・答問・207:氣(餼)人贏律及介人

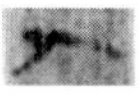 睡簡・答問・196:可(何)謂"署人、更人"

 睡簡・封診・91:某里公士甲等廿人詣里人士五(伍)丙

 睡簡・秦律・61:隸臣欲以人丁粼者二人贖

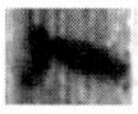 睡簡・秦律・74:三人以上鼠(予)養一人

 睡簡・秦律・109:更隸妾四人當工[一]人

 睡簡・秦律・109:冗隸妾二人當工一人

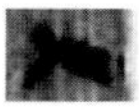 睡簡・秦律・109:小隸臣妾可使者五人當工一人

 睡簡・秦律・110:女子一人當男子一人

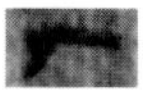 睡簡・日甲・50背:人毋(無)故一室人皆箠(垂)延(涎)

 睡11號牘・背:爲黑夫、驚多問夕陽呂嬰、亙里閻諍丈人得毋恙□矣

 睡11號牘・背:新負勉力視瞻丈人

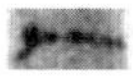 睡簡・答問・88:擊人頯若顏

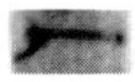 睡簡・答問・89:爲人毆毆

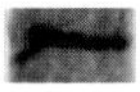 睡簡・答問・86:若箴(針)、鉥、錐傷人

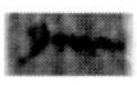 睡簡・答問・80:鬭夬(決)人耳

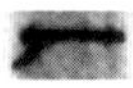 睡簡・答問・87:夬(決)人脣

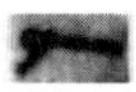 睡簡・答問・87:或與人鬭

 睡簡・答問・83:擊斷人鼻若耳若指若脣

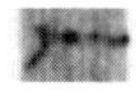 睡簡・答問・84:斬人髮結(髻)

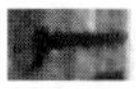 睡簡・答問・81:或與人鬭

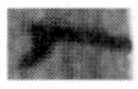 睡簡・答問・20:人奴妾盜其主之父母

 睡簡・答問・208:及將長令二人扶出之

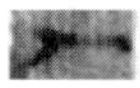 睡簡・答問・202:節(即)亡玉若人貿傷(易)之

 睡簡・答問・209:人戶、馬牛及者(諸)貨材(財)直(值)過六百六十錢爲"大誤"

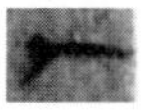 睡簡・答問・200:可(何)謂"旅人"

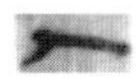 睡簡・答問・206:可(何)謂"介人"

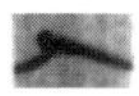 睡簡・答問・206:是謂"介人"

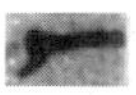 睡簡・答問・207:可(何)謂"介人"

 睡簡・答問・207:是謂"介人"

 睡簡・答問・23:盜盜人

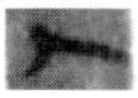 睡簡・答問・200:是謂"旅人"

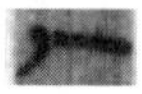 睡簡・答問・204:耤(藉)秦人使

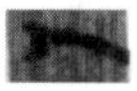 睡簡・答問・201:"室人"者

 睡簡・答問・99:"四鄰"即伍人謂殹

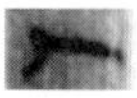 睡簡・答問・96:不能定辠人

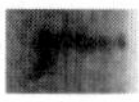 睡簡・答問・96:而告它人

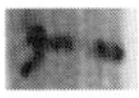 睡簡・答問・96:伍人相告

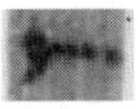 睡簡・答問・97:問不殺人

 睡簡・答問・91:以梃賊傷人

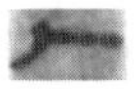 睡簡・答問・90:以兵刃、投(殳)梃、拳指傷人

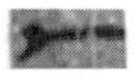 睡簡・答問・68:甲殺人

 睡簡・答問・68:甲殺人審

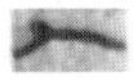 睡簡・答問・68:人乃後告甲

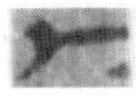 睡簡・答問・66:求盜追捕辠人

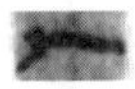 睡簡・答問・66:問殺人者爲賊殺人

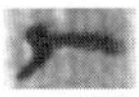 睡簡・答問・66:斲(鬭)殺人

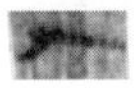 睡簡・答問・67:甲謀遣乙盜殺人

 睡簡・答問・65:今内(納)人

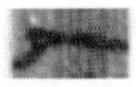 睡簡・答問・7:或盜采人桑葉

 睡簡・答問・77:其室人弗言吏

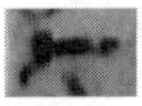 睡簡・答問・73:人奴擅殺子

 睡簡・答問・38:告人盜百一十

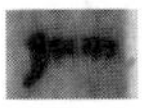 睡簡・答問・48:告人曰邦亡

 睡簡・答問・40:告人盜千錢

 睡簡・答問・49:且行真辠、有(又)以誣人論

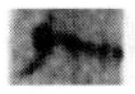 睡簡・答問・49:誣人盜直(值)廿

 睡簡・答問・43:爲誣人

 睡簡・答問・43:甲告乙盜牛若賊傷人

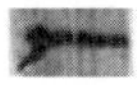 睡簡・答問・43:今乙不盜牛、不傷人

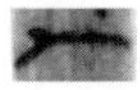 睡簡・答問・44:今乙賊傷人

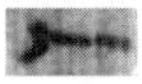 睡簡・答問・45:問乙爲誣人

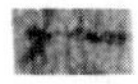 睡簡・答問・41:誣人盜千錢

 睡簡・答問・5:人臣甲謀遣人妾乙盜主牛〖注〗人臣,私家的奴、婢。

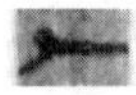 睡簡・答問・5:人臣甲謀遣人妾乙盜主牛〖注〗人妾,私家的奴、婢。

 睡簡・答問・50:誣人曰盜一豬

 睡簡・答問・188:可(何)謂"宮更人"〖注〗更人,夜間看守的人。

 睡簡・答問・188:是謂"宮更人"

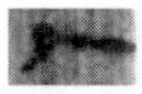 睡簡・答問・182:人後告臧(藏)者

 睡簡・答問・182:智(知)人通錢而爲臧(藏)

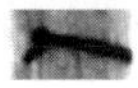 睡簡・答問・187:可(何)謂"宮均人"

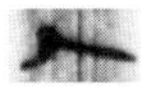 睡簡・答問・180:徒、吏與偕使而弗爲私舍人

 睡簡・答問・108:以當刑隸臣辠誣告人

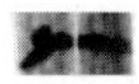 睡簡・答問・120:當黥城旦而以完城旦誣人

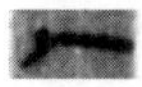 睡簡・答問・102:免老告人以爲不孝

 睡簡・答問・125:將司人而亡

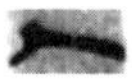 睡簡・答問・125:羣盜赦爲庶人

 睡簡・答問・100:告辠人

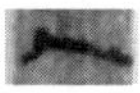 睡簡・答問・192:可(何)謂"爨人"

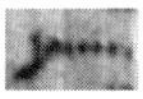 睡簡・答問・190:可(何)謂"甸人"

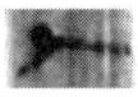 睡簡・答問・196:或曰守囚卽"更人"殹

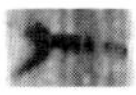 睡簡・答問・196:其他皆爲"更人"

 睡簡・答問・196:所道旞者命曰"署人"〖注〗署人,站崗防衛的人。

 睡簡・答問・195:可(何)謂"人貉"

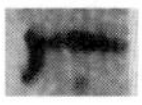 睡簡・答問・168:甲取(娶)人亡妻以爲妻

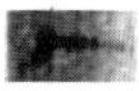 睡簡・答問・106:父殺傷人及奴妾

 睡簡・答問・166:女子甲爲人妻

 睡簡・答問・136:夫、妻、子五人共盜

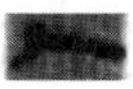 睡簡・答問・136:人購二兩

 睡簡・答問・137:夫、妻、子十人共盜

 睡簡・答問・137:今甲捕得其八人

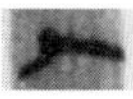 睡簡・答問・13:其曹人當治(笞)不當〖注〗曹人,同班的工匠。

 睡簡・答問・134:甲告乙賊傷人

 睡簡・答問・134:問乙賊殺人

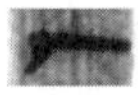 睡簡・答問・103:賊殺傷、盜它人爲"公室"

 睡簡・答問・140:購如捕它辠人

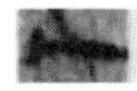 睡簡・答問・145:任人爲丞

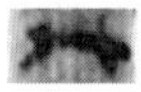 睡簡・答問・141:或捕告人奴妾盜百一十錢

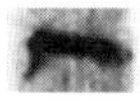 睡簡・答問・158:今馬爲人敗

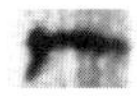 睡簡・答問・158:食人稼一石

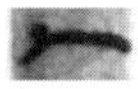 睡簡・答問・156:當伍及人不當

 睡簡・答問・1:五人盜

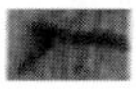 睡簡・答問・155:當坐伍人不當

 睡簡・答問・118:以司寇誣人

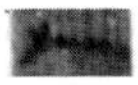 睡簡・答問・110:葆子□未斷而誣告人

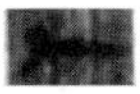 睡簡・答問・112:以當刑隸臣及完城旦誣告人

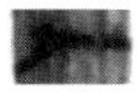 睡簡・答問・119:甲賊傷人

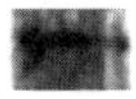 睡簡・答問・119:吏論以爲鬭傷人

 睡簡・答問・119:以黥城旦誣人

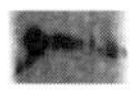 睡簡・答問・116:人固買(賣)

 睡簡・答問・117:當耐司寇而以耐隸臣誣人

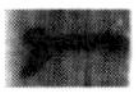 睡簡・答問・117:當耐爲侯(候)辠誣人

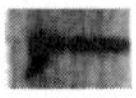 睡簡・答問・115:以乞鞫及爲人乞鞫者

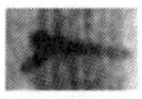
睡簡・答問・101:有賊殺傷人衝術

睡簡・封診・88:其頭、身、臂、手指、股以下到足、足指類人

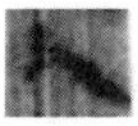
睡簡・封診・80:不智(知)盜人數、及之所

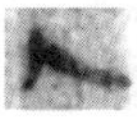
睡簡・封診・86:有(又)訊甲室人甲到室居處及復(腹)痛子出狀

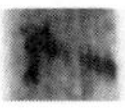
睡簡・封診・27:此弩矢丁及首人弩矢殹

睡簡・封診・91:某里公士甲等廿人詣里人士五(伍)丙

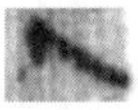
睡簡・封診・74:人已穴房內

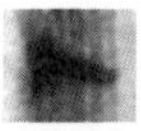
睡簡・封診・39:丙中人〖注〗中人,常人。

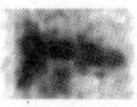
睡簡・封診・55:署中某所有賊死、結髮、不智(知)可(何)男子一人

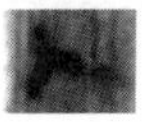
睡簡・封診・17:丙坐賊人□命

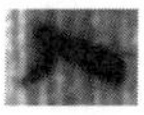
睡簡・秦律・80:而人與參辨券

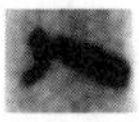
睡簡・秦律・24:其他人是增積

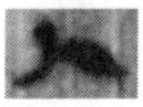
睡簡・秦律・201:道官相輸隸臣妾、收人

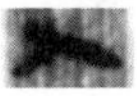
睡簡・秦律・94:春冬人五十五錢

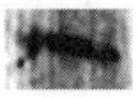
睡簡・秦律・94:冬人百一十錢

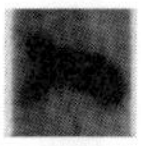
睡簡・秦律・61:其老當免老、小高五尺以下及隸妾欲以丁粼者一人贖

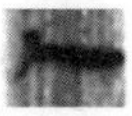
睡簡・秦律・78:其人[死]亡

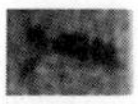
睡簡・秦律・72:見牛者一人

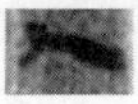
睡簡・秦律・72:養各一人

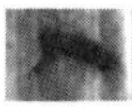
睡簡・秦律・77:其人死亡

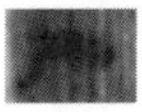
睡簡・秦律・73:不盈十人者

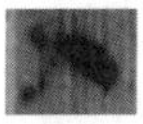
睡簡・秦律・73:都官佐、史不盈十五人者

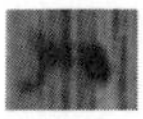
睡簡・秦律・73:七人以上鼠(予)車牛、僕

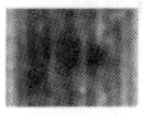
睡簡・秦律・73:十五人

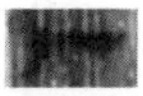
睡簡・秦律・74:不盈七人者

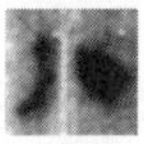
睡簡・秦律・33:以稟人

睡簡・秦律・34:桼(秫)勿以稟人

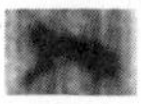
睡簡・秦律・42:其人弗取之

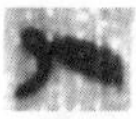
睡簡・秦律・44:宦者、都官吏、都官人有事上爲將

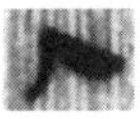
睡簡・秦律・108:工人程〖注〗工人程,律名,關於官營手工業生產定額的法律。

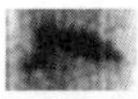
睡簡・秦律・18:其人詣其官

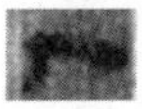
睡簡・秦律・181:不更以下到謀人〖注〗謀人,秦爵"簪裊"的別稱。

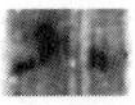
睡簡・秦律・126:官府叚(假)公車牛者□叚(假)人所

睡簡・秦律・126:及叚(假)人食牛不善

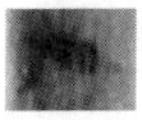
睡簡・秦律・121:以田少多出人

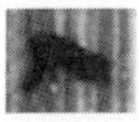
睡簡・秦律・109:工人程

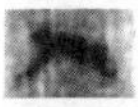
睡簡・秦律・19:令其人備之而告官

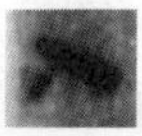
睡簡・秦律・195:非其官人殹

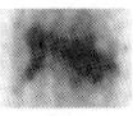 睡簡・秦律・195：令人勿紤（近）舍

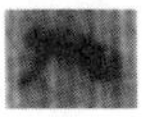 睡簡・秦律・168：倉嗇夫某、佐某、史某、稟人某〖注〗稟人，即廩人。

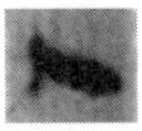 睡簡・秦律・169：以氣（餼）人

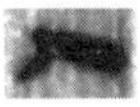 睡簡・秦律・167：先索以稟人

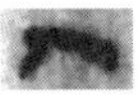 睡簡・秦律・179：御史卒人使者〖注〗卒人，指某些官的部屬。

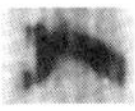 睡簡・秦律・173：縣嗇夫令人復度及與雜出之

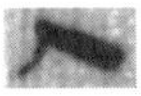 睡簡・秦律・175：以平辠人律論之

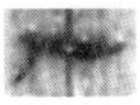 睡簡・秦律・136：一室二人以上居貲贖責（債）而莫見其室者

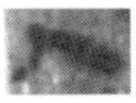 睡簡・秦律・137：出其一人

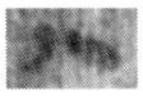 睡簡・秦律・142：人奴妾毄（繫）城旦舂

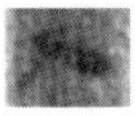 睡簡・秦律・146：城旦司寇一人將

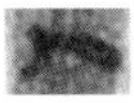 睡簡・秦律・146：廿人

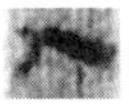 睡簡・秦律・156：工隸臣斬首及人爲斬首以免者

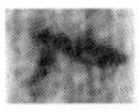 睡簡・秦律・156：免以爲庶人

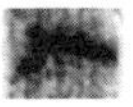 睡簡・秦律・156：謁歸公士而免故妻隸妾一人者

 睡簡・秦律・155：欲歸爵二級以免親父母爲隸臣妾者一人

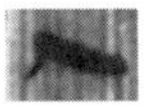 睡簡・秦律・110：工人程

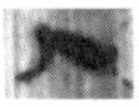 睡簡・秦律・113：勿以爲人僕、養

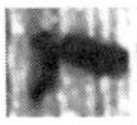 睡簡・秦律・101：亦令其徒、舍人任其叚（假）〖注〗舍人，指有官府事務者的隨從。

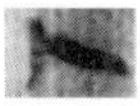 睡簡・雜抄・38：捕人相移以受爵者

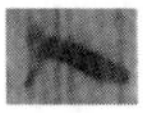 睡簡・雜抄・37：除伍人

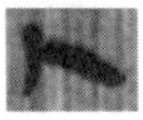 睡簡・雜抄・33：伍人

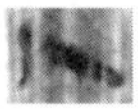 睡簡・雜抄・34：人貲二甲

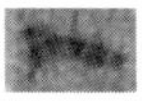 睡簡・雜抄・5：有爲故秦人出〖注〗故秦人，指秦國本有的居民。

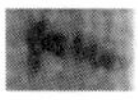 睡簡・雜抄・12：軍人買（賣）稟稟所及過縣

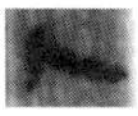 睡簡・雜抄・19：治（笞）人百

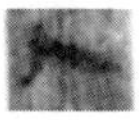 睡簡・雜抄・14：軍人稟所、所過縣百姓買其稟

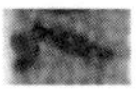 睡簡・日甲・89背：必有死者二人

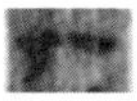 睡簡・日甲・89背：其後必有死者三人

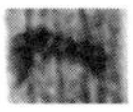 睡簡・日甲・89正：必五人死

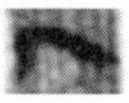 睡簡・日甲・86正：必二人

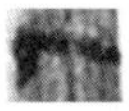 睡簡・日甲・87正：可以敫（徼）人攻讎

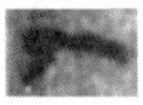 睡簡・日甲・83正：人意之

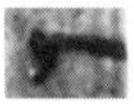 睡簡・日甲・81正：不利出入人

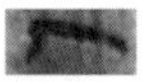 睡簡・日甲・20背：不利人

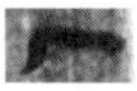 睡簡・日甲・28背：不害人矣

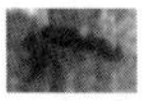 睡簡・日甲・29背：人見之

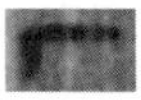 睡簡・日甲・26背：入人醯、醬、滫、將（漿）中

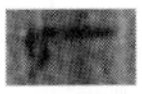
睡簡·日甲·27背:大祙(魅)恆入人室

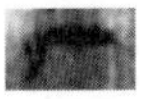
睡簡·日甲·27背:善害人

睡簡·日甲·24背:故丘鬼恆畏人〖注〗畏人,恐嚇人。

睡簡·日甲·24背:則不畏人矣

睡簡·日甲·25背:鬼恆召(詔)人曰

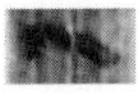
睡簡·日甲·2正:以寄人〖注〗寄人,讓人寄居。

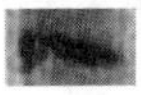
睡簡·日甲·94背:死必三人

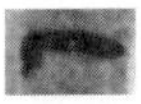
睡簡·日甲·60背:多益其旁人

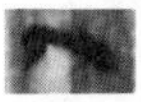
睡簡·日甲·60正:虛四徹不可入客、寓人及臣妾

睡簡·日甲·62背:凡鬼恆執匴以入人室

睡簡·日甲·67背:人毋(無)故而心悲也

睡簡·日甲·63正:辱者不孰而爲□人矢□

睡簡·日甲·64背:凡有大票(飄)風害人

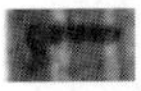
睡簡·日甲·65背:人恆亡赤子

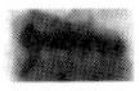
睡簡·日甲·65背:人妻妾若朋友死

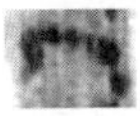
睡簡·日甲·72正:人愛之

睡簡·日甲·79背:其爲人也剛履

睡簡·日甲·79正:老爲人治也

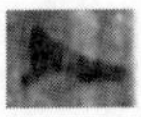
睡簡·日甲·76背:爲人我我然好歌無(舞)

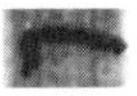
睡簡·日甲·76正:母(毋)逢人

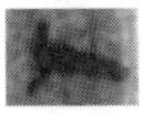
睡簡·日甲·77背:其爲人也鞞鞞(諀諀)然

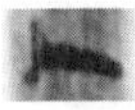
睡簡·日甲·73背:車人

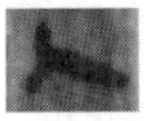
睡簡·日甲·73背:爲人不轂(穀)

睡簡·日甲·7正:利以行帥〈師〉出正(征)、見人

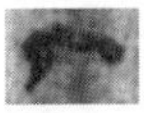
睡簡·日甲·30背:五步一人一犬

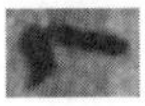
睡簡·日甲·30背:以爲偶人犬

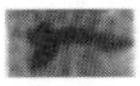
睡簡·日甲·32背:人毋(無)故而鬼有鼠(予)

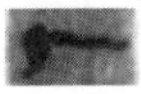
睡簡·日甲·32背:善戲人

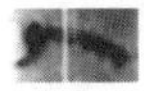
睡簡·日甲·32正:利見人及畜畜生

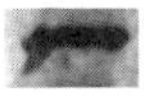
睡簡·日甲·39背:一室人皆夙(縮)筋

睡簡·日甲·36背:鬼恆宋傷(聳惕)人

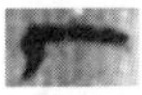
睡簡·日甲·36背:一室人皆毋(無)氣以息

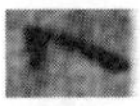
睡簡·日甲·36正:亡人

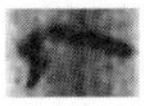
睡簡·日甲·37背:一宅中毋(無)故而室人皆疫

睡簡·日甲·33背:狼恆譑(呼)人門曰

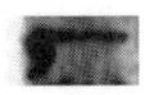
睡簡·日甲·34背:以人鼓應之

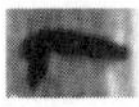
睡簡·日甲·35背:令人色柏(白)然毋(無)氣

睡簡·日甲·35背:是神虫僞爲人

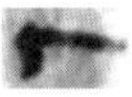 睡簡・日甲・35 背:有眾虫襲入人室

 睡簡・日甲・35 背:與人爲徒

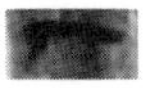 睡簡・日甲・31 背:人若鳥獸及六畜恆行人宮

 睡簡・日甲・40 背:一宅之中毋(無)故室人皆疫

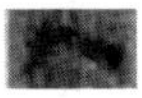 睡簡・日甲・42 背:到雷焚人

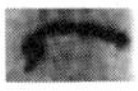 睡簡・日甲・42 背:鬼恆責人

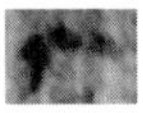 睡簡・日甲・49 背:獨入一人室

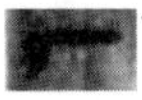 睡簡・日甲・46 背:鬼恆從人游

 睡簡・日甲・46 背:以黍肉食宲人

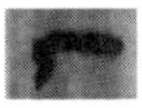 睡簡・日甲・47 背:犬恆夜入人室

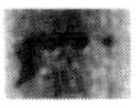 睡簡・日甲・43 背:人毋(無)故一室人皆疫

 睡簡・日甲・44 背:鬼恆爲人惡瞢(夢)

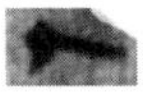 睡簡・日甲・44 背:是宲宲〈是是宲〉人生爲鬼

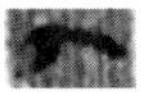 睡簡・日甲・44 正:不可以見人、取婦、家(嫁)女

 睡簡・日甲・45 背:以沙人一升挃(實)其舂臼〖注〗沙人,即砂仁,植物名。

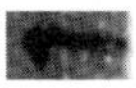 睡簡・日甲・41 背:天火燔人宮

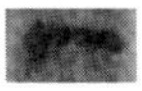 睡簡・日甲・50 背:鬼恆羸(裸)入人宮

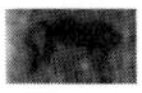 睡簡・日甲・50 背:人毋(無)故一室人皆箠(垂)延(涎)

 睡簡・日甲・58 背:寒風入人室

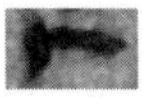 睡簡・日甲・58 背:它人莫爲

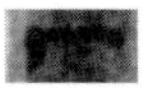 睡簡・日甲・52 背:野獸若六畜逢人而言

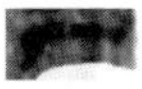 睡簡・日甲・52 背:一室人皆養(癢)膿(體)

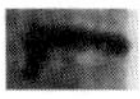 睡簡・日甲・59 背:鬼入人宮室

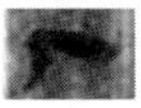 睡簡・日甲・57 背:票(飄)風入人宮而有取焉

 睡簡・日甲・57 背:人毋(無)故室皆傷

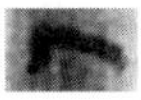 睡簡・日甲・54 背:三日乃能人矣

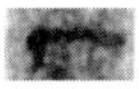 睡簡・日甲・51 背:鬼恆逆人

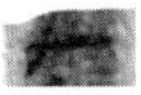 睡簡・日甲・51 背:入人宮

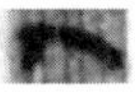 睡簡・日甲・100 正:大人死

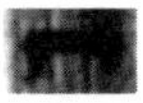 睡簡・日甲・126 正:賤人弗敢居

 睡簡・日甲・17 正:可以取妻、入人、起事

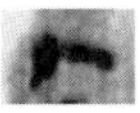 睡簡・日甲・13 背:人有惡瞢(夢)

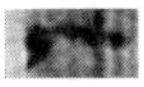 睡簡・日甲・139 正:利以漁邋(獵)、請謁、責人、摯(執)盜賊

 睡簡・日甲・145 正:必爲人臣妾

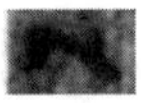 睡簡・日甲・14 正:可以入人、始寇〈冠〉、乘車〖注〗入人,買進奴隸。

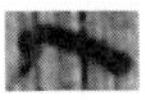 睡簡・日甲・154 正:丙寅以求人

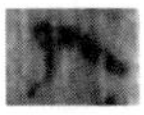 睡簡・日甲・119 背:娼人

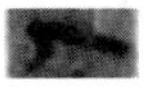 睡簡・日甲・119 正:賤人弗敢居

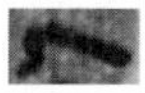 睡簡・日甲・116 正:必并人家

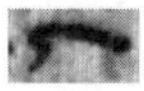 睡簡・日甲・116 正:賤人弗敢居

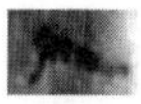 睡簡・日甲・114 背:媚人

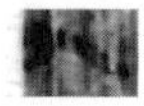 睡簡・日甲・11 正:□人,不得

 睡簡・日乙・87:可以敫人攻讎

 睡簡・日乙・83:人意之

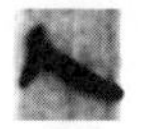 睡簡・日乙・84:使人

 睡簡・日乙・殘 6:□人祠

 睡簡・日乙・236:皆可見人

 睡簡・日乙・249:爲人隋也

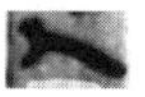 睡簡・日乙・246:媚人

 睡簡・日乙・247:男子爲人臣

 睡簡・日乙・247:女子爲人妾

 睡簡・日乙・244:爲人臣

 睡簡・日乙・258:盜三人

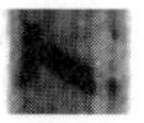 睡簡・日乙・259:其人擯黑

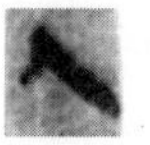 睡簡・日乙・253:盜三人

 睡簡・日乙・254:內盜有□人在其室□

 睡簡・日乙・60:入貨、人民、畜生

 睡簡・日乙・62:不可以見人、取妻、嫁女

 睡簡・日乙・62:出入人民、畜生

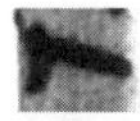 睡簡・日乙・64:己□出種及鼠(予)人

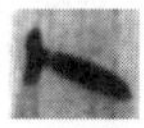 睡簡・日乙・78:見人良日

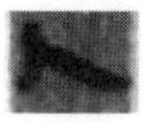 睡簡・日乙・79:人大室

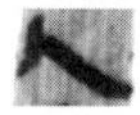 睡簡・日乙・44:不可以使人及畜六畜

 睡簡・日乙・45:它人必發之

 睡簡・日乙・57:出入人民、畜生

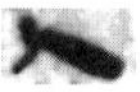 睡簡・日乙・53:入人民、畜生

 睡簡・日乙・100:人愛之

 睡簡・日乙・108:人日

 睡簡・日乙・107:老爲人治也

 睡簡・日乙・189:人〈入〉水中及谷

 睡簡・日乙・187:人黑□

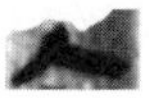 睡簡・日乙・187:壬癸□人

 睡簡・日乙・183:其人赤色

 睡簡・日乙・184:人黃色

 睡簡・日乙・181:生人爲姓(眚)

 睡簡・日乙・122:以與人言

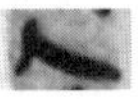
睡簡・日乙・122:以責人

睡簡・日乙・122:與人言

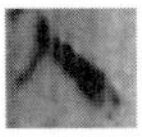
睡簡・日乙・192:辛卯壬午不可寧人〖注〗寧人,對人進行慰問。

睡簡・日乙・19:利以行師徒、見人、入邦

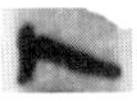
睡簡・日乙・194:凡人有惡夢

睡簡・日乙・17:而遇(寓)人〖注〗寓人,讓人寄居。

睡簡・日乙・131:寄人室

睡簡・日乙・131:毋以戊辰、己巳入寄人

睡簡・日乙・147:正□癸不可祠人伏

睡簡・日乙・15:利以見人、祭、作大事、取妻

睡簡・日乙・156:人定[子]

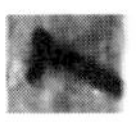
睡簡・日乙・153:見人

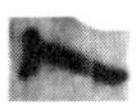
睡簡・日乙・154:見人吉

睡簡・日乙・112:主人必大傷

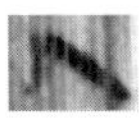
睡簡・爲吏・24:寡人弗欲

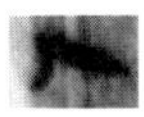
睡簡・爲吏・2:肖人聶心〖注〗肖人,即宵人,小人。

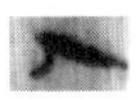
睡簡・爲吏・9:不賃(任)其人

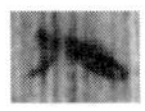
睡簡・爲吏・6:根(墾)田人(仞)邑〖注〗仞邑,使城邑人口充實。

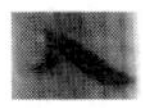
睡簡・爲吏・38:倨驕毋(無)人

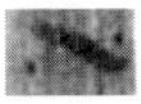
睡簡・爲吏・38:以此爲人君則鬼

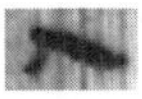
睡簡・爲吏・3:凡戾人〖注〗戾人,爲民表率。

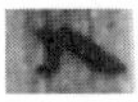
睡簡・爲吏・39:爲人臣則忠

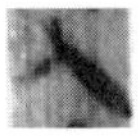
睡簡・爲吏・36:不踐以貧(分)人

睡簡・爲吏・35:人各食其所耆(嗜)

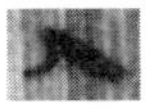
睡簡・爲吏・40:爲人父則玆(慈)

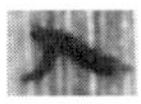
睡簡・爲吏・44:爲人上則明

睡簡・爲吏・45:爲人下則聖

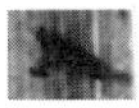
睡簡・爲吏・41:爲人子則孝

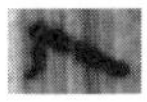
睡簡・爲吏・18:徼人婦女

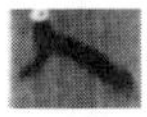
睡簡・效律・28:倉嗇夫某、佐某、史某、稟人某

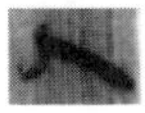
睡簡・效律・29:以氣(餼)人

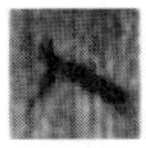
睡簡・效律・25:先索(索)以稟人

睡簡・效律・60:人戶、馬牛一以上爲大誤

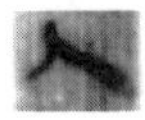
睡簡・效律・33:縣嗇夫令人復度及與雜出之

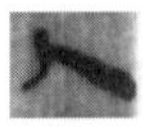
睡簡・效律・35:以平辠人律論之

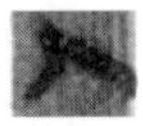
睡簡・效律・57:人戶、馬牛一

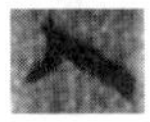
睡簡・效律・17:縣令令人效其官

睡簡・語書・6:則爲人臣亦不忠矣

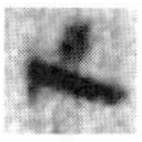
睡簡·語書·7:今且令人案行之

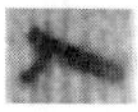
睡簡·語書·10:而惡與人辨治

龍簡·153:取人草□荎、茅、芻、槀□勿論□

龍簡·111·摹:□馬、牛、羊、犬、彘于人田□

龍簡·4:詐(詐)僞、假人符傳及讓人符傳者

龍崗牘·正:沙羨丞甲、史丙免辟死爲庶人

龍簡·21:伍人弗言者〖注〗伍人,編在同伍的人。

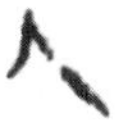
龍簡·6·摹:禁苑吏、苑人及黔首有事禁中

龍簡·4:詐(詐)僞、假人符傳及讓人符傳者

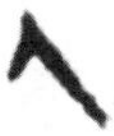
龍簡·108·摹:□[殺]人

龍簡·109:傷人

龍簡·104:□人馬、牛者□

龍簡·18·摹:城旦舂其追盜賊、亡人

龍簡·120:及斬人疇企(畦)

龍簡·129:人及虚租希(稀)程者

龍簡·124·摹:人冢

龍簡·17:亡人挾弓、弩、矢居禁中者

龍簡·156·摹:田□僕射□大人□

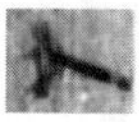
里簡·J1(16)8正:司空三人

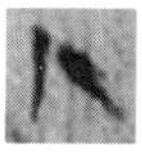
里簡·J1(16)8正:□少內七人

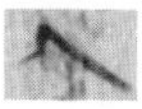
里簡·J1(9)8正:令越人署所縣責

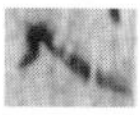
里簡·J1(9)8正:陽陵逆都士五(伍)越人有貲錢千三百卌四〖注〗越人,人名。

里簡·J1(9)8正:越人戍洞庭郡

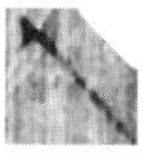
里簡·J1(8)154背:郵人得行

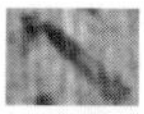
里簡·J1(8)157正:成里典、啟陵郵人缺

里簡·J1(12)10正:越人以城邑反

里簡·J1(16)8正:□倉八人

關簡·143:亡人得

關簡·209:占逐盜、追亡人

關簡·207:占逐、追亡人

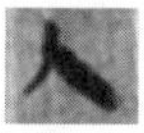
關簡·203:占逐盜、追亡人

關簡·205:占逐盜、追亡人

關簡·201:占逐盜、追亡人

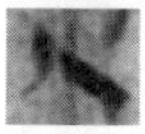
關簡·220:占逐盜、追亡人

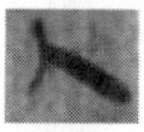
關簡·222:逐盜、追亡人

關簡·229:占逐盜、追亡人

關簡·227:占逐盜、追亡人

關簡·223:占逐盜、追亡人

關簡·265:以此見人及戰斲(鬬)皆可

關簡·239:占逐盜、追亡人

關簡·237:占逐盜、追亡人

關簡·233:占逐盜、追亡人

關簡·235:占逐盜、追亡人

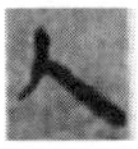
關簡·231:占逐盜、追亡人

關簡·241:占逐盜、追亡人

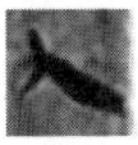
關簡·218:占逐盜、追亡人

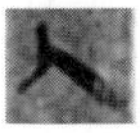
關簡·213:占逐盜、追亡人

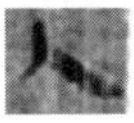
關簡·215:占逐盜、追亡人

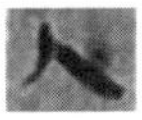
關簡·211:占逐盜、追亡人

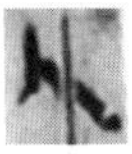
關簡·333:及毋與人言

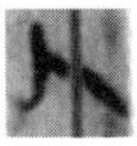
關簡·333:毋令人見之

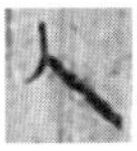
關簡·335:人席之

關簡·347:人皆祠泰父

關簡·313:令人不單(憚)病

關簡·189:占逐盜、追亡人

關簡·187:逐盜、追亡人

關簡·199:占逐盜、追亡人

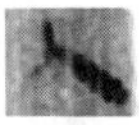
關簡·197:占逐盜、追亡人

關簡·193:人中子也

關簡·193:占逐盜、追亡人

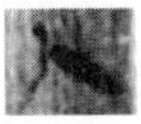
關簡·195:逐盜、追亡人

關簡·191:占逐盜、追亡人

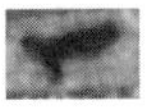
關簡·177:人鄭〖注〗鄭,讀爲"定"。人鄭,即人定,夜深安息之時。

關簡·140:亡人不得

帛書·脈法·72:脈(脈)亦聽(聖)人之所貴殹(也)

帛書·脈法·83:學□見於爲人□

帛書·病方·8:燔白鷄毛及人髮

帛書·病方·21:薺(齏)杏霾〈覈(核)〉中人(仁)〖注〗杏核中仁,即杏仁。

帛書·病方·56:狂犬齧人

帛書·病方·57:狂[犬]齧人者

帛書·病方·60:狂犬傷人

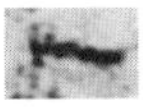
帛書·病方·61:犬筮(噬)人傷者

帛書·病方·64:而令人以酒財沃其傷

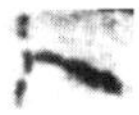
帛書·病方·66:西方□主冥冥人星

帛書·病方·76:禺(遇)人毒者

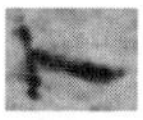
帛書・病方・85:蛭食(蝕)人胻股[膝]

帛書・病方・91:蚤殺人今玆

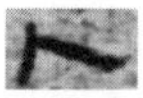
帛書・病方・96:爲人不德

帛書・病方・97:鄉(嚮)人禹步三

帛書・病方・100:不傷人

帛書・病方・103:令人嘑(呼)曰

帛書・病方・126:其卵雖有人(仁)〖注〗仁,指蛋中小鳥胚胎。

帛書・病方・180:兩人爲靡(磨)其尻

帛書・病方・199:等與人產子

帛書・病方・206:令人操築西鄉(嚮)

帛書・病方・208:令人挾提穨(癩)者

帛書・病方・240:取內戶旁祠空中黍腏、燔死人頭皆治

帛書・病方・263:而到(倒)縣(懸)其人

帛書・病方・263:人州出不可入者

帛書・病方・295:人擕之甚□

帛書・病方・295:如人殚之□

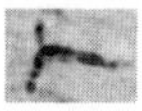
帛書・病方・306:以人泥塗之〖注〗人泥,人垢,卽人身汗垢。

帛書・病方・357:□死人胻骨

帛書・病方・383:令人終身不鬈

帛書・病方・444:人殹人殹而比鬼

帛書・病方・444:行人室家

帛書・病方・446:去人馬疣方

帛書・病方・449:去人馬疣

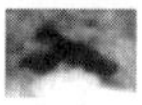
帛書・病方・殘11:令人□

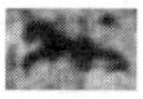
帛書・病方・殘14:□令人靡(摩)身□

帛書・病方・目錄:狂犬齧人

帛書・病方・目錄:去人馬尤(疣)

帛書・病方・目錄:犬筮(噬)人

帛書・病方・目錄:人病蛇不間(癇)

帛書・病方・目錄:人病羊不間(癇)

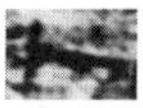
帛書・死候・86:脣反人盈

帛書・足臂・21:插温(脈)如三人參舂

集證・173.601:徐非人

秦印編153:成玉人

秦印編153:李母人

秦印編153:徐非人

秦印編153:董它人

秦印編153:王母人

秦印編 153:上官越人

秦印編 153:任戎人

秦印編 153:王它人

秦印編 153:募人丞印

新封泥 C・18.5:募人丞印〖注〗募人,官名。

封泥印 84:募人丞印

新封泥 D・40:募人丞印

新封泥 A・4.8:募人

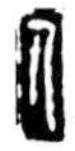
封泥集・附一 408:募人

集證・162.463:王它人

集證・162.473:王母人

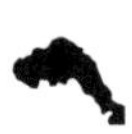
集證・202.69:宮灸人〖注〗灸人,宮內職官名。

廿九年漆奩・黄盛璋摹(集證・27):工大人臺

廿九年漆奩・王輝摹(集證・27):工大人臺

1753 

秦子簋蓋・摹(珍金・31):保其宮外〖注〗保,養。李學勤釋爲“安”。

秦公簋・器(秦銅・14.1):保䜌(乂)氒(厥)秦〖注〗保䜌(乂),保乂、長保。

秦公鎛鐘・摹(秦銅・16.1):保䜌(乂)氒(厥)秦

會稽刻石・宋刻本:嘉保泰平

睡簡・封診・86:卽診嬰兒男女、生髮及保(胞)之狀〖注〗保,讀爲“胞”,胞衣。

1754 

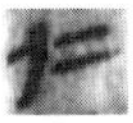
睡簡・答問・63:將上不仁邑里者而縱之

睡簡・秦律・95:亡、不仁其主及官者

睡簡・秦律・184:隸臣妾老弱及不可誠仁者勿令

睡簡・爲吏・36:仁能忍

里簡・J1(9)2 正:陽陵仁陽士五(伍)不豺有貲錢八百卅六〖注〗仁陽,鄉里名。

里簡・J1(9)9 正:陽陵仁陽士五(伍)頯有贖錢七千六百八十

帛書・病方・230:以爲不仁

集證・185.763:交仁必可〖注〗交仁必可,與仁人交往,必可無禍。

秦印編 153:趙仁

秦印編 153:文仁印

秦印編 153:□仁

秦印編 153:交仁必可

秦印編 153:忠仁思士

秦印編 153:忠仁思士

秦印編 153:忠仁思士

秦印編 153:忠仁思士

秦印編 153:忠仁思士

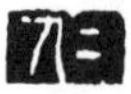
秦印編 153:仁士

秦印編 153:仁士

秦印編 153:仁士

秦印編 153:忠仁思士

秦印編 153:仁士

秦印編 153:忠仁

集證·184.755:忠仁思士〖注〗忠仁,儒家提倡的道德準則。

集證·184.756:忠仁思士

集證·185.757:忠仁思士

集證·185.758:中仁

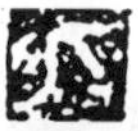
集證·185.759:中仁

集證·185.762:棲仁

1755　企　定

龍簡·120:及斬人疇企(畦)〖注〗企,通“畦”。李家浩説“疇畦”疑訓爲田界,即田塍。

1756　佩

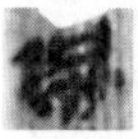
睡簡·日甲·146 正:男好衣佩而貴

封泥印 48:尚佩府印

1757　俊

關簡·367:日出俊

1758　伯

南郊 714·210·摹:伯

1759　仲

秦印編 156:仲山賀

秦印編 156:和仲印〖注〗和仲,人名。

1760　伊　𡰥

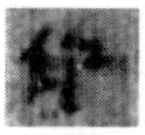
睡簡·編年·13:攻伊闕〈闕〉〖注〗伊闕,地名。

睡簡·編年·14:伊闕〈闕〉

1761　伀

集證·170.566:笸伀子印〖注〗笸伀子,某國公子。伀,“公”字異體。

1762　儥

秦印編 153·摹:孟儥

秦印編 153:趙儥

秦印編 153：咸亭東僨里器

秦陶・1401：咸亭涇里僨器〖注〗僨，人名。

1763 僑

睡簡・答問・55・摹："僑（矯）丞令"可（何）殹

1764 倨

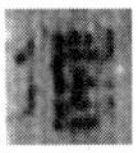睡簡・爲吏・38：倨驕毋（無）人

1765 佗

秦印編 154：耿佗

集證・182. 720：鞏佗

秦印編 154：李佗

集證・167. 538：李佗

秦印編 154：張佗

秦印編 154：張佗

秦印編 154：趙佗

秦印編 154：衛佗

秦印編 154：呂佗

秦印編 154：檀佗

秦印編 154：陽成佗

1766 何

里簡・J1（9）1 正：不智（知）何縣署

里簡・J1（9）1 正：問何縣官計

里簡・J1（9）2 正：不智（知）何縣署

里簡・J1（9）2 正：問何縣官計

里簡・J1（9）3 正：不智（知）何縣署

里簡・J1（9）3 正：問何縣官計

里簡・J1（9）4 正：不智（知）何縣署

里簡・J1（9）4 正：問何縣官計

里簡・J1（9）5 正：不智（知）何縣署

里簡・J1（9）5 正：問何縣官計

里簡・J1（9）6 正：不智（知）何縣署

里簡・J1（9）6 正：問何縣官計

里簡・J1（9）7 正：不智（知）何縣署

里簡・J1（9）7 正：問何縣官計

里簡・J1（9）8 正：不智（知）何縣署

里簡・J1（9）9 正：不智（知）何縣署

里簡・J1（9）9 正：問何縣官計

里簡・J1（9）10 正：不智（知）何縣署

 里簡・J1(9)10 正:問何縣官計

 里簡・J1(9)11 正:不智(知)何縣署

 里簡・J1(9)11 正:問何縣官計

 里簡・J1(8)157 背:今有(又)除成爲典何

 里簡・J1(9)8 正:問何縣官計

 秦印編 154:司馬何

 秦印編 154:鮮于何

 秦印編 154:王何

 秦印編 154:公孫何

 秦印編 154:顏何

 秦印編 154:何傷

1767  儋

 里簡・J1(9)1 正:儋手〖注〗儋,人名。

 里簡・J1(9)4 正:儋手

 里簡・J1(9)5 正:儋手

 里簡・J1(9)6 正:儋手

 里簡・J1(9)8 正:儋手

1768  備 俻

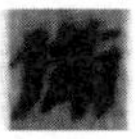 睡簡・答問・132:備毄(繫)日

 睡簡・秦律・83・摹:效其官而有不備者

 睡簡・秦律・85:未賞(償)及居之未備而死

 睡簡・秦律・29:上贏不備縣廷

 睡簡・秦律・23:其不備

 睡簡・秦律・32:令令、丞與賞(償)不備

 睡簡・秦律・32:索(索)而論不備

 睡簡・秦律・19:令其人備之而告官

 睡簡・秦律・167:度禾、芻稾而不備十分一以下

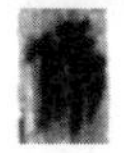 睡簡・秦律・167:而以律論其不備

 睡簡・秦律・177:效公器贏、不備

 睡簡・秦律・173:而以律論不備者

 睡簡・秦律・174:及者(諸)移贏以賞(償)不備

 睡簡・秦律・174:有贏、不備而匿弗謁

 睡簡・秦律・175:有(又)與主廥者共賞(償)不備

 睡簡・秦律・138:其日未備而被入錢者

 睡簡・效律・25:度禾、芻稾而不備

 睡簡・雜抄・23:及弗備

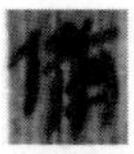 睡簡・雜抄・35：辭曰日已備

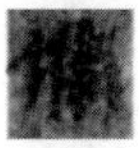 睡簡・雜抄・10：馬備

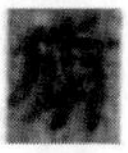 睡簡・效律・8：數而贏、不備

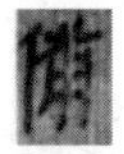 睡簡・效律・26：而以律論其不備

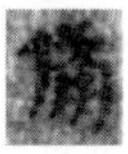 睡簡・秦律・142：日未備而死者

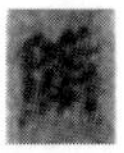 睡簡・效律・36：有（又）與主廥者共賞（償）不備

 睡簡・效律・33：而以律論不備者

 睡簡・效律・34：及者（諸）移贏以賞（償）不備

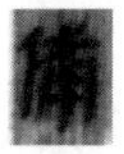 睡簡・效律・34：有贏不備

 睡簡・效律・50：計用律不審而贏、不備

 睡簡・效律・50：以效贏、不備之律貲之

 睡簡・效律・19：節（卽）官嗇夫免而效不備

 睡簡・效律・1：其有贏、不備

 睡簡・效律・11：縣料而不備者

 帛書・病方・207：已備

1769　　偕

 睡11號牘・正：令與錢偕來

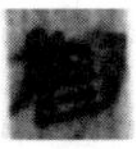 睡簡・答問・204：它邦耐吏、行旞與偕者

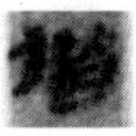 睡簡・答問・5：把錢偕邦亡

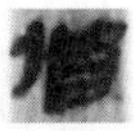 睡簡・答問・180：徒、吏與偕使而弗爲私舍人

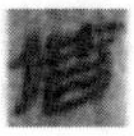 睡簡・答問・12：已去而偕得

○ 睡簡・答問・101：偕旁人不援

 睡簡・秦律・92：與計偕

 睡簡・秦律・37：與計偕〖注〗偕，俱，同時。

 龍簡・182・摹：□具與偕□

1770　　傳

 睡簡・封診・65・摹：足不傳地二寸〖注〗傳地，著地。

 睡簡・秦律・145・摹：及城旦傳堅、城旦舂當將司者〖注〗傳，疑讀爲"搏"，拍擊。

 睡簡・秦律・119：縣所葆禁苑之傳山、遠山〖注〗傳，近。

 睡簡・雜抄・8：輕車、赿張、引强、中卒所載傳〈傳〉到軍

 睡簡・雜抄・33・摹：傳律〖注〗傳律，律名，關於傳籍的法律。

 睡簡・日甲・1背：行，傳〖注〗傳，疑讀爲"痡"，人疲不能行之病。

 關簡・320：以粉傳之

 關簡・318：卽以傳黑子

 關簡・319：卽以并傳

 帛書・病方・殘6：□皆傳之〖注〗傳，外敷。

 帛書・病方・殘6：□止毋傳癰□

 帛書・病方・10:傅之

 帛書・病方・14:傅之

 帛書・病方・15:以男子洎傅之

 帛書・病方・38:以傅傷空(孔)

 帛書・病方・40:傅藥先食後食次(恣)

 帛書・病方・56:以傅犬所齧者

 帛書・病方・59:□狂犬齧者□莫傅

 帛書・病方・62:傅傷而已

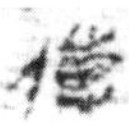 帛書・病方・69:乃以脂□所冶藥傅之

 帛書・病方・70:節(卽)復欲傅之

 帛書・病方・76:取麋(蘼)蕪本若□薺一□傅宥(痏)

 帛書・病方・80:以鹽傅之

 帛書・病方・96:青傅之

 帛書・病方・123:及毋手傅之

 帛書・病方・131:[復]傅

 帛書・病方・132:與久膏而□傅之

 帛書・病方・135:以傅蟲所齧□之

 帛書・病方・228:而傅之隋(脽)下

 帛書・病方・242:以傅痔空(孔)

 帛書・病方・247:以傅之

 帛書・病方・309:傅之數日

 帛書・病方・310:傅之

 帛書・病方・311:傅之

 帛書・病方・312:以其灰傅之

 帛書・病方・313:布以傅之

 帛書・病方・314:以汁傅之

 帛書・病方・318:卽□囊而傅之

 帛書・病方・321:有(又)傅之

 帛書・病方・322:以汁傅

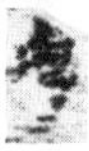 帛書・病方・327:和,以傅

 帛書・病方・337:以傅之

 帛書・病方・338:乃傅

 帛書・病方・338:以傅之

 帛書・病方・339:以攻(釭)脂饍而傅

 帛書・病方・342:孰洒加(痂)而傅之

 帛書・病方・345:以水銀傅

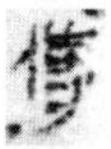 帛書・病方・347:以傅之

 帛書・病方・352:傅之

帛書・病方・353:以傅之

帛書・病方・354:熱傅之

帛書・病方・356:乾而傅之

帛書・病方・358:而炙蛇膏令消，傅

帛書・病方・358:三傅□

帛書・病方・359:傅之

帛書・病方・361:先以湆脩(滫)□傅

帛書・病方・361:以水銀、穀汁和而傅之

帛書・病方・374:傅藥毋食□

帛書・病方・374:以和藥，傅

帛書・病方・378:勿盡傅

帛書・病方・378:以傅

帛書・病方・379:復傅之

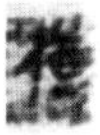
帛書・病方・386:□以朝未食時傅

帛書・病方・391:卽以傅

帛書・病方・392:卽傅藥

帛書・病方・393:傅[藥]如前

帛書・病方・393:日壹傅藥

帛書・病方・396:傅藥先旦

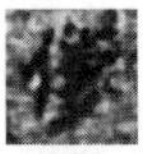
帛書・病方・396:未傅□

帛書・病方・397:傅藥

帛書・病方・400:傅之

帛書・病方・407:而并□傅空(孔)□

帛書・病方・409:令□而傅之

帛書・病方・416:乾而復傅者□

帛書・病方・416:以傅痏而炙之

帛書・病方・418:同傅之

帛書・病方・419:以傅之

帛書・病方・420:以傅之

帛書・病方・422:漬以傅之

帛書・病方・428:已傅灰

帛書・病方・429:傅藥時禁□

帛書・病方・429:輒復傅灰

帛書・病方・448:復再三傅其處而已

帛書・病方・455:傅之

帛書・病方・456:以傅癰空(孔)中

帛書・病方・457:傅[藥]必先洒之

帛書・病方・457:傅藥

帛書·病方·殘2:□乃更傳□

帛書·病方·殘5:已傳藥□

帛書·死候·87:傳而不流

秦印編154:傳勃

秦印編154:傳廣秦

秦印編154:傳魁

秦印編154:傳枚

封泥集314·1:傳陽丞印〖注〗傳陽,地名。

1771 倚

帛書·病方·204:神女倚序聽神吾(語)

秦印編157:憲倚

1772 依

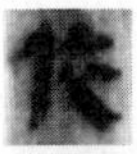
睡簡·秦律·198:毋依臧(藏)府、書府〖注〗依,靠近。

睡簡·日甲·75背:必依阪險

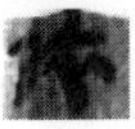
睡簡·日甲·19背:依道爲小內

秦印編154:楊依

1773 佴

秦印編155:析募學佴

1774 侍

關簡·351:先侍(持)豚

1775 傾

會稽刻石·宋刻本:輿舟不傾

1776 付

里簡·J1(9)2正:付署

里簡·J1(9)3正:付署

里簡·J1(9)4正:付署

里簡·J1(9)5正:付署

里簡·J1(9)6正:付署

里簡·J1(9)7正:付署

里簡·J1(9)8正:付署

里簡·J1(9)9正:付署

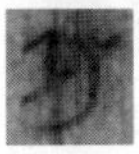
里簡·J1(9)11正:付署

帛書·病方·415:取闌(蘭)根、白付〖注〗白付,白附子,藥名。一說即白符。

帛書·灸經甲·47:付(跗)□

1777  伍

 天簡 25・乙:伍

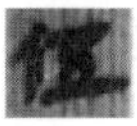 睡簡・雜抄・33:伍人

 睡簡・日甲・122 正・摹:大伍門

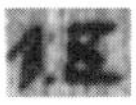 睡簡・日甲・118 正:大伍門

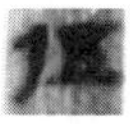 睡簡・答問・99:"四鄰"卽伍人謂毆

 睡簡・答問・96:伍人相告

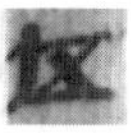 睡簡・答問・156:當伍及人不當〖注〗伍,合編爲伍。

 睡簡・答問・155:當坐伍人不當

 睡簡・封診・36:有失伍及菌(遲)不來者〖注〗失伍,離開什伍。

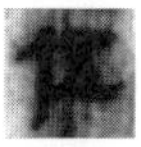 睡簡・秦律・68:列伍長弗告

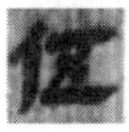 睡簡・雜抄・36:敦(屯)長、什伍智(知)弗告

 睡簡・雜抄・36:稟伍二甲

 睡簡・雜抄・37:除伍人

 龍簡・21・摹:伍人弗言者〖注〗伍人,編在同伍的人。

1778  什

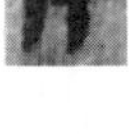 睡簡・雜抄・36:敦(屯)長、什伍智(知)弗告

1779  佰

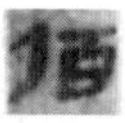 睡簡・答问・64:"封"卽田千(阡)佰(陌)〖注〗田間之道,南北曰阡,東西曰陌。

 睡簡・爲吏・14:千(阡)佰(陌)津橋

 龍簡・154:黔首皆從千(阡)佰(陌)彊(疆)畔之其□

1780  散

 石鼓文・馬薦(先鋒本):□天□虹□皮□走驕=馬薦蕣=莽=散=雉□心其一

1781  作

 泰山刻石・宋拓本:作制明灋

 繹山刻石・宋刻本:功戰日作

 睡簡・爲吏・29:作務員程

 睡簡・語書・2:是以聖王作爲灋度

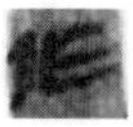 睡簡・答問・63:當毄(繫)作如其所縱

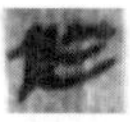 睡簡・答問・63:作官府

 睡簡・秦律・84:及恆作官府以負責(債)〖注〗恆作,指爲官府經營手工業。

 睡簡・秦律・97:爲作務及官府市〖注〗作務,從事於手工業。

 睡簡・秦律・49:未能作者

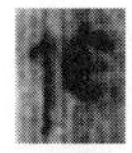睡簡・秦律・49:小城旦、隸臣作者〖注〗作,勞作。

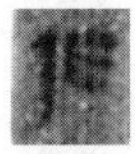睡簡・秦律・50:未能作者

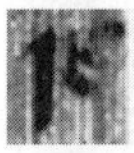睡簡・秦律・108:隸臣、下吏、城旦與工從事者冬作

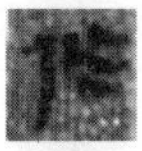睡簡・秦律・139:官作居貲贖責(債)而遠其計所官者

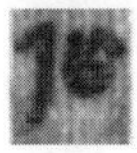睡簡・秦律・139:盡八月各以其作日及衣數告其計所官

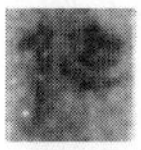睡簡・秦律・136:作務及賈而負責(債)者

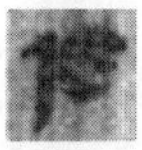睡簡・秦律・140:計之其作年

睡簡・秦律・145:居貲贖責(債)當與城旦舂作者

睡簡・秦律・141:其與城旦舂作者

睡簡・日甲・9 正:不可以行作

睡簡・日甲・10 正:作事、入材

睡簡・日甲・156 正:以作女子事

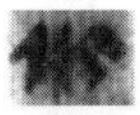睡簡・日甲・112 正:刑尸作事南方

睡簡・日甲・112 正:巘(獻)馬、中夕、屈夕作事東方

睡簡・日乙・25:利以乘車、寇〈冠〉、帶劍、裚(製)衣常(裳)、祭、作大事、家(嫁)子

睡簡・日乙・257:其上作折其□齒之其□

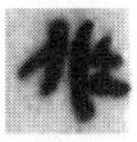睡簡・日乙・6:作陰

睡簡・日乙・18:作陰之日

睡簡・日乙・120:勿以作事、大祠

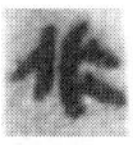睡簡・日乙・19:作事

睡簡・日乙・14:不可以作大事

睡簡・日乙・15:利以見人、祭、作大事、取妻

睡簡・日乙・155:□祭祀、嫁子、作大事

睡簡・日乙・111:勿以作事、復(覆)內、暴屋

龍簡・59:騎作乘輿御

龍簡・90・摹:及爲作務羣它□

里簡・J1(9)10 正:陽陵叔作士五(伍)勝日有貲錢千三百卌四〖注〗叔作,鄉里名。

里簡・J1(9)981 正:史逐將作者氾中

1782  假

三年相邦呂不韋矛一・摹(秦銅・59):[上]郡假守憲(?)〖注〗假守,代理郡守,官名。

龍簡・180:□敢販假□贏□

龍簡・178:諸以錢財它勿(物)假田□

龍簡・155:黔首錢假其田已(?)□者〖注〗假,租賃。

龍簡・26:沒入其販假殹〖注〗假,出借。

龍簡・24・摹:□僞假入縣□

龍簡・213:復以紿假它人〖注〗紿,假借爲"詒"。詒假,借給。

龍簡・4・摹:詐(詐)僞、假人符傳及讓人符傳者

 龍簡・43・摹：耐者假將司之

1783  侵

 會稽刻石・宋刻本：外來侵邊

 龍簡・120：侵食道、千（阡）、佰（陌）〖注〗侵食，侵蝕。

 龍簡・121・摹：侵食冢廬〖注〗侵，侵佔。

1784  候

 睡簡・答問・203：者（諸）候（侯）客節（即）來使入秦

 睡簡・答問・180・摹：使者（諸）候（侯）、外臣邦

 帛書・病方・54：候之

 封泥集・附一410：邦候〖注〗邦候，官名。

 集證・160.430：南郡候印〖注〗候，武官。

 封泥集・附一407：南郡候印

 封泥集・附一409：蒼梧候丞

 封泥集・附一409：都候〖注〗都候，官名。

 赤峰秦瓦量・殘（銘刻選43）：皇帝盡并（併）兼天下諸候（侯）

 封泥印・附二191：琅邪候印

 新封泥D・37：恆山候丞

 封泥印・附二190：城陽候印

 集證・143.164：邦候

 秦印編155：邦候

 秦印編155：中候

 秦印編155：都候

 秦印編155：蒼梧候丞

 秦印編155：南郡候印

 秦印編155：城陽候印

 秦印編155：城陽候印

 秦印編155：琅邪候印

 封泥集264・1：琅邪候印

 封泥集300・1：城陽候印

 封泥集300・2：城陽候印

 封泥印94：恆山候丞

1785  償

 龍簡・101：當償而誶□〖注〗償，賠償

 龍簡・162：稼償主

1786  代

 石鼓文・吳人（先鋒本）：勿竈勿代〖注〗代，更易。薛尚功、羅振玉釋

爲“伐”。

 睡簡・秦律・79：令其官嗇夫及吏主者代賞（償）之

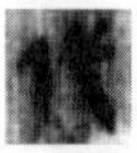 睡簡・秦律・162：代者［與］居吏坐之

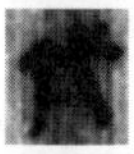 睡簡・秦律・162：官嗇夫必與去者效代者

 睡簡・秦律・106：吏代賞（償）

 睡簡・秦律・136：不得代

 睡簡・日甲・9背：十五日曰臣代主

 睡簡・日甲・60正：必代居室

 睡簡・日甲・57正：入寄者必代居其室

 睡簡・日乙・殘11：□必代□

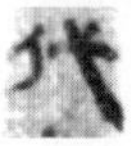 睡簡・日乙・42：不出三歲必代寄焉

 睡簡・日乙・188：必代病

 睡簡・日乙・131：必代當家

 睡簡・效律・19：代者與居吏坐之

 睡簡・效律・19：官嗇夫必與去者效代者

 關簡・351：農夫使其徒來代之

 封泥集・附一400：代馬丞印〖注〗代，地名。

 秦印編155：代馬丞印

 秦印編155：代馬丞印

 秦印編155：代馬之印

 封泥印92：代馬丞印

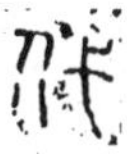 封泥集259・1：代馬丞印

 封泥集259・2：代馬丞印

 封泥集259・4：代馬丞印

 集證・156.379：代馬丞印

 集證・156.380：代馬丞印

 封泥集311・1：代丞之印

 秦印編155：代市

1787  便

 睡簡・語書・7：甚不便

 睡簡・語書・4：不便於民

 睡簡・語書・1：或不便於民

 秦陶・491：闌（蘭）陵居貲便里不更牙〖注〗便里，地名。

1788  任

 會稽刻石・宋刻本：審別職任

 睡簡・秦律・101：亦令其徒、舍人任其叚（假）

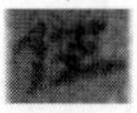 睡簡・雜抄・9：不勝任

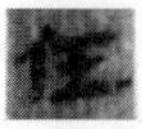 睡簡・雜抄・6：置任不審

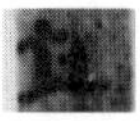 睡簡・答問・145:今初任者有皋

 睡簡・答問・145・摹:任人爲丞〖注〗任,保舉。

 睡簡・秦律・125:及大車轅不勝任

 睡簡・秦律・125・摹:皆不勝任而折

 睡簡・秦律・196:大嗇夫、丞任之

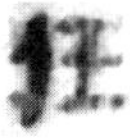 睡簡・語書・6:是即不勝任、不智殹

 集證・166.522:任遇

 集證・166.523:任□

 秦印編 155:任徵

 秦印編 156:任城丞印

 秦印編 155:任麃

 秦印編 156:任虔

 秦印編 155:任丁

 秦印編 156:任祿

 秦印編 155:任瘳

 秦印編 156:任感

 秦印編 155:任說

 秦印編 156:任敞

 秦印編 155:任充

 秦印編 156:任柏

 秦印編 155:任屈

 秦印編 156:任歆

 秦印編 155:任中

 秦印編 156:任丑夫

 秦印編 155:任槫

 秦印編 156:任宇

 秦印編 155:任黑

 秦印編 156:任息

 秦印編 155:任欣

 秦印編 156:任戎人

 秦印編 155:任寄

 秦印編 156:任相

 秦印編 156:任顏

 秦印編 156:任淩

 秦印編 156:任廣

 秦印編 156:任□

 秦印編 156:褭任

 秦陶・1448:任

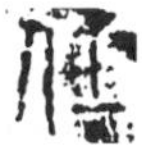封泥集 293・1:任城丞印〖注〗任城,地名。

集證・157.388:任城丞印

封泥印 126:任城

封泥印 127:任城丞印

封泥印 147:任寅

集證・166.517:任祿

集證・166.518:任顫

集證・166.519:任敞

集證・166.520:任頡

集證・166.521:任說

1789  優

秦印編 156:優

1790  俗

會稽刻石・宋刻本:大治濯俗

會稽刻石・宋刻本:宣省習俗

睡簡・語書・5:私好、鄉俗之心不變

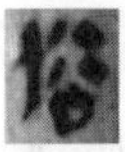睡簡・語書・1:民各有鄉俗〖注〗鄉俗,地方風俗。

睡簡・爲吏・12:寬俗(容)忠信

睡簡・語書・3:鄉俗淫失(泆)之民不止

秦印編 156:王俗

秦印編 156:衷俗

1791  俾

秦印編 157:趙俾

1792  使

北私府橢量・二世詔(秦銅・147):使毋疑

大騩銅權(秦銅・131):使毋疑

二世元年詔版八(秦銅・168):使毋疑

二世元年詔版二(秦銅・162):使毋疑

二世元年詔版六(秦銅・166):使毋疑

二世元年詔版七(秦銅・167):使毋疑

二世元年詔版三(秦銅・163):使毋疑

二世元年詔版十二(秦銅・172):使毋疑

二世元年詔版十一(秦銅・171):使毋疑

二世元年詔版四(秦銅・164):使毋疑

二世元年詔版五(秦銅・165):使毋疑

二世元年詔版一(秦銅・161):使毋疑

兩詔斤權一・摹(集證・46):使毋疑

兩詔斤權二・摹(集證・49):使毋疑

兩詔斤權二・照片(集證・47.2):使毋疑

兩詔斤權一(集證・45):使毋疑

兩詔銅權二(秦銅・176):使毋疑

兩詔銅權三(秦銅・178):使毋疑

兩詔銅權四(秦銅・179.2):使毋疑

兩詔銅權一(秦銅・175):使毋疑

兩詔橢量二(秦銅・149):使毋疑

兩詔橢量三之二(秦銅・151):使毋疑

兩詔橢量一(秦銅・148):使毋疑

美陽銅權(秦銅・183):使毋疑

平陽銅權・摹(秦銅・182):使毋疑

僅存銘兩詔銅權(秦銅・135-18.2):使毋疑

旬邑銅權(秦銅・133):使毋疑

詔使矛(集成 11472.1):詔使〖注〗詔使,官署名。

詔使矛・摹(集成 11472.2):詔使

詛楚文・湫淵(中吳本):使其宗祝卲鼛布慦(檄)告于不(丕)顯大神氒(厥)湫

詛楚文・巫咸(中吳本):使其宗祝卲鼛布慦(檄)告于不(丕)顯大神巫咸

詛楚文・亞駝(中吳本):使其宗祝卲鼛布慦(檄)告于不(丕)顯大神亞駝

詛楚文・湫淵(中吳本):禮使介老〖注〗使,郭沫若說爲“叟”字異文。

詛楚文・巫咸(中吳本):禮使介老

詛楚文・亞駝(中吳本):禮使介老

秦駰玉版・甲・摹:使明神智(知)吾情

秦駰玉版・乙・摹:使明神智(知)吾情

會稽刻石・宋刻本:陰通閒使

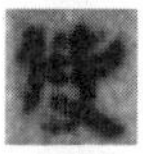
睡簡・語書・3:而使之之於爲善殹

睡簡・語書・14:志千里使有籍書之

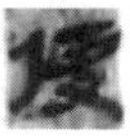
睡簡・答問・203:者(諸)候(侯)客節(卽)來使入秦

睡簡・答問・204・摹:稭(藉)秦人使

睡簡・答問・180・摹:可(何)謂“邦徒、僞使”

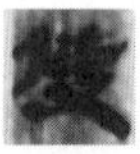
睡簡・答問・180:使者(諸)侯、外臣邦

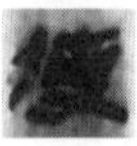
睡簡・答問・180:是謂“邦徒、僞使”

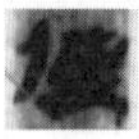
睡簡・答問・180:徒、吏與偕使而弗爲私舍人

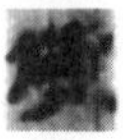
睡簡・答問・165:匿戶弗繇(徭)、使

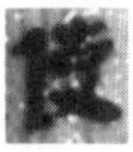
睡簡・秦律・46:月食者已致稟而公使有傳食

睡簡・秦律・109・摹:小隸臣妾可使者五人當工一人

睡簡・秦律・179:使者之從者

睡簡・秦律・179:御史卒人使者

睡簡・雜抄・6:使其弟子贏律

睡簡・雜抄・42:使者貲二甲

睡簡・日甲・84 正:必使

睡簡・日乙・44:不可以使人及畜六畜

睡簡・爲吏・29:使民望之

睡簡・爲吏・26:不智(知)所使則以權衡求利

睡簡・爲吏・7:毋使民懼

關簡・351:農夫使其徒來代之

瓦書(秦陶・1610):周天子使卿夫=(大夫)辰來致文武之酢(胙)

瓦書・郭子直摹:周天子使卿夫=(大夫)辰來致文武之酢(胙)

1793　　傳

睡簡・答問・57・摹:它縣亦傳其縣次〖注〗傳,通行憑證。

睡簡・答問・184:詣符傳於吏是謂"布吏"

睡簡・秦律・89:傳車、大車輪

睡簡・秦律・46:月食者已致稟而公使有傳食

睡簡・秦律・47:駕傳馬〖注〗傳馬,驛傳駕車用的馬。

睡簡・秦律・45:毋以傳貣(貸)縣

睡簡・秦律・180:傳食律

睡簡・秦律・182:傳食律

睡簡・秦律・184:行傳書、受書

〇　睡簡・秦律・181:傳食律

睡簡・語書・8:以次傳

龍簡・10:取傳書鄉部稗官

龍簡・4:詐(詐)僞、假人符傳及讓人符傳者

龍簡・4:詐(詐)僞、假人符傳及讓人符傳者

龍簡・282:☐傳☐

龍簡・2:竇出入及毋(無)符傳而闌入門者〖注〗符傳,通過關卡用的憑證。

龍簡・25:☐禁苑田傳☐

龍簡・9・摹:其傳☐

龍簡・7:☐傳書縣、道官〖注〗傳書,傳送公文書。

龍簡・3:傳者入門

龍簡・5・摹:及以傳書閱入之

里簡・J1(16)6 正:節傳之

里簡・J1(16)6 正:縣弗令傳之而興黔首

里簡・J1(16)6 正:有可令傳甲兵

里簡・J1(16)5 背:司空傳倉

秦印編 154:沈登傳送

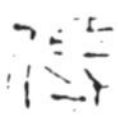
秦印編 154:傳舍

集證・150.278:傳舍之印〖注〗傳舍,官名。

封泥集 235・3:傳舍

秦印編 154:傳舍

秦印編 154:傳舍

1794　　倍

詛楚文・湫淵(中吳本):而兼倍(背)十八世[之]詛盟〖注〗倍,讀爲"背"。

詛楚文・湫淵(中吳本):敢數楚王熊相之倍(背)盟犯詛

詛楚文・巫咸(中吳本):而兼倍(背)十八世之詛盟

詛楚文・巫咸(中吳本):敢數楚王熊相之倍(背)盟犯詛

詛楚文・巫咸(中吳本):以倍〈偪(逼)〉〈珸〉(吾)邊競(境)

詛楚文・亞駝(中吳本):而兼倍(背)十八世之詛盟

詛楚文・亞駝(中吳本):敢數楚王熊相之倍(背)盟犯詛

會稽刻石・宋刻本:六王專倍

會稽刻石・宋刻本:倍死不貞

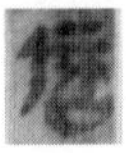
天簡 35・乙:三以三倍之到三止

天簡 35・乙:四以四倍之至於四

關簡・263:倍之〖注〗倍,通"背"。

關簡・264:復倍之

帛書・病方・271:骨雎(疽)倍白蔹(蘞)

帛書・病方・272:腎雎(疽)倍芍藥

1795　　偏

秦印編 157:趙偏

1796　　侈

秦印編 157:王侈

1797　　僞

睡簡・答問・59:廷行事吏爲詛(詐)僞

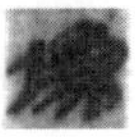
睡簡・答問・56:廷行事以僞寫印

睡簡・答問・55:爲有秩僞寫其印爲大嗇夫〖注〗僞寫,假造。

睡簡・答問・180:可(何)謂"邦徒、僞使"

睡簡・答問・180:其邦徒及僞吏不來〖注〗僞,疑讀爲"爲",助。

睡簡・答問・180:是謂"邦徒、僞使"

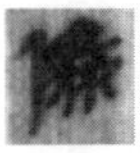
睡簡・秦律・174:羣它物當負賞(償)而僞出之以彼(貱)賞(償)

睡簡・雜抄・32:敢爲酢(詐)僞者

睡簡・日甲・30 背:以爲僞人犬

○ 睡簡・日甲・48 背:是神狗偽爲鬼

 睡簡・效律・34:羣它物當負賞(償)而偽出之以彼(貱)賞(償)

 龍簡・24・摹:□偽假入縣□

 龍簡・4・摹:詐(詐)偽、假人符傳及讓人符傳者〖注〗偽,偽造。

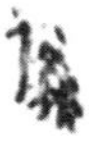 龍簡・12:及以它詐(詐)偽入□

 龍簡・151・摹:田及爲詐(詐)偽寫田籍皆坐臧(贓)

1798  佝

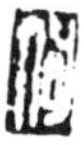 秦印編 157:閔佝

1799  傷

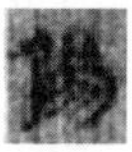 睡簡・爲吏・30:道傷(易)車利

 睡簡・答問・202:節(即)亡玉若人貿傷(易)之

 睡簡・日甲・36 背:鬼恆宋傷(聳惕)人

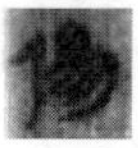 睡簡・爲吏・29:則民傷指〖注〗傷,輕慢。

1800  債

 睡簡・封診・84・摹:丙債庰甲〖注〗債,摔倒。

1801  偃

 秦印編 157:矦偃

 秦印編 158:中郭偃

 秦印編 157:張偃

 秦印編 158:王偃

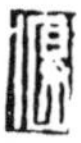 秦印編 157:趙偃

 秦印編 158:潘偃

 秦印編 157:趙偃

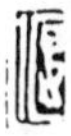 秦印編 158:胡偃

 秦印編 157:趙偃

 秦印編 158:夏矦偃

 秦印編 157:成偃

 秦印編 158:杌偃

1802  傷

 廿四年莒傷銅斧(沂南・2):廿四年莒傷(陽)丞寺〖注〗莒陽,地名。

 睡簡・11 號牘・正:傷未可智(知)也

 睡簡・答問・86:若箴(針)、鉥、錐傷人

 睡簡・答問・98:賊傷甲

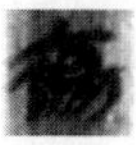 睡簡・日甲・57 背:人毋(無)故室皆傷

 睡簡・日甲・118 背:身不傷

 睡簡・日乙・185:外鬼、傷(殤)死爲姓(眚)

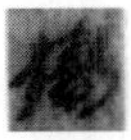 睡簡・答問・91:以梃賊傷人

 睡簡・答問・90:以兵刃、投(殳)梃、拳指傷人

 睡簡・答問・74:交傷

 睡簡・答問・43:甲告乙盜牛若賊傷人

 睡簡・答問・43:今乙不盜牛、不傷人

 睡簡・答問・44:今乙賊傷人

 睡簡・答問・108:殺傷父臣妾、畜產及盜之

 睡簡・答問・124:傷之

 睡簡・答問・106:父殺傷人及奴妾

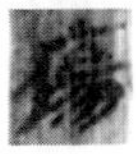 睡簡・答問・173:甲、乙以其故相刺傷

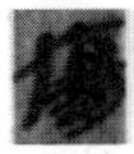 睡簡・答問・134:非傷毆

 睡簡・答問・134:甲告乙賊傷人

 睡簡・答問・103:賊殺傷、盜它人爲"公室"

 睡簡・答問・119・摹:甲賊傷人

 睡簡・答問・119:吏論以爲鬭傷人

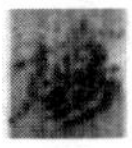 睡簡・答問・101:有賊殺傷人衝術

 睡簡・秦律・2:早〈旱〉及暴風雨、水潦、蚤(螽)蚰、羣它物傷稼者

 睡簡・秦律・106:毀傷公器及□者令賞(償)

 睡簡・雜抄・27:傷乘輿馬

 睡簡・日甲・65背・摹:是水亡傷(殤)取之〖編者按〗劉樂賢說"水亡傷"即"水罔象",水神名。

 睡簡・日甲・74正:外鬼傷(殤)死爲祟

 睡簡・日乙・112:主人必大傷

 龍簡・109:傷人

 龍簡・106・摹:殺傷毆

 帛書・病方・目錄:諸傷

 帛書・病方・10:以刃傷

 帛書・病方・12:令傷者毋痛

 帛書・病方・13:傷者血出

 帛書・病方・14:令傷毋般(瘢)

 帛書・病方・16:金傷者

 帛書・病方・17:傷者

 帛書・病方・21:久傷者

 帛書・病方・23:令金傷毋痛方

 帛書・病方・25:令金傷毋痛

 帛書・病方・30:風入傷

 帛書・病方・30:傷

 帛書・病方・30:傷痙〖注〗傷痙,破傷風一類病症。

 帛書・病方・34:傷而頸(痙)者

帛書・病方・37:風入傷

帛書・病方・37:諸傷

帛書・病方・38:以傅傷空(孔)

帛書・病方・41:傷而頸(痙)者

帛書・病方・43:傷脛(痙)者

帛書・病方・60:狂犬傷人

帛書・病方・61:犬筮(噬)人傷者

帛書・病方・62:傅傷而已

帛書・病方・62:以熨其傷

帛書・病方・64:而令人以酒財沃其傷

帛書・病方・100:不傷人

帛書・病方・101:以還(環)封其傷

帛書・病方・260:爲領傷

帛書・病方・330:胻傷

帛書・病方・331:傷已

帛書・病方・332:胻久傷者癰

帛書・病方・382:令某傷

帛書・病方・395:可八[九日]而傷平

帛書・病方・401:取禹竈□塞傷痏□

秦印編158:傷平里

秦印編158:薛毋傷

秦印編158:胡傷

秦印編158:何傷

1803  伏

睡簡・日乙・147:癸不可祠人伏

帛書・病方・96:伏食

1804  係

廿二年臨汾守戈(集證・36.1):庫係(?)〖注〗係,人名。

廿二年臨汾守戈・摹(集證・36.1):庫係(?)

關簡・309:盛之而係(繫)

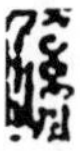
封泥集381・1:榮係

秦印編158:趙係

秦印編158:王係

秦印編158:張係

秦印編158:張係

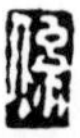
秦印編158:方係

秦印編158:寺係

秦印編 158:宫係

秦印編 158:宫係

秦印編 158:宫係

秦印編 158:係

秦印編 158:係

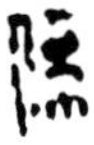
封泥集 368・1:吕係

封泥集 371・1:周係

秦陶・849:寺係

秦陶・850:寺係

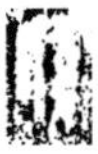
秦陶・851:寺係

秦陶・253:宫係

秦陶・254:宫係

秦陶・256:宫係

秦陶・257:宫係

秦陶・258:係

秦陶・259:宫係

秦陶・260:宫係

秦陶・261:宫係

秦陶・262:宫係

秦陶・263:宫係

秦陶・264:宫係

秦陶・265:係

秦陶・266:係

秦陶・267:係

秦陶・268:係

秦陶・269:係

秦陶・270:係

秦陶・277:係

秦陶・279:係

秦陶・281:宫係

秦陶・615:右司空係

秦陶・616:右司空係

秦陶・617:右司空係

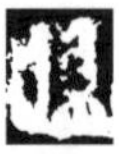
秦陶・618:右司空係

秦陶・620:右司空係

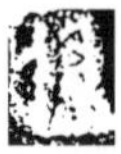
秦陶・623:右司空係

秦陶・847:寺係

秦陶・848:寺係

1805  伐

 不其簋蓋(秦銅·3):駿方嚴允(玁狁)廣伐西俞

 不其簋蓋(秦銅·3):女(汝)以我車宕伐嚴允(玁狁)于高陶(陶)

 滕縣不其簋器(秦銅·4):駿方嚴允(玁狁)廣伐西俞

 滕縣不其簋器(秦銅·4):女(汝)以我車宕伐嚴允(玁狁)于高陶(陶)

 詛楚文·湫淵(中吳本):伐威(滅)我百姓

 詛楚文·湫淵(中吳本):欲剗伐我社稷(稷)

 詛楚文·巫咸(中吳本):伐威(滅)我百姓

 詛楚文·巫咸(中吳本):欲剗伐我社稷(稷)

 詛楚文·亞駝(中吳本):伐威(滅)我百姓

 詛楚文·亞駝(中吳本):欲剗伐我社稷(稷)

 繹山刻石·宋刻本:討伐亂逆

 天簡30·乙:斬伐

 睡簡·日乙·62:利單(戰)伐

 睡簡·日乙·67:可以伐木

 睡簡·日乙·128:伐尌(樹)木

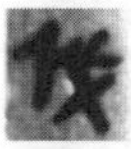 睡簡·日乙·127:□亥不可伐室中尌(樹)木

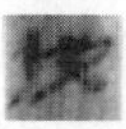 睡簡·答問·92:室人以投(殳)梃伐殺之

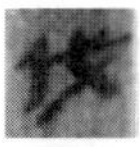 睡簡·答問·91:木可以伐者爲"梃"〖注〗伐,擊。

 睡簡·封診·32:直以劍伐痍丁

 睡簡·秦律·4:毋敢伐材木山林及雍(壅)隄水

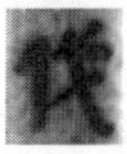 睡簡·秦律·5:唯不幸死而伐綰(棺)享(槨)者

 睡簡·日甲·68背:是遽鬼執人以自伐〈代〉也

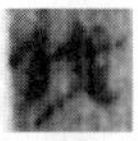 睡簡·日甲·75正:可以攻伐

 睡簡·日甲·44正:利以戰伐

 睡簡·日甲·143背:不可初穿門、爲戶牖、伐木、壞垣、起垣、徹屋及殺

 帛書·病方·270:善伐米大半升〖注〗伐,擊,此指舂擣。

1806  但

 廿一年寺工車軎·甲軎(秦銅·93):工上造但〖注〗但,人名。

 關簡·28:乙丑史但轂(繫)

 漆器M8·10(雲夢·附二):但

 漆器M13·32(雲夢·附二):但

 漆器M8·9(雲夢·附二):但

1807  傴

 帛書·病方·223:傴攣而未大者[方]〖注〗傴,《說文》:"僂也。"

1808  僂

 天簡 29・乙:黑免僂善病

 睡簡・日甲・70 背:大辟(臂)臑而僂

 睡簡・爲吏・22:四曰受令不僂〖注〗僂,鞠躬致敬。

1809  咎

 秦駰玉版・乙・摹:以□=咎=□

 睡簡・日乙・205:不去有咎

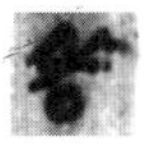 睡簡・日乙・124:有咎主

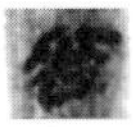 睡簡・日甲・88 背:咎在惡(堊)室

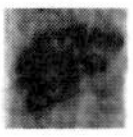 睡簡・日甲・89 背:其咎在六室

 睡簡・日甲・87 背:其咎在五室馬牛

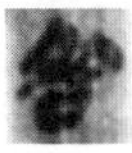 睡簡・日甲・83 背:其咎才(在)渡衖〖注〗咎,災。

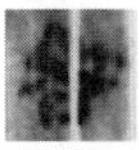 睡簡・日甲・85 背:其咎在四室

 睡簡・日甲・93 背:其咎在室馬牛豕也

 睡簡・日甲・94 背:其咎在三室

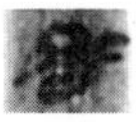 睡簡・日甲・91 背:其咎在二室

 睡簡・日甲・4 背:父母有咎

1810 偪

 詛楚文・湫淵(中吳本):以偪(逼)俉(吾)邊競(境)〖注〗偪,通"逼",迫近。

 詛楚文・亞駝(中吳本):以偪(逼)俉(吾)邊競(境)

1811 俿

 集證・167.541:李俿

1812 倕

 秦印編 290:咸亭東里倕器〖注〗倕,人名。

1813 仡

 秦印編 290:程仡

1814 仮

 睡簡・日乙・22:遠行不仮(返)

1815 佩

 龍簡・5・摹:及□佩〈佩〉入司馬門久(?)□〖注〗佩,疑指佩戴標誌。或說"□佩"是佩名,猶玉佩、環佩等。

1816 傷

 睡簡・日乙・230:傷〈傷〉去〖注〗傷,"傷"之訛。傷,讀爲"遏"。遏

去，遠去。

1817　倗

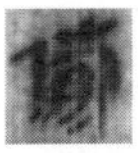睡簡・秦律・125：縣、都官用貞（楨）、栽爲倗（棚）牏〖注〗棚牏，編聯起來的木板。

1818　仗

睡簡・秦律・147：仗城旦勿將司〖注〗仗，疑讀爲“杖”。

1819　佐

廿四年莒傷銅斧（沂南・2）：佐平〖注〗佐，官名。

睡簡・效律・32：新倉嗇夫、新佐、史主廥者

睡簡・效律・19：實官佐、史柀免徙

睡簡・語書・9：有（又）廉絜（潔）敦慤而好佐上

睡簡・雜抄・31：貲嗇夫、佐各一盾

睡簡・11號牘・正：黑夫等直佐淮陽

睡簡・答問・157：部佐匿者（諸）民田〖注〗部佐，鄉部之佐。

睡簡・答問・157：部佐爲匿田

睡簡・秦律・21：而遺倉嗇夫及離邑倉佐主稟者各一戶以氣（餼）

睡簡・秦律・72：其佐、史與共養

睡簡・秦律・73：都官佐、史不盈十五人者

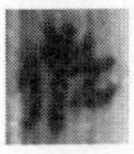睡簡・秦律・182：上造以下到官佐、史毋（無）爵者

睡簡・秦律・190：除佐必當壯以上

睡簡・秦律・193：侯（候）、司寇及羣下吏毋敢爲官府佐、史及禁苑憲盜

睡簡・秦律・168：倉嗇夫某、佐某、史某、稟人某

睡簡・秦律・160：不得除其故官佐、吏以之新官

睡簡・秦律・162：實官佐、史柀免、徙

睡簡・秦律・169：而遺倉嗇夫及離邑倉佐主稟者各一戶

睡簡・秦律・161：毋令官佐、史守

睡簡・秦律・172：倉嗇夫及佐、史

睡簡・秦律・172：新佐、史主廥者

睡簡・秦律・157：縣、都官、十二郡免除吏及佐、羣官屬

睡簡・雜抄・22：佐一盾

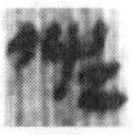睡簡・雜抄・20：令、丞及佐各一盾

睡簡・雜抄・30：令、丞、佐、史各一盾

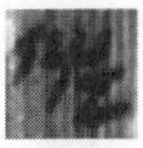睡簡・雜抄・31：貲嗇夫、佐各一盾

睡簡・雜抄・41：縣司空佐主將者

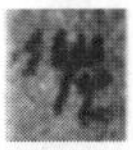睡簡・雜抄・1：除守嗇夫、叚（假）佐居守者〖注〗假佐，官名。

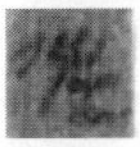睡簡・雜抄・10：吏自佐、史以上負從馬、守書私卒

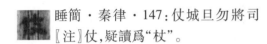

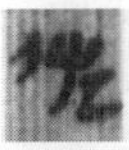睡簡・雜抄・13：縣司空、司空佐史、士吏將者弗得

睡簡・效律・29：而遺倉嗇夫及離邑倉佐主稟者各一戶

睡簡・效律・27:倉嗇夫某、佐某、史某、稟人某

睡簡・效律・32:倉嗇夫及佐、史

睡簡・語書・10:毋(無)以佐上

里簡・J1(8)152 背:佐處以來

里簡・J1(9)981 正:遣佐壬操副詣廷

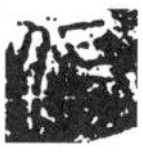
集證・135.38:佐弋丞印

封泥印 36:佐弋丞印

秦印編 83:佐弋丞印

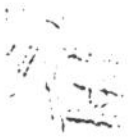
瓦書(秦陶・1610):大田佐敖童曰未〖注〗佐,官名。

瓦書・郭子直摹:大田佐敖童曰未

1820　佟

帛書・病方・289:佟(儵)佟(儵)以熱〖注〗儵儵,急迫。

1821　偣

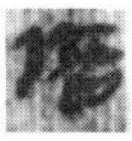
睡簡・日甲・34:偣(佸)時以戰,命胃(謂)三勝〖注〗佸,至也。或釋"偣"字,讀爲"依"。或說:偣,昏。

1822　㑄

帛書・病方・112:先㑄(偫)白鷄、犬矢〖注〗偫,儲備。

1823　匕

關簡・314:取一匕以殺沐

帛書・病方・52:因唾匕

帛書・病方・53:因以匕周揖

帛書・病方・55:復唾匕彖(漿)以揖

帛書・病方・52:薪燔之而□匕焉

1824　真

石鼓文・鑾車(先鋒本):秊敕真□〖注〗鄭樵釋"填"或"鎮"。或釋"闐",《說文》:"盛貌。"

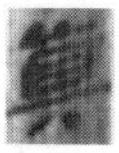
睡簡・答問・177:臣邦父母產子及產它邦而是謂"真"

睡簡・答問・177:可(何)謂"真"

睡簡・答問・177:真臣邦君公有辠

睡簡・答問・49:且行真辠、有(又)以誣人論〖注〗真,實。

睡簡・答問・113:臣邦真戎君長

睡簡・爲吏・3:民將望表以戾真

帛書・病方・117:□其□與其□真□

1825　化

會稽刻石・宋刻本:咸化廉清

泰山刻石・宋拓本:化及無窮

帛書・病方・51:戻(矢)不化而青

1826  頃

青川牘・摹:百畝爲頃

睡簡・秦律・8・摹:頃入芻三石、稾二石

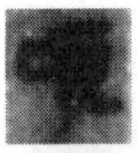睡簡・秦律・8:入頃芻稾

睡簡・秦律・2:所利頃數

睡簡・秦律・2:亦輒言其頃數

睡簡・秦律・1:輒以書言澍〈澍〉稼、誘(秀)粟及狠(墾)田暘毋(無)稼者頃數〖注〗《玉篇》:"田百畝爲頃。"

帛書・病方・434:如食頃而已

帛書・足臂・22:溫〈温(脈)〉絕如食頃

帛書・病方・26:有頃不痛

秦印編 158:咸邑如頃

秦陶・1295:咸邑如頃〖注〗如頃,人名。

1827  㛴(腦)

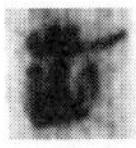睡簡・封診・57:𡿺(腦)角出(頔)皆血出〖注〗腦,簡文寫作"𡿺"。《說文》作"㛴"。

帛書・病方・432:以兔產𡿺(腦)塗之〖注〗兔產腦,新鮮的兔腦。

帛書・病方・246:□龜𡿺(腦)與地膽蟲相半〖注〗龜腦,藥名。

1828  印

詛楚文・湫淵(中吳本):親印(仰)大沈氒(厥)湫而質焉

詛楚文・巫咸(中吳本):親印(仰)不(丕)顯大神巫咸而質焉

詛楚文・亞駝(中吳本):親印(仰)不(丕)顯大神亞駝而質焉

帛書・灸經甲・60:不可以印(仰)

秦印編 159:虒印

秦印編 159:解印

秦印編 159:張印

秦印編 159:郝印

秦印編 159:司馬印

秦印編 159:宋印

1829  艮

睡簡・封診・53:艮本絕〖注〗艮,疑讀爲"根"。根本,疑卽山根,鼻樑。一說指眉毛的根。

睡簡・日甲・47 正:此所胃(謂)艮山

1830  從

詛楚文・湫淵(中吳本):宣奓競從(縱)

詛楚文・巫咸(中吳本):宣奓競從(縱)

詛楚文・亞駝(中吳本):宣奓競從(縱)

繹山刻石・宋刻本:群臣從者

會稽刻石・宋刻本:從臣誦烈

會稽刻石・宋刻本:以事合從

泰山刻石・宋拓本:從臣思速(跡)

天簡 26・乙:從南方

天簡 25・乙:從期三而一

天簡 27・乙:從南方

天簡 39・乙:從西方入

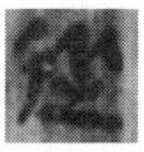
天簡 26・乙:午馬毆盜從南方入

天簡 27・乙:從之出

天簡 39・乙:從西方出

天簡 25・乙:其盜從北方[入]

天簡 25・乙:從西方[入]

睡簡・日乙・158:黑肉從北方來

睡簡・爲吏・41:從政之經

睡簡・爲吏・19:從而賊(則)之

睡簡・語書・7:舉劾不從令者

睡簡・6 號牘・正:與從軍

睡簡・編年・22:從平陽軍

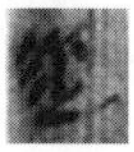
睡簡・編年・53:吏誰從軍

睡簡・答問・127・摹:當從事官府

○
睡簡・答問・127:復從事

睡簡・答問・127・摹:今甲從事

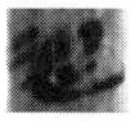
睡簡・答問・116:令從母爲收

睡簡・封診・57:皆從(縱)頭北(背)

睡簡・秦律・97:不從令者貲一甲

睡簡・秦律・49:隸臣妾其從事公

睡簡・秦律・49:其不從事

睡簡・秦律・189:令、丞爲不從令

睡簡・秦律・108:隸臣、下吏、城旦與工從事者冬作

睡簡・秦律・180:使者之從者

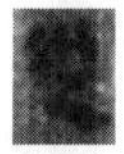
睡簡・秦律・12:有不從令者有辠〖注〗不從令,法律習語,違反法令。

睡簡・秦律・192:毋敢從史之事

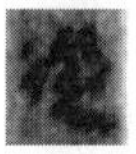
睡簡・秦律・196:有不從令而亡、有敗、失火

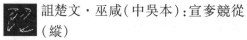

睡簡・秦律・101:如從興成然

睡簡・雜抄・25:從之〖注〗從,追逐。

睡簡·雜抄·1:上造以上不從令

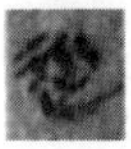
睡簡·雜抄·11:吏自佐、史以上負從馬、守書私卒〚注〛負從馬,馱運行李的馬。

睡簡·日甲·71背:從以上辟(臂)臑梗

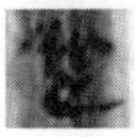
睡簡·日甲·3背:父母必從居

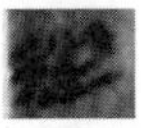
睡簡·日甲·46背:鬼恆從人游

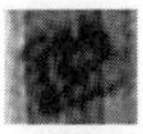
睡簡·日甲·47正:從上右方數朔之初日及枳(支)各一日

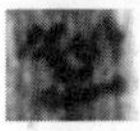
睡簡·日甲·130正:從左吝

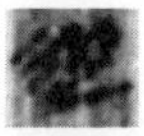
睡簡·日甲·134正:己酉從遠行入

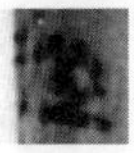
睡簡·日甲·110背:從遠行歸

睡簡·日乙·90:可以從〈送〉鬼

睡簡·日乙·180:黑肉從東方來

睡簡·日乙·160:脂肉從東方來

睡簡·日乙·168:赤肉從東方來

睡簡·日乙·166:乾肉從東方來

睡簡·日乙·164:狗肉從東方來

睡簡·日乙·170:赤肉從南方來

睡簡·日乙·178:鮮魚從西方來

睡簡·日乙·172:赤肉從南方來

睡簡·日乙·176:赤肉從北方來

睡簡·日乙·174:鮮魚從西方來

龍簡·8:不從律者

龍簡·15·摹:從皇帝而行及舍禁苑中者皆(?)□〚注〛從,隨從。

龍簡·154·摹:黔首皆從千(阡)佰(陌)彊(疆)畔之其□

龍簡·117:田不從令者

里簡·J1(9)1背:其以律令從事

里簡·J1(9)2背:以律令從事

里簡·J1(9)3背:以律令從事

里簡·J1(9)4背:以律令從事

里簡·J1(9)6背:以律令從事

里簡·J1(9)7背:其以律令從事

里簡·J1(9)8背:其以律令從事

里簡·J1(9)9背:其以律令從事

里簡·J1(9)10背:其以律令從事

里簡·J1(9)11背:其以律令從事

里簡·J1(9)12背:其以律令從事

里簡·J1(9)984背:以律令從事

里簡·J1(16)5背:聽書從事

里簡·J1(8)133背:聽書從事□

里簡・J1(8)157 正：謁令、尉以從事

關簡・132：從朔日始毄(數)之

關簡・262：毄(數)從朔日始

關簡・357：從南方入

關簡・49：不坐椽曹從公

帛書・病方・308：從竈出毋延

帛書・病方・殘6：□熱□節從□

帛書・病方・265：時從其空(孔)出有白蟲時從其空出

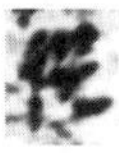
帛書・病方・265：時從其空(孔)出有白蟲時從其空出

帛書・病方・112：從顛到項

帛書・病方・164：類石如泔從前出

帛書・病方・166：葉從(縱)纗者

集證・139.105：寺從市府〖注〗寺從，官名。

秦印編159：寺從市府

集證・183.730：醫從〖注〗醫從，人名。

秦印編159：醫從

集證・185.769：志從〖注〗志從，志向順從、如意，即志向達到。

秦印編159：志從

秦印編159：志從

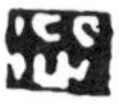
秦印編159：志從

秦印編159：志從

秦印編159：志從

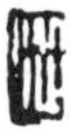
秦印編159：從淳狐

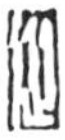
秦印編159：張從

秦印編159：寺從丞印

秦印編159：寺從丞印

秦印編159：寺從丞印

秦印編159：寺從丞印

集證・139.103：寺從丞印

封泥集170・2：寺從丞印

封泥集170・8：寺從丞印

封泥集170・9：寺從丞印

封泥集170・10：寺從丞印

封泥集170・11：寺從丞印

封泥集171・14：寺從丞印

封泥集171・15：寺從丞印

封泥集171・16：寺從丞印

封泥集171・21：寺從丞印

 封泥集 171・22:寺從丞印

 封泥集 171・18:寺從丞印

 集證・139.101:寺從丞印

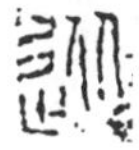 集證・139.102:寺從丞印

 新封泥 C・18.2:寺從丞印

 封泥印 52:寺從丞印

 集證・139.104:居室寺從

 封泥集 143・2:居室寺從

 封泥印 37:居室寺從

 封泥集 169・1:寺從

 封泥集 169・3:寺從

 封泥集 169・4:寺從

 集證・139.100:寺從

 封泥印 52:寺從

 漆器 M7・19(雲夢・附二):女里從

 漆器 M7・19(雲夢・附二):里從

1831 幷　　并

 始皇詔銅方升一(秦銅・98):皇帝盡并(併)兼天下諸侯

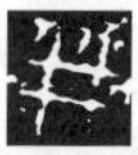 始皇詔銅方升三(秦銅・100):皇帝盡并(併)兼天下諸侯

 始皇詔銅方升四(秦銅・101):皇帝盡并(併)兼天下諸侯

 始皇詔銅橢量一(秦銅・102):皇帝盡并(併)兼天下諸侯

 始皇詔銅橢量二(秦銅・103):皇帝盡并(併)兼天下諸侯

 始皇詔銅橢量三(秦銅・104):皇帝盡并(併)兼天下諸侯

 始皇詔銅橢量四(秦銅・105):皇帝盡并(併)兼天下諸侯

 始皇詔銅橢量五(秦銅・106):皇帝盡并(併)兼天下諸侯

 始皇詔銅橢量六(秦銅・107):皇帝盡并(併)兼天下諸侯

 武城銅橢量(秦銅・109):皇帝盡并(併)兼天下諸侯

 始皇詔銅權一(秦銅・110):皇帝盡并(併)兼天下諸侯

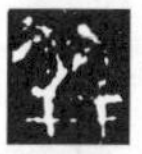 始皇詔銅權二(秦銅・111):皇帝盡并(併)兼天下諸侯

 始皇詔銅權三(秦銅・112):皇帝盡并(併)兼天下諸侯

 始皇詔銅權四(秦銅・113):皇帝盡并(併)兼天下諸侯

 始皇詔銅權五(秦銅・114):皇帝盡并(併)兼天下諸侯

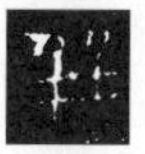 始皇詔銅權六(秦銅・115):皇帝盡并(併)兼天下諸侯

 始皇詔銅權九(秦銅・118):皇帝盡并(併)兼天下諸侯

 始皇詔銅權十(秦銅・119):皇帝盡并(併)兼天下諸侯

 始皇詔銅權十一(珍金・125):皇帝盡并(併)兼天下諸侯

 始皇詔鐵石權一(秦銅・120):皇帝盡并(併)兼天下諸侯

 始皇詔鐵石權三(秦銅・122):皇帝盡并(併)兼天下諸侯

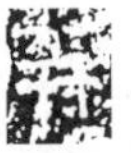始皇詔鐵石權四（秦銅·123）：皇帝盡并（併）兼天下諸矦

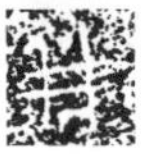始皇詔鐵石權五（秦銅·124）：皇帝盡并（併）兼天下諸矦

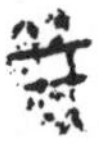始皇詔鐵石權七（秦銅·125）：皇帝盡并（併）兼天下諸矦

始皇詔銅石權（秦銅·126）：皇帝盡并（併）兼天下諸矦

始皇詔十六斤銅權一（秦銅·127）：皇帝盡并（併）兼天下諸矦

始皇詔十六斤銅權二（秦銅·128）：皇帝盡并（併）兼天下諸矦

始皇詔十六斤銅權三（秦銅·129）：皇帝盡并（併）兼天下諸矦

始皇詔十六斤銅權四（秦銅·130.1）：皇帝盡并（併）兼天下諸矦

大騩銅權（秦銅·131）：皇帝盡并（併）兼天下諸矦

旬邑銅權（秦銅·133）：皇帝盡并（併）兼天下諸矦

始皇詔八斤銅權一（秦銅·134）：皇帝盡并（併）兼天下諸矦

始皇詔八斤銅權二（秦銅·135）：皇帝盡并（併）兼天下諸矦

僅存銘始皇詔銅權·一（秦銅·135-1）：皇帝盡并（併）兼天下諸矦

僅存銘始皇詔銅權·二（秦銅·135-2）：皇帝盡并（併）兼天下諸矦

僅存銘始皇詔銅權·三（秦銅·135-3）：皇帝盡并（併）兼天下諸矦

僅存銘始皇詔銅權·四（秦銅·135-4）：皇帝盡并（併）兼天下諸矦

僅存銘始皇詔銅權·六（秦銅·135-6）：皇帝盡并（併）兼天下諸矦

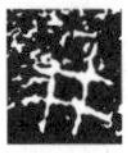僅存銘始皇詔銅權·七（秦銅·135-7）：皇帝盡并（併）兼天下諸矦

僅存銘始皇詔銅權·八（秦銅·135-8）：皇帝盡并（併）兼天下諸矦

僅存銘始皇詔銅權·九（秦銅·135-9）：皇帝盡并（併）兼天下諸矦

僅存銘始皇詔銅權·十（秦銅·135-10）：皇帝盡并（併）兼天下諸矦

僅存銘始皇詔銅權·十三（秦銅·135-13）：皇帝盡并（併）兼天下諸矦

僅存銘始皇詔銅權·十四（秦銅·135-14）：皇帝盡并（併）兼天下諸矦

僅存銘始皇詔銅權·十七（秦銅·135-17）：皇帝盡并（併）兼天下諸矦

僅存銘兩詔銅權（秦銅·135-18.1）：皇帝盡并（併）兼天下諸矦

始皇詔版一（秦銅·136）：皇帝盡并（併）兼天下諸矦

始皇詔版二（秦銅·137）：皇帝盡并（併）兼天下諸矦

始皇詔版三（秦銅·138）：皇帝盡并（併）兼天下諸矦

始皇詔版七（秦銅·143）：皇帝盡并（併）兼天下諸矦

始皇詔版八（秦銅·144）：皇帝盡并（併）兼天下諸矦

始皇詔版九（殘）（集證·44.2）：皇帝盡并（併）兼天下諸矦

秦箕斂（箕斂·封3）：皇帝盡并（併）兼天下諸矦

北私府橢量·始皇詔（秦銅·146）：皇帝盡并（併）兼天下諸矦

北私府橢量·始皇詔（秦銅·146）：皇帝盡并（併）兼天下諸矦

兩詔橢量一（秦銅·148）：皇帝盡并（併）兼天下諸矦

兩詔橢量三之一（秦銅·150）：皇帝盡并（併）兼天下諸矦

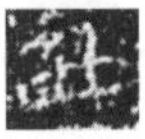左樂兩詔鈞權（集證·43）：皇帝盡并（併）兼天下諸矦

兩詔版（秦銅·174.1）：皇帝盡并（併）兼天下諸矦

兩詔銅權一(秦銅·175):皇帝盡并(併)兼天下諸侯

兩詔銅權三(秦銅·178):皇帝盡并(併)兼天下諸侯

兩詔銅權四(秦銅·179.1):皇帝盡并(併)兼天下諸侯

兩詔斤權一·摹(集證·46):皇帝盡并(併)兼天下諸侯

兩詔斤權二·摹(集證·49):皇帝盡并(併)兼天下諸侯

兩詔斤權二·照片(集證·47.2):皇帝盡并(併)兼天下諸侯

兩詔斤權一(集證·45):皇帝盡并(併)兼天下諸侯

平陽銅權·摹(秦銅·182):皇帝盡并(併)兼天下諸侯

美陽銅權(秦銅·183):皇帝盡并(併)兼天下諸侯

會稽刻石·宋刻本:皇帝并(併)宇

泰山刻石·宋拓本:初并(併)天下

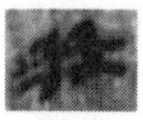
睡簡·日甲·116 正:必并人家

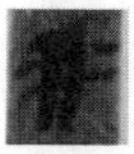
睡簡·答問·49:當并臧(贓)以論

睡簡·答問·12:當并臧(贓)以論

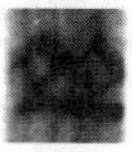
睡簡·秦律·137:或欲籍(藉)人與并居之

關簡·345:并□侍之

關簡·352:與腏以并塗囷廥下

關簡·319:即以并傳

關簡·58:甲午并左曹〖注〗并,合併。

關簡·369:并之

關簡·374:以給、顛首、沐浥歆

帛書·病方·437:燔北鄉(嚮)并符

帛書·病方·438:并直(置)瓦赤鋪(鬴)中

帛書·病方·殘10:□并□

帛書·病方·3:即以赤荅一斗并□

帛書·病方·14:取彘膏、□衍并冶

帛書·病方·25:凡二物并和

帛書·病方·41:以□并盛

帛書·病方·61:并熬之

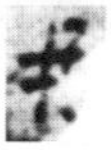
帛書·病方·68:去皮而并冶

帛書·病方·85:并黍、叔(菽)、秫(朮)三

帛書·病方·154:以龍須(鬚)一束并者(煮)□

帛書·病方·165:取棄、實并冶

帛書·病方·182:并以酒煮而飲之

帛書·病方·216:并以醯二升和

帛書·病方·227:并冶

帛書·病方·242:并舂(舂)

帛書·病方·272:并以三指大最(撮)一入桮(杯)酒中

帛書・病方・283:并冶

帛書・病方・318:并和

帛書・病方・342:并□

帛書・病方・347:并以截□斗煮之

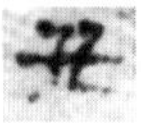
帛書・病方・350:并和

帛書・病方・352:并以彘職(膱)膏弁

帛書・病方・373:并以金銚熘桑炭

帛書・病方・378:并以鼎□如梕

帛書・病方・413:并和以車故脂

秦陶・1573:并(併)兼天下

陶量(秦印編159):并

陶量(秦印編159):并

陶量(秦印編159):并

始皇詔陶印(《研究》附):皇帝盡并(併)兼天下諸矦

秦陶・1548:皇帝盡并(併)兼

秦陶・1549:盡并(併)兼天下諸矦

秦陶・1557:并(併)兼天下諸矦

秦陶・1558:并(併)兼天下

秦陶・1567:帝盡并(併)□天

秦陶・1568:帝盡并(併)兼

秦陶・1569:帝盡并(併)兼

秦陶・1570:□帝盡并(併)兼□下

秦陶・1572:并(併)兼

1832  比 夶

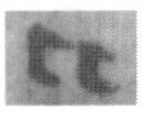
天簡28・乙:比於宮聲

睡簡・爲吏・24:比(庇)臧(藏)封印〖注〗庇,覆蓋。

睡簡・爲吏・31:則士毋所比〖注〗比,親附。

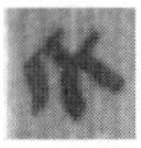
睡簡・效律・27:萬石一積而比黎之爲戶

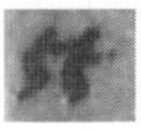
睡簡・答問・88:比疻痏

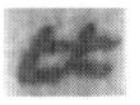
睡簡・答問・87:比疻痏

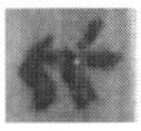
睡簡・答問・78:比大父母

睡簡・答問・75:比毆主

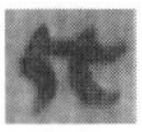
睡簡・答問・75:比折支(肢)

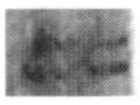
睡簡・答問・185:得比公士贖耐不得

睡簡・答問・185:得比焉

睡簡・答問・126:它辠比羣盜者皆如此

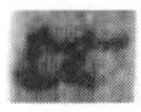
睡簡・答問・133:得比公瘁(癃)不得

睡簡・答問・133:得比焉

睡簡·答問·101：百步中比壄（野）

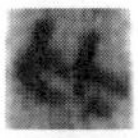
睡簡·封診·75：比大内

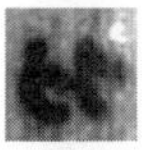
睡簡·秦律·21：萬石一積而比黎之爲戶〖注〗比黎，荊笆或籬笆。

睡簡·秦律·168：萬［石一積而］比黎之爲戶

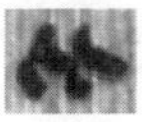
睡簡·雜抄·22：三歲比殿

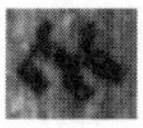
睡簡·雜抄·21：鬃園三歲比殿

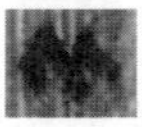
睡簡·雜抄·17：省三歲比殿〖注〗比殿，連續評爲下等。

帛書·病方·231：□縣（懸）茅比所〖注〗比所，近處。

帛書·病方·444：人毆人毆而比鬼

秦印編159：比晉

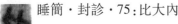

1833  北

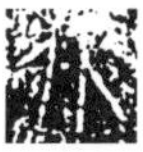
二年寺工壺（集證·32）：北寑（寢）

二年寺工壺·摹（秦銅·52）：北寑（寢）

雍工敃壺·摹（秦銅·53）：北寑（寢）

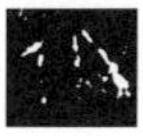
北私府橢量·柄刻文（秦銅·147）：北私府〖注〗北私府，"北宮私府"省文。北宮，宮名。

卌二年相邦冉戈·摹（珍金·81）：武，北廿（?）〖注〗北，地名，疑指北宮。

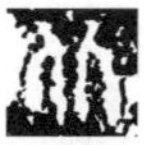
石鼓文·吳人（先鋒本）：𢦏（載）西𢦏（載）北

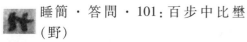

天簡23·甲：昏北吉

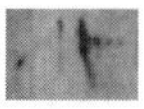
天簡23·甲：北吉

天簡21·甲：昏北吉

天簡21·甲：昏北吉

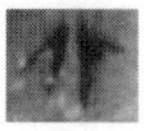
天簡22·甲：西吉中夜北吉

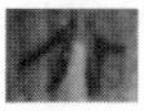
天簡23·甲：南吉昏北吉

天簡23·甲：昏西吉中夜北吉

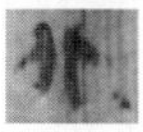
天簡25·乙：其盜從北方入

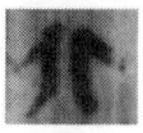
天簡33·乙：西吉日中北吉

天簡33·乙：上北而生者

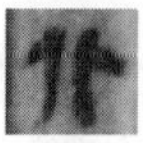
天簡33·乙：日中西吉昏北吉

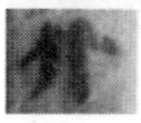
天簡38·乙：冬三月戊戌不可北行百里大兇（凶）

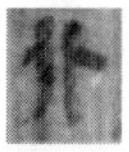
天簡38·乙：西吉日中北吉

睡簡·日乙·158：黑肉從北方來

睡簡·日乙·159：北吉

睡簡·日乙·157：北得

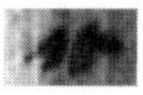
睡簡·日甲·18背：宇多於東北之北

睡簡·日甲·18背：宇多於東北之北

睡簡·日甲·17背：宇多於西北之北

睡簡·日甲·17背：宇多於西北之北

睡簡・日乙・197:東北

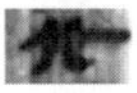
睡簡・答問・174:女子北其子〖注〗北,別,分出。

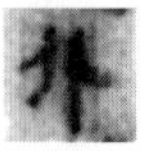
睡簡・封診・81:柖在内東北

睡簡・封診・79:内北有垣

睡簡・封診・79:垣北去小堂北厬丈

睡簡・封診・58:襦北(背)及中衽□汙血

睡簡・封診・57:北(背)二所

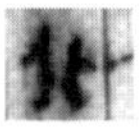
睡簡・封診・57:柀(被)汙頭北(背)及地

睡簡・封診・57:皆從(縱)頭北(背)〖注〗背,脊背。

睡簡・日甲・20背:北方下

睡簡・日甲・20背:圂居西北匜

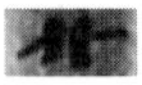
睡簡・日甲・20背:井居西北匜

睡簡・日甲・20背:圈居宇正北

睡簡・日甲・23背:圈居宇西北

睡簡・日甲・21背:圂居正北

睡簡・日甲・99正:毋起北鄉(嚮)室

睡簡・日甲・95正:北鄉(嚮)門

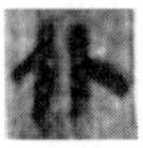
睡簡・日甲・91背:北方水

睡簡・日乙・171:北兇(凶)

睡簡・日乙・145:西北行

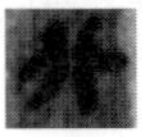
睡簡・日甲・60正:北困辱

睡簡・日甲・60正:西北毄(磬?)

睡簡・日甲・62正:東北刺離

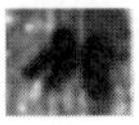
睡簡・日甲・62正:若以是月殹(也)北徙

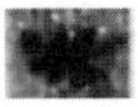
睡簡・日甲・62正:西北少吉

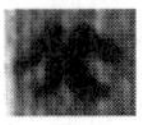
睡簡・日甲・66正:北禺(遇)英(殃)

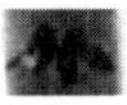
睡簡・日甲・64背:東北鄉(嚮)如(茹)之乃臥

睡簡・日甲・64正:以北大羊(祥)

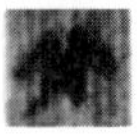
睡簡・日甲・65正:北數反其鄉

睡簡・日甲・61正:北精

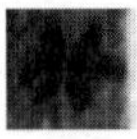
睡簡・日甲・61正:東北困

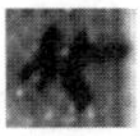
睡簡・日甲・61正:西北刺離

睡簡・日甲・72背:旦閉夕啟北方

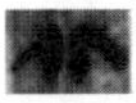
睡簡・日甲・77正:煩居北方

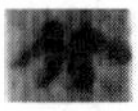
睡簡・日甲・100正:筑(築)北垣

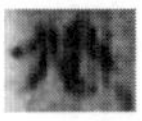
睡簡・日甲・120正:北門

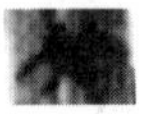
睡簡・日甲・126正:北門

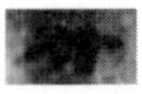
睡簡・日甲・19背:宇北方高

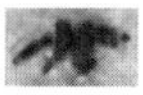
睡簡・日甲・19 背:宇多於東北

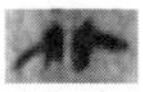
睡簡・日甲・17 背:囷居宇東北亙

睡簡・日甲・17 背:水瀆(竇)北出

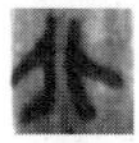
睡簡・日甲・138 背:毋起北南陳垣及蹭(增)之

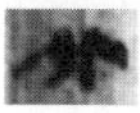
睡簡・日甲・132 正:毋以丁庚東北行

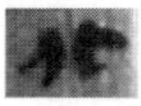
睡簡・日甲・132 正:毋以乙丙西北行

睡簡・日甲・136 正:北凶

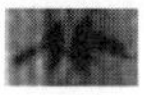
睡簡・日甲・136 正:北吉

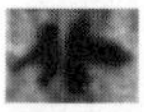
睡簡・日甲・59 正:西北辱

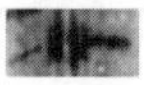
睡簡・日甲・136 正:旦北吉

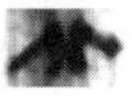
睡簡・日甲・131 正:冬三月戊戌不可北

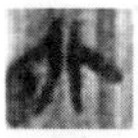
睡簡・日甲・140 背:冬三月毋起北鄉(嚮)室

睡簡・日甲・14 背:囷居宇西北亙

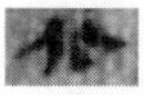
睡簡・日甲・144 正:去其邦北

睡簡・日甲・15 背:爲池正北

睡簡・日甲・110 正:九月北方

睡簡・日甲・118 正:囷北鄉(嚮)廥

睡簡・日甲・115 正:囷居北鄉(嚮)廥

睡簡・日乙・200:西北反鄉

睡簡・日乙・200:正北盡

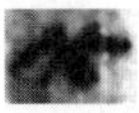
睡簡・日甲・59 正:東北少吉

睡簡・日乙・205:去室北

睡簡・日乙・220:正北有火起

睡簡・日乙・248:凡生子北首西鄉(嚮)

睡簡・日乙・242:去其邦北亟

睡簡・日乙・259:其北壁臣

睡簡・日乙・253:其門西北出

睡簡・日乙・210:其西北有憙

睡簡・日乙・215:其東北受兇(凶)

睡簡・日乙・215:正北有憙(禧)

睡簡・日乙・211:北方

睡簡・日乙・75:北鄉(嚮)者賤

睡簡・日甲・77 正:歲在北方

睡簡・日乙・75:西北鄉(嚮)者被刑

睡簡・日乙・187:煩在北

睡簡・日乙・198:北續光

睡簡・日乙・198:西北執辱

睡簡・日乙・198:正北郤

睡簡·日乙·199:北毄(關)

睡簡·日乙·199:東北執辱

睡簡·日乙·199:正北夬麗

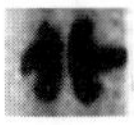
睡簡·日乙·197:正北吉富

睡簡·日乙·194:西北鄉(嚮)擇(釋)髮而駟(呬)

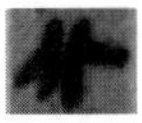
睡簡·日乙·169:北得

睡簡·日乙·167:北得

睡簡·日乙·163:北見疾

睡簡·日乙·165:北兇(凶)

睡簡·日乙·161:寅以東北吉

睡簡·日乙·176:赤肉從北方來

睡簡·日乙·173:申以東北得

關簡·151:北首者北

關簡·151:北首者北〖注〗北,讀爲"鄁",卑賤。

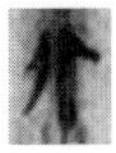
關簡·376:北鄉(嚮)

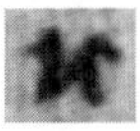
關簡·50:戊子宿迣贏邑北上渧

關簡·362:求北方

關簡·366:北斗長史

關簡·363:北行越水

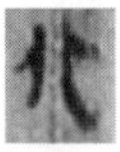
關簡·361:求西北方

帛書·灸經甲·50:起於手北(背)

帛書·足臂·23:陽病北(背)如流湯

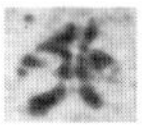
帛書·病方·210:令頹(癪)者北首臥北鄉(嚮)廡中

帛書·病方·210:令頹(癪)者北首臥北鄉(嚮)廡中

帛書·病方·96:父居北在

帛書·病方·97:北鄉(嚮)

帛書·病方·104:騷(掃)尤(疣)北

帛書·病方·105:令南北[列]

帛書·病方·106:靡(磨)尤(疣)北

帛書·病方·111:靡(磨)宥(疣)室北

帛書·病方·111:以月晦日之室北

帛書·病方·180:令病者北(背)火炙之

帛書·病方·437:燔北鄉(嚮)并符

帛書·病方·443:毋匿□北□巫婦求若固得

帛書·灸經甲·38:北(背)痛

帛書·灸經甲·48:乘手北(背)

集證·144.186:北私庫印〖注〗北,北宮。

秦印編160:北私庫印

集證·158.404:北鄉之印

秦印編160:北鄉之印

秦印編160:北宮

封泥集204·1:北宮

集證·135.36:北宮工丞

封泥印63:北宮工丞

秦印編160:北宮工丞

封泥集205·2:北宮工丞

封泥集206·3:北宮宦丞

秦印編160:北宮宦丞

封泥集206·1:北宮宦丞

封泥集206·2:北宮宦丞

秦印編160:北宮私丞

封泥集208·5:北宮私丞

封泥集207·1:北宮私丞

封泥印65:北宮私丞

封泥集207·2:北宮私丞

封泥集207·3:北宮私丞

封泥集208·4:北宮私丞

新封泥C·19.4:北宮私丞

封泥集208·6:北宮私丞

集證·135.39:北宮私丞

秦陶·985:北司〖注〗北司,官署名。王輝說爲"北宮司空"省文。

集證·222.267:北司

秦印編160:北司

秦印編160:北司

秦印編160:北司

秦印編160:北司

秦印編160:北司

秦陶·1005:北司

秦陶·1006:北司

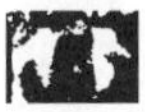
秦陶·991:北司

秦陶·989:北司

秦陶·993:北司

秦陶·994:北司

秦陶·995:北司

秦陶·996:北司

秦陶·998:北司

秦陶·1000:北司

秦陶·1002:北司

秦陶·1003:北司

秦陶·1004:北司

秦陶 A·1.4:北司

秦陶 A·1.5:北司

秦陶 A·1.3:北司

秦印編 160:北易

秦陶·984:北易〖注〗北,“北司”省稱,官署名。

封泥集 205·1:北官弋丞

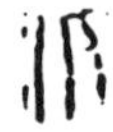
封泥集 205·3:北宮弋丞

封泥集 205·2:北宮弋丞

集證·135.37:北宮弋丞

封泥印 64:北宮弋丞

封泥集 207·6:北宮宦丞

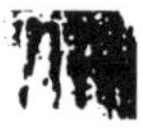
封泥集 207·7:北宮宦丞

封泥印 65:北宮宦丞

集證·134.31:北宮宦丞

封泥集 207·8:北宮宦丞

封泥集 207·9:北宮宦丞

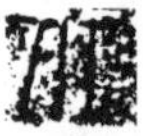
集證·135.32:北宮宦丞

集證·135.33:北宮宦□

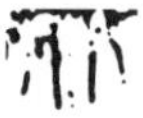
封泥集 339·1:北鄉

集證·135.34:北□

集證·151.287:濟北大守〖注〗濟北,地名。

封泥印 64:北宮榦丞

新封泥 A·2.20:北宮工室

新封泥 A·3.2:北宮榦官

瓦書·郭子直摹:北到于桑匽(堰)之封

秦陶·488:平陰居貲北游公士滕〖注〗北游,地名。

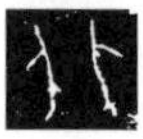
秦陶·1488:北園呂氏缶〖注〗北園,地名。

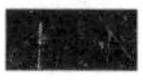
秦陶·1491.2:北

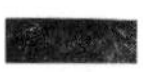
秦陶·1491.3:北

秦陶·986:北工

秦陶·435:北

秦陶·436:北

秦陶·437:北

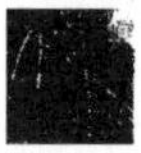
秦陶·443:北

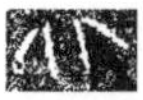
秦陶・438:北

秦陶・439:北

秦陶・440:北

秦陶・441:北

秦陶・1091:北

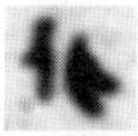
地圖注記・摹(地圖・5):北谷下道宛

地圖注記・摹(地圖・5):北有灌夏百錦

1834  冀

五十年詔事戈・摹(集證・31):冀〖注〗冀,地名。

集證・179.684:冀騈〖注〗冀騈,人名。

封泥集・附一409:冀丞之印

集證・156.377:冀丞之印

秦印編160:冀丞之印

集證・221.265:冀□

集證・222.266:冀稡

1835 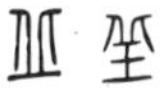 丘 垕

廩丘戈・摹(秦銅・191):廩丘〖注〗廩丘,地名。

睡簡・日甲・24背:故丘鬼恆畏人

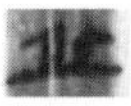
睡簡・日甲・63背:取丘下之莠

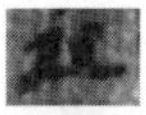
睡簡・日甲・45背:人過於丘虛

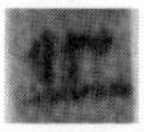
睡簡・封診・49:灋(廢)丘已傳

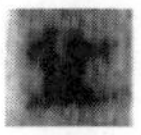
睡簡・封診・47:告灋(廢)丘主

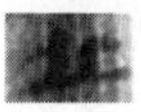
睡簡・日甲・29背:取故丘之土

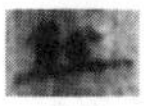
睡簡・日甲・29背:是是丘鬼

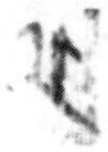
龍簡・35:沙丘苑中風荼者〖注〗沙丘,古地名。

龍簡・263・摹:□丘□

帛書・病方・61:取丘(蚯)引(蚓)矢二升

帛書・病方・104:以月晦日之丘井有水者

集證・153.328:灋丘左尉〖注〗灋,讀爲“廢”,廢丘,縣名。

秦印編160:閭丘勝

秦印編160:毋丘得

秦印編160:廢丘丞印

秦印編160:廢丘

封泥集278・1:廢丘〖注〗廢丘,地名。

封泥集279・1:廢丘丞印

封泥集279・2:廢丘丞印

封泥集279・3:廢丘丞印

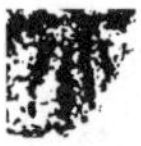 封泥集 279 · 4：廢丘丞印

 封泥集 279 · 5：廢丘丞印

 封泥集 279 · 6：廢丘丞印

 封泥集 279 · 7：廢丘丞印

 封泥集 279 · 8：廢丘丞印

 封泥集 279 · 9：廢丘丞印

 封泥集 331 · 1：盧丘丞印〖注〗盧丘，地名。

 封泥集 359 · 1：纍丘鄉印

 封泥集 359 · 2：纍丘鄉印

 集證 · 153.329：廢丘丞印

 集證 · 153.330：廢丘

 集證 · 153.331：廢丘

 封泥印 103：廢丘

 封泥印 104：廢丘丞印

 集證 · 223.281：瀘丘□

1836  虛

 天簡 34 · 乙：甲辰旬申酉虛寅卯孤失虛在正西

 天簡 28 · 乙：卦類雜虛

 天簡 34 · 乙：甲辰旬申酉虛寅卯孤失虛在正西

 睡簡 · 日乙 · 106：虛，百事［凶］

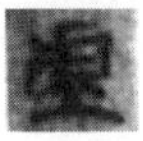 睡簡 · 日乙 · 89：正月虛□

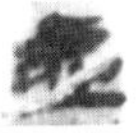 睡簡 · 日乙 · 29：虛丑

 睡簡 · 日乙 · 26：虛戌

 睡簡 · 日乙 · 30：虛寅

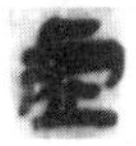 睡簡 · 日乙 · 32：虛辰

 睡簡 · 日乙 · 36：虛申

 睡簡 · 日乙 · 37：虛酉

 睡簡 · 日乙 · 33：虛巳

 睡簡 · 日乙 · 34：虛午

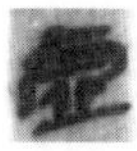 睡簡 · 日乙 · 35：虛未

 睡簡 · 日乙 · 31：虛卯

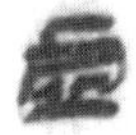 睡簡 · 日乙 · 45：虛日

 睡簡 · 日乙 · 41：子在虛

 睡簡 · 日甲 · 45 背：人過於丘虛

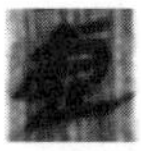 睡簡 · 日甲 · 58 正：玄戈毄（繫）虛

 睡簡 · 日甲 · 59 正：虛四徹不可入客、寓人及臣妾

 睡簡 · 日甲 · 57 正：須女、虛致死

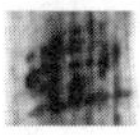 睡簡 · 日甲 · 54 正：須女、虛少吉

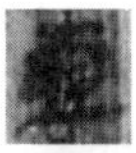 睡簡・日甲・51 正：須女、虛大吉

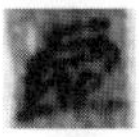 睡簡・日甲・122 正：宜錢金而入易虛

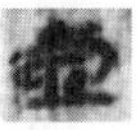 睡簡・日甲・116 正：數富數虛

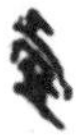 龍簡・129：人及虛租希（稀）程者〖注〗虛，不實。

 龍簡・143・摹：虛租而失之如□

 關簡・141：虛〖注〗虛，二十八宿之一。

 關簡・207：［斗］乘虛

 關簡・207：所言者虛故事〖注〗虛，假的，不真實的。

 關簡・260：□以孤虛循求盜所道入者及臧（藏）處〖注〗孤虛，古代方術語。

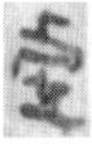 關簡・357：子丑爲虛

 關簡・355：辰巳爲虛

 帛書・脈法・81：□虛則主病它脈（脈）

1837　　眾

 商鞅方升（秦銅・21）：齊遣卿夫＝（大夫）眾來聘〖注〗眾，人名。

 詛楚文・巫咸（中吳本）：今有（又）悉興其眾

 詛楚文・巫咸（中吳本）：唯是秦邦之羸眾敝賦

 詛楚文・亞駝（中吳本）：今又悉興其眾

 詛楚文・湫淵（中吳本）：唯是秦邦之羸眾敝賦

 詛楚文・亞駝（中吳本）：唯是秦邦之羸眾敝賦

 秦駰玉版・甲・摹：眾人弗智（知）

 秦駰玉版・乙・摹：眾人弗智（知）

 會稽刻石・宋刻本：率眾自強

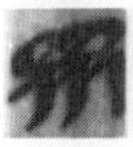 睡簡・答問・51：譽適（敵）以恐眾心者

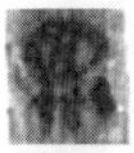 睡簡・秦律・78：其所亡眾

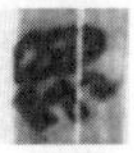 睡簡・日甲・86 背：會眾

 睡簡・答問・52：廣眾心

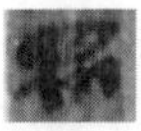 睡簡・日甲・49 背：鳥獸虫豸甚眾

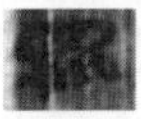 睡簡・日甲・5 正：最（聚）眾必亂者〖注〗最眾，聚眾。

 帛書・病方・50：□間（癇）多眾

 秦印編 160：和眾

 秦印編 161：和眾

 秦印編 160：和眾

 秦印編 161：和眾

 秦印編 160：和眾

 秦印編 161：安眾

 秦印編 160：和眾

 秦印編 161：正眾

 秦印編 160：和眾

 秦印編 161：奇眾

 秦印編 160：和眾

 秦印編 161：宜民和眾

 秦印編 161：應眾和印

 秦印編 161：宜士和眾

 秦印編 161：徐眾

 集證・186.773：正眾〖注〗正眾，矯正民眾。

 集證・186.774：安眾〖注〗安眾，使民眾安定。

 集證・186.775：和眾〖注〗和眾，使民眾和順。

 集證・186.776：和眾

 集證・186.777：宜民和眾

 集證・186.778：宜民和眾

1838　　聚

 睡簡・日乙・132・摹：聚具畜生

 睡簡・爲吏・2：惠以聚之

 秦印編 161：慶聚

 秦印編 161：高聚

1839　　徵 徵

 睡簡・秦律・115：御中發徵〖編者按〗此字省“彳”旁。

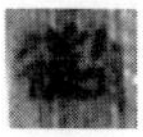 睡簡・爲吏・20：因而徵之

 帛書・病方・55：毋徵

 帛書・病方・55：徵盡而止

1840　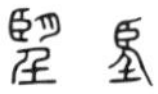　朢 𦣠(望)

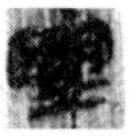 睡簡・日甲・27 正：弦朢及五辰不可以興樂□

 睡簡・日甲・68 背：以朢之日日始出而食之

 睡簡・日甲・125 背：祠史先龍丙朢

 睡簡・日甲・155 背：朢，利爲囷倉

 睡簡・日乙・52：祠史先龍丙朢

 睡簡・日乙・118：凡月朢

 睡簡・爲吏・29：使民朢之

 睡簡・爲吏・3：民將朢表以戾真

 帛書・病方・110：除日已朢

 封泥集 353・2：平望鄉印〖注〗平朢鄉，鄉名。

 秦印編 161：鞫朢

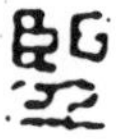 封泥集 353・1：平朢鄉印

秦印編 246:平朢鄉印

1841　　重

卅七年銀器足・摹(金銀器 344):重八兩十一朱(銖)

卌年銀器足・摹(金銀器 344):四枚重□□

卌年銀耳杯・摹(臨淄 173.1):重一斤十二兩十四朱(銖)

卅三年銀盤・摹(齊王・18.3):重六斤十二兩

卅三年銀盤・摹(齊王・19.4):重六斤十三兩

麗山園鍾(秦銅・185):重二鈞十三斤八兩

咸陽四斗方壺(珍金・119):重十九斤四兩

咸陽四斗方壺・摹(珍金・119):重十九斤四兩

蒷陽鼎(集證・55):重六斤七兩

雍庫鑰(秦銅・93 附圖):重一斤一兩

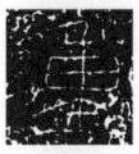商鞅方升(秦銅・21):重泉〖注〗重泉,地名。

宜工銅權(精粹 103):宜工重卌斤

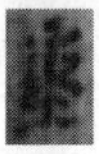天簡 34・乙:重言閒=

睡簡・日甲・32 正:是胃(謂)重光

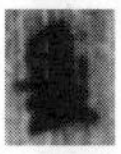睡簡・爲吏・14:悔過勿重

睡簡・效律・60:誤自重(踵?)殹〖注〗重,疑讀爲"踵",蹤跡。

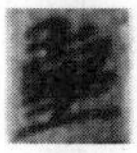睡簡・答問・93:辠當重而端輕之

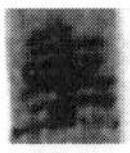睡簡・答問・64:不重

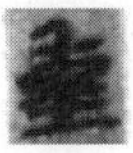睡簡・答問・64:可(何)重也

睡簡・答問・36:吏智(知)而端重若輕之

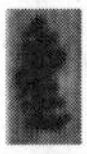睡簡・秦律・196:官吏有重辠

睡簡・雜抄・21:采山重殿〖注〗重殿,再次評爲下等。

龍簡・171・摹:□故輕故重□

龍簡・136・摹:□輕重于程〖注〗輕重,或輕或重。

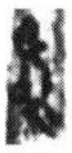龍簡・170:□租故重□〖注〗故重,故意加重。

龍簡・174・摹:□重租與故

帛書・灸經甲・66:重履而步

先秦幣・101.4:一珠重一兩〖注〗一珠重,一枚圜錢之重。

先秦幣・101.2:一珠重一兩

先秦幣・101.3:一珠重一兩

封泥印 95:重泉丞印

集證・219.244:咸重成鳥〖注〗重,里名。

秦陶・368:櫟陽重〖注〗重,人名。

秦陶・458:重

集證・216.223:咸重里禾〖注〗重里,里名。

集證・218.243:咸重成□

1842　　量量

北私府橢量·始皇詔(秦銅·146):灋(法)度量則〖注〗灋(法)度量則,(提供)天下效法、參照的度量衡的標準器。

兩詔銅權一(秦銅·175):灋(法)度量則

北私府橢量·始皇詔(秦銅·146):灋(法)度量則

兩詔銅權一(秦銅·175):灋(法)度量則

北私府橢量·二世詔(秦銅·147):灋(法)度量則

大騩銅權(秦銅·131):灋(法)度量則

大騩銅權(秦銅·131):灋(法)度量則

二世元年詔版八(秦銅·168):灋(法)度量則

二世元年詔版二(秦銅·162):灋(法)度量則

二世元年詔版九(秦銅·169):灋(法)度量則

二世元年詔版六(秦銅·166):灋(法)度量則

二世元年詔版七(秦銅·167):灋(法)度量則

二世元年詔版三(秦銅·163):灋(法)度量則

二世元年詔版十二(秦銅·172):灋(法)度量則

二世元年詔版十三(集證·50):灋(法)度量則

二世元年詔版十一(秦銅·171):灋(法)度量則

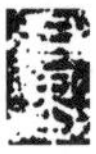二世元年詔版四(秦銅·164):灋(法)度量則

二世元年詔版五(秦銅·165):灋(法)度量則

二世元年詔版一(秦銅·161):灋(法)度量則

高奴禾石銅權(秦銅·32.2):灋(法)度量則

兩詔斤權一·摹(集證·46):灋(法)度量則

兩詔斤權一·摹(集證·46):灋(法)度量則

兩詔版(秦銅·174.1):灋(法)度量則

兩詔版(秦銅·174.1):灋(法)度量則

兩詔斤權二·摹(集證·49):灋(法)度量則

兩詔斤權二·摹(集證·49):灋(法)度量則

兩詔斤權一(集證·45):灋(法)度量則

兩詔斤權一(集證·45):灋(法)度量則

兩詔銅權二(秦銅·176):灋(法)度量則

兩詔銅權二(秦銅·176):灋(法)度量則

兩詔銅權三(秦銅·178):灋(法)度量則

兩詔銅權三(秦銅·178):灋(法)度量則

兩詔銅權四(秦銅·179.1):灋(法)度量則

兩詔銅權五(秦銅·180):灋(法)度量則

兩詔銅權五(秦銅·180):灋(法)度量則

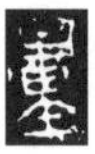兩詔銅權一(秦銅·175):灋(法)度量則

兩詔橢量二(秦銅·149):灋(法)度量則

兩詔橢量二(秦銅·149):灋(法)度量則

兩詔橢量三之二(秦銅·151):灋(法)度量則

兩詔橢量三之一(秦銅·150):灋(法)度量則

兩詔橢量一(秦銅·148):灋(法)度量則

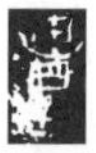
兩詔橢量一(秦銅·148):灋(法)度量則

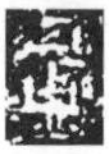
美陽銅權(秦銅·183):灋(法)度量則

美陽銅權(秦銅·183):灋(法)度量則

平陽銅權·摹(秦銅·182):灋(法)度量則

平陽銅權·摹(秦銅·182):灋(法)度量則

僅存銘兩詔銅權(秦銅·135-18.1):灋(法)度量則

僅存銘兩詔銅權(秦銅·135-18.2):灋(法)度量則

僅存銘兩詔銅權(秦銅·135-18.2):灋(法)度量則

僅存銘始皇詔銅權·八(秦銅·135-8):灋(法)度量則

僅存銘始皇詔銅權·二(秦銅·135-2):灋(法)度量則

僅存銘始皇詔銅權·九(秦銅·135-9):灋(法)度量則

僅存銘始皇詔銅權·六(秦銅·135-6):灋(法)度量則

僅存銘始皇詔銅權·七(秦銅·135-7):灋(法)度量則

僅存銘始皇詔銅權·三(秦銅·135-3):灋(法)度量則

僅存銘始皇詔銅權·十七(秦銅·135-17):灋(法)度量則

僅存銘始皇詔銅權·十三(秦銅·135-13):灋(法)度量則

僅存銘始皇詔銅權·十四(秦銅·135-14):灋(法)度量則

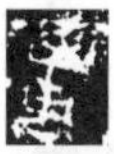
僅存銘始皇詔銅權·四(秦銅·135-4):灋(法)度量則

僅存銘始皇詔銅權·一(秦銅·135-1):灋(法)度量則

秦箕斂(箕斂·封3):灋度量則

商鞅方升(秦銅·21):灋(法)度量則

始皇詔八斤銅權二(秦銅·135):灋(法)度量則

始皇詔八斤銅權一(秦銅·134):灋(法)度量則

始皇詔版八(秦銅·144):灋(法)度量則

始皇詔版二(秦銅·137):灋(法)度量則

始皇詔版七(秦銅·143):灋(法)度量則

始皇詔版三(秦銅·138):灋(法)度量則

始皇詔版五·殘(秦銅·141):灋(法)度量則

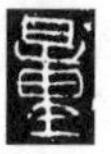
始皇詔版一(秦銅·136):灋(法)度量則

始皇詔十六斤銅權二(秦銅·128):灋(法)度量則

始皇詔十六斤銅權三(秦銅·129):灋(法)度量則

始皇詔十六斤銅權四(秦銅·130.2):灋(法)度量則

始皇詔十六斤銅權一(秦銅·127):灋(法)度量則

始皇詔鐵石權七(秦銅・125):灋(法)度量則

始皇詔鐵石權四(秦銅・123):灋(法)度量則

始皇詔銅方升三(秦銅・100):灋(法)度量則

始皇詔銅方升四(秦銅・101):灋(法)度量則

始皇詔銅方升一(秦銅・98):灋(法)度量則

始皇詔銅權八(秦銅・117):灋(法)度量則

始皇詔銅權九(秦銅・118):灋(法)度量則

始皇詔銅權六(秦銅・115):灋(法)度量則

始皇詔銅權三(秦銅・112):灋(法)度量則

始皇詔銅權十(秦銅・119):灋(法)度量則

始皇詔銅權十一(珍金・124):灋(法)度量則

始皇詔銅權四(秦銅・113):灋(法)度量則

始皇詔銅權一(秦銅・110):灋(法)度量則

始皇詔銅橢量二(秦銅・103):灋(法)度量則

始皇詔銅橢量六(秦銅・107):灋(法)度量則

始皇詔銅橢量三(秦銅・104):灋(法)度量則

始皇詔銅橢量四(秦銅・105):灋(法)度量則

始皇詔銅橢量五(秦銅・106):灋(法)度量則

始皇詔銅橢量一(秦銅・102):灋(法)度量則

武城銅橢量(秦銅・109):灋(法)度量則

旬邑銅權(秦銅・133):灋(法)度量

旬邑銅權(秦銅・133):灋(法)度量則

左樂兩詔鈞權(集證・43):灋(法)度量則

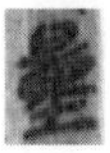
睡簡・答問・195:雖不養主而入量(糧)者〖注〗糧,穀。

睡簡・爲吏・5:慎度量

帛書・病方・233:燔量簧〖注〗量簧,藥名。

陶量(秦印編161):量

陶量(秦印編161):量

秦陶・1604:□度量□

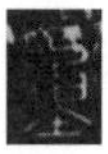
始皇詔陶印(《研究》附):灋(法)度量則

秦陶・1590:灋(法)度量則

秦陶・1594:□度量則

1843  臥

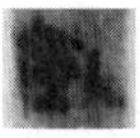
睡簡・封診・73:乙獨與妻丙晦臥堂上

睡簡・日甲・24背:一室中臥者眯也

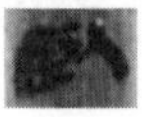
睡簡・日甲・25背:彼窋(屈)臥箕坐

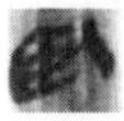
睡簡・日甲・64背:東北鄉(嚮)如(茹)之乃臥

關簡・320:東首臥到晦

關簡・337：卽令病心者南首臥

帛書・足臂・15：牧牧耆(嗜)臥以欬(咳)

帛書・足臂・22：不得臥

帛書・病方・64：令[齧]者臥

帛書・病方・210：令穨(癩)者北首臥北鄉(嚮)廡中

帛書・病方・296：溫衣臥□

帛書・病方・459：得臥

帛書・灸經甲・56：不能臥

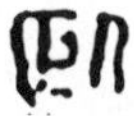
封泥集 386・1：上官臥犕〖注〗臥犕，人名。〖編者按〗或說“臥犕”是擥字誤析。參 2734 條。

封泥印 31：尚臥倉印

封泥集 162・1：尚臥

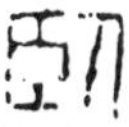
秦印編 161：尚臥

1844 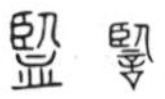 監 督

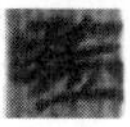
睡簡・答問・151：令史監者一盾

龍簡・144：租者監者詣受匿(?)租所□然□〖注〗監，監督。

新封泥 C・16.10：禁苑右監〖注〗右監，官名。

封泥集・附一 409：郎中監印

封泥集 237・3：橘監〖注〗橘監，官名。

封泥集 237・1：橘監

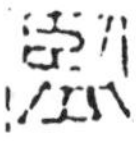
封泥集 237・2：橘監

1845  臨

商鞅方升(秦銅・21)：臨〖注〗臨，地名。

廿二年臨汾守戈(集證・36.1)：廿二年臨汾守曋〖注〗臨汾，王輝說爲郡名。

廿二年臨汾守戈・摹(集證・36.1)：廿二年臨汾守曋

詛楚文・亞駝(中吳本)：率者(諸)侯之兵以臨加我

詛楚文・湫淵(中吳本)：率者(諸)侯之兵以臨加我

詛楚文・巫咸(中吳本)：率者(諸)侯之兵以臨加我

會稽刻石・宋刻本：秦聖臨國

泰山刻石・宋拓本：皇帝臨立(位)

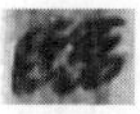
睡簡・日甲・22 背：祠木臨宇

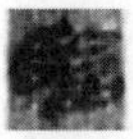
睡簡・日甲・38 正：不可臨官、飲食、樂、祠祀

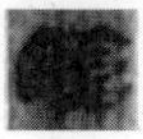
睡簡・日甲・32 正：臨官立(涖)正(政)相宜也〖注〗臨官，任官。

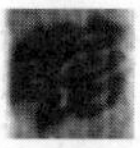
睡簡・日甲・128 正：凡是日赤啻(帝)恆以開臨下民而降其英(殃)

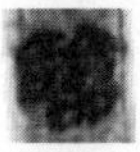
睡簡・日甲・129 正：句(苟)毋(無)直赤啻(帝)臨日

睡簡・日乙・237：利以臨官立(涖)政

睡簡・日乙・136：直赤啻(帝)臨日

 睡簡・日乙・134：凡是日赤啻(帝)恆以開臨下民而降央(殃)

 睡簡・爲吏・37：臨事不敬

 睡簡・爲吏・50：臨材(財)見利

 睡簡・爲吏・51：臨難見死

 封泥印100：臨晉丞印

 封泥集263・1：臨菑司馬〖注〗臨菑，地名。

 秦印編162：臨菑丞印

 秦印編162：臨菑丞印

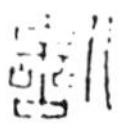 秦印編162：臨晉丞印

 秦印編162：臨菑丞印

 秦印編162：臨菑丞印

 秦印編162：臨晉翏

 集證・155.355：臨菑丞印

 封泥集281・2：臨晉丞印〖注〗臨晉，地名。

 集證・155.356：臨菑丞印

 封泥集319・3：臨菑丞印

 封泥印・附二192：臨菑司馬

 封泥集319・5：臨菑丞印

 集證・152.311：臨晉丞印

 秦陶・1233：臨晉翏

 秦陶・1271：臨晉翏

 秦陶・368：臨晉□

 秦陶・1229：臨晉翏

 地圖注記・摹(地圖・5)：上臨

 地圖注記・摹(地圖・5)：下臨

 地圖注記・摹(地圖・4)：上臨

1846　　身

 秦駰玉版・甲・摹：余身曹(遭)病

 秦駰玉版・乙・摹：余身曹(遭)病

 睡簡・爲吏・34：身亦毋薛(辥)

 睡簡・爲吏・41：須身旞(遂)過

 睡簡・答問・69：其子新生而有怪物其身及不全而殺之

 睡簡・答問・69：子身全毆

 睡簡・封診・88：其頭、身、臂、手指、股以下到足、足指類人

 睡簡・封診・27：山儉(險)不能出身山中

 睡簡・封診・38：甲未賞(嘗)身免丙〖注〗身，親自。

 睡簡・封診・46：令終終身毋得去署(遷)所

 睡簡・封診・47：令終身毋得去署(遷)所論之

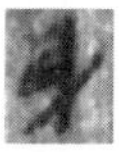
睡簡・日甲・75 背:其身不全

睡簡・日甲・71 背:不全於身

睡簡・日甲・122 背:以坐而飲酉(酒)矢兵不入於身

睡簡・日甲・159 背:潸(脊)爲身剛

睡簡・日甲・159 背:腳爲身□

睡簡・日甲・118 背:矢兵不入於身

睡簡・日甲・119 背:終身衣絲

睡簡・日甲・114 背:終身衣絲

睡簡・爲吏・22:反赦其身

睡簡・爲吏・3:表以身

睡簡・爲吏・32:身及於死

睡簡・爲吏・5:正行脩身

龍簡・43:令終身毋得見□

帛書・病方・30:身信(伸)而不能詘(屈)

帛書・病方・49:下盡身

帛書・病方・50:身熱而數驚

帛書・病方・229:炊者必順其身

帛書・病方・369:身有癰者

帛書・病方・376:身有體癰種(腫)者方

帛書・病方・377:稍取以塗身體(體)種(腫)者而炙之

帛書・病方・383:令人終身不鬈

帛書・病方・423:行山中而疕出其身

帛書・病方・殘 16:□身□

秦印編 162:安身

集證・185.766:脩身

1847  殷

秦印編 162:杜殷周印〖編者按〗此及以下諸字或釋"攺",即啟字。

秦印編 162:殷周

秦印編 162:殷市

秦印編 162:殷買臣

秦印編 162:殷多牛

秦印編 162:殷申

秦印編 162:殷周

秦印編 162:殷狀

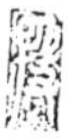
秦印編 162:趙殷

秦印編 162:殷難

秦印編 162:殷逐

秦印編 162:殷童

1848  衣

 睡簡・6號牘・正:錢衣

 睡簡・11號牘・正:母操夏衣來

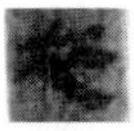 睡簡・答問・23:當以衣及布畀不當

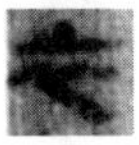 睡簡・答問・23:今盜盜甲衣

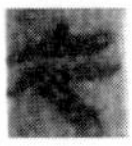 睡簡・答問・23:以買布衣而得

 睡簡・答問・205:甲把其衣錢匿臧(藏)乙室

 睡簡・答問・170:妻賸(媵)臣妾、衣器當收不當

 睡簡・答問・171:妻賸(媵)臣妾、衣器當收

 睡簡・封診・83:見乙有復(複)衣

 睡簡・封診・83:以此直(值)衣賈(價)

 睡簡・封診・22:丙盜此馬、衣

 睡簡・封診・68:衣絡禪襦、帬各一

 睡簡・封診・73:自宵臧(藏)乙復(複)結衣一乙房內中

 睡簡・封診・74:今旦起啟戶取衣

 睡簡・封診・74:結衣不得

 睡簡・封診・58:衣布禪帬、襦各一

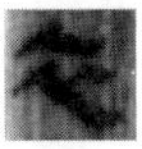 睡簡・秦律・201:受衣未受

 睡簡・秦律・201:受者以律續食衣之

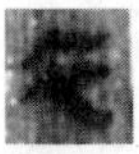 睡簡・秦律・90:冬衣以九月盡十一月稟之

 睡簡・秦律・92:已稟衣

 睡簡・秦律・90:後計冬衣來年

 睡簡・秦律・96:衣如隸臣妾

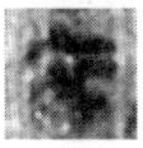 睡簡・秦律・90:囚有寒者爲褐衣

〖注〗褐衣,用枲(粗麻)編製的衣

 睡簡・秦律・93:以律稟衣

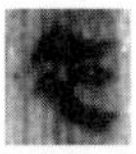 睡簡・秦律・93:在它縣者致衣從事之縣

 睡簡・秦律・93:在咸陽者致其衣大內

 睡簡・秦律・90:受(授)衣者

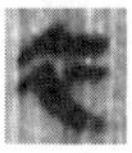 睡簡・秦律・94:稟衣者

 睡簡・秦律・95:隸臣妾之老及小不能自衣者

 睡簡・秦律・95:如春衣

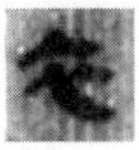 睡簡・秦律・90:夏衣以四月盡六月稟之

 睡簡・秦律・91:爲褐以稟衣

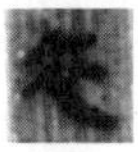 睡簡・秦律・78:以其日月減其衣食

 睡簡・秦律・78:終歲衣食不踐以稍賞(償)

 睡簡・秦律・48:令就衣食焉

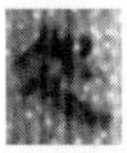 睡簡・秦律・48:妾未使而衣食公

 睡簡・秦律・138:凡不能自衣者

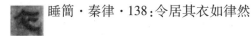

睡簡·秦律·138:令居其衣如律然

睡簡·秦律·138:以日當刑而不能自衣食者

睡簡·秦律·138:亦衣食而令居之

睡簡·秦律·139:盡八月各以其作日及衣數告其計所官

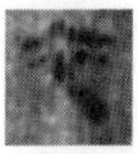
睡簡·秦律·142:出其衣食

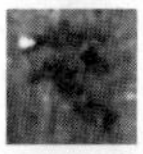
睡簡·秦律·142:貣(貸)衣食公

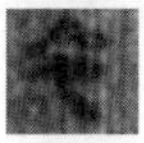
睡簡·秦律·142:責衣

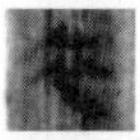
睡簡·秦律·147:城旦舂衣赤衣

睡簡·秦律·141:勿責衣食

睡簡·秦律·141:衣食之如城旦舂

睡簡·日甲·26 正:衣

睡簡·日甲·95 正:□乘車馬、衣常(裳)

睡簡·日甲·68 背:乃解衣弗袵入而傅(搏)者之

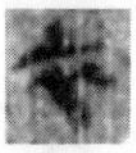
睡簡·日甲·32 正:可取婦、家(嫁)女、𨍏(製)衣常(裳)

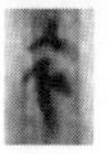
睡簡·日甲·120 背:不卒歲必衣絲

睡簡·日甲·120 背:秋丙、庚、辛材(裁)衣

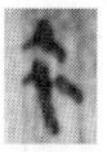
睡簡·日甲·120 背:十月丁酉材(裁)衣

睡簡·日甲·120 背:衣忌日

睡簡·日甲·127 正:凡且有大行、遠行若飲食、歌樂、聚畜生及夫妻同衣〖注〗衣,寢衣,即被子。

睡簡·日甲·121 背:不可材(裁)衣

睡簡·日甲·121 背:不可爲複衣

睡簡·日甲·121 背:丁酉材(裁)衣常(裳)

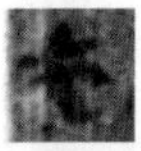
睡簡·日甲·13 正:寇〈冠〉、𨍏(製)車、折衣常(裳)、服帶吉

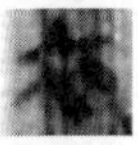
睡簡·日甲·148 正:武而好衣劍

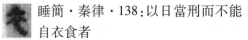

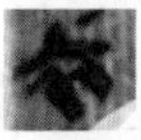
睡簡·日甲·146 正:男好衣佩而貴

睡簡·日甲·119 背:丁丑材(裁)衣

睡簡·日甲·119 背:十一月丁酉材(裁)衣

睡簡·日甲·119 背:衣良日

睡簡·日甲·119 背:終身衣絲

睡簡·日甲·119 正:柁衣常(裳)〖注〗柁,疑讀爲"袉"。袉衣裳,衣裳鑲邊。

睡簡·日甲·116 背:秋丙、庚、辛材(裁)衣

睡簡·日甲·117 背:不可材(裁)衣

睡簡·日甲·117 背:不可爲複衣

睡簡·日甲·113 背:衣良日

睡簡·日甲·114 背:不卒歲必衣絲

睡簡·日甲·114 背:丁丑材(裁)衣

睡簡·日甲·114 背:入十月十日乙酉、十一月丁酉材(裁)衣

睡簡・日甲・114 背:十月丁酉材(裁)衣

睡簡・日甲・114 背:終身衣絲

睡簡・日甲・115 背:不可以裚(製)新衣

睡簡・日甲・115 背:衣忌

睡簡・日乙・23:利以裚(製)衣常(裳)、說孟(盟)詐(詛)

睡簡・日乙・242:衣常(裳)

睡簡・日乙・25:利以乘車、寇〈冠〉、帶劍、裚(製)衣常(裳)、祭、作大事、家(嫁)子

睡簡・日乙・95:乘車、衣常(裳)、取妻

睡簡・日乙・189:甲乙夢被黑裘衣寇〈冠〉

睡簡・日乙・129:丁巳衣之

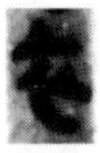
睡簡・日乙・129:利以裚(製)衣

睡簡・日乙・132:及夫妻同衣

睡簡・爲吏・31:衣食饑寒

關簡・297:其下有白衣之冣〖注〗白衣,指古代給官府當差的人。

帛書・病方・32:□衣

帛書・病方・43:卽溫衣陝(夾)坐四旁

帛書・病方・190:以衣中衽(紝)緇〈繢〉約左手大指一

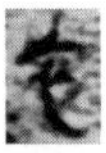
帛書・病方・214:以甗衣爲弦

帛書・病方・215:食衣白魚一七〖注〗衣白魚,藥名。

帛書・病方・268:卽被盄以衣

帛書・病方・296:溫衣臥□

帛書・病方・312:燔魚衣〖注〗魚衣,苔。

封泥印 45:尚衣府印

秦陶・312:咸陽衣〖注〗衣,人名。

秦陶・315:咸衣

1849　　衫　裖

詛楚文・湫淵(中吳本):衫以齋盟〖注〗衫,讀爲"申",重也。

詛楚文・巫咸(中吳本):衫以齋盟

詛楚文・亞駝(中吳本):衫以齋盟

1850　　表　褾

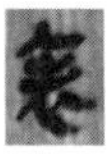
睡簡・雜抄・36:敦(屯)表律〖注〗表,疑指烽表。屯表律,關於邊防的法律。

睡簡・爲吏・3:表若不正

睡簡・爲吏・3:表以身

睡簡・爲吏・3:民將望表以戾真

1851　　裏

睡簡・封診・82:帛裏

睡簡・封診・83:不智(知)其裹□可(何)物及亡狀

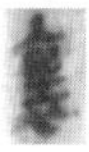
睡簡・封診・22:帛裹莽緣領褎(袖)

1852　衽

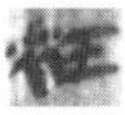
睡簡・日甲・68背:乃解衣弗衽入而傅(搏)者之

帛書・病方・190:以衣中衽(紝)緇〈繢〉約左手大指一〖注〗紝繢,機織布帛的頭尾,又稱機頭,用以繫物或飾物。

1853　襲 𧟌

北私府橢量・二世詔(秦銅・147):今襲號而刻辭不稱始皇帝

大騩銅權(秦銅・131):今襲號而刻辭不稱始皇帝

二世元年詔版八(秦銅・168):今襲號而刻辭不稱始皇帝

二世元年詔版二(秦銅・162):今襲號而刻辭不稱始皇帝

二世元年詔版九(秦銅・169):今襲號而刻辭不稱始皇帝

二世元年詔版六(秦銅・166):今襲號而刻辭不稱始皇帝

二世元年詔版三(秦銅・163):今襲號而刻辭不稱始皇帝

二世元年詔版十二(秦銅・172):今襲號而刻辭不稱始皇帝

二世元年詔版十三(集證・50):今襲號而刻辭不稱始皇帝

二世元年詔版十一(秦銅・171):今襲號而刻辭不稱始皇帝

二世元年詔版四(秦銅・164):今襲號而刻辭不稱始皇帝

二世元年詔版五(秦銅・165):今襲號而刻辭不稱始皇帝

二世元年詔版一(秦銅・161):今襲號而刻辭不稱始皇帝

兩詔斤權一・摹(集證・46):今襲號而刻辭不稱始皇帝

兩詔斤權二・摹(集證・49):今襲號而刻辭不稱始皇帝

兩詔銅權一(秦銅・175):今襲號而刻辭不稱始皇帝

兩詔橢量二(秦銅・149):今襲號而刻辭不稱始皇帝

兩詔橢量三之二(秦銅・151):今襲號而刻辭不稱始皇帝

兩詔橢量一(秦銅・148):今襲號而刻辭不稱始皇帝

美陽銅權(秦銅・183):今襲號而刻辭不稱始皇帝

平陽銅權・摹(秦銅・182):今襲號而刻辭不稱始皇帝

僅存銘兩詔銅權(秦銅・135-18.2):今襲號而刻辭不稱始皇帝

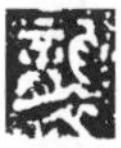
旬邑銅權(秦銅・133):今襲號而刻辭不稱始皇帝

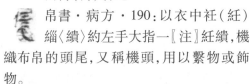

繹山刻石・宋刻本:今襲號而金石刻辭不稱始皇帝

琅邪臺刻石:今襲號而金石刻辭不稱始皇帝

睡簡・日甲・35背・摹:有眾虫襲入人室

1854　衺 𧚓

青川牘・摹:衺八則爲畛〖注〗《說文》:"衺,南北曰衺。"

睡簡・封診・57・摹:衺各四寸

睡簡・秦律・66:布衺八尺〖注〗衺,長。

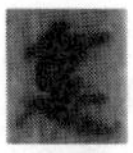
睡簡・秦律・66:其廣衺不如式者

睡簡・封診・68:索衺丈

睡簡・封診・67:衺三尺

睡簡・封診・78:衺尺二寸

睡簡・封診・35:衺五寸

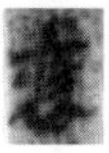
睡簡・封診・58:皆不可爲廣衺

里簡・J1(8)134 正:衺三丈三尺

關簡・340:以左手衺[牽]繘

帛書・病方・254:衺尺

1855 褎(袖)

睡簡・封診式・22:帛裹莽緣領褎(袖)

1856 裹

秦印編 163:苦成裹

集證・180. 702:裹

秦印編 163:裹

秦印編 163:任裹

1857 袑

秦印編 163:王袑

秦印編 163:袑

1858 複

睡簡・日甲・121 背:不可爲複衣

睡簡・日甲・117 背:不可爲複衣

1859 褆

里簡・J1(9)6 正:陽陵褆陽上造徐有貲錢二千六百八十八〖注〗褆陽,鄉里名。

里簡・J1(9)7 正:陽陵褆陽士五(伍)小欬有貲錢萬一千二百七十一

秦印編 163:秦褆

秦印編 163:王褆

1860 移

秦印編 163:移聞

1861 襦

睡簡・11 號牘・正:可以爲襌裙襦者

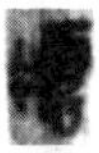
睡簡・封診・68:衣絡襌襦、帬各一

睡簡・封診・58:襦北(背)及中衽□汙血〖注〗《説文》:“襦,短衣也。”

帛書・病方・172:漬襦頸及頭垢中

1862 禪

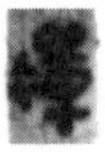
睡簡・封診・68：衣絡禪襦、帬各一〖注〗陳振裕、劉信芳說"禪同單"。

1863 襄𡢗

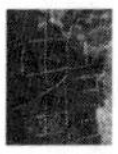
廿一年舌或戈（珍金・137）：襄犨〖注〗襄犨，讀爲"襄牛"，地名。

廿一年舌或戈・摹（珍金・137）：襄犨

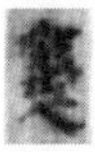
睡簡・秦律・35：別粲、穤（糯）之襄（釀）〖注〗釀，作酒。或說，襄讀爲"穰"，《廣雅》："稻穰謂之稈。"

睡簡・日甲・28 正：鼠襄（攘）戶〖注〗襄，上。

帛書・病方・195：賁者一襄胡

帛書・病方・195：潰者二襄胡

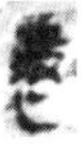
帛書・病方・195：潰者三襄胡

帛書・病方・382：奚（鷄）矢鼠襄（壤）涂（塗）桼（漆）王

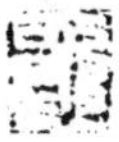
秦印編 163：襄陰丞印

秦印編 163：趙襄

秦印編 163：王襄

秦印編 163：襄

秦印編 163：逢襄

秦印編 163：張襄

秦印編 164：襄陰市

1864 被

杜虎符（秦銅・25）：凡興士被甲

新郪虎符（集證・38）：凡興士被甲

新郪虎符・摹（集證・37）：凡興士被甲

會稽刻石・宋刻本：蒙被休經

會稽刻石・宋刻本：被澤無彊

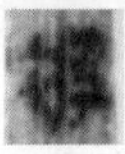
睡簡・秦律・26：萬石之積及未盈萬石而被（柀）出者〖注〗柀，分、散。

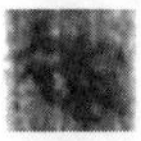
睡簡・日甲・26 正：毋以楚九月己未台（始）被新衣

睡簡・日乙・76：西北鄉（嚮）者被刑

睡簡・日乙・189：甲乙夢被黑裘衣寇〈冠〉

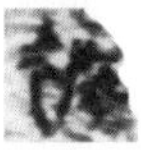
帛書・病方・268：卽被甕以衣

秦印編 163：王更被

集證・183. 735：蘇被〖注〗蘇被，人名。

1865 衷

天簡 26・乙：谿衷瘫

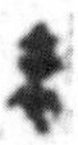
睡簡・6 號牘・背：衷教詔□

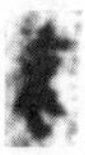
睡簡・6 號牘・背：衷令□

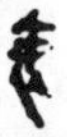
睡簡・6 號牘・背：衷唯毋方行新地

 睡簡・6號牘・正：以衷

 睡簡・6號牘・正：驚敢爲問衷

 里簡・J1(9)4正：陽陵孝里士五(伍)衷有貲錢千三百卌四〖注〗衷，人名。

 里簡・J1(9)4正：衷戍洞庭郡

 里簡・J1(9)4正：令衷署所縣責

 帛書・病方・26：醇酒盈一衷桮(杯)

 帛書・病方・161：痛於脬及衷〖注〗衷，通“中”。

 帛書・病方・194：取芥衷莢〖注〗芥衷莢，疑卽芥菜角。

 秦印編164：衷俗

 秦印編164：箕衷

 秦印編164：趙衷

 秦印編164：瑣衷

 集證・181.712：趙衷

1866　　雜

 天簡28・乙：卦類雜虛

 睡簡・秦律・173：縣嗇夫令人復度及與雜出之

 睡簡・效律・28：縣嗇夫若丞及倉、鄉相雜以封印之

 睡簡・效律・33：縣嗇夫令人復度及與雜出之

 睡簡・答問・162：以絲雜織履

 睡簡・秦律・22：見雜封者

 睡簡・秦律・29：廷令長吏雜封其廥

 睡簡・秦律・27：長吏相雜以入禾倉及發

 睡簡・秦律・23・摹：而復雜封之

 睡簡・秦律・24：雜出禾者勿更

 睡簡・秦律・200：尉雜〖注〗尉雜，律名，關於廷尉職務的各種法律規定。

 睡簡・秦律・21：縣嗇夫若丞及倉、鄉相雜以印之〖注〗雜，共。

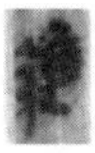 睡簡・秦律・64：雜實之

 睡簡・秦律・65：美惡雜之

 睡簡・秦律・30：當□者與雜出之

 睡簡・秦律・32：與倉□雜出之

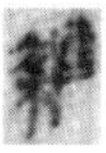 睡簡・秦律・32：雜者勿更

 睡簡・秦律・188・摹：內史雜

 睡簡・秦律・189：內史雜

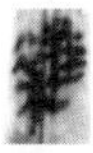 睡簡・秦律・187：[內史]雜

 睡簡・秦律・18：縣診而雜買(賣)其肉〖注〗雜，俱。

 睡簡・秦律・198：內史雜

 睡簡・秦律・192：內史雜

睡簡・秦律・199:尉雜

睡簡・秦律・190:内史雜

○ 睡簡・秦律・193:内史雜

○ 睡簡・秦律・194:内史雜

睡簡・秦律・191・摹:内史雜

睡簡・秦律・169:縣嗇夫若丞及倉、鄉相雜以封印之

睡簡・秦律・176:必令長吏相雜以見之

關簡・243:斄(數)東方平旦以雜之〖注〗雜,合也。

關簡・210:雜、白〖注〗雜,雜色。

關簡・220:占物,雜

帛書・病方・殘7:完者相雜咀

帛書・足臂・23:三陰病雜以陽病

1867　裂

睡簡・答問・80:夬(決)裂男若女耳

1868　補

睡簡・秦律・89:韋革、紅器相補繕

睡簡・秦律・122:欲以城旦舂益爲公舍官府及補繕之

睡簡・秦律・120:勿稍補繕

睡簡・秦律・157:爲補之

睡簡・秦律・118:縣葆者補繕之

睡簡・秦律・119:令苑輒自補繕之

睡簡・秦律・117:興徒以斬(塹)垣離(籬)散及補繕之

睡簡・雜抄・40:戍者城及補城

睡簡・雜抄・41:令戍者勉補繕城

睡簡・雜抄・41:已補

集證・177.656:補貑

1869　裝

帛書・病方・381:瀉刀爲裝

1870　裹

天簡34・乙:大目裹重言閒=

睡簡・封診・85:今甲裹把子來詣自告

睡簡・日甲・68正・摹:裹以桼(漆)器

關簡・354:裹臧(藏)到種禾時

帛書・病方・396:欲裹之則裹之

帛書・病方・396:欲裹之則裹之

帛書・病方・28:裹以繒臧(藏)

帛書・病方・30:裹以布

帛書・病方・31:爲□裹更[熨]

帛書・病方・165:裹以韋臧(藏)

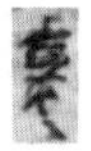
帛書・病方・209:以艾裹

帛書・病方・211:而新布裹

帛書・病方・258:以營裹

帛書・病方・281:以餘藥封而裹□

帛書・病方・315:裹以熨之

帛書・病方・414:如□裹

帛書・病方・452:而以冶馬[頰骨]□傅布□膏□更裹

帛書・病方・殘6:□溫而以□裹□

1871 褐

睡簡・秦律・90:囚有寒者爲褐衣〖注〗褐衣,用枲(粗麻)編製的衣。

睡簡・秦律・91:大褐一

睡簡・秦律・91:爲褐以稟衣

睡簡・秦律・91:小褐一

睡簡・秦律・91:中褐一

帛書・病方・313:燔敝褐〖注〗敝褐,破舊的粗麻衣。

集證・145.195:右褐府印

1872 衰 𧘝

睡簡・爲吏・33:壯能衰

睡簡・爲吏・49:毋衰衰

里簡・J1(8)134 正:上謁言之卒史衰、義所〖注〗衰,人名。

里簡・J1(8)134 正:在復獄已卒史衰、義

里簡・J1(8)134 正:今而補曰謁問復獄卒史衰、義

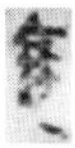
帛書・灸經甲・55:得後與氣則怢然衰

秦印編 164:衰□

秦印編 164:衰

1873 卒

睡簡・答問・127:卒歲得

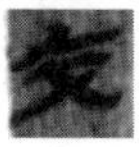
睡簡・答問・199:是謂"逵卒"〖注〗卒,《漢書》〖注〗"謂暴也",暴行。

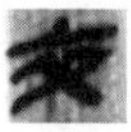
睡簡・答問・163:未盈卒歲得

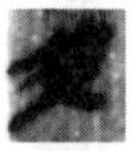
睡簡・答問・163:未卒歲而得

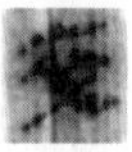
睡簡・秦律・20:及受服牛者卒歲死牛三以上

睡簡・秦律・19:卒歲

睡簡・秦律・179:御史卒人使者〖注〗卒人,指某些官的部屬。

睡簡・秦律・13:卒歲〖注〗卒歲,滿一年。

 睡簡・秦律・118:卒歲而或肤(決)壞

 睡簡・秦律・119:及雖未盈卒歲而或盜肤(決)道出入

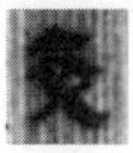 睡簡・秦律・116:令結(嫴)堵卒歲

 睡簡・秦律・116:未卒堵壞

 睡簡・秦律・117:未卒歲或壞肤(決)

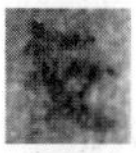 睡簡・雜抄・8:奪中卒傳〖注〗中卒,兵種名,中軍勁卒。

 睡簡・雜抄・34:徒卒不上宿

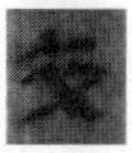 睡簡・雜抄・5:卒歲

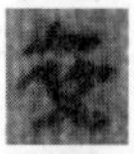 睡簡・雜抄・15:稟卒兵

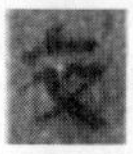 睡簡・雜抄・11:吏自佐、史以上負從馬、守書私卒

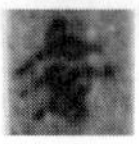 睡簡・日甲・96背:不出卒歲

 睡簡・日甲・114背:不卒歲必衣絲

 里簡・J1(9)1背:陽陵卒署遷陵〖注〗卒署,官名。

 里簡・J1(9)2背:陽陵卒署遷陵

 里簡・J1(9)3背:陽陵卒署遷陵

 里簡・J1(9)5背:陽陵卒署遷陵

 里簡・J1(9)6背:陽陵卒署遷陵

 里簡・J1(9)7背:陽陵卒署遷陵

 里簡・J1(9)9背:陽陵卒署遷陵

 里簡・J1(9)10背:陽陵卒署遷陵

 里簡・J1(9)11背:陽陵卒署遷陵

 里簡・J1(9)12背:陽陵卒署遷陵

 里簡・J1(16)6正:必先悉行乘城卒

 里簡・J1(16)6正:洞庭守禮謂縣嗇夫、卒史嘉、叚(假)卒史穀、屬尉

 里簡・J1(16)6正:嘉、穀、尉各謹案所部縣卒

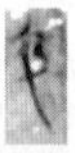 里簡・J1(8)133正:卒真(算)簿

 里簡・J1(8)134正:今而補曰謁問復獄卒史衰、義

 里簡・J1(8)134正:在復獄已卒史衰、義報(?)

 關簡・323:卒(淬)之醇酒中〖注〗卒,讀作"淬",染。

 帛書・病方・30:卒(淬)醇酒中

 帛書・病方・337:卒其時〖注〗卒其時,卽晬時,一晝夜。

1874　　製

 睡簡・日乙・130:凡製車及寇〈冠〉□申

1875　　褱

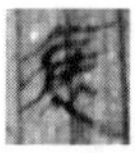 里簡・J1(16)5背:求盜簪褱陽成辰以來〖注〗簪褱,秦爵之第三級。

1876　裚

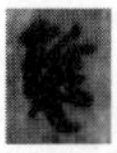 睡簡・日甲・118背:丁酉裚(製)衣常(裳)

睡簡·日甲·115背:不可以𧜵(製)新衣

睡簡·日乙·23:利以𧜵(製)衣常(裳)、說盂(盟)詐(詛)

睡簡·日乙·129:𧜵

睡簡·日乙·129:𧜵(製)衣常(裳)

睡簡·日乙·129:利以𧜵(製)衣

睡簡·日乙·15:𧜵(製)寇〈冠〉帶

睡簡·爲吏·16:三曰擅𧜵(製)割〖注〗製割,裁斷、決定。

1877　　衿

里簡·J1(12)10正:蠻、衿、害弗智(知)□〖注〗衿,人名。

1878　　袴

睡簡·日甲·25背:是袴鬼僞爲鼠

1879　　祧

龍簡·119:其未能祧〈逃〉〖注〗祧,疑爲"逃"字之誤。〖編者按〗此字左旁爲衣,應隸爲"祧"。一說衣爲辵之誤。

1880　　襦

睡簡·日乙·87·摹:此(觜)襦(巂)〖注〗觜巂,二十八宿之一。

1881　　裒

秦印編292:趙裒

1882　　褏

帛書·死候·87:目環(睘)視褏(衺)

1883　　裘(求)

石鼓文·車工(先鋒本):君子之求

詛楚文·湫淵(中吳本):求蔑灋(廢)皇天上帝及大神氒(厥)湫之卹祠、圭玉、羲(犧)牲

詛楚文·巫咸(中吳本):求蔑灋(廢)皇天上帝及不(丕)顯大神巫咸之卹祠、圭玉、羲(犧)牲

詛楚文·亞駝(中吳本):求蔑灋(廢)皇天上帝及不(丕)顯大神亞駝之卹祠、圭玉、羲(犧)牲

天簡25·乙:合日辰求星

睡簡·爲吏·27:則以權衡求利

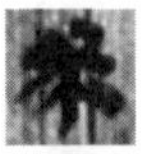睡簡·日甲·154正:丙寅以求人

睡簡·日乙·77:可有求也

睡簡·答問·66:求盜追捕辠人

睡簡·答問·66:辠人挌(格)殺求盜

睡簡·答問·3:求盜盜

睡簡·封診·21:市南街亭求盜才(在)某里曰甲縛詣男子丙

睡簡·秦律·87:求先買(賣)

睡簡·秦律·187:都官歲上出器求補者數

睡簡·雜抄·38:求盜勿令送逆爲它

睡簡·日甲·26背:求而去之

睡簡·日甲·153正:雖求額啻(帝)必得

睡簡·日甲·153正:戊子以有求也

里簡·J1(16)5背:求盜簪褭(嫋)陽成辰以來

里簡·J1(8)134正:以求故荊積瓦

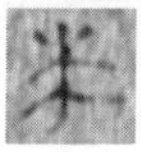
里簡·J1(9)981正:求未得

關簡·361:求南方

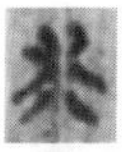
關簡·361:求西北方

關簡·361:求西方

關簡·260:□以孤虛循求盜所道入者及臧(藏)處

關簡·242:以有求

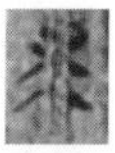
關簡·243:求斗術曰

關簡·362:求北方

關簡·361:求東南方

帛書·病方·443:毋匿□北□巫婦求若固得

集證·168.551:求醜〖注〗求醜,人名。求,"裘"古字。

秦印編164:求犬

睡簡·日乙·189:甲乙夢被黑裘衣寇〈冠〉

1884  老

王廿三年家丞戈(珍金·68):工老〖注〗老,人名。

王廿三年家丞戈·摹(珍金·68):工老

詛楚文·巫咸(中吳本):禮使介老〖注〗介老,庶老;介,讀爲"芥"。姜亮夫釋:介胄之老。

詛楚文·亞駝(中吳本):禮使介老

詛楚文·湫淵(中吳本):禮使介老

睡簡·日乙·194:老來□之

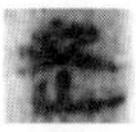
睡簡·爲吏·30:老弱瘩(癃)病

睡簡·爲吏·3:老弱獨傳

睡簡·秦律·61:其老當免老、小高五尺以下及隸妾欲以丁粼者一人贖

睡簡·秦律·61:其老當免老、小高五尺以下及隸妾欲以丁粼者一人贖

睡簡·6號牘·正:新負勉力視瞻兩老□

睡簡·答問·98:典、老雖不存

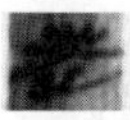
睡簡·答問·98:其四鄰、典、老皆出不存

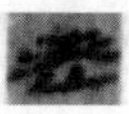
睡簡·答問·102:免老告人以爲不孝〖注〗免老,六十歲以上老人。

睡簡·秦律·95:隸臣妾之老及小不能自衣者

睡簡·秦律·184:隸臣妾老弱及不可誠仁者勿令

睡簡·雜抄·32:百姓不當老〖注〗老,即免老。

睡簡·雜抄·32:典、老贖耐〖注〗老,即伍老。

睡簡·雜抄·32:至老時不用請

睡簡·雜抄·33:典、老弗告

睡簡·日甲·79 背:老羊也

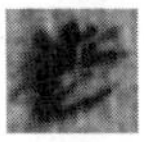
睡簡·日甲·79 正:老爲人治也

睡簡·日甲·76 正:老一

睡簡·日乙·107:老爲人治也

睡簡·日乙·104:老一

1885　耆

十三年相邦義戈·摹(秦銅·30):工大人耆〖注〗耆,人名。

睡簡·日甲·143 正:耆(嗜)酒

睡簡·日甲·144 正:耆(嗜)酉(酒)及田邋(獵)

睡簡·爲吏·35:人各食其所耆(嗜)

睡簡·日甲·142 正:耆(嗜)酉(酒)而疾

帛書·足臂·15:牧牧耆(嗜)臥以欬

帛書·足臂·17:不耆(嗜)食

帛書·足臂·20:耆(嗜)飲

帛書·灸經甲·65:耆(嗜)臥

秦印編 165:王耆

1886　耇

集證·181.711:趙部耇〖注〗趙部耇,人名。

1887　壽

不其簋蓋(秦銅·3):釁(眉)壽無彊(疆)

滕縣不其簋器(秦銅·4):釁(眉)壽無彊(疆)

秦編鐘·乙鐘(秦銅·10.2):大壽萬年

秦編鐘·乙鐘(秦銅·10.2):釁(眉)壽無彊(疆)

秦編鐘·乙鐘左鼓·摹(秦銅·11.6):大壽萬年

秦編鐘·乙鐘左篆部·摹(秦銅·11.7):釁(眉)壽無彊(疆)

秦編鐘·戊鐘(秦銅·10.5):大壽萬年

秦鎛鐘·1 號鎛(秦銅·12.3):大壽萬年

秦鎛鐘·2 號鎛(秦銅·12.6):釁(眉)壽無彊(疆)

秦鎛鐘·2 號鎛(秦銅·12.6):大壽萬年

秦鎛鐘·3 號鎛·摹(秦銅·12.9):大壽萬年

秦公鎛鐘·摹(秦銅·16.4):釁(眉)壽無彊

 秦公簋·蓋(秦銅·14.2):釁(眉)壽無疆

 十二年上郡守壽戈·摹(秦銅·35):十二年上郡守壽造〖注〗壽,人名。

 十三年上郡守壽戈·摹(集證·21):十三年上郡守壽造

 十五年上郡守壽戈(集證·23):十五年上郡守壽之造

 十五年上郡守壽戈·摹(集證·24):十五年上郡守壽之造

 大墓殘磬(集證·82):受釁(眉)壽無疆〖注〗眉壽無疆,即大壽萬年。

 天簡35·乙:壽吾康=

 睡簡·日乙·245·摹:乙卯生,□壽

 睡簡·日乙·75·摹:西鄉(嚮)壽

 關簡·148:西首者壽

 帛書·病方·231:且塞壽(禱)〖注〗塞禱,報答神福的祭祀。

 帛書·病方·346:壽(擣)慶(蜣)良(螂)

 帛書·病方·411:壽(擣)之以𦎫(舂)

 封泥印·附二210:平壽丞印

 封泥集323·2:平壽丞印

 新封泥B·3.34:壽陵丞印

 新封泥C·19.5:壽陵丞印〖注〗壽陵,秦孝文王陵。

 秦印編165:趙壽

 秦印編165:主壽

 秦印編165:章壽

 秦印編165:安壽

 秦印編165:王壽

 秦印編165:平壽丞印

 秦印編165:平壽丞印

 秦印編165:咸亭沙壽

 封泥集323·1:平壽丞印

 封泥印114:壽陵丞印

1888  考

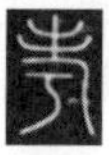 會稽刻石·宋刻本:考驗事實

 睡簡·日乙·238:不武乃工考(巧)

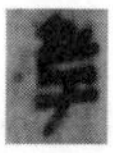 睡簡·日乙·241:丁亥生,考(巧)

1889  孝

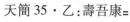

 秦公鎛鐘·摹(秦銅·16.4):以卲(昭)零(各)孝享

 繹山刻石·宋刻本:孝道顯明

 睡簡·爲吏·47:父兹(慈)子孝

 睡簡·爲吏·41:爲人子則孝

 睡簡·答問·102:免老告人以爲不孝

 睡簡·封診·50:甲親子同里士五(伍)丙不孝

 睡簡·封診·51:誠不孝甲所

 睡簡·日甲·143 正:攻(工)巧,孝

 里簡·J1(9)4 正:陽陵孝里士五(伍)衷有貲錢千三百卌四〖注〗孝里,鄉里名。

 秦印编 165:孝弟

 新封泥 A·3.5:孝寢

 秦印编 165:孝

 秦印编 165:孝弟

 秦印编 165:孝弟

 秦印编 165:孝弟

1890　　毛

 睡簡·日甲·5 背:敝毛之士以取妻〖注〗毛,髮。敝毛,指年長髮衰。

 帛書·病方·237:取野獸肉食者五物之毛等

 帛書·病方·310:以鷄卵弁兔毛

 帛書·病方·62:犬毛盡

 帛書·病方·306:以犬毛若羊毛封之

 帛書·病方·306:以犬毛若羊毛封之

 帛書·病方·8:燔白鷄毛及人髮

 秦印编 165:毛隱

 秦印编 165:高毛

 秦印编 165:毛遂

 集證·207.129:宫毛〖注〗毛,人名。

 集證·207.130:宫毛

 秦陶·950:宫毛

 秦陶·951:宫毛

 秦陶·952:宫毛

 集證·206.103:宫毛

 集證·206.104:宫毛

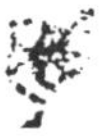 集證·206.105:宫毛

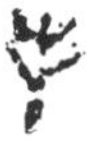 集證·206.106:宫毛

 集證·206.107:宫毛

 集證·206.108:宫毛

 集證·206.109:宫毛

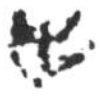 集證·206.110:宫毛

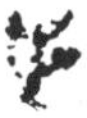 集證·206.111:宫毛

 集證·206.112:宫毛

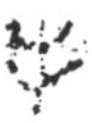 集證·206.113:宫毛

集證・206.114:宮毛

集證・206.115:宮毛

集證・206.116:宮毛

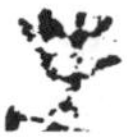
集證・206.117:宮毛

集證・206.118:宮毛

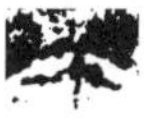
集證・207.119:宮毛

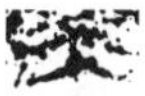
集證・207.120:宮毛

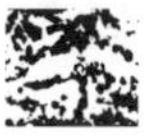
集證・207.121:宮毛

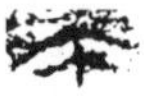
集證・207.122:宮毛

集證・207.123:宮毛

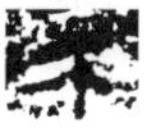
集證・207.124:宮毛

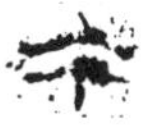
集證・207.125:宮毛

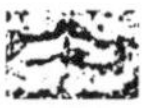
集證・207.126:宮毛

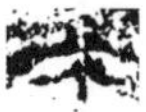
集證・207.127:宮毛

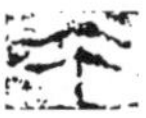
集證・207.128:宮毛

1891  尸

睡簡・日甲・112 正:刑尸作事南方

1892  居踞

九年相邦呂不韋戟・摹(集證・35):東工守文居戈三

天簡 27・乙:是=夫婦皆居

天簡 30・乙:居家者

睡簡・效律・21:新吏與居吏坐之

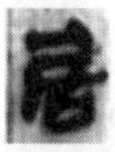
睡簡・日乙・115:百虫弗居

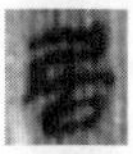
睡簡・爲吏・21:三曰居官善取

睡簡・效律・20:代者與居吏坐之

睡簡・語書・13:當居曹奏令、丞

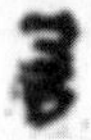
睡簡・6 號牘・背:以驚居反城中故

睡簡・6 號牘・正:與黑夫居

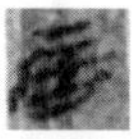
睡簡・答問・20:此二物其同居、典、伍當坐之

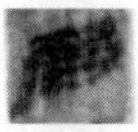
睡簡・答問・22:同居所當坐

睡簡・答問・21:不同居不爲盜主

睡簡・答問・21:同居者爲盜主

睡簡・答問・71:與同居

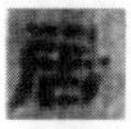
睡簡・答問・108:父子同居

睡簡・答問・167:居二歲

睡簡・封診・29:自畫居某山

睡簡・封診・72:問其同居

睡簡・封診・17:居某里

睡簡・封診・13:居某縣某里

睡簡・秦律・83:弗得居

睡簡・秦律・83:令以律居之

睡簡・秦律・84:未賞(償)及居之未備而死

睡簡・秦律・85:毋責妻、同居

睡簡・秦律・68:賈市居死者及官府之吏

睡簡・秦律・78:令居之

睡簡・秦律・78:其弗令居之

睡簡・秦律・76:有責(債)於公及貲、贖者居它縣

睡簡・秦律・76:輒移居縣責之

睡簡・秦律・44:移居縣責之

睡簡・秦律・50:雖有母而與其母冗居公者〖注〗居,即居作,罰服勞役。

睡簡・秦律・12:百姓居田舍者毋敢藍(酤)酉(酒)

睡簡・秦律・163:去者與居吏坐之

睡簡・秦律・163:新吏居之未盈歲

睡簡・秦律・163:新吏與居吏坐之〖注〗居,處。居吏,留于原任的吏。

睡簡・秦律・138:令居其衣如律然

睡簡・秦律・139:官作居貲贖責(債)而遠其計所官者

睡簡・秦律・139:亦衣食而令居之

睡簡・秦律・136:居貲贖責(債)欲代者

睡簡・秦律・136:一室二人以上居貲贖責(債)而莫見其室者

睡簡・秦律・137:或欲籍(藉)人與并居之

睡簡・秦律・137:居貲贖責(債)者

睡簡・秦律・137:令相爲兼居之

睡簡・秦律・133:居官府公食者

睡簡・秦律・133:日居六錢

睡簡・秦律・134:人奴妾居贖貲責(債)於城旦

睡簡・秦律・135:居於官府

睡簡・秦律・144:居貲贖責(債)者歸田農

睡簡・秦律・145:居貲贖責(債)當與城旦舂作者

睡簡・秦律・145:毋令居貲贖責(債)將城旦舂

睡簡・雜抄・39:同居毋并行

睡簡・雜抄・35:貲日四月居邊

睡簡・雜抄・4:居縣貲一甲

睡簡・雜抄・1:除守嗇夫、叚(假)佐居守者〖注〗居守,留守。

睡簡・日甲・88背:不皆(偕)居

睡簡・日甲・20 背:圂居西北匽

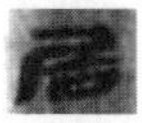睡簡・日甲・20 背:井居西北匽

睡簡・日甲・20 背:圈居宇正北

睡簡・日甲・22 背:圂居東北

睡簡・日甲・22 背:圈居宇東南

睡簡・日甲・23 背:圂居南

睡簡・日甲・23 背:圈居宇西北

睡簡・日甲・24 背:不可以居

睡簡・日甲・24 背:是□鬼居之

睡簡・日甲・21 背:圂居正北

睡簡・日甲・21 背:圈居宇正東方

睡簡・日甲・21 背:廡居東方

睡簡・日甲・60 正:必代居室

睡簡・日甲・7 背:不居〖注〗居,留處。

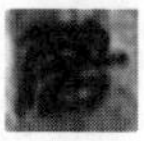睡簡・日甲・77 正:煩居北方

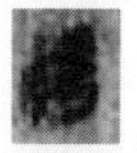睡簡・日甲・73 正:煩居邦中

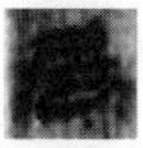睡簡・日甲・75 正:煩居西方

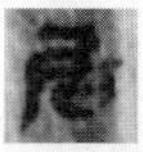睡簡・日甲・3 背:父母必從居

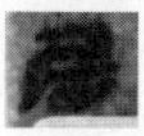睡簡・日甲・39 背:是會蟲居其室西臂(壁)

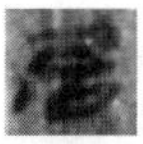睡簡・日甲・31 背:是地辥(蠥)居之

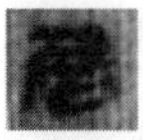睡簡・日甲・42 正:利居室、入貨及生(牲)

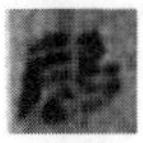睡簡・日甲・52 背:癘鬼居之

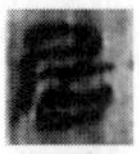睡簡・日甲・56 正:同居必窶

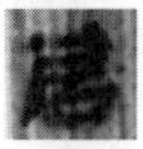睡簡・日甲・57 正:入寄者必代居其室

睡簡・日甲・55 正:居痵(癃)

睡簡・日甲・51 背:其居所水則乾

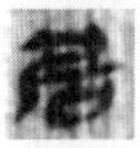睡簡・日甲・102 正:弗居

睡簡・日甲・103 正:不居

睡簡・日甲・103 正:亦弗居

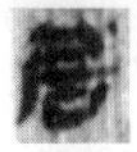睡簡・日甲・126 正:賤人弗敢居

睡簡・日甲・19 背:井居西南匽

睡簡・日甲・19 背:圈居宇西南

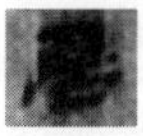睡簡・日甲・16 背:困居宇西南匽

睡簡・日甲・17 背:内居正東

睡簡・日甲・17 背:困居宇東北匽

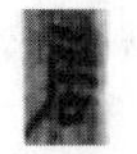睡簡・日甲・130 背:凡有土事弗果居

睡簡・日甲・14 背:内居西南

睡簡・日甲・14 背:困居宇西北匽

睡簡・日甲・146 背:九月居子

睡簡・日甲・146 背:十二月居辰

睡簡・日甲・146 背:十一月居午

睡簡・日甲・146 背:十月居卯

睡簡・日甲・145 背:八月居酉

睡簡・日甲・145 背:二月居子

睡簡・日甲・145 背:六月居卯

睡簡・日甲・145 背:七月居午

睡簡・日甲・145 背:三月居午

睡簡・日甲・145 背:四月居酉

睡簡・日甲・145 背:天李正月居子

睡簡・日甲・15 背:內居西北

睡簡・日甲・15 背:屏居宇前

睡簡・日甲・15 背:囷居宇東南匽

睡簡・日甲・119 正:賤人弗敢居

睡簡・日甲・116 正:賤人弗敢居

睡簡・日甲・115 正:囷居北鄉(嚮)廥

睡簡・日乙・殘 3:□居室唯甲寅甚害□

睡簡・日乙・24:居有食

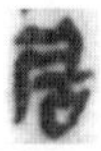
睡簡・日乙・60:利居室

睡簡・日乙・110:弗居

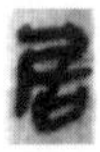
睡簡・日乙・116:百虫弗居

睡簡・日乙・117:室不居

睡簡・效律・20:去者與居吏坐之

睡簡・效律・20:新吏居之未盈歲

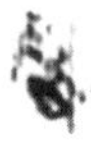
龍簡・17:亡人挾弓、弩、矢居禁中者〖注〗居,處於,停留。

里簡・J1(16)6 正:居貲贖責(債)

里簡・J1(9)1 正:陽陵宜居士五(伍)毋死有貲餘錢八千六十四〖注〗宜居,鄉里名。

里簡・J1(9)981 正:令居貲目取船〖注〗居貲,刑徒名,服勞役以抵償罰貲。

里簡・J1(16)6 正:必先悉行城旦舂、隸臣妾、居貲贖責(債)

關簡・302:置居木

關簡・299:置居火

關簡・297:置居金

帛書・病方・451:瘧居右

帛書・病方・45:如產時居濕地久

帛書・病方・82:而居□轂下

帛書・病方・84:父居蜀

帛書・病方・96:父居北在

帛書・病方・96:母居南止

帛書・病方・126:居雖十[餘]歲到□歲〖注〗居,存放。

帛書・病方・130:鷄湮居二□之□

帛書・病方・188:居一日

帛書・病方・244:牡痔居竅旁

帛書・病方・246:牡痔之居竅㾝(廉)

帛書・病方・261:置般(盤)中而居(踞)之

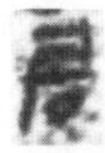
帛書・病方・268:即令痔者居(踞)盄

帛書・病方・299:橿(薑)、桂、椒□居四□

帛書・病方・318:居室塞窗閉戶

帛書・病方・333:即□居□

帛書・病方・416:居二日乃浴

秦印編165:高居樛競

秦印編166:居室丞印

秦印編165:屬居

秦印編166:居室鄉印

秦印編165:安居

秦印編165:居室丞印

秦印編165:居室丞印

秦印編165:居室丞印

封泥集141・1:居室丞印

封泥集141・2:居室丞印

封泥集141・3:居室丞印

封泥集141・4:居室丞印

封泥集141・5:居室丞印

封泥集141・6:居室丞印

封泥集141・8:居室丞印

封泥集142・9:居室丞印

封泥集142・10:居室丞印

封泥集142・12:居室丞印

封泥集142・13:居室丞印

封泥集142・18:居室丞印

封泥集142・19:居室丞印

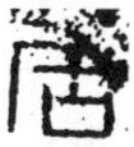
封泥集142・20:居室丞印

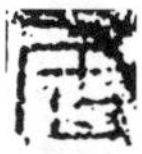
封泥集142・21:居室丞印

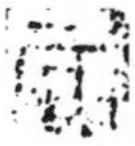
封泥集142・22:居室丞印

封泥集142・23:居室丞印

封泥集 142・24:居室丞印

封泥集 142・25:居室丞印

封泥集 142・28:居室丞印

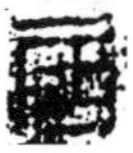
封泥集 143・1:居室寺從

封泥集 143・2:居室寺從

封泥集 143・3:居室寺從

封泥集 143・30:居室丞印

封泥集 143・31:居室丞印

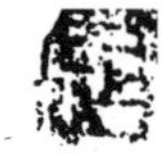
封泥集 143・32:居室丞印

封泥集 143・35:居室丞印

封泥集 143・36:居室丞印

封泥集 143・37:居室丞印

封泥集 143・38:居室丞印

封泥集 356・1:利居鄉印

封泥集 356・2:利居鄉印

集證・136. 54:居室丞印

集證・136. 55:居室丞印

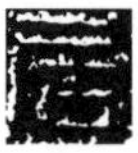
集證・136. 56:居室丞印

集證・139. 104:居室寺從

封泥印 36:居室丞印

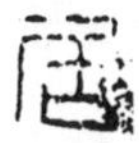
封泥印 37:居室寺從

新封泥 A・3. 7:安居室丞

新封泥 A・4. 5:工居帷印

集證・166. 524:安居〖注〗安居,人名。或爲吉語。

秦陶・481:東武東閒居貲不更瞗

秦陶・484:博昌居此(貲)用里不更余

秦陶・485:楊氏居貲大教

秦陶・479:東武居貲上造慶忌

秦陶・486:[楊]氏居貲公士富

秦陶・487:楊氏居貲武德公士契必

秦陶・488:平陰居貲北游公士滕

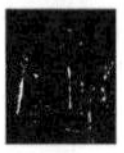
秦陶・491:闌(蘭)陵居貲便里不更牙

秦陶 A・1. 12:居室

秦陶 A・1. 13:居室

漆器 M8・11(雲夢・附二):□馮居

漆器 M8・9(雲夢・附二):□馮居

漆器 M8・10(雲夢・附二):□馮居

1893 眉

秦印編 166:管眉

秦印編 166:李眉

集證・172.592:眉印

秦印編 166:賈眉

秦印編 166:眉

1894 屑(屑)

帛書・病方・72:屑(屑)勺(芍)藥〖注〗屑,碎。

帛書・病方・173:取棗種麤(麤)屑二升

1895 届(届)

秦印編 166:届甲

秦印編 166:任届

秦印編 166:郝届

秦印編 166:上官届

秦印編 166:届

1896 尻

帛書・病方・151:躔隋(脽)炙尻

帛書・病方・180:兩人爲靡(磨)其尻

帛書・灸經甲・38:尻痛〖注〗尻,脽,即臀部。

1897 尼

帛書・病方・437:而烝(蒸)羊尼(眉)〖注〗眉,臀部。

秦印編 166:公孫尼

秦陶・1361:咸郿里尼〖注〗尼,人名。

秦陶・1362:咸郿里尼

秦陶・1363:咸郿里尼

1898 屒

天簡 27・乙:臧囷屋屒〖編者按〗《説文》:"屒,伏皃。一曰屋宇。"

天簡 39・乙:東屒

1899 屠

秦印編 166:屠行

1900 屋屋臺

天簡 27・乙:臧(藏)囷屋屒

天簡 39・乙:囷屋

睡簡・爲吏・33:屚(漏)屋塗墍(塈)

 睡簡・爲吏・15:囷屋蘠(墻)垣

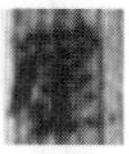 睡簡・日甲・71 正:可爲室屋

 睡簡・日甲・38 正:可以穿井、行水、蓋屋、飲樂、外除

 睡簡・日甲・33 正:不可復(覆)室蓋屋

 睡簡・日甲・101 正:不可以爲室、覆屋

 睡簡・日甲・1 背:蓋屋

 睡簡・日甲・144 背:不可初穿門、爲戶牖、伐木、壞垣、起垣、徹屋及殺

 睡簡・日甲・144 正:好田野邑屋

 睡簡・日甲・155 背:利壞垣、徹屋、出寄者

 睡簡・日乙・殘 3:□屋兇不□

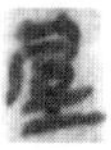 睡簡・日乙・57:利以穿井、蓋屋

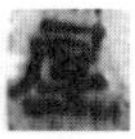 睡簡・日乙・191:不可卜筭〈筮〉、爲屋

 睡簡・日乙・112:屋以此日爲蓋屋

 睡簡・日乙・111:勿以作事、復(覆)内、暴屋

 睡簡・日乙・111:以此日暴屋〖注〗暴,舉。暴屋,樹立屋架。

 關簡・333:匿屋中

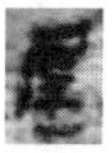 帛書・病方・206:令積(癩)者屋霤下東鄉(嚮)〖注〗屋霤,屋簷。

 帛書・病方・51:取屋榮蔡〖注〗屋榮蔡,屋脊上的雜草。

1901 屏

 睡簡・日甲・15 背:屏居宇前〖注〗屏,厠。

 睡簡・日甲・157 背:主君筍屏詷馬

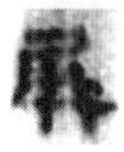 睡簡・日乙・190:凡癸爲屏圂,必富

 秦印編 167:楊屏

1902 㞋

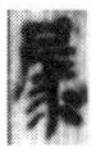 睡簡・秦律・27:見㞋(蝝?)之粟積〖編者按〗方勇說此字應隸定爲"㞋",讀爲"錄"。

 秦印編 293:章㞋

 秦印編 293:挐㞋

 秦印編 293:柱㞋

1903 屎

 帛書・病方・51:屎(矢)不□化而青

1904 尺

 青川牘・摹:封高四尺

 青川牘・摹:捋(埒)高尺

 青川牘・摹:下厚二尺

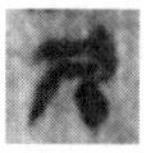 睡簡・日甲・51 背:屈(掘)其室中三尺

睡簡・6號牘・正:綰布謹善者毋下二丈五尺□

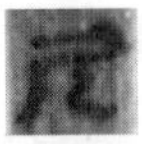睡簡・答問・6:盜牛時高六尺

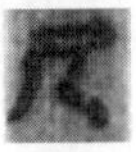睡簡・答問・6:高六尺七寸

睡簡・答問・67:問乙高未盈六尺

睡簡・答問・166:小未盈六尺

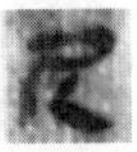睡簡・答問・158:甲小未盈六尺

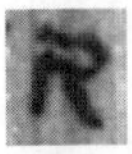睡簡・封診・82:繆繒五尺緣及殿(純)

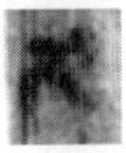睡簡・封診・67:袤三尺

睡簡・封診・67:西去堪二尺

睡簡・封診・65:頭上去權二尺

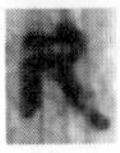睡簡・封診・65:餘末袤二尺

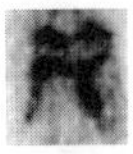睡簡・封診・76:上高二尺三寸

睡簡・封診・76:下廣二尺五寸

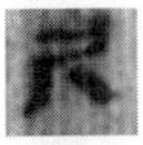睡簡・秦律・66:布袤八尺

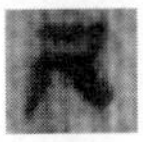睡簡・秦律・66:福(幅)廣二尺五寸

睡簡・秦律・61:其老當免老、小高五尺以下及隸妾欲以丁粼者一人贖

睡簡・秦律・52:高五尺二寸

睡簡・秦律・52:隸妾、舂高不盈六尺二寸

睡簡・秦律・51:隸臣、城旦高不盈六尺五寸

睡簡・日甲・40背:去地五尺

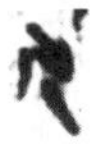龍簡・140:不盈一尺到□

龍簡・140:租笄索不平一尺以上

帛書・病方・254:穿地深尺半

帛書・病方・254:袤尺

帛書・病方・73:取杞本長尺

帛書・病方・176:取景天長尺、大圍束一

帛書・病方・178:坎方尺有半

帛書・病方・178:令其灰不盈半尺

帛書・病方・215:以冥蠶種方尺

帛書・病方・227:治困(菌)[桂]尺、獨□一升

1905　　尾

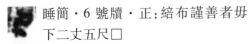

睡簡・日甲・37背:馬尾犬首

睡簡・日甲・47正:玄戈毄(繫)尾
〖注〗尾,二十八宿之一。

睡簡・日甲・56正:心、尾少吉

睡簡・日甲・53正:心、尾大吉

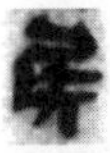睡簡・日乙・101:尾,百事兇(凶)

關簡・179:尾

關簡・136:尾

帛書・病方・114:取犬尾及禾在圈垣上[者]〖注〗犬尾,疑卽狗尾草。

帛書・病方・48:取雷尾〈戻(矢)〉三果(顆)〖注〗雷矢,雷丸別名,藥名。

1906 屬

卅年詔事戈(珍金・75):受(授)屬邦〖注〗屬邦,卽屬國,官署名,管理少數民族的機構。

卅年詔事戈・摹(珍金・75):受(授)屬邦

五年相邦呂不韋戈一(集證・33):屬邦

八年相邦呂不韋戈・摹(秦銅・71):屬邦

十四年屬邦戈・摹(秦銅・74):十四年屬邦工□□截

少府矛・摹(秦銅・72):武庫受(授)屬邦

十三年少府矛・摹(秦銅・73):武庫受(授)屬邦

寺工矛一・摹(秦銅・95):武庫受(授)屬邦

睡簡・答問・176:欲去秦屬是謂"夏"

睡簡・秦律・201:屬邦

睡簡・秦律・195:它垣屬焉者〖注〗屬,連接。

睡簡・秦律・157:縣、都官、十二郡免除吏及佐、羣官屬

睡簡・日甲・62背:斷而能屬者

睡簡・日甲・62背:則不屬矣

睡簡・效律・53:及都倉、庫、田、亭嗇夫坐其離官屬于鄉者

里簡・J1(8)134正:狼屬(囑)司馬昌官

里簡・J1(16)6正:洞庭守禮謂縣嗇夫、卒史嘉、叚(假)卒史穀、屬尉

新封泥D・23:屬邦

封泥集・附一406:屬印

集證・139.108:屬印

封泥印23:屬邦之印

封泥印24:屬邦工丞

封泥印24:屬邦工室

秦印編167:屬印

秦印編167:屬居

秦印編167:屬邦工室

秦印編167:屬邦工室

秦印編167:屬邦工丞

封泥集181・1:屬邦工室

封泥集181・3:屬邦工室

封泥集181・6:屬邦工室

封泥集181・7:屬邦工室

封泥集182・1:屬邦工丞

封泥集182・2:屬邦工丞

封泥集 182・4:屬邦工丞

封泥集 182・5:屬邦工丞

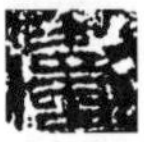
封泥集 182・8:屬邦工丞

封泥集 182・11:屬邦工室

封泥集 183・10:屬邦工丞

封泥集 183・13:屬邦工丞

封泥集 183・15:屬邦工丞

集證・139. 109:屬邦工室

集證・139. 100:屬邦工丞

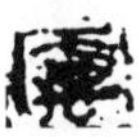
新封泥 C・16. 23:屬邦之印

1907  屈

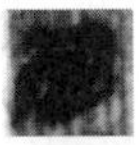
睡簡・日甲・65 正:十一月楚屈夕

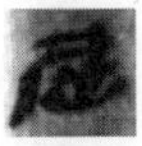
睡簡・日甲・39 背:屈(掘)而去之

睡簡・日甲・41 背:屈(掘)而去之

睡簡・日甲・51 背:屈(掘)其室中三尺

睡簡・日甲・120 正:屈門

睡簡・爲吏・34:恿(勇)能屈

帛書・病方・413:屈居(據)□齊〖注〗屈據,蔄茹別名,藥名。

秦陶・378:屈

秦陶・374:屈

秦陶・375:屈

秦陶・376:屈

1908  履䪨

睡簡・答問・162:毋敢履錦履

睡簡・答問・162:毋敢履錦履

睡簡・答問・162:乃爲"錦履"

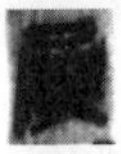
睡簡・答問・162:以絲雜織履

睡簡・封診・22:及履

睡簡・封診・78:外壤秦綦履迹四所

睡簡・封診・59:男子西有鬃秦綦履一兩〖注〗綦履,一種有紋的麻鞋。

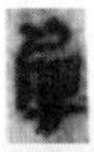
睡簡・封診・59:以履履男子

睡簡・日甲・79 背:其爲人也剛履〖注〗劉樂賢說履讀爲"復",愎。

帛書・病方・380:以履下靡(磨)抵之〖注〗履下,鞋底。

帛書・灸經甲・66:重履而步

1909  屨

睡簡・日甲・63 背:以屨投之

睡簡・日甲・61 背:乃鬻(煮)葬(賁)屨以紙(抵)〖注〗賁,麻。賁

屨,麻鞋。

 睡簡・日甲・58背:乃棄其屨於中道

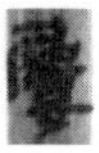 睡簡・日甲・57背:乃投以屨

1910  舟

 石鼓文・霝雨(先鋒本):舫舟西逮

 石鼓文・霝雨(先鋒本):隹(惟)舟以衎(行)

 會稽刻石・宋刻本:輿舟不傾

1911  俞

 不其簋蓋(秦銅・3):駿方嚴允(玁狁)廣伐西俞〖注〗西俞,王國維說"俞"讀爲"隃",爲山阜之通名。李學勤讀爲"西隅",泛指周之西部邊遠地區。

 滕縣不其簋器(秦銅・4):駿方嚴允(玁狁)廣伐西俞

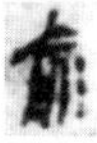 帛書・病方・163:壹飲病俞(愈)

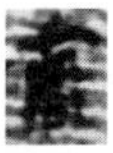 帛書・病方・334:病卽俞(愈)矣

 帛書・病方・122:雖俞(愈)而毋去其藥

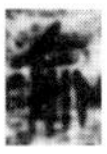 帛書・病方・126:俞(逾)良

1912  船

 睡簡・日甲・98背:六壬不可以船行

 睡簡・日甲・128背:丁卯不可以船行

 睡簡・日甲・128背:六壬不可以船行

 睡簡・日乙・44:丁卯不可以船行

 睡簡・日乙・44:六壬不可以船行

 里簡・J1(8)134正:未歸船

 里簡・J1(8)134正:問狼船存所

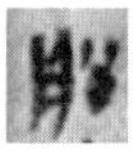 里簡・J1(8)134正:謁告昌官令狼歸船

 里簡・J1(9)981正:船亡審

 里簡・J1(9)981正:令居貲目取船

 里簡・J1(9)981正:漚流包(浮)船

 里簡・J1(8)134正:競(竟)陵蘯(蕩)陰狼叚(假)遷陵公船

 秦印編167:船虞

 秦印編167:都船丞印〖注〗都船,官名。

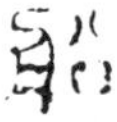 秦印編167:都船丞印

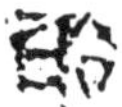 秦印編167:都船工疕

 封泥集174・7:都船丞印

 集證・143.170:都船丞印

 封泥集174・3:都船丞印

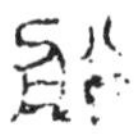 封泥集174・4:都船丞印

 封泥集174・6:都船丞印

新封泥 E・2:都船丞印

新封泥 C・16.12:陽都船印

新封泥 C・17.11:陽都船丞

秦印編 167:都船

封泥印 13:都船

新封泥 D・22:都船

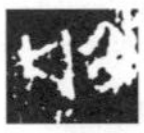秦陶・1007:都船

新封泥 C・17.7:陰都船丞

秦陶 A・1.14:都船掩

秦陶・1010:都船工疕

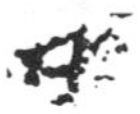秦陶・1016:都船工疕

1913  朕

不其簋蓋(秦銅・3):用乍(作)朕皇且(祖)公白(伯)、孟姬障毁

滕縣不其簋器(秦銅・4):用乍(作)朕皇且(祖)公白(伯)、孟姬障毁

秦編鐘・甲鐘(秦銅・10.1):以康奠協朕或(國)

秦編鐘・甲鐘(秦銅・10.1):余夙夕虔敬朕祀

秦編鐘・甲鐘左鼓・摹(秦銅・11.2):余夙夕虔敬朕祀

秦編鐘・甲鐘左篆部・摹(秦銅・11.4):以康奠協朕或(國)

秦編鐘・丁鐘(秦銅・10.4):以康奠協朕或(國)

秦鎛鐘・1號鎛・摹(秦銅・12.2):以康奠協朕或(國)

秦鎛鐘・1號鎛(秦銅・12.2):余夙夕虔敬朕祀

秦鎛鐘・2號鎛(秦銅・12.5):以康奠協朕或(國)

秦鎛鐘・2號鎛(秦銅・12.5):余夙夕虔敬朕祀

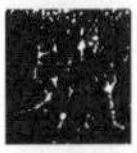秦鎛鐘・3號鎛(秦銅・12.8):以康奠協朕或(國)

秦鎛鐘・3號鎛(秦銅・12.8):余夙夕虔敬朕祀

秦公鎛鐘・摹(秦銅・16.1):不(丕)顯朕皇且(祖)受天命

秦公鎛鐘・摹(秦銅・16.2):虔敬朕祀

秦公簋・器(秦銅・14.1):不(丕)顯朕皇且(祖)受天命

秦公簋・蓋(秦銅・14.2):虔敬朕祀

1914  舫

石鼓文・霝雨(先鋒本):舫舟西逮〖注〗舫,舟。《集韻》:“舫,併船也。”

1915  般敓

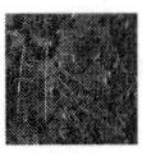信宮罍(珍金・129):古西共左今左般〖注〗般,訓爲樂,特指侑食之樂。左般,官名。一説般讀爲“班”。

信宮罍・摹(珍金・129):古西共左今左般

信宮罍(珍金・130):信宮左般

信宫罍・摹(珍金・130):信宫左般

帛書・病方・14:令傷毋般(瘢)

帛書・病方・261:置般(盤)中而居(踞)之

帛書・病方・318:般(瘢)者

帛書・病方・320:去故般(瘢)

帛書・病方・320:以靡(磨)般(瘢)令□之

帛書・病方・411:以般服零

新封泥A・2.14:尚浴寺般〖注〗寺般,官名。

新封泥A・2.15:私官左般

秦印編167:右淳右般

秦印編167:般午

秦印編167:般陽丞印〖注〗般陽,地名。

封泥集318・2:般陽丞印

封泥集318・1:般陽丞印

封泥印132:般陽丞印

封泥印・待考159:私官右般〖注〗般,或指遊樂。

新封泥D・25:私官右般

1916 服𦨈

秦編鐘・乙鐘(秦銅・10.2):具卽其服〖注〗服,職事,引申爲服從。

秦編鐘・乙鐘鉦部・摹(秦銅・11.5):具卽其服

秦編鐘・丁鐘(秦銅・10.4):具卽其服

秦鎛鐘・1號鎛(秦銅・12.2):具卽其服

秦鎛鐘・2號鎛(秦銅・12.5):具卽其服

秦鎛鐘・3號鎛(秦銅・12.8):具卽其服

大墓殘磬(集證・64):卽服□

睡簡・爲吏・35:罔服必固〖注〗服,車箱。

睡簡・秦律・20:大(太)倉課都官及受服者

睡簡・秦律・20:及受服牛者卒歲死牛三以上

睡簡・秦律・62:女子操敃紅及服者〖注〗服,衣服。

睡簡・秦律・18:其乘服公馬牛亡馬者而死縣

睡簡・秦律・19:今課縣、都官公服牛各一課

睡簡・秦律・11・摹:乘馬服牛稟〖注〗乘馬服牛,駕車的牛馬。

睡簡・日乙・70:可以出入牛、服之

里簡・J1(9)9正:弗服

里簡・J1(9)3正:弗服

帛書・病方・238:恆服藥廿日

帛書・病方・285:服藥卅日□已

帛書・病方・336:服藥時毋禁

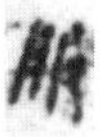帛書・病方・238:服藥時禁毋食彘肉、鮮魚

帛書・病方・411:以般服零〖注〗服零,即茯苓,藥名。

1917　　纙

秦印編293:纙得

1918 　方汸

不其簋蓋(秦銅・3):馭方嚴允(玁狁)廣伐西俞〖注〗王國維說"馭"卽御字。御方,古中國人呼西北外族之名。

滕縣不其簋器(秦銅・4):馭方嚴允(玁狁)廣伐西俞

秦子簋蓋・摹(珍金・31):卲(昭)于□四方〖注〗四方,本指東西南北,後泛指宇內,此指秦國境之內。

秦編鐘・甲鐘(秦銅・10.1):以虩事緣(蠻)方〖注〗蠻方,本指南方的方國,此指西戎。

秦編鐘・甲鐘鉦部・摹(秦銅・11.1):以虩事緣(蠻)方

秦編鐘・乙鐘(秦銅・10.2):匍有四方〖注〗四方,指天下。

秦編鐘・乙鐘左篆部・摹(秦銅・11.7):匍有四方

秦鎛鐘・1號鎛(秦銅・12.1):以虩事緣(蠻)方

秦鎛鐘・1號鎛(秦銅・12.3):匍有四方

秦鎛鐘・2號鎛(秦銅・12.4):以虩事緣(蠻)方

秦鎛鐘・2號鎛(秦銅・12.6):匍有四方

秦鎛鐘・3號鎛(秦銅・12.9):匍有四方

秦公鎛鐘・摹(秦銅・16.4):匍又(有)四方

秦公簋・蓋(秦銅・14.2):竈(肇)囿(域)四方

秦政伯喪戈一(珍金・42):竈(肇)専(撫)東方

秦政伯喪戈一・摹(珍金・42):竈(肇)専(撫)東方

秦政伯喪戈二・摹(珍金・43):竈(肇)専(撫)東方

大墓殘磬(集證・60):四方以鼏(宓)平

大墓殘磬(集證・62):四方以鼏(宓)平

大墓殘磬(集證・72):四方穆=

石鼓文・霝雨(先鋒本):□于水一方

秦駰玉版・甲・摹:東方又(有)士〖注〗東方,本指陝西以東地區,關東。

秦駰玉版・甲・摹:而不得氒(厥)方〖注〗方,方法、法則。

秦駰玉版・乙・摹:東方又(有)士

秦駰玉版・乙・摹:而不得氒(厥)方

會稽刻石・宋刻本:行爲辟方

會稽刻石・宋刻本:周覽遠方

嶧山刻石・宋刻本:窺軏(巡)遠方

嶧山刻石・宋刻本:武義直方

天簡39・乙:從西方出

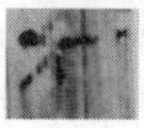天簡25・乙:其盜從北方[入]憙大息

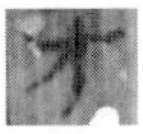
天簡 25・乙:盜從西方爯在山谷

天簡 26・乙:盜者從南方

天簡 27・乙:盜從南方有(又)從之出

天簡 39・乙:盜從西方入復從西方出

睡簡・爲吏・15:聽有方

睡簡・日乙・176:赤肉從北方來

睡簡・日乙・174:鮮魚從西方來

睡簡・日乙・158:黑肉從北方來

睡簡・語書・4:故騰爲是而脩灋律令、田令及爲閒(奸)私方而下之

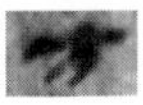
睡簡・日甲・23 背:垣東方高西方之垣

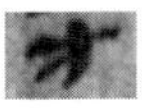
睡簡・日甲・23 背:垣東方高西方之垣

睡簡・6 號牘・背:衷唯毋方行新地

睡簡・答問・88:其大方一寸

睡簡・秦律・131:方之以書

睡簡・秦律・131:毋(無)方者乃用版〖注〗方,書寫用的一種木簡。

睡簡・日甲・88 背:東方木

睡簡・日甲・89 背:南方火

睡簡・日甲・20 背:北方下

睡簡・日甲・20 背:宇南方高

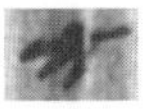
睡簡・日甲・21 背:圈居宇正東方

睡簡・日甲・21 背:廡居東方

睡簡・日甲・21 背:西方下

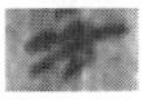
睡簡・日甲・21 背:宇東方高

睡簡・日甲・90 背:西方金

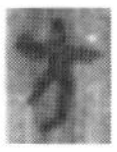
睡簡・日甲・91 背:北方水

睡簡・日甲・9 正:之四方野外

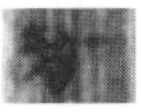
睡簡・日甲・69 正:煩居東方

睡簡・日甲・69 正:歲在東方

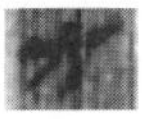
睡簡・日甲・66 正:歲在西方

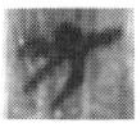
睡簡・日甲・64 正:歲在東方

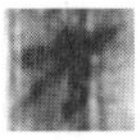
睡簡・日甲・65 正:歲在南方

睡簡・日甲・72 背:旦閉夕啟北方

睡簡・日甲・77 正:煩居北方

睡簡・日甲・77 正:歲在北方

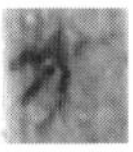
睡簡・日甲・73 正:歲在西方

睡簡・日甲・75 背:旦啟夕閉東方

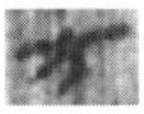
睡簡・日甲・75 正:煩居西方

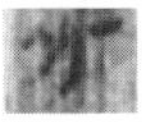
睡簡・日甲・75 正:歲在西方

睡簡・日甲・71 背:旦閉夕啟西方

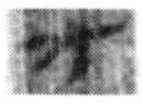睡簡・日甲・47 正:從上右方數朔之初日及枳(支)各一日

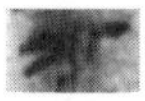睡簡・日甲・19 背:南方下

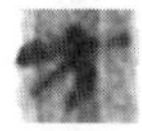睡簡・日甲・110 正:九月北方

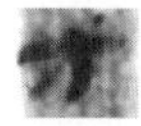睡簡・日甲・110 正:三月南方

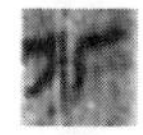睡簡・日甲・112 正:紡月、夏夕〈尸〉、八月作事西方

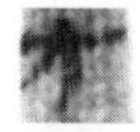睡簡・日甲・112 正:九月、十月、爨月作事北方

睡簡・日甲・112 正:援夕、刑尸作事南方

睡簡・日甲・112 正:黀(獻)馬、中夕、屈夕作事東方

睡簡・日乙・208:西方

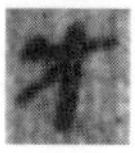睡簡・日乙・259:其室在西方

睡簡・日乙・256:室在東方

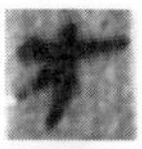睡簡・日乙・257:盜在南方

睡簡・日乙・253:盜在西方

睡簡・日乙・255:其室在西方

睡簡・日乙・210:北方

睡簡・日乙・216:東方

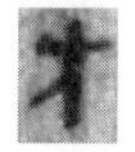睡簡・日乙・214:南方

睡簡・日乙・99:方(房),取婦、家(嫁)女、出入貨

睡簡・日乙・180:黑肉從東方來

睡簡・日乙・183:煩及歲皆在南方

睡簡・日乙・160:脂肉從東方來

睡簡・日乙・168:赤肉從東方來

睡簡・日乙・166:乾肉從東方來

睡簡・日乙・164:狗肉從東方來

睡簡・日乙・170:赤肉從南方來

睡簡・日乙・178:鮮魚從西方來

睡簡・日乙・172:赤肉從南方來

睡簡・爲吏・24:中不方

關簡・332:已齲方

關簡・315:去黑子方

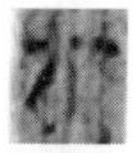關簡・361:求東南方

關簡・361:求南方

關簡・361:求西北方

關簡・361:求西方

關簡・266:西方

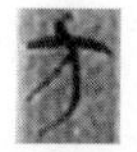關簡・243:斂(數)東方平旦以雜之

關簡・329:已齲方

 關簡・326:已齲方

 關簡・323:燔劍若有方之端〖注〗有方,古代兵器名。

 關簡・360:從北方入

 關簡・362:求北方

 關簡・362:求東方

 帛書・病方・16:以方(肪)膏、烏豙(喙)□〖注〗肪膏,動物油脂。

 帛書・病方・23:令金傷毋痛方

 帛書・病方・48:嬰兒病閒(癇)方

 帛書・病方・64:令毋痛及易瘳方

 帛書・病方・66:東方之王

 帛書・病方・106:道南方始

 帛書・病方・115:白處方

 帛書・病方・134:冥(螟)病方

 帛書・病方・158:□及癃不出者方

 帛書・病方・178:坎方尺有半

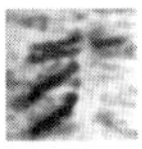 帛書・病方・191:[弱(溺)]□淪者方

 帛書・病方・215:以冥蠶種方尺

 帛書・病方・244:小者如棗覈(核)者方

 帛書・病方・246:時養(癢)時痛者方

 帛書・病方・248:不後上鄉(嚮)者方

 帛書・病方・250:爲藥漿方

 帛書・病方・253:血出者方

 帛書・病方・254:蟯白徒道出者方

 帛書・病方・259:冶麋(蘼)蕪本、方(防)風、烏豙(喙)、桂皆等〖注〗防風,藥名。

 帛書・病方・359:痂方

 帛書・病方・362:加(痂)方

 帛書・病方・376:身有體癰種(腫)者方

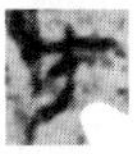 帛書・病方・408:乾騷(瘙)方

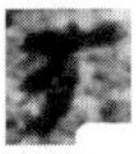 帛書・病方・446:去人馬疣方

 帛書・病方・殘4:□此右方不□

 封泥印137:方□除丞

 集證・164.495:方將吉印

 封泥印77:西方謁者

 秦印編167:高方

 秦印編167:張敓方

 秦印編167:搏方

 秦印編167:西方謁者

 秦印編167:方囊

秦印編 167:方係

秦印編 167:方鬆

秦印編 167:西方謁者

集證・134. 27:西方謁者

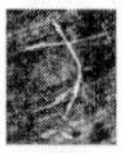
南郊 710・200:楊母方母方

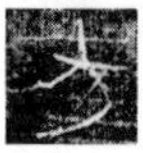
南郊 710・200:楊母方母方

1919  兒

卅二年相邦冉戈(珍金・80):工兒〖注〗兒,人名。

卅二年相邦冉戈・摹(珍金・80):工兒

睡簡・秦律・50:嬰兒之毋(無)母者各半石

睡簡・日甲・29 背:鬼嬰兒恆爲人號曰

帛書・病方・45:嬰兒索痙〖注〗嬰兒索痙,產婦子癇一類病症。一說,爲小兒臍帶風。

帛書・病方・48:小嬰兒以水[半]斗

帛書・病方・48:嬰兒病間(癇)方〖注〗嬰兒病癇,卽小兒癇。

帛書・病方・51:嬰兒瘛〖注〗嬰兒瘛,卽小兒瘈瘲。

帛書・病方・54:嬰兒瘛所

帛書・病方・337:以少(小)嬰兒弱(溺)漬羖羊矢

帛書・病方・目錄:嬰兒病間(癇)

帛書・病方・目錄:嬰兒索痙

秦印編 168:王兒

秦印編 168:潘兒

秦印編 168:兒戚

1920  允

不其簋蓋(秦銅・3):駿方嚴允(玁狁)廣伐西俞

不其簋蓋(秦銅・3):女(汝)以我車宕伐嚴允(玁狁)于高陶(陶)〖注〗玁狁,王輝說又稱犬戎,爲西戎之一支。

滕縣不其簋器(秦銅・4):駿方嚴允(玁狁)廣伐西俞

滕縣不其簋器(秦銅・4):女(汝)以我車宕伐嚴允(玁狁)于高陶(陶)

秦編鐘・甲鐘頂篆部・摹(秦銅・11. 3):盭=(藹=)允義

秦編鐘・丁鐘(秦銅・10. 4):盭=(藹=)允義〖注〗允,誠信。

秦鎛鐘・2 號鎛(秦銅・12. 5):盭=(藹=)允義

秦鎛鐘・3 號鎛(秦銅・12. 8):盭=(藹=)允義

秦懷后磬・摹:□盄允異

大墓殘磬(集證・59):允樂子〈孔〉煌

大墓殘磬(集證・84):允龢又(有)靁(靈)殸(磬)

石鼓文・鑾車(先鋒本):遊□(隻?)允異

1921 兌

天簡 28・乙:兌

天簡 29・乙:兌頤

天簡 33・乙:兌喙

天簡 33・乙:兌頤□毆

睡簡・日甲・69 背:盜者兌(銳)口

睡簡・日甲・5 正:兌(說)不羊(祥)〖注〗說,除。

睡簡・日甲・11 正:利以兌(說)明(盟)組(詛)、百不羊(祥)

帛書・病方・殘 1:取蛇兌(蛻)□鄉(嚮)者

帛書・病方・265:空(孔)兌兌然出〖注〗兌兌然,上小下大狀。

1922 兄

睡簡・日乙・170:外鬼兄枼(世)爲姓(眚)

帛書・病方・82:兄父產大山

1923 兢

七年相邦呂不韋戟一(秦銅・70):工兢〖注〗兢,人名。

天簡 38・乙:癃(應)鐘音毆貞在癃(應)鐘是胃炙(?)人兢=

集證・174.618:張兢

秦印編 168:高居樛兢

秦印編 168:王兢

秦印編 168:王兢

1924 免

虎形轄(精華 168):工免〖注〗免,人名。〖編者按〗《説文》無免字,段玉裁注補篆文,並自爲説解云:"兔逸也,从兔不見足會意。"段説未見其是。從古文字看,或説象人分娩之形,爲娩之本字。或説象人著帽之形,爲冕之本字。

天簡 26・乙:大吕旄牛毆免顔大頤

天簡 29・乙:免僂〖編者按〗免,疑讀爲"俛",即"俯"字異體。

睡簡・效律・19:實官佐、史被免徙

睡簡・效律・29:嗇夫免而效

睡簡・效律・32:其有免去者

睡簡・效律・18:縣令免

睡簡・效律・17:官嗇夫免

睡簡・答問・143:還免、徙不還

睡簡・答問・145:不當免

睡簡・答問・145:丞已免

睡簡・答問・145:令當免不當

睡簡・封診・38:甲未賞(嘗)身免丙

睡簡・秦律・82:官嗇夫免

睡簡·秦律·83:官嗇夫免

睡簡·秦律·83:其免殿

睡簡·秦律·22:嗇夫免

睡簡·秦律·61:其老當免老、小高五尺以下及隸妾欲以丁粼者一人贖

睡簡·秦律·59:免隸臣妾、隸臣妾垣及爲它事與垣等者

睡簡·秦律·162:節(即)官嗇夫免而效

睡簡·秦律·162:實官佐、史柀免、徙

睡簡·秦律·172:其有免去者

睡簡·秦律·146:免城旦勞三歲以上者

睡簡·秦律·156:免以爲庶人

睡簡·秦律·157:縣、都官、十二郡免除吏及佐、羣官屬〖注〗免除,任免。

睡簡·秦律·157:以十二月朔日免除

睡簡·秦律·105:其事已及免

睡簡·秦律·155:謁歸公士而免故妻隸妾一人者

睡簡·秦律·155:欲歸爵二級以免親父母爲隸臣妾者一人

睡簡·雜抄·8:尉貲二甲,免

睡簡·雜抄·3:免,嗇夫任之

睡簡·雜抄·3:免,賞(償)四歲繇(徭)戍

睡簡·日甲·36正:免,復事

睡簡·日甲·33正:免,復事〖注〗免,免官。

睡簡·日甲·42正:不免

睡簡·日甲·55背:免於憂矣

睡簡·爲吏·51:不取句(苟)免

睡簡·效律·19:節(即)官嗇夫免而效不備

龍崗牘·正·摹:沙羨丞甲、史丙免辟死爲庶人

關簡·340:令可下免甗(甕)〖注〗《廣雅》:"免,脫也。"或說免讀爲"挽"。

關簡·341:□下免繘甗(甕)

1925　皃貌貌　皃貌(貌)

關簡·367:餔時浚皃

1926　覍覍弁　覍覍(弁)

帛書·病方·21:以職(膱)膏弁〖注〗弁,調和。疑即"拌"字。

帛書·病方·309:以汁弁之

帛書·病方·310:以鷄卵弁兔毛

帛書·病方·352:并以彘職(膱)膏弁

帛書·病方·354:炙羖脂弁

帛書·病方·355:以彘職(膱)膏殺弁

帛書·病方·362:以蠭(蜂)駘弁和之

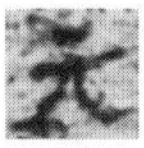
帛書·病方·411:脂弁之

秦印編168:弁胡

封泥集378·1:皃禄

1927  先

秦編鐘·甲鐘(秦銅·10.1):我先且(祖)受天命商(賞)宅受或(國)〖注〗先祖,即秦襄公。李零説爲秦莊公。

秦編鐘·甲鐘鉦部·摹(秦銅·11.1):我先且(祖)受天命商(賞)宅受或(國)

秦編鐘·丙鐘(秦銅·10.3):我先且(祖)受天命商(賞)宅受或(國)

秦鎛鐘·1號鎛(秦銅·12.1):我先且(祖)受天命商(賞)宅受或(國)

秦鎛鐘·2號鎛(秦銅·12.4):我先且(祖)受天命商(賞)宅受或(國)

秦鎛鐘·3號鎛(秦銅·12.7):我先且(祖)受天命商(賞)宅受或(國)

詛楚文·湫淵(中吴本):昔我先君穆公及楚成王是繆(勠)力同心

詛楚文·巫咸(中吴本):昔我先君穆公及楚成王是繆(勠)力同心

詛楚文·亞駝(中吴本):昔我先君穆公及楚成王是繆(勠)力同心

秦駰玉版·甲·摹:壹(一)璧先之〖注〗先,先導。

秦駰玉版·乙·摹:壹(一)璧先之

秦駰玉版·甲·摹:欲事天地、四亟(極)、三光、山川、神示(祇)、五祀、先祖

秦駰玉版·乙·摹:欲事天地、四亟(極)、三光、山川、神示(祇)、五祀、先祖

天簡38·乙:姑先夷則之卦

睡簡·日乙·161:西先行

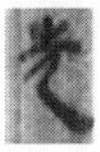
睡簡·效律·25:先索(索)以稟人

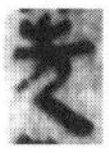
睡簡·日乙·135:必先計月中間曰□

睡簡·日乙·159:西先行

睡簡·答問·8:先自告

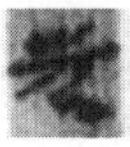
睡簡·答問·62:其妻先自告

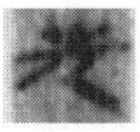
睡簡·答問·170:妻先告

睡簡·封診·68:診必先謹審視其迹

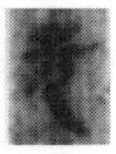
睡簡·封診·72:自殺者必先有故

睡簡·秦律·87:求先買(賣)

睡簡·秦律·31:令其故吏與新吏雜先索(索)出之

睡簡·秦律·167:先索以稟人

睡簡·秦律·159:所不當除而敢先見事

睡簡·秦律·111:能先期成學者謁上

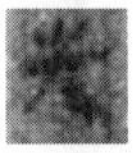
睡簡·雜抄·9:先賦驀馬

睡簡·日甲·82背:癸名曰陽生先智丙

睡簡・日甲・4背:夫先死

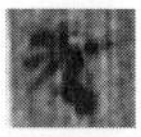
睡簡・日甲・42正:先辱而後又(有)慶

睡簡・日甲・129正:必先計月中閒日

睡簡・日甲・125背:祠史先龍丙望

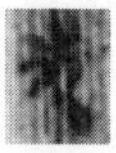
睡簡・日甲・149正:先〈无〉冬(終)

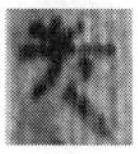
睡簡・日甲・146正:先〈无〉冬(終)〖注〗先,“无”字之訛。无終,无成。

睡簡・日甲・156背:先牧日丙

睡簡・日甲・157背:大夫先敫〈牧〉兕席

睡簡・日甲・111背:先爲禹除道

睡簡・日乙・60:先辱後慶

睡簡・日乙・52:祠史先龍丙望

睡簡・日乙・169:午以東先行

睡簡・日乙・165:先行

里簡・J1(16)6正:必先悉行城旦舂、隸臣妾、居貲贖責(債)

里簡・J1(16)6正:必先悉行乘城卒

關簡・351:先侍(持)豚

關簡・349:<u>先</u>農梔(恆)先泰父食

關簡・349:先農梔(恆)<u>先</u>泰父食

關簡・329:先貍(埋)一瓦垣止(址)下

關簡・348:爲先農除舍

關簡・348:我獨祠先農〖注〗先農,古神名。

關簡・349:先農笱(苟)令某禾多一邑

帛書・死候・87:則血先死

帛書・死候・88:[則筋]先死

帛書・病方・27:藥先食後食次(恣)〖注〗先食,飯前。

帛書・病方・33:熨先食後食次(恣)

帛書・病方・40:傅藥先食後食次(恣)

帛書・病方・105:先[以]甴(塊)置室後

帛書・病方・112:先侍(偫)白雞、犬矢

帛書・病方・116:而先食飲之

帛書・病方・163:飲先食[後]食次(恣)

帛書・病方・177:先莫(暮)毋食

帛書・病方・191:先取鵲棠下蒿

帛書・病方・216:以先食飲之

帛書・病方・221:先上卵

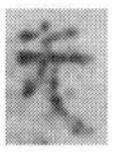
帛書・病方・238:到莫(暮)有(又)先食飲

帛書・病方・246:先剶之

帛書・病方・254:先道(導)以滑夏鋌

帛書・病方・260：恆先食食之

帛書・病方・358：先善以水洒

帛書・病方・360：先括（刮）加（痂）潰

帛書・病方・361：先以湝脩（滫）□傅

帛書・病方・396：傅藥先旦

帛書・病方・409：先孰洒騷（瘙）以湯

帛書・病方・428：先以黍潘孰洒涿（瘃）

帛書・病方・457：傅［藥］必先洒之

帛書・病方・殘4：□挈去先所傅□

帛書・死候・87：［則］骨先死

帛書・死候・87：則氣先死

秦印編168：張女先

1928　積　積（頹）

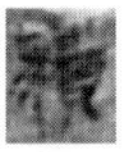
帛書・病方・195：積（癪）〖注〗癪，癪疝。

帛書・病方・200：獨產積（癪）九

帛書・病方・200：令積（癪）者東鄉（嚮）

帛書・病方・206：令積（癪）者屋霤下東鄉（嚮）

帛書・病方・206：某積（癪）已

帛書・病方・206：某積（癪）九

帛書・病方・207：以築衝積（癪）二七

帛書・病方・208：今人挾提積（癪）者

帛書・病方・209：以久（灸）積（癪）者中顛

帛書・病方・210：令積（癪）者北首臥北鄉（嚮）廡中

帛書・病方・217：卽令積（癪）者煩誇（瓠）

帛書・病方・220：須積（癪）已而止

帛書・病方・223：治積（癪）初發

帛書・病方・225：積（癪）

帛書・病方・230：□積（癪）己

集證・163.477：王積

秦印編168：積

集證・183.728：積

秦印編168：王積

秦印編168：郝積

秦印編168：王積

秦印編168：楊工積

秦印編168：左積

秦印編168：宮積

秦印編169：積

秦陶・562:左積〖注〗積,人名。

秦陶・300:宮積

秦陶・301:宮積

秦陶・303:宮積

秦陶・1262:楊工積

1929　　見

睡簡・日甲・166 正:令復見之

睡簡・答問・53:見書而投者不得

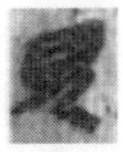睡簡・答問・10:其見智(知)之而弗捕〖注〗見知,知情。

睡簡・封診・83:見乙有復(複)衣

睡簡・封診・22:今日見亭旁

睡簡・封診・95:自晝見某所

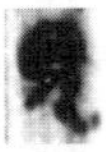睡簡・封診・32:今日見丙戲旞

睡簡・封診・18:自晝甲見丙陰市庸中

睡簡・秦律・22:見雜封者〖注〗見,驗看。

睡簡・秦律・27:見屚(蝝?)之粟積

睡簡・秦律・97:令市者見其入

睡簡・秦律・73:見牛者一人

睡簡・秦律・160:嗇夫之送見它官者

睡簡・秦律・176:必令長吏相雜以見之

睡簡・秦律・171:效者見其封及隄(題)

睡簡・秦律・137:一室二人以上居貲贖責(債)而莫見其室者〖注〗見,義同“視”,照管。

睡簡・秦律・159:所不當除而敢先見事

睡簡・日甲・8 背:十二日曰見莫取

睡簡・日甲・87 背:有言見

睡簡・日甲・28 背:見而射之

睡簡・日甲・28 背:見其神以投之

睡簡・日甲・28 正:見之

睡簡・日甲・29 背:人見之

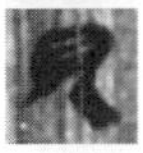睡簡・日甲・9 正:見兵

睡簡・日甲・6 正:以見君上

睡簡・日甲・7 正:利以行帥〈師〉出正(征)、見人

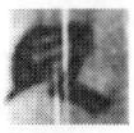睡簡・日甲・32 正:利見人及畜畜生

睡簡・日甲・34 背:不見其鼓

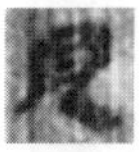睡簡・日甲・44 正:不可以見人、取婦、家(嫁)女

睡簡・日甲・41 正:見日

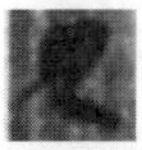睡簡・日甲・59 背:勿(忽)見而亡

睡簡・日甲・160 正:朝見

睡簡・日甲・160 正:日虒見

睡簡・日甲・160 正:夕見

睡簡・日甲・160 正:晏見

睡簡・日甲・160 正:晝見

睡簡・日甲・162 正:日虒見

睡簡・日甲・162 正:夕見

睡簡・日甲・162 正:晏見

睡簡・日甲・162 正:晝見

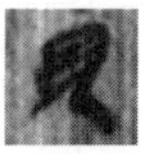睡簡・日甲・166 正:朝見

睡簡・日甲・166 正:令復見之

睡簡・日甲・166 正:日虒見

睡簡・日甲・166 正:夕見

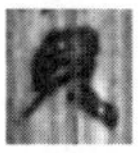睡簡・日甲・166 正:晏見

睡簡・日甲・166 正:以見王公

睡簡・日甲・166 正:晝見

睡簡・日甲・163 正:日虒見

睡簡・日甲・163 正:朝見

睡簡・日甲・163 正:夕見

睡簡・日甲・163 正:晏見

睡簡・日甲・163 正:晝見

睡簡・日甲・164 正:夕見

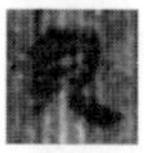睡簡・日甲・165 正:朝見

睡簡・日甲・165 正:日虒見

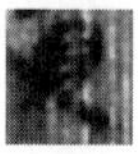睡簡・日甲・165 正:夕見

睡簡・日甲・165 正:晝見

睡簡・日甲・161 正:朝見

睡簡・日甲・161 正:日虒見

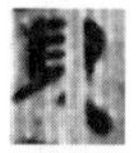睡簡・日甲・161 正:夕見

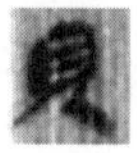睡簡・日甲・161 正:晏見

睡簡・日甲・161 正:晝見

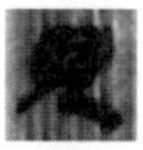睡簡・日甲・159 正:日虒見

睡簡・日甲・159 正:晏見

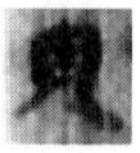睡簡・日甲・157 正:令復見之

睡簡・日甲・157 正:日虒見

睡簡・日甲・157 正:夕見

睡簡・日甲・157 正:晏見

睡簡・日甲・157 正:晝見

睡簡・日甲・157 正:朝見

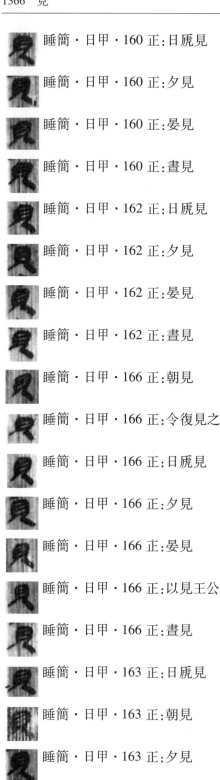

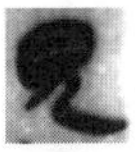 睡簡・日乙・236:皆可見人

 睡簡・日乙・21:必見兵

 睡簡・日乙・94:男爲見(覡),女爲巫

 睡簡・日乙・62:不可以見人、取妻、嫁女

 睡簡・日乙・62:必鬭見血

 睡簡・日乙・77:見人良日

 睡簡・日乙・56:不可取妻、嫁女、見人

 睡簡・日乙・53:見[人]

 睡簡・日乙・180:母枼(世)見之爲姓(眚)

 睡簡・日乙・19:利以行師徒、見人、入邦

 睡簡・日乙・196:不見其光

 睡簡・日乙・167:南見疾

 睡簡・日乙・163:北見疾

 睡簡・日乙・164:中鬼見社爲姓(眚)〖注〗見,疑卽覡字。

 睡簡・日乙・176:外鬼父枼(世)見而欲

 睡簡・日乙・177:西見兵

 睡簡・日乙・15:利以見人、祭、作大事、取妻

 睡簡・日乙・157:見疾

 睡簡・日乙・153:見人

 睡簡・日乙・154:見人吉

 睡簡・爲吏・2:不敢徒語恐見惡

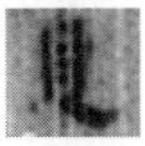 睡簡・爲吏・50:臨材(財)見利

 睡簡・爲吏・51:臨難見死

 睡簡・爲吏・19:一曰見民杲(倨)敖(傲)

 睡簡・效律・12:縣料而不備其見(現)數五分一以上

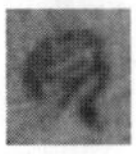 岳山牘・M36:44 正:必見大咎

 龍簡・39:及見獸出在外

 龍簡・43・摹:令終身毋得見□

 關簡・333:令若毋見風雨

 關簡・333:毋令人見之

 關簡・265:以此見人及戰斲(鬭)皆可

 關簡・246:令復見之

 關簡・246:請後見

 關簡・247:復好見之

 關簡・326:見東陳垣

 關簡・327:見垣有瓦

 關簡・327:前見地瓦

 關簡・332:見車

帛書・脈法・83:學□見於爲人□

帛書・病方・32:毋見風

帛書・病方・319:毋見星月一月

帛書・灸經甲・63:坐而起則目瞙(眦)如毋見

1930 視眎眡

天簡 28・乙:天下清明以視陰陽

睡簡・語書・12:阬閬强肮(伉)以視(示)强

睡簡・語書・12:誈訆醜言麃(僄)斫以視(示)險(檢)

睡簡・語書・12:訏詢疾言以視(示)治〖注〗視,通"示"。

睡簡・6號牘・正:新負勉力視瞻兩老□

睡簡・11號牘・正:母視安陸絲布賤

睡簡・答問・202:視檢智(知)小大以論及以齎(資)負之

睡簡・答問・144:事它郡縣而不視其事者

睡簡・封診・68:診必先謹審視其跡

睡簡・封診・69:即視索終

睡簡・封診・69:乃視舌出不出

睡簡・封診・70:及視索迹鬱之狀

睡簡・封診・70:視口鼻渭(喟)然不殹

睡簡・秦律・159:乃令視事及遣之〖注〗視事,到任行使職權。

睡簡・雜抄・42:縣尉時循視其攻(功)及所爲

睡簡・日乙・223:視羅

里簡・J1(6)1背:行郵人視

關簡・29:正月丁卯嘉平視事

帛書・病方・殘4:□視其指端及□

帛書・死候・87:目環(瞏)視衺(衺)

秦印編169:陳視

秦印編169:張視

集證・175.624:張視

秦印編169:魏視

1931 覯

睡簡・爲吏・34:覯民之詐

1932 覽

會稽刻石・宋刻本:周覽遠方

1933 覺

睡簡・答問・68:不覺

睡簡・答問・49:乃後覺

睡簡・答問・10:乙弗覺

睡簡・日乙・194:覺而擇(釋)之

1934  親

詛楚文・湫淵(中吳本):親印(仰)大沈氒(厥)湫而質焉

詛楚文・巫咸(中吳本):親印(仰)不(丕)顯大神巫咸而質焉

睡簡・爲吏・24・摹:一曰不察所親

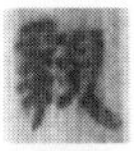睡簡・爲吏・4:民心將移乃難親

睡簡・答問・125:能自捕及親所智(知)爲捕〖注〗親所知,親屬朋友。

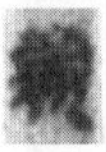睡簡・封診・50:甲親子同里士五(伍)丙不孝

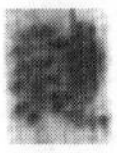睡簡・封診・51:甲親子

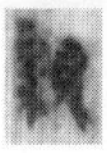睡簡・秦律・155:欲歸爵二級以免親父母爲隸臣妾者一人

睡簡・日甲・73 背・摹:車人,親也

睡簡・日乙・148:祠親

1935  欽

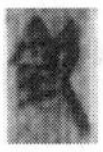睡簡・效律・11:欽(咸)書其縣料殹之數〖注〗欽,讀爲“咸”。咸書,一律記明。

1936  吹

帛書・灸經甲・44:婁(數)吹(欠)

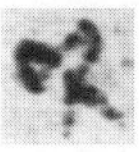帛書・灸經甲・56:强吹(欠)〖注〗强欠,呃逆。

1937  歕

帛書・病方・156:取桮(杯)水歕(噴)鼓三

帛書・病方・380:歕,桼(漆)〖注〗歕,吹氣。

帛書・病方・382:歕,桼(漆)王

秦印編 169:弗歕

1938  歇

封泥集 387・1:司馬歇〖注〗歇,人名。

封泥集 387・2:司馬歇

集證・164. 497:司馬歇

封泥印 153:司馬歇

秦陶・556:左司歇瓦

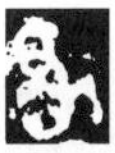秦陶・557:左司歇瓦

秦陶・558:左司歇瓦

秦陶・559:左司歇瓦

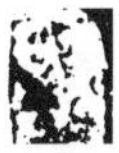秦陶・561:左司歇瓦

秦陶・565:左司歇瓦

秦陶・566:左司歇瓦

集證・212. 178:左司歇瓦

集證·212.179:左司歇瓦

集證·212.180:左司歇瓦

集證·212.181:左司歇瓦

集證·212.182:左司歇瓦

集證·212.183:左司歇瓦

集證·212.184:左司歇瓦

集證·212.185:左司歇瓦

集證·212.186:左司歇瓦

集證·212.188:左司歇瓦

集證·212.189:左司歇瓦

集證·213.190:左司歇瓦

集證·213.191:左司歇瓦

集證·213.192:左司歇瓦

集證·213.193:左司歇瓦

集證·213.194:左司歇瓦

集證·213.195:左司歇瓦

集證·213.196:左司歇瓦

集證·213.197:左司歇瓦

集證·213.198:左司歇瓦

集證·213.200:左司歇瓦

集證·213.201:左司歇瓦

秦陶A·1.15:右歇

1939  欣

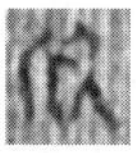里簡·J1(8)156:欣手

里簡·J1(8)158背:欣手〖注〗欣，人名。

集證·161.459:王欣

集證·168.550:臣欣

秦印編169:任欣

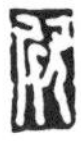秦印編169:臣欣

秦印編169:秦欣

秦印編169:司馬欣

秦印編169:執欣

秦印編169:史欣

集證·218.238:咸郚里欣

1940  款款

秦印編169:李款

1941  欲

詛楚文・湫淵(中吳本):將欲復其䀁(凶)速(跡)

詛楚文・巫咸(中吳本):將欲復其䀁(凶)速(跡)

詛楚文・巫咸(中吳本):欲剗伐我社稷(稷)

詛楚文・亞駝(中吳本):將欲復其䀁(凶)速(跡)

詛楚文・亞駝(中吳本):欲剗伐我社稷(稷)

秦駰玉版・甲・摹:欲事天地、四亟(極)、三光、山川、神示(祇)、五祀、先祖

秦駰玉版・乙・摹:欲事天地、四亟(極)、三光、山川、神示(祇)、五祀、先祖

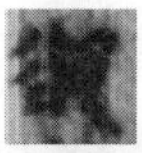睡簡・爲吏・1:欲富大(太)甚

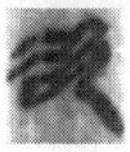睡簡・答問・205:欲令乙爲盜

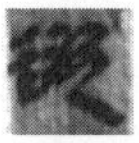睡簡・答問・69:不欲其生

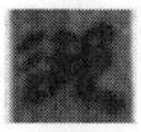睡簡・答問・76:欲賊殺主

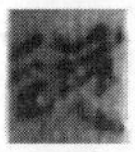睡簡・答問・30:抉之且欲有盜

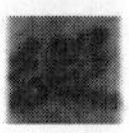睡簡・答問・31:抉之非欲盜殹

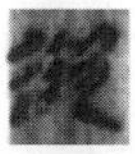睡簡・答問・176:欲去秦屬是謂“夏”

睡簡・秦律・61:隸臣欲以人丁粼者二人贖

睡簡・秦律・61:其老當免老、小高五尺以下及隸妾欲以丁粼者一人贖

睡簡・秦律・31:其故吏弗欲

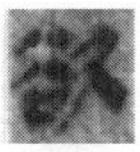睡簡・秦律・30:欲一縣之

睡簡・秦律・48:百姓有欲叚(假)者

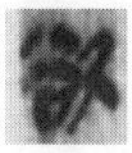睡簡・秦律・122:欲以城旦舂益爲公舍官府及補繕之

睡簡・秦律・137:或欲籍(藉)人與并居之

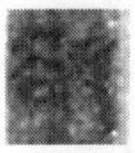睡簡・秦律・140:而欲居者

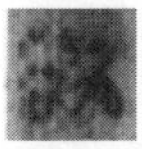睡簡・秦律・155:欲歸爵二級以免親父母爲隸臣妾者一人

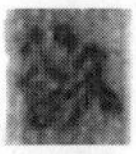睡簡・秦律・151:非適(謫)辠殹而欲爲冗邊五歲

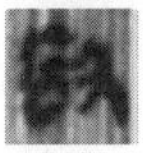睡簡・雜抄・26:虎欲犯

睡簡・日乙・181:王父欲殺

睡簡・日乙・176:室鬼欲狗(拘)

睡簡・日乙・176:外鬼父枼(世)見而欲

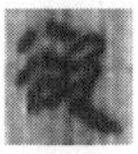睡簡・爲吏・8:下雖善欲獨可(何)急

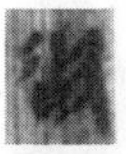睡簡・爲吏・20:欲士(仕)士(仕)之

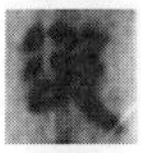睡簡・爲吏・23:止欲去顚(願)

睡簡・爲吏・24:寡人弗欲

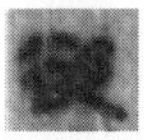睡簡・爲吏・2:欲貴大(太)甚

睡簡・爲吏・7:掇(輟)民之欲政乃立

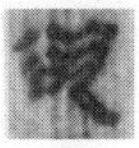睡簡・爲吏・11:欲令之具下勿議

龍簡・30・摹:黔首其欲弋射耎(壖)獸者勿禁

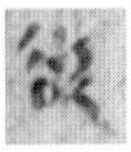
里簡・J1(16)6 正:不欲興黔首

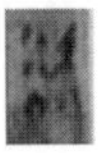
關簡・319:令欲出血

關簡・316:令血欲出

關簡・322:女子欲〈飲〉七

帛書・病方・70:節(即)復欲傅之

帛書・病方・124:欲食卽食

帛書・病方・276:一欲潰

帛書・病方・397:欲食卽食

帛書・灸經甲・45:欲獨閉戶牖而處

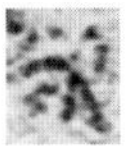
帛書・灸經甲・55:食欲歐(嘔)

帛書・灸經甲・64:不欲食

秦印編邊款・摹(集證・171.574):欲

1942   歌 謌

睡簡・日甲・29 背・摹:以歌若哭

睡簡・日甲・76 背:爲人我我然好歌無(舞)

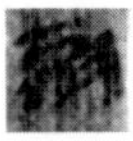
睡簡・日甲・47 背:歌以生商

睡簡・日甲・155 背:毋歌

睡簡・日乙・132:[凡且有]大行遠行若飲食歌樂

1943  歍

廿二年臨汾守戈(集證・36.1):工歍造〖注〗歍,人名。

廿二年臨汾守戈・摹(集證・36.1):工歍造

秦印編 170:歍

集證・178.666:楊歍〖注〗楊歍,人名。

秦印編 170:中歍

秦印編 170:董歍

秦印編 170:王歍

1944  欥

睡簡・日甲・56 背・摹:欥鬼之氣入焉〖注〗欥,《廣雅・釋詁》:"欲也。"

1945  歊

秦印編 170:歊

十七年漆盒・摹(漆盒・3):十七年大(太)后詹事丞□工師歊〖注〗歊,人名。

1946  歐

里簡・J1(16)5 背:遷陵丞歐敢告尉〖注〗歐,人名。

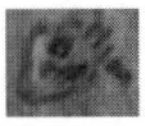
里簡・J1(16)6 背:遷陵丞歐敢言之

 帛書・灸經甲・55:食欲歐(嘔)

 秦印編170:□東□歐

 秦印編170:姚歐

 秦印編170:芥歐

 秦印編170:歐昫閭

 秦印編170:王歐

 秦陶・1020:都歐

 秦陶・1022:都歐

 秦陶・1017:都歐

1947  歜

 秦印編170:侯歜

 集證・175.639:䵼歜〖注〗䵼歜,人名。䵼,讀爲“郭”。

 秦印編170:楊歜

 瓦書・郭子直摹:以爲右庶長歜宗邑〖注〗歜,人名。陳直說卽壽燭。

 瓦書(秦陶・1610):以爲右庶長歜宗邑

1948  歉

 北私府橢量・始皇詔(秦銅・146):不壹歉疑者〖注〗歉,或作“嫌”。嫌疑,有疑問。

 北私府橢量・始皇詔(秦銅・146):不壹歉疑者

 大騩銅權(秦銅・131):不壹歉疑者

 高奴禾石銅權(秦銅・32.2):不壹歉疑者

 兩詔斤權一・摹(集證・46):不壹歉疑者

 兩詔版(秦銅・174.1):不壹歉疑者

 兩詔斤權二・摹(集證・49):不壹歉疑者

 兩詔斤權一(集證・45):不壹歉疑者

 兩詔銅權二(秦銅・176):不壹歉疑者

 兩詔銅權四(秦銅・179.1):不壹歉疑者

 兩詔銅權一(秦銅・175):不壹歉疑者

 兩詔橢量三之一(秦銅・150):不壹歉疑者

 兩詔橢量一(秦銅・148):不壹歉疑者

 美陽銅權(秦銅・183):不壹歉疑者

 平陽銅權・摹(秦銅・182):不壹歉疑者

 僅存銘兩詔銅權(秦銅・135-18.1):不壹歉疑者

 僅存銘始皇詔銅權・八(秦銅・135-8):不壹歉疑者

 僅存銘始皇詔銅權・二(秦銅・135-2):不壹歉疑者

 僅存銘始皇詔銅權・九(秦銅・135-9):不壹歉疑者

 僅存銘始皇詔銅權・六(秦銅・135-6):不壹歉疑者

 僅存銘始皇詔銅權・七(秦銅・135-7):不壹歉疑者

僅存銘始皇詔銅權・三（秦銅・135-3）：不壹歉疑者

僅存銘始皇詔銅權・十（秦銅・135-10）：不壹歉疑者

僅存銘始皇詔銅權・十七（秦銅・135－17）：不壹歉疑者

僅存銘始皇詔銅權・十三（秦銅・135－13）：不壹歉疑者

僅存銘始皇詔銅權・十四（秦銅・135－14）：不壹歉疑者

僅存銘始皇詔銅權・四（秦銅・135-4）：不壹歉疑者

僅存銘始皇詔銅權・一（秦銅・135-1）：不壹歉疑者

商鞅方升（秦銅・21）：不壹歉疑者

始皇詔八斤銅權二（秦銅・135）：不壹歉疑者

始皇詔八斤銅權一（秦銅・134）：不壹歉疑者

始皇詔版八（秦銅・144）：不壹歉疑者

始皇詔版七（秦銅・143）：不壹歉疑者

始皇詔版三（秦銅・138）：不壹歉疑者

始皇詔版五・殘（秦銅・141）：不壹歉疑者

始皇詔版一（秦銅・136）：不壹歉疑者

始皇詔十六斤銅權二（秦銅・128）：不壹歉疑者

始皇詔十六斤銅權三（秦銅・129）：不壹歉疑者

始皇詔十六斤銅權四（秦銅・130. 2）：不壹歉疑者

始皇詔十六斤銅權一（秦銅・127）：不壹歉疑者

始皇詔銅方升三（秦銅・100）：不壹歉疑者

始皇詔銅方升四（秦銅・101）：不壹歉疑者

始皇詔銅方升一（秦銅・98）：不壹歉疑者

始皇詔銅權九（秦銅・118）：不壹歉疑者

始皇詔銅權六（秦銅・115）：不壹歉疑者

始皇詔銅權三（秦銅・112）：不壹歉疑者

始皇詔銅權十（秦銅・119）：不壹歉疑者

始皇詔銅權十一（珍金・124）：不壹歉疑者

始皇詔銅權四（秦銅・113）：不壹歉疑者

始皇詔銅權一（秦銅・110）：不壹歉疑者

始皇詔銅橢量二（秦銅・103）：不壹歉疑者

始皇詔銅橢量六（秦銅・107）：不壹歉疑者

始皇詔銅橢量三（秦銅・104）：不壹歉疑者

始皇詔銅橢量四（秦銅・105）：不壹歉疑者

始皇詔銅橢量五（秦銅・106）：不壹歉疑者

始皇詔銅橢量一（秦銅・102）：不壹歉疑者

武城銅橢量（秦銅・109）：不壹歉疑者

左樂兩詔鈞權（集證・43）：不壹歉疑者

秦陶・1596：歉

 始皇詔陶印(《研究》附):不壹歉疑者

1949  欬

 里簡·J1(9)7 正:欬戍洞庭郡

 里簡·J1(9)7 正:陽陵褆陽士五(伍)小欬有貲錢萬一千二百七十一〖注〗小欬,人名。

 帛書·灸經甲·65:欬〖注〗欬,今咳字。

 帛書·足臂·15:牧牧耆(嗜)臥以欬(咳)

 帛書·灸經甲·64:欬(咳)則有血

 集證·171.576:苴欬

 集證·173.595:茀欬

 集證·177.655:進欬

 秦印編 171:欬

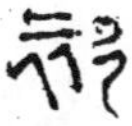 秦印編 171:宮欬

 秦印編 171:宮欬

 秦印編 170:辛欬

 秦印編 170:蔡欬

 秦印編 170:張欬

 集證·162.468:王欬

 秦印編 170:呂欬

 秦印編 170:橋欬

 秦印編 171:宮欬

 秦印編 170:宮欬

 秦陶·289:宮欬

 秦陶·290:宮欬

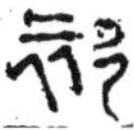 秦陶·291:宮欬

 秦陶·292:宮欬

 秦陶·293:宮欬

 秦陶·294:宮欬

 秦陶·295:宮、宮欬

 秦陶·296:宮欬

 秦陶·297:宮欬

 秦陶·298:欬

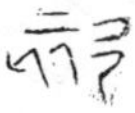 秦陶·299:宮欬

 秦陶·1079:欬

 秦陶·1116:欬

 秦陶·1191:欬

1950  歙

 集證·181.713:趙歙〖注〗趙歙,人名。

1951　次 𠕀

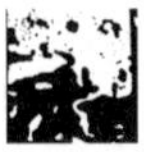
石鼓文・車工（先鋒本）：其來大□（次?）〖注〗次，訓比、序。或釋“趀”之省，趀趄。

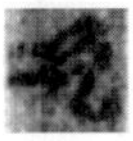
睡簡・答問・57：它縣亦傳其縣次

睡簡・語書・8：以次傳

關簡・369：次（恣）毄〖注〗次，讀作“恣”，隨意。

帛書・病方・4：食之自次（恣）〖注〗自恣，隨意。

帛書・病方・27：藥先食後食次（恣）

帛書・病方・33：熨先食後食次（恣）

帛書・病方・118：卵次之

帛書・病方・124：出入飲食自次（恣）

帛書・病方・160：起自次（恣）毄

帛書・病方・163：飲先食［後］食次（恣）

帛書・灸經甲・52：起於次指與大指上

帛書・足臂・7：病足小指次［指］廢

秦印編171：李次非

1952　欺

秦印編172：王欺

秦印編172：欺

集證・169.563：笵欺

1953　欮

秦印編288：□欮

秦印編288：樂欮

1954　歠

帛書・病方・93：令泥盡火而歠（歠）之〖注〗歠，飲，《字彙》說。

1955　欶

石鼓文・鑾車（先鋒本）：桼欶真□〖注〗王國維釋“欶”。《集韻》：“欶，以桼飾車也。”

1956　欽

秦印編297：李欽

1957　歞

帛書・病方・171：熱歞（歠）其汁〖注〗歠，飲。

帛書・病方・201：歞（歠）其汁

帛書・病方・270：卽歞（歠）之而已

1958　㱃 汵 𩚚（飲）

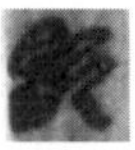
睡簡・答問・15：妻與共㱃（飲）食之

睡簡·封診·93:亦未嘗召丙歙(飲)

睡簡·封診·91:甲等難歙(飲)食焉

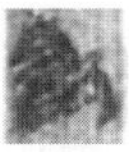
睡簡·日甲·38正:不可臨官、歙(飲)食、樂、祠祀

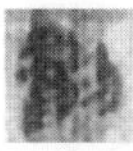
睡簡·日甲·32正:利祠、歙(飲)食、歌樂

睡簡·日甲·36背:不歙(飲)食

睡簡·日甲·40正:不可歙(飲)食哥(歌)樂

睡簡·日甲·42正:以祠祀、歙(飲)食、哥(歌)樂

睡簡·日甲·121背:以坐而歙(飲)酉(酒)矢兵不入於身

睡簡·日甲·159背:主君勉歙(飲)勉食

睡簡·日甲·118背:以坐而歙(飲)酉(酒)

睡簡·日乙·195:宛奇强歙(飲)食

睡簡·日乙·132:[凡且有]大行遠行若歙(飲)食歌樂

睡簡·日乙·146:勉歙(飲)食

睡簡·效律·46:歙(飲)水

帛書·足臂·20:耆(嗜)歙(飲)

帛書·病方·2:日[壹]歙(飲)

帛書·病方·2:歙(飲)之

帛書·病方·9:歙(飲)之

帛書·病方·24:入溫酒一音(杯)中而歙(飲)之

帛書·病方·26:撓歙(飲)

帛書·病方·26:已歙(飲)

帛書·病方·27:毋歙(飲)藥

帛書·病方·27:歙(飲)藥如數

帛書·病方·34:以歙(飲)病者

帛書·病方·34:歙(飲)以□故

帛書·病方·35:節(卽)其病甚弗能歙(飲)者

帛書·病方·36:歙(飲)其汁

帛書·病方·42:歙(飲)之

帛書·病方·58:已歙(飲)

帛書·病方·58:以歙(飲)病者

帛書·病方·60:歙(飲)之

帛書·病方·71:而以水歙(飲)□

帛書·病方·71:歙(飲)小童弱(溺)若產齊赤

帛書·病方·72:以三指大捽(撮)歙(飲)之

帛書·病方·75:歙(飲)之

帛書·病方·87:歙(飲)其汁

帛書·病方·90:以弱(溺)歙(飲)之

帛書·病方·95:歙(飲)汁

帛書・病方・98：㱃(飲)半音(杯)

帛書・病方・100：㱃(飲)之

帛書・病方・114：湮汲以㱃(飲)之

帛書・病方・116：而先食㱃(飲)之

帛書・病方・116：再㱃(飲)而已

帛書・病方・148：□㱃(飲)以布□

帛書・病方・149：□酒中㱃(飲)□

帛書・病方・157：□㱃(飲)之而復(覆)其梧(杯)

帛書・病方・159：以酒㱃(飲)病[者]

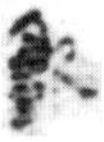
帛書・病方・163：入中□㱃(飲)

帛書・病方・163：壹㱃(飲)病俞(愈)

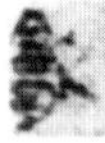
帛書・病方・170：亨(烹)葵而㱃(飲)其汁

帛書・病方・175：□㱃(飲)之

帛書・病方・177：不過三㱃(飲)而已

帛書・病方・177：旦㱃(飲)藥

帛書・病方・182：并以酒煮而㱃(飲)之

帛書・病方・184：三溫之而㱃(飲)之

帛書・病方・185：三溫煮石韋若酒而㱃(飲)之

帛書・病方・186：已食㱃(飲)之

帛書・病方・187：□而㱃(飲)之

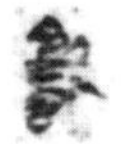
帛書・病方・188：㱃(飲)之

帛書・病方・189：以醯、酉(酒)三乃(沥)煮黍稷而㱃(飲)其汁

帛書・病方・192：以水與弱(溺)煮陳葵種而㱃(飲)之

帛書・病方・202：㱃(飲)之

帛書・病方・203：入半音(杯)酒中㱃(飲)之

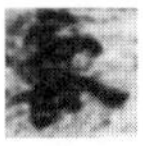
帛書・病方・216：以先食㱃(飲)之

帛書・病方・223：皆燔□酒㱃(飲)財

帛書・病方・226：□㱃(飲)樂(藥)

帛書・病方・236：以㱃(飲)之

帛書・病方・237：㱃(飲)之

帛書・病方・238：到莫(暮)有(又)先食㱃(飲)

帛書・病方・250：毋㱃(飲)它

帛書・病方・250：㱃(飲)藥將(漿)

帛書・病方・251：㱃(飲)之

帛書・病方・272：日五六㱃(飲)之

帛書・病方・276：日四㱃(飲)

帛書・病方・283：□㱃(飲)之

帛書・病方・287：一㱃(飲)病未已

帛書・病方・288:不過數歙(飲)

帛書・病方・288:歙(飲)之可

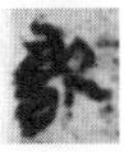
帛書・病方・344:先歙(飲)美[酒]令身溫

帛書・病方・383:歙(飲)其□一音(杯)

帛書・病方・410:夕毋食,歙(飲)

帛書・病方・417:歙(飲)熱酒

帛書・病方・436:以歙(飲)

帛書・病方・439:令病者每旦以三指三最(撮)藥入一桮(杯)酒若鬻(粥)中而歙(飲)之

帛書・病方・441:而以□歙(飲)之

帛書・病方・459:已歙(飲)此

帛書・病方・殘1:歙(飲)病者□

帛書・病方・殘3:□煮熱再浖(漿)歙(飲)□

帛書・病方・殘7:起□復歙(飲)之

帛書・病方・無編號殘:歙(飲)

帛書・灸經甲・71:益(嗌)渴欲歙(飲)

關簡・322:以□四分升一歙(飲)之

關簡・322:男子歙(飲)二七

關簡・323:男子七以歙(飲)之

關簡・373:而歙(飲)以鉢

關簡・310:復益歙(飲)之

關簡・312:歙(飲)之

關簡・313:歙(飲)之

關簡・311:歙(飲)之

1959  羨

龍崗牘・正・摹:沙羨丞甲、史丙免辟死爲庶人〖注〗沙羨,地名。

1960  盜

秦編鐘・甲鐘(秦銅・10.1):盜百蠻(蠻)〖注〗盜,本指竊賊,亦指小人、卑賤者。或說讀爲"誕"。

秦編鐘・甲鐘左篆部・摹(秦銅・11.4):盜百蠻(蠻)

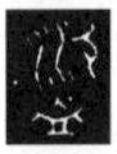
秦鎛鐘・1號鎛(秦銅・12.2):盜百蠻(蠻)

秦鎛鐘・2號鎛(秦銅・12.5):盜百蠻(蠻)

秦編鐘・丁鐘(秦銅・10.4):盜百蠻(蠻)

秦鎛鐘・3號鎛・摹(秦銅・12.8):盜百蠻(蠻)

天簡25・乙:其盜從北方[入]

天簡24・乙:盜以亡

天簡25・乙:盜

天簡25・乙:申石毆盜從西方[入]

天簡26・乙:午馬毆盜從南方入

天簡 27・乙:以是亡盜者中人毆

天簡 27・乙:未羊盜者從南方[入]

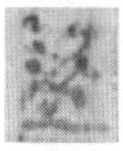
天簡 39・乙:酉雞毆盜從西方入

睡簡・答問・19:父<u>盜</u>子,不爲盜

睡簡・答問・19:父盜子,不爲<u>盜</u>

睡簡・答問・15:夫盜三百錢

睡簡・答問・1:五人盜

睡簡・答問・154:當坐所贏出爲盜

睡簡・答問・20:律曰"與盜同灋"

睡簡・爲吏・25:水火盜賊

睡簡・效律・35:皆與盜同灋

睡簡・6 號牘・背:新地人盜

睡簡・答問・20:人奴妾盜其主之父母

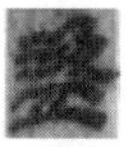
睡簡・答問・28:可(何)謂"盜埱厓"

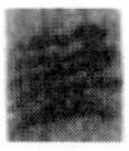
睡簡・答問・22:盜及者(諸)它辠

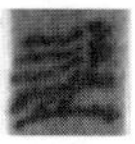
睡簡・答問・26:盜之當耐

睡簡・答問・26:而柀盜之〖注〗柀盜,盜取其一部分。

睡簡・答問・26:及盜不直(置)者

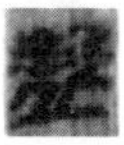
睡簡・答問・23:盜盜人

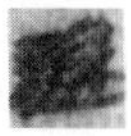
睡簡・答問・23:今<u>盜</u>盜甲衣

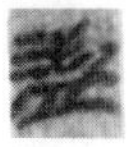
睡簡・答問・23:買(賣)所盜

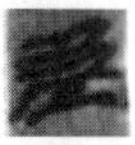
睡簡・答問・205:而實弗盜之謂毆

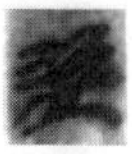
睡簡・答問・205:欲令乙爲盜之

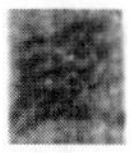
睡簡・答問・21:不同居不爲盜主

睡簡・答問・21:同居者爲盜主

睡簡・答問・21:爲盜主

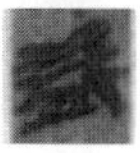
睡簡・答問・9:甲盜

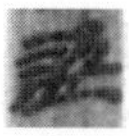
睡簡・答問・9:乙智(知)其盜

睡簡・答問・66:求盜追捕辠人

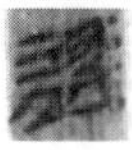
睡簡・答問・66:辠人挌(格)殺求盜

睡簡・答問・67:甲謀遣乙盜殺人

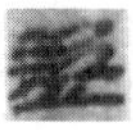
睡簡・答問・64:而盜徙之

睡簡・答問・7:或盜采人桑葉〖注〗盜采,偷採。

睡簡・答問・38:盜百

睡簡・答問・38:告人盜百一十

睡簡・答問・38:即端盜駕(加)十錢〖注〗盜加,私加。

睡簡・答問・38:問盜百

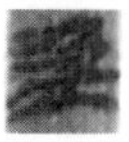
睡簡・答問・32:與盜同灋

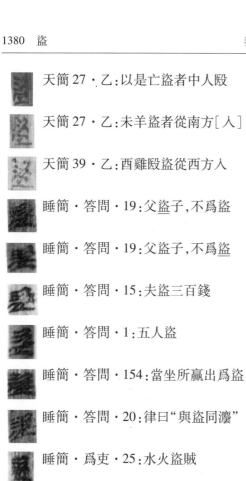

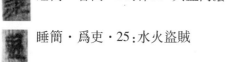

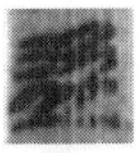
睡簡・答問・30:抉之且欲有盜

睡簡・答問・37:或以赦前盜千錢

睡簡・答問・3:求盜盜

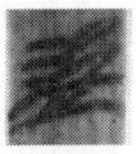
睡簡・答問・3:問辠當駕(加)如害盜不當

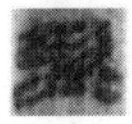
睡簡・答問・31:抉之非欲盜殹

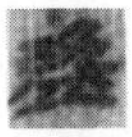
睡簡・答問・40:告人盜千錢

睡簡・答問・4:甲謀遣乙盜

睡簡・答問・49:未斷,有(又)有它盜

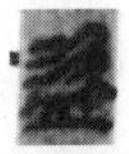
睡簡・答問・49:誣人盜直(值)廿

睡簡・答問・46:即告吏曰盜三羊

睡簡・答問・46:甲盜羊

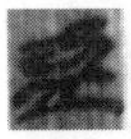
睡簡・答問・46:爲告盜駕(加)臧(贜)

睡簡・答問・46:乙智(知)盜羊

睡簡・答問・47:不盜牛

睡簡・答問・47:甲告乙盜牛

睡簡・答問・47:今乙盜羊

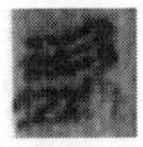
睡簡・答問・43:甲告乙盜牛若賊傷人

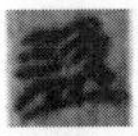
睡簡・答問・43:今乙不盜牛、不傷人

睡簡・答問・44:非盜牛殹

睡簡・答問・44:甲告乙盜牛

睡簡・答問・40:問盜六百七十

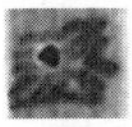
睡簡・答問・45:當爲告盜駕(加)臧(贜)

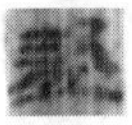
睡簡・答問・45:即端告曰甲盜牛

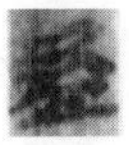
睡簡・答問・45:甲盜羊

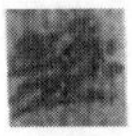
睡簡・答問・41:誣人盜千錢

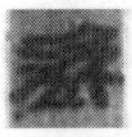
睡簡・答問・4:乙且往盜

睡簡・答問・56:盜封嗇夫可(何)論

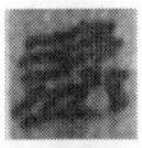
睡簡・答問・5:人臣甲謀遣人妾乙盜主牛

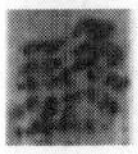
睡簡・答問・50:上造甲盜一羊

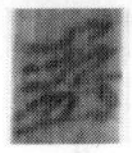
睡簡・答問・50:誣人曰盜一豬

睡簡・答問・10:甲盜不盈一錢

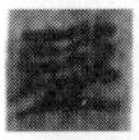
睡簡・答問・108:殺傷父臣妾、畜產及盜之

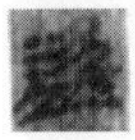
睡簡・答問・18:削(宵)盜

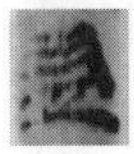
睡簡・答問・1:盜過六百六十錢

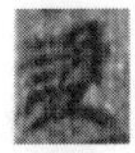
睡簡・答問・12:即各盜

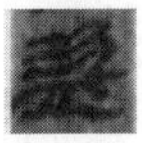
睡簡・答問・12:甲往盜丙

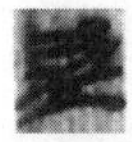
睡簡・答問・126:它辠比羣盜者皆如此

睡簡・答問・125:將盜戒(械)囚刑辠以上〖注〗盜械,施加刑械。

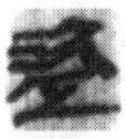睡簡・答問・125:羣盜赦爲庶人

睡簡・答問・12:乙亦往盜丙

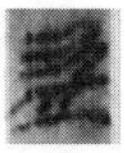睡簡・答問・1:害盜別徼而盜

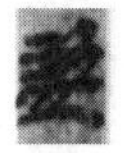睡簡・答問・1:害盜別徼而盜〖注〗害盜,即"憲盜"。

睡簡・答問・19:當爲盜

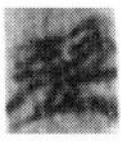睡簡・答問・19:今叚(假)父盜叚(假)子

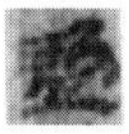睡簡・答問・16:以百一十爲盜

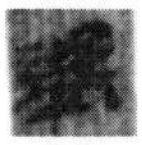睡簡・答問・17:削(宵)盜

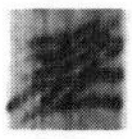睡簡・答問・138:告盜書丞印以亡

睡簡・答問・13:工盜以出

睡簡・答問・136:夫、妻、子五人共盜

睡簡・答問・137:夫、妻、子十人共盜

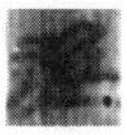睡簡・答問・131:坐臧(贓)爲盜

睡簡・答問・103:賊殺傷、盜它人爲"公室"

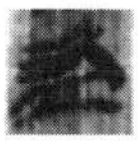睡簡・答問・103:子盜父母

睡簡・答問・14・摹:當以三百論爲盜

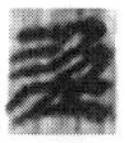睡簡・答問・140:盜出朱(珠)玉邦關及買(賣)於客者

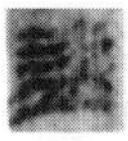睡簡・答問・14:夫盜千錢

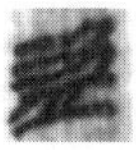睡簡・答問・14:妻智(知)夫盜而匿之

睡簡・答問・141:或捕告人奴妾盜百一十錢

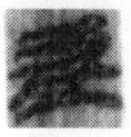睡簡・答問・15:夫盜二百錢

睡簡・答問・11:甲盜錢以買絲

睡簡・答問・11:弗智(知)盜

睡簡・封診・80・摹:不智(知)盜人數及之所

睡簡・封診・22:丙盜此馬、衣

睡簡・封診・74:不智(知)穴盜者可(何)人、人數

睡簡・封診・17:迺四月中盜牛

睡簡・秦律・193:侯(候)、司寇及羣下吏毋敢爲官府佐、史及禁苑憲盜〖注〗憲盜,一種捕盜的職名。

睡簡・秦律・119:及雖未盈卒歲而或盜𡍬(決)道出入

睡簡・雜抄・38・摹:捕盜律曰

睡簡・雜抄・38:求盜勿令送逆爲它

睡簡・日甲・80背:盜者大鼻而票(剽)行

睡簡・日甲・81背:甲盜名曰耤鄭壬饍强當良

睡簡・日甲・43正:多盜

睡簡・日甲・154正:在手者巧盜

睡簡・日甲・9正:必耦(遇)寇盜

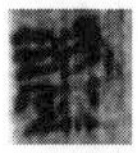睡簡・日甲・42正:男女爲盜

睡簡・日甲・69背:盜者兌(銳)口

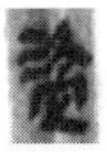 睡簡·日甲·70背:盜者大鼻

 睡簡·日甲·78背:盜者豙(臠)而黃色

 睡簡·日甲·72背:盜者大面

 睡簡·日甲·79背:盜者赤色

 睡簡·日甲·76背:盜者長須(鬚)耳

 睡簡·日甲·77背:盜者園(圓)面

 睡簡·日甲·73背:盜者男子

 睡簡·日甲·74背:盜者長而黑

 睡簡·日甲·75背:盜者長頸

 睡簡·日甲·71背:盜者壯

 睡簡·日乙·259:盜丈夫

 睡簡·日乙·254·摹:盜

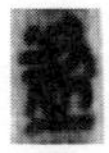 睡簡·日乙·254:盜□方

 睡簡·日乙·254:內盜有□人在其室□

 睡簡·日乙·258:盜三人

 睡簡·日乙·256:盜女子也

 睡簡·日乙·257:故盜,其上作折其□齒之其□

 睡簡·日乙·257:盜在南方

 睡簡·日乙·253:盜三人

 睡簡·日乙·253:盜在西方

 龍簡·123·摹:盜賊以田時殺□

 龍簡·124:與盜田同灋

 龍簡·121:盜徙封

 龍簡·13·摹:盜入禁苑□

 龍簡·137:皆與盜同□

 龍簡·148:亦與盜同灋

 龍簡·114·摹:盜牧者與同罪

 龍簡·20·摹:以盜入禁苑律論之

 龍簡·201:坐臧(贓)與盜同[灋]

 龍簡·27·摹:取者其罪與盜禁中[同]□

 龍簡·218·摹:□如盜之□

 龍簡·69:□首盜

 龍簡·72:□匿盜□

 龍簡·37:盜死獸直(值)賈(價)以[閈](闗)□

 龍簡·49:盜禁苑□

 龍簡·44·摹:盜同灋

 龍簡·100:牧縣官馬、牛、羊盜□之

 龍簡·18:城旦舂其追盜賊、亡人〖注〗盜,竊賊。

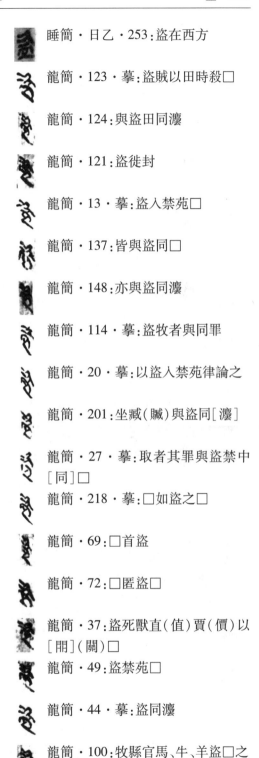

龍簡·122:盜槳(楫)櫝

龍簡·126:盜田二町

龍簡·175:以爲盜田

龍簡·151·摹:與盜□

里簡·J1(16)5背:求盜簪褭(嫋)陽成辰以來

關簡·193:占逐盜、追亡人

關簡·213:占逐盜、追亡人

關簡·215:占逐盜、追亡人

關簡·211:占逐盜、追亡人

關簡·191:占逐盜、追亡人

關簡·209:占逐盜、追亡人

關簡·203:占逐盜、追亡人

關簡·205:占逐盜、追亡人

關簡·201:占逐盜、追亡人

關簡·187:逐盜、追亡人

關簡·199:占逐盜、追亡人

關簡·197:占逐盜、追亡人

關簡·229:占逐盜、追亡人

關簡·227:占逐盜、追亡人

關簡·223:占逐盜、追亡人

關簡·221:逐盜、追亡人

關簡·260:□以孤虛循求盜所道入者及臧(藏)處

關簡·239:占逐盜、追亡人

關簡·237:占逐盜、追亡人

關簡·233:占逐盜、追亡人

關簡·235:占逐盜、追亡人

關簡·231:占逐盜、追亡人

關簡·241:占逐盜、追亡人

關簡·219:占逐盜、追亡人

關簡·217:占逐盜、追亡人

關簡·189:占逐盜、追亡人

卷　九

1961  頭

睡簡・封診・88:其頭、身、臂、手指、股以下到足、足指類人

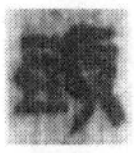
睡簡・封診・69:頭足去終所及地各幾可(何)

睡簡・封診・65:頭北(背)傅廦

睡簡・封診・65:頭上去權二尺

睡簡・封診・57:柀(被)汙頭北(背)及地

睡簡・日甲・72背:頭(短)頯〈頯〉

關簡・328:頭虫也

關簡・324:烏頭二九〖注〗烏頭,又名烏喙,草藥名。

帛書・脈法・73:聽(聖)人寒頭而煖足

帛書・病方・31:以熨頭

帛書・病方・46:道頭始

帛書・病方・49:浴之道頭上始

帛書・病方・112:即以刀剝其頭

帛書・病方・172:瀆襦頸及頭垢中

帛書・病方・240:取内戶旁祠空中黍腏、燔死人頭皆冶

帛書・病方・350:以頭脂□布炙以熨

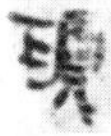
帛書・病方・無編號殘:頭

秦印編172:郭頭

集證・223.285:安邑工頭〖注〗頭,人名。

1962  顔顮

睡簡・答問・88:齧人頯若顔

睡簡・答問・74:黥顔頯〖注〗顔,面額中央。

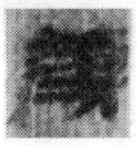
睡簡・答問・174:或黥顔頯爲隸妾

帛書・足臂・12:顔寒

帛書・灸經甲・46:顔痛

帛書・足臂・2:枝顔下

帛書・足臂・4:顔寒

秦印編172:顔昭

秦印編172:顔嘉

秦印編172:顔讙

秦印編172:顔何

1963 顯(願)

集證·181.708:趙顯

秦印編172:顯

秦印編172:王顯

睡簡·爲吏·23·摹:止欲去顯(願)〖注〗顯,同"願"。

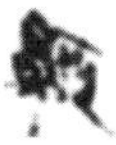
睡簡·11號牘·正:顯(願)母遺黑夫用勿少

睡簡·6號牘·正:顯(願)母幸遺錢五、六百

1964 顛

關簡·374:以給、顛首、沐浥歙

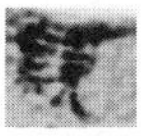
帛書·病方·112:顛(癲)疾〖注〗癲,狂。

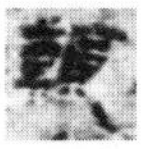
帛書·病方·207:而父與母皆盡柏築之顛〖注〗顛,端。

帛書·病方·209:以久(灸)穨(癩)者中顛〖注〗中顛,頭頂正中部。

帛書·病方·88:以葪印其中顛

秦印編172:收顛

秦印編172:王顛

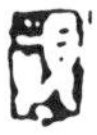
秦印編172:方顛私印

秦印編172:杜顛

秦印編172:李顛

秦陶·859:寺顛

秦印編172:大顛

秦陶·790:大顛

秦陶·799:大顛

1965 顡

睡簡·答問·88:齧人顡若顏

睡簡·答問·74:黥顏顡〖注〗顡,顴部。

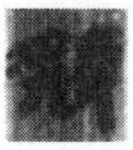
睡簡·答問·174:或黥顏顡爲隸妾

睡簡·日甲·153正:雖求顡(告)啻(帝)必得

帛書·足臂·11:顡痛

1966 頰 𩓋

睡簡·日甲·79背:疵在頰

秦印編172:徒頰

1967 頸

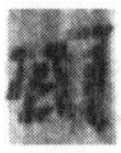
睡簡·日甲·70背:長頸

睡簡·日甲·75背:盜者長頸

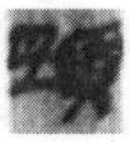
睡簡·日甲·35背:以良劍刺其頸

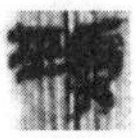
睡簡·日甲·151正:夾頸者貴

帛書・病方・50:頸脊强而復(腹)大

帛書・病方・34:傷而頸(痙)者〖注〗痙,或作"痓"。傷痓,破傷風類病症。

帛書・病方・41:傷而頸(痙)者

帛書・病方・42:即有頸(痙)者

帛書・病方・172:漬襦頸及頭垢中〖注〗頸,領。

1968  領

帛書・病方・260:爲領傷

帛書・灸經甲・46:領〈頟〉[頸痛]

帛書・灸經甲・49:領〈頟〉[痛]

1969  項

睡簡・答問・75:折脊項骨

睡簡・封診・66:不周項二寸

帛書・足臂・3:項痛

帛書・足臂・6:出於項、耳

帛書・病方・112:從顛到項

1970  顉

秦印編173:史顉〖注〗史顉,人名。

1971  碩

石鼓文・鑾車(先鋒本):□弓孔碩〖注〗碩,大。

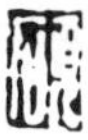
秦印編173:臣碩

1972  頪

秦印編173:頪印

1973  顝

瓦書・郭子直摹:卑司御不更顝封之〖注〗顝,人名。

瓦書・郭子直摹:顝以四年冬十壹月癸酉封之

瓦書(秦陶・1610):顝以四年冬十壹月癸酉封之

1974  頏

秦印編173:□頏

1975  顆

秦印編173:南顆

1976  顧

睡簡・答問・89:毆者顧折齒〖注〗顧,反而。

帛書・病方・103:勿顧

帛書・病方・107:去勿顧

帛書・灸經甲・48:不可以顧

1977 順

會稽刻石・宋刻本:莫不順令

泰山刻石・宋拓本:男女體順

睡簡・日甲・3 正:百事順成

帛書・病方・229:炊者必順其身

封泥印 150:順

秦印編 174:王順

秦印編 174:韋順

1978 頓

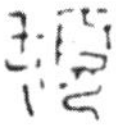
秦印編 174:南頓丞印〖注〗南頓,地名。

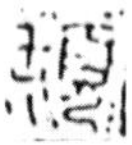
封泥集 305・1:南頓丞印

集證・155. 353:南頓丞印

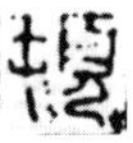
封泥印 117:□頓□印

封泥集 305・1:南頓

集證・155. 354:南頓

1979 頡

集證・166. 520:任頡〖注〗任頡,人名。

1980 頌

集證・180. 701:頌印〖注〗頌,人名。

1981 頛

秦印編 174:張頛

秦印編 174:郭頛

1982 頗

秦印編 174:頗

秦陶・305. 2:宮頗

秦陶・307:頗

秦陶・305. 1:宮頗

1983 頔(疣)

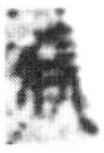
帛書・病方・446:去人馬疣方〖注〗馬疣,古病名。

帛書・病方・449:去人馬疣

帛書・病方・450:疣去矣

1984 𩔝 顫

秦印編 174:楊顫

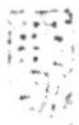
秦印編 174:□顫

秦印編 174:刑顫

集證·158.410:顫里典

集證·166.518:任顫

1985 煩 煩

睡簡·日甲·77 正:煩居北方

睡簡·日甲·73 正:煩居邦中

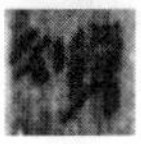
睡簡·日甲·75 正:煩居西方

睡簡·日乙·182:煩□色亡

睡簡·日乙·187:煩在北

睡簡·日乙·183:煩及歲皆在南方

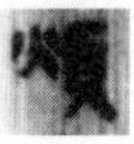
睡簡·爲吏·13:毋發可異史(使)煩請〖注〗煩請,反復請問。

帛書·足臂·25:心煩而意(噫)

帛書·病方·217:即令穨(㿉)者煩夸(瓠)〖注〗煩,疑假爲"捲",握。

帛書·灸經甲·61:有而心煩

帛書·足臂·14:煩心

帛書·足臂·21:有(又)煩心

帛書·足臂·22:煩心

秦陶 A·1.8:宮煩

1986 籟 籟(纇)

秦印編 175:籟

秦印編 175:籟印

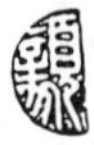
秦印編 175:任籟

1987 頯 頯

秦印編 293:陰頯

1988 顯 顯

秦公簋·器(秦銅·14.1):不(丕)顯朕皇且(祖)受天命

秦公鎛鐘·摹(秦銅·16.1):不(丕)顯朕皇且(祖)受天命

詛楚文·湫淵(中吳本):使其宗祝邵鼛布愍(檄)告于不(丕)顯大神氒(厥)湫〖注〗不顯,即丕顯。丕,大;顯,顯赫。

詛楚文·巫咸(中吳本):不畏皇天上帝及不(丕)顯大神巫咸之光列(烈)威神

詛楚文·亞駝(中吳本):使其宗祝邵鼛布愍(檄)告于不(丕)顯大神亞駝

詛楚文·亞駝(中吳本):亦應受皇天上帝及不(丕)顯大神亞駝之幾

(禨)靈德賜

詛楚文・巫咸(中吳本):親印(仰)不(丕)顯大神巫咸而質焉

詛楚文・巫咸(中吳本):求蔑灋(廢)皇天上帝及不(丕)顯大神巫咸之卹祠、圭玉、羲(犧)牲

詛楚文・巫咸(中吳本):使其宗祝卲鼛布愍(檄)告于不(丕)顯大神巫咸

詛楚文・亞駝(中吳本):不畏皇天上帝及不(丕)顯大神亞駝之光列(烈)威神

詛楚文・亞駝(中吳本):親印(仰)不(丕)顯大神亞駝而質焉

詛楚文・亞駝(中吳本):求蔑灋(廢)皇天上帝及不(丕)顯大神亞駝之卹祠、圭玉、羲(犧)牲

會稽刻石・宋刻本:顯陳舊章

繹山刻石・宋刻本:孝道顯明

睡簡・答問・191:皆爲"顯大夫"

1989 頎

秦印編173:朱頎

秦印編173:頎

1990 ⿰籴頁

帛書・病方・10:⿰籴頁(燔)羊矢〖編者按〗⿰籴頁,字從頁,籴聲。籴,疑爲燔字之省。⿰籴頁,讀爲"燔"。

1991 顡

睡簡・日甲・72背:頭(短)顡(喙)

里簡・J1(9)9正:顡戍洞庭郡〖注〗顡,人名。

里簡・J1(9)9正:顡有流辭

里簡・J1(9)9正:已訾責顡家

里簡・J1(9)9正:令顡署所縣受責

1992 顴

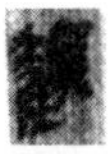睡簡・日甲・130:毋(無)敢顴(顧)〖編者按〗此爲顧字之訛。

睡簡・日甲・130:大顴(顧)是胃(謂)大楮(佇)

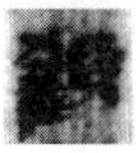睡簡・日甲・114正:顴(顧)門

1993  面

天簡26・乙:長面大目

天簡27・乙:爲人小面

天簡30・乙:連面不信而長

睡簡・日甲・13背:乃繹(釋)髮西北面坐

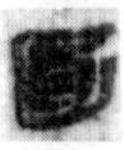睡簡・答問・204:可(何)謂"麼面"

睡簡・答問・204:行旞曰"面"

睡簡・日甲・80背:其面不全

 睡簡・日甲・69 背:面有黑子焉

 睡簡・日甲・78 背:疵在面

 睡簡・日甲・72 背:盜者大面

 睡簡・日甲・77 背:盜者園(圓)面

 睡簡・日甲・71 背:面有黑焉

 帛書・病方・375:面類□者

 帛書・病方・455:□面靤赤已

 帛書・灸經甲・60:面疵

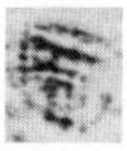 帛書・灸經甲・64:面黭若灺(炧)色

1994　靤

 帛書・病方・455:□面靤赤已〖注〗靤,粉刺或酒刺。或即《説文》皰字:“面生氣也。”

1995 　首

 不其簋蓋(秦銅・3):女(汝)多折首執訊

 不其簋蓋(秦銅・3):折首執訊

 滕縣不其簋器(秦銅・4):女(汝)多折首執訊

 滕縣不其簋器(秦銅・4):折首執訊

 北私府橢量・始皇詔(秦銅・146):黔首大安〖注〗黔首,百姓。王輝説大體相當於小地主及一般農民、商人。

 兩詔銅權一(秦銅・175):黔首大安

 北私府橢量・始皇詔(秦銅・146):黔首大安

 兩詔銅權一(秦銅・175):黔首大安

 大騩銅權(秦銅・131):黔首大安

 高奴禾石銅權(秦銅・32.2):黔首大安

 兩詔斤權一・摹(集證・46):黔首大安

 兩詔版(秦銅・174.1):黔首大安

 兩詔斤權二・摹(集證・49):黔首大安

 兩詔斤權二・照片(集證・47.2):黔首大安

 兩詔斤權一(集證・45):黔首大安

 兩詔銅權二(秦銅・176):黔首大安

 兩詔銅權三(秦銅・178):黔首大安

 兩詔銅權四(秦銅・179.1):黔首大安

 兩詔橢量三之一(秦銅・150):黔首大安

 美陽銅權(秦銅・183):黔首大安

 平陽銅權・摹(秦銅・182):黔首大安

 僅存銘兩詔銅權(秦銅・135-18.1):黔首大安

 僅存銘兩詔銅權(秦銅・135-18.2):黔首大安

 僅存銘始皇詔銅權・八(秦銅・135-8):黔首大安

僅存銘始皇詔銅權·二(秦銅·135-2):黔首大安

僅存銘始皇詔銅權·九(秦銅·135-9):黔首大安

僅存銘始皇詔銅權·六(秦銅·135-6):黔首大安

僅存銘始皇詔銅權·七(秦銅·135-7):黔首大安

僅存銘始皇詔銅權·七(秦銅·135-7):黔首大安

僅存銘始皇詔銅權·三(秦銅·135-3):黔首大安

僅存銘始皇詔銅權·十(秦銅·135-10):黔首大安

僅存銘始皇詔銅權·十二(秦銅·135-12):黔首大安

僅存銘始皇詔銅權·十七(秦銅·135-17):黔首大安

僅存銘始皇詔銅權·十三(秦銅·135-13):黔首大安

僅存銘始皇詔銅權·十四(秦銅·135-14):黔首大安

僅存銘始皇詔銅權·十一(秦銅·135-11):黔首大安

僅存銘始皇詔銅權·五(秦銅·135-5):黔首大安

僅存銘始皇詔銅權·一(秦銅·135-1):黔首大安

秦箕斂(箕斂·封3):黔首大安

商鞅方升(秦銅·21):黔首大安

始皇詔版九·殘(集證·44.2):黔首大安

始皇詔八斤銅權二(秦銅·135):黔首大安

始皇詔八斤銅權一(秦銅·134):黔首大安

始皇詔版八(秦銅·144):黔首大安

始皇詔版二(秦銅·137):黔首大安

始皇詔版七(秦銅·143):黔首大安

始皇詔版三(秦銅·138):黔首大安

始皇詔版一(秦銅·136):黔首大安

始皇詔十六斤銅權二(秦銅·128):黔首大安

始皇詔十六斤銅權三(秦銅·129):黔首大安

始皇詔十六斤銅權四(秦銅·130.1):黔首大安

始皇詔十六斤銅權一(秦銅·127):黔首大安

始皇詔鐵石權七(秦銅·125):黔首大安

始皇詔銅方升三(秦銅·100):黔首大安

始皇詔銅方升一(秦銅·98):黔首大安

始皇詔銅權八(秦銅·117):黔首大安

始皇詔銅權二(秦銅·111):黔首大安

始皇詔銅權九(秦銅·118):黔首大安

始皇詔銅權六(秦銅·115):黔首大安

始皇詔銅權三(秦銅·112):黔首大安

始皇詔銅權十(秦銅·119):黔首大安

始皇詔銅權十一(珍金·125):黔首大安

始皇詔銅權四（秦銅・113）：黔首大安

始皇詔銅權五（秦銅・114）：黔首大安

始皇詔銅權一（秦銅・110）：黔首大安

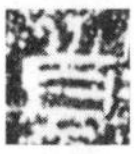
始皇詔銅石權（秦銅・126）：黔首大安

始皇詔銅橢量二（秦銅・103）：黔首大安

始皇詔銅橢量六（秦銅・107）：黔首大安

始皇詔銅橢量三（秦銅・104）：黔首大安

始皇詔銅橢量四（秦銅・105）：黔首大安

始皇詔銅橢量五（秦銅・106）：黔首大安

始皇詔銅橢量一（秦銅・102）：黔首大安

武城銅橢量（秦銅・109）：黔首大安

旬邑銅權（秦銅・133）：黔首大安

左樂兩詔鈞權（集證・43）：黔首大安

繹山刻石・宋刻本：黔首康定

會稽刻石・宋刻本：黔首脩絜

會稽刻石・宋刻本：黔首齊（齋）莊

天簡30・乙：黔首

睡簡・日乙・248：凡生子北首西鄉（嚮）

睡簡・秦律・155：隸臣斬首爲公士

睡簡・日甲・37背：馬尾犬首

睡簡・日甲・41背：必中蟲首

睡簡・日甲・150正：其日在首

睡簡・封診・32・摹：診首

睡簡・封診・34・摹：某里士五（伍）甲、公士鄭才（在）某里曰丙共詣斬首一

睡簡・封診・31：及斬首一

睡簡・秦律・156：工隸臣斬首及人爲斬首以免者

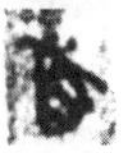
龍簡・158：黔首或始穜（種）即故□

龍簡・157・摹：黔首田實多其□

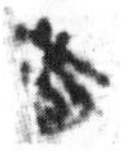
龍簡・154：黔首皆從千（阡）佰（陌）彊（疆）畔之其□

龍簡・155：黔首錢假其田已（?）□者

龍簡・269・摹：□首

龍簡・6・摹：禁苑吏、苑人及黔首有事禁中

龍簡・30：黔首其欲弋射耎（壖）獸者勿禁

龍簡・150・摹：典、田典令黔首皆智（知）之

里簡・J1（16）6正：不欲興黔首

關簡・151：北首者北

關簡・146：東首者貴

關簡・147：南首者富

關簡・298:黔首疢疾

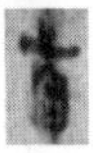
關簡・374:以給、顛首、沐浥歆

關簡・337:卽令病心者南首臥

關簡・148:西首者壽

帛書・病方・210:令積(癩)者北首臥北鄉(嚮)廡中

陶量(秦印編175):首

陶量(秦印編175):首

陶量(秦印編175):首

赤峰秦瓦量・殘(銘刻選43):黔首大安

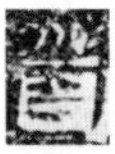
秦陶・1550:黔首大安

秦陶・1561:黔首□

秦陶・1575:黔首大安

始皇詔陶印(《研究》附):黔首大安

1996  䭫(頧)

不其簋蓋(秦銅・3):不嬰(其)拜頧(稽)手(首)休

滕縣不其簋器(秦銅・4):不嬰(其)拜頧(稽)手(首)休〖注〗《說文》:“䭫,下首也。”典籍作“稽”。稽首,拜禮。

1997  縣

睡簡・答問・95:縣曰“嗇夫”

睡簡・答問・32:唯縣少內爲“府中”

睡簡・答問・58:咸陽及它縣發弗智(知)者當皆貲

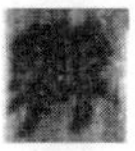
睡簡・答問・57:它縣亦傳其縣次

睡簡・答問・144:郡縣除佐

睡簡・答問・144:事它郡縣而不視其事者

睡簡・封診・6・摹:敢告某縣主

睡簡・封診・47:罨(遷)蜀邊縣

睡簡・秦律・86:縣、都官以七月糞公器不可繕者

睡簡・秦律・87:都官遠大內者輸縣

睡簡・秦律・2:近縣令輕足行其書

睡簡・秦律・29:上贏不備縣廷

睡簡・秦律・29:言縣廷

睡簡・秦律・20:內史課縣

睡簡・秦律・23:唯倉自封印者是度縣

睡簡・秦律・23:勿度縣〖注〗縣,稱。度縣,稱量。

睡簡・秦律・21:縣嗇夫若丞及倉、鄉相雜以印之〖注〗縣嗇夫,指縣令、長。

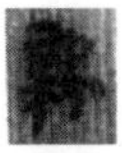
睡簡・秦律・93:在它縣者致衣從事之縣

睡簡・秦律・62:邊縣者

睡簡・秦律・62:復數其縣

睡簡・秦律・76:亦移其縣

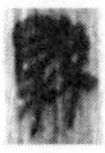
睡簡・秦律・76:有責(債)於公及貲、贖者居它縣

睡簡・秦律・76・摹:輒移居縣責之

睡簡・秦律・37・摹:縣上食者籍及它費大(太)倉

睡簡・秦律・30:欲一縣之

睡簡・秦律・3:遠縣令郵行之

睡簡・秦律・47:駕縣馬勞〖注〗縣,遠。

睡簡・秦律・44:令縣貣(貸)之

睡簡・秦律・44:移居縣責之

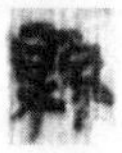
睡簡・秦律・44:輒移其稟縣

睡簡・秦律・45:毋以傳貣(貸)縣

睡簡・秦律・45:有事軍及下縣者〖注〗下縣,指郡的屬縣。

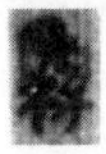
睡簡・秦律・40:縣遺麥以爲種用者

睡簡・秦律・186・摹:縣各告都官在其縣者

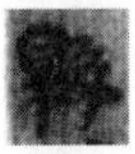
睡簡・秦律・18:其乘服公馬牛亡馬者而死縣

睡簡・秦律・122:縣爲恆事及灋有爲殹

睡簡・秦律・123:如縣然

睡簡・秦律・125:及載縣(懸)鐘虡〈虡〉用輻(膈)

睡簡・秦律・125:縣、都官用貞(楨)、栽爲傰(棚)牏

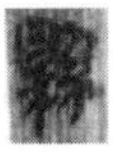
睡簡・秦律・120:縣嗇夫材興有田其旁者

睡簡・秦律・121・摹:縣毋敢擅壞更公舍官府及廷

睡簡・秦律・19:官告馬牛縣出之

睡簡・秦律・19:今課縣、都官公服牛各一課

睡簡・秦律・194:有實官縣料者〖注〗料,量。縣料,稱量。

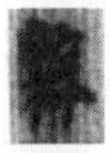
睡簡・秦律・168:是縣入之

睡簡・秦律・16:亟謁死所縣

睡簡・秦律・171:唯倉所自封印是度縣

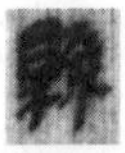
睡簡・秦律・171:勿度縣

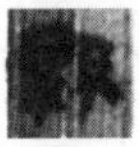
睡簡・秦律・131:令縣及都官取柳及木楘(柔)可用書者

○ 睡簡・秦律・131:其縣山之多荓者

睡簡・秦律・157:縣、都官、十二郡免除吏及佐、羣官屬

睡簡・秦律・100:縣及工室聽官爲正衡石贏(纍)、斗用(桶)、升

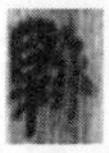
睡簡・秦律・118:令縣復興徒爲之

睡簡・秦律・118:縣葆者補繕之

睡簡・秦律・119:縣所葆禁苑之傅山、遠山

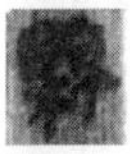
睡簡・秦律・117:縣葆禁苑、公馬牛苑

睡簡・秦律・10・摹:輒上石數縣廷〖注〗縣廷,縣衙。

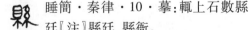

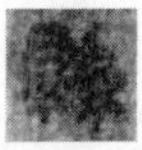
睡簡・雜抄・8:縣勿奪

睡簡・雜抄・39:縣嗇夫、尉及士吏行戍不以律

睡簡・雜抄・4:居縣貲一甲

睡簡・雜抄・40:縣司空署君子將者

睡簡・雜抄・40:縣司空佐主將者

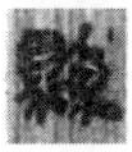
睡簡・雜抄・41:縣尉時循視其攻(功)及所爲

睡簡・雜抄・18:縣工新獻

睡簡・雜抄・19:縣嗇夫、丞、吏、曹長各一盾

睡簡・雜抄・13:軍人買(賣)稟稟所及過縣

睡簡・雜抄・13:縣司空、司空佐史、士吏將者弗得

睡簡・雜抄・14:軍人稟所、所過縣百姓買其稟

睡簡・日甲・66背:縣(懸)以葍

睡簡・日甲・115正:廥毋絕縣(懸)肉

睡簡・效律・28:是縣入之

睡簡・效律・28:縣嗇夫若丞及倉、鄉相雜以封印之

睡簡・效律・33:謁縣嗇夫

睡簡・效律・30:唯倉所自封印是度縣

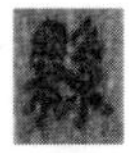
睡簡・效律・30:勿度縣

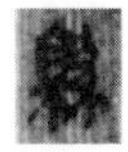
睡簡・效律・48:不盈十斗以下及稟䰍縣中而負者

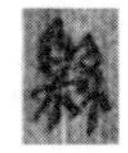
睡簡・效律・49:百姓或之縣就(僦)及移輸者

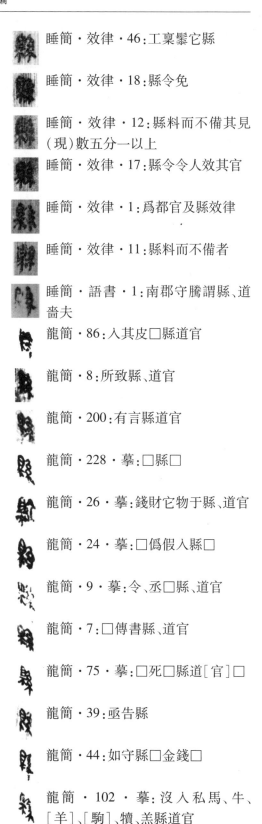

睡簡・效律・46:工稟䰍它縣

睡簡・效律・18:縣令免

睡簡・效律・12:縣料而不備其見(現)數五分一以上

睡簡・效律・17:縣令令人效其官

睡簡・效律・1:爲都官及縣效律

睡簡・效律・11:縣料而不備者

睡簡・語書・1:南郡守騰謂縣、道嗇夫

龍簡・86:入其皮□縣道官

龍簡・8:所致縣、道官

龍簡・200:有言縣道官

龍簡・228・摹:□縣□

龍簡・26・摹:錢財它物于縣、道官

龍簡・24・摹:□僞假入縣□

龍簡・9・摹:令、丞□縣、道官

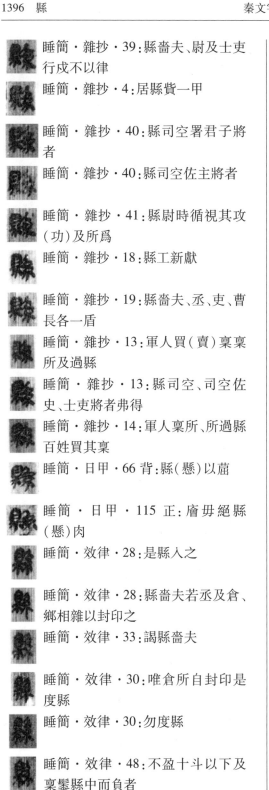

龍簡・7:□傳書縣、道官

龍簡・75・摹:□死□縣道[官]□

龍簡・39:亟告縣

龍簡・44:如守縣□金錢□

龍簡・102・摹:沒入私馬、牛、[羊]、[駒]、犢、羔縣道官

里簡·J1(9)1 正:不智(知)何縣署

里簡·J1(9)1 正:令毋死署所縣責

里簡·J1(9)1 正:問何縣官計

里簡·J1(9)2 正:不智(知)何縣署

里簡·J1(9)2 正:令不豺署所縣責

里簡·J1(9)2 正:問何縣官計

里簡·J1(9)3 正:不智(知)何縣署

里簡·J1(9)3 正:令署所縣責

里簡·J1(9)3 正:問何縣官計

里簡·J1(9)4 正:不智(知)何縣署

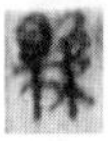
里簡·J1(9)4 正:令衷署所縣責

里簡·J1(9)4 正:問何縣官計

里簡·J1(9)5 正:不智(知)何縣署

里簡·J1(9)5 正:令鹽署所縣責

里簡·J1(9)5 正:問何縣官計

里簡·J1(9)6 正:不智(知)何縣署

里簡·J1(9)6 正:令署所縣責

里簡·J1(9)6 正:問何縣官計

里簡·J1(9)7 正:不智(知)何縣署

里簡·J1(9)7 正:令申署所縣責

里簡·J1(9)7 正:問何縣官計

里簡·J1(9)8 正:不智(知)何縣署

里簡·J1(9)8 正:令越人署所縣責

里簡·J1(9)8 正:問何縣官計

里簡·J1(9)9 正:不智(知)何縣署

里簡·J1(9)9 正:令頯署所縣受責

里簡·J1(9)9 正:問何縣官計

里簡·J1(9)10 正:不智(知)何縣署

里簡·J1(9)10 正:令勝日署所縣責

里簡·J1(9)10 正:問何縣官計

里簡·J1(9)11 正:不智(知)何縣署

里簡·J1(9)11 正:令署所縣責

里簡·J1(9)11 正:問何縣官計

里簡·J1(16)6 正:洞庭守禮謂縣嗇夫、卒史嘉、叚(假)卒史穀、屬尉

里簡·J1(16)6 正:嘉、穀、尉各謹案所部縣卒

里簡·J1(16)6 正:踐更縣者

里簡·J1(16)6 正:踐更縣者簿

里簡·J1(16)6 正:縣弗令傳之而興黔首

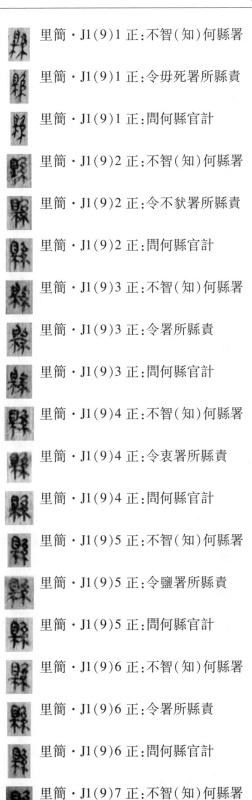

里簡・J1(16)6正:輒劾移縣

關簡・309:縣(懸)陰所

帛書・脈法・83:□脈(脈)之縣(玄)

帛書・病方・120:卽縣(懸)陰燥□

帛書・病方・129:縣(懸)之陰燥所

帛書・病方・231:□縣(懸)茅比所

帛書・病方・263:而到(倒)縣(懸)其人

帛書・灸經甲・63:心如縣(懸)

1998　須　須

睡簡・11號牘・背:爲黑夫、驚多問東室季須(嬃)苟得毋恙也

睡簡・答問・81:縛而盡拔其須麋(眉)

睡簡・答問・63:以須其得

睡簡・答問・127:須亡者得

睡簡・秦律・87:糞其有物不可以須時〖注〗須,等待。

睡簡・日甲・69背:希(稀)須(鬚)

睡簡・日甲・76背:盜者長須(鬚)耳

睡簡・日甲・71背:希(稀)須(鬚)

睡簡・日甲・54正:須女、虛少吉

睡簡・日甲・51正:須女、虛大吉

睡簡・日甲・135正:禹須臾

睡簡・爲吏・41:須身旞(遂)過〖注〗須,疑讀爲"懦"。

睡簡・爲吏・12:事不且須〖注〗須,等待,拖延。

關簡・363:不得須良日

關簡・363:毋須良日可也

帛書・病方・229:須其身安定

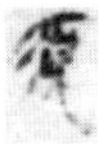
帛書・病方・154:以龍須(鬚)一束并者(煮)□〖注〗龍鬚,石龍蒭別名,藥名。

帛書・病方・220:須穨(癩)已而止

1999　弱　弱

睡簡・封診・66:下遺矢弱(溺)

睡簡・封診・70:遺矢弱(溺)不毆

睡簡・秦律・184:隸臣妾老弱及不可誠仁者勿令

睡簡・爲吏・30:老弱痒(癃)病

睡簡・爲吏・3:老弱獨傳

帛書・足臂・20:多弱(溺)

帛書・病方・459:更得□已解弱(溺)

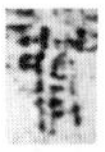
帛書・病方・目錄:弱(溺)□淪者

帛書・病方・71:飲小童弱(溺)若產齊赤〖注〗小童溺,童便。

帛書・病方・90:以弱(溺)飲之

帛書・病方・102:取敝蒲席若籍之弱(蒻)〖注〗《説文》:“蒻,蒲子,可以爲平席。”

帛書・病方・108:弱(搦)又(疣)內北〖注〗搦,摩。

帛書・病方・161:弱(溺)□痛益甚

帛書・病方・173:弱(溺)不利

帛書・病方・183:㾖(寢)東鄉(嚮)弱(溺)之

帛書・病方・192:以水與弱(溺)煮陳葵種而飲之

帛書・病方・248:取弱(溺)五斗

帛書・病方・264:以弱(溺)孰(熟)煮一牡鼠

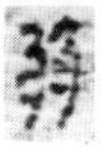
帛書・病方・337:以少(小)嬰兒弱(溺)漬羖羊矢〖注〗小嬰兒溺,童便。

帛書・病方・351:以小童弱(溺)漬陵(菱)枝(芰)

帛書・病方・353:以南(男)潼(童)弱(溺)一斗半并□

帛書・病方・418:煮弱(溺)二斗

秦印編175:郝弱

秦陶・648:右弱

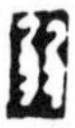
秦印編175:邸弱

集證・183.731:闞弱

秦陶・651:右弱

2000  文

秦編鐘・甲鐘(秦銅・10.1):剌=(烈=)卲文公、静公、憲公不豙(墜)于上〖注〗文公,襄公之子。

秦編鐘・甲鐘鉦部・摹(秦銅・11.1):剌=(烈=)卲文公、静公、憲公不豙(墜)于上

秦編鐘・丙鐘(秦銅・10.3):剌=(烈=)卲文公、静公、憲公不豙(墜)于上

秦鎛鐘・1號鎛(秦銅・12.1):剌=(烈=)卲文公、静公、憲公不豙(墜)于上

秦鎛鐘・2號鎛(秦銅・12.4):剌=(烈=)卲文公、静公、憲公不豙(墜)于上

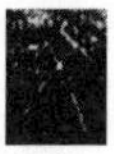
秦鎛鐘・3號鎛(秦銅・12.7):剌=(烈=)卲文公、静公、憲公不豙(墜)于上

秦公鎛鐘・摹(秦銅・16.3):盩=(藹=)文武

秦公簋・蓋(秦銅・14.2):盩=(藹=)文武

卅四年工師文罍・摹(集證・28):卅四年工帀(師)文〖注〗文,人名。

銅弩機刻文・摹(秦銅・156.3):文

金銀泡(序號128)・摹(集證・228~237):文

金銀泡(序號129)・摹(集證・228~237):文

金銀泡(序號12)・摹(集證・228~237):文

金銀泡(序號30)・摹(集證・228~237):文

金銀泡(序號34)·摹(集證·228~237):文

金銀泡(序號35)·摹(集證·228~237):文

金銀泡(序號40)·摹(集證·228~237):文

金銀泡(序號41)·摹(集證·228~237):文

金銀泡(序號42)·摹(集證·228~237):文

金銀泡(序號84)·摹(集證·228~237):文

金銀泡(序號108)·摹(集證·228~237):文

金銀泡(序號121)·摹(集證·228~237):文

金銀泡(序號122)·摹(集證·228~237):文

金銀泡(序號123)·摹(集證·228~237):文

金銀泡(序號124)·摹(集證·228~237):文

金銀泡(序號125)·摹(集證·228~237):文

金銀泡(序號126)·摹(集證·228~237):文

四年相邦呂不韋戟·摹(秦銅·65):文

九年相邦呂不韋戟·摹(集證·35):東工守文居戈三〖注〗文,人名。

睡簡·答問·162:履有文

集證·179.683:董文

秦印編175:文家

秦印編175:文路

秦印編175:文妹

秦印編175:董文

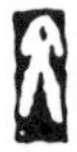秦印編175:文擇

秦印編175:文路

秦印編175:文仁印

封泥集352·2:廣文鄉印

封泥集352·3:廣文鄉印

集證·176.651:莊文

鑄錢·1.5:文信〖注〗文信,秦丞相呂不韋封號。

先秦幣·108.3:文信

鑄錢·1.3:文信

先秦幣·108.3:文信

鑄錢·1.3:文信

先秦幣·108.1:文信

先秦幣·108.2:文信

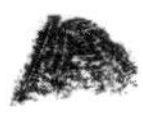集證·193.17:文

集證·194.28:毀文

瓦書·郭子直摹:周天子使卿夫=(大夫)辰來致文武之酢(胙)〖注〗文,文王。

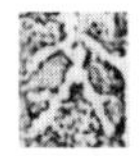瓦書(秦陶·1610):周天子使卿夫=(大夫)辰來致文武之酢(胙)

秦陶·405:文

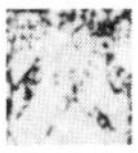秦陶·611:文

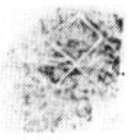秦陶·1188:文

漆器 M11·22(雲夢·附二):文

2001 髮⿰犮首⿰犮頁

睡簡·答問·84:斬人髮結

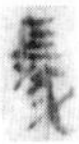睡簡·封診·86:即診嬰兒男女、生髮及保(胞)之狀

睡簡·日甲·13 背:乃繹(釋)髮西北面坐〖注〗釋髮,散髮。

睡簡·日乙·194:西北鄉(嚮)擇(釋)髮而駟(呬)

關簡·314:長髮

帛書·病方·8:燔白雞毛及人髮

帛書·病方·11:燔髮

2002 ⿱髟差

秦印編 175:⿱髟差印

2003 鬒

秦印編 176:鬒印

2004 ⿱髟咠

帛書·病方·342:冶牛膝、燔⿱髟咠灰等〖注〗⿱髟咠,亂髮。燔⿱髟咠灰,即血餘炭。

2005 髡髨

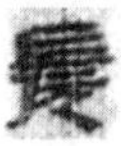睡簡·答問·103:父母擅殺、刑、髡子及奴妾

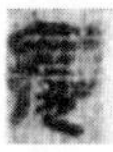睡簡·答問·104:主擅殺、刑、髡其子、臣妾〖注〗髡,鬄髮。

2006 髽

睡簡·日乙·22:⿰⻊坐外陰之日

秦印編 176:方髽

2007 后

太后車軎·摹(秦銅·51):太后〖注〗太后,即宣太后。

秦懷后磬·摹:㕕(厥)名曰懷后〖注〗懷后,李學勤說指周王后。

廿九年漆奩·黃盛璋摹(集證·27):廿九年大(太)后詹事丞向

十七年漆盒·摹(漆盒·3):十七年大(太)后詹事丞□〖注〗太后,龍朝彬說爲昭襄王母宣太后。

2008 司

天簡 35·乙:有大司

睡簡·日乙·146:唯福是司

睡簡・效律・55：司馬令史掾苑計

睡簡・效律・55：司馬令史坐之

睡簡・雜抄・13：縣司空、司空佐史、士吏將者弗得

睡簡・答問・8：司寇盜百一十錢

睡簡・答問・125：將司人而亡

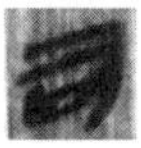
睡簡・答問・118：以司寇誣人

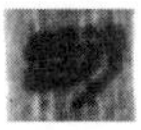
睡簡・答問・117：當耐司寇而以耐隸臣誣人

睡簡・答問・117：當耐爲司寇

睡簡・秦律・182：及卜、史、司御、寺、府〖注〗司御，管理車輛的人。

睡簡・秦律・129：司空

睡簡・秦律・127：司空

睡簡・秦律・123：度攻（功）必令司空與匠度之

睡簡・秦律・125：司空

睡簡・秦律・193：侯（候）、司寇及羣下吏毋敢爲官府佐、史及禁苑憲盜

睡簡・秦律・132：司空

睡簡・秦律・130：司空

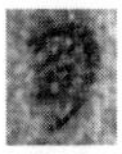
睡簡・秦律・135：將司之〖注〗將司，監管。

睡簡・秦律・135：皆勿將司

睡簡・秦律・142：司空

睡簡・秦律・149：司空

睡簡・秦律・146：城旦司寇一人將

睡簡・秦律・146・摹：及城旦傅堅、城旦舂當將司者

睡簡・秦律・146：司空

睡簡・秦律・146・摹：司寇不踐

睡簡・秦律・146・摹：以爲城旦司寇

睡簡・秦律・147・摹：其名將司者

睡簡・秦律・147：仗城旦勿將司

睡簡・秦律・143：司空

睡簡・秦律・140：司

睡簡・秦律・144：司空

睡簡・秦律・145：城旦司寇不足以將

睡簡・秦律・141：隸臣妾、城旦舂之司寇、居貲贖責（債）毄（繫）城旦舂者〖注〗司寇，刑徒名。

睡簡・秦律・152：司空

睡簡・秦律・150：司空

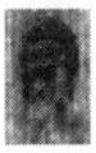
睡簡・秦律・116：司空將紅（功）及君子主堵者有辠〖注〗司空，官名，掌管工程，後主管刑徒。

睡簡・雜抄・26：公車司馬

睡簡・雜抄・20：貲司空嗇夫一盾

睡簡・雜抄・9:縣司馬貲二甲

睡簡・雜抄・40:縣司空署君子將者

睡簡・雜抄・40:縣司空佐主將者

睡簡・雜抄・10:司馬貲二甲

睡簡・雜抄・14:邦司空一盾

龍簡・43・摹:耐者假將司之〖注〗將司,帶領,監管。

龍簡・5・摹:及□佩〈佩〉入司馬門久(?)□〖注〗司馬門,皇家建築設施的外門,有衛兵把守。

里簡・J1(8)134 正:司空守楔(樛)敢言

里簡・J1(16)8 正:司空三人

里簡・J1(16)6 正:司寇

里簡・J1(9)1 背:以洞庭司馬印行事〖注〗司馬,官名。

里簡・J1(9)1 正:以受(授)陽陵司空

里簡・J1(9)2 背:以洞庭司馬印行事

里簡・J1(9)2 正:以受(授)陽陵司空

里簡・J1(9)3 背:以洞庭司馬印行事

里簡・J1(9)3 正:司空騰敢言之

里簡・J1(9)3 正:以受(授)陽陵司空

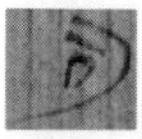
里簡・J1(9)4 背:以洞庭司馬印行事

里簡・J1(9)4 正:司空騰敢言之

里簡・J1(9)4 正:以受(授)陽陵司空

里簡・J1(9)5 背:以洞庭司馬印行事

里簡・J1(9)5 正:司空騰敢言之

里簡・J1(9)5 正:以受(授)陽陵司空

里簡・J1(9)6 背:以洞庭司馬印行事

里簡・J1(9)6 正:司空騰敢言之

里簡・J1(9)6 正:以受(授)陽陵司空

里簡・J1(9)7 背:以洞庭司馬印行事

里簡・J1(9)7 正:司空騰敢言之

里簡・J1(9)7 正:以受(授)陽陵司空

里簡・J1(9)8 背:以洞庭司馬印行事

里簡・J1(9)8 正:司空騰敢言之

里簡・J1(9)8 正:以受(授)陽陵司空

里簡・J1(9)9 背:以洞庭司馬印行事

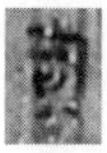
里簡・J1(9)9 正:司空騰敢言之

里簡・J1(9)9 正:以受(授)陽陵司空

里簡・J1(9)10 背:以洞庭司馬印行事

里簡・J1(9)10 正:司空騰敢言之

里簡・J1(9)10 正:以受(授)陽陵司空

里簡・J1(9)11 背:以洞庭司馬印行事

里簡・J1(9)11 正:司空騰敢言之

里簡・J1(9)11 正:以受(授)陽陵司空

里簡・J1(9)12 背:以洞庭司馬印行事

里簡・J1(16)5 背:尉別都鄉司空

里簡・J1(16)6 背:告鄉司空、倉主

里簡・J1(16)6 正:司寇

里簡・J1(8)133 正:遷陵司空导(得)、尉乘□

里簡・J1(8)134 正:狼屬(囑)司馬昌官

關簡・365:十月戊子齊而牛止司命在庭□

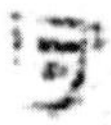
帛書・病方・無編號殘:司

秦印編 176:右司空印

秦印編 177:北司

秦印編 176:南海司空

秦印編 177:北司

秦印編 176:中司馬印

秦印編 177:北司

秦印編 176:都司馬印

秦印編 177:北司

秦印編 176:邦司馬印

秦印編 177:北司

秦印編 176:聞陽司空

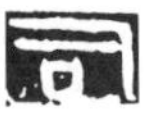
秦印編 177:左司

秦印編 176:右司空印

秦印編 177:行司空久

秦印編 176:高陵司馬

秦印編 176:司馬

秦印編 176:司馬戎

秦印編 176:司馬奴

秦印編 176:司馬如

秦印編 176:公車司馬丞

秦印編 176:公車司馬丞

秦印編 176:軍假司馬

秦印編 176:左司空丞

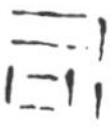
秦印編 176:臨菑司馬

秦印編 176:琅邪司馬

秦印編 176:琅邪司丞

秦印編 176:臨菑司馬

秦印編 176:右司空眛

秦印編 176:右司高瓦

秦印編 176:左司高瓦

秦印編 176:左司

封泥集 116・1:公車司馬

封泥集 117・1:公車司馬丞

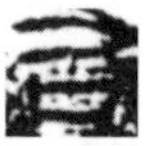
封泥集 117・2:公車司馬丞

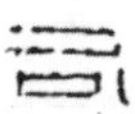
封泥集 117・3:公車司馬丞

封泥集 117・4:公車司馬丞

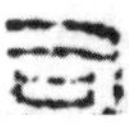
封泥集 117・5:公車司馬丞

封泥集 117・7:公車司馬丞

封泥集 119・1:軍假司馬

封泥集 124・1:宮司空印

封泥集 124・3:宮司空印

封泥集 124・4:宮司空印

封泥集 124・5:宮司空印

封泥集 125・4:宮司空丞

封泥集 125・5:宮司空丞

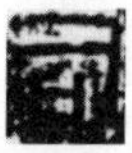
封泥集 125・6:宮司空丞

封泥集 125・7:宮司空丞

封泥集 125・8:宮司空丞

封泥集 125・10:宮司空丞

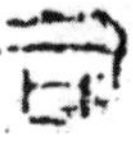
封泥集 125・11:宮司空丞

封泥集 125・12:宮司空丞

封泥集 125・13:宮司空丞

封泥集 125・14:宮司空丞

封泥集 125・15:宮司空丞

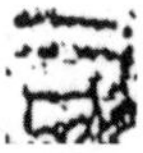
封泥集 125・16:宮司空丞

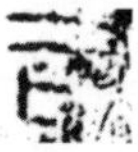
封泥集 125・17:宮司空丞

封泥集 125・19:宮司空丞

封泥集 125・20:宮司空丞

封泥集 125・21:宮司空丞

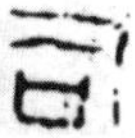
封泥集 125・22:宮司空丞

封泥集 125・23:宮司空丞

封泥集 125・25:宮司空丞

封泥集 144・1:左司空丞

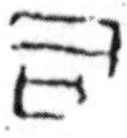
封泥集 144・2:左司空丞

封泥集 144・4:左司空丞

封泥集 144・5:左司空丞

封泥集 144・7:左司空丞

封泥集 144・8:左司空丞

封泥集 145・9:左司空丞

封泥集 145・10:左司空丞

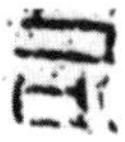
封泥集 145・11:左司空丞

封泥集 145・12:左司空丞

封泥集 145・15:左司空丞

封泥集 145・16:左司空丞

封泥集 145・17:左司空丞

封泥集 145・18:左司空丞

封泥集 146・1:左司空印

封泥集 208・1:北□司□

封泥集 218・1:泰山司空

封泥集 252・1:東郡司馬

封泥集 253・1:南郡司空

封泥集 263・1:琅邪司馬

封泥集 263・1:臨菑司馬

封泥集 265・1:琅邪司丞

封泥集 387・1:司馬武〖注〗司馬,複姓。

封泥集 387・1:司馬歇

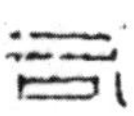
集證・139. 98:宮車司馬丞

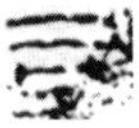
集證・139. 99:宮車司馬丞

集證・141. 131:左司空丞

集證・141. 135:左司空丞

集證・141. 136:宮司空印

集證・141. 137:宮司空印

集證・141. 138:宮司空丞

集證・141. 139:宮司空丞

集證・141. 142:琅邪司丞〖注〗司丞,司空之丞,官名。

集證・143. 169:軍假司馬

集證・164. 497:司馬歇

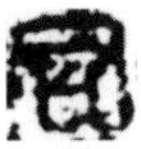
新封泥 C・16. 4:宮司空印

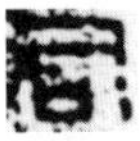
新封泥 C・16. 6:宮司空丞

新封泥 C・18. 9:左司空丞

新封泥 C・19. 1:公車司馬丞

新封泥 E・6:宮司空印

新封泥 E・13:公車司馬

封泥印 11:公車司馬丞

封泥印 37:左司空印

封泥印 38:左司空丞

封泥印 85:宮司空印

封泥印 86:宮司空丞

封泥印 153:司馬歇

封泥印·附二 191:琅邪司馬

封泥印·附二 192:東郡司馬

封泥印·附二 192:臨菑司馬

新封泥 A·1.6:公車司馬

封泥集·附一 401:邦司馬印

封泥集·附一 402.1:右司空印

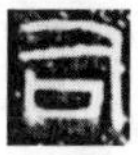
封泥集·附一 402.2:右司空印

封泥集·附一 402:中司馬印

封泥集·附一 405:聞陽司空

封泥集·附一 407:南海司空

集證·141.132:右司空印

集證·141.133:右司空印

集證·141.140:聞陽司空

集證·141.141:南海司空

集證·143.163:邦司馬印

集證·143.165:中司馬印

秦陶 A·1.3:北司〖注〗北司,官名。

秦陶 A·1.4:北司

秦陶 A·1.5:北司

瓦書·郭子直摹:卑司御不更顝封之〖注〗司御,官名,管理車輛的人。

瓦書·郭子直摹:司御心

瓦書(秦陶·1610):卑司御不更顝封之

瓦書(秦陶·1610):司御心

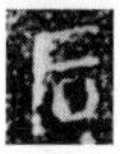
秦陶·493:左司空

秦陶·494:左司空

秦陶·496:左司空

秦陶·497:左司空

秦陶·498:左司空

秦陶·501:左司空

秦陶·502:左司空

秦陶·503:左司空

秦陶·504:左司空

秦陶・505:左司空

秦陶・506:左司空

秦陶・507:左司空

秦陶・508:左司空

秦陶・509:左司空

秦陶・510:左司空

秦陶・511:左司空

秦陶・512:左司空

秦陶・514:左司

秦陶・515:左司

秦陶・516:左司

秦陶・517:左司

秦陶・518:左司

秦陶・519:左司

秦陶・520:左司空

秦陶・521:左司空

秦陶・522:左司

秦陶・523:左司

秦陶・524:左司

秦陶・525:左司

秦陶・526:左司

秦陶・527:左司

秦陶・528:左司

秦陶・529:左司

秦陶・530:左司

秦陶・531:左司

秦陶・532:左司陘瓦

秦陶・533:左司陘瓦

秦陶・534:左司陘瓦

秦陶・535:左司陘瓦

秦陶・536:左司陘瓦

秦陶・537:左司陘瓦

秦陶・538:左司陘瓦

秦陶・539:左司高瓦

秦陶・540:左司高瓦

秦陶・541:左司高瓦

秦陶・542:左司陘瓦

秦陶・543:左司高瓦

秦陶·550:左司

秦陶·551:左司

秦陶·552:左司

秦陶·553:左司

秦陶·554:左司

秦陶·555:左司

秦陶·556:左司歇瓦

秦陶·557:左司歇瓦

秦陶·558:左司歇瓦

秦陶·559:左司歇瓦

秦陶·560:左司高瓦

秦陶·564:左司高瓦

秦陶·565:左司歇瓦

秦陶·566:左司歇瓦

秦陶·615:右司空係

秦陶·616:右司空係

秦陶·617:右司空係

秦陶·619:右司空係

秦陶·620:右司空係

秦陶·621:右司空詨

秦陶·622:右司空係

秦陶·623:右司空係

秦陶·624:右司空詨

秦陶·625:右司空詨

秦陶·626:右司空詨

秦陶·628:右司空嬰

秦陶·629:右司空率

秦陶·630:右司空眛

秦陶·631:右司空眛

秦陶·632:右司空眛

秦陶·633:右司空眛

秦陶·636:右司空尚

秦陶·780:左司

秦陶·983:北司

秦陶·985:北司

秦陶·987:北司

秦陶·988:北司

秦陶·989:北司

秦陶·990:北司

秦陶·991:北司

秦陶·993:北司

秦陶·994:北司

秦陶·995:北司

秦陶·996:北司

秦陶·997:北司

秦陶·998:北司

秦陶·999:□司

秦陶·1000:北司

秦陶·1001:北司

秦陶·1002:北司

秦陶·1004:北司

秦陶·1005:北司

秦陶·1006:北司

秦陶·1029:都司空□

秦陶·1122:司貴

集證·208.131:左司高瓦

集證·208.132:左司高瓦

集證·208.133:左司高瓦

集證·208.134:左司高瓦

集證·208.135:左司高瓦

集證·208.136:左司高瓦

集證·208.137:左司高瓦

集證·208.138:左司高瓦

集證·208.139:左司高瓦

集證·208.140:左司高瓦

集證·208.141:左司高瓦

集證·208.142:左司高瓦

集證·209.143:左司高瓦

集證·209.144:左司高瓦

集證·209.145:左司高瓦

集證·209.146:左司高瓦

集證·209.147:左司高瓦

集證·209.148:左司高瓦

集證·209.149:左司高瓦

集證·209.151:左司高瓦

集證·209.152:左司高瓦

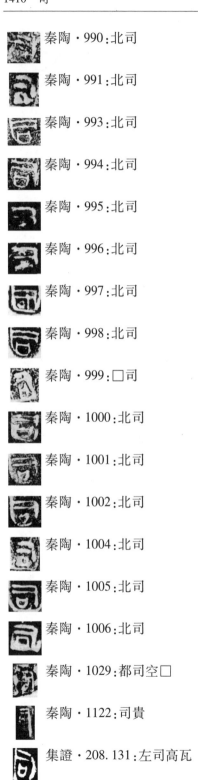

集證・209. 153:左司高瓦

集證・209. 154:左司高瓦

集證・210. 155:左司悁瓦

集證・210. 156:左司悁瓦

集證・210. 157:左司悁瓦

集證・210. 158:左司悁瓦

集證・210. 159:左司悁瓦

集證・210. 160:左司悁瓦

集證・210. 161:左司悁瓦

集證・210. 162:左司悁瓦

集證・210. 163:左司悁瓦

集證・210. 166:左司悁瓦

集證・211. 168:左司悁瓦

集證・211. 169:左司悁瓦

集證・211. 171:左司悁瓦

集證・211. 172:左司悁瓦

集證・211. 173:左司悁瓦

集證・211. 174:左司悁瓦

集證・211. 175:左司悁瓦

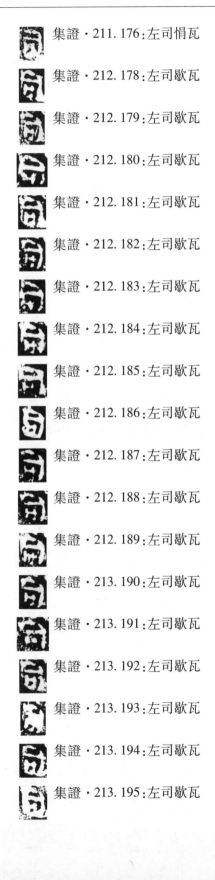

集證・211. 176:左司悁瓦

集證・212. 178:左司歜瓦

集證・212. 179:左司歜瓦

集證・212. 180:左司歜瓦

集證・212. 181:左司歜瓦

集證・212. 182:左司歜瓦

集證・212. 183:左司歜瓦

集證・212. 184:左司歜瓦

集證・212. 185:左司歜瓦

集證・212. 186:左司歜瓦

集證・212. 187:左司歜瓦

集證・212. 188:左司歜瓦

集證・212. 189:左司歜瓦

集證・213. 190:左司歜瓦

集證・213. 191:左司歜瓦

集證・213. 192:左司歜瓦

集證・213. 193:左司歜瓦

集證・213. 194:左司歜瓦

集證・213. 195:左司歜瓦

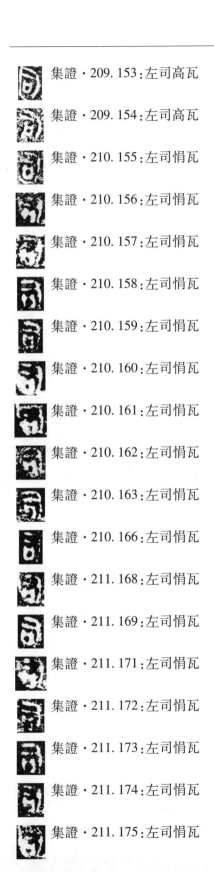

集證·213.196:左司歍瓦

集證·213.197:左司歍瓦

集證·213.198:左司歍瓦

集證·213.199:左司歍瓦

集證·213.200:左司歍瓦

集證·213.201:左司歍瓦

集證·222.267:北司

2009  

秦編鐘·乙鐘(秦銅·10.2):雁(膺)受大令(命)

秦編鐘·乙鐘左篆部·摹(秦銅·11.7):雁(膺)受大令(命)

秦鎛鐘·1號鎛(秦銅·12.3):雁(膺)受大令(命)

秦鎛鐘·2號鎛(秦銅·12.6):雁(膺)受大令(命)

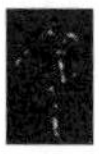秦鎛鐘·3號鎛(秦銅·12.9):雁(膺)受大令(命)

滕縣不其簋器(秦銅·4):王令(命)我羞追于西

秦編鐘·甲鐘(秦銅·10.1):我先且(祖)受天令(命)商(賞)宅受或(國)

秦編鐘·甲鐘鉦部·摹(秦銅·11.1):我先且(祖)受天令(命)商(賞)宅受或(國)

秦鎛鐘·1號鎛(秦銅·12.1):我先且(祖)受天令(命)商(賞)宅受或(國)

秦鎛鐘·2號鎛(秦銅·12.4):我先且(祖)受天令(命)商(賞)宅受或(國)

秦鎛鐘·3號鎛(秦銅·12.7):我先且(祖)受天令(命)商(賞)宅受或(國)

不其簋蓋(秦銅·3):王令(命)我羞追于西

會稽刻石·宋刻本:莫不順令

睡簡·語書·10:惡吏不明灋律令

睡簡·語書·13:當居曹奏令、丞

睡簡·語書·13:府令曹畫之

睡簡·答問·143:灋(廢)令、犯令

睡簡·秦律·31:令有秩之吏、令史主

睡簡·秦律·189:令、丞爲不從令

睡簡·秦律·161:令君子毋(無)害者若令史守官

睡簡·語書·4:故騰爲是而脩灋(法)律令、田令及爲閒(奸)私方而下之

睡簡·6號牘·背:且令故民有爲不如令者實□

睡簡·答問·143:灋(廢)令、犯令

睡簡·秦律·31:令有秩之吏、令史主

睡簡·秦律·189:令、丞爲不從令

睡簡·秦律·161:令君子毋(無)害者若令史守官

睡簡·日甲·166正:令復見之

睡簡·語書·4:故騰爲是而脩灋(法)律令、田令及爲閒(奸)私方而下之〖注〗田令,關於農田的法令。

睡簡·6號牘·背:且令故民有爲不如令者實□

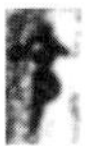
睡簡·6號牘·背:衷令□

睡簡·11號牘·正:令與錢偕來

睡簡·答問·208:及將長令二人扶出之

睡簡·答問·205:欲令乙爲盜之

睡簡·答問·93:端令不致

睡簡·答問·60:已斷已令

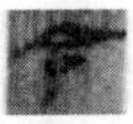
睡簡·答問·55:"僑(矯)丞令"可(何)殹

睡簡·答問·164:吏、典已令之

睡簡·答問·165:弗令出戶賦之謂殹

睡簡·答問·177:令贖

睡簡·答問·139:令詣

睡簡·答問·142:可(何)如爲"犯令、灋(廢)令"

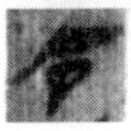
睡簡·答問·142:令曰勿爲

睡簡·答問·142:是謂"灋(廢)令"殹

睡簡·答問·142:是謂"犯令"

睡簡·答問·142:廷行事皆以"犯令"論

睡簡·答問·144:以小犯令論

睡簡·答問·145:後爲令

睡簡·答問·145:令當免不當

睡簡·答問·151:令史監者一盾

睡簡·答問·116:令從母爲收

睡簡·答問·113:令贖鬼薪鋈(夭)足

睡簡·封診·86:有(又)令隸妾數字者

睡簡·封診·85:即令令史某往執丙

睡簡·封診·74:即令令史某往診

睡簡·封診·37:不聽甲令

睡簡·封診·46:令終身毋得去遷(遷)所

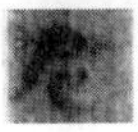
睡簡·封診·47:令終身毋得去遷(遷)所論之

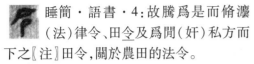

睡簡·封診·50:即令令史己往執

睡簡·封診·50:令史己爰書

睡簡·封診·55:即令令史某往診

睡簡·封診·16:即令[令]史某往執丙

睡簡·秦律·83:令以律居之

睡簡·秦律·83:令與其稗官分

睡簡·秦律·81:隃(逾)歲而弗入及不如令者

睡簡·秦律·2:近縣令輕足行其書

 睡簡・秦律・29：廷令長吏雜封其㢈

 睡簡・秦律・20：吏主者、徒食牛者及令、丞皆有辠

 睡簡・秦律・27：勿令敗

 睡簡・秦律・23：令出之

 睡簡・秦律・23：令度之

 睡簡・秦律・97：不從令者貲一甲

 睡簡・秦律・97：令市者見其入

 睡簡・秦律・64：以丞、令印印

 睡簡・秦律・78：令居之

 睡簡・秦律・78：其弗令居之

 睡簡・秦律・79：令其官嗇夫及吏主者代賞(償)之

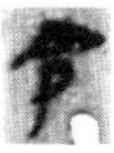 睡簡・秦律・32：令令、丞與賞(償)不備

 睡簡・秦律・31：令其故吏與新吏雜先索(索)出之

 睡簡・秦律・3：遠縣令郵行之

 睡簡・秦律・48：令就衣食焉

 睡簡・秦律・44：令縣貣(貸)之

 睡簡・秦律・57：以犯令律論吏主者

 睡簡・秦律・55：令吏主

 睡簡・秦律・123：度攻(功)必令司空與匠度之

 睡簡・秦律・123：毋獨令匠

 睡簡・秦律・12：有不從令者有辠〖注〗不從令，法律習語，違反法令。

 睡簡・秦律・19：令其人備之而告官

 睡簡・秦律・196：有不從令而亡、有敗、失火

 睡簡・秦律・197：令令史循其廷府

 睡簡・秦律・195：令人勿紤(近)舍

 睡簡・秦律・191：犯令者有辠

 睡簡・秦律・191：令敫史毋從事官府

 睡簡・秦律・16：令以其未敗直(值)賞(償)之

 睡簡・秦律・167：令復其故數

 睡簡・秦律・16：其入之其弗亟而令敗者

 睡簡・秦律・165：令官嗇夫、冗吏共賞(償)敗禾粟

 睡簡・秦律・161：毋令官佐、史守

 睡簡・秦律・107：毀傷公器及□者令賞(償)

 睡簡・秦律・173：縣嗇夫令人復度及與雜出之

 睡簡・秦律・138：令居其衣如律然

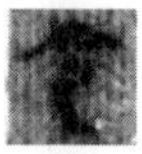 睡簡・秦律・139：亦衣食而令居之

 睡簡・秦律・137：令相爲兼居之

 睡簡・秦律・133：以其令日問之〖注〗令日，判決所規定的日期。

睡簡・秦律・131：令縣及都官取柳及木楘（柔）可用書者

睡簡・秦律・145・摹：令隸臣妾將

睡簡・秦律・145：毋令居貲贖責（債）將城旦舂

睡簡・秦律・159：乃令視事及遣之

睡簡・秦律・156：皆令爲工

睡簡・秦律・105：其久（記）靡（磨）不可智（知）者、令齎（資）賞（償）

睡簡・秦律・150：有上令除之

睡簡・秦律・118：令縣復興徒爲之

睡簡・秦律・119：令苑輒自補繕之

睡簡・秦律・116：令其徒復垣之

睡簡・秦律・116：令結（嫴）堵卒歲

睡簡・秦律・101：亦令其徒、舍人任其叚（假）

睡簡・雜抄・8：令，二甲

睡簡・雜抄・20：令、丞及佐各一盾

睡簡・雜抄・21：令、丞各一甲

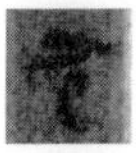
睡簡・雜抄・9：令、丞各一甲

睡簡・雜抄・38：求盜勿令送逆爲它

睡簡・雜抄・30：令、丞、佐、史各一盾

睡簡・雜抄・42：敢令爲它事

睡簡・雜抄・40：令姑（嫴）堵一歲

睡簡・雜抄・41：令戍者勉補繕城

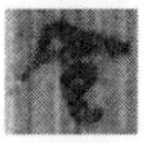
睡簡・雜抄・41：乃令增塞埤塞

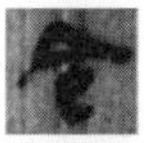
睡簡・雜抄・41：署勿令爲它事

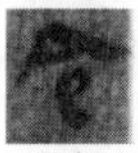
睡簡・雜抄・12：令、尉、士吏弗得

睡簡・雜抄・10：令、丞二甲

睡簡・雜抄・16：令、丞一盾

睡簡・雜抄・1：上造以上不從令

睡簡・雜抄・15：及令、丞貲各一甲

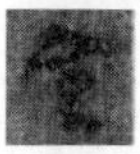
睡簡・雜抄・11：令市取錢焉

睡簡・日甲・25背：道（導）令民毋麗兇（凶）央（殃）

睡簡・日甲・35背：令人色柏（白）然毋（無）氣

睡簡・日甲・166正：令復見之

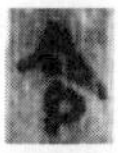
睡簡・日甲・158背：令耳悤（聰）目明

睡簡・日甲・158背：令其□耆（嗜）□

睡簡・日甲・158背：令其鼻能糗（嗅）鄉（香）

睡簡・日甲・158背：令頭爲身衡

睡簡・日甲・157正：令復見之

睡簡・日乙・106：行邦□令行

 睡簡・爲吏・22:四曰受令不僂

 睡簡・爲吏・43:緩令急徵

 睡簡・爲吏・19:勿令爲戶

 睡簡・爲吏・13:將發令

 睡簡・爲吏・13:令數囚(究)環

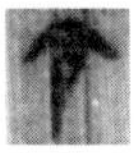 睡簡・爲吏・11:欲令之具下勿議

 睡簡・效律・23:令官嗇夫、冗吏共賞(償)敗禾粟

 睡簡・效律・25:令復其故數

 睡簡・效律・33:縣嗇夫令人復度及與雜出之

 睡簡・效律・50:而勿令賞(償)

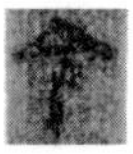 睡簡・效律・52:其他冗吏、令史掾計者

 睡簡・效律・53:如令、丞

 睡簡・效律・54:其令、丞坐之

 睡簡・效律・55:如令史坐官計劾然

 睡簡・效律・55:司馬令史掾苑計

 睡簡・效律・55:司馬令史坐之

 睡簡・效律・51:令、丞貲一盾

 睡簡・效律・51・摹:令、丞貲一甲

 睡簡・效律・18:縣令免

 睡簡・效律・17・摹:縣令令人效其官

 睡簡・語書・2:凡灋律令者

 睡簡・語書・2:故後有閒令下者

 睡簡・語書・9:凡良吏明灋(法)律令

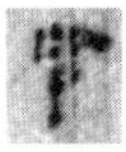 睡簡・語書・7:而令、丞弗明智(知)

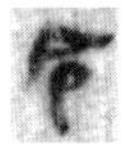 睡簡・語書・7:今且令人案行之

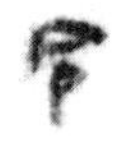 睡簡・語書・7:舉劾不從令者

 睡簡・語書・3:今灋律令已具矣

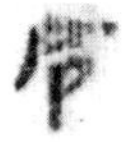 睡簡・語書・4:令吏明布

 睡簡・語書・5:今灋律令已布

 睡簡・語書・5:令吏民皆明智(知)之

 睡簡・語書・5:自從令、丞以下智(知)而弗舉論〖注〗令,縣令。

 龍簡・119・摹:唯毋令獸□

 龍簡・138・摹:有犯令者而(?)弗得〖注〗犯令,違犯法令。

 龍簡・150:典、田典令黔首皆智(知)之

 龍簡・117:田不從令者

 龍簡・152:令、丞、令史各一甲〖注〗令,部門主管官吏。

 龍簡・152・摹:令、丞、令史各一甲〖注〗令史,部門主管文書之吏。

 龍崗牘・正:令自尚也〖注〗"令自尚"即"令自主"。

 龍簡・8:令、丞□縣、道官

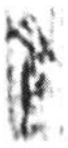 龍簡・260:□令□

 龍簡・244・摹:□令□

 龍簡・214・摹:南郡用節不給時令□

 龍簡・96:勿令巨罪

 龍簡・66:令吏徒讀

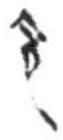 龍簡・67・摹:勿令□

 龍簡・43:令終身毋得見□

 龍簡・53:令、丞弗得

 龍簡・183・摹:□犯此令□

 龍簡・16:將者令徒□

 里簡・J1(8)157 正:謁令、尉以從事

 里簡・J1(16)9 正:謁令都鄉具問劾等年數

 里簡・J1(16)8 背:□之令曰上

 里簡・J1(16)9 正:令曰

 里簡・J1(9)1 背:其以律令從事

 里簡・J1(9)9 背:其以律令從事

 里簡・J1(8)156:它如律令

 里簡・J1(8)158 正:主令史下絡帬直(值)書已到

 里簡・J1(9)1 正:令毋死署所縣責

 里簡・J1(9)2 背:以律令從事

 里簡・J1(9)2 正:令不豺署所縣責

 里簡・J1(9)3 背:以律令從事

 里簡・J1(9)4 背:以律令從事

 里簡・J1(9)4 正:令衷署所縣責

 里簡・J1(9)5 正:令鹽署所縣責

 里簡・J1(9)6 背:以律令從事

 里簡・J1(9)6 正:令署所縣責

 里簡・J1(9)7 背:其以律令從事

 里簡・J1(9)7 正:令申署所縣責

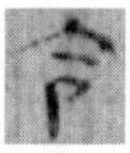 里簡・J1(9)8 背:其以律令從事

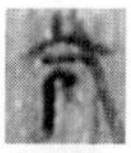 里簡・J1(9)8 正:令越人署所縣責

 里簡・J1(9)8 正:上謁令洞庭尉

 里簡・J1(9)9 正:令顡署所縣受責

 里簡・J1(9)10 背:其以律令從事

 里簡・J1(9)10 正:令勝日署所縣責

 里簡・J1(9)11 背:其以律令從事

 里簡・J1(9)11 正:令署所縣責

 里簡・J1(9)12 背:其以律令從事

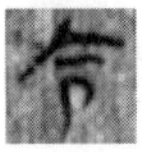 里簡・J1(9)981 正:令居貲目取船

 里簡・J1(9)984 背:以律令從事

 里簡・J1(16)5 背:它如律令

 里簡・J1(16)6 背:令史犯行

 里簡・J1(16)6 正:令人日夜端行

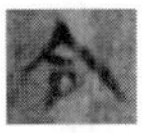 里簡・J1(16)6 正:令曰

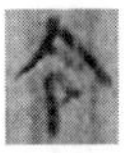 里簡・J1(16)6 正:縣弗令傳之而興黔首

 里簡・J1(16)6 正:有可令傳甲兵

 里簡・J1(8)154 正:令曰

 里簡・J1(8)154 正:毋當令者

 里簡・J1(8)157 背:其以律令

 關簡・316:因多食葱,令汗出

 關簡・317:令溫勿令焦

 關簡・313:令人不單(憚)病

 關簡・317:令溫勿令焦

 關簡・246:令復見之

 關簡・254:令復之

 關簡・326:笱(苟)令某齲已

 關簡・378:勿令泚

 關簡・376:若笱(苟)令某瘧已

 關簡・376:我智(知)令=某=瘧=者某也

 關簡・374:令□

 關簡・330:笱(苟)令某齲已

 關簡・332:令若毋見風雨

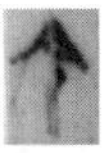 關簡・339:令某癰駿(數)去

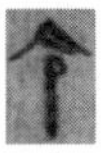 關簡・337:即令病心者南首臥

 關簡・333:令毋見=復發

 關簡・333:毋令人見之

 關簡・340:令可下免甕(甕)

 關簡・349:先農笱(苟)令某禾多一邑

 關簡・347:令女子之市買牛胙、市酒

 關簡・354:令禾毋閬(稂)

 關簡・319:令人孰(熟)以靡(摩)之

 關簡・319:令欲出血

 關簡・316:令血欲出

 帛書・病方・殘7:令男女□

 帛書・病方・殘11:令人□

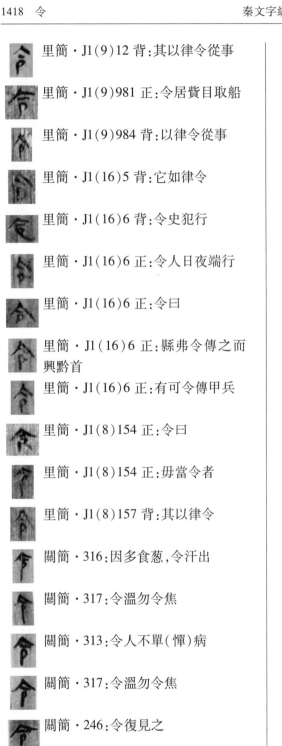

帛書・病方・殘14:令復□

帛書・病方・3:令大如荅

帛書・病方・12:令傷者毋痛

帛書・病方・14:令傷毋般(瘢)

帛書・病方・23:令金傷毋痛方

帛書・病方・25:爊(熬)令焦黑

帛書・病方・25:令金傷毋痛〖注〗令,良、善。

帛書・病方・29:令

帛書・病方・30:爊(熬)鹽令黄

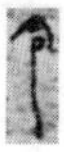
帛書・病方・47:令

帛書・病方・55:令

帛書・病方・58:令孰奮兩手如□間手□道□

帛書・病方・64:而令人以酒財沃其傷

帛書・病方・64:令[醬]者臥

帛書・病方・64:令毋痛及易瘳方

帛書・病方・80:令牛吔(舐)之

帛書・病方・93:令泥盡火而歠(歡)之

帛書・病方・95:令下盂中

帛書・病方・103:令人嘑(呼)曰

帛書・病方・103:令尤(疣)者抱禾

帛書・病方・105:令南北[列]

帛書・病方・116:令

帛書・病方・128:令藥已成而發之

帛書・病方・131:以蚤挈(契)虒令赤

帛書・病方・159:令□

帛書・病方・167:令

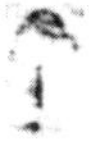
帛書・病方・172:令沸而飲之

帛書・病方・174:令㲋(纔)甘

帛書・病方・175:令

帛書・病方・177:令

帛書・病方・178:令其灰不盈半尺

帛書・病方・180:令病者北(背)火炙之

帛書・病方・194:令

帛書・病方・196:必令同族抱□穨(癩)者

帛書・病方・196:令某穨(癩)毋一

帛書・病方・198:令斬足者清明東鄉(嚮)

帛書・病方・200:令穨(癩)者東鄉(嚮)

帛書・病方・203:令籆籆黄

帛書・病方・206：令人操築西鄉（嚮）

帛書・病方・206：令積（癩）者屋霤下東鄉（嚮）

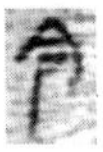
帛書・病方・209：令闌（爛）而已

帛書・病方・210：令積（癩）者北首臥北鄉（嚮）廡中

帛書・病方・215：熬蠶種令黄

帛書・病方・217：卽令積（癩）者煩夸（瓠）

帛書・病方・217：令其空（孔）盡容積（癩）者腎與脤

帛書・病方・222：令

帛書・病方・224：令

帛書・病方・232：炙之令溫□

帛書・病方・247：令

帛書・病方・252：令

帛書・病方・253：令

帛書・病方・254：令血出

帛書・病方・258：令自死

帛書・病方・266：令廣深大如盄

帛書・病方・267：令其大圜寸

帛書・病方・268：卽令痔者居（踞）盄

帛書・病方・268：令直（脂）直（值）盄空（孔）

帛書・病方・269：令煙熏直（脂）

帛書・病方・281：令如□炙手以靡（磨）□傅□之

帛書・病方・282：令

帛書・病方・288：令

帛書・病方・291：令汗出到足

帛書・病方・293：令諦叔□鑿（熬）可□

帛書・病方・300：令成三升

帛書・病方・307：令類膠

帛書・病方・309：令爲灰

帛書・病方・320：以靡（磨）般（瘢）令□之

帛書・病方・323：［燔之］令灰

帛書・病方・338：令其□溫適

帛書・病方・344：先飲美［酒］令身溫

帛書・病方・358：而炙蛇膏令消

帛書・病方・367：令癰種（腫）者皆已

帛書・病方・383：令人終身不鬈

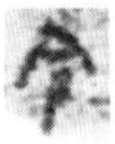
帛書・病方・391：令僕僕然

帛書・病方・399：□鼠令自死

帛書・病方・401：令

帛書・病方・402:以桑薪燔□其□令汁出

帛書・病方・409:令□而傅之

帛書・病方・410:令黄

帛書・病方・416:令

帛書・病方・418:令二升

帛書・病方・430:令

帛書・病方・438:令鷄、蛇盡燋

帛書・病方・439:令病者每旦以三指三最(撮)藥入一桮(杯)酒若鬻(粥)中而飲之

帛書・病方・441:令毋臭

帛書・病方・447:勿令疾沸

帛書・病方・450:令

帛書・病方・殘1:□子令女子浴之

秦印編177:好令

秦印編177:令狐臣

秦印編177:令狐皋

秦印編177:令狐得之

秦印編177:令字

秦印編177:令嬛

2010  卲

秦子簋蓋(珍金・34):卲(昭)于□四方〖注〗李學勤說"卲"卽"昭"字,明也,義近"光、顯"。

秦子簋蓋・摹(珍金・31):卲(昭)于□四方

秦編鐘・甲鐘(秦銅・10.1):剌=(烈=)卲文公、静公、憲公不豕(墜)于上〖注〗卲,讀爲"紹",繼承。一説讀爲"昭"。

秦編鐘・甲鐘(秦銅・10.1):卲合(答)皇天

秦編鐘・甲鐘鉦部・摹(秦銅・11.1):剌=(烈=)卲文公、静公、憲公不豕(墜)于上

秦編鐘・甲鐘鉦部・摹(秦銅・11.1):卲合(答)皇天〖注〗卲,讀爲"昭",明。

秦編鐘・丙鐘(秦銅・10.3):卲合(答)皇天

秦編鐘・丙鐘(秦銅・10.3):剌=(烈=)卲文公、静公、憲公不豕(墜)于上

秦鎛鐘・1號鎛(秦銅・12.1):剌=(烈=)卲文公、静公、憲公不豕(墜)于上

秦鎛鐘・1號鎛(秦銅・12.1):卲合(答)皇天

秦鎛鐘・2號鎛(秦銅・12.4):卲合(答)皇天

秦鎛鐘・2號鎛(秦銅・12.4):剌=(烈=)卲文公、静公、憲公不豕(墜)于上

秦鎛鐘・3號鎛(秦銅・12.7):卲合(答)皇天

秦公鎛鐘·摹(秦銅·16.4):以卲零(各)孝享

秦公簋·蓋(秦銅·14.2):以卲皇且(祖)

卲宮私官盉(秦銅·194):卲宮私官〖注〗卲宮,宮名。

詛楚文·湫淵(中吳本):使其宗祝卲鼛布憝(檄)告于不(丕)顯大神氒(厥)湫〖注〗卲鼛,人名。陳世輝說"卲"讀爲"詔",詔告。卲鼛,詔告擊鼛鼓。

詛楚文·巫咸(中吳本):使其宗祝卲鼛布憝(檄)告于不(丕)顯大神巫咸

詛楚文·亞駝(中吳本):使其宗祝卲鼛布憝(檄)告于不(丕)顯大神亞駝

2011  厀(膝)

睡簡·封診·78:內中及穴中外壤上有厀(膝)、手迹

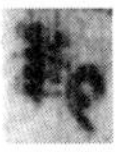
睡簡·封診·78:厀(膝)、手各六所

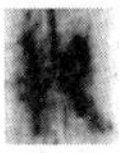
睡簡·封診·53:肘厀(膝)□到□兩足下奇(踦)

帛書·足臂·16:□厀(膝)內兼(廉)

帛書·病方·342:冶牛厀(膝)、燔髶灰等

帛書·灸經甲·47:厀(膝)跳

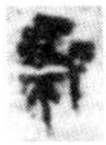
帛書·足臂·5:上貫厀(膝)外兼(廉)

帛書·足臂·7:厀(膝)外兼(廉)痛

帛書·足臂·10:上貫厀(膝)中

帛書·足臂·11:厀(膝)中穜(腫)

2012  卷

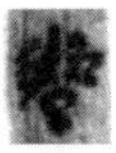
睡簡·日甲·87正:春三月庚辰可以筑(築)羊卷(圈)

帛書·病方·270:取石大如卷(拳)二七

帛書·病方·350:卷(倦)而休

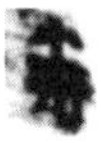
帛書·死候·87:舌掐(陷)橐(卵)卷

2013  卻(却)

睡簡·封診·66:汙兩卻(腳)

里簡·J1(8)157背:遷陵丞昌卻之啟陵

2014  印

睡簡·答問·56:廷行事以僞寫印

睡簡·答問·55:爲有秩僞寫其印爲大嗇夫

睡簡·答問·138:告盜書丞印以亡

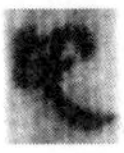
睡簡·秦律·22:自封印

睡簡·秦律·23:唯倉自封印者是度縣

睡簡·秦律·21:縣嗇夫若丞及倉、鄉相雜以印之

睡簡·秦律·64:以丞、令印印

睡簡·秦律·64:亦封印之

睡簡·秦律·169:縣嗇夫若丞及倉、鄉相雜以封印之

睡簡・秦律・171:唯倉所自封印是度縣

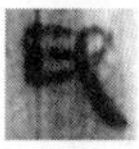
睡簡・爲吏・24:比(庇)臧(藏)封印

睡簡・效律・28:縣嗇夫若丞及倉、鄉相雜以封印之

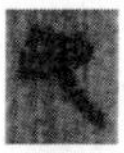
睡簡・效律・30:唯倉所自封印是度縣

里簡・J1(9)984 背:卽走印行都鄉

里簡・J1(9)11 背:以洞庭司馬印行事

里簡・J1(9)12 背:以洞庭司馬印行事

里簡・J1(9)1 背:以洞庭司馬印行事

里簡・J1(9)2 背:以洞庭司馬印行事

里簡・J1(9)3 背:以洞庭司馬印行事

里簡・J1(9)4 背:以洞庭司馬印行事

里簡・J1(9)5 背:以洞庭司馬印行事

里簡・J1(9)6 背:以洞庭司馬印行事

里簡・J1(9)7 背:以洞庭司馬印行事

里簡・J1(9)8 背:以洞庭司馬印行事

里簡・J1(9)9 背:以洞庭司馬印行事

里簡・J1(9)10 背:以洞庭司馬印行事

帛書・病方・88:以葪(芥)印其中顛

集證・181. 705:趙相如印

秦印編 177:邦侯丞印

秦印編 178:工師之印

秦印編 179:郵印

秦印編 180:閔都君印

秦印編 177:昌武君印

秦印編 178:銍將粟印

秦印編 179:晉印

秦印編 180:李犅印

秦印編 177:右司空印

秦印編 178:陽平君印

秦印編 179:屬印

秦印編 180:趙癸印

秦印編 177:邦司馬印

秦印編 178:宜陽津印

秦印編 180:王季印

秦印編 177:樂平君印

秦印編 178:高陵鄉印

秦印編 179:公孫穀印

秦印編 180:和仲印

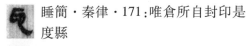

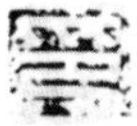
秦印編 177：襄陰丞印

秦印編 178：脩武庫印

秦印編 179：莊駘之印

秦印編 180：中官丞印

秦印編 177：中司馬印

秦印編 178：左田之印

秦印編 179：快印

秦印編 180：安臺丞印

秦印編 177：中郎監印

秦印編 178：右公田印

秦印編 179：橋砮家印

秦印編 180：西平鄉印

秦印編 177：右司空印

秦印編 178：宜野鄉印

秦印編 179：杜殷周印

秦印編 180：宦者丞印

秦印編 177：槫邑尉印

秦印編 178：脩故亭印

秦印編 179：李快印

秦印編 180：中羞丞印

秦印編 177：右褐府印

秦印編 178：安平鄉印

秦印編 179：狐弟印

秦印編 180：咸陽丞印

秦印編 177：冀丞之印

秦印編 178：櫟陽鄉印

秦印編 179：兢印

秦印編 180：昌陽丞印

秦印編 177：弄狗廚印

秦印編 178：長平鄉印

秦印編 179：眉印

秦印編 180：廷陵之印

秦印編 177：字丞之印

秦印編 178：官田丞印

秦印編 179：顡印

秦印編 180：樂府丞印

秦印編 177：彭城丞印

秦印編 178：公主田印

秦印編 179：肆印

秦印編 180：樂安丞印

秦印編 177：邦司馬印

秦印編 178：北私庫印

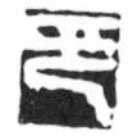
秦印編 179：李印

秦印編 180：清鄉之印

秦印編 177：南郡侯印

秦印編 178：安陽鄉印

秦印編 179：應衆私印

秦印編 180：魯丞之印

秦印編 177：代馬丞印

秦印編 178：召亭之印

秦印編 179：□印

秦印編 180：白水鄉印

秦印編 178：廄田倉印

秦印編 179：私印

秦印編 180：中府之印

秦印編 178：樂成丞印

秦印編 179：私印

秦印編 180：杜丞之印

秦印編 178：蜀邸倉印

秦印編 179：鬓印

秦印編 180：城陽侯印

秦印編 178：北鄉之印

秦印編 179：子廚私印

秦印編 180：□尉丞印

秦印編 178：南池里印

秦印編 179：離印

秦印編 180：左田之印

秦印編 178：安民正印

秦印編 179：瘳印

秦印編 180：特庫丞印

秦印編 178：傳舍之印

秦印編 179：離印

秦印編 180：謁者之印

秦印編 178：□昌里印

秦印編 179：顡印

秦印編 180：庫印

 秦印編 178:浮水印

 秦印編 179:干招印

 秦印編 180:浮水印

 秦印編 178:亭印

 秦印編 179:私印

 秦印編 180:公印

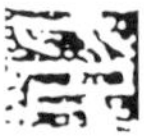 秦印編 178:池印

 秦印編 179:宋試之印

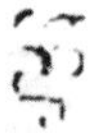 秦印編 180:祝印

 秦印編 178:市印

 秦印編 179:高成之印

 秦印編 178:邦印

 秦印編 179:吾印

 秦印編 178:園印

 秦印編 179:文仁印

 秦印編 178:庫印

 秦印編 179:頌印

 秦印編 178:廄印

 秦印編 179:湯印

 秦印編 178:廄印

 秦印編 179:慶印

 秦印編 178:北印

 秦印編 179:息家印

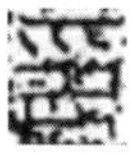 封泥集 107・1:左丞相印

 封泥集 108・1:右丞相印

 封泥集 108・2:右丞相印

 封泥集 108・3:右丞相印

 封泥集 108・4:右丞相印

 封泥集 108・5:右丞相印

 封泥集 108・6:右丞相印

 封泥集 108・8:右丞相印

 封泥集 109・2:御史之印

 封泥集 110・3:祝印

 封泥集 111・2:泰醫丞印

 封泥集 111・3:泰醫丞印

 封泥集 111・4:泰醫丞印

 封泥集 111・8:泰醫丞印

 封泥集 112・1:都水丞印

封泥集 112・1:大醫丞印

封泥集 112・4:都水丞印

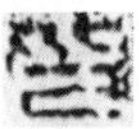
封泥集 113・4:郎中丞印

封泥集 113・10:郎中丞印

封泥集 113・11:郎中丞印

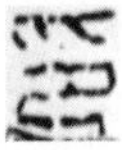
封泥集 113・12:郎中丞印

封泥集 113・13:郎中丞印

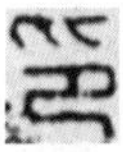
封泥集 114・14:郎中丞印

封泥集 114・15:郎中丞印

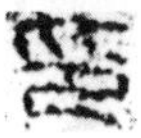
封泥集 115・1:謁者之印

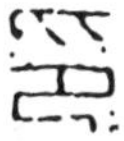
封泥集 115・2:謁者之印

封泥集 121・1:[廷]尉之印

封泥集 121・1:騎馬丞印

封泥集 124・1:宮司空印

封泥集 124・2:宮司空印

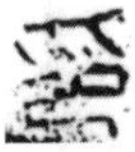
封泥集 127・1:泰倉丞印

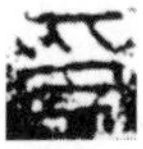
封泥集 127・3:泰倉丞印

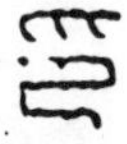
封泥集 134・1:大官丞印

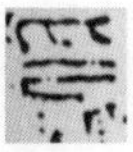
封泥集 135・2:泰官庫印

封泥集 135・7:泰官丞印

封泥集 135・8:泰官丞印

封泥集 135・9:泰官丞印

封泥集 137・1:樂府丞印

封泥集 137・2:樂府丞印

封泥集 137・3:樂府丞印

封泥集 137・4:樂府丞印

封泥集 137・5:樂府丞印

封泥集 137・6:樂府丞印

封泥集 137・8:樂府丞印

封泥集 137・10:樂府丞印

封泥集 137・11:樂府丞印

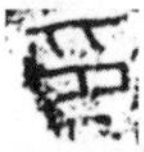
封泥集 137・12:樂府丞印

封泥集 137・13:樂府丞印

封泥集 137・15:樂府丞印

封泥集 137・16:樂府丞印

封泥集 137・17:樂府丞印

封泥集 138・21:樂府丞印

封泥集 138・23:樂府丞印

 封泥集 139・1：左樂丞印

 封泥集 139・4：左樂丞印

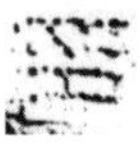 封泥集 139・5：左樂丞印

 封泥集 139・7：左樂丞印

 封泥集 139・8：左樂丞印

 封泥集 139・9：左樂丞印

 封泥集 139・10：左樂丞印

 封泥集 139・11：左樂丞印

 封泥集 140・1：佐弋丞印

 封泥集 140・2：佐弋丞印

 封泥集 141・1：居室丞印

 封泥集 141・2：居室丞印

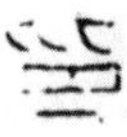 封泥集 141・3：居室丞印

 封泥集 141・4：居室丞印

 封泥集 141・5：居室丞印

 封泥集 142・9：居室丞印

 封泥集 142・10：居室丞印

 封泥集 142・12：居室丞印

 封泥集 142・13：居室丞印

 封泥集 142・14：居室丞印

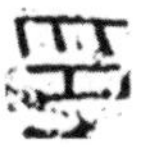 封泥集 142・15：居室丞印

 封泥集 142・18：居室丞印

 封泥集 142・19：居室丞印

 封泥集 142・20：居室丞印

 封泥集 142・23：居室丞印

 封泥集 142・24：居室丞印

 封泥集 142・25：居室丞印

 封泥集 142・26：居室丞印

 封泥集 142・28：居室丞印

 封泥集 143・29：居室丞印

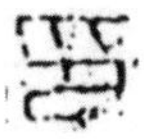 封泥集 143・35：居室丞印

 封泥集 143・36：居室丞印

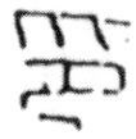 封泥集 143・37：居室丞印

 封泥集 143・38：居室丞印

 封泥集 146・1：左司空印

 封泥集 147・1：御府丞印

 封泥集 147・1：御府之印

 封泥集 147・2：御府丞印

封泥集 147·3:御府丞印

封泥集 147·7:御府丞印

封泥集 147·8:御府丞印

封泥集 148·9:御府丞印

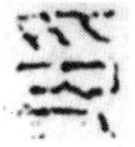封泥集 148·10:御府丞印

封泥集 148·11:御府丞印

封泥集 148·12:御府丞印

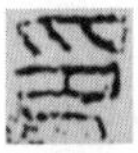封泥集 148·13:御府丞印

封泥集 148·14:御府丞印

封泥集 148·15:御府丞印

封泥集 148·16:御府丞印

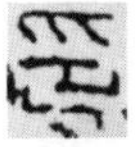封泥集 148·18:御府丞印

封泥集 148·21:御府丞印

封泥集 148·22:御府丞印

封泥集 148·23:御府丞印

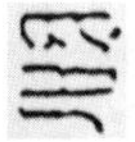封泥集 149·1:永巷丞印

封泥集 149·2:永巷丞印

封泥集 150·1:永巷丞印

封泥集 150·2:永巷丞印

封泥集 150·3:永巷丞印

封泥集 152·1:宦者丞印

封泥集 152·2:宦者丞印

封泥集 152·3:宦者丞印

封泥集 153·4:宦者丞印

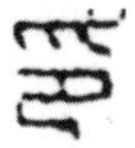封泥集 153·5:宦者丞印

封泥集 153·6:宦者丞印

封泥集 153·7:宦者丞印

封泥集 153·8:宦者丞印

封泥集 153·9:宦者丞印

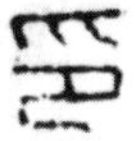封泥集 153·10:宦者丞印

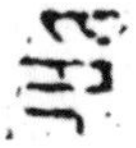封泥集 153·11:宦者丞印

封泥集 153·13:宦者丞印

封泥集 153·14:宦者丞印

封泥集 153·15:宦者丞印

封泥集 153·18:宦者丞印

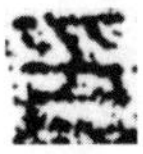封泥集 153·19:宦者丞印

封泥集 153·21:宦者丞印

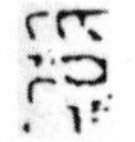封泥集 153·22:宦者丞印

 封泥集 153・23:宦者丞印

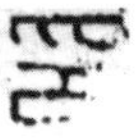 封泥集 154・1:宦走丞印

 封泥集 154・24:宦者丞印

 封泥集 155・1:郡左邸印

 封泥集 155・2:郡左邸印

 封泥集 155・4:郡左邸印

 封泥集 155・6:郡左邸印

 封泥集 155・8:郡左邸印

 封泥集 155・9:郡左邸印

 封泥集 155・10:郡左邸印

 封泥集 155・11:郡左邸印

 封泥集 155・12:郡左邸印

 封泥集 155・13:郡左邸印

 封泥集 156・1:郡右邸印

 封泥集 156・2:郡右邸印

 封泥集 156・3:郡右邸印

 封泥集 156・4:郡右邸印

 封泥集 156・6:郡右邸印

 封泥集 156・7:郡右邸印

 封泥集 156・8:郡右邸印

 封泥集 156・10:郡右邸印

 封泥集 156・11:郡右邸印

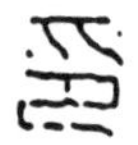 封泥集 156・12:郡右邸印

 封泥集 156・13:郡右邸印

 封泥集 157・14:郡右邸印

 封泥集 157・15:郡右邸印

 封泥集 157・16:郡右邸印

 封泥集 157・17:郡右邸印

 封泥集 157・18:郡右邸印

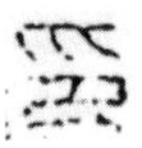 封泥集 157・19:郡右邸印

 封泥集 157・21:郡右邸印

 封泥集 157・22:郡右邸印

 封泥集 157・25:郡右邸印

 封泥集 157・26:郡右邸印

 封泥集 157・27:郡右邸印

 封泥集 157・29:郡右邸印

 封泥集 157・30:郡右邸印

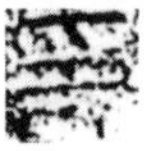 封泥集 158・1:內官丞印

封泥集 158・2:内官丞印

封泥集 158・5:内官丞印

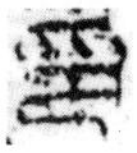封泥集 158・6:内官丞印

封泥集 158・7:内官丞印

封泥集 158・11:内官丞印

封泥集 159・14:内官丞印

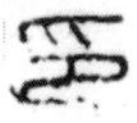封泥集 159・15:内官丞印

封泥集 159・17:内官丞印

封泥集 159・18:内官丞印

封泥集 159・20:内官丞印

封泥集 161・2:尚浴府印

封泥集 163・1:御羞丞印

封泥集 163・3:御羞丞印

封泥集 163・4:御羞丞印

封泥集 163・5:御羞丞印

封泥集 163・6:御羞丞印

封泥集 163・8:御羞丞印

封泥集 163・9:御羞丞印

封泥集 164・1:中羞丞印

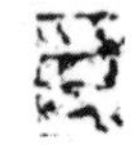封泥集 164・2:中羞丞印

封泥集 164・4:中羞丞印

封泥集 164・6:中羞丞印

封泥集 164・7:中羞丞印

封泥集 164・8:中羞丞印

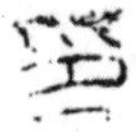封泥集 165・9:中羞丞印

封泥集 165・10:中羞丞印

封泥集 165・11:中羞丞印

封泥集 165・15:中羞丞印

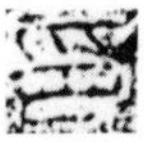封泥集 165・16:中羞丞印

封泥集 165・17:中羞丞印

封泥集 165・18:中羞丞印

封泥集 165・20:中羞丞印

封泥集 165・21:中羞丞印

封泥集 165・22:中羞丞印

封泥集 166・1:中羞府印

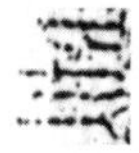封泥集 166・2:中羞府印

封泥集 167・2:寺工之印

封泥集 168・1:寺工丞印

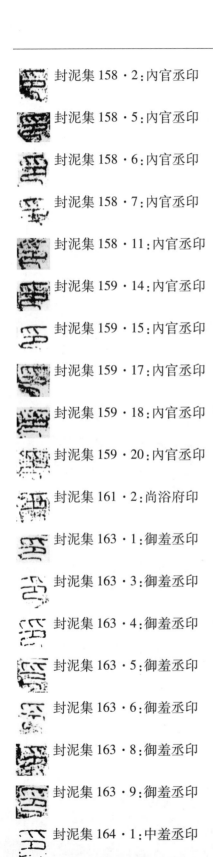

 封泥集 168・2:寺工丞印

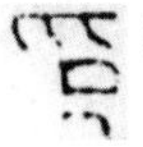 封泥集 168・3:寺工丞印

 封泥集 168・4:寺工丞印

 封泥集 168・5:寺工丞印

 封泥集 168・6:寺工丞印

 封泥集 168・7:寺工丞印

 封泥集 168・10:寺工丞印

 封泥集 168・13:寺工丞印

 封泥集 168・14:寺工丞印

 封泥集 168・16:寺工丞印

 封泥集 169・2:寺工丞印

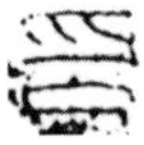 封泥集 170・1:寺從丞印

 封泥集 170・2:寺從丞印

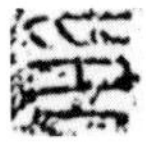 封泥集 170・3:寺從丞印

 封泥集 170・6:寺從丞印

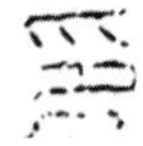 封泥集 170・7:寺從丞印

 封泥集 170・10:寺從丞印

 封泥集 170・11:寺從丞印

 封泥集 170・12:寺從丞印

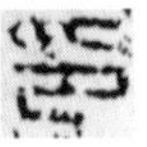 封泥集 171・1:寺車丞印

 封泥集 171・2:寺車丞印

 封泥集 171・3:寺車丞印

 封泥集 171・14:寺從丞印

 封泥集 171・15:寺從丞印

 封泥集 171・16:寺從丞印

 封泥集 171・17:寺從丞印

 封泥集 171・18:寺從丞印

 封泥集 171・19:寺從丞印

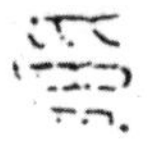 封泥集 171・20:寺從丞印

 封泥集 171・23:寺從丞印

 封泥集 172・1:中尉之印

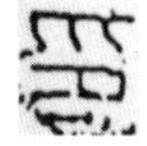 封泥集 172・3:中尉之印

 封泥集 172・4:寺車丞印

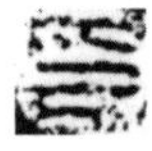 封泥集 172・5:寺車丞印

 封泥集 172・6:寺車丞印

 封泥集 173・1:武庫丞印

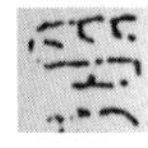 封泥集 173・2:武庫丞印

 封泥集 174・2:都船丞印

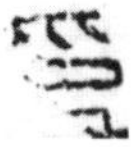 封泥集 174 · 3:都船丞印

 封泥集 174 · 7:都船丞印

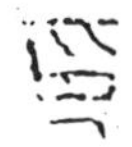 封泥集 175 · 1:泰匠丞印

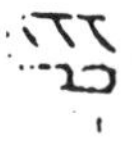 封泥集 175 · 3:泰匠丞印

 封泥集 175 · 4:泰匠丞印

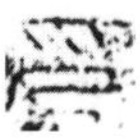 封泥集 175 · 5:泰匠丞印

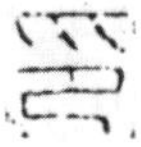 封泥集 175 · 6:泰匠丞印

 封泥集 175 · 7:泰匠丞印

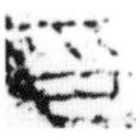 封泥集 175 · 8:泰匠丞印

 封泥集 175 · 9:泰匠丞印

 封泥集 175 · 10:泰匠丞印

 封泥集 175 · 11:泰匠丞印

 封泥集 175 · 12:泰匠丞印

 封泥集 175 · 13:泰匠丞印

 封泥集 175 · 14:泰匠丞印

 封泥集 176 · 1:私府丞印

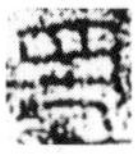 封泥集 176 · 1:中府丞印

 封泥集 176 · 2:私府丞印

 封泥集 176 · 2:中府丞印

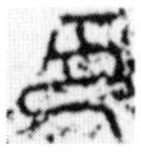 封泥集 176 · 3:中府丞印

 封泥集 177 · 1:中官丞印

 封泥集 177 · 2:中官丞印

 封泥集 177 · 3:中官丞印

 封泥集 177 · 4:中府丞印

 封泥集 177 · 5:中府丞印

 封泥集 177 · 8:中府丞印

 封泥集 177 · 9:中府丞印

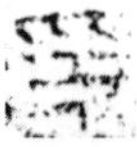 封泥集 178 · 4:中官丞印

 封泥集 178 · 5:中官丞印

 封泥集 178 · 6:中官丞印

 封泥集 178 · 12:中官丞印

 封泥集 179 · 1:私官丞印

 封泥集 179 · 2:私官丞印

 封泥集 180 · 1:内史之印

 封泥集 180 · 2:内史之印

 封泥集 180 · 4:内史之印

 封泥集 184 · 2:泰廄丞印

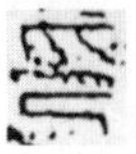 封泥集 185 · 1:章廄丞印

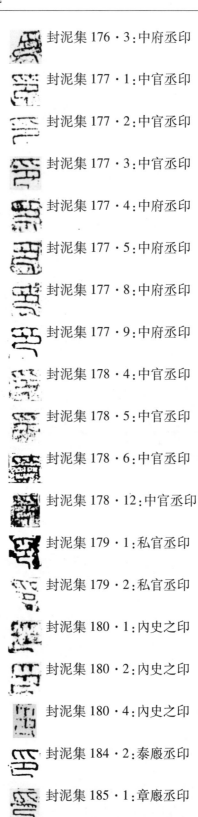

封泥集 185·2:章廄丞印

封泥集 185·3:章廄丞印

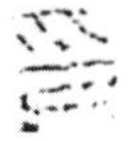
封泥集 185·4:章廄丞印

封泥集 185·5:章廄丞印

封泥集 185·6:章廄丞印

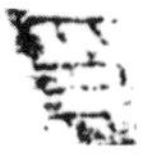
封泥集 185·10:章廄丞印

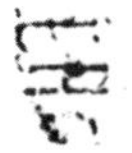
封泥集 185·12:章廄丞印

封泥集 185·13:章廄丞印

封泥集 186·1:宮廄丞印

封泥集 186·2:宮廄丞印

封泥集 186·5:宮廄丞印

封泥集 186·6:宮廄丞印

封泥集 186·7:宮廄丞印

封泥集 187·9:宮廄丞印

封泥集 187·10:宮廄丞印

封泥集 188·1:中廄丞印

封泥集 188·2:中廄丞印

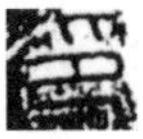
封泥集 188·3:中廄丞印

封泥集 188·4:中廄丞印

封泥集 188·5:中廄丞印

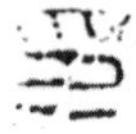
封泥集 188·7:中廄丞印

封泥集 188·8:中廄丞印

封泥集 188·9:中廄丞印

封泥集 188·10:中廄丞印

封泥集 188·11:中廄丞印

封泥集 188·12:中廄丞印

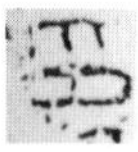
封泥集 188·13:中廄丞印

封泥集 189·14:中廄丞印

封泥集 189·17:中廄丞印

封泥集 189·18:中廄丞印

封泥集 189·19:中廄丞印

封泥集 189·20:中廄丞印

封泥集 189·22:中廄丞印

封泥集 189·27:中廄丞印

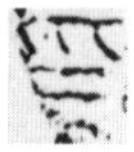
封泥集 189·29:中廄丞印

封泥集 189·30:中廄丞印

封泥集 189·31:中廄丞印

封泥集 189·33:中廄丞印

封泥集 190・34:中廄丞印

封泥集 192・3:左廄丞印

封泥集 193・1:右廄丞印

封泥集 193・2:右廄丞印

封泥集 193・4:右廄丞印

封泥集 193・5:右廄丞印

封泥集 194・1:小廄丞印

封泥集 194・2:小廄丞印

封泥集 194・3:小廄丞印

封泥集 194・6:小廄丞印

封泥集 194・9:小廄丞印

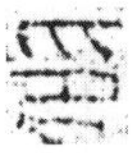
封泥集 194・10:小廄丞印

封泥集 194・11:小廄丞印

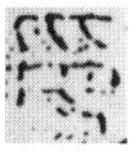
封泥集 194・14:小廄丞印

封泥集 197・1:下廄丞印

封泥集 198・1:騶丞之印

封泥集 198・2:騶丞之印

封泥集 198・3:騶丞之印

封泥集 201・1:萯陽宮印

封泥集 202・1:華陽丞印

封泥集 202・2:華陽丞印

封泥集 202・3:華陽丞印

封泥集 202・4:華陽丞印

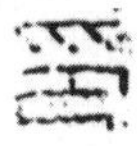
封泥集 202・5:華陽丞印

封泥集 202・6:華陽丞印

封泥集 202・9:華陽丞印

封泥集 202・10:華陽丞印

封泥集 212・1:安臺丞印

封泥集 212・2:安臺丞印

封泥集 212・3:安臺丞印

封泥集 212・4:安臺丞印

封泥集 212・5:安臺丞印

封泥集 212・6:安臺丞印

封泥集 212・8:安臺丞印

封泥集 212・9:安臺丞印

封泥集 212・10:安臺丞印

封泥集 212・11:安臺丞印

封泥集 212・12:安臺丞印

 封泥集 212·13:安臺丞印

 封泥集 212·14:安臺丞印

 封泥集 212·15:安臺丞印

 封泥集 212·16:安臺丞印

 封泥集 212·17:安臺丞印

 封泥集 213·20:安臺丞印

 封泥集 213·22:安臺丞印

 封泥集 213·25:安臺丞印

 封泥集 214·1:東苑丞印

 封泥集 219·1:詔事丞印

 封泥集 219·1:詔事之印

 封泥集 219·2:詔事丞印

 封泥集 220·4:詔事丞印

 封泥集 220·6:詔事丞印

 封泥集 221·1:特庫之印

 封泥集 221·2:特庫之印

 封泥集 222·6:特庫丞印

 封泥集 222·7:特庫丞印

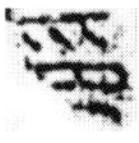 封泥集 224·1:官臣丞印

 封泥集 224·4:官臣丞印

 封泥集 224·5:官臣丞印

 封泥集 224·6:官臣丞印

 封泥集 225·1:走士丞印

 封泥集 225·2:走士丞印

 封泥集 225·4:走士丞印

 封泥集 229·3:弄陰御印

 封泥集 230·1:都田之印

 封泥集 230·1:左田之印

 封泥集 231·1:走翟丞印

 封泥集 231·2:走翟丞印

 封泥集 232·1:方輿丞印

 封泥集 232·5:走翟丞印

 封泥集 233·1:奴盧之印

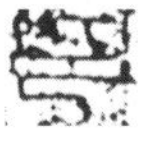 封泥集 237·1:橘印

 封泥集 238·1:容趨丞印

 封泥集 238·1:吳炊之印

 封泥集 238·2:容趨丞印

 封泥集 238·3:容趨丞印

封泥集 239・1:公印

封泥集 240・1:府印

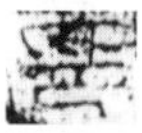
封泥集 242・1:咸陽丞印

封泥集 242・2:咸陽丞印

封泥集 242・3:咸陽丞印

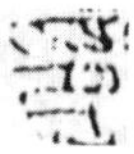
封泥集 242・6:咸陽丞印

封泥集 242・7:咸陽丞印

封泥集 242・10:咸陽丞印

封泥集 242・11:咸陽丞印

封泥集 243・16:咸陽丞印

封泥集 243・17:咸陽丞印

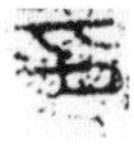
封泥集 243・19:咸陽丞印

封泥集 243・23:咸陽丞印

封泥集 243・24:咸陽丞印

封泥集 243・25:咸陽丞印

封泥集 243・26:咸陽丞印

封泥集 243・28:咸陽丞印

封泥集 243・29:咸陽丞印

封泥集 243・30:咸陽丞印

封泥集 243・31:咸陽丞印

封泥集 246・1:西采金印

封泥集 246・2:西采金印

封泥集 247・4:雝(雍)丞之印

封泥集 251・1:參川尉印

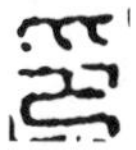
封泥集 254・1:九江守印

封泥集 258・1:潦(遼)東守印

封泥集 259・1:代馬丞印

封泥集 259・2:代馬丞印

封泥集 259・3:代馬丞印

封泥集 259・4:代馬丞印

封泥集 259・5:代馬丞印

封泥集 261・1:齊中尉印

封泥集 262・1:齊左尉印

封泥集 264・1:琅邪候印

封泥集 272・1:蘱陽丞印

封泥集 273・2:重泉丞印

封泥集 274・1:下邽丞印

封泥集 274・3:高陵丞印

封泥集 274・6:高陵丞印

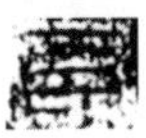
封泥集 275・2:藍田丞印

封泥集 276・1:杜丞之印

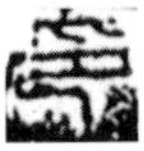
封泥集 276・5:杜丞之印

封泥集 276・6:杜丞之印

封泥集 276・7:杜丞之印

封泥集 277・1:茝陽丞印

封泥集 277・3:茝陽丞印

封泥集 277・4:茝陽丞印

封泥集 278・1:雲陽丞印

封泥集 278・2:雲陽丞印

封泥集 278・3:雲陽丞印

封泥集 279・1:廢丘丞印

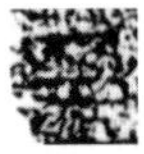
封泥集 279・2:廢丘丞印

封泥集 279・3:廢丘丞印

封泥集 279・6:廢丘丞印

封泥集 279・8:廢丘丞印

封泥集 280・1:斄丞之印

封泥集 280・3:斄丞之印

封泥集 280・4:斄丞之印

封泥集 281・1:臨晉丞印

封泥集 281・2:臨晉丞印

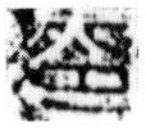
封泥集 283・1:鄜丞之印

封泥集 283・1:衙丞之印

封泥集 285・2:商丞之印

封泥集 285・3:商丞之印

封泥集 287・1:翟導丞印

封泥集 288・1:卷丞之印

封泥集 289・1:懷令之印

封泥集 290・1:建陵丞印

封泥集 290・1:蘭陵丞印

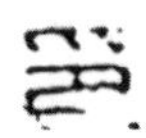
封泥集 291・1:丞(承)丞之印

封泥集 291・1:游陽丞印

封泥集 291・2:丞(承)丞之印

封泥集 292・1:魯丞之印

封泥集 293・1:任城丞印

封泥集 293・1:薛丞之印

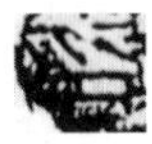
封泥集 294・1:無鹽丞印

封泥集 294・1:葉丞之印

封泥集 295・1:鄧丞之印

封泥集 295・2:鄧丞之印

封泥集 296・1:樂成之印

封泥集 297・1:南鄭丞印

封泥集 298・1:西成丞印

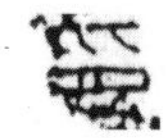
封泥集 299・1:定陶丞印

封泥集 299・1:濟陰丞印

封泥集 299・2:濟陰丞印

封泥集 299・3:濟陰丞印

封泥集 300・1:城陽侯印

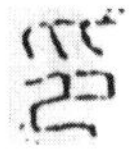
封泥集 300・1:吳丞之印

封泥集 300・2:城陽侯印

封泥集 301・1:烏呈之印

封泥集 302・1:芒丞之印

封泥集 303・1:襄城丞印

封泥集 303・1:潁陽丞印

封泥集 304・1:長平丞印

封泥集 304・1:女陰丞印

封泥集 305・1:南頓丞印

封泥集 305・2:南頓丞印

封泥集 306・1:女陽丞印

封泥集 306・1:陽安丞印

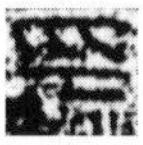
封泥集 306・2:女陽丞印

封泥集 308・1:賫丞之印

封泥集 308・1:廷陵丞印

封泥集 311・1:代丞之印

封泥集 311・1:當城丞印

封泥集 312・1:安邑丞印

封泥集 313・1:蒲反丞印

封泥集 314・1:傅陽丞印

封泥集 314・1:相丞之印

封泥集 315・1:蓍丞之印

封泥集 315・1:於陵丞印

封泥集 315・2:蓍丞之印

封泥集 315・3:蓍丞之印

封泥集 316・2:粱鄒丞印

封泥集 317・1:樂陵丞印

 封泥集 318・1:般陽丞印

 封泥集 318・2:般陽丞印

 封泥集 319・1:臨菑丞印

 封泥集 319・2:臨菑丞印

 封泥集 319・3:臨菑丞印

 封泥集 319・4:臨菑丞印

 封泥集 319・5:臨菑丞印

 封泥集 320・1:博昌丞印

 封泥集 321・1:狄城之印

 封泥集 322・1:樂安丞印

 封泥集 322・1:蓼城丞印

 封泥集 322・2:樂安丞印

 封泥集 322・3:樂安丞印

 封泥集 323・1:平壽丞印

 封泥集 323・2:平壽丞印

 封泥集 324・1:東牟丞印

 封泥集 325・1:高陽丞印

 封泥集 326・1:黄丞之印

 封泥集 326・1:即墨丞印

 封泥集 326・3:即墨丞印

 封泥集 326・4:即墨丞印

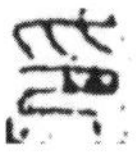 封泥集 326・5:即墨丞印

 封泥集 327・1:腄丞之印

 封泥集 328・1:都昌丞印

 封泥集 328・1:高密丞印

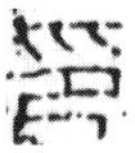 封泥集 329・1:下密丞印

 封泥集 329・1:夜丞之印

 封泥集 330・1:昌陽丞印

 封泥集 330・1:岐丞之印

 封泥集 331・1:橘邑丞印

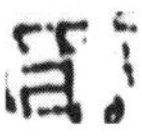 封泥集 331・1:盧丘丞印

 封泥集 333・1:都鄉之印

 封泥集 333・2:都鄉之印

 封泥集 333・3:都鄉之印

 封泥集 334・4:都鄉之印

 封泥集 336・1:右鄉之印

 封泥集 338・2:西鄉之印

 封泥集 338・3:西鄉之印

 封泥集 338・4:西鄉之印

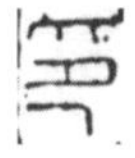 封泥集 338・5:西鄉之印

 封泥集 342・1:安鄉之印

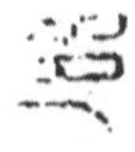 封泥集 342・2:安鄉之印

 封泥集 342・3:安鄉之印

 封泥集 342・4:安鄉之印

 封泥集 346・1:拔鄉之印

 封泥集 346・1:休鄉之印

 封泥集 346・2:休鄉之印

 封泥集 346・3:休鄉之印

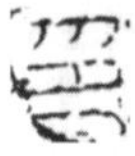 封泥集 348・1:請鄉之印

 封泥集 349・1:安國鄉印

 封泥集 350・1:廣陵鄉印

 封泥集 350・2:廣陵鄉印

 封泥集 351・1:勮里鄉印

 封泥集 351・1:信安鄉印

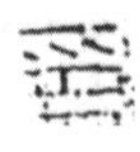 封泥集 351・2:勮里鄉印

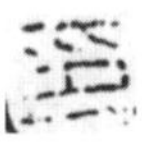 封泥集 351・3:勮里鄉印

 封泥集 351・3:信安鄉印

 封泥集 352・1:朝陽鄉印

 封泥集 352・1:廣文鄉印

 封泥集 352・2:朝陽鄉印

 封泥集 352・2:廣文鄉印

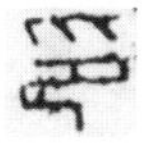 封泥集 352・3:廣文鄉印

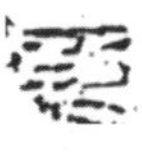 封泥集 353・1:平望鄉印

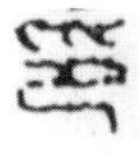 封泥集 353・1:新息鄉印

 封泥集 353・2:平望鄉印

 封泥集 353・3:平望鄉印

 封泥集 353・3:新息鄉印

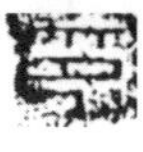 封泥集 354・1:白水鄉印

 封泥集 354・2:白水鄉印

 封泥集 354・3:白水鄉印

 封泥集 354・4:白水鄉印

 封泥集 354・4:平望鄉印

 封泥集 355・1:西昌鄉印

 封泥集 355・1:西平鄉印

 封泥集 355・2:西昌鄉印

 封泥集 355・2:西平鄉印

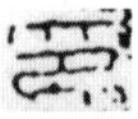
封泥集 355・3:西昌鄉印

封泥集 355・3:西平鄉印

封泥集 356・1:利居鄉印

封泥集 356・2:句莫鄉印

封泥集 356・2:利居鄉印

封泥集 356・3:句莫鄉印

封泥集 357・1:東閭鄉印

封泥集 357・2:東閭鄉印

封泥集 357・3:東閭鄉印

封泥集 357・5:東閭鄉印

封泥集 357・6:東閭鄉印

封泥集 357・7:東閭鄉印

封泥集 358・1:尚父鄉印

封泥集 358・1:郁狼鄉印

封泥集 358・2:尚父鄉印

封泥集 358・2:郁狼鄉印

封泥集 358・3:尚父鄉印

封泥集 358・3:郁狼鄉印

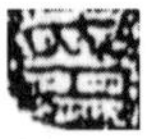
封泥集 359・1:滇郭鄉印

封泥集 360・2:南成鄉印

封泥集 360・2:陽夏鄉印

封泥集 360・3:南成鄉印

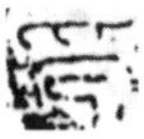
封泥集 361・1:南陽鄉印

封泥集 361・2:南陽鄉印

封泥集 361・3:南陽鄉印

封泥集 361・4:陽夏鄉印

封泥集 362・1:安平鄉印

封泥集 362・2:安平鄉印

封泥集 362・3:安平鄉印

封泥集 362・4:安平鄉印

封泥集 362・5:安平鄉印

封泥集 362・6:安平鄉印

封泥集 362・7:安平鄉印

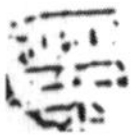
封泥集 362・10:安平鄉印

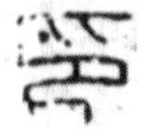
封泥集 364・1:咸陽亭印

封泥集 364・2:咸陽亭印

封泥集 274・1:高陵丞印

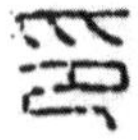
封泥集・附章 396・85:印

 封泥集・附章396・86:印

 封泥集・附章396・88:印

 封泥集・附章392・7:印

 封泥集・附章392・11:印

 封泥集・附章392・12:印

 封泥集・附章392・16:印

 封泥集・附章393・20:印

 封泥集・附章393・22:印

 封泥集・附章393・26:印

 封泥集・附章393・29:印

 封泥集・附章394・41:印

 封泥集・附章394・43:印

 封泥集・附章394・44:印

 封泥集・附章394・45:印

 封泥集・附章394・48:印

 封泥集・附章394・50:印

 封泥集・附章394・51:印

 封泥集・附章394・53:印

 封泥集・附章394・54:印

 封泥集・附章394・55:印

 封泥集・附章394・56:印

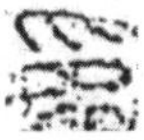 封泥集・附章394・57:印

 封泥集・附章394・58:印

 封泥集・附章395・60:印

 封泥集・附章395・65:印

 封泥集・附章395・69:印

 封泥集・附章395・71:印

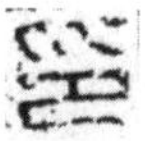 封泥集・附章395・73:印

 封泥集・附章395・74:印

 封泥集・附章396・82:印

 新封泥B・3.30:徐無丞印

 新封泥B・3.33:夷興丞印

 新封泥B・3.35:容趨丞印

 新封泥B・2.11:取慮丞印

 新封泥B・2.12:下相丞印

 新封泥B・3.2:櫟陽丞印

 新封泥B・3.4:河閒尉印

 新封泥B・3.5:麗邑丞印

 新封泥 B・3.13:盧氏丞印

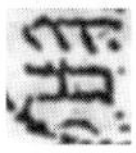 新封泥 B・3.14:軹丞之印

 新封泥 B・3.16:鄧印

 新封泥 B・3.18:壽春丞印

 新封泥 B・3.19:酇丞之印

 新封泥 B・3.20:新蔡丞印

 新封泥 B・3.25:下邑丞印

 新封泥 B・3.26:慎丞之印

 新封泥 B・3.29:長武丞印

 集證・160.437:走翟丞印

 集證・160.439:走士丞印

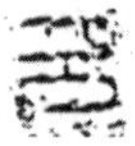 集證・160.440:吳炊之印

 集證・133.4:左丞相印

 集證・133.5:右丞相印

 集證・133.6:右丞相印

 集證・133.8:泰醫丞印

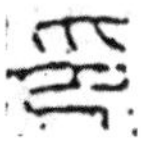 集證・133.9:泰醫丞印

 集證・133.11:祝印

 集證・134.18:永巷丞印

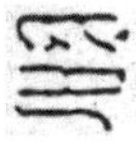 集證・134.19:永巷丞印

 集證・134.25:謁者□印

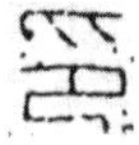 集證・134.26:謁者之印

 集證・134.28:宦者丞印

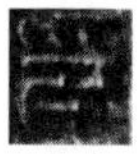 集證・134.29:宦者丞印

 集證・134.30:宦□丞印

 集證・135.38:佐弋丞印

 集證・135.41:中官丞印

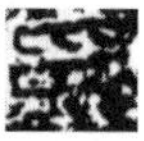 集證・135.45:尙衣府印

 集證・136.49:華陽丞印

 集證・136.54:居室丞印

 集證・136.55:居室丞印

 集證・136.56:居室丞印

 集證・136.58:大官丞印

 集證・136.59:內官丞印

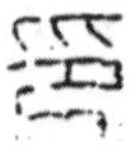 集證・136.63:御羞丞印

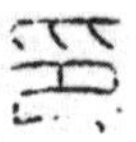 集證・137.65:中羞丞印

 集證・137.66:中羞丞印

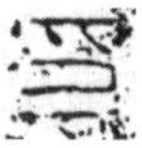 集證・137.67:中羞丞印

 集證・137.70:中羞府印

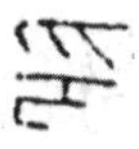 集證・137.72:弄陰御印

 集證・138.80:樂府丞印

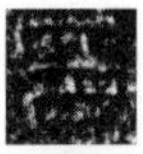 集證・138.81:樂府丞印

 集證・138.83:左樂丞印

 集證・138.84:左樂丞印

 集證・138.88:宮臣丞印

 集證・138.92:郎中丞印

 集證・138.93:郎中丞印

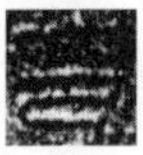 集證・139.101:寺從丞印

 集證・139.102:寺從丞印

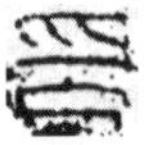 集證・139.103:寺從丞印

 集證・139.106:寺車丞印

 集證・139.107:寺車丞印

 集證・140.111:郡左邸印

 集證・140.113:郡右邸印

 集證・140.114:郡右邸印

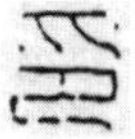 集證・140.115:郡右邸印

 集證・140.122:泰倉丞印

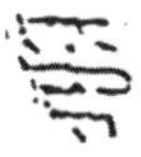 集證・141.129:西采金印

 集證・141.136:宮司空印

 集證・141.137:宮司空印

 集證・142.149:寺工丞印

 集證・142.155:詔事之印

 集證・142.156:詔事丞印

 集證・142.157:詔事丞印

 集證・143.158:泰匠丞印

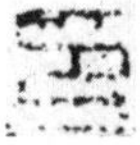 集證・143.161:□尉之印

 集證・143.162:中尉之印

 集證・143.170:都船丞印

 集證・143.173:御府丞印

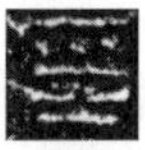 集證・144.174:御府丞印

 集證・144.175:御府丞印

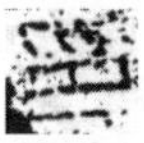 集證・144.176:御府之印

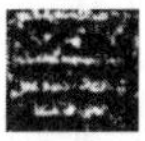 集證・144.177:御府之印

 集證・144.182:私府丞印

 集證・144.183:私府丞印

 集證・144.184:府印

 集證・144. 185：府印

 集證・145. 192：中府丞印

 集證・145. 193：中府丞印

 集證・145. 201：武庫丞印

 集證・145. 202：泰官庫印

 集證・145. 204：特庫之印

 集證・146. 210：章廄丞印

 集證・146. 211：章廄丞印

 集證・146. 212：宮廄丞印

 集證・146. 213：宮廄丞印

 集證・146. 218：中廄丞印

 集證・146. 219：中廄丞印

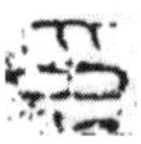 集證・146. 220：中廄丞印

 集證・147. 228：右廄丞印

 集證・147. 229：右廄丞印

 集證・147. 232：小廄丞印

 集證・147. 233：小廄丞印

 集證・147. 236：下廄[丞]印

 集證・148. 238：騎馬丞印

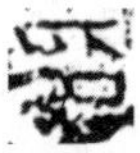 集證・148. 246：安臺丞印

 集證・148. 247：安臺丞印

 集證・148. 248：安臺丞印

 集證・148. 249：安臺丞印

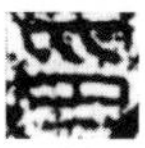 集證・148. 250：東苑丞印

 集證・149. 261：萯陽宮印

 集證・149. 266：左田之印

 集證・150. 270：官臣丞印

 集證・150. 281：都水丞印

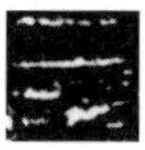 集證・150. 283：內史之印

 集證・150. 284：潦東守印

 集證・150. 285：九江守印

 集證・151. 286：太原守印

 集證・151. 292：參川尉印

 集證・151. 294：咸陽丞印

 集證・151. 297：杜丞之印

 集證・151. 298：杜丞之印

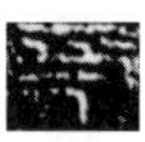 集證・151. 299：杜丞之印

 集證・152. 301：下邽丞印

集證・152.302:茝陽丞印

集證・152.303:茝陽丞印

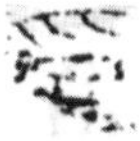集證・152.307:高陵丞印

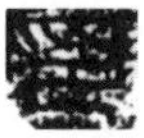集證・152.310:蘋陽丞印

集證・152.311:臨晉丞印

集證・152.312:臨晉丞印

集證・152.314:衙丞之印

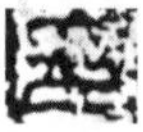集證・152.316:重泉丞印

集證・153.318:雲陽丞印

集證・153.320:斄丞之印

集證・153.321:美陽丞印

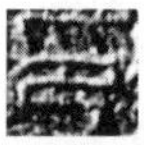集證・153.322:美陽丞印

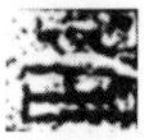集證・153.323:雍丞之印

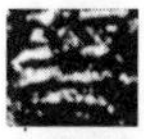集證・153.325:雍丞之印

集證・154.334:安邑丞印

集證・154.336:蒲反丞印

集證・154.337:高陽丞印

集證・154.339:葉丞之印

集證・154.340:鄧丞之印

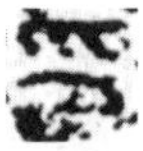集證・154.346:洛都丞印

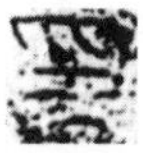集證・154.347:襄城丞印

集證・154.348:新城丞印

集證・155.349:潁陽丞印

集證・155.352:長平丞印

集證・155.353:南頓丞印

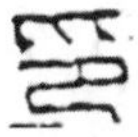集證・155.355:臨菑丞印

集證・155.356:臨菑丞印

集證・155.357:即墨丞印

集證・155.359:下密丞印

集證・155.360:高密丞印

集證・155.361:夜丞之印

集證・155.362:東牟丞印

集證・155.363:腄丞之印

集證・155.364:黄丞之印

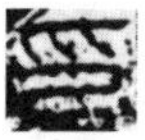集證・156.366:游陽丞印

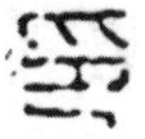集證・156.367:蘭陵丞印

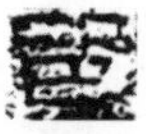集證・156.368:建陵丞印

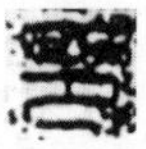集證・156.369:承丞之印

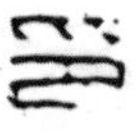
集證・156.370:承丞之印

集證・156.371:相丞之印

集證・156.374:南鄭丞印

集證・156.376:吳丞之印

集證・156.379:代馬丞印

集證・157.383:西共丞印

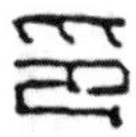
集證・157.384:魯丞之印

集證・157.385:魯丞之印

集證・157.386:騶丞之印

集證・157.387:騶丞之印

集證・157.388:任城丞印

集證・157.389:薛丞之印

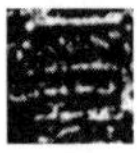
集證・157.391:般陽丞印

集證・157.392:般陽丞印

集證・157.393:梁鄒丞印

集證・157.394:濟陰丞印

集證・157.395:濟陰丞印

集證・157.396:定陶丞印

集證・158.397:都昌丞印

集證・159.414:咸陽亭印

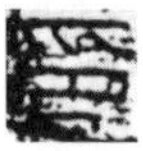
集證・160.436:□趨□丞

封泥印143:晦陵丞印

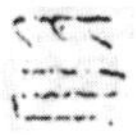
封泥印144:下邑丞印

封泥印149:陽印

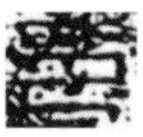
集證・160.441:奴盧之印

新封泥C・16.2:御府丞印

新封泥C・16.3:左樂丞印

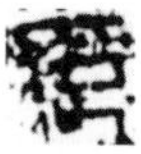
新封泥C・16.4:宮司空印

新封泥C・16.5:中官丞印

新封泥C・16.8:大內丞印

新封泥C・16.12:陽都船印

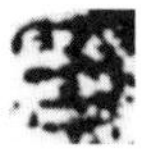
新封泥C・16.22:大倉丞印

新封泥C・16.25:邦騎尉印

新封泥C・16.26:走翟丞印

新封泥C・17.1:居室丞印

新封泥C・17.4:中府丞印

新封泥C・17.8:都水丞印

新封泥C・17.9:宮廄丞印

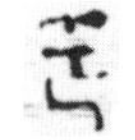
新封泥 C · 17. 10：祝印

新封泥 C · 17. 12：郎中丞印

新封泥 C · 17. 13：大官丞印

新封泥 C · 17. 14：御府丞印

新封泥 C · 17. 16：寺車府印

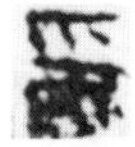
新封泥 C · 17. 23：宦者丞印

新封泥 C · 17. 24：郡右邸印

新封泥 C · 17. 25：咸陽丞印

新封泥 C · 18. 2：寺從丞印

新封泥 C · 18. 4：陽御弄印

新封泥 C · 18. 5：募人丞印

新封泥 C · 18. 7：私官丞印

新封泥 C · 18. 8：西丞之印

新封泥 C · 19. 2：右廄丞印

新封泥 C · 19. 3：桑林丞印

新封泥 C · 19. 5：壽陵丞印

新封泥 C · 19. 6：瀘丘丞印

新封泥 C · 19. 7：安臺丞印

新封泥 C · 19. 8：魯丞之印

新封泥 E · 2：都船丞印

新封泥 E · 3：寺車丞印

新封泥 E · 4：內官丞印

新封泥 E · 5：大倉丞印

新封泥 E · 8：車府丞印

新封泥 E · 10：大匠丞印

新封泥 E · 11：杜印

新封泥 E · 12：都杜廥印

新封泥 E · 16：官臣之印

新封泥 E · 17：桃枳丞印

新封泥 E · 19：大官丞印

封泥印 1：右丞相印

封泥印 1：左丞相印

封泥印 2：泰醫丞印

封泥印 2：祝印

封泥印 4：內史之印

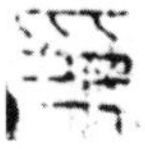
封泥印 5：雍祠丞印

封泥印 7：樂府丞印

封泥印 7：左樂丞印

 封泥印 9：厎柱丞印

 封泥印 9：都水丞印

 封泥印 10：郎中丞印

 封泥印 11：衛士丞印

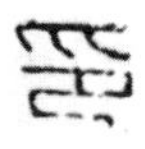 封泥印 11：衛士丞印

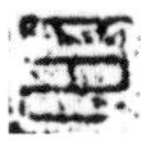 封泥印 13：騎馬丞印

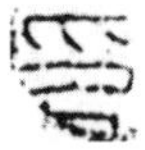 封泥印 14：都船丞印

 封泥印 14：章廄丞印

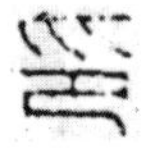 封泥印 15：宮廄丞印

 封泥印 16：中廄丞印

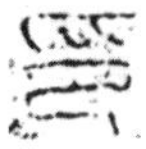 封泥印 17：中廄丞印

 封泥印 18：右廄丞印

 封泥印 19：小廄丞印

 封泥印 21：廷尉之印

 封泥印 22：郡左邸印

 封泥印 23：郡右邸印

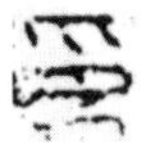 封泥印 26：泰內丞印

 封泥印 27：弩工室印

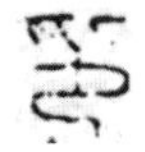 封泥印 29：采青丞印

 封泥印 30：西采金印

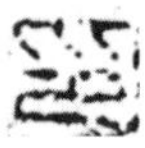 封泥印 31：尚臥倉印

 封泥印 31：泰倉丞印

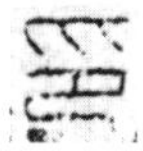 封泥印 35：泰官丞印

 封泥印 35：泰官庫印

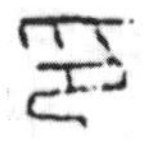 封泥印 36：居室丞印

 封泥印 36：佐弋丞印

 封泥印 37：左司空印

 封泥印 39：永巷丞印

 封泥印 40：內者府印

 封泥印 42：宦者丞印

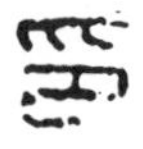 封泥印 43：宦走丞印

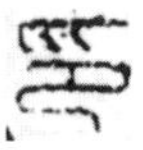 封泥印 43：內官丞印

 封泥印 44：私官丞印

 封泥印 46：尚寇〈冠〉府印

 封泥印 48：尚佩府印

 封泥印 48：御羞丞印

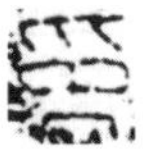 封泥印 49：中羞丞印

 封泥印 49：中羞府印

封泥印50:上林丞印

封泥印50:寺工之印

封泥印51:寺工丞印

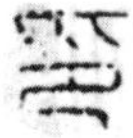
封泥印51:泰匠丞印

封泥印52:寺從丞印

封泥印53:寺車丞印

封泥印53:詔事丞印

封泥印54:狡士之印

封泥印54:中府丞印

封泥印56:私府丞印

封泥印56:中官丞印

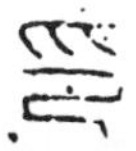
封泥印57:御府丞印

封泥印57:御府之印

封泥印58:東苑丞印

封泥印60:華陽禁印

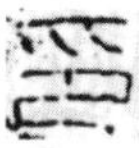
封泥印61:坼禁丞印

封泥印61:華陽丞印

封泥印67:安臺丞印

封泥印73:平阿禁印

封泥印74:桑林丞印

封泥印76:謁者之印

封泥印78:官臣丞印

封泥印79:陰御弄印

封泥印79:走士丞印

封泥印80:陽御弄印

封泥印81:府印

封泥印82:特庫丞印

封泥印82:特庫之印

封泥印83:中尉之印

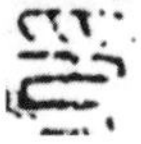
封泥印84:募人丞印

封泥印84:武庫丞印

封泥印85:□劍□印

封泥印85:宮司空印

封泥印87:□盧丞印

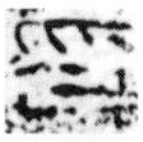
封泥印88:咸陽亭印

封泥印89:咸陽丞印

封泥印90:河間尉印

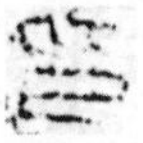
封泥印92:代馬丞印

封泥印 94:瀕陽丞印

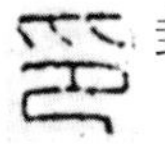
封泥印 95:寧秦丞印

封泥印 96:高陵丞印

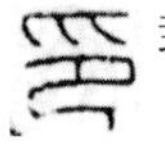
封泥印 96:下邽丞印

封泥印 97:櫟陽丞印

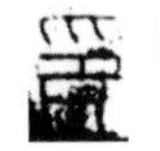
封泥印 98:酆印

封泥印 98:藍田丞印

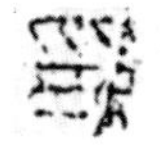
封泥印 99:茝陽丞印

封泥印 99:杜丞之印

封泥印 100:茝丞之印

封泥印 100:臨晉丞印

封泥印 101:翟道丞印

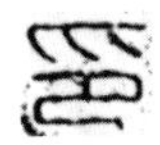
封泥印 104:廢丘丞印

封泥印 104:犛丞之印

封泥印 105:美陽丞印

封泥印 106:雝丞之印

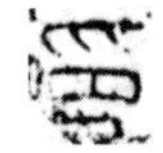
封泥印 106:雝工室印

封泥印 107:長武丞印

封泥印 108:好畤丞印

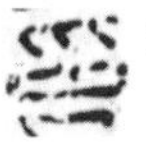
封泥印 108:商丞之印

封泥印 109:鄭丞之印

封泥印 110:安邑丞印

封泥印 110:盧氏丞印

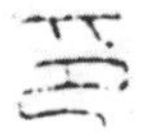
封泥印 111:雒陽丞印

封泥印 111:蒲反丞印

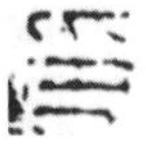
封泥印 112:浮陽丞印

封泥印 112:溫丞之印

封泥印 113:緱氏丞印

封泥印 114:長社丞印

封泥印 115:女陽丞印

封泥印 115:穎陽丞印

封泥印 116:新蔡丞印

封泥印 117:□頓□印

封泥印 117:慎丞之印

封泥印 118:游陽丞印

封泥印 119:西陵丞印

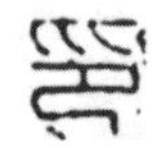
封泥印 120:承印

封泥印 120:相丞之印

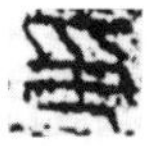
封泥印 121：壽春丞印

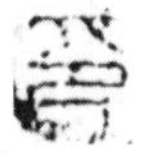
封泥印 122：曆陽丞印

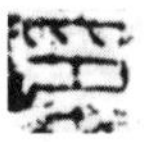
封泥印 123：略陽丞印

封泥印 123：南鄭丞印

封泥印 125：芒丞之印

封泥印 125：西共丞印

封泥印 127：任城丞印

封泥印 127：下相丞印

封泥印 128：徐丞之印

封泥印 129：郝丞□印

封泥印 131：溥道丞印

封泥印 132：般陽丞印

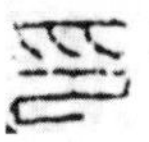
封泥印 132：濟陰丞印

封泥印 135：僮丞之印

封泥印 135：吳丞之印

封泥印 136：閬中丞印

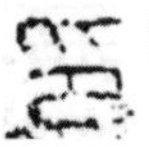
封泥印 137：陰密丞印

封泥印 138：夷興丞印

封泥印 139：平城丞印

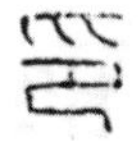
封泥印 139：徐無丞印

封泥印 140：呂丞之印

封泥印 142：安豐丞印

封泥印 142：彭城丞印

新封泥 A・4. 10：官臣之印

新封泥 A・4. 15：鄖采金印

新封泥 A・4. 20：磐桃支印

封泥印 151：鄧印

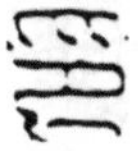
封泥印・附二 190：城陽侯印

封泥印・附二 191：琅邪候印

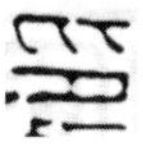
封泥印・附二 193：大官丞印

封泥印・附二 193：齊左尉印

封泥印・附二 194：三川尉印

封泥印・附二 194：太原守印

封泥印・附二 195：九江守印

封泥印・附二 196：潦東守印

封泥印・附二 200：衙丞之印

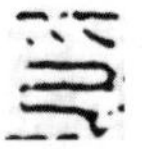
封泥印・附二 201：懷令之印

封泥印・附二 201：岐丞之印

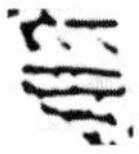 封泥印·附二 202:定陶丞印

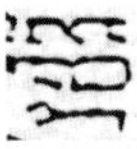 封泥印·附二 202:卷丞之印

 封泥印·附二 203:高陽丞印

 封泥印·附二 204:樂安丞印

 封泥印·附二 204:樂陵丞印

 封泥印·附二 205:博昌丞印

 封泥印·附二 206:傅陽丞印

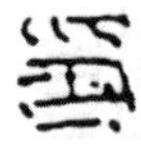 封泥印·附二 206:蓼城丞印

 封泥印·附二 207:梁鄒丞印

 封泥印·附二 207:於陵丞印

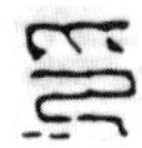 封泥印·附二 209:臨菑丞印

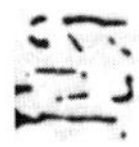 封泥印·附二 210:都昌丞印

 封泥印·附二 211:腄丞之印

 封泥印·附二 212:東牟丞印

 封泥印·附二 212:黄丞之印

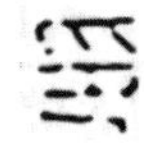 封泥印·附二 213:蘭陵丞印

 封泥印·附二 214:代丞之印

 封泥印·附二 217:即墨丞印

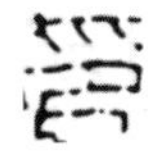 封泥印·附二 217:下密丞印

 封泥印·附二 218:高密丞印

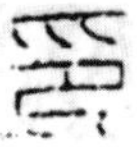 封泥印·待考 157:走翟丞印

 封泥印·待考 158:吳炊之印

 封泥印·待考 160:行平官印

 封泥印·待考 162:斬丞之印

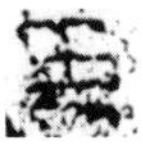 封泥印·待考 163:機之丞印

 新封泥 D·2:奉印

 新封泥 D·15:尚寇〈冠〉府印

 新封泥 D·16:尚劍府印

 新封泥 D·17:采青丞印

 新封泥 D·19:大府丞印

 新封泥 D·30:鼎胡苑印

 新封泥 D·33:坼禁丞印

 新封泥 D·35:行華官印

 新封泥 D·40:募人丞印

 新封泥 D·41:桑林丞印

 新封泥 D·42:底柱丞印

 新封泥 A·1. 2:邦騎尉印

 新封泥 A·1. 10:大匠丞印

新封泥 A · 1. 16:車府丞印

新封泥 A · 1. 17:寺車府印

新封泥 A · 1. 19:行車官印

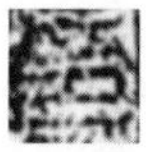新封泥 A · 1. 20:御廷府印

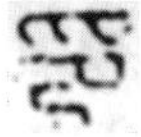新封泥 A · 2. 4:大府丞印

新封泥 A · 2. 7:大内丞印

新封泥 A · 3. 6:安台之印

新封泥 A · 3. 10:上林禁印

新封泥 A · 3. 12:平原禁印

新封泥 A · 3. 14:青莪禁印

新封泥 A · 3. 19:欒氏家印

新封泥 A · 4. 1:大尉之印

新封泥 A · 4. 4:都共丞印

新封泥 A · 4. 6:鐵官丞印

新封泥 A · 4. 7:行印

封泥集 · 附一 410:南池里印

封泥集 · 附一 410:脩故亭印

封泥集 · 附一 410:宜野鄉印

新封泥 A · 5. 2:觭印

封泥集 · 附一 399:御府丞印

封泥集 · 附一 400:北鄉之印

封泥集 · 附一 400:代馬丞印

封泥集 · 附一 400:雝丞之印

封泥集 · 附一 401:邦司馬印

封泥集 · 附一 401:北私庫印

封泥集 · 附一 401:蜀邸倉印

封泥集 · 附一 402. 1:右司空印

封泥集 · 附一 402. 2:右司空印

封泥集 · 附一 402:中司馬印

封泥集 · 附一 402:左田之印

封泥集 · 附一 403. 1:廄印

封泥集 · 附一 403. 2:廄印

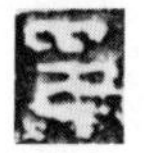封泥集 · 附一 403:傳舍之印

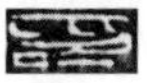封泥集 · 附一 404:庫印

封泥集 · 附一 404:弄狗廚印

封泥集 · 附一 404:亭印

封泥集 · 附一 405:長平鄉印

封泥集 · 附一 405:官田臣印

封泥集・附一 405:市印

封泥集・附一 405:脩武庫印

封泥集・附一 406:屬印

封泥集・附一 407:昌武君印

封泥集・附一 407:公主田印

封泥集・附一 407:南郡候印

封泥集・附一 408:池印

封泥集・附一 408:廄田倉印

封泥集・附一 408:浮水印

封泥集・附一 408:衛園邑印

封泥集・附一 408:郵印

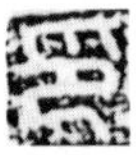
封泥集・附一 408:右公田印

封泥集・附一 408:右褐府印

封泥集・附一 408:銍粟將印

封泥集・附一 409:栒邑尉印

封泥集・附一 409:冀丞之印

封泥集・附一 409:郎中監印

封泥集・附一 409:宜陽津印

封泥集・附一 410:安民正印

封泥集・附一 410:安平鄉印

封泥集・附一 410:櫟陽鄉印

集證・175. 630:湯印

集證・176. 652:曼印

集證・180. 701:頌印

封泥集・附一 410:召亭之印

集證・137. 71:弄狗廚印

集證・139. 108:屬印

集證・140. 118:銍將粟印

集證・140. 124:蜀邸倉印

集證・140. 125:廄田倉印

集證・141. 132:右司空印

集證・141. 133:右司空印

集證・142. 145:工師之印

集證・142. 146:浮水印

集證・143. 163:邦司馬印

集證・143. 165:中司馬印

集證・143. 171:安民正印

集證・143. 172:御府丞印

集證・144. 186:北私庫印

集證・145. 195:右褐府印

集證・145. 205:脩武庫印

集證・148. 239:廏印

集證・148. 240:廏印

集證・148. 241:池印

集證・149. 269:官田臣印

集證・150. 272:右公田印

集證・150. 273:公主田印

集證・150. 276:宜陽津印

集證・150. 278:傳舍之印

集證・150. 279:郪印

集證・153. 324:雍丞之印

集證・153. 326:栒邑尉印

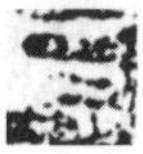
集證・154. 344:丕鄗尉印

集證・156. 377:冀丞之印

集證・156. 380:代馬丞印

集證・158. 400:櫟陽鄉印

集證・158. 401:安平鄉印

集證・158. 402:高陵鄉印

集證・158. 403:宜野鄉印

集證・158. 404:北鄉之印

集證・159. 416:脩故亭印

集證・159. 417:召亭之印

集證・159. 419:亭印

集證・159. 420:市印

集證・159. 425:昌武君印

集證・160. 430:南郡候印

集證・163. 484:和仲印

集證・164. 495:方將吉印

集證・167. 540:李快印

集證・169. 560:虎印

集證・170. 566:笸忪子印

集證・172. 592:眉印

2015  色 𢒼

睡簡・日甲・69 背:手黑色

睡簡・日甲・69 正:青色死

睡簡・日甲・78 背:盜者𢈀(彎)而黃色

睡簡・日甲・72 正:得之於黄色索魚、堇酉(酒)

睡簡・日甲・79 背:盜者赤色

睡簡・日甲・77 正:黑色死

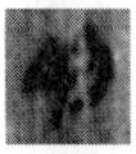睡簡・日甲・73 背:青赤色

睡簡・日甲・73 正:黄色死

睡簡・日甲・74 背:黄色

睡簡・日甲・74 正:得之犬肉、鮮卵白色

睡簡・日甲・75 正:白色死

睡簡・日甲・71 正:赤色死

睡簡・日甲・35 背:令人色柏(白)然毋(無)氣

睡簡・日乙・183:其人赤色

睡簡・日乙・184:人黄色

睡簡・日乙・166:把者精(青)色

睡簡・日乙・170:把者赤色

睡簡・日乙・178:把者白色

睡簡・日乙・172:把者[赤]色

睡簡・日乙・174:把者白色

睡簡・日乙・158:把者黑色

里簡・J1(8)156:遷陵守丞色下少内〖注〗色,人名。

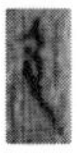里簡・J1(8)158 正:遷陵守丞色敢告酉陽丞

2016  卿

商鞅方升(秦銅・21):十八年齊遣卿大夫衆來聘。

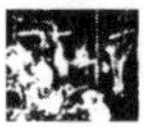莤陽鼎(集證・53):李卿〖注〗李卿,人名。〖編者按〗"卿、鄉"本一字分化,參看卷六鄉字條。

睡簡・日乙・248:必爲上卿

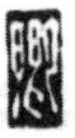秦印編 180:公孫卿

瓦書・郭子直摹:周天子使卿夫=(大夫)辰來致文武之酢(胙)〖注〗卿大夫,官名。

瓦書(秦陶・1610):周天子使卿夫=(大夫)辰來致文武之酢(胙)

2017  辟

秦公鎛鐘・摹(秦銅・16.3):咸畜百辟胤士〖注〗辟,官。

故宫藏秦子戈(集證・10):秦子乍(作)遣(造)中辟元用〖注〗辟,君,指作戈之秦君。

故宫藏秦子戈・摹(集證・10):秦子乍(作)遣(造)中辟元用

珍秦齋秦子戈(珍金・38):秦子乍(作)遣(造)左辟元用〖注〗辟,即官。左辟,指公族左將官帥。

珍秦齋秦子戈・摹(珍金・38):秦子乍(作)遣(造)左辟元用

秦懷后磬・摹:以□辟公〖注〗辟,君,諸侯。

會稽刻石・宋刻本:行爲辟方

睡簡・日乙・90：二月東辟（壁）廿七日

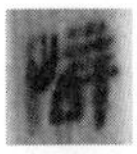睡簡・答問・96：且以辟皋〖注〗辟，罪。或說讀爲"避"。

睡簡・答問・96：以所辟皋皋之

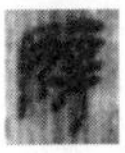睡簡・秦律・185：書廷辟有曰報〖注〗廷辟，疑指郡縣衙署關於徵召的文書。

睡簡・秦律・199：歲讎辟律于御史〖注〗辟律，刑律。

睡簡・日甲・81 正：東辟（壁）

睡簡・日甲・70 背：大辟（臂）臑而僂

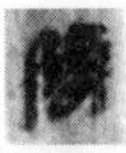睡簡・日甲・71 背：從以上辟（臂）臑梗

睡簡・日甲・71 背：大疵在辟（臂）

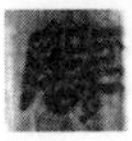睡簡・日甲・5 背：中秋奎、東辟（壁）

睡簡・日甲・121 正：辟門

睡簡・日甲・117 正：辟門

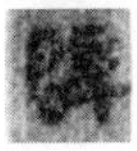睡簡・雜抄・4：不辟（避）席立〖注〗避席，下席站立，表示恭敬。

龍崗牘・正・摹：辟死論不當爲城旦〖注〗辟死，人名。胡平生說"辟"是墓主的名字。死，已死亡。

龍崗牘・正：沙羨丞甲、史丙免辟死爲庶人

關簡・144：東辟（壁）〖注〗東壁，二十八宿之一。

關簡・309：已腸辟〖注〗腸辟，也作"腸澼"，即痢疾。

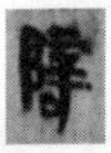關簡・368：腹毋辟（避）男女牝牡者

關簡・368：目毋辟（避）胡者

關簡・368：女毋辟（避）瞀暮=（暯暯）者

帛書・病方・108：靡（磨）又（疣）內辟（壁）二七

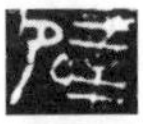集證・219.245：咸臣西辟〖注〗西辟，人名。

地圖注記・摹（地圖・5）：上辟磨

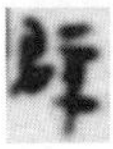地圖注記・摹（地圖・5）：下辟磨

2018　　甫

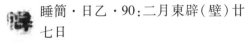

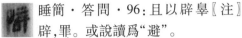

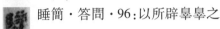

秦編鐘・乙鐘左篆部・摹（秦銅・11.7）：甫有四方〖注〗甫，典籍或作"敷、敷、溥"，徧布、廣及。或說讀爲"撫"。

秦鎛鐘・1 號鎛（秦銅・12.3）：甫有四方

秦鎛鐘・2 號鎛（秦銅・12.6）：甫有四方

秦鎛鐘・3 號鎛（秦銅・12.9）：甫有四方

秦公鎛鐘・摹（秦銅・16.4）：甫又（有）四方

2019　　旬 旬

旬陽壺（集證・57）：旬陽重七斤〖注〗旬陽，地名。

旬邑銅權（秦銅・132）：旬邑〖注〗旬邑，地名。

天簡 34・乙：甲辰旬申酉虛寅

睡簡・日乙・151：五月旬六日

睡簡・日乙・152：二旬

睡簡・日乙・151:二月旬四日

睡簡・日乙・151:九月二旬七日

睡簡・日乙・151:六月二旬四日

睡簡・答問・7:貲繇(徭)三旬

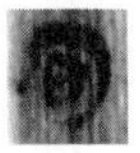睡簡・秦律・74:旬五日而止之

睡簡・秦律・13:賜牛長日三旬

睡簡・秦律・14:賜田典日旬

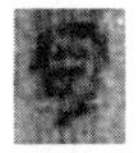睡簡・秦律・144:種時、治苗時各二旬

睡簡・秦律・115:過旬

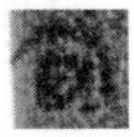睡簡・日甲・9背:甲寅之旬

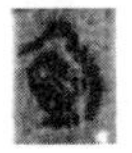睡簡・日甲・93背:入十一月二旬五日心

睡簡・日甲・128正:八月上旬巳

睡簡・日甲・128正:九月上旬寅

睡簡・日甲・128正:十二月上旬酉

睡簡・日甲・128正:十一月上旬辰

睡簡・日甲・128正:十月上旬未

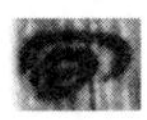睡簡・日甲・127正:二月上旬亥

睡簡・日甲・127正:六月上旬卯

睡簡・日甲・127正:七月上旬子

睡簡・日甲・127正:三月上旬申

睡簡・日甲・127正:四月上旬丑

睡簡・日甲・127正:毋以正月上旬午

睡簡・日甲・127正:五月上旬戌

睡簡・日甲・124背:二旬二日刺

睡簡・日甲・124背:旬六日毀

睡簡・日甲・138背:月中旬

睡簡・日乙・89:生子,旬死

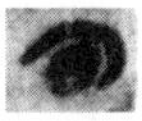睡簡・日乙・殘6:□二月□旬□

睡簡・日乙・98:入四月旬五日心

睡簡・日乙・99:入五月旬二日心

睡簡・日乙・46:旬六日毀

睡簡・日乙・45:入月六日、七日、八日、二旬二日皆知

睡簡・日乙・100:入六月旬心

睡簡・日乙・105:入十一月二旬五日心

睡簡・日乙・196:及入月旬八日皆大凶

睡簡・日乙・195:入月旬七日毀垣

睡簡・日乙・132:二月上旬亥

睡簡・日乙・132:三月上旬

睡簡・日乙・132:毋以正月上旬午

睡簡・日乙・133:八月上旬巳

睡簡・日乙・133:九月上旬寅

睡簡・日乙・133:六月上旬卯

睡簡・日乙・133:七月上旬子

睡簡・日乙・133:十一月上旬辰

睡簡・日乙・133:十月上旬未

睡簡・日乙・133:四月上旬丑

睡簡・日乙・133:五月上旬戌

睡簡・日乙・134:十二月上旬丑

睡簡・日乙・149:二月旬

睡簡・日乙・149:九月二旬七日

睡簡・日乙・149:六月二旬

睡簡・日乙・149:三月旬一日

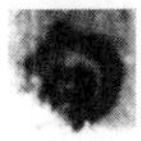睡簡・日乙・149:十二月二旬

睡簡・日乙・149:十一月旬

睡簡・日乙・149:十月旬

關簡・343:某有子三旬

關簡・358:甲午旬

關簡・356:甲戌旬

關簡・357:甲申旬

關簡・362:甲寅旬

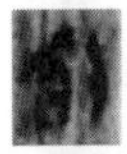關簡・361:甲辰旬

關簡・361:甲申旬

關簡・361:甲午旬

關簡・361:甲戌旬

帛書・病方・219:爲之恆以入月旬六日□盡

2020   匈肻

天簡38・乙:肻叅人競=〖編者按〗此字或釋爲"胃"。

2021  冢

睡簡・答問・190:"甸人"守孝公、灕(獻)公冢者殹

龍簡・124・摹:人冢

關簡・302:里社、冢主歲=爲上〖注〗冢,通"塚",墳墓。

龍簡・121・摹:侵食冢廬

2022  包

睡簡・答問・62:當包

睡簡・答問・60:其所包當詣䙴(遷)所

睡簡・答問・61:不當包(保)

睡簡・答問・61:𨗂(遷)者妻當包(保)不當

里簡・J1(9)981正:漚流包(浮)船

漆器M11・36(雲夢・附二):包

漆器M11・47(雲夢・附二):包

漆器M12・7(雲夢・附二):小男子包〖注〗包,人名。

漆器M8・2(雲夢・附二):包

漆器M11・1(雲夢・附二):包

漆器M8・2(雲夢・附二):包

漆器M11・1(雲夢・附二):包

漆器M11・3(雲夢・附二):咸亭包

漆器M11・4(雲夢・附二):包

漆器M11・4(雲夢・附二):咸亭上包

2023　匋

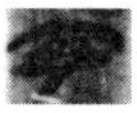
睡簡・日甲・41背:是是匋鬼貍(埋)焉〖注〗匋,疑即包字;一說孕字;趙平安說是乳字。

2024  敬

秦編鐘・甲鐘(秦銅・10.1):余夙夕虔敬朕祀

秦編鐘・甲鐘左鼓・摹(秦銅・11.2):余夙夕虔敬朕祀

秦編鐘・丁鐘(秦銅・10.4):余夙夕虔敬朕祀

秦鎛鐘・1號鎛(秦銅・12.2):余夙夕虔敬朕祀

秦鎛鐘・2號鎛(秦銅・12.5):余夙夕虔敬朕祀

秦鎛鐘・3號鎛(秦銅・12.8):余夙夕虔敬朕祀

秦公鎛鐘・摹(秦銅・16.2):虔敬朕祀

秦公簋・蓋(秦銅・14.2):虔敬朕祀

石鼓文・吴人(先鋒本):朝夕敬□

會稽刻石・宋刻本:後敬奉灋(法)

天簡35・乙:弗敬(儆)戒

天簡38・乙:安愳大敬

睡簡・爲吏・47:君子敬如始

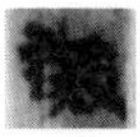
睡簡・爲吏・1:敬而起之

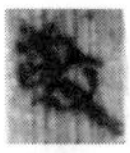
睡簡・爲吏・15:敬自賴之

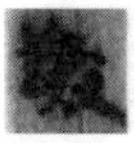
睡簡・爲吏・11:五曰龔(恭)敬多讓

睡簡・秦律・196:慎守唯敬(儆)

睡簡・日甲・87背:其後必有敬(警)

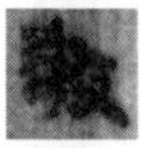
睡簡・爲吏・7:一曰中(忠)信敬上

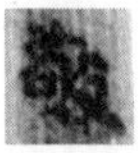
睡簡・爲吏・37:臨事不敬

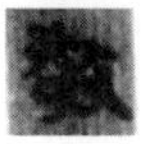
睡簡・爲吏・49:出則敬

睡簡・爲吏・46:貴不敬

里簡・J1(9)12 背:敬手

里簡・J1(9)981 正:田官守敬敢言之〖注〗敬,人名。

里簡・J1(9)1 背:敬手

里簡・J1(9)2 背:敬手

里簡・J1(9)3 背:敬手

里簡・J1(9)4 背:敬手

里簡・J1(9)7 背:敬手

里簡・J1(9)9 背:敬手

里簡・J1(9)10 背:敬手

里簡・J1(9)11 背:敬手

帛書・病方・230:敬以豚塞

集證・184.747:思言敬事〖注〗敬事,恭敬、慎重地處理政事。

集證・184.749:敬事

集證・184.754:慎願拳敬〖注〗拳敬,即恭敬。

秦印編 181:敬

秦印編 181:敬

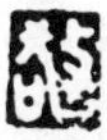
秦印編 181:敬事

集證・184.744:思言敬事

秦印編 181:敬事

秦印編 181:思言敬事

秦印編 181:敬上

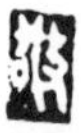
秦印編 181:敬事相思

秦印編 181:敬事相思

秦印編 181:敬事

秦印編 181:敬事

秦印編 181:敬事

秦印編 181:日敬毋治

秦印編 181:敬上

秦印編 181:思言敬事

秦印編 181:日敬

秦印編 181:王敬

秦印編 181:羌敬

秦印編 181:李敬

秦印編 181:王敬

集證・184.746:敬事

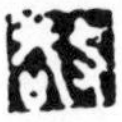
秦印編 181:思言敬事

秦印編 181:敬事

 秦印編 181:杜敬

 秦印編 181:李不敬

 秦印編 181:敬事

 秦印編 181:敬事

 集證·184.743:日敬毋治〖注〗敬,讀爲“儆”,戒。

 秦印編 181:敬事

 秦印編 181:敬上

 秦印編 181:敬事

 集證·175.628:焦敬

 秦印編 181:敬上

 秦陶·1458.2:敬事

 秦陶·1453:敬

 秦陶·1458.1:敬事

 秦陶·322:咸敬

 秦陶·323:咸敬

 秦陶·324:咸敬

 秦陶·326:咸敬

2025  鬼䰟

 六年上郡守閒戈(登封·4.2):高奴工師蕃鬼薪工臣〖注〗鬼薪,刑徒名。

 七年上郡守閒戈·摹(秦銅·33):工鬼薪帶

 七年上郡守閒戈·照片(秦銅·33):工鬼薪帶

 廿年相邦冉戈(集證·25.1):丞鬼〖注〗鬼,人名。

 廿年相邦冉戈·摹(秦銅·42):丞鬼

 廿五年上郡守厝戈·摹(秦銅·43):工鬼薪詘

 睡簡·日乙·158:外鬼父葉(世)爲姓(眚)

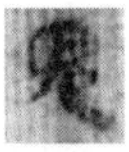 睡簡·爲吏·38:以此爲人君則鬼(懷)〖注〗鬼,讀爲“懷”,和柔。

 睡簡·答問·27:置豆俎鬼前未徹乃爲“未闑”〖注〗鬼,鬼神。

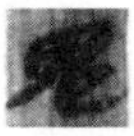 睡簡·答問·129:餽遺亡鬼薪于外

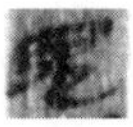 睡簡·答問·127:大夫甲堅鬼薪

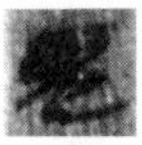 睡簡·答問·123:城旦、鬼薪癘

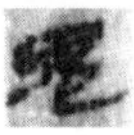 睡簡·答問·161:擅有鬼立(位)殹〖注〗立,讀爲“位”,鬼位,神位。

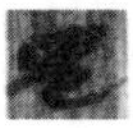 睡簡·答問·112:是謂“當刑鬼薪”

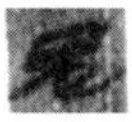 睡簡·答問·110:耐以爲鬼薪而鋈(夭)足

 睡簡·答問·113:可(何)謂“贖鬼薪鋈(夭)足”

 睡簡·答問·113:令贖鬼薪鋈(夭)足

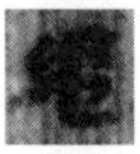 睡簡·答問·111:當耐爲鬼薪未斷

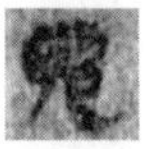 睡簡·雜抄·5:上造以上爲鬼薪

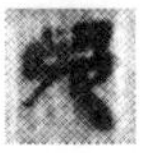 睡簡·日甲·29 背:鬼恒夜鼓人門

 睡簡·日甲·29 背:人毋(無)故鬼昔(藉)其宮

 睡簡·日甲·29 背:是哀乳之鬼

 睡簡·日甲·24 背:故丘鬼恆畏人

 睡簡·日甲·24 背:鬼害民罔(妄)行

 睡簡·日甲·25 背:鬼恆召(詔)人曰

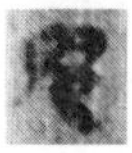 睡簡·日甲·25 背:鬼之所惡

 睡簡·日甲·25 背·摹:是袸鬼僞爲鼠

 睡簡·日甲·90 正·摹:可以送鬼

 睡簡·日甲·62 背:凡鬼恆執匴以入人室

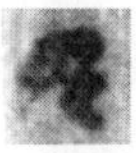 睡簡·日甲·62 背:是是餓鬼

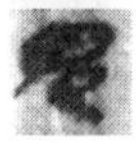 睡簡·日甲·67 背:其鬼恆夜謼(呼)焉

 睡簡·日甲·67 背:是遽鬼執人以自伐〈代〉也

 睡簡·日甲·65 背:其鬼歸之者

 睡簡·日甲·76 正:外鬼爲祟

 睡簡·日甲·74 正:外鬼傷(殤)死爲祟

 睡簡·日甲·30 背:是兇鬼

 睡簡·日甲·38 背:是是棘鬼在焉

 睡簡·日甲·32 背:人毋(無)故而鬼惑之

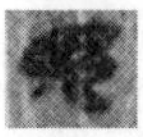 睡簡·日甲·32 背:人毋(無)故而鬼有鼠(予)

 睡簡·日甲·32 背:是夆(誘)鬼

 睡簡·日甲·32 背:是夭鬼

 睡簡·日甲·36 背:鬼恆宋傷(聳惕)人

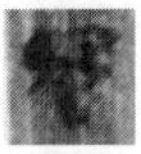 睡簡·日甲·36 背:是不辜鬼

 睡簡·日甲·33 背:非鬼也

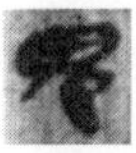 睡簡·日甲·33 背:鬼來而毄(擊)之

 睡簡·日甲·34 背:是鬼鼓

 睡簡·日甲·31 背:鬼來陽(揚)灰毄(擊)箕以喿(譟)之

 睡簡·日甲·48 背:是神狗僞爲鬼

 睡簡·日甲·42 背:鬼恆責人

 睡簡·日甲·42 背:是㬥(暴)鬼

 睡簡·日甲·49 背:人毋(無)故而鬼祠(伺)其宮

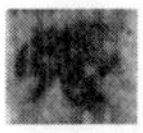 睡簡·日甲·46 背:鬼恆從人游

 睡簡·日甲·44 背:是宲宲〈是是宲〉人生爲鬼

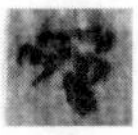 睡簡·日甲·45 背:是宲宲〈是是宲〉人生爲鬼

 睡簡·日甲·41 背:是是匄(乳)鬼貍(埋)焉

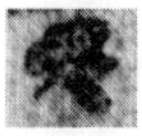 睡簡·日甲·50 背:鬼恆羸(裸)入人宮

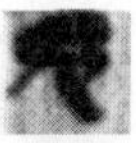 睡簡·日甲·59 背:鬼入人宮室

 睡簡·日甲·57 背:是粲迓(牙?)之鬼處之

睡簡・日甲・55 正：柳、東井、輿鬼大凶

睡簡・日甲・51 背・摹：鬼恆逆人

睡簡・日甲・51 背・摹：是游鬼

睡簡・日甲・145 正：己巳生子鬼（猥?）〖注〗鬼，疑讀爲“猥”，鄙賤。

睡簡・日乙・206：明鬼祟之

睡簡・日乙・250：必有鬼

睡簡・日乙・216：明鬼祟之

睡簡・日乙・90：可以從〈送〉鬼

睡簡・日乙・90：輿鬼

睡簡・日乙・187：外鬼爲姓（眚）

睡簡・日乙・185：外鬼、傷（殤）死爲姓（眚）

睡簡・日乙・160：外鬼爲姓（眚）

睡簡・日乙・164：中鬼見社爲姓（眚）

睡簡・日乙・170：外鬼兄枼（世）爲姓（眚）

睡簡・日乙・176：室鬼欲狗（拘）

睡簡・日乙・176：外鬼父枼（世）見而欲

睡簡・爲吏・46：君鬼臣忠

里簡・J1（16）6 正：鬼薪白粲

關簡・160：輿鬼

關簡・153：輿鬼〖注〗輿鬼，二十八宿之一。

關簡・231：［輿鬼：斗］乘輿鬼

帛書・病方・444：人毆人毆而比鬼

2026　魅

帛書・病方・443：濆者魅父魅母

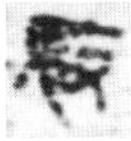
帛書・病方・443：濆者魅父魅母〖注〗魅，《説文》：“鬼服也。一曰小兒鬼。”

帛書・病方・445：□若□徹胠魅□魅□所

2027　醜

睡簡・語書・12：誈訐醜言麃（儦）斫以視（示）險（檢）〖注〗醜，慚愧。

集證・168.551：求醜〖注〗求醜，人名。

秦印編 182：任醜夫

秦印編 182：女醜

秦印編 182：王醜

秦印編 182：王醜

2028　畏　㽇

詛楚文・湫淵（中吳本）：不畏皇天上帝及大沈氒（厥）湫之光列（烈）威神

詛楚文・巫咸（中吳本）：不畏皇天上帝及不（丕）顯大神巫咸之光列

(烈)威神

詛楚文·亞駝(中吳本):不畏皇天上帝及不(丕)顯大神亞駝之光列(烈)威神

天簡 35·乙:中宵畏忌室有靈巫

睡簡·日甲·24 背:故丘鬼恆畏人〖注〗畏人,恐嚇人。

睡簡·日甲·24 背:則不畏人矣

睡簡·日甲·33 背:畏死矣

2029　禺

十四年相邦冉戈·摹(秦銅·38):工禺〖注〗禺,人名。

王廿三年家丞戈·摹(珍金·68):王廿三年家丞禺(?)造

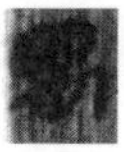
睡簡·日甲·66 正:北禺(遇)英(殃)

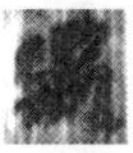
睡簡·日甲·65 正:西禺(遇)英(殃)

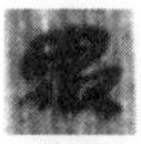
睡簡·日甲·129 正:有爲而禺(遇)雨

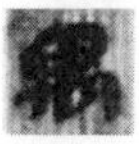
睡簡·日甲·162 正:禺(遇)奴(怒)

睡簡·日乙·181:禺(遇)御於豕肉

睡簡·日乙·179:西禺(遇)□

帛書·病方·76:禺(遇)人毒者

秦印編 182:楊禺

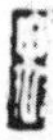
秦印編 182:駭禺

2030　厶

卅六年私官鼎·蓋(秦銅·49):厶(私)官〖注〗私官,朱德熙、裘錫圭說"應爲皇后食官"。

私官鼎(秦銅·193):厶(私)官□

2031　篡

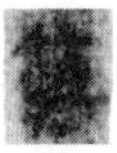
睡簡·封診·71:盡視其身、頭髮中及篡〖注〗篡,會陰。

2032　羑(誘)誦羑

睡簡·秦律·1:及誘(秀)粟〖注〗秀粟,禾稼抽穗結實。

睡簡·秦律·1:輒以書言澍〈澍〉稼、誘(秀)粟及豤(墾)田暘毋(無)稼者頃數

2033　巍(魏)

睡簡·爲吏·28:巍(魏)奔命律

睡簡·爲吏·21:巍(魏)戶律

秦陶·302:宮巍(魏)

集證·183.732:巍(魏)得之

秦印編 182:王巍(魏)

秦印編 182:王巍(魏)

秦印編 182:巍(魏)閑

秦印編 182:巍(魏)穀

秦印編 182:巍(魏)登

秦印編 182:巍(魏)鄒

秦印編 182:巍(魏)視

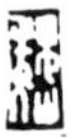
秦印編 182:巍(魏)利

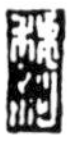
秦印編 182:巍(魏)樂成

秦印編 182:巍(魏)守

秦印編 182:張巍(魏)

秦印編 182:巍(魏)□

2034　山　　山

麗山園鍾(秦銅·185):麗山園容十二斗三升〖注〗麗山,即秦始皇陵園。

秦駰玉版·甲·摹:欲事天地、四亟(極)、三光、山川、神示(祇)、五祀、先祖

秦駰玉版·乙·摹:而道(導)嶧(華)大山之陰陽

秦駰玉版·乙·摹:以告於嶧(華)大山

秦駰玉版·乙·摹:欲事天地、四亟(極)、三光、山川、神示(祇)、五祀、先祖

泰山刻石·宋拓本:登茲泰山

繹山刻石·宋刻本:登於繹山

天簡 25·乙:禹在山谷

睡簡·日甲·7 背:天以震高山

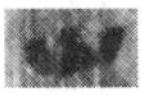
睡簡·日甲·47 正:此所胃(謂)艮山

睡簡·爲吏·22:雖有高山

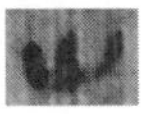
睡簡·日甲·49 正:□與枳(支)刺艮山之胃(謂)離日

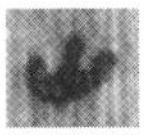
睡簡·秦律·119:縣所葆禁苑之傅山、遠山

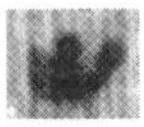
睡簡·秦律·119:縣所葆禁苑之傅山、遠山

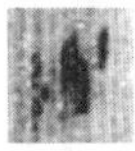
睡簡·編年·21:攻夏山〖注〗夏山,地名。

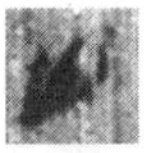
睡簡·編年·30:攻□山

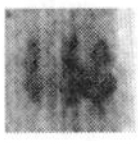
睡簡·封診·29:自晝居某山

睡簡·封診·27:山儉(險)不能出身山中

睡簡·秦律·4:毋敢伐材木山林及雍(壅)隄水

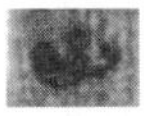
睡簡·秦律·131:其縣山之多丯者

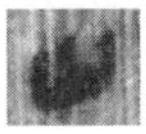
睡簡·雜抄·21:采山重殿〖注〗采山,即采礦。

睡簡·日甲·2 背:禹以取梌(塗)山之女日也

關簡·335:敢告泰=山=高也

關簡·345:高山高郭

帛書·病方·82:兄父產大山

帛書·病方·369:自睪(擇)取大山陵

帛書・病方・423:行山中而疕出其身

集證・163.479:王中山

秦印編183:高方山

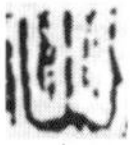封泥印62:盧山禁丞〖注〗盧山,地名。

秦印編183:仲山賀

秦印編183:成山

秦印編183:衡山發弩

封泥集254・1:衡山發弩〖注〗衡山,地名。

封泥印6:麗山飤官

秦陶・1469:麗山飤官右

新封泥D・36:盧山禁丞

秦陶・1470:麗山飤官左

秦陶・1473:麗山尚

秦陶・1476:麗山□廚

麗山茜府陶盤・摹(秦銅・52附圖):麗山茜府

秦陶・463:山

秦陶・465:山

秦陶・1444:山

秦陶・1466:麗山飤官

秦陶・1467:麗山飤官右

秦陶・1468:麗山飤官右

地圖注記・摹(地圖・3):山格

2035  崋(崋)

秦駰玉版・乙・摹:而道(導)崋(華)大山之陰陽

秦駰玉版・乙・摹:以告於崋大山

2036  岑

睡簡・爲吏・48:毋岑(矜)岑(矜)〖注〗岑,讀爲“矜”,《爾雅・釋詁》:“苦也。”

2037  密

會稽刻石・宋刻本:聖德廣密

集證・155.360:高密丞印〖注〗高密,地名。

秦印編183:陰密丞印

封泥印137:陰密丞印〖注〗陰密,地名。

秦印編183:莊密

秦印編183:下密丞印

2038  崔

秦陶A・3.14:咸陽工崔〖注〗崔,人名。

2039 瑉

 睡簡・爲吏・12:彼邦之瑉(傾)

2040  岸

 秦印編 183:司馬岸

2041  府

 二年寺工壺(集證・32):莤府〖注〗莤府,王輝說或爲《周禮・天官》之酒府,官署名。一說莤應讀爲“糟”。

 二年寺工壺・摹(秦銅・52):莤府

 雍工敃壺・摹(秦銅・53):莤府

 樂府鍾・摹(秦銅・186.2):樂府〖注〗樂府,官署名。

 洛陽少府戈・摹(珍金 220・1):少府〖注〗少府,官名。

 襄陽少府鐓・摹(珍金 220・2):少府

 襄陽少府戈・摹(珍金 220・2):少府

 二年少府戈・摹(秦銅・56):少府二年作

 五年相邦呂不韋戈三・摹(秦銅・69):少府工室阾

 五年相邦呂不韋戈三・摹(秦銅・69):少府

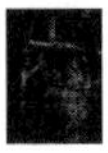 十六年少府戈(珍金・102):少府

 十六年少府戈・摹(珍金・102):少府

 十六年少府戈(珍金・102):十六年少府工師乙

 十六年少府戈・摹(珍金・102):十六年少府工師乙

 廿三年少府戈(珍金・106):少府

 廿三年少府戈・摹(珍金・107):少府

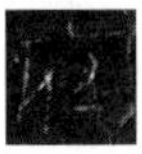 少府戈一(珍金・110):少府

 少府戈一・摹(珍金・110):少府

 少府戈二(集成 11106.1):少府

 十三年少府矛・摹(秦銅・73):十三年少府工簷

 少府矛・摹(秦銅・72):少府

 睡簡・秦律・198:毋依臧(藏)府、書府

 睡簡・雜抄・23:大(太)官、右府、左府、右采鐵、左采鐵課殿

 睡簡・秦律・198:毋依臧(藏)府、書府

 睡簡・爲吏・23:五曰安家室忘官府

 睡簡・效律・42:官府臧(藏)皮革

 睡簡・語書・13:以告府

 睡簡・雜抄・23:大(太)官、右府、左府、右采鐵、左采鐵課殿

 睡簡・答問・63:作官府

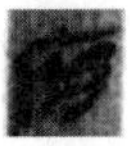 睡簡・答問・32:可(何)謂“府中”

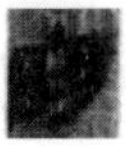 睡簡・答問・32:唯縣少內爲“府中”

睡簡·答問·127：當從事官府

 睡簡·答問·133：罷癃（癃）守官府

 睡簡·答問·155：吏從事于官府

 睡簡·答問·113：其有府（腐）辠〖注〗腐，宮刑。

 睡簡·秦律·84：及恆作官府以負責（債）

 睡簡·秦律·97：爲作務及官府市

 睡簡·秦律·94：隸臣、府隸之毋（無）妻者及城旦

 睡簡·秦律·68：賈市居死者及官府之吏

 睡簡·秦律·64：官府受錢者

 睡簡·秦律·182：及卜、史、司御、寺、府〖注〗府，掌管府藏的人。

 睡簡·秦律·122：欲以城旦舂益爲公舍官府及補繕之

 睡簡·秦律·126：官府叚（假）公車牛者□叚（假）人所

 睡簡·秦律·121：縣毋敢擅壞更公舍官府及廷

 睡簡·秦律·197：令令史循其廷府

 睡簡·秦律·197：毋敢以火入臧（藏）府、書府中〖注〗藏府，收藏器物的府庫。

 睡簡·秦律·197：毋敢以火入臧（藏）府、書府中〖注〗書府，收藏文書的府庫。

 睡簡·秦律·193：侯（候）、司寇及羣下吏毋敢爲官府佐、史及禁苑憲盜

睡簡·秦律·135：居于官府

 睡簡·秦律·150：司寇勿以爲僕、養、守官府及除有爲殹

 睡簡·日甲·18 正：爲官府室祠

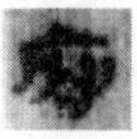

 睡簡·爲吏·8：城郭官府

 里簡·J1（8）157 背：守府快行

 里簡·J1（8）158 背：守府快行旁

 里簡·J1（16）6 正：當坐者言名史泰守府

 關簡·35：辛未治後府

 秦印編183：中官徒府〖注〗徒府，官名。

 秦印編183：中官徒府

 封泥集·附一401：中官徒府

 秦印編184：私府

 秦印編184：私府

 秦印編184：私府

 秦印編184：私府

 秦印編183：私府

 集證·144. 179：私府

 秦印編183：私府

 集證·144. 178：私府

 秦印編183：私府

 集證・144. 180：私府

 集證・144. 181：私府

 秦印編 183：右褐府印

 集證・145. 195：右褐府印

 秦印編 183：中行羞府

 集證・137. 68：中行羞府

 秦印編 183：寺從市府〖注〗市府，官名。

 集證・139. 105：寺從市府

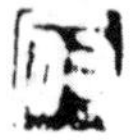 秦印編 184：家府

 秦印編 184：家府

 集證・143. 172：御府丞印

 秦印編 184：御府丞印

 秦印編 184：御府丞印

 封泥集 148・21：御府丞印

 封泥集 148・22：御府丞印

 封泥集 148・20：御府丞印

 封泥集 148・23：御府丞印

 封泥集 147・3：御府丞印

 封泥集 147・5：御府丞印

 封泥集 147・8：御府丞印

 封泥集 148・9：御府丞印

 封泥集 148・10：御府丞印

 封泥集 148・11：御府丞印

 封泥集 148・12：御府丞印

 封泥集 148・13：御府丞印

 封泥集 148・14：御府丞印

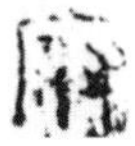 封泥集 148・15：御府丞印

 封泥集 148・16：御府丞印

 封泥集 148・17：御府丞印

 封泥集 148・18：御府丞印

 封泥集 148・19：御府丞印

 集證・144. 175：御府丞印

 集證・143. 173：御府丞印

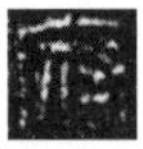 集證・144. 174：御府丞印

 新封泥 C・16. 2：御府丞印

 新封泥 C・17. 14：御府丞印

 封泥集・附一 399：御府丞印

 秦印編 183：武柏私府

秦印編 184:冢(冢)府

秦印編 184:府尚〖注〗府尚,官名。

封泥集・附一 405:府尚

封泥集 199・1:信宮車府〖注〗車府,官名。

集證・144.188:信宮車府

封泥集 177・9:中府丞印

封泥集 176・1:中府丞印

封泥集 176・2:中府丞印

封泥集 176・3:中府丞印

封泥集 177・4:中府丞印

集證・145.192:中府丞印

集證・145.193:中府丞印

新封泥 C・17.4:中府丞印

封泥印 54:中府丞印

秦印編 184:西中謁府

封泥印 77:西中謁府

秦印編 184:少府工丞

封泥印 32:少府工室

封泥集 131・1:少府工室

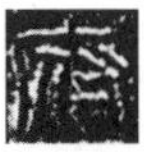
集證・134.22:少府工室

秦印編 184:樂府丞印

封泥集 137・2:樂府丞印

封泥集 137・3:樂府丞印

封泥集 137・4:樂府丞印

封泥集 137・5:樂府丞印

封泥集 137・7:樂府丞印

封泥集 137・8:樂府丞印

封泥集 137・9:樂府丞印

封泥集 137・13:樂府丞印

封泥集 137・16:樂府丞印

封泥集 137・17:樂府丞印

封泥集 137・18:樂府丞印

封泥集 138・19:樂府丞印

封泥集 138・21:樂府丞印

集證・138.80:樂府丞印

集證・138.81:樂府丞印

新封泥 E・1:樂府丞印

封泥印 7:樂府丞印

 封泥集 120・6:中車府丞

 集證・145. 191:中車府丞

 封泥集 120・4:中車府丞

 集證・144. 189:中車府丞

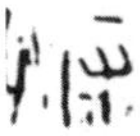 集證・145. 190:中車府丞

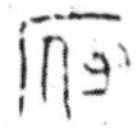 封泥印 12:中車府丞

 秦印編 184:中謁者府

 封泥印 76:中謁者府

 秦印編 184:市府

 秦印編 184:市府

 秦印編 184:市府

 秦印編 184:市府

 秦印編 184:少府

 秦印編 184:少府

 封泥集 128・4:少府

 封泥集 128・3:少府

 集證・134. 17:少府

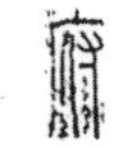 封泥集 128・2:少府

 集證・134. 16:少府

 新封泥 C・17. 6:少府

 秦印編 184:車府

 封泥集 119・2:車府

 集證・144. 187:車府

 封泥印 12:車府

 秦印編 184:府印

 集證・144. 185:府印

 集證・144. 184:府印

 秦印編 184:守府

 秦印編 184:私府丞印

 集證・144. 183:私府丞印

 封泥印 56:私府丞印

 秦印編 184:內者府印

 集證・136. 62:內者府印

 封泥印 40:內者府印

 秦印編 184:中廄馬府〖注〗馬府,官名。

 封泥集 191・4:中廄馬府

 封泥集 191・2:中廄馬府

 秦印編 184:御府之印〖注〗御府,官名。

封泥集 147 · 1：御府之印

集證 · 144. 177：御府之印

集證 · 144. 176：御府之印

封泥印 57：御府之印

封泥集 130 · 15：少府工丞

封泥集 130 · 17：少府工丞

封泥集 131 · 25：少府工丞

封泥集 129 · 1：少府工丞

封泥集 129 · 2：少府工丞

封泥集 129 · 3：少府工丞

封泥集 130 · 22：少府工丞

封泥集 130 · 4：少府工丞

封泥集 130 · 6：少府工丞

封泥集 130 · 7：少府工丞

封泥集 130 · 9：少府工丞

封泥集 130 · 10：少府工丞

封泥集 130 · 11：少府工丞

封泥集 130 · 12：少府工丞

封泥集 130 · 13：少府工丞

封泥集 130 · 14：少府工丞

集證 · 134. 23：少府工丞

新封泥 C · 16. 18：少府工丞

封泥印 33：少府工丞

封泥印 32：少府

封泥印 33：少府榦丞

新封泥 D · 7：少府榦官

新封泥 C · 16. 14：少府工官

集證 · 137. 70：中羞府印

封泥集 166 · 1：中羞府印

封泥集 166 · 2：中羞府印

秦印編 184：府

封泥集 · 附章 393 · 21：府

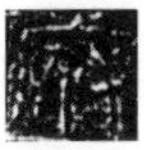集證 · 138. 82：樂府

封泥印 6：樂府

封泥集 161 · 1：尚浴府印

封泥集 161 · 2：尚浴府印

集證 · 135. 44：尚浴府印

封泥印 47：尚浴府印

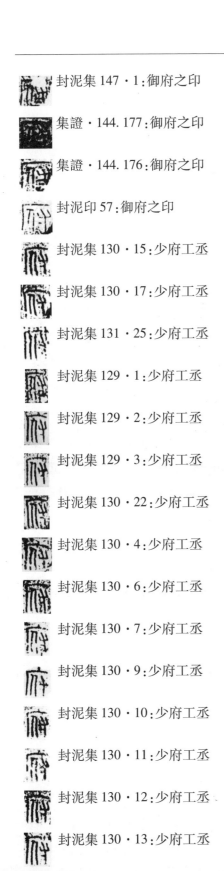

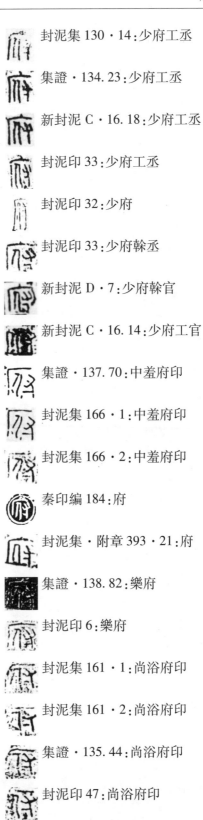

集證・146. 208:中廄馬府

封泥印 18:中廄馬府

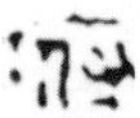
新封泥 C・17. 16:寺車府印

新封泥 A・1. 17:寺車府印

新封泥 C・17. 18:私府丞□

新封泥 E・7:少府丞印

新封泥 E・18:南郡府丞

新封泥 D・39:奴盧府印

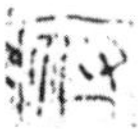
封泥印 2:泰醫右府

新封泥 D・5:泰醫右府

封泥印・附二 197:□川府丞

封泥印 48:尚佩府印

新封泥 D・11:御府工室

新封泥 D・19:大府丞印

新封泥 A・2. 4:大府丞印

新封泥 A・4. 17:橘府

新封泥 A・3. 9:南室府丞

新封泥 A・4. 9:募人府印

集證・145. 198:內府

麗山茜府陶盤・摹(秦銅・52 附圖):麗山茜府

新封泥 A・5. 1:書府

集證・145. 196:冢府

2042  庭

里簡・J1(6)2:遷陵以郵行洞庭〖注〗洞庭,郡名。

里簡・J1(8)152 正:洞庭上帬直(值)

里簡・J1(9)1 背:以洞庭司馬印行事

里簡・J1(9)1 背:洞庭叚(假)尉觿謂遷陵丞

里簡・J1(9)1 正:上謁言洞庭尉

里簡・J1(9)1 正:毋死戍洞庭郡

里簡・J1(9)2 背:洞庭叚(假)尉觿謂遷陵丞

里簡・J1(9)2 背:以洞庭司馬印行事

里簡・J1(9)2 正:不豺戍洞庭郡

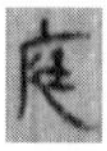
里簡・J1(9)2 正:上謁言洞庭尉

里簡・J1(9)3 背:洞庭叚(假)尉觿謂遷陵丞

里簡・J1(9)3 背:以洞庭司馬印行事

里簡・J1(9)3 正:不識戍洞庭郡

里簡・J1(9)3 正:上謁言洞庭尉

里簡・J1(9)4 背:以洞庭司馬印行事

 里簡・J1(9)4 正:上謁言洞庭尉

 里簡・J1(9)4 正:衷戍洞庭郡

 里簡・J1(9)5 背:以洞庭司馬印行事

 里簡・J1(9)5 正:上謁言洞庭尉

 里簡・J1(9)5 正:鹽戍洞庭郡

 里簡・J1(9)6 背:以洞庭司馬印行事

 里簡・J1(9)6 背:洞庭叚(假)尉觿謂遷陵丞

 里簡・J1(9)6 正:上謁言洞庭尉

 里簡・J1(9)6 正:徐戍洞庭郡

 里簡・J1(9)7 背:以洞庭司馬印行事

 里簡・J1(9)7 背:洞庭叚(假)尉觿謂遷陵丞

 里簡・J1(9)7 正:欬戍洞庭郡

 里簡・J1(9)7 正:上謁言洞庭尉

 里簡・J1(9)8 背:以洞庭司馬印行事

 里簡・J1(9)8 正:上謁令洞庭尉

 里簡・J1(9)8 正:越人戍洞庭郡

 里簡・J1(9)9 背:以洞庭司馬印行事

 里簡・J1(9)9 背:洞庭叚(假)尉觿謂遷陵丞

 里簡・J1(9)9 正:上謁言洞庭尉

 里簡・J1(9)9 正:纇戍洞庭郡

 里簡・J1(9)10 背:以洞庭司馬印行事

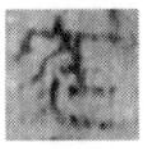 里簡・J1(9)10 背:洞庭叚(假)尉觿謂遷陵丞

 里簡・J1(9)10 正:上謁言洞庭尉

 里簡・J1(9)10 正:勝日戍洞庭郡

 里簡・J1(9)11 背:以洞庭司馬印行事

 里簡・J1(9)11 背:洞庭叚(假)尉觿謂遷陵丞

 里簡・J1(9)11 正:不采戍洞庭郡

 里簡・J1(9)11 正:上謁洞庭尉

 里簡・J1(9)12 背:以洞庭司馬印行事

 里簡・J1(9)12 背:洞庭叚(假)尉觿謂遷陵丞

 里簡・J1(16)6 正:今洞庭兵輸內史及巴、南郡、蒼梧

 關簡・365:十月戊子齊而牛止司命在庭□

2043　庉　　庉

 漆器 M11・1(雲夢・附二):庉里〖注〗庉里,里名。

2044　廡　　廡廡

 睡簡・日甲・21 背:廡居東方

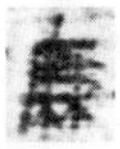 帛書・病方・210:令積(癩)者北首臥北鄉(嚮)廡中〖注〗《說文》:

“廡,堂下周屋也。”

2045　廚

里簡·J1(9)1 正:陽陵守丞廚敢言之〖注〗廚,人名。

里簡·J1(9)4 正:陽陵守丞廚敢言之

里簡·J1(9)5 正:陽陵守丞廚敢言之

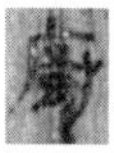
里簡·J1(9)7 正:陽陵守丞廚敢言之

里簡·J1(9)8 正:陽陵守丞廚敢言之

里簡·J1(9)10 正:陽陵守丞廚敢言之

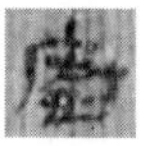
里簡·J1(9)12 背:陽陵守丞廚敢言之

集證·137.71:弄狗廚印

秦印編 185:弄狗廚印

封泥集·附一 408:旃郎廚丞

秦印編 185:子廚私印

秦印編 185:廚疢

集證·133.13:祠廚

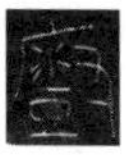
秦陶·1481:六廚

秦陶·1476:麗山□廚

2046　庫

雍庫鑰(秦銅·93 附圖):雝(雍)庫鑰

十七年丞相啟狀戈·摹(秦銅·40):庫脽〖注〗庫,“庫嗇夫”省文,官名。

十八年上郡戈·摹(秦銅·41):上郡武庫〖注〗武庫,庫名。

廿五年上郡守厝戈·摹(秦銅·43):上郡武庫

卅年詔事戈·摹(珍金·75):武庫

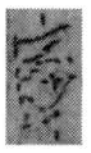
卌八年上郡假守鼂戈(珍金·89):上郡武庫

卌八年上郡假守鼂戈·摹(珍金·89):上郡武庫

五年相邦呂不韋戈三·摹(秦銅·69):武庫

廿年上郡戈·摹(集成 11548.3):上郡武庫

廿二年臨汾守戈(集證·36.1):庫係(?)

廿二年臨汾守戈·摹(集證·36.1):庫係(?)

廿四年葭萌戈·摹(集證·26.2):□□□丞□庫□工□

上黨武庫戈(集成 11054):上黨武庫

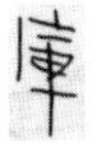
元年丞相斯戈·摹(秦銅·160):武庫

十三年少府矛·摹(秦銅·73):武庫受(授)屬邦

少府矛·摹(秦銅·72):武庫受(授)屬邦

寺工矛一·摹(秦銅·95):武庫受(授)屬邦

廿四年莒傷銅斧(沂南·2):庫齊〖注〗庫,官名。

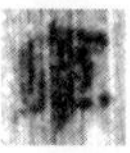
睡簡·爲吏·20:倉庫禾粟

睡簡·效律·52:及都倉、庫、田、亭嗇夫坐其離官屬於鄉者

 睡簡・雜抄・15:丞、庫嗇夫、吏貲二甲〖注〗庫,收藏兵器的武庫。

 集證・145.205:脩武庫印

 集證・146.206:商庫

 集證・144.186:北私庫印〖注〗私庫,官名。

 秦印編185:北私庫印

 封泥集・附一404:庫印

 封泥印82:特庫丞印

 封泥印82:特庫之印

 秦印編185:特庫丞印

 秦印編185:庫印

 封泥集135・1:泰官庫印

 封泥集135・2:泰官庫印

 封泥集173・1:武庫丞印

 封泥集173・2:武庫丞印

 封泥集221・2:特庫之印

 封泥集222・5:特庫丞印

 封泥集222・6:特庫丞印

 封泥集222・7:特庫丞印

 集證・145.201:武庫丞印

 集證・145.202:泰官庫印

 集證・145.204:特庫之印

 封泥印35:泰官庫印

 新封泥A・3.3:北宮庫丞

2047  廄 (廐)

 天簡26・乙:中廄

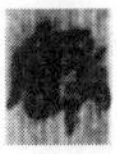 睡簡・雜抄・29:貲廄嗇夫一甲

 睡簡・日甲・70背:臧(藏)牛廄中草木下

 睡簡・日甲・103正:爲羊牢馬廄

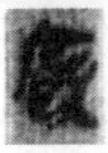 睡簡・秦律・17:其大廄、中廄、宮廄馬牛殹〖注〗大廄,廄名。

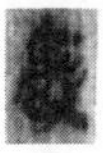 睡簡・秦律・17:其大廄、中廄、宮廄馬牛殹〖注〗中廄,廄名。

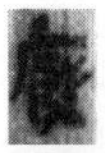 睡簡・秦律・17:其大廄、中廄、宮廄馬牛殹〖注〗宮廄,廄名。

 睡簡・秦律・190:如廄律

 睡簡・秦律・14:廄苑律〖注〗廄苑律,律名,管理飼養牲畜的廄圈和苑囿的法律。

 睡簡・秦律・15:廄苑

 集證・148.240:廄印

 集證・150.274:小廄南田〖注〗小廄,廄名。

 集證・146.207:中廄馬府〖注〗中廄,皇后之廄。

集證・146.208：中廄馬府

集證・146.210：章廄丞印〖注〗章廄，廄名，卽章台宫之廄

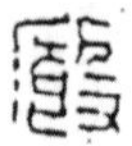
集證・146.211：章廄丞印

集證・146.212：宫廄丞印

集證・146.213：宫廄丞印

集證・146.214：宫廄

集證・146.215：中廄

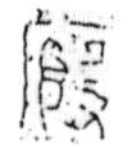
集證・146.216：中廄

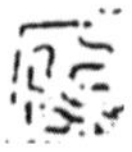
集證・146.217：中廄將馬

集證・146.219：中廄丞印

集證・146.220：中廄丞印

集證・147.224：左廄丞印〖注〗左廄，廄名。

集證・147.227：右廄〖注〗右廄，廄名。

集證・147.229：右廄丞印

集證・147.233：小廄丞印

集證・147.234：泰廄丞印〖注〗泰廄，廄名。

集證・147.236：下廄［丞］印〖注〗下廄，廄名。

新封泥 C・16.9：左廄

新封泥 C・17.9：宫廄丞印

新封泥 C・19.2：右廄丞印

封泥印・待考 166：□廄

新封泥 A・2.17：廄璽

新封泥 A・2.19：廄吏□□

封泥集・附一 402.1：章廄將馬

封泥集・附一 402.2：章廄將馬

封泥集・附一 402：左廄將馬

封泥集・附章 392・9：廄

封泥集・附一 403.1：右廄將馬

封泥集・附一 403.2：廄印

封泥集・附一 403：左廄將馬

封泥集・附一 408：廄田倉印

集證・140.125：廄田倉印

集證・146.209：章廄將馬

集證・147.222：左廄將馬

集證・147.223：左廄將馬

集證・147.225：右廄將馬

集證・147.226：右廄將馬

集證・147.230：小廄將馬

集證・148. 239:廄印

封泥集 197・1:下廄丞印

封泥集 197・2:下廄丞印

秦印編 185:章廄將馬

秦印編 186:左廄

秦印編 186:中廄

秦印編 185:小廄將馬

秦印編 185:中廄

秦印編 185:章廄將馬

秦印編 185:廄田倉印

秦印編 185:左廄將馬

秦印編 185:右廄

秦印編 185:左廄

秦印編 185:廄印

秦印編 185:廄印

秦印編 185:泰廄丞印

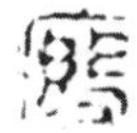秦印編 185:中廄丞印

秦印編 185:章廄丞印

秦印編 185:宮廄丞印

秦印編 185:宮廄丞印

秦印編 185:中廄馬府

秦印編 185:中廄丞印

封泥集 194・9:小廄丞印

封泥集 194・10:小廄丞印

封泥集 184・1:泰廄丞印〖注〗泰廄,即太廄、大廄。

封泥集 185・1:章廄丞印

封泥集 185・2:章廄丞印

封泥集 185・6:章廄丞印

封泥集 185・8:章廄丞印

封泥集 185・13:章廄丞印

封泥集 186・1:宮廄

封泥集 186・2:宮廄丞印

封泥集 186・3:宮廄丞印

封泥集 186・5:宮廄丞印

封泥集 186・7:宮廄丞印

封泥集 187・1:中廄

封泥集 187・3:中廄

封泥集 187・4:中廄

 封泥集 187・5：中廄

 封泥集 187・9：宮廄丞印

 封泥集 187・10：宮廄丞印

 封泥集 188・1：中廄丞印

 封泥集 188・2：中廄丞印

 封泥集 188・4：中廄丞印

 封泥集 188・7：中廄丞印

 封泥集 188・9：中廄丞印

 封泥集 188・12：中廄丞印

 封泥集 188・13：中廄丞印

 封泥集 189・15：中廄丞印

 封泥集 189・17：中廄丞印

 封泥集 189・18：中廄丞印

 封泥集 189・19：中廄丞印

 封泥集 189・20：中廄丞印

 封泥集 189・29：中廄丞印

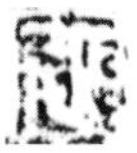 封泥集 190・1：中廄將馬

 封泥集 190・3：中廄將馬

 封泥集 191・1：左廄

 封泥集 191・2：中廄馬府

 封泥集 191・3：中廄馬府

 封泥集 191・4：中廄馬府

 封泥集 192・1：右廄

 封泥集 192・2：左廄丞印

 封泥集 193・4：右廄丞印

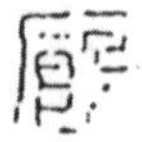 封泥集 193・5：右廄丞印

 封泥集 194・1：小廄丞印

 封泥集 194・6：小廄丞印

 封泥集 196・1：官廄丞印

 封泥集・附一 399：小廄將馬

 封泥印 17：中廄丞印

 封泥印 17：中廄將馬

 封泥印 18：右廄丞印

 封泥印 18：中廄馬府

 封泥印 14：章廄丞印

 封泥印 15：宮廄丞印

 封泥印 15：宮廄

 封泥印 16：都廄

封泥印 16:中廄丞印

秦陶·1464:小廄

秦陶·1461:左廄容八斗

秦陶·1462:中廄

秦陶·1463:小廄

秦陶·1465:宮廄

2048　序

帛書·病方·204:神女倚序聽神吾(語)

2049　廦(壁)

睡簡·封診式·81:東北去廦各四尺〖注〗廦,《說文》:"墻也。"與壁字同。

2050　廣

不其簋蓋(秦銅·3):駿方嚴允(玁狁)廣伐西俞

滕縣不其簋器(秦銅·4):駿方嚴允(玁狁)廣伐西俞

丞廣銅弩機·摹(秦銅·45):丞廣〖注〗廣,人名。

卌八年上郡假守鼂戈(珍金·89):廣武〖注〗廣武,地名。

卌八年上郡假守鼂戈·摹(珍金·89):廣武

廣衍戈·摹(秦銅·192):廣衍〖注〗廣衍,秦縣名。

廣衍銅矛·摹(秦銅·37):廣衍

會稽刻石·宋刻本:聖德廣密

青川牘·摹:道廣三步

青川牘·摹:田廣一步〖注〗《說文》:"廣,東西曰廣。"

睡簡·秦律·66·摹:其廣袤不如式者

睡簡·日甲·51背·摹:以廣灌爲蒧以燔之〖注〗廣灌,疑爲植物名。

睡簡·答問·52:廣眾心〖注〗廣,通"擴",發揚。

睡簡·封診·80:皆不可爲廣袤

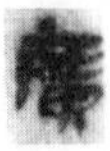
睡簡·封診·76:下廣二尺五寸

睡簡·秦律·98·摹:其小大、短長、廣亦必等

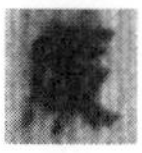
睡簡·秦律·66:福(幅)廣二尺五寸

帛書·病方·266:令廣深大如簠

集證·159.426:廣□君印

集證·162.471:王廣

秦印編 186:姚廣

秦印編 186:王廣

秦印編 186:閻廣

秦印編 186:廣

秦印編 186:傅廣秦

 秦印編 186:任廣

 秦印編 186:廣成之丞

 秦印編 186:廣鄉

 封泥集 309・1:廣成之丞

 封泥集 344・1:廣鄉

 封泥集 344・2:廣鄉

 封泥集 344・3:廣鄉

 封泥集 345・4:廣鄉

 封泥集 350・1:廣陵鄉印

 封泥集 350・2:廣陵鄉印

 封泥集 352・1:廣文鄉印

 封泥集 352・3:廣文鄉印

 封泥集・附一 407:廣平君印〖注〗廣平君,封君名。

 集證・217.230:咸廣里高〖注〗廣里,里名。

 集證・217.231:咸廣里高

 秦陶・1386:咸廣里高

2051 廥 廥

 睡簡・秦律・28:輒爲廥籍

 睡簡・秦律・29:廷令長吏雜封其廥

 睡簡・秦律・25:而書入禾增積者之名事邑里于廥籍〖注〗《說文》:“廥,芻藁之藏也。”

 睡簡・秦律・30:廥才(在)都邑

 睡簡・秦律・168:其廥禾若干石

 睡簡・秦律・172:必以廥籍度之

 睡簡・秦律・172:新佐、史主廥者

 睡簡・秦律・174:禾、芻稾積廥

 睡簡・秦律・175:有(又)與主廥者共賞(償)不備

 睡簡・秦律・175:至計而上廥籍內史

 睡簡・秦律・171:某廥出禾若干石

 睡簡・日甲・118 正:囷北鄉(嚮)廥

 睡簡・日甲・115 正:囷居北鄉(嚮)廥

 睡簡・效律・27:某廥禾若干石

 睡簡・效律・32:必以廥籍度之

 睡簡・效律・32:新倉嗇夫、新佐、史主廥者

 睡簡・效律・30:某廥出禾若干石

 睡簡・效律・34:禾、芻稾積廥

 睡簡・效律・35:有(又)與主廥者共賞(償)不備

 關簡・13:坐南廥

 關簡・352:與腏以并涂囷廥下

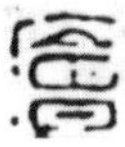 封泥印・待考 168：□中材廥

 新封泥 D・8：□中材廥

 新封泥 E・12：都杜廥印

 秦印編 186：榦廥丞印

 秦印編 186：榦者廥印

 集證・140. 126：田廥〖注〗田廥，即田倉，官名。

 封泥集 132・2：榦廥都丞

 集證・140. 119：榦廥都丞

2052  庰

 睡簡・封診・84：丙債庰（庰?）甲

2053  廁

 睡簡・日乙・188：己丑爲圂廁

2054  廉

 會稽刻石・宋刻本：咸化廉清

 睡簡・爲吏・9・摹：廉而毋刖〖注〗廉，本義爲棱角，引申爲正直。

 睡簡・語書・9：有（又）廉絜（潔）敦慤而好佐上

 睡簡・語書・10：不廉絜（潔）

 帛書・灸經甲・39：毄（繫）於外踝之前廉〖注〗廉，側、邊緣。

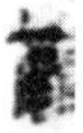 帛書・灸經甲・41：脾（髀）[外]廉[痛]

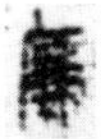 帛書・灸經甲・43：[毄（繫）]於骭骨外廉

 帛書・灸經甲・44：廉

 帛書・灸經甲・52：出臂上廉

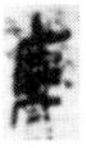 帛書・灸經甲・54：出[內]踝之上廉

 帛書・灸經甲・54：出魚股陰下廉

 帛書・灸經甲・62：毄（繫）於內腂（踝）外廉

 帛書・灸經甲・70：之下骨上廉

2055  龐

 秦印編 186：龐穿〖注〗龐穿，人名。

2056  庶

 大良造鞅殳鐏・摹（集證・16）：□□造庶長鞅之造殳〖注〗庶長，官名，王輝說地位約相當於相邦。李學勤說“大良造庶長”爲“大良造”之繁稱，爵名。

 十六年大良造鞅戈鐓（秦銅・17）：十六年大良造庶長鞅之造

 十九年大良造鞅殳鐏（集證・15）：十九年大良造庶長鞅之造殳

 十九年大良造鞅殳鐏・摹（集證・15）：十九年大良造庶長鞅之造殳

 石鼓文・而師（先鋒本）：弓矢孔庶

 石鼓文・鑾車（先鋒本）：徒馭孔庶〖注〗庶，多。

石鼓文·汧殹(先鋒本):其朐孔庶

石鼓文·田車(先鋒本):多庶趮=

石鼓文·田車(先鋒本):麀豕孔庶

睡簡·答問·125:羣盜赦爲庶人

睡簡·秦律·156:免以爲庶人

龍崗牘·正·摹:沙羨丞甲、史丙免辟死爲庶人

帛書·病方·350:庶、蜀椒、桂各一合〖注〗庶,疑爲"蔗",甘蔗。

瓦書·郭子直摹:大良造庶長游出命曰

瓦書·郭子直摹:以爲右庶長歜宗邑〖注〗右庶長,秦爵之十一級。

瓦書(秦陶·1610):大良造庶長游出命曰

2057　　庢(庫)

秦印編293:駱庫〖注〗庫,或即《說文》庢字。

秦印編293:李庫

秦印編293:王庫

秦印編293:庫

里簡·J1(16)9正:啟陵鄉庫敢言之〖注〗庫,人名。

2058　　廢

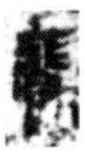帛書·足臂·3:病足小指廢

帛書·足臂·7:病足小指次[指]廢

帛書·足臂·11:病足中指廢

帛書·足臂·17:病足大指廢

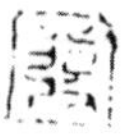秦印編186:廢丘丞印〖注〗廢丘,地名。

封泥集279·3:廢丘丞印

秦印編186:廢丘丞印

集證·153.329:廢丘丞印

封泥集279·1:廢丘丞印

封泥集279·4:廢丘丞印

封泥印104:廢丘丞印

封泥集279·7:廢丘丞印

集證·153.331:廢丘

封泥印103:廢丘

集證·153.330:廢丘

2059　　廛

秦印編187:楊廛

秦陶·1170:廛

2060  廟庿

龍簡・121・摹:□宗廟耎(壖)□

2061  庌(斥)

睡簡・語書・11:是以善斥(訴)事〖注〗訴,爭訟。

2062 鄘

石鼓文・霝雨(先鋒本):□□自鄘〖注〗鄘,地名,郭沫若釋爲"蒲",唐蘭釋爲"鄘"。王國維釋爲"雍"。

石鼓文・鑾車(先鋒本):鄘□宣搏

2063 廱

秦印編 293:廱衆私印

2064 廮

秦印編 298:姚廮

2065 庢

睡簡・答問・28:可(何)謂"盜埱庢"〖注〗庢,或即《說文》厔字。

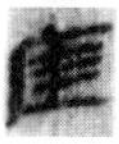
睡簡・答問・28:是謂"庢"

2066 廅

秦駰玉版・甲・摹:怞=(申申)反廅〈瘟〉〖注〗廅,王輝說爲"瘟"之訛字,瘟疫。李零釋"庰",讀爲"側"。

秦駰玉版・乙・摹:怞=(申申)反廅〈瘟〉

2067 廥

鳳翔中山鼎(附)(鳳翔・7):廥里〖注〗廥里,里名。

2068 庱

關簡・324:治庱(痿)病〖注〗《說文》:"痿,痹也。"

關簡・325:已庱(痿)病亟甚

2069  厎

詛楚文・湫淵(中吳本):飾(飭)甲厎(砥)兵〖注〗厎,讀爲"砥"。

詛楚文・湫淵(中吳本):以厎(詆)楚王熊相之多辠〖注〗厎,舊釋"致",致告。

詛楚文・巫咸(中吳本):飾(飭)甲厎(砥)兵

詛楚文・巫咸(中吳本):以厎(詆)楚王熊相之多辠

詛楚文・亞駝(中吳本):飾(飭)甲厎(砥)兵

詛楚文・亞駝(中吳本):以厎(詆)楚王熊相之多辠

封泥印 9:厎柱丞印〖注〗厎柱,山名。

新封泥 D · 42：厎柱丞印

2070　厥

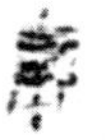
帛書 · 病方 · 171：而□尻厥〖注〗厥，即𨻶字，《說文》：“臀骨也。”

集證 · 162.474：王厥

2071　厲 蠣

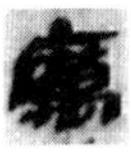
睡簡 · 日甲 · 5 正：利以除凶厲（厲）

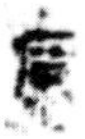
帛書 · 病方 · 164：冶厲（蠣）

2072　厝

廿五年上郡守厝戈 · 摹（秦銅 · 43）：廿五年上郡守厝造〖注〗厝，人名，陳平說或爲司馬錯。

2073　厭

帛書 · 病方 · 12：取故蒲席厭□燔□痏

帛書 · 病方 · 123：極厭而止〖注〗厭，即“饜”，此指飲酒飽足。

秦印編 187：王厭

2074　丸

帛書 · 病方 · 411：以爲大丸

2075　危

天簡 22 · 甲：危卯成辰收巳

天簡 22 · 甲：危辰成巳

天簡 31 · 乙：執卯彼辰危巳

天簡 32 · 乙：執辰彼巳危午

睡簡 · 日甲 · 22 正：危巳

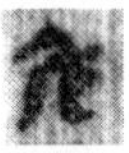
睡簡 · 日甲 · 27 正：辰亥危陽

睡簡 · 日甲 · 24 正：危未

睡簡 ·. 日甲 · 25 正：危申

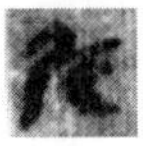
睡簡 · 日甲 · 79 正：危，百事凶

睡簡 · 日甲 · 56 正：危、營室致死

睡簡 · 日甲 · 57 正：玄戈毄（繫）危

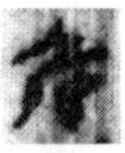
睡簡 · 日甲 · 53 正：危、營室少吉

睡簡 · 日甲 · 18 正：危丑

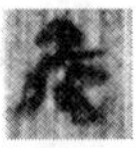
睡簡 · 日甲 · 17 正：危子

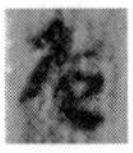
睡簡 · 日甲 · 14 正：危酉

睡簡 · 日乙 · 48：辰［亥］危陽

睡簡 · 日乙 · 49：午丑危陽

睡簡 · 日乙 · 47：寅酉危陽

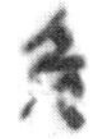
睡簡·日乙·50:[申]未危陽

睡簡·日乙·56:危陽

關簡·209:[危:斗乘]危

關簡·209:所言者危行事也〖注〗危行,帶有風險的行爲。

關簡·142:危〖注〗危,二十八宿之一。

秦印編187:騏危

秦陶·313:咸陽危〖注〗危,人名。

2076  石

高奴禾石銅權(秦銅·32.1):禾石〖注〗王輝說"禾石權"可能用來徵收租稅。

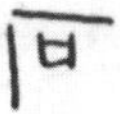
元年丞相斯戈·摹(秦銅·160):石邑〖注〗石邑,地名。

秦懷后磬·摹:擇其吉石

詛楚文·湫淵(中吳本):箸者(諸)石章

詛楚文·巫咸(中吳本):箸者(諸)石章

詛楚文·亞駝(中吳本):箸者(諸)石章

會稽刻石·宋刻本:請刻此石

琅邪臺刻石:臣請具刻詔書金石刻

琅邪臺刻石:今襲號而金石刻辭不稱始皇帝

琅邪臺刻石:金石刻盡始皇帝所爲也

泰山刻石·廿九字本:臣請具刻詔書金石刻

泰山刻石·宋拓本:臣請具刻詔書金石刻

泰山刻石·宋拓本:今襲號而金石刻辭不稱始皇帝

泰山刻石·宋拓本:金石刻盡始皇帝所爲也

繹山刻石·宋刻本:臣請具刻詔書金石刻

繹山刻石·宋刻本:今襲號而金石刻辭不稱始皇帝

繹山刻石·宋刻本:金石刻盡始皇帝所爲也

繹山刻石·宋刻本:刻此樂石

天簡25·乙:申石殹

睡簡·效律·5:半石不正

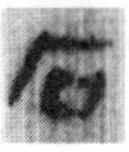
睡簡·效律·31:某廥出禾若干石

睡簡·效律·31:其餘禾若干石

睡簡·秦律·49:月禾一石半石

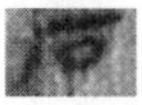
睡簡·秦律·51:月一石半石

睡簡·秦律·51:以二月月稟二石半石

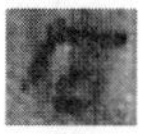
睡簡·效律·23:百石以到千石

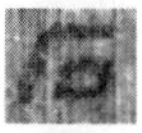
睡簡·效律·38:櫟陽二萬石一積

睡簡·效律·3:衡石不正〖注〗衡石,指衡制單位石。

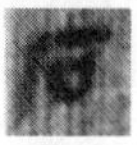
睡簡·秦律·49:月禾一石半石

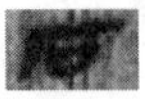
睡簡・秦律・51:月一石半石

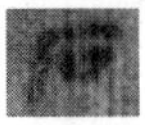
睡簡・秦律・51:以二月月稟二石半石

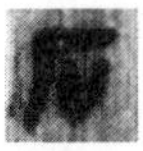
睡簡・秦律・164:百石以上到千石

睡簡・效律・23:百石以到千石

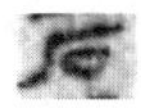
睡簡・答問・158:食人稼一石

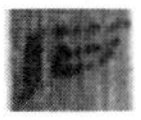
睡簡・答問・151:蔫下有稼一石以上

睡簡・秦律・8:頃入芻三石、稾二石〖注〗石,重量單位,一百二十斤。

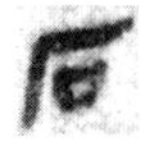
睡簡・秦律・28:芻稾各萬石一積

睡簡・秦律・26:萬石之積及未盈萬石而被(柀)出者

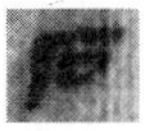
睡簡・秦律・21:萬石一積而比黎之爲戶

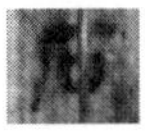
睡簡・秦律・49:隸臣月禾二石

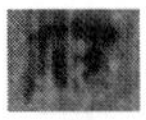
睡簡・秦律・49:隸妾一石半

睡簡・秦律・49:月禾一石

睡簡・秦律・43:叔(菽)、荅、麻十五斗爲一石

睡簡・秦律・43:以十斗爲石

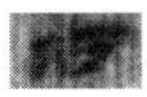
睡簡・秦律・51:到九月盡而止其半石

睡簡・秦律・51:禾月半石

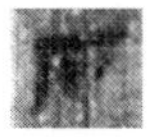
睡簡・秦律・50:嬰兒之毋(無)母者各半石

睡簡・秦律・50:月禾一石二斗半斗

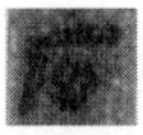
睡簡・秦律・181:芻稾各半石

睡簡・秦律・194:各有衡石贏(纍)、斗甬(桶)

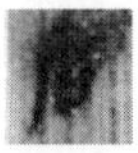
睡簡・秦律・168:其廥禾若干石

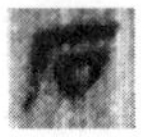
睡簡・秦律・164:百石以上到千石

睡簡・秦律・164:其不可食者不盈百石以下

睡簡・秦律・165:以其秏(耗)石數論負之

睡簡・秦律・172:其餘禾若干石

睡簡・秦律・143:石卅錢

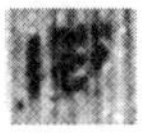
睡簡・秦律・100:縣及工室聽官爲正衡石贏(纍)、斗用(桶)、升

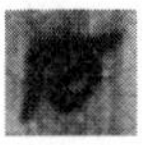
睡簡・秦律・10:輒上石數縣廷

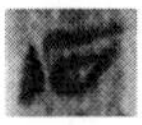
睡簡・日甲・91背:申,石也

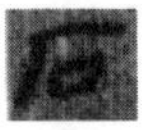
睡簡・效律・22:不盈百石以下

睡簡・效律・27:某廥禾若干石

睡簡・效律・27:萬石一積而比黎之爲戶

睡簡・效律・23:過千石以上

睡簡・效律・24:以其秏(耗)石數論饋(負)之

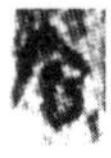
龍簡・186:失廿石以□

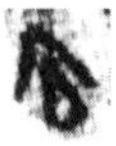
龍簡・187:失租廿石□

龍簡・193・摹:不盈十石及過十□

 龍簡・194・摹:□廿[石]□

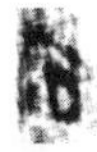 龍簡・188:盈廿石到十石

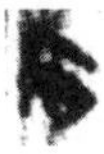 龍簡・193:不盈廿石到十石

 龍簡・191・摹:不盈十石到一石

 龍簡・188・摹:盈廿石到十石

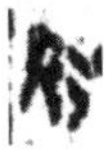 龍簡・193:不盈廿石到十石

 龍簡・188・摹:不盈[十]石到一石

 龍簡・190・摹:□不盈一石□

 帛書・病方・330:善擇去其蔡、沙石

 帛書・病方・22:稍(消)石直(置)温湯中〖注〗消石,一名芒消。

 帛書・病方・56:取恆石兩〖注〗恆石,疑即長石。

 帛書・病方・164:類石如泔從前出

 帛書・病方・185:三温煮石韋若酒而飲之〖注〗石韋,治淋藥物。

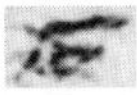 帛書・病方・185:石瘩〖注〗石瘩,石淋,病名。

 帛書・病方・186:澡石大若李樺

 帛書・病方・247:燔小隋(橢)石〖注〗小橢石,橢圓形小石。

 帛書・病方・270:取石大如卷(拳)二七

 帛書・病方・270:取石置中

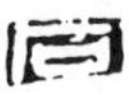 秦印編187:石督

 秦印編187:楊石

 秦印編187:石賢

 秦印編187:安石里典

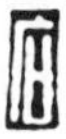 秦印編187:石忌

 秦印編187:笱石

 集證・193.26:石

 秦陶・1286:咸陽成石〖注〗成石,人名。

 秦陶・1288:咸陽成石

2077  碭

 新封泥B・3.12:碭丞之印〖注〗碭,地名。

2078  礜

 帛書・病方・60:冶礜與橐莫

 關簡・321:上橐莫以丸礜〖注〗礜,礜石,有毒。

 關簡・372:取大白礜

 帛書・病方・347:礜大如李

 帛書・病方・350:燔礜

 帛書・病方・413:礜一齊

 帛書・病方・421:礜一

 秦印編 187:左礜桃支

 秦印編 187:左礜桃支

 秦印編 187:左礜桃支

 秦印編 187:左礜桃支

 封泥集 226・1:左礜桃支

 封泥集 226・2:左礜桃支

 封泥印・待考 155:左礜桃支

 封泥集 226・1:右礜桃支

 封泥印・待考 155:右礜桃支

 集證・160.433:左礜桃支

 集證・160.431:左礜桃丞

 秦印編 187:左礜桃丞

 封泥集 227・2:左礜桃丞

 封泥集 227・5:左礜桃丞

 封泥集 227・7:左礜桃丞

 封泥集 227・11:左礜桃丞

 封泥集 228・3:右礜桃丞

 封泥集 228・1:右礜桃丞

 封泥印・待考 156:右礜桃丞

 集證・160.434:右礜桃丞

2079  礐

 集證・217.234:咸郿里礐〖注〗礐,人名。

2080  曆

 關簡・132:此所謂戎曆日毆〖注〗曆,讀爲“曆”。

 帛書・病方・341:冶亭(葶)曆(藶)、莁夷(荑)〖注〗葶藶,藥名。

2081  磬殸硜

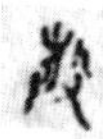 秦懷后磬・摹:自乍(作)遣(造)殸(磬)

 大墓殘磬(集證・84):允龢又(有)靁(靈)殸(磬)〖注〗《說文》:“磬,樂石也。”

2082  破

 帛書・病方・202:破卵音(杯)醯中

 集證・174.612:張破戎

 秦印編 188・摹:破燕

2083 磨

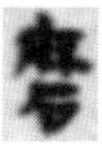 地圖注記・摹(地圖・5):下辟磨

2084　砭

帛書・病方・221:以砭(砭)穿其[脽(脽)]旁〖注〗砭,砭石。

2085　碧(砭)

帛書・脈法・77:胃(謂)之碧(砭)□〖注〗碧,即砭字。

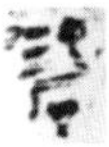
帛書・脈法・77:[臚(膿)]小而碧(砭)大

2086　礬

關簡・369:礬(皦)赤叔(菽)各二七

2087　　長夫旡

青川銅鼎(青川牘・11.1):長

十六年大良造鞅戈鐓(秦銅・17):十六年大良造庶長鞅之造殳

十九年大良造鞅殳鐏(集證・15):十九年大良造庶長鞅之造殳

十九年大良造鞅殳鐏・摹(集證・15):十九年大良造庶長鞅之造殳

十二年上郡守壽戈・摹(秦銅・35):工更長𤞞〖注〗長𤞞,人名。

十三年上郡守壽戈・摹(集證・21):工更長𤞞

□□年上郡守戈(集證・20):工更長𤞞

□□年上郡守戈・摹(集證・20):工更長𤞞

大良造鞅殳鐏・摹(集證・16):□造庶長鞅之造殳〖注〗庶長,官名,王輝說其地位約相當於相邦。

詛楚文・亞駝(中吳本):述(遂)取㐚(吾)邊城新郢及鄔(於)、長、敍(莘)〖注〗長,地名。

會稽刻石・宋刻本:德惠攸長

泰山刻石・宋拓本:建設長利

繹山刻石・宋刻本:利澤長久

繹山刻石・宋刻本:咸思攸長

天簡 26・乙:長面大目

天簡 26・乙:長喙而脫(銳)

天簡 27・乙:長赤目

天簡 28・乙:比于宮聲

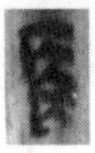
天簡 31・乙:上□毆長□

天簡 33・乙:兌喙長□

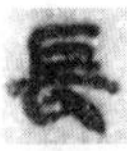
睡簡・日乙・43:長行毋以戌亥遠去室

睡簡・日乙・188:長死之

睡簡・爲吏・44:長不行〖注〗長,老。

睡簡・爲吏・15:辯短長

睡簡・答問・208:及將長令二人扶出之

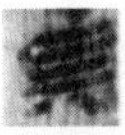
睡簡・答問・95:辭者不先辭官長、嗇夫

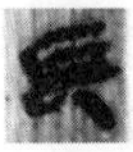
睡簡・答問・95:可(何)謂"官長"

 睡簡・答問・95:命都官曰“長”

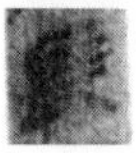 睡簡・答問・72:及臣邦君長所置爲後大(太)子

 睡簡・答問・113:臣邦真戎君長

 睡簡・秦律・80:嗇夫即以其直(值)錢分負其官長及冗吏

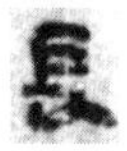 睡簡・秦律・29:廷令長吏雜封其廥

 睡簡・秦律・26:長吏相雜以入禾倉及發〖注〗長吏,官名。

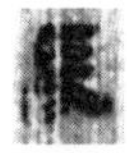 睡簡・秦律・98:其小大、短長、廣亦必等

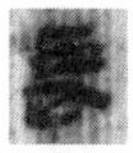 睡簡・秦律・68:列伍長弗告

 睡簡・秦律・73:各與其官長共養、車牛〖注〗官長,機構中的主管官員。

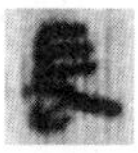 睡簡・秦律・128:官長及吏以公車牛稟其月食及公牛乘馬之稟

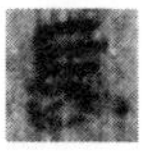 睡簡・秦律・127:其主車牛者及吏、官長皆有辠

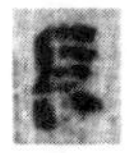 睡簡・秦律・176:必令長吏相雜以見之

 睡簡・秦律・13:賜牛長日三旬

 睡簡・雜抄・23:貲其曹長一盾

 睡簡・雜抄・36:敦(屯)長、什伍智(知)弗告

 睡簡・雜抄・34:署君子、敦(屯)長、僕射不告

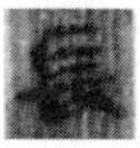 睡簡・雜抄・18:丞、曹長一甲

 睡簡・雜抄・12:徒食、敦(屯)長、僕射弗告〖注〗屯長,隊長。

 睡簡・雜抄・19:縣嗇夫、丞、吏、曹長各一盾

 睡簡・雜抄・17:丞及曹長一盾

 睡簡・雜抄・13:同車食、敦(屯)長、僕射弗告

 睡簡・日甲・80背:長脊

 睡簡・日甲・70背:長頸

 睡簡・日甲・76背:盜者長須(鬚)耳

 睡簡・日甲・74背:盜者長而黑

 睡簡・日甲・75背:長耳而操蔡

 睡簡・日甲・75背:盜者長頸

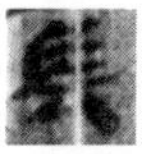 睡簡・日甲・32正:既美且長

 睡簡・日甲・100正:長子婦死

 睡簡・日甲・127背:長行

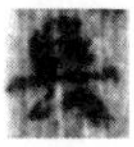 睡簡・日甲・124正:木長,澍(樹)者死

 睡簡・日甲・14背:宇右長左短

 睡簡・日甲・149正:長大

 睡簡・日甲・15背:宇左長

 睡簡・日乙・241:癸未生,長

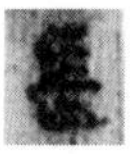 睡簡・爲吏・37:不可[不]長

 龍簡・206・摹:道官長

 關簡・314:長髪

關簡·49:宿長道〖注〗長道,地名。

關簡·366:北斗長史

帛書·病方·215:長足二七〖注〗長足,疑卽蠨蛸,蜘蛛類。

帛書·病方·17:獨□長支(枝)者二廷(梃)

帛書·病方·68:黄柃(芩)長三寸

帛書·病方·73:取杞本長尺

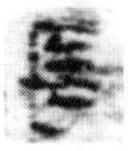
帛書·病方·176:取景天長尺、大圍束一

鑄錢·1.6:長安〖注〗長安,秦王政弟成蟜封號;袁仲一説成蟜卽盛橋,莊襄王弟。

鑄錢·1.6:長安

先秦幣·108.1:長安

先秦幣·108.2:長安

鑄錢·1.4:長安

集證·159.427:長安君〖注〗長安君,封君名。

秦印編 188:長安君

秦印編 188:長夷涇橋

集證·150.275:長夷涇橋〖注〗長夷,卽長平,"長平阪"的簡稱。

秦印編 188:長枝閒左

秦印編 188:長平鄉印

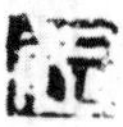
秦印編 188:丞長

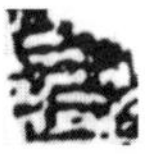
封泥印 114:長社丞印〖注〗長社,地名。

秦印編 188:胡長

秦印編 188:王長

秦印編 188:王長

秦印編 188:王長

秦印編 188:杜長

秦印編 188:長

秦印編 188:長榆根

秦印編 188:敬長慎官

封泥集 201·1:長信私丞

封泥集 304·1:長平丞印〖注〗長平,地名。

集證·155.352:長平丞印

新封泥 B·3.29:長武丞印〖注〗長武,地名。

封泥印 107:長武丞印

瓦書·郭子直摹:以爲右庶長歜宗邑〖注〗右庶長,秦爵之十一級。

瓦書·郭子直摹:大良造庶長游出命曰

漆器 M11·6(雲夢·附二):長

2088  勿旊

石鼓文·吴人(先鋒本):勿竈勿代〖注〗勿,郭沫若讀爲"忽"。

石鼓文・吳人(先鋒本):勿竈勿代

石鼓文・霝雨(先鋒本):勿□□止

石鼓文・田車(先鋒本):執而勿射

睡簡・答問・104:勿聽

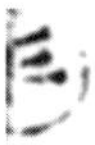
睡簡・11 號牘・正:願母遺黑夫用勿少

睡簡・答問・69:勿睾

睡簡・答問・53:勿發

睡簡・答問・108:勿聽

睡簡・答問・102:亟執勿失

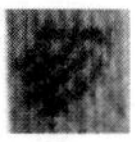
睡簡・答問・109:勿刑

睡簡・答問・106:勿聽

睡簡・答問・106:勿治

睡簡・答問・176:勿許

睡簡・答問・107:勿收

睡簡・答問・139:勿購

睡簡・答問・148:勿敢擅强質

睡簡・答問・142:令曰勿爲

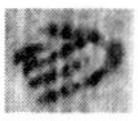
睡簡・答問・104:勿聽

睡簡・答問・159:勿責

睡簡・答問・100:勿聽

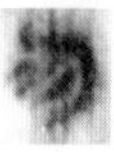
睡簡・封診式・2:勿庸輒詰

睡簡・秦律・27:勿令敗

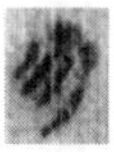
睡簡・秦律・23:勿度縣

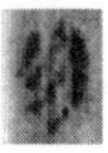
睡簡・秦律・24:雜出禾者勿更

睡簡・秦律・200:勿敢行

睡簡・秦律・90:過時者勿稟

睡簡・秦律・65:勿敢異

睡簡・秦律・6:勿敢殺

睡簡・秦律・32:雜者勿更

睡簡・秦律・34:桼(秫)勿以稟人

睡簡・秦律・35:勿增積

睡簡・秦律・31:勿强

睡簡・秦律・42:勿鼠(予)

睡簡・秦律・49:勿稟

睡簡・秦律・54:不急勿總

睡簡・秦律・184:隸臣妾老弱及不可誠仁者勿令

睡簡・秦律・122:勿灋

睡簡・秦律・195:令人勿紤(近)舍

睡簡・秦律・171:勿度縣

睡簡・秦律・135:皆勿將司

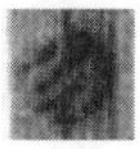睡簡・秦律・148:勿行

睡簡・秦律・141:勿責衣食

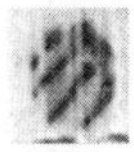睡簡・秦律・15:受勿責

睡簡・秦律・150:司寇勿以爲僕、養、守官府及除有爲殹

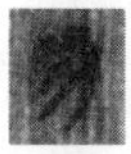睡簡・秦律・10:勿用

睡簡・秦律・118:而勿計爲繇(徭)

睡簡・秦律・117:勿計爲繇(徭)

睡簡・秦律・113:勿以爲人僕、養

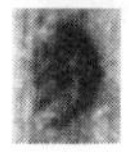睡簡・秦律・11:勿稟、致

睡簡・秦律・100:有工者勿爲正

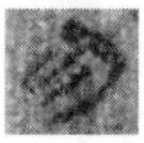睡簡・雜抄・8:縣勿奪

睡簡・雜抄・22:勿貲

睡簡・雜抄・38:求盜勿令送逆爲它

睡簡・雜抄・41:署勿令爲它事

睡簡・日甲・92 正:勿以出入鷄

睡簡・日甲・73 背:勿言已

睡簡・日甲・59 背:勿(忽)見而亡

睡簡・日甲・100 正:勿以殺六畜

睡簡・日甲・102 正:勿以筑(築)室

睡簡・日甲・142 背:勿以筑(築)室及波(破)地

睡簡・日乙・247:勿舉

睡簡・日乙・64:亦勿以種

睡簡・日乙・120:勿以作事、大祠

睡簡・日乙・111:勿以作事、復(覆)内、暴屋

睡簡・爲吏・26:將軍勿恤視

睡簡・爲吏・31:精而勿致

睡簡・爲吏・19:勿令爲戶

睡簡・爲吏・19:勿鼠(予)田宇

睡簡・爲吏・16:敬上勿犯

睡簡・爲吏・17:聽閒(諫)勿塞

睡簡・爲吏・14:悔過勿重

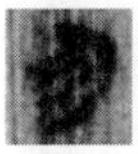睡簡・爲吏・15:茲(慈)下勿陵

睡簡・爲吏・11:欲令之具下勿議

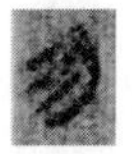睡簡・效律・30:勿度縣

睡簡・效律・50:而勿令賞(償)

睡簡・效律・1:勿贏(纍)

 龍簡・198・摹:勿予其言殹

 龍簡・178:諸以錢財它勿(物)假田□

 龍簡・153・摹:取人草□荵(蒸)、茅、芻、稾□勿論□

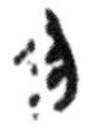 龍簡・88:□道官皆勿論□

 龍簡・23:勿敢擅殺

 龍簡・96:勿令巨罪

 龍簡・67・摹:勿令□

 龍簡・78:□者勿□

 龍簡・30:黔首其欲弋射耎(獳)獸者勿禁

 里簡・J1(9)9 正:勿聽

 關簡・317:令溫勿令焦

 關簡・378:勿令逃

 帛書・病方・420:夏日勿漬

 帛書・病方・447:勿令疾沸

 帛書・病方・殘 2:□者勿炙□

 帛書・病方・31:熨勿絕

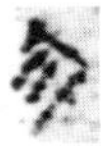 帛書・病方・38:下膏勿絕

 帛書・病方・103:勿顧

 帛書・病方・107:去勿顧

 帛書・病方・117:治之[以]鳥卵勿毀半斗

 帛書・病方・343:勿擇(釋)

 帛書・病方・378:勿盡傅

 帛書・病方・387:禁勿□

 帛書・病方・396:□欲□勿□矣

 帛書・灸經甲・61:勿治殹

 集證・184. 742:非有毋半

2089 昜 易

 秦印編 188:北昜

2090 冄 冉

 十四年相邦冄戈・摹(秦銅・38):十四年相邦冄造〖注〗冄,卽魏冄。

 廿年相邦冄戈(集證・25. 1):廿年相邦冄造

 廿年相邦冄戈・摹(秦銅・42):廿年相邦冄造

 廿一年相邦冄戈二(珍金・64):廿一年相邦冄造

 廿一年相邦冄戈二・摹(珍金・64):廿一年相邦冄造

 廿一年相邦冄戈一・摹(秦銅・47. 1):廿一年相邦冄造

 卅二年相邦冄戈(珍金・80):卅二年相邦冄造

 卅二年相邦冄戈・摹(珍金・80):卅二年相邦冄造

五年相邦呂不韋戈三·摹(秦銅·69):丞冉〖注〗冉,人名。

集證·169.558:匋冉〖注〗匋冉,人名。匋,讀爲“陶”。

秦印編189:任冉

秦陶·396:冉

秦陶·393:冉

秦陶·394:冉

秦陶·395:冉

2091  而

北私府橢量·二世詔(秦銅·147):今襲號而刻辭不稱始皇帝

大騩銅權(秦銅·131):今襲號而刻辭不稱始皇帝

二世元年詔版八(秦銅·168):今襲號而刻辭不稱始皇帝

二世元年詔版六(秦銅·166):今襲號而刻辭不稱始皇帝

二世元年詔版三(秦銅·163):今襲號而刻辭不稱始皇帝

二世元年詔版十二(秦銅·172):今襲號而刻辭不稱始皇帝

二世元年詔版十三(集證·50):今襲號而刻辭不稱始皇帝

二世元年詔版十一(秦銅·171):今襲號而刻辭不稱始皇帝

二世元年詔版四(秦銅·164):今襲號而刻辭不稱始皇帝

二世元年詔版五(秦銅·165):今襲號而刻辭不稱始皇帝

二世元年詔版一(秦銅·161):今襲號而刻辭不稱始皇帝

兩詔斤權一·摹(集證·46):今襲號而刻辭不稱始皇帝

兩詔斤權二·摹(集證·49):今襲號而刻辭不稱始皇帝

兩詔斤權一(集證·45):今襲號而刻辭不稱始皇帝

兩詔銅權三(秦銅·178):今襲號而刻辭不稱始皇帝

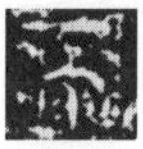
兩詔銅權四(秦銅·179.2):今襲號而刻辭不稱始皇帝

兩詔橢量二(秦銅·149):今襲號而刻辭不稱始皇帝

兩詔橢量三之二(秦銅·151):今襲號而刻辭不稱始皇帝

兩詔橢量一(秦銅·148):今襲號而刻辭不稱始皇帝

美陽銅權(秦銅·183):今襲號而刻辭不稱始皇帝

平陽銅權·摹(秦銅·182):今襲號而刻辭不稱始皇帝

僅存銘兩詔銅權(秦銅·135-18.2):今襲號而刻辭不稱始皇帝

旬邑銅權(秦銅·133):今襲號而刻辭不稱始皇帝

石鼓文·吳人(先鋒本):□而□(出?)□

石鼓文·而師(先鋒本):□□而師〖注〗而,爾,人稱代詞。

石鼓文·田車(先鋒本):執而勿射

詛楚文·亞駝(中吳本):而兼倍(背)十八世之詛盟

詛楚文·亞駝(中吳本):親卬(仰)不(丕)顯大神亞駝而質焉

詛楚文·湫淵(中吳本):而兼倍(背)十八世[之]詛盟

詛楚文·湫淵(中吳本):親卬(仰)大沈氒(厥)湫而質焉

詛楚文·巫咸(中吳本):而兼倍(背)十八世之詛盟

詛楚文·巫咸(中吳本):親印(仰)不(丕)顯大神巫咸而質焉

秦駰玉版·乙·摹:吾窮(窮)而無柰之

秦駰玉版·甲·摹:而不得氒(厥)方

秦駰玉版·甲·摹:而靡又(有)息休

秦駰玉版·甲·摹:而無辠(罪)□友□

秦駰玉版·甲·摹:吾窮(窮)而無柰之

秦駰玉版·乙·摹:而不得氒(厥)方

秦駰玉版·乙·摹:而道(導)崋(華)大山之陰陽

秦駰玉版·乙·摹:而靡又(有)[息]休

秦駰玉版·乙·摹:而無辠□友□

繹山刻石·宋刻本:今襲號而金石刻辭不稱始皇帝

會稽刻石·宋刻本:負力而驕

會稽刻石·宋刻本:有子而嫁

琅邪臺刻石:今襲號而金石刻辭不稱始皇帝

青川牘·摹:而有陷敗不可行

天簡33·乙:下八而生者三

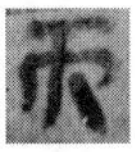
天簡33·乙:而爲二上北而生

天簡33·乙:而爲二上北而生

天簡33·乙:而爲

天簡25·乙:從期三而一

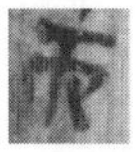
天簡26·乙:長喙而脫(銳)

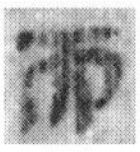
睡簡·語書·3:而使之之於爲善毆

睡簡·語書·10:而惡與人辨治

睡簡·語書·12:而上猶智之毆

睡簡·語書·11:輕惡言而易病人

睡簡·語書·4:故騰爲是而脩灋律令、田令及爲閒(奸)私方而下之

睡簡·語書·4:故騰爲是而脩灋律令、田令及爲閒(奸)私方而下之

睡簡·答問·81:縛而盡拔其須麋(眉)

睡簡·答問·26:而被盜之

睡簡·答問·207:不當氣(餼)而誤氣(餼)之

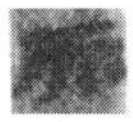
睡簡·答問·23:以買布衣而得

睡簡·答問·205:而實弗盜之謂毆

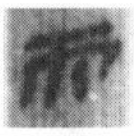
睡簡·答問·96:而告它人

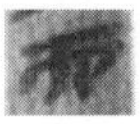
睡簡·答問·93:辠當重而端輕之

睡簡·答問·69:其子新生而有怪物其身及不全而殺之

睡簡·答問·63:將上不仁邑里者而縱之

睡簡·答問·64:而盜徙之

睡簡·答問·60:未行而死若亡

睡簡·答問·65:人未蝕奸而得

睡簡·答問·77:弗言而葬

睡簡·答問·71:而擅殺之

睡簡·答問·36:吏智(知)而端重若輕之

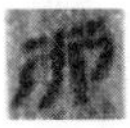
睡簡·答問·37:赦後盡用之而得

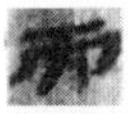
睡簡·答問·30:一日而得

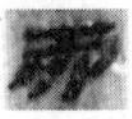
睡簡·答問·31:若未啟而得

睡簡·答問·48:沒錢五千而失之

睡簡·答問·46:而不智(知)其羊數

睡簡·答問·53:見書而投者不得

睡簡·答問·10:其見智(知)之而弗捕

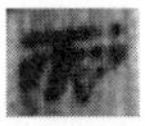
睡簡·答問·182:智(知)人通錢而爲臧(藏)

睡簡·答問·184:客未布吏而與賈

睡簡·答問·180:徒、吏與偕使而弗爲私舍人

睡簡·答問·120:當黥城旦而以完城旦誣人

睡簡·答問·125:將司人而亡

睡簡·答問·12:已去而偕得

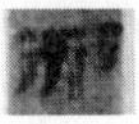
睡簡·答問·1:害盜別徼而盜

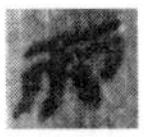
睡簡·答問·199:有大繇(徭)而曹鬬相趣

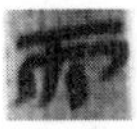
睡簡·答問·195:雖不養主而入量(糧)者

睡簡·答問·162:然而行事比焉

睡簡·答問·106:父死而誧(甫)告之

睡簡·答問·106:父死而告之

睡簡·答問·167:而得

睡簡·答問·163:未卒歲而得

睡簡·答問·107:而誧(甫)告之

睡簡·答問·179:可(何)謂"亡券而害"

睡簡·答問·177:臣邦父母產子及產它邦而是謂"真"

睡簡·答問·175:以乘馬駕私車而乘之

睡簡·答問·132:未論而自出

睡簡·答問·133:亡而得

睡簡·答問·104:而行告

睡簡·答問·142:而爲之

睡簡·答問·14:妻智(知)夫盜而匿之

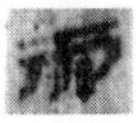
睡簡·答問·144:事它郡縣而不視其事者

睡簡·答問·152:倉鼠穴幾可(何)而當論及誶

睡簡·答問·153:赦期已盡六月而得

睡簡・答問・100:而論其不審

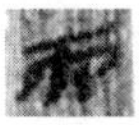
睡簡・答問・110:耐以爲鬼薪而鋈(夭)足

睡簡・答問・117:當耐司寇而以耐隸臣誣人

睡簡・封診・88:而不可智(知)目、耳、鼻、男女

睡簡・封診・89:今尚血出而少□

睡簡・封診・22:而捕來詣

睡簡・封診・94:丙而不把毒〖注〗而,乃。

睡簡・封診・18:而捕以來自出

睡簡・秦律・88:凡糞其不可買(賣)而可以爲薪及蓋蘙〈蘙〉者

睡簡・秦律・80:而人與參辨券

睡簡・秦律・82:而坐其故官以貲賞(償)及有它責(債)

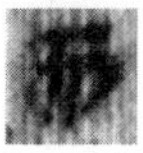
睡簡・秦律・87:盡七月而觱(畢)

睡簡・秦律・83:效其官而有不備者

睡簡・秦律・84:牧將公畜生而殺、亡之

睡簡・秦律・84:其已分而死

睡簡・秦律・85:未賞(償)及居之未備而死

睡簡・秦律・81:隃(逾)歲而弗入及不如令者

睡簡・秦律・22:而復雜封之

睡簡・秦律・22:餘之索而更爲發戶

睡簡・秦律・29:出之未索(索)而已備者

睡簡・秦律・26:萬石之積及未盈萬石而被(柀)出者

睡簡・秦律・25:而書入禾增積者之名事邑里于廥籍

睡簡・秦律・21:而遺倉嗇夫及離邑倉佐主稟者各一戶以氣(餼)

睡簡・秦律・6:百姓犬入禁苑中而不追獸及捕獸者

睡簡・秦律・77:而弗收責

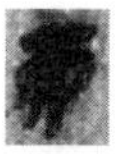
睡簡・秦律・7:食其肉而入皮

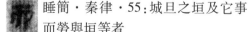

睡簡・秦律・74:旬五日而止之

睡簡・秦律・32:索(索)而論不備

睡簡・秦律・48:妾未使而衣食公

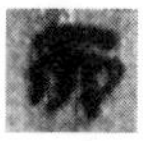
睡簡・秦律・46:而以其來日致其食

睡簡・秦律・46:月食者已致稟而公使有傳食

睡簡・秦律・5:到七月而縱之

睡簡・秦律・57:城旦爲安事而益其食

睡簡・秦律・57:盡月而以其餘益爲後九月稟所

睡簡・秦律・50:雖有母而與其母冗居公者

睡簡・秦律・5:唯不幸死而伐綰(棺)享(槨)者

睡簡・秦律・55:城旦之垣及它事而勞與垣等者

睡簡・秦律・51:到九月盡而止其半石

睡簡・秦律・108:賦之三日而當夏二日

睡簡・秦律・18:其乘服公馬牛亡馬者而死縣

睡簡・秦律・18:縣診而雜買(賣)其肉

睡簡・秦律・102:入叚(假)而而毋(無)久及非其官之久也

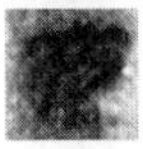
睡簡・秦律・123:其程攻(功)而不當者

睡簡・秦律・124:而以其實爲繇(徭)徒計

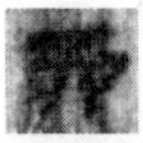
睡簡・秦律・125:皆不勝任而折

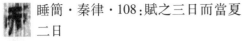

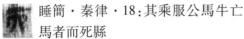

睡簡・秦律・125:皆爲用而出之

睡簡・秦律・120:至秋毋(無)雨時而以繇(徭)爲之

睡簡・秦律・1:稼已生後而雨

睡簡・秦律・19:令其人備之而告官

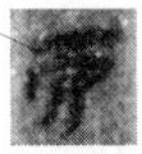
睡簡・秦律・196:有不從令而亡、有敗、失火

睡簡・秦律・19:十牛以上而三分一死

睡簡・秦律・162:節(卽)官嗇夫免而效

睡簡・秦律・169:而遺倉嗇夫及離邑倉佐主稟者各一戶

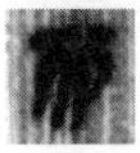
睡簡・秦律・167:度禾、芻稾而不備十分一以下

睡簡・秦律・167:而以律論其不備

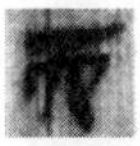
睡簡・秦律・16:其入之其弗亟而令敗者

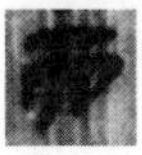
睡簡・秦律・164:及積禾粟而敗之

睡簡・秦律・165:禾粟雖敗而尚可食殹

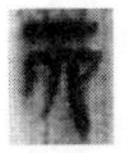
睡簡・秦律・16:縣亟診而入之

睡簡・秦律・173:而以律論不備者

睡簡・秦律・174:羣它物當負賞(償)而僞出之以彼(貱)賞(償)

睡簡・秦律・174:有贏、不備而匿弗謁

睡簡・秦律・175:大嗇夫、丞智(知)而弗辠

睡簡・秦律・175:至計而上廥籍內史

睡簡・秦律・171:嗇夫免而效

睡簡・秦律・171:終歲而爲出凡曰

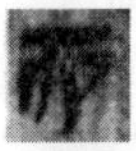
睡簡・秦律・138:其日未備而被入錢者

睡簡・秦律・138:以日當刑而不能自衣食者

睡簡・秦律・138:亦衣食而令居之

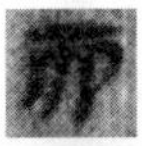
睡簡・秦律・139:官作居貲贖責(債)而遠其計所官者

睡簡・秦律・139:毋過九月而觱(畢)到其官

睡簡・秦律・136:作務及賈而負責(債)者

睡簡・秦律・137:一室二人以上居貲贖責(債)而莫見其室者

睡簡・秦律・103:入叚(假)而而毋(無)久(記)及非其官之久(記)也

睡簡・秦律・140:百姓有貲贖責(債)而有一臣若一妾

睡簡・秦律・104:敝而糞者

睡簡・秦律・140:而欲居者

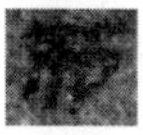
睡簡・秦律・142:日未備而死者

睡簡・秦律・140:盡九月而告其計所官

睡簡・秦律・159:所不當除而敢先見事

睡簡・秦律・157:盡三月而止之

睡簡・秦律・153:未拜而死

睡簡・秦律・154:賜未受而死及灋耐罨(遷)者

睡簡・秦律・155:謁歸公士而免故妻隸妾一人者

睡簡・秦律・15:銷敝不勝而毀者

睡簡・秦律・151:非適(謫)辠毆而欲爲冗邊五歲

睡簡・秦律・118:而勿計爲繇(徭)

睡簡・秦律・118:卒歲而或抉(決)壞

睡簡・秦律・112:籍書而上內史

睡簡・秦律・101:叚(假)而有死亡者

睡簡・秦律・119:及雖未盈卒歲而或盜抉(決)道出入

睡簡・秦律・11:稟大田而毋(無)恆籍者

睡簡・秦律・111:故工一歲而成

睡簡・秦律・111:新工二歲而成

睡簡・雜抄・22:殿而不負費

睡簡・雜抄・22:未取省而亡之

睡簡・雜抄・22:貲嗇夫二甲而灋(廢)

睡簡・雜抄・24:榦可用而久(記)以爲不可用〖注〗而,乃。

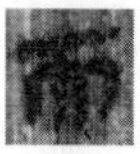
睡簡・雜抄・21:貲嗇夫二甲而灋(廢)

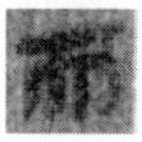
睡簡・雜抄・11:不當稟軍中而稟者

睡簡・日甲・80 背:盜者大鼻而票(剽)行

睡簡・日甲・82 正:女子愛而口臭

睡簡・日甲・28 背:見而射之

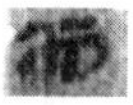
睡簡・日甲・26 背:求而去之

睡簡・日甲・68 背:乃解衣弗袵入而傅(搏)者之〖編者按〗"乃"、"者"二字爲衍文。

睡簡・日甲・68 背:以望之日日始出而食之

睡簡・日甲・62 背:斷而能屬者

睡簡・日甲・66 背:享(烹)而食之

睡簡・日甲・67 背:人毋(無)故而心悲也

睡簡・日甲・65 背:乃爲灰室而牢之

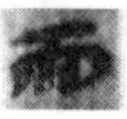
睡簡・日甲・61 背:毋(無)氣之徒而㠉(動)

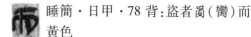

睡簡・日甲・70 背:大辟(臂)臑而僂

睡簡・日甲・78 背:盜者矞(蠻)而黃色

睡簡・日甲・74 背:盜者長而黑

 睡簡・日甲・75 背:長耳而操蔡

 睡簡・日甲・38 背:正立而貍(埋)

 睡簡・日甲・3 背:牽牛以取織女而不果

 睡簡・日甲・32 背:人毋(無)故而鬼惑之

 睡簡・日甲・32 背:人毋(無)故而鬼有鼠(予)

 睡簡・日甲・39 背:屈(掘)而去之

 睡簡・日甲・39 正:歲善而柀不產

 睡簡・日甲・37 背:一宅中毋(無)故而室人皆疫

 睡簡・日甲・33 背:鬼來而毄(擊)之

 睡簡・日甲・33 背:殺而享(烹)食之

 睡簡・日甲・34 背:見它人而去

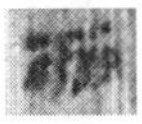 睡簡・日甲・42 正:先辱而後又(有)慶

 睡簡・日甲・49 背:烰(炮)而食之

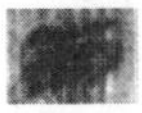 睡簡・日甲・46 正:而可以葬貍(埋)

 睡簡・日甲・41 背:屈(掘)而去之

 睡簡・日甲・50 背:室毋(無)故而寒

 睡簡・日甲・58 背:取白茅及黃土而西(洒)之

 睡簡・日甲・52 背:野獸若六畜逢人而言

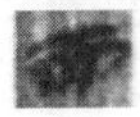 睡簡・日甲・59 背:勿(忽)見而亡

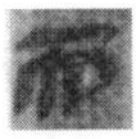 睡簡・日甲・56 背:果(裹)以賁(奔)而遠去之

 睡簡・日甲・56 背:人之六畜毋(無)故而皆死

 睡簡・日甲・57 背:票(飄)風入人宮而有取焉

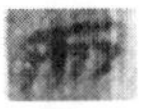 睡簡・日甲・55 背:而非人也

 睡簡・日甲・128 正:凡是日赤啻(帝)恆以開臨下民而降其英(殃)

 睡簡・日甲・122 正:宜錢金而入易虛

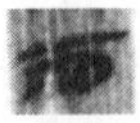 睡簡・日甲・129 正:有爲而禺(遇)雨

 睡簡・日甲・121 背:以坐而飲酉(酒)矢兵不入於身

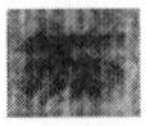 睡簡・日甲・19 正:必摯(執)而入公而止

 睡簡・日甲・16 背:富而瘁(癃)

 睡簡・日甲・148 正:武而好衣劍

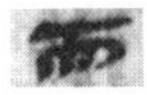 睡簡・日甲・142 正:耆(嗜)酉(酒)而疾

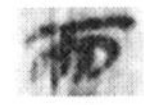 睡簡・日甲・142 正:有疵於醴(體)而恿(勇)

 睡簡・日甲・146 正:武而貧

 睡簡・日甲・143 正:㲉(穀)而美

 睡簡・日甲・145 正:貧而疾

 睡簡・日甲・118 背:以坐而飲酉(酒)

 睡簡・日甲・112 背:掓其畫中央土而懷之

 睡簡・日甲・117 正:弗而耐乃刑

〖注〗而,則。

睡簡・日乙・235:未、辰、午入官、辱而去

睡簡・日乙・231:不計而徙

睡簡・日乙・255:疵而在耳

睡簡・日乙・58:歲善而柀不全

睡簡・日乙・194:覺而擇(釋)之

睡簡・日乙・194:西北鄉(嚮)擇(釋)髮而駟(呬)

睡簡・日乙・17:而遇(寓)人〖注〗而,如。

睡簡・日乙・176:外鬼父枼(世)見而欲□

睡簡・日乙・134:凡是日赤啻(帝)恒以開臨下民而降央(殃)

睡簡・日乙・135:有爲也而遇雨

睡簡・爲吏・8:疾而毋諰

睡簡・爲吏・20:因而徵之

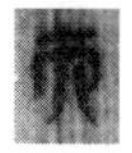
睡簡・爲吏・28:安而行之

睡簡・爲吏・22:鼓而乘之

睡簡・爲吏・26:賜之參飯而勿鼠(予)殺

睡簡・爲吏・21:將而興之

睡簡・爲吏・9:簡而毋鄙

睡簡・爲吏・9:廉而毋刖

睡簡・爲吏・6:安騶而步

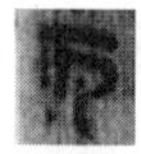
睡簡・爲吏・37:而踐以貧(分)人

睡簡・爲吏・33:璽而不發

睡簡・爲吏・31:精而勿致

睡簡・爲吏・46:同能而異

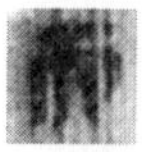
睡簡・爲吏・51:施而喜之

睡簡・爲吏・10:當務而治

睡簡・爲吏・18:五曰賤士而貴貨貝

睡簡・爲吏・12:下恒行巧而威故移

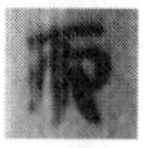
睡簡・爲吏・1:敬而起之

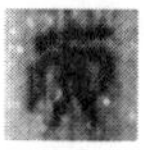
睡簡・爲吏・19:從而賊(則)之

睡簡・爲吏・16:施而息之

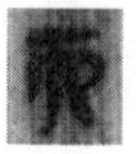
睡簡・爲吏・17:慣(密)而牧之

睡簡・效律・8:數而贏、不備

睡簡・效律・28:而遺倉嗇夫及離邑倉佐主稟者各一戶

睡簡・效律・22:及積禾粟而敗之

睡簡・效律・29:嗇夫免而效

睡簡・效律・27:萬石一積而比黎之爲戶

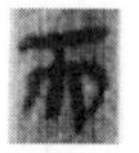
睡簡・效律・24:禾粟雖敗而尚可飤(食)殹

睡簡・效律・25:度禾、芻稾而不備

睡簡·效律·33:而以律論不備者

睡簡·效律·34:而匿弗謁

睡簡·效律·34:羣它物當負賞(償)而僞出之以彼(貱)賞(償)

睡簡·效律·35:大嗇夫、丞智(知)而弗辠

睡簡·效律·30:終歲而爲出凡曰

睡簡·效律·48:不盈十斗以下及稟鬊縣中而負者

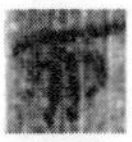
睡簡·效律·41:而責其不備旅衣札

睡簡·效律·58:及不當出而出之

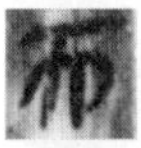
睡簡·效律·50:而勿令賞(償)

睡簡·效律·50:計用律不審而贏、不備

睡簡·效律·59:而復責其出殹

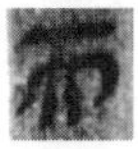
睡簡·效律·12:縣料而不備其見(現)數五分一以上

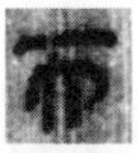
睡簡·效律·19:節(卽)官嗇夫免而效不備

睡簡·效律·17:同官而各有主殹

睡簡·效律·11:縣料而不備者

睡簡·語書·9:有(又)廉絜(潔)敦慤而好佐上

睡簡·語書·6:而養匿邪避(僻)之民

睡簡·語書·6:自從令、丞以下智(知)而弗舉論

睡簡·語書·7:而令、丞弗明智(知)

睡簡·語書·7:智(知)而弗敢論

睡簡·語書·3:而吏民莫用

睡簡·語書·11:而有冒柢(抵)之治

龍簡·15:從皇帝而行及舍禁苑中者皆(?)□

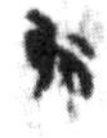
龍簡·119:而輿軌(?)疾敺(驅)入之

龍簡·12:有不當入而闌入

龍簡·160:迸徙其田中之臧(贓)而不□

龍簡·143:虛租而失之如□

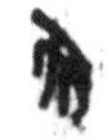
龍簡·141:然租不平而劾者

龍簡·83:食其肉而入其皮

龍簡·85:而毋敢射[殺]□

龍簡·202·摹:□未央(決)而言者

龍簡·203:[爭]而不剋者□

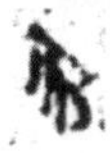
龍簡·203:遇(?)而爭

龍簡·2:竇出入及毋(無)符傳而闌入門者

龍簡·248:□而□

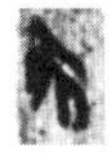
龍簡·64:□道中而弗得

龍簡·71·摹:縱火而□

龍簡·101:當償而誶□〖注〗而,與。

龍簡・184:□[二][甲]而以□

龍簡・127・摹:而□

里簡・J1(6)1正:二四而八

里簡・J1(6)1正:二五而十

里簡・J1(6)1正:三[三]而九

里簡・J1(6)1正:一[二]而二

里簡・J1(16)6正:縣弗令傳之而興黔首

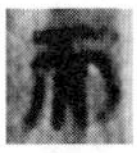
里簡・J1(6)1正:二[二]而四

里簡・J1(6)1正:二半而一

里簡・J1(6)1正:二三而六

關簡・317:而炙之炭火

關簡・344:而投杯地

關簡・317:而取牛肉剝之

關簡・199:得而復失之

關簡・337:而心疾不智(知)而咸戴

關簡・204:發而難

關簡・243:以廷子爲平旦而左行

關簡・309:取十餘叔(菽)置鬻(粥)中而歙(飲)之

關簡・309:盛之而係(繫)

關簡・324:而三溫鬻(煮)之

關簡・321:大如扁(蝙)蝠矢而乾之

關簡・363:有行而急

關簡・365:十月戊子齊而牛止司命在庭□

關簡・372:涂而燔之

關簡・377:而食以丹

關簡・373:而歙(沫)以餗

關簡・375:孰(熟)口而鬻(煮)□

關簡・330:即以所操瓦而蓋□

關簡・330:予若叔(菽)子而徼之齲已

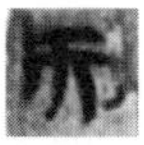
關簡・337:而心疾不智(知)而咸戴

關簡・337:而左足踐之二七

關簡・346:而最(撮)其土

帛書・足臂・25:心煩而意(噫)

帛書・足臂・23:陽病折骨絕筋而無陰病

帛書・病方・82:□不而□而鳳鳥□

帛書・病方・無編號殘:而

帛書・病方・82:□不而□而鳳鳥□

帛書・病方・無編號殘:而

帛書・脈法・73:聽(聖)人寒頭而煖足

帛書・脈法・73:治病者取有餘而益不足毆

帛書・脈法・74:□一久(灸)而□

帛書・脈法・74:過之□會環而久(灸)之

帛書・脈法・74:陽上於環二寸而益爲一久(灸)

帛書・脈法・76:□而大□

帛書・脈法・77:[膿(膿)]小而砭(砭)大

帛書・脈法・83:書而熟學之

帛書・病方・5:□淳酒漬而餅之

帛書・病方・8:冶而□一垸

帛書・病方・23:燔而冶

帛書・病方・23:乾而冶

帛書・病方・24:入溫酒一咅(杯)中而飲之

帛書・病方・24:至不癰而止

帛書・病方・30:身信(伸)而不能詘(屈)

帛書・病方・34:疾沸而抒

帛書・病方・34:傷而頸(痙)者

帛書・病方・41:傷而頸(痙)者

帛書・病方・45:其肎(肎)直而口釦

帛書・病方・46:合撓而烝(蒸)

帛書・病方・46:稍□手足而已

帛書・病方・50:頸脊強而復(腹)大

帛書・病方・50:身熱而數驚

帛書・病方・51:戾(矢)不□化而青

帛書・病方・51:薪燔之而□匕焉

帛書・病方・54:而棄之於垣

帛書・病方・54:而洒之桮(杯)水中

帛書・病方・55:徹盡而止

帛書・病方・61:而以美[醯]□之

帛書・病方・62:傅傷而已

帛書・病方・64:而令人以酒財沃其傷

帛書・病方・64:已沃而□越之

帛書・病方・66:二七而□

帛書・病方・66:矦(候)天甸(電)而兩手相靡(摩)

帛書・病方・68:□搗(搗)而煮之

帛書・病方・68:去皮而并冶

帛書・病方・69:而溍(晉)去其宰(滓)

帛書・病方・71:而以水飲□

帛書・病方・77:而煮水一甕□一音(杯)

帛書・病方・82:而居□轂下〖注〗而,你。

帛書・病方・83:尋尋豙且貫而心

帛書・病方・84:鳳[貫]而心

帛書・病方・92:水十五而米一

帛書・病方・93:令泥盡火而歠(歠)之

帛書・病方・94:孰(熟)而出

帛書・病方・112:而中剝(劙)鷄□

帛書・病方・113:即孰(熟)所冒鷄而食之

帛書・病方・113:三日而已

帛書・病方・116:有(又)復之而□灌青

帛書・病方・116:再飲而已

帛書・病方・121:扁(遍)施所而止

帛書・病方・122:雖俞(愈)而毋去其藥

帛書・病方・123:極厭而止

帛書・病方・124:已炙□之而起

帛書・病方・127:□而乾

帛書・病方・132:與久膏而□傅之

帛書・病方・135:□而以鹽財和之

帛書・病方・157:□飲之而復(覆)其栝(杯)

帛書・病方・159:沸盡而去之

帛書・病方・159:火而焠酒中

帛書・病方・168:而□

帛書・病方・169:而㬥(曝)若□

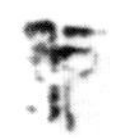
帛書・病方・170:亨(烹)葵而飲其汁

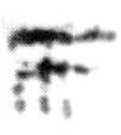
帛書・病方・171:而□尻厥

帛書・病方・172:令沸而飲之

帛書・病方・175:病[已]而止

帛書・病方・177:不過三飲而已

帛書・病方・179:合而一區

帛書・病方・181:孰(熟)而啜之

帛書・病方・182:并以酒煮而飲之

帛書・病方・184:三溫之而飲之

帛書・病方・185:三溫煮石韋若酒而飲之

帛書・病方・187:烝(蒸)而取其汁

帛書・病方・189:以醯、酉(酒)三乃(汭)煮黍稷而飲其汁

帛書・病方・200:操葮(鍛)石毄(擊)而母

帛書・病方・207:而父與母皆盡柏築之顛

帛書・病方・207:父而衝

帛書・病方・209:令闌(爛)而已

帛書・病方・214:旦而射

帛書・病方・218:而以采爲四寸杙二七

帛書・病方・219:以盡二七杙而已

帛書・病方・220:須積(癩)已而止

帛書・病方・222:而久(灸)其泰(太)陰、泰(太)陽□

帛書・病方・223:傴攣而未大者[方]

帛書・病方・227:而盛竹甬(筩)中

帛書・病方・228:而傅之隋(脽)下

帛書・病方・239:把其本小者而盭(盭)絕之

帛書・病方・240:而入之其空(孔)中

帛書・病方・243:二日而已

帛書・病方・245:若有堅血如扫末而出者

帛書・病方・248:後而潰出血

帛書・病方・250:藥寒而休

帛書・病方・251:病已而已

帛書・病方・252:其葉可亨(烹)而酸

帛書・病方・253:牝痔有空(孔)而欒

帛書・病方・253:三[日]而止

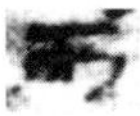帛書・病方・259:而吞之

帛書・病方・259:漬以淳酒而垸之

帛書・病方・261:置般(盤)中而居(踞)之

帛書・病方・262:冶黃黔(芩)而婁(屨)傅之

帛書・病方・263:而到(倒)縣(懸)其人

帛書・病方・266:而置艾其中

帛書・病方・267:而燔其艾、蕈

帛書・病方・267:而取盎

帛書・病方・268:而毋蓋其盎空(孔)

帛書・病方・269:圈(倦)而休

帛書・病方・275:□、畺(薑)、蜀焦(椒)、樹(茱)臾(萸)四物而當一物

帛書・病方・284:□起而□冶

帛書・病方・302:□卽潑而□之

帛書・病方・309:浚而熬之

帛書・病方・320:而其瓣材其瓜

帛書・病方・321:□毋而已

帛書・病方・321:三而已

帛書・病方・325:而以氣熏其痏

 帛書・病方・329:皆以甘〈口〉沮(咀)而封之

 帛書・病方・334:朝已食而入湯中

 帛書・病方・335:□癰而新肉產

 帛書・病方・335:其甚者五、六入湯中而瘳

 帛書・病方・336:卽自合而瘳矣

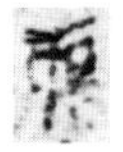 帛書・病方・339:以攻(釭)脂饍而傅

 帛書・病方・344:以□脂若豹膏□而炙之

 帛書・病方・348:以蓋而約之

 帛書・病方・349:以善截饍而封之

 帛書・病方・350:卷(倦)而休

 帛書・病方・356:乾而傅之

 帛書・病方・357:燔而冶之

 帛書・病方・358:而炙蛇膏令消

 帛書・病方・360:卽傅而□

 帛書・病方・361:以水銀、穀汁和而傅之

 帛書・病方・368:而以善截六斗□如此□醫以此教惠□

 帛書・病方・370:而割若葦

 帛書・病方・370:而刖若肉

 帛書・病方・377:稍取以塗身體(體)種(腫)者而炙之

 帛書・病方・379:而以湯洒去藥

 帛書・病方・390:毀而取□

 帛書・病方・392:傅藥薄厚盈空(孔)而止

 帛書・病方・394:疕瘳而止

 帛書・病方・394:傷□肉而止

 帛書・病方・395:可八[九日]而傷平

 帛書・病方・395:三日而肉產

 帛書・病方・395:十餘日而瘳如故

 帛書・病方・409:令□而傅之

 帛書・病方・412:而以[涂(塗)]之

 帛書・病方・415:而入豬膏□者一合其中

 帛書・病方・416:乾而復傅者□

 帛書・病方・416:以傅疥而炙之

 帛書・病方・419:疕毋名而養(癢)

 帛書・病方・421:而膝以熨疕

 帛書・病方・423:行山中而疕出其身

 帛書・病方・434:燔地穿而入足

 帛書・病方・434:踐而涿(瘃)者

 帛書・病方・434:如食頃而已

帛書・病方・437:□蟲而病者

帛書・病方・437:而烝(蒸)羊尼(眉)

帛書・病方・439:卽出而冶之

帛書・病方・439:令病者每旦以三指三最(撮)藥入一桮(杯)酒若鬻(粥)中而飲之

帛書・病方・441:而以□飲之

帛書・病方・442:中別爲□之倡而笄門戶上各一

帛書・病方・444:人毆人毆而比鬼

帛書・病方・448:復再三傅其處而已

帛書・病方・451:癰痛而潰

帛書・病方・452:而以冶馬[頰骨]□傅布□膏□更裹

帛書・病方・453:而洒以叔(菽)汁

帛書・病方・456:癰而潰

帛書・病方・殘2:□而炙其□

帛書・病方・殘3:□以酒而□

帛書・病方・殘6:□溫而以□裹□

帛書・病方・殘8:□操而去之

帛書・病方・殘11:□而□

帛書・死候・86:過十日而死

帛書・死候・86:三陰貸(腐)臧(臟)煉(爛)腸而主殺

帛書・死候・87:傅而不流

帛書・灸經甲・43:循骭而上

帛書・灸經甲・45:欲獨閉戶牖而處

帛書・灸經甲・58:上[腂(踝)]五寸而[出大(太)陰之後]

帛書・灸經甲・61:有而心煩

帛書・灸經甲・63:坐而起則目瞙(眡)如毋見

帛書・灸經甲・66:重履而步

帛書・灸經甲・68:甚[則]交兩手而戰

2092　耏(耐)

睡簡・答問・194:可(何)謂"耐卜隸、耐史隸"〖注〗耐卜隸,受耐刑而仍做卜事務的奴隸。

睡簡・答問・194:可(何)謂"耐卜隸、耐史隸"〖注〗耐史隸,受耐刑而仍做史事務的奴隸。

睡簡・答問・117:當耐司寇而以耐隸臣誣人

睡簡・答問・8:當耐爲隸臣

睡簡・答問・80:皆當耐

睡簡・答問・80:鬭夬(決)人耳,耐

睡簡・答問・83:議皆當耐

睡簡・答問・26:盜之當耐

睡簡・答問・204:它邦耐(能)吏、行旞與偕者〖注〗耐,讀爲"能"。

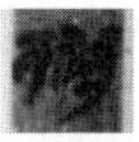 睡簡・答問・25:當貲以下耐爲隸臣

 睡簡・答問・64:贖耐

 睡簡・答問・65:贖耐

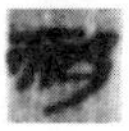 睡簡・答問・35:甲當耐爲隸臣

 睡簡・答問・185:得比公士贖耐不得

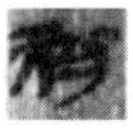 睡簡・答問・128:當耐

 睡簡・答問・124:耐爲隸臣

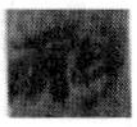 睡簡・答問・194:卜、史當耐者皆耐以爲卜、史隸

 睡簡・答問・177:致耐辠以上

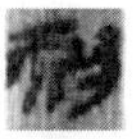 睡簡・答問・138:已論耐乙

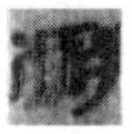 睡簡・答問・130:所捕耐辠以上得取

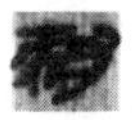 睡簡・答問・140:其耐辠以上

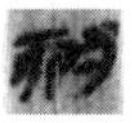 睡簡・答問・153:當耐

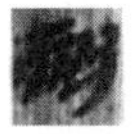 睡簡・答問・118:當耐爲隸臣

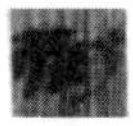 睡簡・答問・117:當耐司寇而以耐隸臣誣人

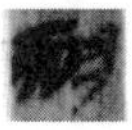 睡簡・答問・117:當耐爲隸臣

 睡簡・答問・117:當耐爲司寇

 睡簡・秦律・153:及瀍耐署(遷)者〖注〗耐,刑名,即剃去鬚鬢,或作“耏”。

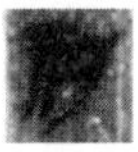 睡簡・秦律・153:有辠瀍耐署(遷)其後

 睡簡・秦律・154:賜未受而死及瀍耐署(遷)者

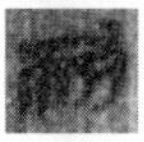 睡簡・雜抄・6:皆耐爲俟(候)

 睡簡・雜抄・38:捕人相移以受爵者,耐

 睡簡・雜抄・32:典、老贖耐

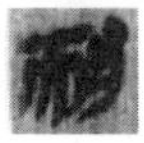 睡簡・雜抄・36:叚(假)者,耐

 睡簡・日甲・117 正:弗而耐乃刑

 睡簡・日乙・145:耐爲四席〖注〗耐,讀爲“乃”。

 龍簡・121・摹:贖耐

 龍簡・234:皆贖耐

 龍簡・40:耐爲隸臣妾

 龍簡・109:贖耐

 秦印編 189:耐分

 秦印編 189:亶耐

2093  豕

 石鼓文・田車(先鋒本):麋豕孔庶

 天簡 35・乙:風不利豕

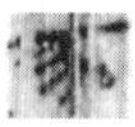 睡簡・日甲・116 正:豕囷

 睡簡・日乙・181:禺(遇)御於豕肉

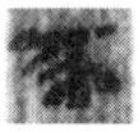 睡簡・日甲・93 背:其咎在室馬牛豕也

睡簡・日甲・37 背：有赤豕

睡簡・日甲・51 背：燔豕矢焉

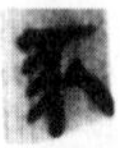睡簡・日乙・158：豕□

睡簡・日甲・80 背：亥，豕也

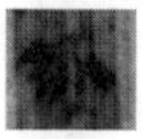睡簡・日甲・121 正：宜豕

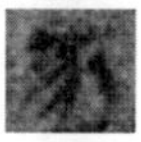岳山牘・M36：43 正：豕良日

帛書・病方・421：豕膏和

帛書・病方・380：涂（塗）若以豕矢

帛書・病方・418：豕膏一升

2094　豬　豬

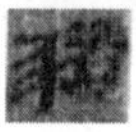睡簡・答問・50：誣人曰盜一豬

睡簡・日甲・20 背：利豬

睡簡・日乙・73：豬良日

睡簡・日乙・73：豬日

帛書・病方・48：以豬煎膏和之

帛書・病方・328：以豬膏和［傅］

帛書・病方・359：取三歲織（膱）豬膏

帛書・病方・415：而入豬膏□者一合其中

帛書・病方・444：乘人黑豬

帛書・病方・454：以豬織（膱）膏和

秦印編 189：李豬

2095　豵　豵

集證・177.656：補豵

2096　豜　豜（豣）

石鼓文・車工（先鋒本）：射其豣蜀

〖注〗豣，《玉篇》："豜或作豣。三歲豕爲豜。"

2097　豶　豶

帛書・病方・327：豶膏以㮀〖注〗豶，被閹割的公豬。

帛書・病方・356：以肥滿剡豶膏□夷□善以水洒加（痂）

2098　豭　豭

秦駰玉版・甲・摹：羲（犧）豭既美

〖注〗《説文》："豭，牡豕也。"泛指豬。

秦駰玉版・乙・摹：羲（犧）豭既美

會稽刻石・宋刻本：夫爲寄豭

2099　豤　豤

睡簡・秦律・8：無豤（墾）不豤（墾）

睡簡・秦律・8：無豤（墾）不豤（墾）

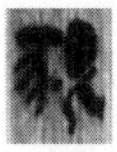睡簡・秦律・74：狠生者〖注〗狠，疑讀爲“艱”。

睡簡・秦律・1：輒以書言澍〈澍〉稼、誘(秀)粟及狠(墾)田暘毋(無)稼者頃數

秦印編189：狠戲

2100　豢

秦駰玉版・乙・摹：□用貳(二)羲(犧)羊豢〖注〗《説文》：“豢，以穀圈養豕也。”李零説爲豕牲。

秦駰玉版・乙・摹：□及羊、豢

2101　豲

龍簡・34：取其豺、狼、豲、貈〈貈〉、狐、貍、縠、□、雉、兔者〖注〗《説文》：“豲，豕屬也。”或説豲讀爲“貛”。

秦印編189：豲

秦印編189：王豲

2102　豦

帛書・病方・52：噴者豦(劇)噴

帛書・病方・403：豦(遽)斬乘車髼桴□

2103　豙(家)

帛書・病方・16：以方(肪)膏、烏豙(喙)□〖注〗烏喙，烏頭別名，藥名。

帛書・病方・17：秋烏豙(喙)二□

帛書・病方・67：取牛肚、烏豙(喙)、桂

帛書・病方・71：毒烏豙(喙)者

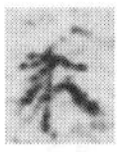帛書・病方・83：尋尋豙且貫而心

帛書・病方・89：以產豚豙(藙)麻(磨)之〖注〗藙，《説文》：“煎茱萸。”

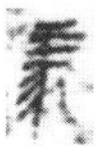帛書・病方・179：豙(藙)之朱(茱)臾(萸)、椒

帛書・病方・259：治麋(蘼)蕪本、方(防)風、烏豙(喙)、桂皆等

帛書・病方・280：睢(疽)未□烏豙(喙)十四果(顆)

帛書・病方・347：以烏豙(喙)五果(顆)

帛書・病方・350：冶烏豙(喙)、黎(藜)盧、蜀叔(菽)

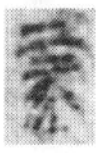帛書・病方・353：冶烏豙(喙)四果(顆)

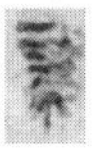帛書・病方・354：冶烏豙(喙)

帛書・病方・366：取烏豙(喙)、黎(藜)盧

帛書・病方・413：烏豙(喙)一齊

2104　𧰽(豪)

睡簡・爲吏・27：將軍以堙豪(壕)〖注〗堙壕，平填敵城的池壕，用以攻城。

2105　㣇

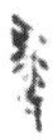龍簡・289：□㣇□

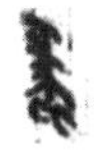
龍簡・33:鹿一、彘一、麇一、麃一、狐二〖注〗彘,豬。

龍簡・111・摹:□馬、牛、羊、犬、彘于人田□

帛書・病方・452:以彘膏已湔(煎)者膏之〖注〗彘膏,豬脂油。

帛書・病方・14:取彘膏、□衍并冶

帛書・病方・23:取彘魚

帛書・病方・27:彘肉

帛書・病方・37:漬□彘膏煎汁□

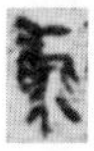
帛書・病方・44:即以彘膏財足以煎之

帛書・病方・99:煮鹿肉若野彘肉

帛書・病方・238:服藥時禁毋食彘肉、鮮魚

帛書・病方・284:以彘膏未湔(煎)者灸銷(消)以和□傅之

帛書・病方・316:浴湯熱者熬彘矢

帛書・病方・317:以湯大熱者熬彘矢

帛書・病方・338:以彘膏脩(滫)

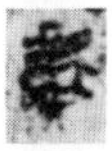
帛書・病方・355:以彘職(膱)膏殽弁

帛書・病方・360:以牡彘膏饍

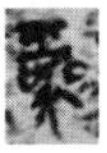
帛書・病方・375:彘肉、魚及女子

2106  𧰼(豚)

睡簡・日甲・80背・摹:名豚孤夏穀□亥

睡簡・日甲・157背・摹:肥豚清酒美白粱

關簡・352:卽斬豚耳

關簡・351:先侍(持)豚〖注〗豚,小豬。

帛書・病方・89:以產豚冢(喙)麻(磨)之

帛書・病方・230:敬以豚塞

秦印編189:段豚

2107  豸

睡簡・日甲・62背:殺虫豸

睡簡・日甲・49背:鳥獸虫豸甚眾

秦印編190:豸忌

封泥集377・1:荼豸

封泥集377・2:荼豸

2108  豹

睡簡・雜抄・26:豹旞(遂)

睡簡・日甲・71背:多〈名〉虎豻貙豹申

帛書・病方・344:以□脂若豹膏□而炙之

秦印編190:豹

秦印編190:王豹

秦印編 190:李豹

秦印編 190:楊豹

秦印編 190:支豹

2109　貙　　貙

睡簡·日甲·71 背:多〈名〉虎豻貙豹申〖注〗貙,《説文》:"貙獌似貍者。"

2110　豺　　豺

睡簡·日甲·77 背:名責環貉豺干都寅

龍簡·32:諸取禁中豺狼者〖注〗豺,像狼的野獸。

龍簡·34:取其豺、狼、豲、貈〈豽〉、狐、貍、㲉、☐、雉、兔者

2111　豽　　豽

龍簡·34:取其豺、狼、豲、貈〈豽〉、狐、貍、㲉、☐、雉、兔者〖注〗豽,或作"貉"。《説文》:"豽,似狐,善睡獸也。"

2112　豻 犴　　豻犴

睡簡·日甲·71 背:多〈名〉虎豻貙豹申〖注〗豻,《説文》:"胡地野狗。"

秦印編 190:張犴

秦印編 190:郝犴

2113　貉　　貉

睡簡·答問·195:可(何)謂"人貉"

睡簡·日甲·77 背:名責環貉豺干都寅

2114　貍　　貍

睡簡·答問·28:貍(薶)其具〖注〗薶,即"埋"字。

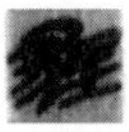
睡簡·答問·77:即葬貍(薶)之

睡簡·日甲·38 背:正立而貍(埋)

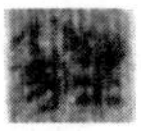
睡簡·日甲·42 正:可取婦、家(嫁)女、葬貍(埋)

睡簡·日甲·41 背:是是匀鬼貍(埋)焉

睡簡·日乙·61:葬貍(埋)祠

睡簡·答問·121:或曰生貍

龍簡·34·摹:取其豺、狼、豲、貈〈豽〉、狐、貍、㲉、☐、雉、兔者〖注〗《説文》:"貍,伏獸,似貙。"

關簡·327:即取垣瓦貍(埋)東陳垣止(址)下

關簡·328:堅貍(埋)之

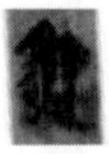
關簡·329:先貍(埋)一瓦垣止(址)下

帛書·病方·100:燔貍皮

帛書·病方·249:貍(埋)席下

2115　　豻

睡簡・日甲・13 背:走歸豻竒之所

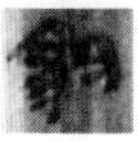睡簡・日甲・13 背:皋！敢告璽(爾)豻竒

2116　　貄

里簡・J1(16)9 背:貄手〖注〗貄,人名。〖編者按〗《爾雅・釋獸》:"貄,脩豪。"郝懿行義疏以爲即《説文》㣇字。

2117　　⿰豸犬

里簡・J1(9)2 正:令不⿰豸犬署所縣責〖注〗不⿰豸犬,人名。

里簡・J1(9)2 正:陽陵仁陽士五(伍)不⿰豸犬有貲錢八百卅六

里簡・J1(9)2 正:已訾責不⿰豸犬家

里簡・J1(9)2 正:不⿰豸犬戍洞庭郡

2118　　⿰豸易

秦印編 293:⿰豸易突

2119　　⿱罒儿(兕)

睡簡・日甲・157 背:大夫先敂〈牧〉兕席

2120　　易

不其簋蓋(秦銅・3):易(賜)女(汝)弓一矢束

滕縣不其簋器(秦銅・4):易(賜)女(汝)弓一矢束

睡簡・日甲・78 正:易擇(釋)

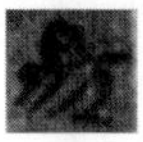睡簡・日甲・122 正:宜錢金而入易虛

睡簡・日乙・106:易擇(釋)

睡簡・語書・11:輕惡言而易病人

睡簡・語書・10:易口舌

帛書・病方・222:易瘳

秦陶 A・1.9:宮易

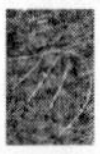南郊 710・199:易九斗三斗

秦陶・984:北易

2121　　象

睡簡・爲吏・17:犀角象齒

廿九年漆奩・黄盛璋摹(集證・27):右工帀(師)象〖注〗象,人名。

廿九年漆奩・王輝摹(集證・27):右工帀(師)象

2122　　豫

□年相邦呂不韋戈(珍金・98):工豫〖注〗豫,人名。

□年相邦呂不韋戈・摹(珍金・98):工豫

卷　十

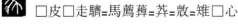

2123　　馬影

 石鼓文・車工(先鋒本):遊馬既駈

 石鼓文・車工(先鋒本):遊馬既同

 石鼓文・霝雨(先鋒本):涉馬□流

 石鼓文・鑾車(先鋒本):趍=□馬

 石鼓文・鑾車(先鋒本):四馬其寫

 石鼓文・馬薦(先鋒本):□天□虹□皮□走驕=馬薦薙=莽=敚=雉□心其一□之

 石鼓文・吾水(先鋒本):□馬既迪

 秦駰玉版・乙・摹:路車四馬

 石礎・摹(始皇陵・2):馬

 天簡26・乙:午馬毆

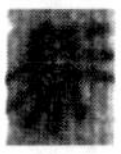 睡簡・效律・57:人戶、馬牛一

 睡簡・效律・55:司馬令史掾苑計

 睡簡・效律・55:司馬令史坐之

 睡簡・爲吏・30:四馬弗能追也

 睡簡・效律・60:人戶、馬牛一以上爲大誤

 睡簡・效律・44:馬牛誤職(識)耳

 睡簡・雜抄・28:志馬舍乘車馬後

 睡簡・雜抄・28:志馬舍乘車馬後

 睡簡・答問・209:人戶、馬牛及者(諸)貨材(財)直(值)過六百六十錢爲“大誤”

 睡簡・答問・179:當者(諸)侯不治騷馬〖注〗騷馬,騷馬蟲,寄生馬體的害蟲。

 睡簡・答問・175:以乘馬駕私車而乘之

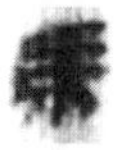 睡簡・答問・158:今馬爲人敗

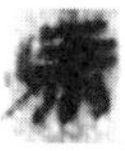 睡簡・答問・158:有馬一匹自牧之

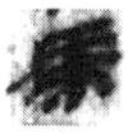 睡簡・答問・159:旞(遺)火燔其叚(假)乘車馬

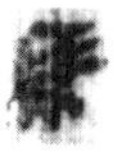 睡簡・封診・21:及馬一匹

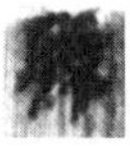 睡簡・秦律・47:駕傳馬〖注〗傳馬,驛傳駕車用的馬。

 睡簡・秦律・47:駕縣馬勞

 睡簡・秦律・18:其乘服公馬牛亡馬者而死縣

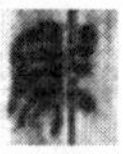 睡簡・秦律・128:官長及吏以公車牛稟其月食及公牛乘馬之稟

 睡簡・秦律・120:其近田恐獸及馬牛出食稼者

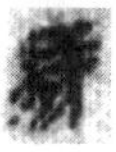 睡簡・秦律・19:官告馬牛縣出之

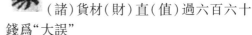

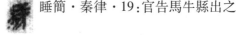

睡簡・秦律・16:將牧公馬牛

睡簡・秦律・17:其大廄、中廄、宮廄馬牛殹

睡簡・秦律・11:乘馬服牛稟〖注〗乘馬服牛,駕車的牛馬。

睡簡・秦律・117:縣葆禁苑、公馬牛苑

睡簡・雜抄・29:膚(臚)吏乘馬篤、辈(胔)

睡簡・雜抄・29:馬勞課殿〖注〗馬勞,指馬服役的勞績。

睡簡・雜抄・26:公車司馬

睡簡・雜抄・27:傷乘輿馬〖注〗乘輿馬,帝王駕車的馬。

睡簡・雜抄・30:馬勞課殿

睡簡・雜抄・10:先賦驀馬

睡簡・雜抄・11:吏自佐、史以上負從馬、守書私卒〖注〗負從馬,馱運行李的馬。

睡簡・日甲・87 背:其咎在五室馬牛

睡簡・日甲・93 背:其咎在室馬牛豕也

睡簡・日甲・67 正:九月楚臝(獻)馬

睡簡・日甲・64 正:刑夷、八月、獻馬

睡簡・日甲・79 背:名馬童龏思(勇)辰戌

睡簡・日甲・76 背:未,馬也

睡簡・日甲・37 背:馬尾犬首

睡簡・日甲・108 正:毋以午出入臣妾、馬[牛]

睡簡・日甲・103 正:爲羊牢馬廄

睡簡・日甲・122 背:馬禖

睡簡・日甲・156 背:馬禖合神〖注〗馬禖,祈禱馬匹繁殖的祭祀,或即祭祀馬祖。

睡簡・日甲・157 背:主君笱屏詷馬

睡簡・日甲・112 正:臝(獻)馬、中夕、屈夕作事東方

睡簡・日乙・68:馬良日

睡簡・日乙・41:可以入馬牛、臣[妾]□

龍簡・62:□馬弩道□

龍簡・5・摹:及□佩〈佩〉入司馬門久(?)□〖注〗司馬門,皇家建築設施的外門,有衛兵把守。

龍簡・58:有(又)沒入其車、馬、牛縣、道[官]

龍簡・101・摹:馬、牛殺之及亡之

龍簡・112:亡馬、牛、駒、犢、[羔]

龍簡・115・摹:□盜馬、牛歸□(之)□

龍簡・59・摹:騎馬於它馳道

龍簡・100:牧縣官馬、牛、羊盜□之

龍簡・102・摹:沒入私馬、牛、[羊]、[駒]、犢、羔縣道官

龍簡・107・摹:□與馬盜□

龍簡・103:諸馬、牛到所

龍簡・104：☐人馬、牛者☐

龍簡・111：☐馬、牛、羊、犬、彘于人田☐

里簡・J1(8)134 正：狼屬(囑)司馬昌官

里簡・J1(9)11 背：以洞庭司馬印行事

里簡・J1(9)12 背：以洞庭司馬印行事

里簡・J1(9)6 背：以洞庭司馬印行事

里簡・J1(9)7 背：以洞庭司馬印行事

里簡・J1(9)8 背：以洞庭司馬印行事

里簡・J1(9)1 背：以洞庭司馬印行事

里簡・J1(9)2 背：以洞庭司馬印行事

里簡・J1(9)3 背：以洞庭司馬印行事

里簡・J1(9)4 背：以洞庭司馬印行事

里簡・J1(9)5 背：以洞庭司馬印行事

里簡・J1(9)9 背：以洞庭司馬印行事

里簡・J1(9)10 背：以洞庭司馬印行事

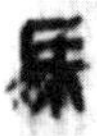
關簡・345：某馬心天

關簡・345：鄉(嚮)馬祝曰

關簡・361：甲子亡馬牛

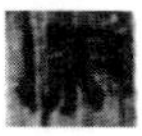
關簡・345：馬心〖注〗馬心，疑指馬的某種疾病。心，或讀爲“騣”，《說文》：“馬行疾也。”

帛書・足臂・8：產馬〖注〗馬，應爲馬刀俠癭之省，即瘰癧。一說即“瘍”。

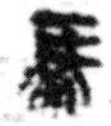
帛書・病方・27：馬肉

帛書・病方・145：[人]病馬不閒(癇)者

帛書・病方・193：取馬矢觕者三斗

帛書・病方・449：去人馬疣

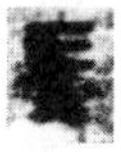
帛書・病方・452：而以冶馬[頰骨]☐傅布☐膏☐更裹

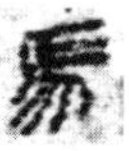
帛書・病方・目錄：去人馬尤(疣)〖注〗馬疣，古病名。

帛書・病方・目錄：人病馬不閒(癇)

集證・156.380：代馬丞印〖注〗代，縣名。

秦印編 190：邦司馬印

秦印編 191：馬垶

秦印編 190：左廄將馬

秦印編 191：司馬畸

秦印編 190：右廄將馬

秦印編 191：司馬欣

秦印編 190：左廄將馬

秦印編 191：馬歸

秦印編 190：章廄將馬

秦印編 191：馬乙

秦印編 190：高陵司馬

秦印編 191：馬攖

秦印編 190：章廄將馬

秦印編 191：司馬如

秦印編 190：小廄將馬

秦印編 191：司馬奴

秦印編 190：中司馬印

秦印編 191：司馬印

秦印編 190：左中馬將

秦印編 191：司馬岸

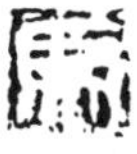秦印編 190：代馬丞印

秦印編 191：馬適羽

秦印編 190：畜馬

秦印編 191：軍假司馬

秦印編 190：司馬

秦印編 191：上家馬丞

秦印編 190：徐馬

秦印編 191：上家馬丞

秦印編 190：司馬僕

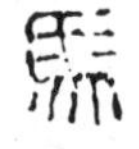秦印編 191：右中馬丞

秦印編 190：馬適士

秦印編 191：琅邪司馬

秦印編 190：司馬戎

秦印編 191：公車司馬丞

秦印編 190：馬童

秦印編 191：公車司馬丞

秦印編 191：家馬

封泥集 117・1：公車司馬丞

封泥集 117・2：公車司馬丞

封泥集 117・3：公車司馬丞

封泥集 117・4：公車司馬丞

封泥集 117・5：公車司馬丞

封泥集 117・6：公車司馬丞

封泥集 119・1：軍假司馬〖注〗司馬，官名。

封泥集 173・1：右中馬丞

封泥集 184・1：家馬〖注〗家馬，官名。

封泥集 190・3：中廄將馬〖注〗將馬，官名。

封泥集 191・2：中廄馬府〖注〗馬府，官署名。

封泥集 191・3：中廄馬府

封泥集 191・4：中廄馬府

封泥集 197・2：下家馬丞

封泥集 250・1：上家馬丞

封泥集 250・2：上家馬丞

封泥集 250・3：上家馬丞

封泥集 250・4：上家馬丞

封泥集 250・5：上家馬丞

封泥集 252・1：東郡司馬

封泥集 259・2：代馬丞印

封泥集 259・3：代馬丞印

封泥集 259・4：代馬丞印

封泥集 263・1：琅邪司馬

封泥集 263・1：臨菑司馬

封泥集 387・1：司馬武〖注〗司馬，複姓。

封泥集 387・1：司馬歇

封泥集 387・2：司馬歇

集證・137.74：家馬

集證・137.75：上家馬丞

集證・137.76：上家馬丞

集證・137.77：右中馬丞

集證・137.79：涇下家馬

集證・139.98：宮車司馬丞

集證・139.99：宮車司馬丞

集證・143.169：軍假司馬

集證・146.207：中廄馬府

集證・146.208：中廄馬府

集證・146.217：中廄將馬

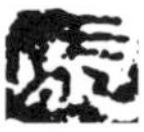
集證・147.231：小廄將馬

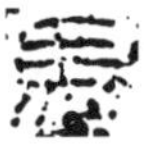
集證・148.238：騎馬丞印

集證・156.379：代馬丞印

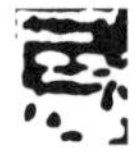
集證・164.497：司馬歇

新封泥 C・19.1：公車司馬丞

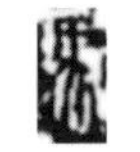
新封泥 E・13：公車司馬

封泥印 11：公車司馬丞

封泥印 17：中廄將馬

封泥印 18：中廄馬府

封泥印 20:上家馬丞

封泥印 21:涇下家馬

封泥印 92:代馬丞印

封泥印 93:東晦□馬

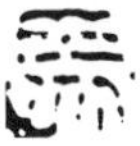封泥印・附二 191:琅邪司馬

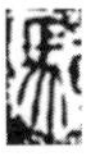新封泥 A・1.6:公車司馬

新封泥 A・1.12:騎馬

新封泥 A・3.1:馬府

封泥集・附一 399:小廄將馬

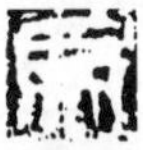封泥集・附一 400:代馬丞印

封泥集・附一 401:邦司馬印

封泥集・附一 402.1:章廄將馬

封泥集・附一 402.2:章廄將馬

封泥集・附一 402:中司馬印

封泥集・附一 402:左廄將馬

封泥集・附一 403.1:右廄將馬

封泥集・附一 403.2:右廄將馬

封泥集・附一 403:畜馬〖注〗畜馬,官名。

封泥集・附一 403:左廄將馬

封泥集・附一 403:左中將馬

集證・143.163:邦司馬印

集證・143.165:中司馬印

集證・146.209:章廄將馬

集證・146.221:左中將馬

集證・147.222:左廄將馬

集證・147.223:左廄將馬

集證・147.225:右廄將馬

集證・147.226:右廄將馬

集證・147.230:小廄將馬

集證・150.277:日馬丞〖注〗日馬丞,即“馹馬丞”,官名。

秦陶・1491.1:馬

2124　　𩡧

石鼓文・田車(先鋒本):鋚勒𩡧=〖注〗馬叙倫釋“𩡧”:一歲馬曰𩡧。强運開釋“馵”,《玉篇》云“馬行皃”。

2125　　駒

睡簡・日乙・42:駕駒□

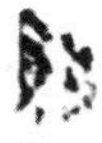龍簡・112:亡馬、牛、駒、犢、[羔]

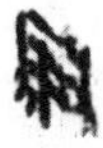龍簡・113:□病駒禁有□

2126 騏

秦印編 191:騏危

2127 驪

關簡·327:請獻驪牛子母〖注〗驪,黑色。

2128 駹

大駹銅權(秦銅·131):大駹〖注〗大駹,山名。

2129 騅

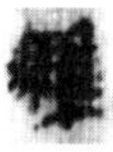
睡簡·封診·21:騅牝右剽〖注〗騅,蒼黑雜毛的馬。

2130 駱

帛書·病方·257:駱阮一名曰白苦、苦浸〖注〗駱阮,藥名。

集證·180.697:駱弟(茀)〖注〗駱弟,人名。

秦印編 191:駱滑

秦印編 192:駱瘬

秦印編 192:駱許

秦印編 192:駱庫

秦印編 191:駱洋

秦印編 192:駱者

秦印編 191:駱祿

秦印編 192:駱西

秦印編 191:駱子

秦印編 192:駱閲

秦印編 191:駱毋地

2131 駰

秦駰玉版·甲·摹:小子駰敢以芥(介)圭、吉璧、吉叉(瑵)

秦駰玉版·甲·摹:又(有)秦曾孫小子駰曰〖注〗駰,人名。李學勤說即秦惠文王,名"駟","駟"當爲"駰"字形誤。

秦駰玉版·乙·摹:小子駰敢以芥(介)圭、吉璧、吉叉(瑵)

秦駰玉版·乙·摹:以余小子駰之病日復

秦駰玉版·乙·摹:又(有)秦曾孫小子駰曰

2132 騧

秦印編 192:呂騧

2133 驁

石鼓文·鑾車(先鋒本):六轡驁□〖注〗驁,《說文》:"駿馬也。"《廣韻》:"馬驕不馴也。"

秦印編 192:任驁

秦印編 192:郭驁

秦印編 192:公孫鶩

秦印編 192:李鶩

2134 驕 驕

大良造鞅殳鐏・摹(集證・16):雍驕□

會稽刻石・宋刻本:負力而驕

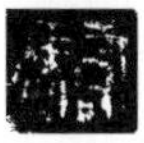明瓊(集證・241):驕〖注〗驕,張文立說即“驍”,《廣雅》:“健也。”引申爲投壺術語。

明瓊・摹(集證・242):驕

睡簡・日甲・102 正:害於驕母〖注〗驕,疑讀爲“高”。高母,高祖母。

睡簡・爲吏・25:上亦毋驕

睡簡・爲吏・38:倨驕毋(無)人

秦印編 194:咸郿里驕

2135 驩 驩

秦印編 192:王驩

秦印編 192:臣驩

秦印編 192:驩

2136 驗 驗

會稽刻石・宋刻本:考驗事實

帛書・病方・329・摹:此皆已驗

2137 騫 騫

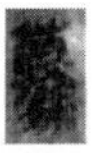睡簡・雜抄・10:先賦騫馬〖注〗騫馬,合文,供乘騎的軍馬。《說文》:“騫,上馬也。”

2138 騎 騎

龍簡・59・摹:騎作乘輿御

龍簡・59・摹:騎馬於它馳道

龍簡・54・摹:其騎及以乘車、軺車□

秦印編 192:騎馬丞印

封泥集 121・1:騎馬丞印〖注〗騎馬,官名。

集證・148.238:騎馬丞印

新封泥 C・16.25:邦騎尉印

新封泥 A・1.2:邦騎尉印

新封泥 A・1.12:騎馬

2139 駕 格 駕 㝴

石鼓文・吾水(先鋒本):駕□□□

睡簡・秦律・47:駕縣馬勞

睡簡・秦律・47:其數駕

睡簡・日乙・42:駕駒□

睡簡・答問・38:卽端盜駕(加)十錢〖注〗盜加,私加。

睡簡・答問・3:問皋當駕(加)如害盜不當

睡簡・答問・46:爲告盜駕(加)臧(贜)

睡簡・答問・45:當爲告盜駕(加)臧(贜)

睡簡・答問・1:駕(加)皋之

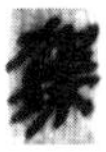
睡簡・答問・163:治(笞)當駕(加)不當

睡簡・答問・175:以乘馬駕私車而乘之

睡簡・秦律・47:駕傳馬

龍簡・44:有(又)駕(加)其罪

龍簡・42:駕(加)其□

秦印編 192:韓駕

秦印編 192:王駕

秦印編 192:杜駕

秦印編 192:楊駕

2140  騈

集證・179.684:冀騈〖注〗冀騈,人名。

2141  驂

石鼓文・而師(先鋒本):左驂□□〖注〗《説文》:"驂,駕三馬也。"

石鼓文・田車(先鋒本):右驂騝=

石鼓文・田車(先鋒本):左驂旛=

石鼓文・吾水(先鋒本):右驂驖=

石鼓文・吾水(先鋒本):左驂□□

2142  駟

睡簡・秦律・179:醬駟(四)分升一

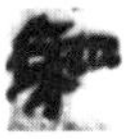
睡簡・日乙・194:西北鄉(嚮)擇(釋)髮而駟(呬)

秦印編 193:駟扶

2143  篤

睡簡・雜抄・29:膚(臚)吏乘馬篤、辈(胔)〖注〗《説文》:"篤,馬行頓遲。"

關簡・218:占病者,篤〖注〗篤,病重。

關簡・190:占病者,篤

關簡・191:占病者,篤

關簡・200:占病者,篤

關簡・202:占病者,篤

關簡・209：占病者，篤

關簡・206：占病者，篤

關簡・224：占病者，篤

關簡・230：［占］病者，篤

關簡・238：占病者，篤

2144　鸞

集證・168.553：宋鸞〖注〗宋鸞，人名。〖編者按〗《說文》大徐本有“鸞”無“鸞”。段玉裁注說“鸞”乃“鸞”之誤。

2145　馮

集證・173.600：馮虺〖注〗馮虺，人名。

南郊 324・134.2：馮氏十斗

秦印編 193：馮夫

秦印編 193：馮舍

秦印編 193：馮士

秦印編 193：馮□

秦印編 193：馮悍

秦印編 193：馮虺

秦印編 193：馮惴

秦印編 193：馮癰

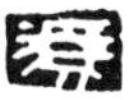秦印編 193：馮雲捂

秦印編 193：馮勝

漆器（龍簡・7）：馮

漆器（龍簡・7）：馮

漆器（龍簡・7）：馮

漆器（龍簡・7）：馮□

漆器 M8・9（雲夢・附二）：□馮居

漆器 M8・11（雲夢・附二）：□馮居

漆器 M8・10（雲夢・附二）：□馮居

2146　駮

秦印編 193：王駮

2147　驅歐

石鼓文・車工（先鋒本）：遨歐其樸

石鼓文・車工（先鋒本）：遨歐其特〖注〗《說文》：“驅，古文作歐。”

睡簡・日甲・158 背：弗歐（驅）自出

睡簡・日甲・157 背：歐（驅）其央（殃）

龍簡・23：歐（驅）入禁苑中

龍簡・119：而輿軌（輗？）疾歐（驅）入之

2148　馳

龍簡・60・摹:及弩道絕馳道

龍簡・63・摹:□有行馳□

龍簡・59・摹:騎馬於它馳道

龍簡・54:敢行馳道中者〖注〗馳道,供皇帝車馬行走的大路。

秦印編 193:馳

2149　騁

集證・167.531:李騁〖注〗李騁,人名。

2150　驚

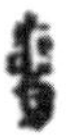
睡簡・6 號牘・背:驚敢大心問姑秭(姐)〖注〗驚,人名。

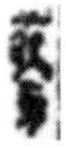
睡簡・6 號牘・背:爲驚祠祀

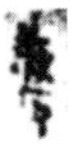
睡簡・6 號牘・正:驚多問新負、妴皆得毋恙也

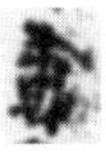
睡簡・11 號牘・背:爲黑夫、驚多問東室季須(媭)苟得毋恙也

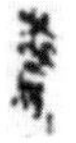
睡簡・11 號牘・背:爲黑夫、驚多問夕陽呂嬰、匽里閻諍丈人得毋恙□矣

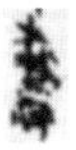
睡簡・11 號牘・背:爲黑夫、驚多問嬰氾、季吏可(何)如

睡簡・11 號牘・正:黑夫、驚敢再拜問中

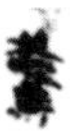
睡簡・11 號牘・正:黑夫、驚毋恙也

帛書・病方・50:身熱而數驚

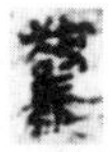
帛書・灸經甲・45:聞木音則慏〈愓〉然驚

秦印編 194:達驚

秦印編 194:王驚

秦印編 194:王驚

秦印編 194:輔驚

秦印編 194:驚

2151　駭

秦印編 194:女駭

秦印編 194:駭禺

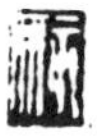
秦印編 194:淳于駭

2152　騷

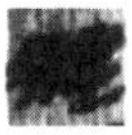
睡簡・答問・179:當者(諸)侯不治騷馬〖注〗騷,擾。騷馬,騷馬蟲,寄生於馬體的害蟲。

帛書・病方・104:以敝帚騷(掃)尤(疣)二七

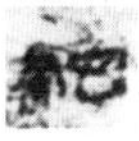
帛書・病方・409:先孰洒騷(瘙)以湯〖注〗瘙,疥。

帛書・病方・414:騷(瘙)即已

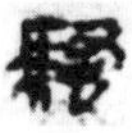
帛書・病方・104:騷(掃)尤(疣)北

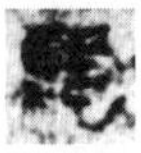
帛書・病方・418:乾騷(瘙)

集證・181.709:趙騷〖注〗趙騷,人名。

集證・183.738:濁騷〖注〗濁騷,人名。

秦印編 194:騷

秦印編 194:騷

秦印編 194:馬騷

2153  駘

帛書・病方・362:以蠭(蜂)駘弁和之〖注〗蜂駘,疑卽蜂子。

秦印編 194:莊駘之印

秦印編 194:駘

集證・167.530:李駘〖注〗李駘,人名。

秦印編 194:楊駘

秦印編 194:趙駘

秦印編 194:李駘

2154  駔

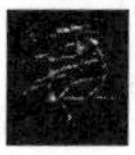
卌八年上郡假守鼂戈(珍金・88):工駔〖注〗駔,人名。

卌八年上郡假守鼂戈・摹(珍金・88):工駔

集證・162.462:王駔〖注〗王駔,人名。

秦印編 195:任駔

秦印編 195:駔

秦印編 195:王駔

秦陶・1353:咸鄏里駔〖注〗駔,人名。

秦印編 195:王駔

2155  騶

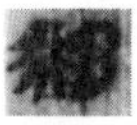
睡簡・爲吏・6:安騶(趨)而步

集證・157.387:騶丞之印

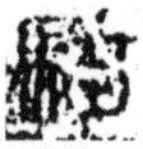
集證・157.386:騶丞之印〖注〗騶,縣名。

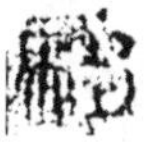
封泥集 198・2:騶丞之印

秦印編 195:騶

封泥集 198・1:騶丞之印

2156  驛

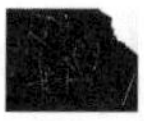
秦陶・489:平陽驛〖注〗驛,人名。

2157  騰

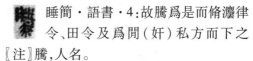

睡簡・語書・4:故騰爲是而脩灋律令、田令及爲閒(奸)私方而下之〖注〗騰,人名。

睡簡・封診・14:遺識者當騰(謄)

里簡・J1(9)1 背:當騰(謄)〖注〗騰,疑讀爲"謄",抄錄。

里簡・J1(9)12 背:當騰(謄)

里簡・J1(9)1 正:司空騰敢言之〖注〗騰,人名。

里簡・J1(9)2 正:司空騰敢言之

里簡・J1(9)3 正:司空騰敢言之

里簡・J1(9)4 正:司空騰敢言之

里簡・J1(9)5 正:司空騰敢言之

里簡・J1(9)7 背:當騰(謄)

里簡・J1(9)7 正:司空騰敢言之

里簡・J1(9)8 背:當騰(謄)

里簡・J1(9)8 正:司空騰敢言之

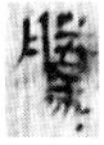
里簡・J1(9)9 背:當騰(謄)

里簡・J1(9)9 正:司空騰敢言之

里簡・J1(9)10 背:當騰(謄)

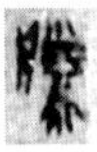
里簡・J1(9)10 正:司空騰敢言之

里簡・J1(9)11 背:當騰(謄)

里簡・J1(9)11 正:司空騰敢言之

秦印編 195:騰

集證・176.642:黄騰〖注〗黄騰,人名。

2158  䮳

集證・161.457:王䮳〖注〗王䮳,人名。

2159  駚

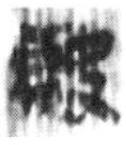
睡簡・雜抄・27:課駚騠〖注〗駚騠,北翟之良馬。

2160  騠

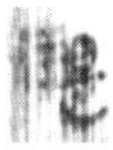
睡簡・雜抄・27:課駚騠

2161  驢

秦印編 195:王驢

2162 騝

石鼓文・田車(先鋒本):右驂騝=〖注〗騝,馬壯健,或説同犍。

2163 駝

詛楚文・亞駝(中吳本):不畏皇天上帝及不(丕)顯大神亞駝之光列(烈)威神〖注〗亞駝,神名。

詛楚文・亞駝(中吳本):親卬(仰)不(丕)顯大神亞駝而質焉

詛楚文・亞駝(中吳本):求蔑灋(廢)皇天上帝及不(丕)顯大神亞駝之衈祠、圭玉、羲(犧)牲

詛楚文・亞駝(中吳本):使其宗祝卲鼛布愍(檄)告於不(丕)顯大神亞駝

詛楚文・亞駝(中吳本):亦應受皇天上帝及不(丕)顯大神亞駝之幾(機)靈德賜

2164　駫

石鼓文・車工(先鋒本):吾馬既駫〖注〗潘迪釋“阜”,盛大。罗君惕釋“騲”,《集韻》:“騲,馬盛也。”

2165　駿

不其簋蓋(秦銅・3):駿方嚴允(玁狁)廣伐西俞〖注〗駿,王國維説卽御字。御方,古中國人呼西北外族之名。

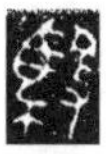滕縣不其簋器(秦銅・4):駿方嚴允(玁狁)廣伐西俞

2166　驕

石鼓文・馬薦(先鋒本):□天□虹□皮□走驕=馬薦蕣=莽=敚=雉□心其一□之〖注〗驕驕,郭沫若説猶言“濟濟”,蓋言草之豐盛。馬叙倫説借爲“擠”。鄭業斆謂“良馬也”。

2167　騣

石鼓文・鑾車(先鋒本):徒騣孔庶

石鼓文・霝雨(先鋒本):徒騣湯=〖注〗騣,吳大澂釋“御”。御字異體作“馭”。薛尚功釋“騥”。

2168　驖

石鼓文・吾水(先鋒本):右驂驖=〖注〗薛尚功釋“驖”。郭沫若釋“驂”。或説指馬快跑。

2169　騺

秦印編294:楊騺〖注〗《玉篇》:“驈,驪馬白跨。騺,同驈。”

秦印編294:騺印

2170　騷

秦印編294:李騷

2171　　薦

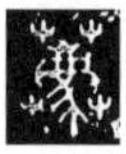石鼓文・馬薦(先鋒本):□天□虹□皮□走驕=馬薦蕣=莽=敚=雉□心其一□之〖注〗《説文》:“薦,獸之所食草。”

繹山刻石・宋刻本:上薦高號

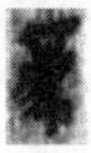睡簡・秦律・10:復以薦蓋〖注〗薦蓋,墊蓋,均動詞。

睡簡・秦律・10:禾、芻稾徹(撤)木、薦〖注〗薦,墊在糧草下面的草墊。

睡簡・答問・151:空倉中有薦

2172　　灋(法)佱

北私府橢量・始皇詔(秦銅・146):灋(法)度量則〖注〗法,王輝説爲動詞,效法。

兩詔銅權一(秦銅・175):灋(法)度量則

北私府橢量・始皇詔(秦銅・146):灋(法)度量則

兩詔銅權一(秦銅・175):灋(法)度量則

北私府橢量·2 世詔(秦銅·147):灋(法)度量則

大騩銅權(秦銅·131):灋(法)度量則

大騩銅權(秦銅·131):灋(法)度量則

二世元年詔版八(秦銅·168):灋(法)度量則

二世元年詔版二(秦銅·162):灋(法)度量則

二世元年詔版三(秦銅·163):灋(法)度量則

二世元年詔版十三(集證·50):灋(法)度量則

二世元年詔版十一(秦銅·171):灋(法)度量則

二世元年詔版五(秦銅·165):灋(法)度量則

二世元年詔版一(秦銅·161):灋(法)度量則

高奴禾石銅權(秦銅·32.2):灋(法)度量則

兩詔斤權一·摹(集證·46):灋(法)度量則

兩詔斤權一·摹(集證·46):灋(法)度量則

兩詔版(秦銅·174.1):灋(法)度量則

兩詔版(秦銅·174.1):灋(法)度量則

兩詔斤權二·摹(集證·49):灋(法)度量則

兩詔斤權二·摹(集證·49):灋(法)度量則

兩詔斤權一(集證·45):灋(法)度量則

兩詔銅權二(秦銅·176):灋(法)度量則

兩詔銅權二(秦銅·176):灋(法)度量則

兩詔銅權四(秦銅·179.1):灋(法)度量則

兩詔銅權五(秦銅·180):灋(法)度量則

兩詔銅權五(秦銅·180):灋(法)度量則

兩詔橢量二(秦銅·149):灋(法)度量則

兩詔橢量三之二(秦銅·151):灋(法)度量則

兩詔橢量一(秦銅·148):灋(法)度量則

兩詔橢量一(秦銅·148):灋(法)度量則

美陽銅權(秦銅·183):灋(法)度量則

美陽銅權(秦銅·183):灋(法)度量則

平陽銅權·摹(秦銅·182):灋(法)度量則

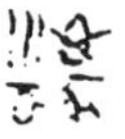
平陽銅權·摹(秦銅·182):灋(法)度量則

僅存銘兩詔銅權(秦銅·135-18.1):灋(法)度量則

僅存銘兩詔銅權(秦銅·135-18.2):灋(法)度量則

僅存銘兩詔銅權(秦銅·135-18.2):灋(法)度量則

僅存銘始皇詔銅權·八(秦銅·135-8):灋(法)度量則

僅存銘始皇詔銅權·二(秦銅·135-2):灋(法)度量則

僅存銘始皇詔銅權·九(秦銅·135-9):灋(法)度量則

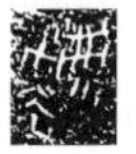
僅存銘始皇詔銅權·六(秦銅·135-6):灋(法)度量則

僅存銘始皇詔銅權・七(秦銅・135-7):灋(法)度量則

僅存銘始皇詔銅權・三(秦銅・135-3):灋(法)度量則

僅存銘始皇詔銅權・十(秦銅・135-10):灋(法)度量則

僅存銘始皇詔銅權・十六(秦銅・135-16):灋(法)度量則

僅存銘始皇詔銅權・十七(秦銅・135-17):灋(法)度量則

僅存銘始皇詔銅權・十三(秦銅・135-13):灋(法)度量則

僅存銘始皇詔銅權・十四(秦銅・135-14):灋(法)度量則

僅存銘始皇詔銅權・十一(秦銅・135-11):灋(法)度量則

僅存銘始皇詔銅權・一(秦銅・135-1):灋(法)度量則

秦箕斂(箕斂・封3):灋(法)度量則

商鞅方升(秦銅・21):灋(法)度量則

始皇詔八斤銅權二(秦銅・135):灋(法)度量則

始皇詔八斤銅權一(秦銅・134):灋(法)度量則

始皇詔版八(秦銅・144):灋(法)度量則

始皇詔版七(秦銅・143):灋(法)度量則

始皇詔版三(秦銅・138):灋(法)度量則

始皇詔版一(秦銅・136):灋(法)度量則

始皇詔十六斤銅權二(秦銅・128):灋(法)度量則

始皇詔十六斤銅權三(秦銅・129):灋(法)度量則

始皇詔十六斤銅權四(秦銅・130.2):灋(法)度量則

始皇詔十六斤銅權一(秦銅・127):灋(法)度量則

始皇詔鐵石權七(秦銅・125):灋(法)度量則

始皇詔鐵石權四(秦銅・123):灋(法)度量則

始皇詔銅方升三(秦銅・100):灋(法)度量則

始皇詔銅方升四(秦銅・101):灋(法)度量則

始皇詔銅方升一(秦銅・98):灋(法)度量則

始皇詔銅權九(秦銅・118):灋(法)度量則

始皇詔銅權六(秦銅・115):灋(法)度量則

始皇詔銅權三(秦銅・112):灋(法)度量則

始皇詔銅權十(秦銅・119):灋(法)度量則

始皇詔銅權十一(珍金・124):灋(法)度量則

始皇詔銅權四(秦銅・113):灋(法)度量則

始皇詔銅權一(秦銅・110):灋(法)度量則

始皇詔銅橢量二(秦銅・103):灋(法)度量則

始皇詔銅橢量六(秦銅・107):灋(法)度量則

始皇詔銅橢量三(秦銅・104):灋(法)度量則

始皇詔銅橢量四(秦銅・105):灋(法)度量則

始皇詔銅橢量五(秦銅・106):灋(法)度量則

始皇詔銅橢量一(秦銅·102):灋(法)度量則

武城銅橢量(秦銅·109):灋(法)度量則

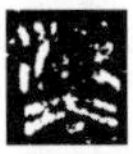
旬邑銅權(秦銅·133):灋(法)度量則

旬邑銅權(秦銅·133):灋(法)度量則

左樂兩詔鈞權(集證·43):灋(法)度量則

左樂兩詔鈞權(集證·43):灋(法)度量則

詛楚文·湫淵(中吳本):求蔑灋(廢)皇天上帝及大神氒(厥)湫之卹祠、圭玉、羲(犧)牲〖注〗蔑廢,即蔑棄。

詛楚文·巫咸(中吳本):求蔑灋(廢)皇天上帝及不(丕)顯大神巫咸之卹祠、圭玉、羲(犧)牲

詛楚文·亞駝(中吳本):求蔑灋(廢)皇天上帝及不(丕)顯大神亞駝之卹祠、圭玉、羲(犧)牲

秦駰玉版·甲·摹:姓(生)爲刑灋(法)〖注〗刑法,懲罰罪犯的法律。李學勤說"刑"爲名詞,法典;"法"爲動詞,治理範限。

秦駰玉版·甲·摹:典灋(法)蘚(鮮)亡〖注〗典法,典章、法令。

秦駰玉版·甲·摹:潔可以爲灋(法)

秦駰玉版·乙·摹:典灋(法)蘚(鮮)亡

秦駰玉版·乙·摹:潔可以爲灋(法)

秦駰玉版·乙·摹:姓(生)爲刑灋(法)

會稽刻石·宋刻本:初平灋(法)式

會稽刻石·宋刻本:後敬奉灋(法)

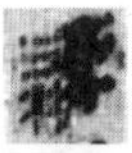
睡簡·秦律·175:皆與盜同灋(法)

睡簡·答問·20:律曰"與盜同灋(法)"

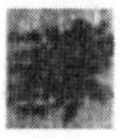
睡簡·答問·32:與盜同灋(法)

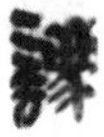
睡簡·語書·3:是卽灋(廢)主之明灋殹

睡簡·語書·4:故騰爲是而脩灋(法)律令、田令及爲閒(奸)私方而下之

睡簡·語書·5:今灋(法)律令已布

睡簡·答問·59:有(又)灋之

睡簡·答問·142:可(何)如爲"犯令、灋(廢)令"

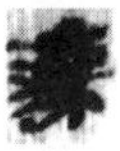
睡簡·答問·142:是謂"灋(廢)令"殹·

睡簡·答問·143:灋(廢)令、犯令

睡簡·秦律·175:皆與盜同灋

睡簡·秦律·153:及灋耐署(遷)者

睡簡·秦律·153:有辠灋(法)耐署(遷)其後〖注〗灋,依灋(法)而行。一說讀爲"廢"。

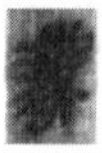
睡簡·秦律·154:賜未受而死及灋(法)耐署(遷)者

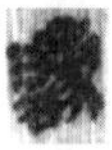
睡簡·雜抄·22:貲嗇夫二甲而灋(廢)

睡簡·雜抄·21:貲嗇夫二甲而灋(廢)

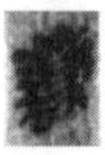
睡簡·雜抄·4:貲二甲,灋(廢)

睡簡·雜抄·10:司馬貲二甲,灋(廢)

睡簡・雜抄・15:丞、庫嗇夫、吏貲二甲,灋(廢)

睡簡・日甲・99 正:四灋(廢)丙丁

睡簡・日甲・101 正:四灋(廢)日

睡簡・爲吏・46:灋(廢)置以私〖注〗廢置,任免。

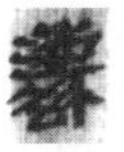睡簡・效律・35:皆與盜同灋(法)

睡簡・語書・2:凡灋(法)律令者

睡簡・語書・2:是以聖王作爲灋(法)度

睡簡・語書・9:凡良吏明灋(法)律令

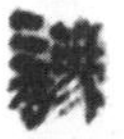睡簡・語書・6:是即明避主之明灋(法)殹

睡簡・語書・3:今灋律令已具矣

睡簡・語書・5:聞吏民犯灋(法)爲閒(奸)私者不止

睡簡・語書・10:惡吏不明灋(法)律令

龍簡・148:亦與盜同灋(法)

龍簡・44:盜同灋(法)

龍簡・124・摹:與盜田同灋(法)

龍簡・133・摹:與同灋(法)

龍簡・147・摹:與灋(法)沒入其匿田之稼〖注〗法,依法。

龍簡・266・摹:□灋□

陶量(秦印編 195):灋

集證・153.328:灋丘左尉〖注〗灋,讀爲"廢",廢丘,地名。

秦印編 195:灋丘右尉

秦陶・1589:灋(法)度量則

秦陶・1590:灋(法)度量則

始皇詔陶印(《研究》附):灋(法)度量則

秦陶・1585:灋(法)

天簡 39・乙:室有法祠口舌不墾〖編者按〗此字不清晰,是否法字不能完全肯定。

2173　　鹿

石鼓文・車工(先鋒本):麀鹿趚=〖注〗此爲牡鹿。

石鼓文・車工(先鋒本):麀鹿速=

石鼓文・田車(先鋒本):麀鹿雉兔

石鼓文・吳人(先鋒本):□鹿□□

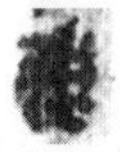睡簡・日甲・75 背:午,鹿也

龍簡・33・摹:鹿一、彘一、麋一、麃一、狐二

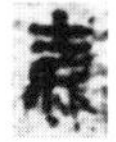帛書・病方・90:即燔鹿角

2174　　麛

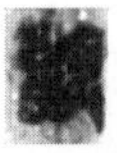睡簡・秦律・4:取生荔、麛𪊨(卵)鷇〖注〗麛,幼鹿。

2175　　麋

石鼓文·田車(先鋒本):麋豕孔庶〖注〗此爲牝麋。

睡簡·答問·81:縛而盡拔其須(鬚)麋(眉)

帛書·病方·56:取其靡(磨)如麋(糜)者

帛書·病方·76:取麋(蘼)蕪本若□薺一□傅宥(痏)〖注〗蘼蕪本,卽芎藭,今名川芎,藥名。

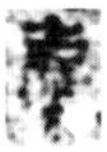
帛書·病方·259:冶麋(蘼)蕪本、方(防)風、烏家(喙)、桂皆等

封泥印70:麋圈〖注〗麋圈,囿苑,養鹿之所。

秦印編196:李示麋

集證·149.258:麋圈

2176　　麇(麢)

龍簡·33:鹿一、彘一、麇一、麃一、狐二〖注〗麇,或作麢,獐子。

2177　　麃

睡簡·語書·12:誈訛醜言麃(僄)斫以視(示)險(檢)〖注〗麃,讀爲"僄",輕。

龍簡·33:鹿一、彘一、麇一、麃一、狐二〖注〗麃,鹿屬。

帛書·病方·210:狐麃

2178　　麗丽𠀀

麗山園鍾(秦銅·185):麗山園容十二斗三升〖注〗麗山,卽始皇陵。

睡簡·日乙·198:正西夬麗

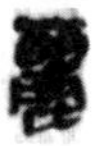
睡簡·日乙·199:正北夬麗

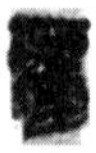
睡簡·日乙·197:東南夬麗〖注〗夬麗,分離。

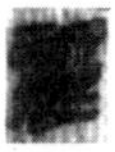
睡簡·答問·179:騷馬蟲皆麗衡厄(軛)鞅韅轅軜(靷)〖注〗麗,附著。

睡簡·日甲·25背:道(導)令民毋麗(罹)兇(凶)央(殃)〖注〗麗,讀爲"罹",遭受。

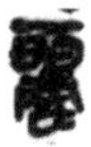
睡簡·日乙·200:正東夬麗

封泥印6:麗山飤官

秦印編196:麗

秦印編196:麗市

新封泥B·3.5:麗邑丞印〖注〗麗邑,地名。

秦陶A·4.11:麗亭〖注〗麗亭,"麗邑市亭"的簡稱。

麗山茜府陶盤·摹(秦銅·52附圖):麗山茜府

秦陶·1310:麗器〖注〗麗,卽麗邑,地名。

秦陶·1314:麗亭

秦陶·1315:麗亭

秦陶·1466:麗山飤官

秦陶・1467:麗山飤官右

秦陶・1468:麗山飤官右

秦陶・1469:麗山飤官右

秦陶・1470:麗山飤官左

秦陶・1473:麗山

秦陶・1475:麗山反

秦陶・1478:麗邑五升

集證・192.15:麗亭

集證・196.40:麗市

集證・202.66:麗市

集證・223.284:麗市

秦陶・1316:麗市

秦陶・1309:麗市

秦陶・1311:麗市

秦陶・1317:麗市

秦陶・1313:麗市

2179   麀 麤

石鼓文・車工(先鋒本):麀鹿速=
〖注〗麀,牝鹿。

石鼓文・車工(先鋒本):麀鹿趚=

石鼓文・田車(先鋒本):麀鹿雉兔

2180 麠

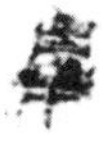
帛書・病方・173:取棗種麠(麤)屑二升

2181  毚

睡簡・答問・12:毚(纔)到

關簡・369:浴䗪(蠶)必以日毚(纔)始出時浴之

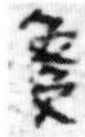
帛書・病方・309:毚(纔)孰(熟)
〖注〗纔,稍。

帛書・病方・373:毚(纔)茀(沸)

帛書・病方・174:令毚(纔)甘

2182 㲋

石鼓文・汧殹(先鋒本):鑾之㲋=
〖注〗㲋,吳大澂說疑卽《說文》㚟字,迅速。或說㲋㲋,刟魚聲。

秦印編196:莊㲋

秦印編196:㲋

秦印編196:㲋

2183  兔

石鼓文・田車(先鋒本):麀鹿雉兔

睡簡・日甲・72背:多〈名〉兔竈陘突垣義酉

睡簡・日甲・72 背:卯,兔也

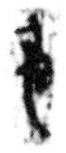
龍簡・34:取其豺、狼、貆、貈〈貉〉、狐、貍、榖、□、雉、兔者

帛書・病方・94:炊五穀(穀)、兔□

帛書・病方・139:兔皮□

帛書・病方・245:其中有如兔髕〖注〗兔髕,疑卽兔絲子。

帛書・病方・310:以鷄卵弁兔毛

帛書・病方・432:以兔產㞢(腦)塗之〖注〗兔產腦,新鮮的兔腦。

2184  逸

秦政伯喪戈一(珍金・42):市鉣用逸宜〖注〗逸,王輝說讀爲"肆",陳列,引申爲祭名。陳平釋"奔馳田獵,遊冶巡狩";黃盛璋釋"安逸"。

秦政伯喪戈一・摹(珍金・42):市鉣用逸宜

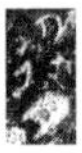
秦政伯喪戈二(珍金・43):市鉣用逸宜

秦政伯喪戈二・摹(珍金・43):市鉣用逸宜

卜淦□高戈・摹(秦銅・188):卜淦□高乍(作)鑄永寶用逸宜

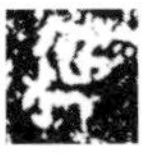
傳世秦子戈(集證・11):左右市(師)□用逸宜

故宮藏秦子戈(集證・10):左右市(師)鮇(旅)用逸宜

故宮藏秦子戈・摹(集證・10):左右市(師)鮇(旅)用逸宜

珍秦齋秦子戈(珍金・38):左右市(師)鮇(旅)用逸宜

珍秦齋秦子戈・摹(珍金・38):左右市(師)鮇(旅)用逸宜

香港秦子戈二・摹(新戈・2):左右市(師)鮇(旅)逸宜

秦子矛(集證・12):□右市(師)鮇(旅)用逸宜

2185  犬

天簡 29・乙:毋射犬毆

天簡 35・乙:風不利犬

睡簡・日乙・74:犬良日

睡簡・日乙・74:犬日

睡簡・秦律・6:百姓犬入禁苑中而不追獸及捕獸者

睡簡・秦律・6:麛時毋敢將犬以之田

睡簡・秦律・7:河(呵)禁所殺犬

睡簡・日甲・27 背:以犬矢爲完(丸)

睡簡・日甲・23 背:宜犬

睡簡・日甲・91 正:毋以己巳、壬寅殺犬

睡簡・日甲・30 背:五步一人一犬

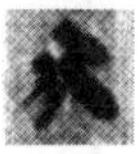
睡簡・日甲・30 背:以爲僞人犬

睡簡・日甲・37 背:馬尾犬首

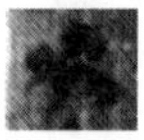
睡簡・日甲・49 背:以犬矢投之

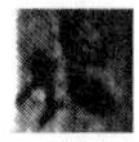
睡簡・日甲・47 背:犬恆夜入人室

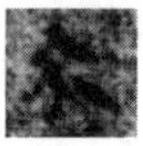
岳山牘・M36:43 正:犬良日

龍簡·82:河禁所殺犬

龍簡·111·摹:□馬、牛、羊、犬、彘于人田□

帛書·病方·目錄:狂犬齧人

帛書·病方·目錄:犬筮(噬)人

帛書·病方·41:小劇一犬

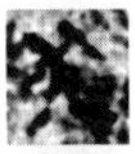

帛書·病方·56:狂犬齧人

帛書·病方·56:以傅犬所齧者

帛書·病方·60:狂犬傷人

帛書·病方·61:犬筮(噬)人傷者

帛書·病方·62:犬毛盡

帛書·病方·64:犬所齧

帛書·病方·112:先侍(偫)白鷄、犬矢

帛書·病方·113:冒其所以犬矢濕者

帛書·病方·114:取犬尾及禾在圈垣上[者]〖注〗犬尾,疑卽狗尾草。

帛書·病方·306:以犬毛若羊毛封之

帛書·病方·326:以犬膽和〖注〗犬膽,卽狗膽。

帛書·病方·419:以犬膽和

秦印編196:牛犬

秦印編196:求犬

新封泥A·2.16:尚犬〖注〗尚犬,官名。

2186　狗

睡簡·日甲·48背:是神狗僞爲鬼

睡簡·日乙·164:狗肉從東方來

睡簡·日乙·176:室鬼欲狗(拘)

關簡·314:取新乳狗子

帛書·病方·262:殺狗

集證·137.71:弄狗廚印〖注〗弄狗,官名。

秦印編196:弄狗廚印

秦印編196:熊狗

秦印編196:狗

秦印編196:狗敢

2187　獀

集證·176.646:□獀〖注〗□獀,人名。

2188　狡

睡簡·答問·189:可(何)謂"宮狡士、外狡士"〖注〗狡,大犬,產於匈奴地區。

封泥印54:狡士之印〖注〗狡士,官名。

2189　　猗

秦印編196:姚猗

2190　　獿

集證·161.458:王獿

2191　　㺒

秦印編197:成㺒

2192　　狀

北私府橢量·始皇詔(秦銅·146):乃詔丞相狀、綰〖注〗狀,人名。

北私府橢量·始皇詔(秦銅·146):乃詔丞相狀、綰

大騩銅權(秦銅·131):乃詔丞相狀、綰

高奴禾石銅權(秦銅·32.2):乃詔丞相狀、綰

兩詔斤權一·摹(集證·46):乃詔丞相狀、綰

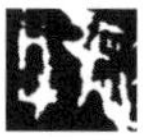兩詔版(秦銅·174.1):乃詔丞相狀、綰

兩詔斤權二·摹(集證·49):乃詔丞相狀、綰

兩詔斤權一(集證·45):乃詔丞相狀、綰

兩詔銅權二(秦銅·176):乃詔丞相狀、綰

兩詔銅權三(秦銅·178):乃詔丞相狀、綰

兩詔銅權四(秦銅·179.1):乃詔丞相狀、綰

兩詔銅權一(秦銅·175):乃詔丞相狀、綰

兩詔橢量三之一(秦銅·150):乃詔丞相狀、綰

兩詔橢量一(秦銅·148):乃詔丞相狀、綰

美陽銅權(秦銅·183):乃詔丞相狀、綰

平陽銅權·摹(秦銅·182):乃詔丞相狀、綰

僅存銘兩詔銅權(秦銅·135-18.1):乃詔丞相狀、綰

僅存銘始皇詔銅權·八(秦銅·135-8):乃詔丞相狀、綰

僅存銘始皇詔銅權·二(秦銅·135-2):乃詔丞相狀、綰

僅存銘始皇詔銅權·九(秦銅·135-9):乃詔丞相狀、綰

僅存銘始皇詔銅權·六(秦銅·135-6):乃詔丞相狀、綰

僅存銘始皇詔銅權·七(秦銅·135-7):乃詔丞相狀、綰

僅存銘始皇詔銅權·三(秦銅·135-3):乃詔丞相狀、綰

僅存銘始皇詔銅權·十(秦銅·135-10):乃詔丞相狀、綰

僅存銘始皇詔銅權·十六(秦銅·135-16):乃詔丞相狀、綰

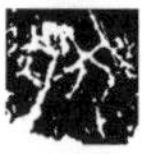僅存銘始皇詔銅權·十七(秦銅·135-17):乃詔丞相狀、綰

僅存銘始皇詔銅權·十四(秦銅·135-14):乃詔丞相狀、綰

僅存銘始皇詔銅權·一(秦銅·135-1):乃詔丞相狀、綰

秦箕斂(箕斂·封3):乃詔丞相狀、綰

商鞅方升(秦銅·21):乃詔丞相狀、綰

始皇詔八斤銅權二(秦銅·135):乃詔丞相狀、綰

始皇詔八斤銅權一(秦銅·134):乃詔丞相狀、綰

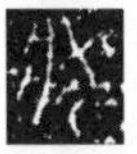
始皇詔版八(秦銅·144):乃詔丞相狀、綰

始皇詔版七(秦銅·143):乃詔丞相狀、綰

始皇詔版三(秦銅·138):乃詔丞相狀、綰

始皇詔版一(秦銅·136):乃詔丞相狀、綰

始皇詔十六斤銅權二(秦銅·128):乃詔丞相狀、綰

始皇詔十六斤銅權三(秦銅·129):乃詔丞相狀、綰

始皇詔十六斤銅權四(秦銅·130.1):乃詔丞相狀、綰

始皇詔十六斤銅權一(秦銅·127):乃詔丞相狀、綰

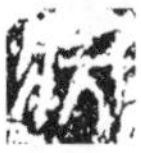
始皇詔鐵石權四(秦銅·123):乃詔丞相狀、綰

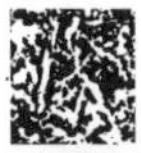
始皇詔鐵石權五(秦銅·124):乃詔丞相狀、綰

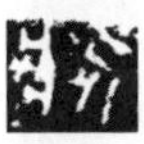
始皇詔銅方升三(秦銅·100):乃詔丞相狀、綰

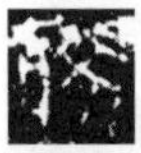
始皇詔銅方升四(秦銅·101):乃詔丞相狀、綰

始皇詔銅方升一(秦銅·98):乃詔丞相狀、綰

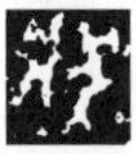
始皇詔銅權八(秦銅·117):乃詔丞相狀、綰

始皇詔銅權九(秦銅·118):乃詔丞相狀、綰

始皇詔銅權六(秦銅·115):乃詔丞相狀、綰

始皇詔銅權三(秦銅·112):乃詔丞相狀、綰

始皇詔銅權十(秦銅·119):乃詔丞相狀、綰

始皇詔銅權十一(珍金·124):乃詔丞相狀、綰

始皇詔銅權四(秦銅·113):乃詔丞相狀、綰

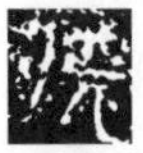
始皇詔銅權五(秦銅·114):乃詔丞相狀、綰

始皇詔銅權一(秦銅·110):乃詔丞相狀、綰

始皇詔銅橢量二(秦銅·103):乃詔丞相狀、綰

始皇詔銅橢量六(秦銅·107):乃詔丞相狀、綰

始皇詔銅橢量三(秦銅·104):乃詔丞相狀、綰

始皇詔銅橢量四(秦銅·105):乃詔丞相狀、綰

始皇詔銅橢量五(秦銅·106):乃詔丞相狀、綰

始皇詔銅橢量一(秦銅·102):乃詔丞相狀、綰

武城銅橢量(秦銅·109):乃詔丞相狀、綰

旬邑銅權(秦銅·133):乃詔丞相狀、綰

左樂兩詔鈞權(集證·43):乃詔丞相狀、綰

十七年丞相啟狀戈·摹(秦銅·40):十七年丞相啟狀造〖注〗啟狀,人名。田鳳嶺、陳雍以爲指啟、狀兩人。

睡簡·11號牘·正:告黑夫其未來狀

睡簡·答問·162:"履錦履"之狀可(何)如

睡簡·封診·86:卽診嬰兒男女、生髮及保(胞)之狀

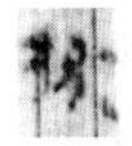 睡簡・封診・87:如衄(屻)血狀

 睡簡・封診・83:不智(知)其里□可(何)物及亡狀

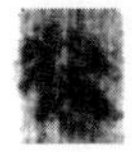 睡簡・封診・70:及視索迹鬱之狀

 睡簡・封診・76:上如豬竇狀

 睡簡・秦律・87:以書時謁其狀內史

 睡簡・日甲・36背:是狀(戕)神在其室

 帛書・病方・248:狀類牛幾三□然

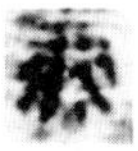 帛書・病方・266:尋(燖)然類辛狀

 帛書・病方・292:如□狀

 帛書・病方・239:或如鼠乳狀

 秦印編197:漆狀

 集證・167.544:季狀

 集證・174.621:張狀

 封泥集378・1:芻狀

 秦印編197:宛狀

 秦印編197:張狀

 秦印編197:季狀

 秦印編197:王狀

 秦印編197:脽狀

 秦印編197:楊狀

 秦印編197:狀

 秦印編197:殷狀

 陶量(秦印編197):狀

 陶量(秦印編197):狀

 陶量(秦印編197):狀

 秦印編197:頻陽狀

 集證・178.670:楊狀

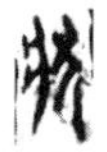 集證・223.280:□狀

 始皇詔陶印(《研究》附):乃詔丞相狀、綰

 秦陶・1245:頻陽狀

 秦陶・1589:□相狀、綰

 秦陶・1590:詔丞相狀、綰

2193 狃

 卌一年銀耳杯・摹(臨淄173.2):卌一年工右狃(?)〖注〗右狃,人名。

2194 犯

 詛楚文・湫淵(中吳本):敢數楚王熊相之倍(背)盟犯詛

 詛楚文・巫咸(中吳本):敢數楚王熊相之倍(背)盟犯詛

詛楚文・亞駝(中吳本):敢數楚王熊相之倍(背)盟犯詛

天簡 32・乙:凡爲行者毋犯其鄉之忌

睡簡・雜抄・26:虎欲犯

睡簡・日乙・142:凡行者毋犯其大忌

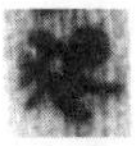
睡簡・爲吏・16:敬上勿犯

睡簡・語書・5:聞吏民犯灋爲閒(奸)私者不止

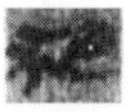
睡簡・答問・142:可(何)如爲"犯令、灋(廢)令"

睡簡・答問・142:是謂"犯令"

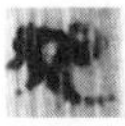
睡簡・答問・142:廷行事皆以"犯令"論

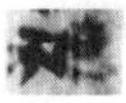
睡簡・答問・143:灋(廢)令、犯令

睡簡・答問・144:以小犯令論

龍簡・138・摹:有犯令者而(?)弗得〖注〗犯令,違犯法令。

里簡・J1(16)6 背:令史犯行〖注〗犯,人名。

集證・174.615:張犯〖注〗張犯,人名。

集證・220.257:□宜□犯

2195  猛

會稽刻石・宋刻本:貪戾慠猛

秦印編 197:王猛

2196  犺

睡簡・日甲・55 正:角、犺(亢)大吉

2197  犮

天簡 39・乙:犮布室中〖編者按〗犮,拔字初文。《說文》:"犮,走犬皃。"此字不清晰,或釋爲"放"。

2198  戾

會稽刻石・宋刻本:貪戾慠猛

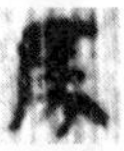
睡簡・爲吏・3:凡戾人〖注〗戾,帥。戾人,爲民表率。

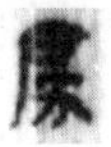
睡簡・爲吏・3:民將望表以戾真〖注〗戾,至。

2199  獨

睡簡・答問・57:今當獨咸陽坐以貲

睡簡・封診・73:乙獨與妻丙晦臥堂上

睡簡・秦律・123:毋獨令匠

睡簡・秦律・195:獨高其置芻廥及倉茅蓋者

睡簡・日甲・49 背:獨入一人室

睡簡・日甲・58 背:獨也

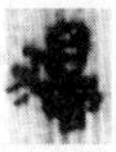
睡簡・爲吏・8:下雖善欲獨可(何)急

睡簡・爲吏・3:老弱獨傳

睡簡・語書・9:以一曹事不足獨治殹

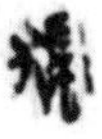
關簡・347:我獨祠先農

帛書・病方・196:□獨有三

帛書・灸經甲・45:欲獨閉戶牖而處

帛書・病方・17:獨□長支(枝)者二廷(梃)

帛書・病方・37:治以枲絮爲獨□傷〖注〗獨,疑讀爲“韣”,包套。

集證・178.667:楊獨利〖注〗楊獨利,人名。

2200　⿰犭璽 禒

秦印編198:⿰犭璽〖編者按〗《廣韻》說“⿰犭璽”同“獮”,秋田獵。

2201　獵

睡簡・雜抄・27:獵律〖注〗獵,田獵。

2202　臭

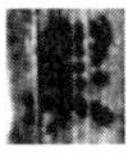
睡簡・日甲・82正:女子愛而口臭

帛書・病方・441:令毋臭

2203　獲

睡簡・日甲・75背:名徹達祿得獲錯

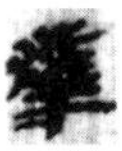
睡簡・日甲・118正:獲門

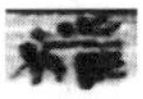
睡簡・日甲・115正:獲門

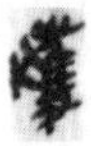
睡簡・日乙・19:罔(網)邋(獵),獲

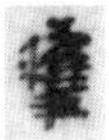
睡簡・秦律・35:已獲上數

秦印編198:任獲

秦印編198:嬰獲

秦印編198:橋獲

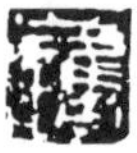
集證・178.675:楊獲

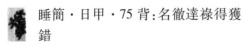

秦陶A・3.9:降獲

2204　獻

不其簋蓋(秦銅・3):余來歸獻禽(擒)〖注〗獻,進獻。

滕縣不其簋器(秦銅・4):余來歸獻禽(擒)

廿一年寺工車害・甲害(秦銅・93):廿一年寺工獻〖注〗獻,人名。

石鼓文・吳人(先鋒本):□獻(獻)用□

繹山刻石・宋刻本:既獻泰成

睡簡・秦律・64・摹:獻封丞、令

睡簡・雜抄・19・摹:縣工新獻

關簡・327:請獻驪牛子母

秦印編198:耿獻

秦印編198:張獻

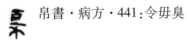

集證・183.736:獻

2205　獟

秦印編 198:予獟

2206　狂 㹕

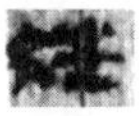睡簡・日甲・119 正:乃狂

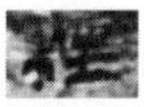帛書・病方・56:狂犬齧人

帛書・病方・57:狂[犬]齧人者

帛書・病方・60:狂犬傷人

2207　類

天簡 28・乙:則卦類雜虛孰爲〖注〗類,類似。

睡簡・封診・88:其頭、身、臂、手指、股以下到足、足指類人

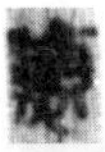睡簡・封診・80:類足歫之之迹

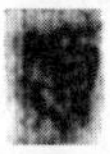睡簡・封診・76:其所以埱者類旁鑿

帛書・病方・164:類石如泔從前出

帛書・病方・248:狀類牛

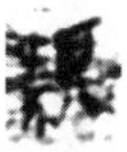帛書・病方・265:尋(燖)然類辛狀

帛書・病方・307:令類膠

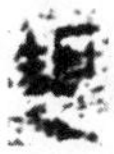帛書・病方・375:面類□者

秦印編 198:胡類

秦印編 198:秦類

秦印編 198:趙類

2208　狄

秦印編 199:狄城之印

2209　玃

睡簡・日甲・73 背・摹:多〈名〉玃不圖射亥戌

2210　猶(猷)

石鼓文・乍遵(先鋒本):□□□猷

睡簡・答問・115:且未斷猶聽毆

睡簡・語書・12:而上猷(猶)智之毆〖注〗段玉裁《說文解字注》說古“猶、猷”一字。

帛書・病方・126:猷(猶)可用毆

封泥集 343・1:猶鄉

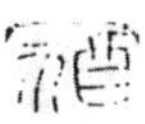封泥集 343・3:猶鄉

封泥印・待考 160:右猷丞印

新封泥 B・3.31:㕣猷丞印

2211　　穀

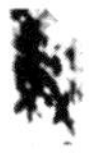
龍簡・34:取其豺、狼、豲、貈〈貉〉、狐、貍、穀、□、雉、兔者〖注〗《説文》:"穀,犬屬,腰以上黄,腰以下黑,食母猴。"

2212　　狼

睡簡・日甲・33 背:狼恆譑(呼)人門曰

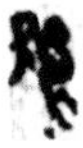
龍簡・32:諸取禁中豺狼者

龍簡・34:取其豺、狼、豲、貈(貉)、狐、貍、穀、□、雉、兔者

里簡・J1(8)134 正:自以二月叚(假)狼船〖注〗狼,人名。

里簡・J1(8)134 正:狼有律

里簡・J1(8)134 正:狼屬(囑)司馬昌官

里簡・J1(8)134 正:問狼船存所

帛書・病方・389:□時取狼牙根〖注〗狼牙,牙子的别名。

秦印編 199:狼嘉

封泥集 358・1:郁狼鄉印〖注〗郁狼鄉,鄉名。

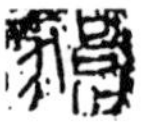
封泥集 358・2:郁狼鄉印

封泥印・附二 215:白狼之丞〖注〗白狼,地名。

封泥集 358・3:郁狼鄉印

2213　　狐

龍簡・33・䨼:鹿一、彘一、麇一、麃一、狐二

龍簡・34:取其豺、狼、豲、貈〈貉〉、狐、貍、穀、□、雉、兔者

帛書・病方・204:某狐叉非其處所〖注〗狐叉,指狐疝。

帛書・病方・210:若智(知)某病狐□

秦印編 199:狐弟印

秦印編 199:令狐得之

秦印編 199:王狐挐

秦印編 199:狐瞫

秦印編 199:令狐寅

秦印編 199:令狐皋

秦印編 199:從淳狐

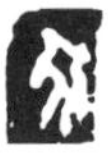
秦印編 199:令狐臣

秦印編 199:狐瑣

2214　猍

秦印編 294:趙猍

2215　獘

秦印編 197:杜獘〖編者按〗《玉篇》:"獘,今作獎。"

2216　狉

秦印編 294:狉

秦印編 294:楊狉

2217　哭

新封泥 D·32:哭原禁丞〖注〗哭原,禁苑名。首字或釋"突"。

新封泥 B·1.32:哭原禁丞

2218　狷

秦印編 294:任狷

2219　　獄

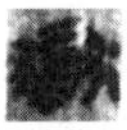睡簡·答問·33:其獄鞫乃直(值)臧(贓)

睡簡·答問·35:獄鞫乃直(值)臧(贓)

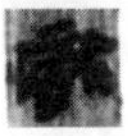睡簡·答問·115:獄已斷乃聽

睡簡·爲吏·44:夬(決)獄不正

龍簡·204:☐罪者獄未夬(決)☐

里簡·J1(8)134 正:在復獄已卒史衰、義報(?)

關簡·193:占獄訟

關簡·191:占獄訟

關簡·209:占獄訟

關簡·207:占獄訟

關簡·203:所言者請謁、獄訟事也

關簡·203:占獄訟

關簡·205:占獄訟

關簡·201:占獄訟

關簡·229:占獄訟

關簡·227:獄訟

關簡·223:占獄訟

關簡·225:獄訟

關簡·221:占獄訟

關簡·239:占獄訟

關簡·233:占獄訟

關簡·235:問獄訟

關簡·231:所言者獄訟、請謁事也

關簡·231:占獄訟

關簡·241:占獄訟

關簡·219:占獄訟

關簡·217:所言者獄訟事、請謁事也

 關簡·213:占獄訟

 關簡·215:占獄訟

 關簡·211:占獄訟

 關簡·189:占獄訟

 關簡·187:獄訟

 關簡·199:占獄訟

 關簡·197:占獄訟

2220　　鼠

 睡簡·答問·140:内史材鼠(予)購

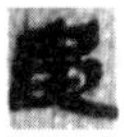 睡簡·答問·152:倉鼠穴幾可(何)而當論及誶

 睡簡·答問·152:廷行事鼠穴三以上貲一盾

 睡簡·答問·152:鼷穴三當一鼠穴

 睡簡·秦律·73:七人以上鼠(予)車牛、僕

 睡簡·秦律·74:三人以上鼠(予)養一人

 睡簡·秦律·74:以此鼠(予)僕、車牛

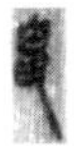 睡簡·秦律·42:勿鼠(予)

 睡簡·秦律·154:鼠(予)賜

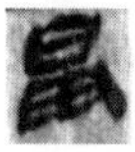 睡簡·日甲·25背:是袴鬼僞爲鼠

 睡簡·日甲·69背:多〈名〉鼠鼷孔午郢

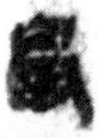 睡簡·日甲·69背:子,鼠也

 睡簡·日甲·32背:人毋(無)故而鬼有鼠(予)

 睡簡·日甲·40正:不可鼠(予)

 睡簡·日甲·120背:必鼠(予)死者

 睡簡·日甲·116背:必鼠(予)死者

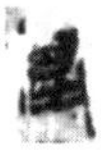 睡簡·日乙·64:不可以鼠(予)

 睡簡·日乙·64:己□出種及鼠(予)人

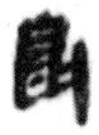 睡簡·日乙·59:可取不可鼠(予)

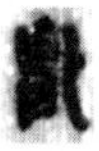 睡簡·爲吏·19:勿鼠(予)田宇

 關簡·372:已鼠方

 關簡·371:鼠弗穿

 帛書·病方·382:奚(鷄)矢鼠襄(壤)涂(塗)桼(漆)王

 帛書·病方·399:□鼠令自死

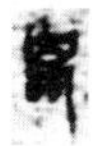 帛書·病方·24:薪(辛)夷、甘草各與[鼢]鼠等

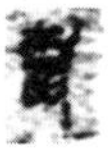 帛書·病方·213:積(癩)者及股癰、鼠復(腹)者

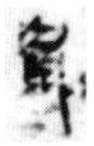 帛書·病方·239:或如鼠乳狀

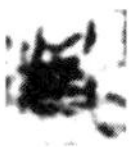 帛書·病方·264:以弱(溺)孰(熟)煮一牡鼠

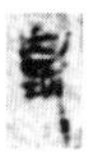 帛書·病方·349:燔牡鼠矢

2221　鼢蚡

帛書・病方・23:取鼢鼠〖注〗鼢鼠,鼹鼠。

秦印編199:趙蚡

2222　鼷

睡簡・答問・152:鼷穴三當一鼠穴〖注〗鼷,一種小鼠。

睡簡・日甲・69背:多〈名〉鼠鼷孔午郢

2223　能

秦駰玉版・乙・摹:能自復如故

繹山刻石・宋刻本:莫能禁止

天簡39・乙:弗能勝

睡簡・爲吏・18:審智(知)民能

睡簡・爲吏・31:樂能哀

睡簡・爲吏・42:能審行此

睡簡・語書・9:事無不能殹

睡簡・語書・9:有(又)能自端殹

睡簡・答問・96:不能定辠人

睡簡・答問・30:抉之弗能啟即去

睡簡・答問・53:能捕者購臣妾二人

睡簡・答問・125:能自捕及親所智(知)爲捕

睡簡・答問・150:禾稼能出

睡簡・封診・27:山儉(險)不能出身山中

睡簡・封診・70:能脫

睡簡・秦律・95:隸臣妾之老及小不能自衣者

睡簡・秦律・69:小物不能各一錢者

睡簡・秦律・49:未能作者

睡簡・秦律・50:未能作者

睡簡・秦律・138:凡不能自衣者

睡簡・秦律・138:以日當刑而不能自衣食者

睡簡・秦律・119:其土惡不能雨〖注〗不能,不耐。

睡簡・秦律・111:能先期成學者謁上

睡簡・日甲・62背:斷而能屬者

睡簡・日甲・36背:不能童(動)作

睡簡・日甲・59背:□鳥獸能言

睡簡・日甲・54背:三日乃能人矣

睡簡・日甲・158背:令其鼻能糗(嗅)鄉(香)

睡簡・爲吏・9:審民能

睡簡・爲吏・32:智能愚

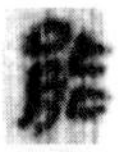
睡簡・爲吏・36:仁能忍

睡簡・爲吏・33:壯能衰

睡簡・爲吏・34:恿(勇)能屈

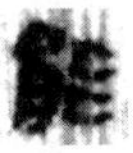
睡簡・爲吏・35:剛能柔

睡簡・爲吏・46:同能而異

龍簡・103:敢穿穽及置它[機]能害□

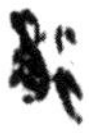
龍簡・136:租不能實□

龍簡・119:其未能祧(逃)

里簡・J1(9)10 正:[家]貧弗能入

里簡・J1(9)11 正:[家]貧弗能入

里簡・J1(9)1 正:[家]貧弗能入

里簡・J1(9)2 正:[家]貧弗能入

里簡・J1(9)4 正:[家]貧弗能入

里簡・J1(9)5 正:[家]貧弗能入

里簡・J1(9)6 正:[家]貧弗能入

里簡・J1(9)7 正:[家]貧弗能入

里簡・J1(9)8 正:[家]貧弗能入

里簡・J1(9)9 正:[家]貧弗能入

關簡・332:笱(苟)能令某齲已

關簡・350:某不能腸(傷)其富

帛書・病方・268:煙能灺(泄)

帛書・病方・382:若不能桼(漆)甲兵

帛書・病方・30:身信(伸)而不能詘(屈)

帛書・病方・32:能詘(屈)信(伸)

帛書・病方・35:節(即)其病甚弗能飲者

帛書・病方・121:□之於□熱弗能支而止

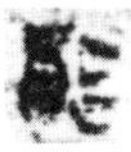
帛書・病方・246:弗能剥

秦印編 199:上賢事能

秦印編 199:能故

2224  熊

詛楚文・湫淵(中吳本):敢數楚王熊相之倍(背)盟犯詛〖注〗熊相,楚懷王熊槐之名。歐陽修説"槐"爲"相"字之誤。

詛楚文・湫淵(中吳本):今楚王熊相康回無道

詛楚文・湫淵(中吳本):以底(詆)楚王熊相之多辠

詛楚文・巫咸(中吳本):敢數楚王熊相之倍(背)盟犯詛

詛楚文・巫咸(中吳本):今楚王熊相康回無道

詛楚文・巫咸(中吳本):以底(詆)楚王熊相之多辠

詛楚文・亞駝(中吳本):敢數楚王熊相之倍(背)盟犯詛

詛楚文・亞駝(中吳本):今楚王熊相康回無道

詛楚文・亞駝(中吳本):以庭(詆)楚王熊相之多辠

秦印編 200:熊狗

秦印編 200:熊

2225 火 火

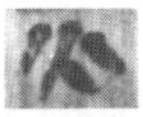
天簡 27・乙:火生土

天簡 38・乙:不失水火

睡簡・日乙・113:必有火起

睡簡・爲吏・25:水火盜賊

睡簡・答問・160:旞(遺)火延燔里門

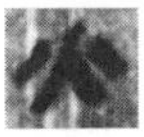
睡簡・答問・179:以火炎其衡厄(軛)

睡簡・答問・159:旞(遺)火燔其叚(假)乘車馬

睡簡・答問・159:旞(遺)火燔其舍

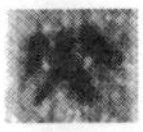
睡簡・秦律・196:閉門輒靡其旁火

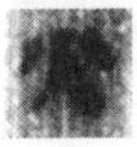
睡簡・秦律・196:有不從令而亡、有敗、失火

睡簡・秦律・197:毋敢以火入臧(藏)府、書府中

睡簡・秦律・197:毋火

睡簡・日甲・89 背:南方火

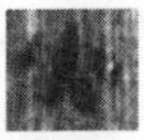
睡簡・日甲・84 背:火勝金

睡簡・日甲・85 背:水勝火

睡簡・日甲・35 背:以人火應之

睡簡・日乙・82:水勝火

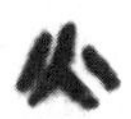
睡簡・日乙・87:水勝火

睡簡・日乙・220:正北有火起

睡簡・日乙・249:丙失火

睡簡・日乙・249:丁失

睡簡・日乙・249:甲失火

睡簡・日乙・249:卯失火

睡簡・日乙・249:乙失火

睡簡・日乙・249:寅失火

睡簡・日乙・249:子失火

睡簡・日乙・250:辰失火

睡簡・日乙・250:庚失火

睡簡・日乙・250:己失火

睡簡・日乙・250:卯失火

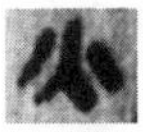
睡簡・日乙・250:失火

睡簡・日乙・250:巳失火

睡簡・日乙・250:戊失火

 睡簡・日乙・252：亥失火

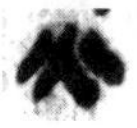 睡簡・日乙・251：癸失火

 睡簡・日乙・251：壬失火

 睡簡・日乙・251：申失火

 睡簡・日乙・251：未失火

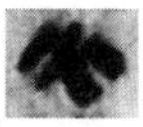 睡簡・日乙・251：午失火

 睡簡・日乙・251：辛失火

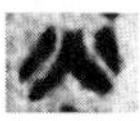 睡簡・日乙・251：酉失火

 睡簡・日乙・94：必有火起

 睡簡・日乙・79：丙丁火

 睡簡・日乙・183：死火日

 龍簡・71・摹：縱火而□

 關簡・317：而炙之炭火

 關簡・317：燔以爲炭火

 關簡・158：火

 關簡・299：置居火

 關簡・259：［甲乙木、丙］丁火

 關簡・363：南行越火

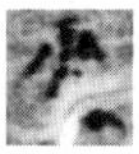 帛書・病方・殘7：其火□燀燀（燀燀）然

 帛書・病方・93：令泥盡火而歠（歠）之

 帛書・病方・128：卽置其編於穛火上

 帛書・病方・159：火而焠酒中

 帛書・病方・162：止火

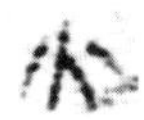 帛書・病方・180：令病者北（背）火炙之

 帛書・病方・256：□燒□節火威（滅）□以□

 帛書・病方・256：取肥□肉置火中

 帛書・病方・334：熱卽止火

 秦印編200：火栩

2226　　然蘸

 睡簡・答問・38：雖然

 睡簡・答問・162：然而行事比焉

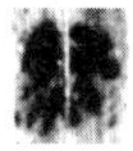 睡簡・封診・66：其口鼻氣出渭（喟）然

 睡簡・封診・70・摹：視口鼻渭（喟）然不毆

 睡簡・秦律・123：如縣然

 睡簡・秦律・170：如入禾然

 睡簡・秦律・138：令居其衣如律然

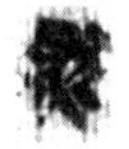 睡簡・秦律・101：如從興成然

 睡簡・日甲・76背：爲人我我然好歌無（舞）

 睡簡・日甲・77 背:其爲人也鞞鞞(竨竨)然

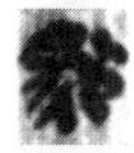 睡簡・日甲・35 背:令人色柏(白)然毋(無)氣

 睡簡・日甲・31 正:男子亦然

 睡簡・日甲・52 背:恆然

 睡簡・日乙・22:利以小然〈祭〉

 睡簡・日乙・238:不然必有疵於前

 睡簡・效律・29:如入禾然

 睡簡・效律・54:如它官然

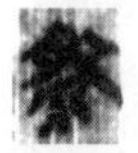 睡簡・效律・55:如令史坐官計劾然

 睡簡・效律・12:其貲、誶如數者然

 龍簡・141:然租不平而劾者

 龍簡・34・摹:然

 帛書・病方・391:令僕僕然

 帛書・病方・殘 7:其火□燥燥(燀燀)然

 帛書・灸經甲・45:聞木音則愓〈惕〉然驚

 帛書・病方・51:目繲哪然〖注〗目繲哪然,指眼球上翻。

 帛書・病方・51:息瘦(嘤)瘦(嘤)然

 帛書・病方・248:狀類牛幾三□然

 帛書・病方・265:空(孔)兑兑然出〖注〗兑兑然,上小下大狀。

 帛書・病方・265:尋(燖)然類辛狀

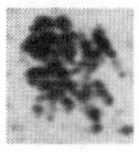 帛書・灸經甲・55:得後與氣則怢然衰〖注〗怢然,疑應爲"快然"。

2227  燔

 杜虎符(秦銅・25):燔燧之事

 新郪虎符(集證・38):燔隊(燧)事

 新郪虎符・摹(集證・37):燔隊(燧)事

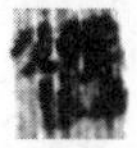 睡簡・日甲・126 正:不可燔糞

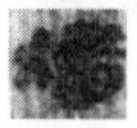 睡簡・答問・53:燔書,勿發〖注〗燔,焚燒。

 睡簡・答問・53:見輒燔之

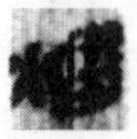 睡簡・答問・160:旞(遺)火延燔里門

 睡簡・答問・159:旞(遺)火燔其叚(假)乘車馬

 睡簡・答問・159:旞(遺)火燔其舍

 睡簡・秦律・88:乃燔之

 睡簡・日甲・51 背:燔豕矢焉

 睡簡・日甲・51 背:以廣灌爲載以燔之

 睡簡・日甲・1 背:蓋屋,燔

 關簡・354:燔冶

 關簡・316:燔以爲炭火

 關簡・372:塗而燔之

關簡・323:燔劍若有方之端

帛書・病方・437:燔北鄉(嚮)并符

帛書・病方・殘1:燔□

帛書・病方・436:燔女子布

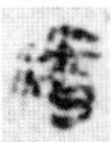
帛書・病方・8:燔白鷄毛及人髮

帛書・病方・11:燔髮

帛書・病方・23:燔而冶

帛書・病方・51:薪燔之而□匕焉

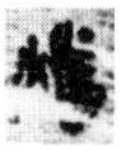
帛書・病方・90:即燔鹿角

帛書・病方・93:燔

帛書・病方・100:燔狸皮

帛書・病方・102:即燔其末

帛書・病方・132:燔埨

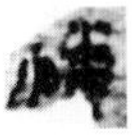
帛書・病方・147:燔□

帛書・病方・158:燔叚(煆)□

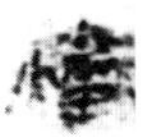
帛書・病方・179:燔之坎中

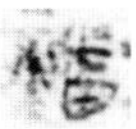
帛書・病方・180:燔陳芻若陳薪

帛書・病方・237:燔冶

帛書・病方・240:取内戶旁祠空中黍腏、燔死人頭皆治

帛書・病方・247:燔小隋(橢)石

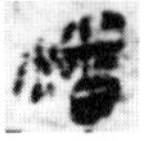
帛書・病方・253:燔

帛書・病方・266:燔所穿地

帛書・病方・267:而燔其艾

帛書・病方・270:孰(熟)燔之

帛書・病方・312:燔魚衣

帛書・病方・313:燔敝褐

帛書・病方・328:□皆燔冶

帛書・病方・341:燔朴炙之

帛書・病方・349:燔牡鼠矢

帛書・病方・350:燔礜

帛書・病方・355:燔冶之

帛書・病方・357:燔而冶之

帛書・病方・359:燔胕(腐)荊箕

帛書・病方・398:燔扇(漏)簏(蘆)

帛書・病方・399:燔,以熏其痏

帛書・病方・424:燔飯焦

帛書・病方・428:即燔數年[陳]藁

帛書・病方・434:燔地穿而入足

帛書・病方・435：燔扁（蝙）輻
（蝠）以荊薪

地圖注記・摹（地圖・4）：燔史谷

2228　燒　　燒

帛書・病方・178：即燒陳稾其中

2229　烈　　烈

會稽刻石・宋刻本：從臣誦烈〚注〛
烈，美也。

會稽刻石・宋刻本：皇帝休烈

2230　烝　　烝

帛書・病方・46：合撓而烝（蒸）

帛書・病方・47：復烝（蒸）

帛書・病方・85：烝（蒸）□病

帛書・病方・187：烝（蒸）而取其
汁

帛書・病方・211：取死者叕烝
（蒸）之

帛書・病方・315：烝（蒸）囷土

帛書・病方・431：烝（蒸）凍土

帛書・病方・437：而烝（蒸）羊尼
（層）

2231　炰　　炰

睡簡・日甲・49背：炰（炮）而食之

睡簡・日甲・51背：取牡棘炰（炮）
室中

2232　閟　　閟

秦印編200：韓閟

2233　燋　　燋

帛書・病方・439：令鷄、蛇盡燋
（焦）〚注〛《說文》：“燋，所以然持
火也。”

2234　炭　　炭

關簡・317：而炙之炭火

關簡・317：燔以爲炭火

帛書・病方・255：布炭上

帛書・病方・373：并以金銚煏桑炭

2235　灰　　灰

睡簡・秦律・4：毋敢夜草爲灰

睡簡・日甲・62背：漬以灰

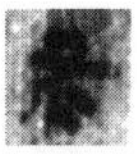

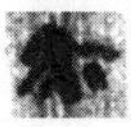

睡簡・日甲・65背：乃爲灰室而牢
之

 睡簡・日甲・50 背:以灰濆之

 關簡・375:取東灰一斗

 關簡・316:沶(和)稾(槁)本東〈柬〉灰中

 關簡・315:取東〈柬〉灰一升

 帛書・病方・437:以下湯敦(淳)符灰

 帛書・病方・8:百草末八灰

 帛書・病方・57:取竈末灰三指最(撮)□水中〖注〗竈末灰,即伏龍肝。

 帛書・病方・100:冶灰

 帛書・病方・178:令其灰不盈半尺

 帛書・病方・309:令爲灰

 帛書・病方・312:以其灰傅之

 帛書・病方・323:[燔之]令灰

 帛書・病方・328:取灰

 帛書・病方・342:冶牛膝、燔髶灰等〖注〗燔髶灰,即血餘炭。

 帛書・病方・359:取其灰□三□[已]

 帛書・病方・428:□其灰

 帛書・病方・428:已傅灰

 帛書・病方・429:輒復傅灰

2236  熄

 會稽刻石・宋刻本:殄熄暴悖

2237  炊

 關簡・299:毄(繫)囚、行、炊主歲=爲下〖注〗炊,即"竈"。

 關簡・321:人所恆炊(吹)者〖注〗炊,讀爲"吹",此指哮喘。

 帛書・病方・438:□東鄉(嚮)竈炊之

 帛書・病方・447:安炊之

 帛書・病方・36:煮炊

 帛書・病方・85:炊之

 帛書・病方・94:炊五穀(穀)、兔□

 帛書・病方・162:復炊

 帛書・病方・162:疾炊

 帛書・病方・229:炊者必順其身

 帛書・病方・241:炊之

 帛書・病方・262:炊(吹)之

 帛書・病方・333:即炊湯

 帛書・病方・334:湯寒則炊之

 帛書・病方・376:夸就□炊之

 帛書・病方・388:□以木薪炊五斗米

 帛書・病方・416:因炊[三]沸

 秦印編200:吳炊之印

 封泥印・待考158:吳炊之印

 集證・165.510:呂炊

2238　　煎

 帛書・病方・16:皆相□煎

 帛書・病方・18:即并煎□孰(熟)

 帛書・病方・37:漬□彘膏煎汁□

 帛書・病方・44:即以彘膏財足以煎之

 帛書・病方・48:以豬煎膏和之

 帛書・病方・307:足(捉)取汁而煎

 帛書・病方・378:牛煎脂二

2239　　熬 鏊

 帛書・病方・61:并熬之

 帛書・病方・215:熬蠶種令黄

 帛書・病方・286:熬孰(熟)

 帛書・病方・309:浚而熬之

 帛書・病方・316:浴湯熱者熬彘矢

 帛書・病方・317:以湯大熱者熬彘矢

 帛書・病方・341:熬叔(菽)□皆等

 帛書・病方・410:熬陵(菱)敊(芰)一參

 帛書・病方・419:用陵(菱)叔〈敊(芰)〉熬

2240　　炮

 帛書・病方・258:炮之.

2241　　爤 燗(爛)

 帛書・病方・284:爤疽〖編者按〗段玉裁《注》云:“隸作爛,不从艸。”

2242　　尉(尉)

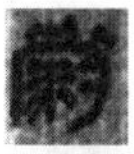 睡簡・效律・54:尉計及尉官吏節(即)有劾

 睡簡・秦律・159:除吏、尉〖注〗尉,官名。

 睡簡・雜抄・2:尉貲二甲

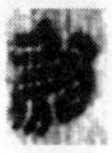 睡簡・雜抄・39:縣嗇夫、尉及士吏行戍不以律

 睡簡・雜抄・42:縣尉時循視其攻(功)及所爲

 睡簡・效律・54:尉計及尉官吏節(即)有劾

 里簡・J1(9)1背:洞庭叚(假)尉觹謂遷陵丞

 里簡・J1(8)157正:謁令、尉以從事

 里簡・J1(16)6 正:嘉、穀、尉在所縣上書嘉、穀、尉

 里簡・J1(9)1 正:上謁言洞庭尉

 里簡・J1(9)2 背:洞庭叚(假)尉觿謂遷陵丞

 里簡・J1(9)2 正:上謁言洞庭尉

 里簡・J1(9)3 背:洞庭叚(假)尉觿謂遷陵丞

 里簡・J1(9)3 正:上謁言洞庭尉

 里簡・J1(9)4 背:洞庭叚(假)尉觿謂遷陵丞

 里簡・J1(9)4 正:上謁言洞庭尉

 里簡・J1(9)5 正:上謁言洞庭尉

 里簡・J1(9)6 背:洞庭叚(假)尉觿謂遷陵丞

 里簡・J1(9)6 正:上謁言洞庭尉

 里簡・J1(9)7 背:洞庭叚(假)尉觿謂遷陵丞

 里簡・J1(9)7 正:上謁言洞庭尉

 里簡・J1(9)8 正:上謁令洞庭尉

 里簡・J1(9)9 背:洞庭叚(假)尉觿謂遷陵丞

 里簡・J1(9)9 正:上謁言洞庭尉

 里簡・J1(9)10 背:洞庭叚(假)尉觿謂遷陵丞

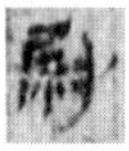 里簡・J1(9)10 正:上謁言洞庭尉

 里簡・J1(9)11 背:洞庭叚(假)尉觿謂遷陵丞

 里簡・J1(9)11 正:上謁洞庭尉

 里簡・J1(9)12 背:洞庭叚(假)尉觿謂遷陵丞

 里簡・J1(16)5 背:尉別都鄉司空

 里簡・J1(16)6 背:尉別書都鄉司空

 里簡・J1(16)6 背:走裙行尉

 里簡・J1(16)6 正:洞庭守禮謂縣嗇夫、卒史嘉、叚(假)卒史穀、屬尉

 里簡・J1(16)6 正:嘉、穀、尉各謹案所部縣卒

 里簡・J1(8)157 背:律令(應)《尉》

 集證・160.444:喪尉〖注〗喪尉,官名。

 秦印編 200:高陵右尉

 秦印編 201:紬尉

 秦印編 200:杜陽左尉

 秦印編 201:尉

 秦印編 200:原都左尉

 秦印編 201:齊中尉印

 秦印編 200:瀘丘左尉

 秦印編 201:廷尉之印

 秦印編 200:利陽右尉

 秦印編 200:曲陽左尉

秦印編 200:邳鄣尉印

秦印編 200:栒邑尉印

秦印編 200:樂陰右尉

秦印編 200:喪尉

秦印編 200:左尉

封泥集 262・1:齊左尉印

封泥集 121・1:[廷]尉之印〖注〗廷尉,官名。

封泥集 172・2:中尉之印〖注〗中尉,官名。

封泥集 172・3:中尉之印

封泥集 251・1:參川尉印

封泥集 261・1:齊中尉印

封泥集 262・1:齊□尉印

新封泥 B・3.4:河間尉印

集證・143.162:中尉之印

集證・151.292:參川尉印

新封泥 C・16.25:邦騎尉印〖注〗騎尉,官名。

新封泥 C・18.13:□尉□□

封泥印 21:廷尉之印

封泥印 83:中尉之印

封泥印 90:河間尉印

封泥印 93:四□尉□

封泥印・附二 193:齊左尉印

封泥印・附二 194:三川尉印

新封泥 D・20:中尉

封泥集・附一 405:曲陽左尉

集證・154.345:原都左尉

封泥集・附一 406:瀘丘左尉

封泥集・附一 406:高陵右尉〖注〗右尉,官名。

封泥集・附一 406:邳鄣尉印

封泥集・附一 408:左尉

封泥集・附一 409:杜陽左尉

封泥集・附一 409:栒邑尉印

封泥集・附一 409:樂陶右尉

封泥集・附一 409:喪尉

封泥集・附一 409:原都左尉

集證・152.308:高陵右尉

集證・152.313:利陽右尉

集證・153.326:栒邑尉印

集證・153.327:杜陽左尉

集證・153.328:灋丘左尉

集證・154.342:曲陽左尉

集證・154.343:樂陰右尉

集證・154.344:丕鄣尉印

帛書・病方・32:尉(熨)時及已熨四日内

帛書・病方・32:尉(熨)時及已熨四日内

帛書・病方・31:以尉(熨)頭

帛書・病方・32:一尉(熨)寒汗出

帛書・病方・33:尉(熨)先食後食次(恣)

帛書・病方・46:以扁(遍)尉(熨)直肎(肎)攣筋所

帛書・病方・47:尉(熨)乾更爲

帛書・病方・62:以尉(熨)其傷

帛書・病方・247:以尉(熨)

帛書・病方・264:以氣尉(熨)

帛書・病方・274:以尉(熨)其種(腫)處

帛書・病方・315:裹以尉(熨)之

帛書・病方・350:以頭脂□布炙以尉(熨)

帛書・病方・366:以尉(熨)種(腫)所

帛書・病方・421:而膝以尉(熨)疕

帛書・病方・431:以尉(熨)之

帛書・病方・434:若烝(蒸)葱尉(熨)之

2243　煉　　煉

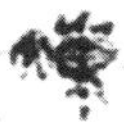帛書・死候・86:三陰貸(腐)臧(臟)煉(爛)腸而主殺

2244　燭　　燭

關簡・329:之東西垣日出所燭〖注〗燭,照。

2245　焠　　焠

帛書・病方・159:火而焠酒中

2246　樊　　樊(焚)

睡簡・日甲・42 背:到雷焚人〖編者按〗《説文》有"樊"無"焚",段玉裁注改"樊"爲"焚",説"樊"爲"焚"之訛。

2247　票　　票

睡簡・日甲・80 背:盜者大鼻而票(剽)行〖注〗剽,疾。

睡簡・日甲・64 背:凡有大票(飄)風害人

睡簡・日甲・57 背:票(飄)風入人宮而有取焉〖注〗飄風,疾風。

2248  𤏲(焦)

睡簡・日甲・55 正:異者焦寠〖注〗焦,通"憔"。

關簡・317:令溫勿令焦

帛書・病方・424:燔飯焦

帛書・病方・殘 1:治以蜀焦(椒)一委(捼)

帛書・病方・25:爊(熬)令焦黑

帛書・病方・275:□、畺(薑)、蜀焦(椒)、樹(茱)臾(萸)四物而當一物〖注〗蜀椒,藥名。

集證・175.628:焦敬

秦印編 201:焦脩

秦印編 201:焦得

秦印編 201:焦瘳

秦印編 201:焦午

秦印編 201:焦安

秦印編 201:焦嬰

2249  煙(烟)䆸𪸉

帛書・病方・255:煙威(滅)

帛書・病方・268:煙能炪(泄)

帛書・病方・269:令煙熏直(脏)

2250  熅

關簡・374:參(三)熅(溫)鬻(煮)之

2251  煌

秦公鎛鐘・摹(秦銅・16.4):其音鍴=雝=(雍=)孔煌

大墓殘磬(集證・59):允樂子〈孔〉煌〖注〗煌,或作"諻、喤、皇",形容樂器樂音洪亮、和諧。

大墓殘磬(集證・83):□煌龢盄(淑)

2252  光𤎫炗

秦子簋蓋・摹(珍金・31):秦子之光

詛楚文・湫淵(中吳本):不畏皇天上帝及大沈氒(厥)湫之光列(烈)威神

詛楚文・巫咸(中吳本):不畏皇天上帝及不(丕)顯大神巫咸之光列(烈)威神

詛楚文・亞駝(中吳本):不畏皇天上帝及不(丕)顯大神亞駝之光列(烈)威神

秦駰玉版・甲・摹:欲事天地、四亟(極)、三光、山川、神示(祇)、五祀、先祖〖注〗三光,指日、月、星三辰。

秦駰玉版・乙・摹:欲事天地、四亟(極)、三光、山川、神示(祇)、五祀、先祖

會稽刻石・宋刻本:光陲休銘

睡簡・爲吏・50:昭如有光

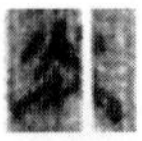睡簡・日甲・32 正:是胃(謂)重光

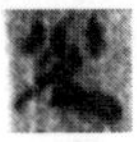睡簡・日甲・123 正:則光門

睡簡・日甲・119 正:則夸〈光〉門

睡簡・日乙・24:成決光之日

睡簡・日乙・198:北續光

睡簡・日乙・199:東南續光

睡簡・日乙・200:正南續光

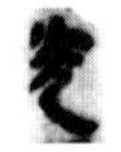睡簡・日乙・197:西北續光〖注〗光,寵。

睡簡・日乙・196:不見其光

秦印編 201:光

秦印編 201:督光

秦印編 201:光子

集證・182.719:鞏光〖注〗鞏光,人名。

封泥集 376・1:商光〖注〗商光,人名。

地圖注記・摹(地圖・3):光成

2253　　熱

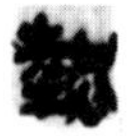睡簡・日乙・20:利以祭、之四旁(方)野外,熱□

帛書・病方・殘 6:□熱□節從□

帛書・足臂・12:數熱汗出

帛書・足臂・14:病足熱

帛書・病方・31:熱則舉

帛書・病方・50:身熱而數驚

帛書・病方・102:熱

帛書・病方・171:熱欼(歠)其汁

帛書・病方・239:疾久(灸)熱

帛書・病方・269:熏直(膻)熱

帛書・病方・289:攸(儵)攸(儵)以熱

帛書・病方・308:熱者〖注〗熱,爇,燒灼。

帛書・病方・316:浴湯熱者熬彘矢

帛書・病方・327:熱膏沃冶中

帛書・病方・334:熱卽止火

帛書・病方・354:熱傅之

帛書・病方・417:飲熱酒

帛書・病方・417:有(又)飲熱酒其中

帛書・病方・殘 4:熱之□

帛書・病方・殘 4:熱之皆到□

秦印編 201:張熱

2254  煖

 帛書・脈法・73:聽(聖)人寒頭而煖足

 秦印編201:右煖

2255  燥

 帛書・病方・29:暴(曝)若有所燥

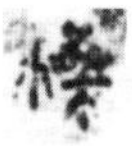 帛書・病方・120:卽縣(懸)陰燥□

 帛書・病方・129:蓋以鳊,縣(懸)之陰燥所

2256  烕

 睡簡・日甲・146背:入室必烕(滅)

 帛書・病方・255:煙烕(滅)

 詛楚文・湫淵(中吳本):伐烕(滅)我百姓

 詛楚文・巫咸(中吳本):伐烕(滅)我百姓

 詛楚文・亞駝(中吳本):伐烕(滅)我百姓

2257 煏

 帛書・病方・5:煏瓦鬵炭□〖注〗煏,焙烤。《玉篇》:"煏,火乾也。"

 帛書・病方・6:煏之如□

 帛書・病方・373:并以金銚煏桑炭

 帛書・病方・373:有(又)復煏茀(沸)

2258 ⿰火甾

 繹山刻石・宋刻本:⿰火甾害滅除〖編者按〗《集韻》:"烖,《説文》:'天火曰烖。'亦作⿰火甾。"

2259 ⿰火世

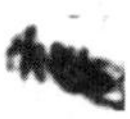 帛書・病方・268:煙能⿰火世(泄)

2260 ⿰火畜

 帛書・病方・427:浸⿰火畜虫

2261 ⿰火罙

 帛書・病方・殘7:其火□⿰火罙⿰火罙(燂燂)然〖注〗⿰火罙,讀爲"燂"。《説文》:"燂,火熱也。"

2262 ⿱賏火

 秦陶・1118:□⿱賏火

2263 ⿰火囂

 帛書・病方・25:⿰火囂(熬)令焦黑〖注〗⿰火囂,熬字異体。《説文》:"熬,乾煎也。"

 帛書・病方・31:更⿰火囂(熬)鹽以熨

2264 戕(灺)

帛書·灸經甲·64:面黭若戕(灺)色〖注〗戕,疑爲灺字異體。《説文》:"燭㶳也。"

2265  炎

睡簡·答問·179:是以炎之

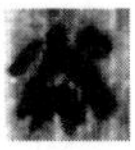
睡簡·答問·179:炎之可(何)

睡簡·答問·179:以火炎其衡厄(軛)〖注〗炎,用火燻。

2266 籡(㶣)

石鼓文·車工(先鋒本):趚=籡=〖注〗籡,籀文㶣字。《説文》:"㶣,灰,㶣煤也。"

2267  黑

十六年寺工鈹·摹(秦銅·78):工黑〖注〗黑,人名。

天簡24·乙:黑善病顔

天簡29·乙:免僂

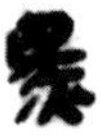
睡簡·日乙·158:把者黑色

睡簡·日乙·187:人黑□

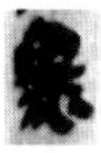
睡簡·日乙·192:庚辛夢青黑

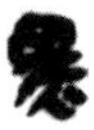
睡簡·日乙·191:戊已夢黑

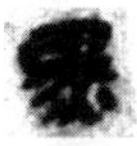
睡簡·日乙·157:黑肉從北方來

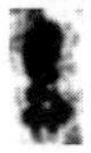
睡簡·6號牘·正:與黑夫居

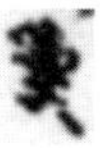
睡簡·11號牘·背:爲黑夫、驚多問夕陽呂嬰、匽里閻諍丈人得毋恙□矣

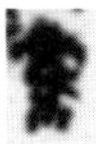
睡簡·11號牘·背:爲黑夫、驚多問嬰記季事可(何)如

睡簡·11號牘·正:告黑夫其未來狀

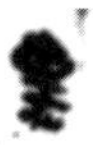
睡簡·11號牘·正:黑夫、驚毋恙也

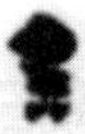
睡簡·11號牘·正:黑夫等直佐淮陽

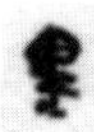
睡簡·11號牘·正:黑夫寄益就書曰

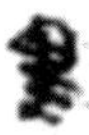
睡簡·11號牘·正:黑夫自以布此

睡簡·11號牘·正:遺黑夫錢

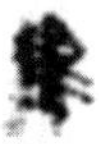
睡簡·11號牘·正:顧母遺黑夫用勿少

睡簡·日甲·82背:壬名曰黑疾齊諈

睡簡·日甲·96正:其生(牲)黑

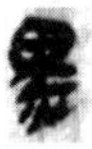
睡簡·日甲·69背:面有黑子焉

睡簡·日甲·69背:手黑色

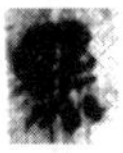
睡簡·日甲·77正:黑色死

睡簡·日甲·74背:盜者長而黑

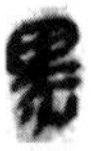
睡簡·日甲·71背:面有黑焉

睡簡·日乙·259:其人擅黑

睡簡·日乙·180:黑肉從東方來

睡簡·日乙·189:甲乙夢被黑裘衣寇〈冠〉

關簡·318:卽以傅黑子

關簡·317:小大如黑子

關簡·329:稅(脫)去黑者

關簡·315:去黑子方〖注〗黑子,痣。

關簡·208:白、黑半

關簡·204:白、黑半

關簡·232:赤、黑

關簡·218:白、黑半

關簡·212:白、黑半

關簡·214:青、黑

關簡·309:取肥牛膽盛黑叔(菽)中〖注〗黑菽,卽黑豆。

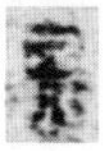帛書·死候·87:面黑

帛書·病方·25:爛(熬)令焦黑

帛書·病方·161:黑叔(菽)三升

帛書·病方·193:黑實橐

帛書·病方·259:大如黑叔(菽)

帛書·病方·444:乘人黑豬

秦印編202:戴黑

秦印編202:□黑

秦印編202:黑

秦印編202:王黑

秦印編202:任黑

秦印編202:成黑

秦印編202:張黑

2268　黝

秦印編202:董黝

秦印編202:楊黝

2269　點

秦印編202:魯點

2270　黤

集證·174.610:張黤〖注〗張黤,人名。

2271　黔

北私府椭量·始皇詔(秦銅·146):黔首大安〖注〗黔首,卽民,百姓。王輝說大體相當於小地主及一般農民、商人。

北私府橢量・始皇詔（秦銅・146）：黔首大安

大騩銅權（秦銅・131）：黔首大安

高奴禾石銅權（秦銅・32.2）：黔首大安

兩詔斤權一・摹（集證・46）：黔首大安

兩詔版（秦銅・174.1）：黔首大安

兩詔斤權二・摹（集證・49）：黔首大安

兩詔銅權四（秦銅・179.1）：黔首大安

兩詔銅權一（秦銅・175）：黔首大安

兩詔橢量三之一（秦銅・150）：黔首大安

美陽銅權（秦銅・183）：黔首大安

平陽銅權・摹（秦銅・182）：黔首大安

僅存銘兩詔銅權（秦銅・135-18.1）：黔首大安

僅存銘始皇詔銅權・八（秦銅・135-8）：黔首大安

僅存銘始皇詔銅權・二（秦銅・135-2）：黔首大安

僅存銘始皇詔銅權・九（秦銅・135-9）：黔首大安

僅存銘始皇詔銅權・六（秦銅・135-6）：黔首大安

僅存銘始皇詔銅權・七（秦銅・135-7）：黔首大安

僅存銘始皇詔銅權・三（秦銅・135-3）：黔首大安

僅存銘始皇詔銅權・十（秦銅・135-10）：黔首大安

僅存銘始皇詔銅權・十六（秦銅・135-16）：黔首大安

僅存銘始皇詔銅權・十七（秦銅・135-17）：黔首大安

僅存銘始皇詔銅權・十四（秦銅・135-14）：黔首大安

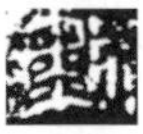
僅存銘始皇詔銅權・十一（秦銅・135-11）：黔首大安

僅存銘始皇詔銅權・一（秦銅・135-1）：黔首大安

秦箕斂（箕斂・封3）：黔首大安

商鞅方升（秦銅・21）：黔首大安

始皇詔版九（殘）（集證・44.2）：黔首大安

始皇詔八斤銅權二（秦銅・135）：黔首大安

始皇詔八斤銅權一（秦銅・134）：黔首大安

始皇詔版八（秦銅・144）：黔首大安

始皇詔版二（秦銅・137）：黔首大安

始皇詔版七（秦銅・143）：黔首大安

始皇詔版一（秦銅・136）：黔首大安

始皇詔十六斤銅權二（秦銅・128）：黔首大安

始皇詔十六斤銅權三（秦銅・129）：黔首大安

始皇詔十六斤銅權四（秦銅・130.1）：黔首大安

始皇詔十六斤銅權一（秦銅・127）：黔首大安

始皇詔鐵石權三（秦銅・122）：黔首大安

始皇詔鐵石權四(秦銅・123):黔首大安

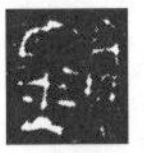
始皇詔銅方升二(秦銅・99):黔首大安

始皇詔銅方升三(秦銅・100):黔首大安

始皇詔銅方升一(秦銅・98):黔首大安

始皇詔銅權二(秦銅・111):黔首大安

始皇詔銅權九(秦銅・118):黔首大安

始皇詔銅權六(秦銅・115):黔首大安

始皇詔銅權三(秦銅・112):黔首大安

始皇詔銅權十(秦銅・119):黔首大安

始皇詔銅權十一(珍金・125):黔首大安

始皇詔銅權四(秦銅・113):黔首大安

始皇詔銅權五(秦銅・114):黔首大安

始皇詔銅權一(秦銅・110):黔首大安

始皇詔銅橢量二(秦銅・103):黔首大安

始皇詔銅橢量六(秦銅・107):黔首大安

始皇詔銅橢量三(秦銅・104):黔首大安

始皇詔銅橢量四(秦銅・105):黔首大安

始皇詔銅橢量五(秦銅・106):黔首大安

始皇詔銅橢量一(秦銅・102):黔首大安

武城銅橢量(秦銅・109):黔首大安

旬邑銅權(秦銅・133):黔首大安

左樂兩詔鈞權(集證・43):黔首大安

會稽刻石・宋刻本:黔首脩絜

會稽刻石・宋刻本:黔首齊(齋)莊

繹山刻石・宋刻本:黔首康定

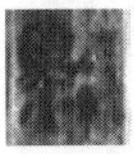
天簡30・乙:以政下黔首

龍簡・157・摹:黔首田實多其□

龍簡・154・摹:黔首皆從千(阡)佰(陌)彊(疆)畔之其□

龍簡・155:黔首錢假其田已(?)□者

龍簡・6:禁苑吏、苑人及黔首有事禁中

龍簡・30:黔首其欲弋射耎(壖)獸者勿禁

龍簡・196・摹:黔首□不幸死

龍簡・150:典、田典令黔首皆智(知)之

龍簡・158:黔首或始穜(種)即故□

里簡・J1(16)6正:不欲興黔首

里簡・J1(16)6正:縣弗令傳之而興黔首

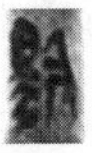
關簡・297:黔首疢疾

帛書・病方・44:冶黄黔(芩)、甘草相半〖注〗黄芩,藥名。

帛書・病方・262：冶黄黔（芩）而婁（屨）傅之

陶量（秦印編202）：黔

陶量（秦印編202）：黔

陶量（秦印編202）：黔

秦陶・1562：黔

秦陶・1575：黔首大安

秦陶・1591：黔

赤峰秦瓦量・殘（銘刻選43）：黔首大安

秦陶・1550：黔首大安

秦陶・1560：黔□大□

秦陶・1561：黔首□

始皇詔陶印（《研究》附）：黔首大安

2272　默

秦印編203：費默

2273　黨

上黨武庫戈（集成11054）：上黨武庫〖注〗上黨，地名。

睡簡・封診・69：終所黨（儻）有通迹〖注〗黨，通"儻"。

2274　黔

帛書・灸經甲・64：面黔若灺（灺）色〖注〗黔，《文選》注："不明也。"

2275　黥 剠

睡簡・答問・86：當黥爲城旦〖注〗黥，刑名，在面額上刺刻塗墨。

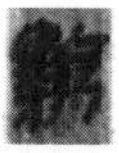
睡簡・答問・2：黥爲城旦

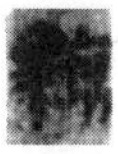
睡簡・答問・2：黥剠（劓）以爲城旦

睡簡・答問・69：黥爲城旦舂

睡簡・答問・78：黥爲城旦舂

睡簡・答問・73：城旦黥之

睡簡・答問・74：黥顔頯

睡簡・答問・30：抉籥（鑰），贖黥

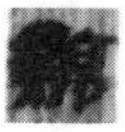
睡簡・答問・33：甲當黥爲城旦

睡簡・答問・35：黥甲爲城旦

睡簡・答問・31：當贖黥

睡簡・答問・48：爲告黥城旦不審

睡簡・答問・4：皆贖黥〖注〗贖黥，判處黥刑而允許以錢贖罪。

睡簡・答問・5：當城旦黥之

睡簡・答問・120：當黥城旦而以完城旦誣人

睡簡・答問・120:當黥劓(劓)

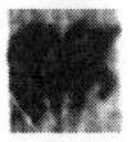
睡簡・答問・119:當黥

睡簡・答問・119:以黥城旦誣人

睡簡・答問・1:有(又)黥以爲城旦

龍簡・108・摹:黥爲城旦舂

2276　黔

秦印編203:趙黔

秦印編203:符黔

2277　囱(窗、窻)囧

帛書・病方・196:直(置)東鄉(嚮)窻道外

帛書・病方・319:居室塞窻閉戶

2278　悤

睡簡・日甲・158背:令耳悤(聰)目明

帛書・病方・434:即□悤(葱)封之

2279　熒

秦印編203:熒市

2280　炙䏈

睡簡・日甲・21背:日出炙其□

關簡・317:而炙之炭火

帛書・病方・416:以傅疥而炙之

帛書・病方・殘2:□而炙其□

帛書・病方・232:炙之令溫□

帛書・病方・284:以彘膏未湔(煎)者炙銷(消)以和□傅之

帛書・病方・71:炙□

帛書・病方・122:炙之之時

帛書・病方・123:即炙□

帛書・病方・144:炙榑□痃

帛書・病方・151:鹽隋(脽)炙尻

帛書・病方・180:令病者北(背)火炙之

帛書・病方・203:炙蠶卵

帛書・病方・281:令如□炙手以靡(磨)□傅□之

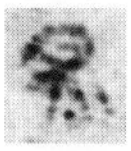
帛書・病方・305:炙梓葉

帛書・病方・339:炙之

帛書・病方・346:封而炙之

帛書・病方・350:以頭脂□布炙以熨

帛書・病方・342:炙牛肉

帛書・病方・344:以□脂若豹膏□而炙之

帛書・病方・377:稍取以塗身體(體)種(腫)者而炙之

帛書・病方・414:節(卽)炙裹樂(藥)

帛書・病方・354:炙羖脂弁

帛書・病方・358:而炙蛇膏令消

秦陶・948:宮炙人〖注〗炙人,官名。

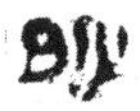
秦陶・949:宮炙人〖編者按〗此及以下諸字或釋“炅”。

秦陶・919:宮炙人

秦陶・932:宮炙人

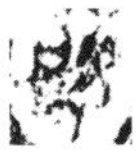
秦陶・933:宮炙人

秦陶・934:宮炙人

秦陶・935:宮炙人

秦陶・937:宮炙人

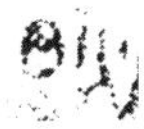
秦陶・938:宮炙人

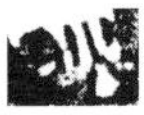
秦陶・939:宮炙人

秦陶・940:宮炙人

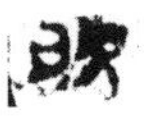
秦陶・941:宮炙人

秦陶・942:宮炙人

秦陶・943:宮炙人

秦陶・944:宮炙人

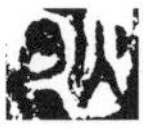
秦陶・945:宮炙人

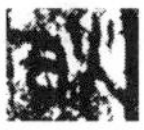
秦陶・946:宮炙人

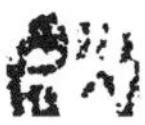
秦陶・947:宮炙人

集證・204.89:宮炙人

集證・204.90:宮炙人

集證・202.68:宮炙人

集證・202.69:宮炙人

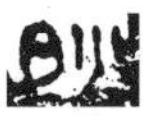
集證・204.79:宮炙人

集證・204.80:宮炙人

集證・204.81:宮炙人

集證・204.82:宮炙人

集證・204.83:宮炙人

集證・204.84:宮炙人

集證・204.85:宮炙人

集證・204.86:宮炙人

集證・204.87:宮炙人

集證・204.88:宮炙人

2281  赤烾

 天簡 27 · 乙:長赤目

 天簡 29 · 乙:兑頤赤黑

 天簡 33 · 乙:投中南吕赤烏毆

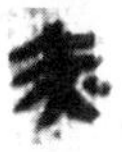 睡簡 · 日乙 · 134:凡是日赤啻(帝)恒以開臨下民而降央(殃)

 睡簡 · 秦律 · 135:皆赤其衣

 睡簡 · 日甲 · 95 正:其生(牲)赤

 睡簡 · 日甲 · 65 背:人恒亡赤子

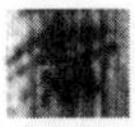 睡簡 · 日甲 · 70 正:得之赤肉、雄鷄、酉(酒)

 睡簡 · 日甲 · 79 背:盜者赤色

 睡簡 · 日甲 · 73 背:青赤色

 睡簡 · 日甲 · 71 正:赤色死

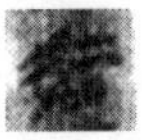 睡簡 · 日甲 · 37 背:有赤豖

 睡簡 · 日甲 · 50 背:赤白

 睡簡 · 日甲 · 128 正:凡是日赤啻(帝)恒以開臨下民而降其英(殃)

 睡簡 · 日甲 · 129 正:句(苟)毋(無)直赤啻(帝)臨日

 睡簡 · 日乙 · 183:得赤肉、雄鷄、酒

 睡簡 · 日乙 · 183:其人赤色

 睡簡 · 日乙 · 170:把者赤色

 睡簡 · 日乙 · 170:赤肉從南方來

 睡簡 · 日乙 · 176:赤肉從北方來

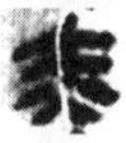 睡簡 · 日乙 · 171:赤肉從南方來

 睡簡 · 日乙 · 136:直赤啻(帝)臨日

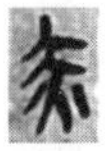 關簡 · 190:青、赤

 關簡 · 196:赤、黄

 關簡 · 232:赤、黑

 關簡 · 234:青、赤

 關簡 · 216:黄、赤

 關簡 · 369:礬赤叔(菽)各二七

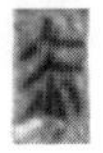 關簡 · 336:赤隗獨指

 帛書 · 病方 · 340:刑赤蜴〖注〗赤蜴,赤色的蜥蜴。

 帛書 · 病方 · 438:并直(置)瓦赤鋪(鬴)中

 帛書 · 病方 · 455:□面皰赤已

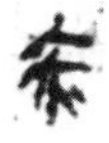 帛書 · 病方 · 3:即以赤荅一斗并□〖注〗赤荅,赤小豆。

 帛書 · 病方 · 71:飲小童弱(溺)若產齊赤〖注〗產齊赤,藥名。

 帛書 · 病方 · 131:以蚤挈(契)虘令赤

 帛書 · 病方 · 166:赤莖

 集證 · 167. 532:李赤

秦印編 203：韓赤

秦印編 203：雝赤

秦印編 203：赤章兼

封泥集 373・1：胥赤

2282  赫

封泥集 384・1：薛赫〖注〗薛赫，人名。

2283  大

不其簋蓋（秦銅・3）：女（汝）及戎大辜（敦）戟（搏）

不其簋蓋（秦銅・3）：戎大同

滕縣不其簋器（秦銅・4）：女（汝）及戎大辜（敦）

滕縣不其簋器（秦銅・4）：戎大同

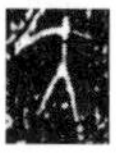
秦編鐘・乙鐘（秦銅・10.2）：大壽萬年

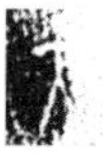
秦編鐘・乙鐘（秦銅・10.2）：雁（膺）受大令（命）

秦編鐘・乙鐘（秦銅・10.2）：以受大福

秦編鐘・乙鐘鉦部・摹（秦銅・11.5）：以受大福

秦編鐘・乙鐘左鼓・摹（秦銅・11.6）：大壽萬年

秦編鐘・乙鐘左篆部・摹（秦銅・11.7）：雁（膺）受大令（命）

秦編鐘・戊鐘（秦銅・10.5）：大壽萬年

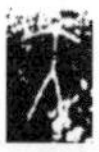
秦編鐘・戊鐘（秦銅・10.5）：以受大福

秦鎛鐘・1 號鎛（秦銅・12.3）：大壽萬年

秦鎛鐘・1 號鎛（秦銅・12.3）：雁（膺）受大令（命）

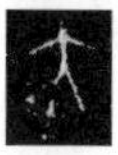
秦鎛鐘・1 號鎛（秦銅・12.3）：以受大福

秦鎛鐘・2 號鎛（秦銅・12.6）：大壽萬年

秦鎛鐘・2 號鎛（秦銅・12.6）：雁（膺）受大令（命）

秦鎛鐘・2 號鎛（秦銅・12.6）：以受大福

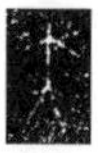
秦鎛鐘・3 號鎛（秦銅・12.9）：大壽萬年

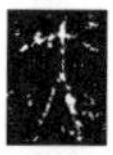
秦鎛鐘・3 號鎛（秦銅・12.9）：雁（膺）受大令（命）

秦鎛鐘・3 號鎛（秦銅・12.9）：以受大福

高陵君鼎・摹（集證・22）：工□一斗五升大半

卅六年邦工師扁壺・摹（隨州・4）：四斗大半斗

大官盉・摹（秦銅・209）：樛大〖注〗樛大，人名。

大官盉・摹（秦銅・209）：大官四升〖注〗大官，或作太官，官名。

商鞅方升（秦銅・21）：大良造鞅爰積十六尊（寸）五分尊（寸）壹爲升〖注〗大良造，秦爵之第十六級。

高奴禾石銅權（秦銅・32.2）：黔首大安

始皇詔銅方升一（秦銅・98）：黔首大安

始皇詔銅方升二（秦銅・99）：黔首大安

始皇詔銅方升三（秦銅・100）：黔首大安

始皇詔銅橢量一(秦銅・102):黔首大安

始皇詔銅橢量二(秦銅・103):黔首大安

始皇詔銅橢量三(秦銅・104):黔首大安

始皇詔銅橢量四(秦銅・105):黔首大安

始皇詔銅橢量五(秦銅・106):黔首大安

始皇詔銅橢量六(秦銅・107):黔首大安

大(武城銅橢量):秦銅・109:黔首大安

始皇詔銅權一(秦銅・110):黔首大安

始皇詔銅權二(秦銅・111):黔首大安

始皇詔銅權三(秦銅・112):黔首大安

始皇詔銅權四(秦銅・113):黔首大安

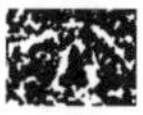始皇詔銅權五(秦銅・114):黔首大安

始皇詔銅權六(秦銅・115):黔首大安

始皇詔銅權九(秦銅・118):黔首大安

始皇詔銅權十(秦銅・119):黔首大安

始皇詔銅權十一(珍金・125):黔首大安

始皇詔鐵石權二(秦銅・121):黔首大安

始皇詔鐵石權三(秦銅・122):黔首大安

始皇詔鐵石權四(秦銅・123):黔首大安

始皇詔鐵石權七(秦銅・125):黔首大安

始皇詔十六斤銅權一(秦銅・127):黔首大安

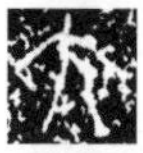始皇詔十六斤銅權二(秦銅・128):黔首大安

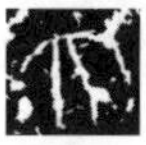始皇詔十六斤銅權三(秦銅・129):黔首大安

始皇詔十六斤銅權四(秦銅・130.1):黔首大安

大騩銅權(秦銅・131):大騩〖注〗大騩,山名。

大騩銅權(秦銅・131):黔首大安

旬邑銅權(秦銅・133):黔首大安

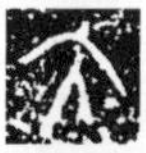始皇詔八斤銅權一(秦銅・134):黔首大安

始皇詔八斤銅權二(秦銅・135):黔首大安

僅存銘始皇詔銅權・一(秦銅・135-1):黔首大安

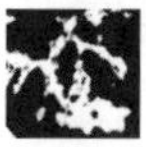僅存銘始皇詔銅權・二(秦銅・135-2):黔首大安

僅存銘始皇詔銅權・三(秦銅・135-3):黔首大安

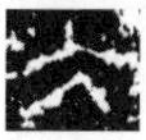僅存銘始皇詔銅權・四(秦銅・135-4):黔首大安

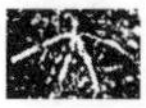僅存銘始皇詔銅權・六(秦銅・135-6):黔首大安

僅存銘始皇詔銅權・七(秦銅・135-7):黔首大安

僅存銘始皇詔銅權・八(秦銅・135-8):黔首大安

僅存銘始皇詔銅權・九(秦銅・135-9):黔首大安

僅存銘始皇詔銅權・十(秦銅・135-10):黔首大安

僅存銘始皇詔銅權・十一(秦銅・135-11):黔首大安

僅存銘始皇詔銅權・十二(秦銅・135-12):黔首大安

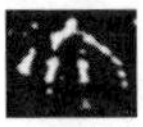
僅存銘始皇詔銅權・十三(秦銅・135-13):黔首大安

僅存銘始皇詔銅權・十四(秦銅・135-14):黔首大安

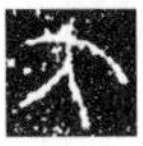
僅存銘始皇詔銅權・十七(秦銅・135-17):黔首大安

僅存銘兩詔銅權(秦銅・135-18.1):黔首大安

僅存銘兩詔銅權(秦銅・135-18.2):黔首大安

始皇詔版一(秦銅・136):黔首大安

始皇詔版二(秦銅・137):黔首大安

始皇詔版三(秦銅・138):黔首大安

始皇詔版七(秦銅・143):黔首大安

始皇詔版八(秦銅・144):黔首大安

秦箕斂(箕斂・封3):黔首大安

北私府橢量・始皇詔(秦銅・146):黔首大安

北私府橢量・始皇詔(秦銅・146):黔首大安

兩詔橢量一(秦銅・148):黔首大安

兩詔橢量三之一(秦銅・150):黔首大安

左樂兩詔鈞權(集證・43):黔首大安

兩詔版(秦銅・174.1):黔首大安

兩詔銅權一(秦銅・175):黔首大安

兩詔銅權一(秦銅・175):黔首大安

兩詔銅權二(秦銅・176):黔首大安

兩詔銅權三(秦銅・178):黔首大安

兩詔銅權四(秦銅・179.1):黔首大安

兩詔斤權一(集證・45):黔首大安

兩詔斤權一・摹(集證・46):黔首大安

兩詔斤權二・照片(集證・47.2):黔首大安

兩詔斤權二・摹(集證・49):黔首大安

平陽銅權・摹(秦銅・182):黔首大安

美陽銅權(秦銅・183):黔首大安

十三年相邦義戈・摹(秦銅・30):工大人耆〖注〗工大人,工師助手。

十六年大良造鞅戈鐓(秦銅・17):十六年大良造庶長鞅之造

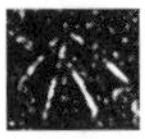
十九年大良造鞅殳鐏(集證・15):十九年大良造庶長鞅之造殳

十九年大良造鞅殳鐏・摹(集證・15):十九年大良造庶長鞅之造殳

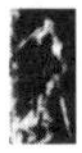
大良造鞅戟(秦銅・24):□年大良造鞅之造戟

太后車軎・摹(秦銅・51):大(太)后〖注〗太后,卽宣太后。

石鼓文・車工(先鋒本):其來大次〖注〗此字或釋"夾"。

石鼓文・而師(先鋒本):小大具□

石鼓文・吳人(先鋒本):□䵼=大□求又□是

石鼓文・吳人(先鋒本):□□大祝〖注〗大,通“太”。太祝,官名。

石鼓文・吾水(先鋒本):公謂大□

詛楚文・亞駝(中吳本):以盟(明)大神之威神〖注〗大神,即明神。

詛楚文・亞駝(中吳本):亦應受皇天上帝及不(丕)顯大神亞駝之幾(禨)靈德賜

詛楚文・亞駝(中吳本):使其宗祝卲鼛布愍(檄)告于不(丕)顯大神亞駝

詛楚文・湫淵(中吳本):不畏皇天上帝及大沈氒(厥)湫之光列(烈)威神

詛楚文・湫淵(中吳本):親卬(仰)大沈氒(厥)湫而質焉

詛楚文・湫淵(中吳本):求蔑灋(廢)皇天上帝及大神氒(厥)湫之卹祠、圭玉、羲(犧)牲

詛楚文・湫淵(中吳本):使其宗祝卲鼛布愍(檄)告于不(丕)顯大神氒(厥)湫

詛楚文・湫淵(中吳本):以盟(明)大神之威神

詛楚文・湫淵(中吳本):亦應受皇天上帝及大沈氒(厥)湫之幾(禨)靈德賜

詛楚文・巫咸(中吳本):不畏皇天上帝及不(丕)顯大神巫咸之光列(烈)威神

詛楚文・巫咸(中吳本):親卬(仰)不(丕)顯大神巫咸而質焉

詛楚文・巫咸(中吳本):求蔑灋(廢)皇天上帝及不(丕)顯大神巫咸之卹祠、圭玉、羲(犧)牲

詛楚文・亞駝(中吳本):求蔑灋(廢)皇天上帝及不(丕)顯大神亞駝之卹祠、圭玉、羲(犧)牲

詛楚文・巫咸(中吳本):使其宗祝卲鼛布愍(檄)告于不(丕)顯大神巫咸

詛楚文・巫咸(中吳本):以盟(明)大神之威神

詛楚文・巫咸(中吳本):亦應受皇天上帝及不(丕)顯大神巫咸[之]幾(禨)靈德賜

詛楚文・亞駝(中吳本):不畏皇天上帝及不(丕)顯大神亞駝之光列(烈)威神

詛楚文・亞駝(中吳本):親卬(仰)不(丕)顯大神亞駝而質焉

秦駰玉版・乙・摹:以告於崋(華)大山

秦駰玉版・乙・摹:故告大(?)壹(?)、大將軍〖注〗大壹,即泰一、太一,天神。李學勤釋大令,即縣令。

秦駰玉版・乙・摹:故告大(?)壹(?)、大將軍〖注〗大將軍,官名,此指星神名。

秦駰玉版・甲・摹:故告大(?)壹(?)、大將軍

秦駰玉版・乙・摹:而道(導)崋(華)大山之陰陽

會稽刻石・宋刻本:大治濯俗

泰山刻石・宋拓本:大義箸明

青川牘・摹:大稱其高

青川牘・摹:及婺千(阡)百(陌)之大草

青川牘・摹:九月大除道及除澮

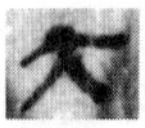 天簡26·乙:投中大呂旄牛殹

 天簡33·乙:五月辰=日大雨

 天簡26·乙:兔顏大頤長面

 天簡33·乙:大雨大虫

 天簡25·乙:大息

 天簡26·乙:長面大目

 天簡27·乙:大族蕤賓毋射之卦曰

 天簡27·乙:大復(腹)出目必得

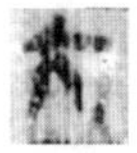 天簡28·乙:大祝䨓巫

 天簡31·乙:投中大□殹

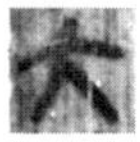 天簡35·乙:有大司壽吾康=

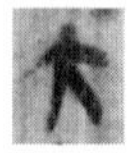 天簡38·乙:曰是=大□

 天簡38·乙:冬三月戌戌不可北行百里大兇三

 天簡38·乙:大敬

 睡簡·效律·43:大者貲官嗇夫一盾

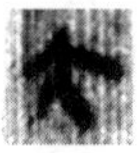 睡簡·效律·18:大嗇夫及丞除

 睡簡·語書·7:此皆大辠殹

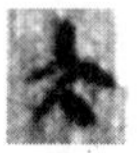 睡簡·日甲·106背:大殺大央(殃)

 睡簡·日甲·106背:大殺大央(殃)

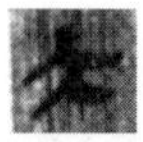 睡簡·日甲·130正:大顡(顧)是胃(謂)大楮(佇)

 睡簡·日甲·113正:以大生(牲)大凶

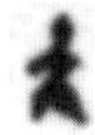 睡簡·6號牘·背:驚敢大心問姑秭(姊)

 睡簡·6號牘·背:若大發(廢)毀

 睡簡·編年·44:攻大(太)行〖注〗太行,地名。

 睡簡·答問·88:其大方一寸

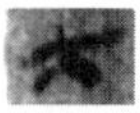 睡簡·答問·82:大可(何)如爲"提"

 睡簡·答問·208:可(何)如爲"大痍"〖注〗大痍,重傷。

 睡簡·答問·208:爲"大痍"

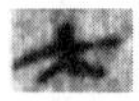 睡簡·答問·209:可(何)如爲"大誤"

 睡簡·答問·209:人戶、馬牛及者(諸)貨材(財)直(值)過六百六十錢爲"大誤"

 睡簡·答問·78:比大父母〖注〗大父母,祖父母。

 睡簡·答問·78:今毆高大父母〖注〗高大父母,曾祖父母。

 睡簡·答問·78:毆大父母

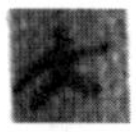 睡簡·答問·72:及臣邦君長所置爲後大(太)子

 睡簡·答問·55:爲有秩僞寫其印爲大嗇夫

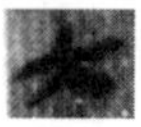 睡簡·答問·199:有大繇(徭)而曹鬭相趣〖注〗大徭,大規模的徭役。

 睡簡·封診·84:自晝與同里大女子丙

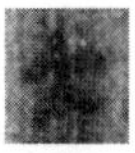睡簡・封診・9:子大女子某

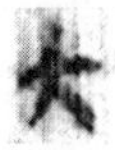睡簡・封診・67:權大一圍

睡簡・封診・75:比大內

睡簡・封診・75:房內在其大內東

睡簡・秦律・89:傳車、大車輪〖注〗大車,用牛牽引的載重的車。

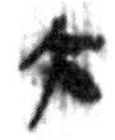睡簡・秦律・86:都官輸大內

睡簡・秦律・87:都官遠大內者輸縣

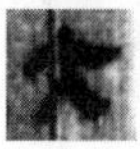睡簡・秦律・20:大(太)倉課都官及受服者〖注〗太倉,官署名,朝廷收儲糧食的機構。

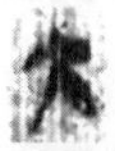睡簡・秦律・98:其小大、短長、廣亦必等

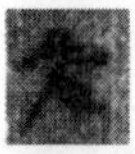睡簡・秦律・92:輸大內

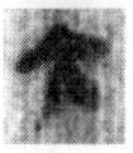睡簡・秦律・93:縣、大內皆聽其官致

睡簡・秦律・93:在咸陽者致其衣大內

睡簡・秦律・91:大褐一

睡簡・秦律・38:稻、麻畝用二斗大半斗〖注〗大半斗,三分之二斗。

睡簡・秦律・38:黍、荅畝大半斗

睡簡・秦律・37:縣上食者籍及它費大(太)倉

睡簡・爲吏・15:二曰貴以大(泰)〖注〗泰,驕傲。

睡簡・爲吏・1:欲富大(太)甚

睡簡・效律・60:人戶、馬牛一以上爲大誤

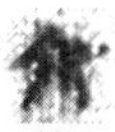睡簡・秦律・43:毁(穀)米六斗大半斗

睡簡・秦律・53:小隸臣妾以八月傅爲大隸臣妾〖注〗大,成年。

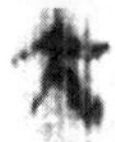睡簡・秦律・129:以攻公大車

睡簡・秦律・126:大車軲紱(盭)

睡簡・秦律・125:及大車轅不勝任

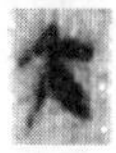睡簡・秦律・196:大嗇夫、丞任之

睡簡・秦律・17:其大廄、中廄、宮廄馬牛殹〖注〗大廄,秦廄名。

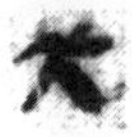睡簡・秦律・175:大嗇夫、丞智(知)而弗辠

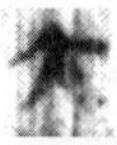睡簡・秦律・130:一脂、攻閒大車一兩(輛)

睡簡・秦律・13:以正月大課之

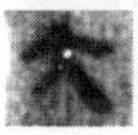睡簡・秦律・148:爲大車折鞪(輮)

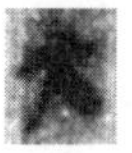睡簡・秦律・11:稟大田而毋(無)恆籍者〖注〗大田,官名,主管農事。

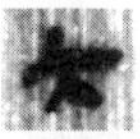睡簡・雜抄・23:大(太)官、右府、左府、右采鐵、左采鐵課殿〖注〗太官,官名,屬少府。

睡簡・雜抄・31:牛大牝十

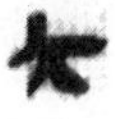睡簡・雜抄・19:大車殿

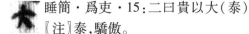

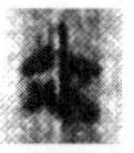睡簡・日甲・80背:盜者大鼻而票(剽)行

睡簡・日甲・80正:生子,爲大吏

睡簡・日甲・27背:大神

睡簡・日甲・27背:大祙(魅)恆入人室

睡簡・日甲・25 正:爲囷大吉

睡簡・日甲・99 正:有以者大凶

睡簡・日甲・96 背:必有大女子死

睡簡・日甲・60 正:東徙大吉

睡簡・日甲・62 正:西徙大吉

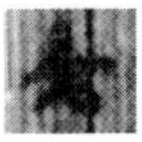
睡簡・日甲・66 正:以南大羊(祥)

睡簡・日甲・64 背:凡有大票(飄)風害人

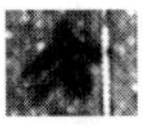
睡簡・日甲・64 正:以北大羊(祥)

睡簡・日甲・65 正:以東大羊(祥)

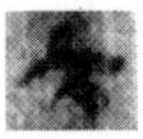
睡簡・日甲・61 背:大事也

睡簡・日甲・61 正:南徙大吉

睡簡・日甲・6 正:大吉

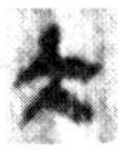
睡簡・日甲・70 背:盜者大鼻

睡簡・日甲・78 正:不出三月有大得

睡簡・日甲・72 背:盜者大面

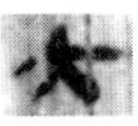
睡簡・日甲・79 正:不出三歲必有大得

睡簡・日甲・71 背:大疵在辟(臂)

睡簡・日甲・38 正:毋(無)大央(殃)

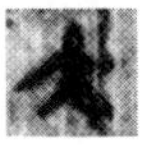
睡簡・日甲・34 正:大事又(有)慶

睡簡・日甲・34 正:它毋(無)小大盡吉

睡簡・日甲・49 正:奎、婁大吉

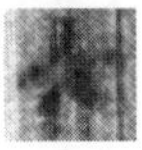
睡簡・日甲・47 正:畢、此(觜)巂大吉

睡簡・日甲・41 正:毋(無)大兵

睡簡・日甲・50 背:大如杵

睡簡・日甲・50 背:夏大暑

睡簡・日甲・58 正:牴(氐)、奎、婁大凶

睡簡・日甲・58 正:東井、輿鬼大吉

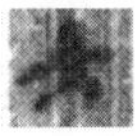
睡簡・日甲・52 正:斗、牽牛大吉

睡簡・日甲・52 正:胃、角、犺(亢)大凶

睡簡・日甲・56 正:張、畢、此(觜)巂大凶

睡簡・日甲・56 正:張、翼大吉

睡簡・日甲・57 正:角、胃、参大凶

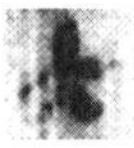
睡簡・日甲・57 正:柳、七星大吉

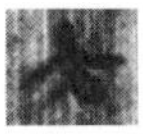
睡簡・日甲・53 正:畢、張、翼大凶

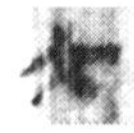
睡簡・日甲・53 正:心、尾大吉

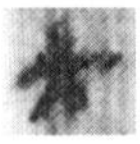
睡簡・日甲・54 正:東井、七星大凶

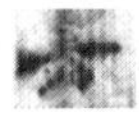
睡簡・日甲・54 正:角、房大吉

睡簡・日甲・55 正:角、犺(亢)大吉

睡簡・日甲・55正:柳、東井、輿鬼大凶

睡簡・日甲・51正:須女、虚大吉

睡簡・日甲・100正:大人死

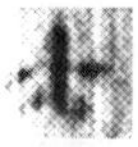
睡簡・日甲・100正:筑(築)大内

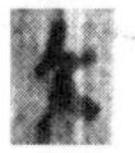
睡簡・日甲・108背:是是大兇(凶)

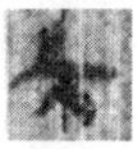
睡簡・日甲・102正:大主死

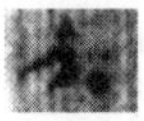
睡簡・日甲・109正:毋以木〈未〉斬大木

睡簡・日甲・18背:小宮大門

睡簡・日甲・1背:此大敗日

睡簡・日甲・120正:大

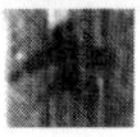
睡簡・日甲・122正:大吉門

睡簡・日甲・129正:小大必至

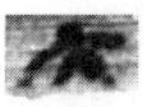
睡簡・日甲・124正:大吉門

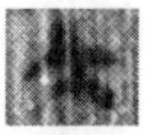
睡簡・日甲・124正:大凶

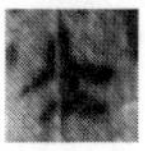
睡簡・日甲・121正:大凶

睡簡・日甲・130正:大顡(顧)是胃(謂)大楮(佇)

睡簡・日甲・130正:毋(無)所大害

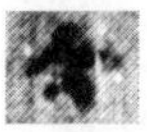
睡簡・日甲・13背:賜某大幅(富)

睡簡・日甲・139背:大凶

睡簡・日甲・131正:百中大凶

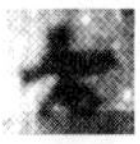
睡簡・日甲・13正:大祭

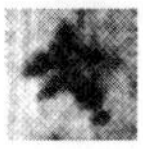
睡簡・日甲・13正:利以起大事

睡簡・日甲・149正:長大

睡簡・日甲・144背:大凶

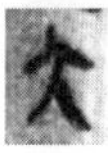
睡簡・日甲・141背:大凶

睡簡・日甲・118正:大伍門

睡簡・日甲・117正:大吉

睡簡・日甲・113正:大祠

睡簡・日甲・113正:以大生(牲)大凶

睡簡・日乙・殘六:□人祠有細單毋大□

睡簡・日乙・249:乙失火,大富

睡簡・日乙・24:利以起大事、祭、家(嫁)子

睡簡・日乙・25:利以乘車、寇〈冠〉、帶劍、裚(製)衣常(裳)、祭、作大事、家(嫁)子

睡簡・日乙・62:大徹

睡簡・日乙・79:人大室

睡簡・日乙・77:皆不可以大祠

睡簡・日乙・54:□毋小大

睡簡・日乙・120:勿以作事、大祠

 睡簡・日乙・196:及入月旬八日皆大凶

 睡簡・日乙・195:賜某大畐(富)

 睡簡・日乙・169:辰大翏(瘳)

 睡簡・日乙・120:以大生(牲)兇(凶)

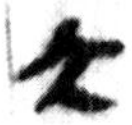 睡簡・日乙・163:申大翏(瘳)

 睡簡・日乙・163:必有大亡

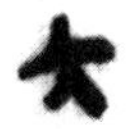 睡簡・日乙・165:戌大翏(瘳)

 睡簡・日乙・167:亥大翏(瘳)

 睡簡・日乙・155:□祭祀、嫁子、作大事

 睡簡・日乙・110:大主死、痒(癃)

 睡簡・日乙・112:主人必大傷

 睡簡・日乙・161:申大翏(瘳)

 睡簡・日乙・177:辰大翏(瘳)

 睡簡・日乙・175:子大翏(瘳)

 睡簡・日乙・171:卯大翏(瘳)

 睡簡・日乙・132:[凡且有]大行遠行若飲食歌樂

 睡簡・日乙・137:[毋(無)所]大害

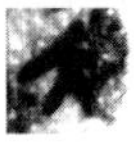 睡簡・日乙・134:小大必致(至)

 睡簡・日乙・14:不可以作大事

 睡簡・日乙・142:凡行者毋犯其大忌

 睡簡・日乙・145:其謞(號)曰大常行

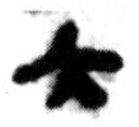 睡簡・日乙・159:巳大翏(瘳)、死生

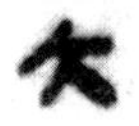 睡簡・日乙・15:利以見人、祭、作大事、取妻

 睡簡・日乙・157:午大翏(瘳)

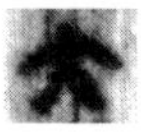 睡簡・爲吏・2:欲貴大(太)甚

 睡簡・爲吏・12:必有大賞

 睡簡・效律・35:大嗇夫、丞智(知)而弗辠

 龍簡・156:田□僕射□大人□

 關簡・134:入月一日、七日、十三日、十九日、廿五日大㪙(徹)

 關簡・140:利以舉大事

 關簡・139:凡大㪙(徹)之日

 關簡・133:大㪙(徹)

 關簡・59:後九月大

 關沮牘・正・2:九月己亥大

 關沮牘・正・2:七月庚子大

 關沮牘・正・2:五月辛丑大

 關沮牘・正・1:端月癸卯大

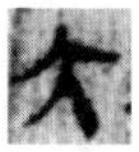 關沮牘・正・1:三月壬寅大

關沮牘・正・1:十一月甲辰大

關簡・89:丙子大

關簡・77:六月大

關簡・73:二月大

關簡・75:四月大

關簡・87:五月丁丑大

關簡・85:三月戊寅大

關簡・91:九月乙亥大

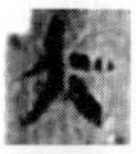
關簡・69:[丙]辰大

關簡・78:七月大

關簡・372:取大白礜

關簡・317:小大如黑子

關簡・315:齊約大如小指

關簡・71:十二月大

關簡・300:其下有大敗

關簡・324:牛脂大如手

關簡・321:大如扁(蝙)蝠矢而乾之

關簡・372:大如母(拇)指

帛書・病方・無編號殘:大

帛書・灸經甲・52:起於次指與大指上

帛書・灸經甲・58:毄(繫)於足大指菆(叢)[毛]之上

帛書・足臂・19:循大指間

帛書・病方・無編號殘:大

帛書・病方・無編號殘:大

帛書・脈法・75:則稱其小大而□之

帛書・脈法・76:臞(膿)大[而砭(砭)小]

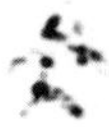
帛書・脈法・76:□而大□

帛書・脈法・77:[臞(膿)]小而砭(砭)大

帛書・脈法・82:臂之大(太)陰、少陰

帛書・病方・3:令大如荅

帛書・病方・7:大□者八十

帛書・病方・48:大者以一斗

帛書・病方・50:頸脊强而復(腹)大

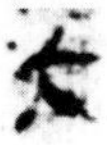
帛書・病方・68:合盧大如□豆卅

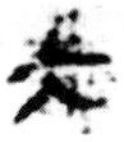
帛書・病方・72:以三指大捽(撮)飲之

帛書・病方・73:大如指

帛書・病方・82:兄父產大山

帛書・病方・105:取由(塊)大如鷄卵者

帛書・病方・107：靡(磨)大者

帛書・病方・132：大帶者〖注〗大帶，古病名。

帛書・病方・176：取景天長尺、大圍束一

帛書・病方・186：澡石大若李樺

帛書・病方・190：以衣中衽(紝)緇〈繢〉約左手大指一

帛書・病方・223：傴攣而未大者[方]

帛書・病方・239：末大本小

帛書・病方・244：大者如棗

帛書・病方・246：大如棗覈(核)

帛書・病方・249：以煮青蒿大把二、鮒魚如手者七

帛書・病方・259：大如黑叔(菽)

帛書・病方・266：令廣深大如盨

帛書・病方・267：令其大圜寸

帛書・病方・270：取石大如卷(拳)二七

帛書・病方・270：善伐米大半升

帛書・病方・272：并以三指大最(撮)一入桮(杯)酒中

帛書・病方・286：取大叔(菽)一斗

帛書・病方・317：以湯大熱者熬彘矢

帛書・病方・347：礜大如李

帛書・病方・348：大皮桐〖注〗大皮桐，藥名。

帛書・病方・369：自睪(擇)取大山陵

帛書・病方・411：最(撮)取大者一枚

帛書・病方・449：疣其末大本小□者

帛書・病方・目錄：大帶

帛書・灸經甲・59：大漬(眥)旁〖注〗大眥，內眼角。

帛書・灸經甲・66：大丈(杖)

帛書・足臂・17：病足大指廢

陶量(秦印編203)：大

新封泥A・2.7：大內丞印〖注〗大內，即泰內，官名。

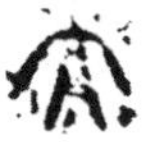
新封泥C・16.8：大內丞印

封泥集134・1：大官丞印〖注〗大官，即太官、泰官，官名。

新封泥A・4.19：大□邦□

秦印編204：大水〖注〗大水，官名。

秦印編203：大水

秦印編203：大水

秦陶・793：大水

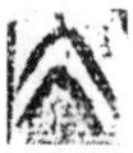
秦陶・802：大水

秦陶・798：大水

秦陶・806:大水

秦陶・810:大水

秦陶・792:大水

秦印編 203:大昌

秦印編 203:大犢

秦印編 203:河間大守

秦印編 204(大匠)〖注〗大匠,太匠,官名。

秦印編 204:大匠

新封泥 E・9:大匠

秦陶 A・1.1:大匠

秦陶・783:大匠

秦陶・785:大匠

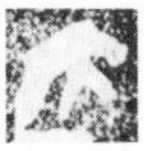秦陶・789:大匠

秦陶・791:大匠

集證・221.261:大匠

集證・221.263:大匠

新封泥 E・5:大倉丞印〖注〗大倉,太倉,官名。

封泥印 92:四川大守〖注〗大守,太守,官名。

新封泥 A・2.2:大官

新封泥 A・2.3:大官榦丞

新封泥 A・2.6:大内

集證・136.58:大官丞印

新封泥 E・19:大官丞印

封泥印・附二 193:大官丞印

新封泥 E・10:大匠丞印

新封泥 A・1.10:大匠丞印

封泥印・附二 195:清河大守

封泥印・附二 196:濟北大守

新封泥 D・19:大府丞印〖注〗大府,太府,官名。

新封泥 A・2.4:大府丞印

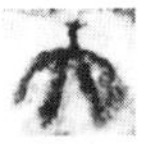秦陶 A・1.2:大轂〖注〗大,“大匠”之省文,官名。

赤峰秦瓦量・殘(銘刻選 43):黔首大安

瓦書・郭子直摹:大良造庶長游出命曰

瓦書・郭子直摹:大田佐敖童曰未〖注〗大田,官名。

瓦書(秦陶・1610):大良造庶長游出命曰

瓦書(秦陶・1610):大田佐敖童曰未

秦陶・485:楊氏居貲大教〖注〗大教,人名。

集證・203.73:大羥〖注〗大,“大水”之省文,官名。

 秦陶・1560:黔□大□

 秦陶・1575:黔首大安

 秦陶・1588:□大安

 秦陶・799:大顛

 秦陶・786:大〖注〗大,“大匠”之省文。

 秦陶・788:大

 秦陶・804:大

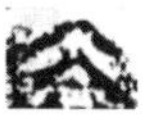 秦陶・795:大羝

 秦陶・796:大羝

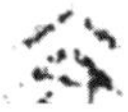 秦陶・800:大羝

 秦陶・813:大羝

 秦陶・815:大羝

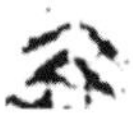 秦陶・811:大羝

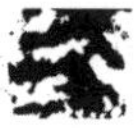 集證・203. 74:大□

 秦陶・794:大□

 秦陶・793:大水

 秦陶・798:大水

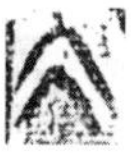 秦陶・802:大水

 秦陶・814:大水

 秦陶・816:大水

 秦陶・817:大水

 秦陶・819:大水

 秦陶・821:大水

 秦陶・822:大水

 秦陶・823:大水

 秦陶・825:大水

 秦陶・827:大水

 秦陶・830:大水

 秦陶・831:大水

 秦陶・832:大水

 秦陶・834:大水

 秦陶・836:大水

 秦陶・837:大水

 秦陶・839:大水

 秦陶・842:大水

 秦陶・844:大水

秦陶·1550:黔首大安

秦陶·1607:大

始皇詔陶印(《研究》附):黔首大安

封泥印·附二 194:大原守印〖注〗大原,太原,地名。

集證·151.288:即墨大守

集證·151.286:大原守印

集證·151.287:濟北大守

封泥集 268·2:即墨大守

集證·151.289:四川大守

秦印編 223:即墨大守

秦印編 223:四川大守

秦印編 223:清河大守

秦印編 223:大官丞印

秦印編 223:大原守印

秦印編 223:濟北大守

封泥集 251·1:河間大守

封泥集 259·1:大原守印

封泥集 260·1:四川大守

封泥集 261·1:濟北大守

封泥集 268·1:即墨大守

十七年漆盒·摹(漆盒·3):十七年大(太)后詹事丞□〖注〗太后,龍朝彬說爲昭襄王母宣太后。

廿九年漆奩·王輝摹(集證·27):廿九年大(太)后詹事丞向

廿九年漆奩·黄盛璋摹(集證·27):工大人臺〖注〗工大人,官名。

廿九年漆奩·黄盛璋摹(集證·27):廿九年大(太)后詹事丞向〖注〗太后,宣太后。

廿九年漆奩·王輝摹(集證·27):工大人臺

地圖注記·摹(地圖·4):大松休

地圖注記·摹(地圖·4):大松

地圖注記·摹(地圖·5):大□休

漆器 M11·35(雲夢·附二):大女子嬰

漆器 M11·29(雲夢·附二):大女子疵

漆器 M11·51(雲夢·附二):大女子嬰

漆器 M11·46(雲夢·附二):大女子

漆器(關簡 148):大女□

漆器 M6·5(雲夢·附二):大女子嬰

漆器 M6·9(雲夢·附二):大

漆器 M7·27(雲夢·附二):大女子嬰

漆器 M8・7(雲夢・附二):大女子嬰

漆器 M11・3(雲夢・附二):錢里大女子

漆器 M11・11(雲夢・附二):大女子嬰

漆器 M11・17(雲夢・附二):大女子

漆器 M11・22(雲夢・附二):大女子

漆器 M11・28(雲夢・附二):大女子嬰

2284 奎

睡簡・日甲・6 背:冬三月奎、婁吉〖注〗奎,二十八宿之一。

睡簡・日甲・6 背:以奎,夫愛妻

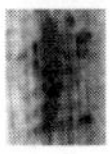
睡簡・日甲・49 正:奎、婁大吉

睡簡・日甲・58 正:牴(氐)、奎、婁大凶

睡簡・日甲・5 背:中秋奎、東辟(壁)

睡簡・日甲・55 正:奎、婁致死

睡簡・日甲・152 正:在奎者富〖注〗《説文》:"奎,兩髀之間也。"

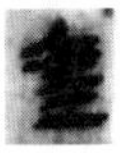
睡簡・日乙・82:奎,祠及行

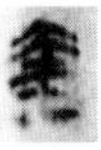
睡簡・日乙・97:九月奎十三日

關簡・145:二月奎

帛書・病方・225:以奎蠡蓋其堅(腎)〖注〗奎蠡,即奚蠡,大腹的瓢。

2285 夾

天簡 34・乙:投中夾鐘

睡簡・日甲・151 正:夾頸者貴

帛書・足臂・10:夾(挾)口

帛書・足臂・10:夾(挾)少腹

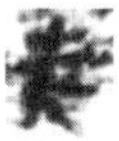
帛書・病方・449:取夾□、白柎□

帛書・灸經甲・52:夾(挾)鼻

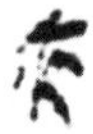
帛書・灸經甲・62:夾(挾)舌

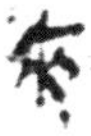
帛書・足臂・3:夾(挾)脊痛

秦陶・1306:夾(陜)亭〖注〗陜,地名。

2286 奄

睡簡・秦律・181:宦奄如不更〖注〗奄,即"閹"。

2287 夸

睡簡・爲吏・14:一曰夸(誇)以迣

帛書・病方・217:即令穨(癩)者煩(捲)夸(瓠)

帛書・病方・376:夸就□炊之

帛書・病方・422:乾夸(刳)竈

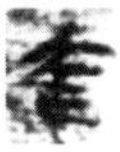
帛書・病方・無編號殘:夸

集證・173.605:郭夸〖注〗郭夸,人名。

秦印編204:閻夸

集證・173.605:臣夸〖注〗夸,人名。

秦印編204:杜夸

秦印編204:夸

秦印編204:咸郿里夸

秦印編204:咸郿里夸

集證・161.454:王夸

2288  契

睡簡・日甲・35背:喜契(潔)清

秦陶・487:楊氏居貲武德公士契必〖注〗契必,人名。

2289  夷

天簡24・乙:投中夷則竈黽殹

天簡38・乙:夷則之卦

睡簡・日乙・殘六:□有小夷

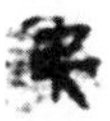
帛書・病方・356:以肥滿剡豶膏□夷□善以水洒加(痂)

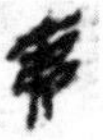
帛書・病方・23:薪(辛)夷、甘草各與[鼢]鼠等

帛書・病方・327:取無(蕪)夷(荑)中覈(核)〖注〗蕪荑,藥名。

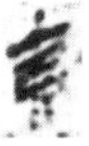
帛書・病方・341:冶亭(葶)磿(藶)、莁夷(荑)

帛書・病方・352:冶莁夷(荑)、苦瓠瓣

帛書・病方・356:冶巫(莁)夷(荑)半參

秦印編204:夷忌

新封泥B・3.33:夷輿丞印〖注〗夷輿,地名。

封泥印138:夷輿丞印

集證・150.275:長夷涇橋〖注〗長夷,卽長平,"長平阪"的簡稱。

2290  亦

詛楚文・湫淵(中吳本):亦應受皇天上帝及大沈氒(厥)湫之幾(機)靈德賜

詛楚文・巫咸(中吳本):亦應受皇天上帝及不(丕)顯大神巫咸[之]幾(機)靈德賜

詛楚文・亞駝(中吳本):亦應受皇天上帝及不(丕)顯大神亞駝之幾(機)靈德賜

秦駰玉版・甲・摹:余亦弗智(知)

秦駰玉版・乙・摹:余亦弗智(知)

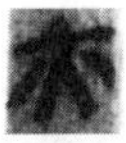
睡簡・答問・30:且未啟亦爲抉

睡簡・答問・44:亦不當購

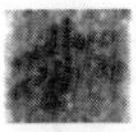
睡簡・答問・57:它縣亦傳其縣次

睡簡・日乙・145:亦席三叕(餟)

 睡簡·爲吏·34:身亦毋薛(辥)

 睡簡·語書·6:則爲人臣亦不忠矣

 睡簡·答問·12:乙亦往盜丙

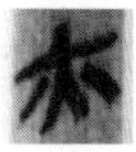 睡簡·答問·169:其棄妻亦當論不當

 睡簡·答問·167:男子乙亦闌亡

 睡簡·答問·107:亦不當聽治

 睡簡·答問·105:亦不當聽

 睡簡·答問·114:其他辠比羣盜者亦如此

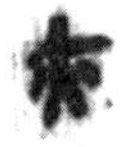 睡簡·封診·32:亦診其痍狀

 睡簡·秦律·81:亦官與辨券

 睡簡·秦律·2:亦輒言其頃數

 睡簡·秦律·98:其小大、短長、廣亦必等

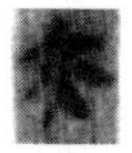 睡簡·秦律·64:亦封印之

 睡簡·秦律·76:亦移其縣

 睡簡·秦律·50:亦稟之

 睡簡·秦律·138:亦衣食而令居之

 睡簡·秦律·101:亦令其徒、舍人任其叚(假)

 睡簡·秦律·1:亦輒言雨少多

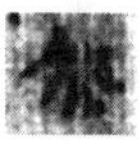 睡簡·日甲·31 正:男子亦然

 睡簡·日甲·58 正:不出歲亦寄焉

 睡簡·日甲·103 正:亦弗居

 睡簡·日乙·64:子,亦勿以種

 睡簡·日乙·160:巫亦爲姓(眚)

 龍簡·148:亦與盜同灋

 龍簡·179:之亦與買者□

 關簡·331:以米亦可

 帛書·病方·215:亦靡(磨)白魚、長足

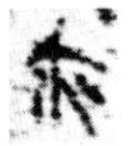 帛書·脈法·72:脈(脈)亦聽(聖)人之所貴殹

2291  臭

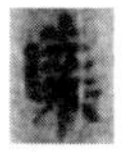 睡簡·日甲·8 背:十四日臭(謑)詢〖注〗謑詢,詈辱。

2292  吳

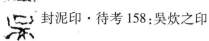

 石鼓文·吳人(先鋒本):吳人憐亟〖注〗吳,王厚之釋“虞”,官名,吳廣霈云:“吳人者,虞人也。”易越石、徐暢說吳人卽吳國人,指吳國軍隊。前說是。

 封泥集 370·1:吳應〖注〗吳應,人名。

 集證·156.376:吳丞之印

 封泥印·待考 158:吳炊之印

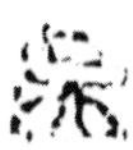 秦印編 204:吳炊之印

封泥集 300・1:吳丞之印〖注〗吳,地名。

集證・165.512:吳況

集證・165.513:吳軍

秦印編 204:吳靜

秦印編 204:吳齔

秦印編 204:吳休

秦印編 204:吳壴

秦印編 204:吳樂

秦印編 204:吳貞

秦印編 204:吳詘

秦陶・404:吳

2293  夭

睡簡・日甲・32 背:是夭鬼

睡簡・日甲・59 背:是夭(妖)也

2294  喬

秦政伯喪戈一(珍金・42):乍(作)造(造)元戈喬黃〖注〗喬,指金屬的質地顏色。李學勤說"喬"即"鐈"。

秦政伯喪戈一・摹(珍金・42):乍(作)造(造)元戈喬黃

秦政伯喪戈二・摹(珍金・43):乍(作)造(造)元戈喬黃

2295  㚔(幸)

睡簡・6 號牘・正:願母㚔(幸)遺錢五六百〖編者按〗《篇海類編》:"幸,本作㚔。"

睡簡・秦律・5:唯不㚔(幸)死而伐綰(棺)享(椁)者

龍簡・196・摹:黔首□不㚔(幸)死

帛書・病方・369:某㚔(幸)病癰

2296  奔

石鼓文・霝雨(先鋒本):其奔其敔

睡簡・答問・132:去亡,已奔

睡簡・雜抄・9:奔摯(縶)不如令

睡簡・日甲・152 正:在外者奔亡

睡簡・爲吏・28:魏奔命律

2297  交

睡簡・答問・74:交論

睡簡・答問・74:交傷,皆論不毆〖注〗交,俱。

睡簡・日甲・7 背:交徙人也可也

睡簡・日甲・4 正:交日

睡簡・日乙・4:交

 睡簡・日乙・16:建交之日

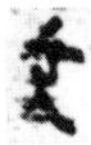 帛書・灸經甲・68:甚[則]交兩手而戰

 帛書・足臂・19:交泰(太)陰温(脈)

 秦印編205:趙交

 秦印編205:杌交

 秦陶・1181:交

 集證・185.763:交仁必可〖注〗交仁必可,與仁人交往,必可無禍。

2298  尢尩

 帛書・病方・200:獨產穨(癩)尢〖注〗尢,行不正。

 帛書・病方・206:某穨(癩)尢

2299  壺

 秦公壺(集證・9):秦公乍(作)鑄障壺

 秦公壺(集證・9):秦公乍(作)鑄障壺

 睡簡・秦律・100:毋過歲壺〈壹〉

 關簡・348:某以壺露、牛胙

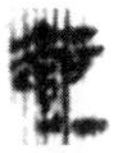 睡簡・秦律・47:有(又)益壺〈壹〉禾之

 睡簡・秦律・13:賜田嗇夫壺酉(酒)束脯

 帛書・病方・217:穿小瓠壺〖注〗瓠壺,即壺盧。

 帛書・病方・218:即內(納)腎臟於壺空(孔)中

 秦印編205:壺勆

 集證・175.626:壺辰

2300  壹

 北私府橢量・始皇詔(秦銅・146):不壹歉疑者〖注〗不壹,明確知道其不符合標準。

 北私府橢量・始皇詔(秦銅・146):皆明壹之〖注〗壹,動詞,統一。

 兩詔銅權一(秦銅・175):不壹歉疑者

 兩詔銅權一(秦銅・175):皆明壹之

 北私府橢量・始皇詔(秦銅・146):不壹歉疑者

 北私府橢量・始皇詔(秦銅・146):皆明壹之

 兩詔銅權一(秦銅・175):不壹歉疑者

 兩詔銅權一(秦銅・175):皆明壹之

 大騩銅權(秦銅・131):不壹歉疑者

 大騩銅權(秦銅・131):皆明壹之

 高奴禾石銅權(秦銅・32.2):不壹歉疑者

 高奴禾石銅權(秦銅・32.2):皆明壹之

 兩詔斤權一・摹(集證・46):不壹歉疑者

 兩詔斤權一・摹(集證・46):皆明壹之

兩詔版(秦銅·174.1):不壹歉疑者

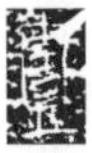
兩詔版(秦銅·174.1):皆明壹之

兩詔斤權二·摹(集證·49):不壹歉疑者

兩詔斤權二·摹(集證·49):皆明壹之

兩詔斤權一(集證·45):不壹歉疑者

兩詔斤權一(集證·45):皆明壹之

兩詔銅權二(秦銅·176):不壹歉疑者

兩詔銅權二(秦銅·176):皆明壹之

兩詔銅權三(秦銅·178):不壹歉疑者

兩詔銅權三(秦銅·178):皆明壹之

兩詔銅權四(秦銅·179.1):不壹歉疑者

兩詔銅權四(秦銅·179.1):皆明壹之

兩詔橢量二(秦銅·149):不壹歉疑者

兩詔橢量二(秦銅·149):皆明壹之

兩詔橢量三之一(秦銅·150):不壹歉疑者

兩詔橢量三之一(秦銅·150):皆明壹之

兩詔橢量一(秦銅·148):不壹歉疑者

兩詔橢量一(秦銅·148):皆明壹之

美陽銅權(秦銅·183):不壹歉疑者

美陽銅權(秦銅·183):皆明壹之

平陽銅權·摹(秦銅·182):不壹歉疑者

平陽銅權·摹(秦銅·182):皆明壹之

僅存銘兩詔銅權(秦銅·135-18.1):不壹歉疑者

僅存銘兩詔銅權(秦銅·135-18.1):皆明壹之

僅存銘兩詔銅權(秦銅·135-18.2):皆明壹之

僅存銘始皇詔銅權·八(秦銅·135-8):不壹歉疑者

僅存銘始皇詔銅權·八(秦銅·135-8):皆明壹之

僅存銘始皇詔銅權·二(秦銅·135-2):不壹歉疑者

僅存銘始皇詔銅權·二(秦銅·135-2):皆明壹之

僅存銘始皇詔銅權·九(秦銅·135-9):不壹歉疑者

僅存銘始皇詔銅權·九(秦銅·135-9):皆明壹之

僅存銘始皇詔銅權·七(秦銅·135-7):不壹歉疑者

僅存銘始皇詔銅權·七(秦銅·135-7):皆明壹之

僅存銘始皇詔銅權·三(秦銅·135-3):不壹歉疑者

僅存銘始皇詔銅權·三(秦銅·135-3):皆明壹之

僅存銘始皇詔銅權·十(秦銅·135-10):不壹歉疑者

僅存銘始皇詔銅權·十(秦銅·135-10):皆明壹之

僅存銘始皇詔銅權·十七(秦銅·135-17):不壹歉疑者

僅存銘始皇詔銅權・十七(秦銅・135-17):皆明壹之

僅存銘始皇詔銅權・十三(秦銅・135-13):不壹歉疑者

僅存銘始皇詔銅權・十三(秦銅・135-13):皆明壹之

僅存銘始皇詔銅權・十四(秦銅・135-14):不壹歉疑者

僅存銘始皇詔銅權・十四(秦銅・135-14):皆明壹之

僅存銘始皇詔銅權・十一(秦銅・135-11):皆明壹之

僅存銘始皇詔銅權・四(秦銅・135-4):不壹歉疑者

僅存銘始皇詔銅權・四(秦銅・135-4):皆明壹之

僅存銘始皇詔銅權・五(秦銅・135-5):不壹歉疑者

僅存銘始皇詔銅權・五(秦銅・135-5):皆明壹之

僅存銘始皇詔銅權・一(秦銅・135-1):不壹歉疑者

僅存銘始皇詔銅權・一(秦銅・135-1):皆明壹之

秦箕斂(箕斂・封3):皆明壹之

商鞅方升(秦銅・21):不壹歉疑者

商鞅方升(秦銅・21):皆明壹之

始皇詔八斤銅權二(秦銅・135):不壹歉疑者

始皇詔八斤銅權二(秦銅・135):皆明壹之

始皇詔八斤銅權一(秦銅・134):不壹歉疑者

始皇詔八斤銅權一(秦銅・134):皆明壹之

始皇詔版八(秦銅・144):不壹歉疑者

始皇詔版八(秦銅・144):皆明壹之

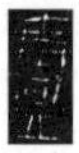
始皇詔版六・殘(秦銅・142):皆明壹之

始皇詔版七(秦銅・143):不壹歉疑者

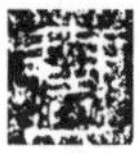
始皇詔版七(秦銅・143):皆明壹之

始皇詔版三(秦銅・138):不壹歉疑者

始皇詔版三(秦銅・138):皆明壹之

始皇詔版五・殘(秦銅・141):不壹歉疑者

始皇詔版五・殘(秦銅・141):皆明壹之

始皇詔版一(秦銅・136):不壹歉疑者

始皇詔版一(秦銅・136):皆明壹之

始皇詔十六斤銅權二(秦銅・128):不壹歉疑者

始皇詔十六斤銅權二(秦銅・128):皆明壹之

始皇詔十六斤銅權三(秦銅・129):不壹歉疑者

始皇詔十六斤銅權三(秦銅・129):皆明壹之

始皇詔十六斤銅權四(秦銅・130.2):不壹歉疑者

始皇詔十六斤銅權四(秦銅・130.2):皆明壹之

始皇詔十六斤銅權一(秦銅・127):不壹歉疑者

始皇詔十六斤銅權一(秦銅・127):皆明壹之

始皇詔鐵石權七（秦銅・125）：不壹歉疑者

始皇詔鐵石權七（秦銅・125）：皆明壹之

始皇詔鐵石權三（秦銅・122）：不壹歉疑者

始皇詔鐵石權三（秦銅・122）：皆明壹之

始皇詔鐵石權四（秦銅・123）：不壹歉疑者

始皇詔鐵石權四（秦銅・123）：皆明壹之

始皇詔鐵石權五（秦銅・124）：不壹歉疑者

始皇詔鐵石權五（秦銅・124）：皆明壹之

始皇詔銅方升二（秦銅・99）：皆明壹之

始皇詔銅方升三（秦銅・100）：不壹歉疑者

始皇詔銅方升三（秦銅・100）：皆明壹之

始皇詔銅方升四（秦銅・101）：不壹歉疑者

始皇詔銅方升一（秦銅・98）：不壹歉疑者

始皇詔銅方升一（秦銅・98）：皆明壹之

始皇詔銅權八（秦銅・117）：皆明壹之

始皇詔銅權二（秦銅・111）：不壹歉疑者

始皇詔銅權二（秦銅・111）：皆明壹之

始皇詔銅權九（秦銅・118）：不壹歉疑者

始皇詔銅權九（秦銅・118）：皆明壹之

始皇詔銅權六（秦銅・115）：不壹歉疑者

始皇詔銅權六（秦銅・115）：皆明壹之

始皇詔銅權三（秦銅・112）：不壹歉疑者

始皇詔銅權三（秦銅・112）：皆明壹之

始皇詔銅權十（秦銅・119）：不壹歉疑者

始皇詔銅權十（秦銅・119）：皆明壹之

始皇詔銅權十一（珍金・124）：不壹歉疑者

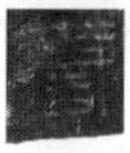
始皇詔銅權十一（珍金・124）：皆明壹之

始皇詔銅權四（秦銅・113）：不壹歉疑者

始皇詔銅權四（秦銅・113）：皆明壹之

始皇詔銅權五（秦銅・114）：皆明壹之

始皇詔銅權一（秦銅・110）：不壹歉疑者

始皇詔銅權一（秦銅・110）：皆明壹之

始皇詔銅橢量二（秦銅・103）：不壹歉疑者

始皇詔銅橢量二（秦銅・103）：皆明壹之

始皇詔銅橢量六（秦銅・107）：不壹歉疑者

始皇詔銅橢量六（秦銅・107）：皆明壹之

始皇詔銅橢量三（秦銅・104）：不壹歉疑者

始皇詔銅橢量三（秦銅・104）：皆明壹之

始皇詔銅楕量四(秦銅·105):不壹歉疑者

始皇詔銅楕量四(秦銅·105):皆明壹之

始皇詔銅楕量五(秦銅·106):不壹歉疑者

始皇詔銅楕量五(秦銅·106):皆明壹之

始皇詔銅楕量一(秦銅·102):不壹歉疑者

始皇詔銅楕量一(秦銅·102):皆明壹之

武城銅楕量(秦銅·109):不壹歉疑者

武城銅楕量(秦銅·109):皆明壹之

旬邑銅權(秦銅·133):不壹歉疑者

旬邑銅權(秦銅·133):皆明壹之

左樂兩詔鈞權(集證·43):不壹歉疑者

左樂兩詔鈞權(集證·43):皆明壹之

詛楚文·湫淵(中吳本):兩邦若壹(一)

詛楚文·巫咸(中吳本):兩邦若壹(一)

詛楚文·亞駝(中吳本):兩邦若壹(一)

秦駰玉版·乙·摹:壹(一)璧先之

秦駰玉版·乙·摹:壹(一)璧先之

秦駰玉版·甲·摹:人壹(一)[家]里〈室〉〖注〗壹,皆,一律。

秦駰玉版·甲·摹:壹(一)璧先之

秦駰玉版·乙·摹:人壹(一)[家]里〈室〉

秦駰玉版·乙·摹:三人(?)壹(一)家

會稽刻石·宋刻本:平壹宇內

繹山刻石·宋刻本:壹家天下

睡簡·日甲·111背:勉壹步〖注〗勉壹步,進一步。

睡簡·日甲·59背:不出壹歲

帛書·病方·194:壹用

帛書·病方·225:壹射以三矢

帛書·病方·393:日壹洒

帛書·病方·163:壹飲病俞(愈)

帛書·病方·439:日壹飲

集證·185.760:中壹〖注〗壹,專一。

集證·185.761:中壹

秦印編205:中壹

秦印編205:中壹

秦印編205:壹心慎事

秦印編205:壹心慎事

秦印編205:壹心慎事

陶量(秦印編205):壹

 陶量(秦印編205):壹

 陶量(秦印編205):壹

 集證·184.753:壹心慎事

 瓦書·郭子直摹:冬十壹月辛酉

 瓦書·郭子直摹:顝以四年冬十壹月癸酉封之

 瓦書(秦陶·1610):冬十壹月辛酉

 秦陶·1600:壹□疑者

 秦陶·1602:壹□疑者

 秦陶·1603:皆□壹之

 秦陶·1599:□壹

 始皇詔陶印(《研究》附):不壹歉疑者

 始皇詔陶印(《研究》附):皆明壹之

2301  睪

 帛書·病方·369:自睪(擇)取大山陵

 秦印編205:謝睪

2302  執

 不其簋蓋(秦銅·3):女(汝)多折首執訊

 不其簋蓋(秦銅·3):折首執訊

 滕縣不其簋器(秦銅·4):女(汝)多折首執訊

 滕縣不其簋器(秦銅·4):折首執訊

 秦公鎛鐘·摹(秦銅·16.3):于秦執事

 石鼓文·田車(先鋒本):執而勿射

 睡簡·日甲·47背:執丈夫

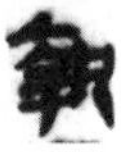 睡簡·日乙·200:南執辱

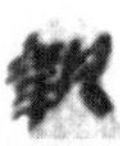 睡簡·日甲·62背:凡鬼恆執匱以入人室

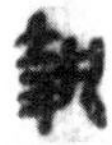 睡簡·日乙·197:西南執辱

 睡簡·日乙·198:西北執辱

 睡簡·日乙·199:東北執辱

 睡簡·答問·102:亟執勿失

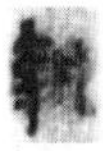 睡簡·封診·50:卽令令史己往執

 睡簡·封診·51:與牢隸臣某執丙

2303  圉

 詛楚文·湫淵(中吳本):拘圉其叔父〖注〗拘圉,拘囚。

 詛楚文·巫咸(中吳本):拘圉其叔父

 詛楚文·亞駝(中吳本):拘圉其叔父

 秦印編205:圉

 秦印編205:張圉

秦印編 205:趙圉

秦印編 205:張圉

秦印編 205:郭圉

2304　　盩

石鼓文・乍遵(先鋒本):□□盩導〖注〗盩,山曲之道。《説文》:"盩,引擊也。"

秦駰玉版・甲・摹:可(何)永戁憂盩〖注〗盩,讀爲"周",環繞。李零讀爲"愁"。

秦駰玉版・乙・摹:可(何)永戁憂盩

秦印編 206:盩

2305　　報

睡 11 號牘・正:書到皆爲報〖注〗報,答覆。

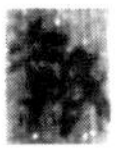睡簡・封診・7:騰皆爲報

睡簡・封診・14:騰皆爲報

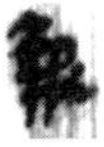睡簡・秦律・184:以輒相報殹

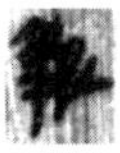睡簡・秦律・185:書廷辟有曰報〖注〗報,疑讀爲"赴",速至。

睡簡・日甲・40 正:利弋邋(獵)、報讎、攻軍、韋(圍)城、始殺

里簡・J1(8)134 正:報曰

里簡・J1(9)12 背:未得報

里簡・J1(9)2 正:謁報

里簡・J1(9)1 背:報之

里簡・J1(9)1 背:未報

里簡・J1(9)1 正:報署主責發

里簡・J1(9)1 正:年爲報

里簡・J1(9)1 正:謁報

里簡・J1(9)2 背:報之

里簡・J1(9)2 正:報署主責發

里簡・J1(9)2 正:計年爲報

里簡・J1(9)2 正:謁報

里簡・J1(9)2 正:至今未報

里簡・J1(9)3 背:報之

里簡・J1(9)3 背:未得報

里簡・J1(9)3 正:報署主責發

里簡・J1(9)3 正:計年、名爲報

里簡・J1(9)4 背:報之

里簡・J1(9)4 正:報署主責發

里簡・J1(9)4 正:計年爲報

里簡・J1(9)4 正:謁報

里簡・J1(9)4 正:至今未報

里簡・J1(9)5 背:報之

里簡・J1(9)5 正:報署主責發

里簡・J1(9)5 正:計年爲報

里簡・J1(9)5 正:謁報

里簡・J1(9)5 正:至今未報

里簡・J1(9)6 背:報之

里簡・J1(9)6 正:計年爲報

里簡・J1(9)6 正:謁報

里簡・J1(9)6 正:至今未報

里簡・J1(9)7 背:報之

里簡・J1(9)7 背:至今未報

里簡・J1(9)7 正:報署主責發

里簡・J1(9)7 正:計年爲報

里簡・J1(9)7 正:謁報

里簡・J1(9)8 背:報之

里簡・J1(9)8 正:報署主責發

里簡・J1(9)8 正:計年爲報

里簡・J1(9)8 正:謁報

里簡・J1(9)8 正:至今未報

里簡・J1(9)9 背:報之

里簡・J1(9)9 背:至今未報

里簡・J1(9)9 正:報署主責發

里簡・J1(9)9 正:計年、名爲報

里簡・J1(9)9 正:謁報

里簡・J1(9)10 背:報之

里簡・J1(9)10 背:未報

里簡・J1(9)10 正:報署主責發

里簡・J1(9)10 正:年爲報

里簡・J1(9)10 正:謁報

里簡・J1(9)11 背:報之

里簡・J1(9)11 正:報署主責發

里簡・J1(9)11 正:計年爲報

里簡・J1(9)11 正:謁報

里簡・J1(9)11 正:至今未報

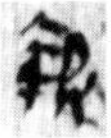
里簡・J1(9)12 背:報之

2306 奢 奓

詛楚文・湫淵(中吳本):宣奓競從(縱)〖注〗奓,《說文》"奢"之籀文。

郭沫若說爲“侈”字之異體。

詛楚文·巫咸(中吳本):宣奓競從(縱)

詛楚文·亞駝(中吳本):宣奓競從(縱)

秦印編206:員奢

秦印編206:柏奢

秦陶·1411:咸郚里奢〖注〗奢,人名。

2307  亢頏

睡簡·日乙·97:亢,祠、爲門行

睡簡·日乙·129:丁丑在亢〖注〗亢,二十八宿之一。

關簡·163:亢

關簡·132:亢

關簡·189:斗乘亢

2308  夲

石鼓文·鑾車(先鋒本):夲敕真□〖注〗郭沫若說爲賁飾。《説文》:“夲,疾也。”或釋“拜、奏”。

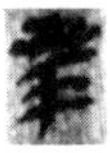睡簡·日甲·61背:乃鬻(煮)夲(賁)屨以紙(抵)

2309  㬥(暴)

會稽刻石·宋刻本:暴虐恣行

會稽刻石·宋刻本:殄熄暴悖

繹山刻石·宋刻本:滅六暴强

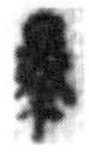睡簡·秦律·2:早〈旱〉及暴風雨、水潦、蚤(螽)蚰、羣它物傷稼者

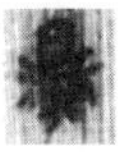睡簡·爲吏·5:驁(傲)悍寏(戮)暴

2310  奏屛敼

大墓殘磬(集證·59):百樂咸奏〖注〗奏,雙手持樹枝或穀物之類以舞蹈作樂。《説文》:“奏,進也。”

睡簡·語書·13:當居曹奏令、丞

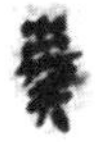關簡·47:癸未奏上

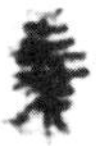帛書·足臂·33:奏(湊)膭(枕)〖注〗湊,至。

帛書·病方·130:白毋奏(腠)〖注〗腠,肌膚紋理。

帛書·足臂·25:以奏(湊)臑内

帛書·足臂·27:奏(湊)脅

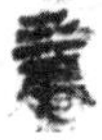帛書·足臂·31:奏(湊)耳

2311  皋

睡簡·日甲·111背:謼(呼):皋

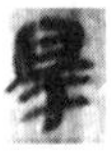睡簡·日甲·13背:皋!敢告壐(爾)豹𤜭〖注〗皋,長聲,象聲詞。

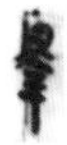關簡·338:皋

關簡·343:皋

關簡·326:皋〖注〗皋,引聲之言。

秦印編 206:皋

秦印編 206:令狐皋

2312　　奚

帛書・病方・97:湮汲一音(杯)入奚蠡中〖注〗奚,大腹。

帛書・病方・98:即復(覆)奚蠡〖注〗奚蠡,大腹的瓢。

帛書・病方・382:奚(鷄)矢鼠襄(壤)涂(塗)桼(漆)王

秦印編 206:奚齮

秦印編 206:奚達

2313　　耎

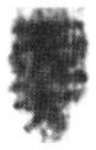睡簡・封診・57:相耎〖注〗耎,讀爲"濡",漬。

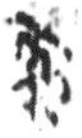龍簡・27:禁毋敢取耎(壖)中獸

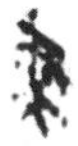龍簡・27:諸禁苑爲耎(壖)〖注〗耎,通"堧",亦作"㝈、壖"。《説文》:"㝈,城下田也。一曰,㝈,郤地。"

龍簡・121・摹:□宗廟耎(壖)□

龍簡・28:諸禁苑有耎(壖)者

龍簡・29・摹:射耎中□之□有□毆其□

2314　　夫

商鞅方升(秦銅・21):齊遣卿夫₌(大夫)衆來聘〖注〗大夫,合文。卿大夫,官名。

琅邪臺刻石:五大夫趙嬰、五大夫楊樛從〖注〗五大夫,官名。

琅邪臺刻石:五大夫趙嬰、五大夫楊樛從

琅邪臺刻石:丞相臣斯、臣去疾、御史大夫臣德昧死言〖注〗御史大夫,官名。

泰山刻石・宋拓本:丞相臣斯、臣去疾、御史大夫臣德昧死言

繹山刻石・宋刻本:丞相臣斯、臣去疾、御史大夫臣德昧死言

會稽刻石・宋刻本:夫爲寄豭

天簡 22・甲:可爲嗇夫可以祝祠

天簡 27・乙:是₌夫婦皆居

睡簡・效律・10:貲官嗇夫二甲

睡簡・語書・1:南郡守騰謂縣、道嗇夫〖注〗嗇夫,官名。

睡簡・效律・15:貲官嗇夫一盾

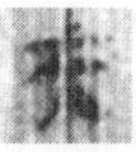睡簡・秦律・136:大嗇夫、丞及官嗇夫有辠

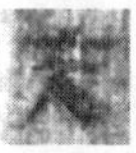睡簡・秦律・136:大嗇夫、丞及官嗇夫有辠

睡簡・雜抄・31:貲嗇夫、佐各一盾

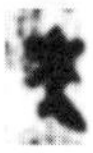睡簡・6 號牘・正:與黑夫居

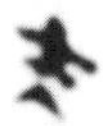睡簡・11 號牘・背:爲黑夫、驚多問夕陽呂嬰、匽里閻諍丈人得毋恙□矣

睡簡・11 號牘・背:爲黑夫、驚多問嬰汜、季吏可(何)如

睡簡・11 號牘・正:告黑夫其未來狀

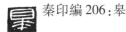

睡簡·11號牘·正:黑夫、驚敢再拜問中

睡簡·11號牘·正:黑夫、驚毋恙也

睡簡·11號牘·正:黑夫等直佐淮陽

睡簡·11號牘·正:黑夫寄益就書曰

睡簡·11號牘·正:黑夫自以布此

睡簡·11號牘·正:遺黑夫錢

睡簡·11號牘·正:願母遺黑夫用勿少

睡簡·答問·94:史不與嗇夫和

睡簡·答問·95:辭者不先辭官長、嗇夫

睡簡·答問·95:可(何)謂"嗇夫"

睡簡·答問·95:縣曰"嗇夫"

睡簡·答問·61:嗇夫不以官爲事

睡簡·答問·79:夫毆治之

睡簡·答問·56:盜封嗇夫可(何)論

睡簡·答問·55:爲有秩僞寫其印爲大嗇夫

睡簡·答問·127:大夫甲堅鬼薪

睡簡·答問·191:皆爲"顯大夫"

睡簡·答問·167:女子甲去夫亡

睡簡·答問·167:相夫妻

睡簡·答問·171:且畀夫

睡簡·答問·136:夫、妻、子五人共盜

睡簡·答問·137:夫、妻、子十人共盜

睡簡·答問·14:夫盜千錢

睡簡·答問·14:妻智(知)夫盜而匿之

睡簡·答問·15:夫盜二百錢

睡簡·答問·15:夫盜三百錢

睡簡·答問·156:大夫寡

睡簡·封診式·43:某里五大夫乙家吏甲詣乙妾丙

睡簡·秦律·82:復爲嗇夫

睡簡·秦律·82:官嗇夫免

睡簡·秦律·83:官嗇夫免

睡簡·秦律·80:嗇夫卽以其直(值)錢分負其官長及冗吏

睡簡·秦律·22:嗇夫免

睡簡·秦律·21:而遺倉嗇夫及離邑倉佐主稟者各一戶以氣(餼)

睡簡·秦律·21:縣嗇夫若丞及倉、鄉相雜以印之〖注〗縣嗇夫,指縣令、長。

睡簡·秦律·72:都官有秩吏及離官嗇夫

睡簡·秦律·79:令其官嗇夫及吏主者代賞(償)之

睡簡·秦律·74:小官毋(無)嗇夫者

睡簡・秦律・189:過二月弗置嗇夫

睡簡・秦律・120:縣嗇夫材興有田其旁者

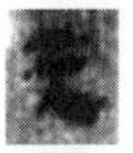睡簡・秦律・196:大嗇夫、丞任之

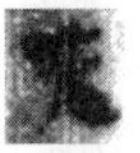睡簡・秦律・197:官嗇夫及吏夜更行官

睡簡・秦律・168:倉嗇夫某、佐某、史某、稟人某

睡簡・秦律・162:官嗇夫必與去者效代者

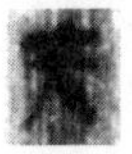睡簡・秦律・162:節(即)官嗇夫免而效

睡簡・秦律・169:而遺倉嗇夫及離邑倉佐主稟者各一戶

睡簡・秦律・169:縣嗇夫若丞及倉、鄉相雜以封印之

睡簡・秦律・164:誶官嗇夫

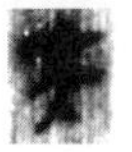睡簡・秦律・164:貲官嗇夫一甲

睡簡・秦律・165:令官嗇夫、冗吏共賞(償)敗禾粟

睡簡・秦律・165:貲官嗇夫二甲

睡簡・秦律・161:官嗇夫節(即)不存

睡簡・秦律・178:官嗇夫貲一盾

睡簡・秦律・172:倉嗇夫及佐、史

睡簡・秦律・172:新倉嗇夫

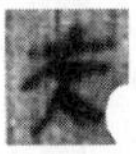睡簡・秦律・179:自官士大夫以上

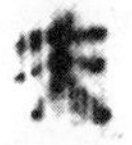睡簡・秦律・173:謁縣嗇夫

睡簡・秦律・175:大嗇夫、丞智(知)而弗辠

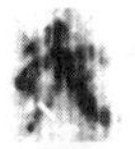睡簡・秦律・171:嗇夫免而效

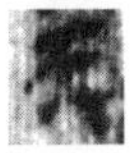睡簡・秦律・13:賜田嗇夫壺酉(酒)束脯〖注〗田嗇夫,官名,地方管理農事的小官。

睡簡・秦律・14:誶田嗇夫

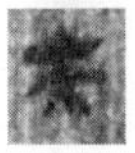睡簡・雜抄・2:除士吏、發弩嗇夫不如律

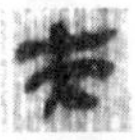睡簡・雜抄・22:貲嗇夫二甲而灋(廢)

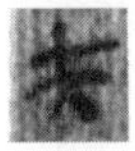睡簡・雜抄・2:發弩嗇夫射不中

睡簡・雜抄・29:貲廄嗇夫一甲

睡簡・雜抄・23:貲嗇夫一盾

睡簡・雜抄・21:貲嗇夫二甲而灋(廢)

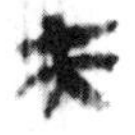睡簡・雜抄・21:貲嗇夫一甲

睡簡・雜抄・20:貲嗇夫一甲

睡簡・雜抄・20:貲司空嗇夫一盾

睡簡・雜抄・39:縣嗇夫、尉及士吏行戍不以律

睡簡・雜抄・31:貲嗇夫、佐各一盾

睡簡・雜抄・30:貲皂嗇夫一盾

睡簡・雜抄・19:貲嗇夫一甲

睡簡・雜抄・19:縣嗇夫、丞、吏、曹長各一盾

睡簡・雜抄・16:貲嗇夫一甲

睡簡・雜抄・15:丞、庫嗇夫、吏貲二甲

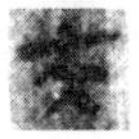
睡簡・日甲・6背:以奎,夫愛妻

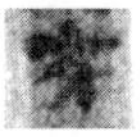
睡簡・日甲・6背:以婁,妻愛夫

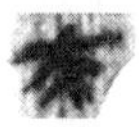
睡簡・日甲・76正:生子,爲大夫

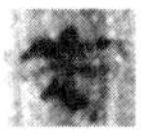
睡簡・日甲・36正:以爲嗇夫

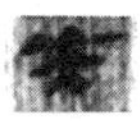
睡簡・日甲・34正:利爲嗇夫

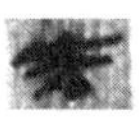
睡簡・日甲・3正:小夫四成

睡簡・日甲・4背:夫先死

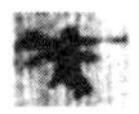
睡簡・日甲・42正:爲嗇夫

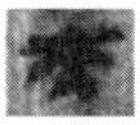
睡簡・日甲・47背:執丈夫

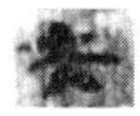
睡簡・日甲・44背:丈夫女子隋(墮)須(鬚)羸髮黄目

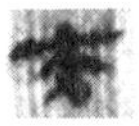
睡簡・日甲・127正:凡且有大行、遠行若飲食、歌樂、聚畜生及夫妻同衣

睡簡・日甲・144背:利爲嗇夫

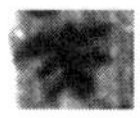
睡簡・日甲・14正:可以爲嗇夫

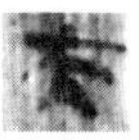
睡簡・日甲・157背:大夫先敫〈牧〉兕席

睡簡・日乙・259:庚亡,盜丈夫

睡簡・日乙・255:爲閒者不寡夫乃寡婦

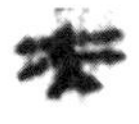
睡簡・日乙・104:子爲大夫

睡簡・日乙・132:及夫妻同衣

睡簡・日乙・117:夫妻必有死者

睡簡・效律・8:誶官嗇夫

睡簡・效律・28:而遺倉嗇夫及離邑倉佐主稟者各一戶

睡簡・效律・28:縣嗇夫若丞及倉、鄉相雜以封印之

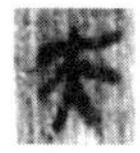
睡簡・效律・22:誶官嗇夫

睡簡・效律・2:官嗇夫、冗吏皆共賞(償)不備之貨而入贏

睡簡・效律・29:嗇夫免而效

睡簡・效律・27:倉嗇夫某、佐某、史某、稟人某

睡簡・效律・23:令官嗇夫、冗吏共賞(償)敗禾粟

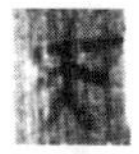
睡簡・效律・23:貲官嗇夫二甲

睡簡・效律・23:貲官嗇夫一甲

睡簡・效律・9:貲官嗇夫一甲

睡簡・效律・9:貲嗇夫一盾

睡簡・效律・32:倉嗇夫及佐、史

睡簡・效律・32:新倉嗇夫、新佐、史主廥者

睡簡・效律・33:謁縣嗇夫

睡簡・效律・35:大嗇夫、丞智(知)而弗皋

睡簡・效律・3:貲官嗇夫一甲

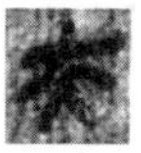
睡簡・效律・42:貲官嗇夫一甲

睡簡・效律・40:官嗇夫貲一盾

睡簡・效律・43:大者貲官嗇夫一盾

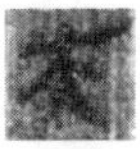
睡簡・效律・44:貲官嗇夫一盾

睡簡・效律・52:及都倉、庫、田、亭嗇夫坐其離官屬於鄉者

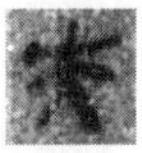
睡簡・效律・52:其吏主者坐以貲、誶如官嗇夫

睡簡・效律・59:貲官嗇夫一盾

睡簡・效律・59:貲官嗇夫一甲

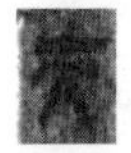
睡簡・效律・56:誶官嗇夫

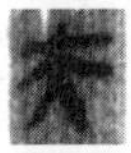
睡簡・效律・51:官嗇夫貲二甲

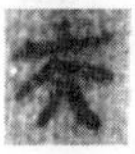
睡簡・效律・51:官嗇夫貲一甲

睡簡・效律・18:大嗇夫及丞除

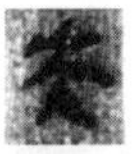
睡簡・效律・18:故嗇夫及丞皆不得除

睡簡・效律・18:新嗇夫自效殹

睡簡・效律・19:官嗇夫必與去者效代者

睡簡・效律・19:節(卽)官嗇夫免而效不備

睡簡・效律・17:官嗇夫免

睡簡・效律・17:官嗇夫坐效以貲

睡簡・效律・13:誶官嗇夫

睡簡・效律・14:貲官嗇夫一盾

睡簡・效律・14:貲官嗇夫一甲

關簡・352:某爲農夫畜

龍簡・39:禁苑嗇夫、吏數循行

龍簡・138・摹:貲官(?)嗇(?)夫□

里簡・J1(16)6 正:洞庭守禮謂縣嗇夫、卒史嘉、叚(假)卒史穀、屬尉

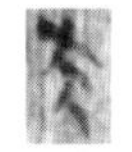
里簡・J1(8)157 正:啟陵鄉夫敢言之〖注〗夫,人名。

關簡・352:農夫笱(苟)如□

關簡・351:農夫使其徒來代之

關簡・350:農夫事也

帛書・病方・96:同産三夫

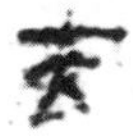
帛書・病方・188:煮隱夫木〖注〗隱夫木,藥名。

帛書・病方・441:漬女子未嘗丈夫者[布]□音(杯)

秦印編 206:夫璽

秦印編 207:隧夫

秦印編 284:大夫肆

秦印編 206:張夫

秦印編 207:隧夫

秦印編 284:大夫陰

秦印編 206:任夫

 秦印編 284：張大夫

 秦印編 206：李大夫

 集證・159.428：鄭大夫〖注〗大夫，官名。或爵名。

 秦印編 206：馮夫

 秦印編 284：大夫章

 秦印編 206：呂夫

 秦印編 206：翟夫

 秦印編 206：任丑夫

 秦印編 206：毋苦夫

 秦印編 206：良夫

 秦印編 206：宛戎夫

 秦印編 206：張夫

 封泥集 236・1：旞大夫

 封泥集 236・2：旞大夫

 集證・159.413：隧大夫

 封泥印 87：旞大夫

 集證・180.699：路夫

 瓦書・郭子直摹：周天子使卿夫＝（大夫）辰來致文武之酢（胙）

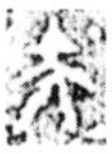 瓦書（秦陶・1610）：周天子使卿夫＝（大夫）辰來致文武之酢（胙）

2315　　立

 秦編鐘・乙鐘（秦銅・10.2）：秦公嬰畯輪才（在）立（位）

 秦編鐘・乙鐘左鼓・摹（秦銅・11.6）：秦公嬰畯輪才（在）立（位）

 秦鎛鐘・1 號鎛（秦銅・12.3）：秦公嬰畯輪才（在）立（位）

 秦鎛鐘・2 號鎛（秦銅・12.6）：秦公嬰畯輪才（在）立（位）

 秦鎛鐘・3 號鎛（秦銅・12.9）：秦公嬰畯輪才（在）立（位）

 秦公鎛鐘・摹（秦銅・16.4）：畯疐（極）才（在）立（位）

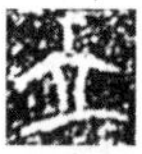 左樂兩詔鈞權（集證・43）：立號爲皇帝

 旬邑銅權（秦銅・133）：立號爲皇帝

 北私府橢量・始皇詔（秦銅・146）：立號爲皇帝

 兩詔銅權一（秦銅・175）：立號爲皇帝

 北私府橢量・始皇詔（秦銅・146）：立號爲皇帝

 兩詔銅權一（秦銅・175）：立號爲皇帝

 大騩銅權（秦銅・131）：立號爲皇帝

 高奴禾石銅權（秦銅・32.2）：立號爲皇帝

 兩詔斤權一・摹（集證・46）：立號爲皇帝

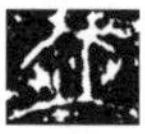 兩詔版（秦銅・174.1）：立號爲皇帝

 兩詔斤權二・摹（集證・49）：立號爲皇帝

 兩詔斤權二・照片（集證・47.2）：立號爲皇帝

兩詔斤權一(集證·45):立號爲皇帝

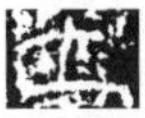
兩詔銅權二(秦銅·176):立號爲皇帝

兩詔銅權三(秦銅·178):立號爲皇帝

兩詔銅權四(秦銅·179.1):立號爲皇帝

兩詔橢量三之一(秦銅·150):立號爲皇帝

美陽銅權(秦銅·183):立號爲皇帝

平陽銅權·摹(秦銅·182):立號爲皇帝

僅存銘兩詔銅權(秦銅·135-18.1):立號爲皇帝

僅存銘兩詔銅權(秦銅·135-18.2):立號爲皇帝

僅存銘始皇詔銅權·八(秦銅·135-8):立號爲皇帝

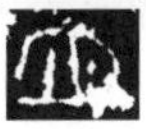
僅存銘始皇詔銅權·二(秦銅·135-2):立號爲皇帝

僅存銘始皇詔銅權·九(秦銅·135-9):立號爲皇帝

僅存銘始皇詔銅權·六(秦銅·135-6):立號爲皇帝

僅存銘始皇詔銅權·七(秦銅·135-7):立號爲皇帝

僅存銘始皇詔銅權·三(秦銅·135-3):立號爲皇帝

僅存銘始皇詔銅權·十二(秦銅·135-12):立號爲皇帝

僅存銘始皇詔銅權·十七(秦銅·135-17):立號爲皇帝

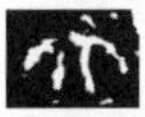
僅存銘始皇詔銅權·十三(秦銅·135-13):立號爲皇帝

僅存銘始皇詔銅權·十四(秦銅·135-14):立號爲皇帝

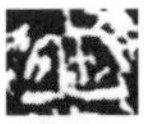
僅存銘始皇詔銅權·十一(秦銅·135-11):立號爲皇帝

僅存銘始皇詔銅權·一(秦銅·135-1):立號爲皇帝

秦箕斂(箕斂·封3):立號爲皇帝

商鞅方升(秦銅·21):立號爲皇帝

始皇詔版九(殘)(集證·44.2):立號爲皇帝

始皇詔八斤銅權二(秦銅·135):立號爲皇帝

始皇詔八斤銅權一(秦銅·134):立號爲皇帝

始皇詔版八(秦銅·144):立號爲皇帝

始皇詔版二(秦銅·137):立號爲皇帝

始皇詔版一(秦銅·136):立號爲皇帝

始皇詔十六斤銅權二(秦銅·128):立號爲皇帝

始皇詔十六斤銅權三(秦銅·129):立號爲皇帝

始皇詔十六斤銅權四(秦銅·130.1):立號爲皇帝

始皇詔十六斤銅權一(秦銅·127):立號爲皇帝

始皇詔鐵石權七(秦銅·125):立號爲皇帝

始皇詔鐵石權三(秦銅·122):立號爲皇帝

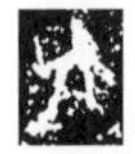
始皇詔鐵石權四(秦銅·123):立號爲皇帝

始皇詔鐵石權一(秦銅·120):立號爲皇帝

始皇詔銅方升二(秦銅·99):立號爲皇帝

始皇詔銅方升三(秦銅·100):立號爲皇帝

始皇詔銅方升一(秦銅·98):立號爲皇帝

始皇詔銅權八(秦銅·117):立號爲皇帝

始皇詔銅權二(秦銅·111):立號爲皇帝

始皇詔銅權九(秦銅·118):立號爲皇帝

始皇詔銅權六(秦銅·115):立號爲皇帝

始皇詔銅權三(秦銅·112):立號爲皇帝

始皇詔銅權十(秦銅·119):立號爲皇帝

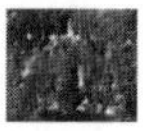
始皇詔銅權十一(珍金·125):立號爲皇帝

始皇詔銅權四(秦銅·113):立號爲皇帝

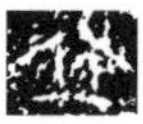
始皇詔銅權五(秦銅·114):立號爲皇帝

始皇詔銅權一(秦銅·110):立號爲皇帝

始皇詔銅橢量二(秦銅·103):立號爲皇帝

始皇詔銅橢量六(秦銅·107):立號爲皇帝

始皇詔銅橢量三(秦銅·104):立號爲皇帝

始皇詔銅橢量四(秦銅·105):立號爲皇帝

始皇詔銅橢量五(秦銅·106):立號爲皇帝

始皇詔銅橢量一(秦銅·102):立號爲皇帝

武城銅橢量(秦銅·109):立號爲皇帝

秦懷后磬·摹:以虔夙夜才(在)立(位)

繹山刻石·宋刻本:皇帝立國

會稽刻石·宋刻本:以立恆常

泰山刻石·宋拓本:皇帝臨立(位)

睡簡·爲吏·7:掇民之欲政乃立

睡簡·答問·161:擅有鬼立(位)殹〖注〗立,讀爲"位"。鬼位,神位。

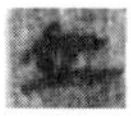
睡簡·雜抄·4:不辟(避)席立

睡簡·日甲·26背:連行奇(踦)立

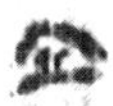
睡簡·日甲·67背:凡邦中之立叢

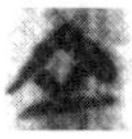
睡簡·日甲·38背:正立而貍(埋)

睡簡·日甲·32正:臨官立(莅)正(政)相宜也〖注〗立政,讀爲"莅政",處理政務。

睡簡·日乙·237:利以臨官立(莅)政

睡簡·日乙·178:野立爲□〖注〗立,疑讀爲"位"。野位,野外的神祠。

睡簡·爲吏·6:祿立(位)有續孰敫上

帛書·病方·208:立堂下東鄉(嚮)

陶量(秦印編207):立

陶量(秦印編207):立

秦陶·1550:立號爲皇帝

秦陶・1560:立

秦陶・1576:立

秦陶・1577:立□爲□帝

秦陶・1578:立號爲□

秦陶・1580:立號爲皇□

秦陶・1588:立

始皇詔陶印(《研究》附):立號爲皇帝

2316  端

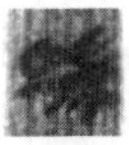
睡簡・答問・93:端令不致

睡簡・答問・93:辠當重而端輕之

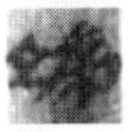
睡簡・答問・38:卽端盜駕(加)十錢

睡簡・答問・36:吏智(知)而端重若輕之

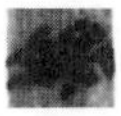
睡簡・答問・43:不端,爲告不審

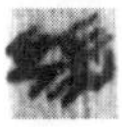
睡簡・答問・43:端爲,爲誣人

睡簡・答問・45:卽端告曰甲盜牛

睡簡・語書・2:以矯端民心〖注〗矯端,矯正。

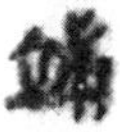
睡簡・語書・11:毋(無)公端之心

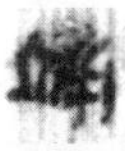
睡簡・語書・10:有(又)能自端殹

關沮牘・正・1:端月癸卯大〖注〗端月,卽正月。

關簡・323:燔劍若有方之端

秦印編 207:公端

封泥集 344・1:端鄉

封泥集 344・2:端鄉

封泥集 344・3:端鄉

2317  竭

帛書・病方・13:男子竭

秦印編 207:咸陽里竭〖注〗竭,人名。

2318 巇

大墓殘磬(集證・59):又(有)巇(蠘)䎛(載)羕(漾)〖注〗巇,王輝說或爲"蠘"字注音形聲字。《說文》:"訖事之樂也。"

大墓殘磬(集證・62):又(有)巇(蠘)䎛(載)□又(有)靁(靈)

2319 踦

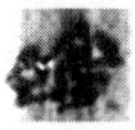
睡簡・日甲・13 背:敢告璽(爾)豿踦

睡簡・日甲・13 背:走歸豿踦之所

2320 䕞

秦印編 295:楥䕞

2321 肱

石鼓文·汧殹(先鋒本):其肱孔庶〖注〗潘迪釋爲"肱",《廣雅》:"臏謂之肱。"或作湆。錢大昕釋爲"湆"。

2322  竝(並)

會稽刻石·宋刻本:貴賤並通

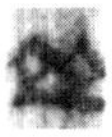睡簡·雜抄·39:同居毋並行

睡簡·秦律·137:或欲籍(藉)人與並居之

2323  思

泰山刻石·宋拓本:從臣思速(跡)

繹山刻石·宋刻本:咸思攸長

睡簡·爲吏·49:思之思[之]

秦印邊款·摹(集證·171.574):毋思〖注〗毋思,或爲箴言類座右銘。

秦印編207:思言敬事〖注〗思言,謹慎言論,思之而後言。

秦印編208:敬事相思

秦印編207:我思

秦印編208:思言敬事

秦印編207:思言敬事

秦印編208:思士〖注〗思士,勤於思考的士吏。

秦印編207:忠仁思士

秦印編208:思事

秦印編207:思言

秦印編208:云子思士

秦印編207:可思

秦印編208:相思

秦印編207:相思

秦印編208:云子思士

秦印編207:忠仁思士

秦印編208:思言

秦印編207:忠仁思士

秦印編208:思事

秦印編207:云子思士

秦印編208:云子思士

秦印編207:思言敬事

秦印編208:思言

秦印編207:思士

集證·164.494:尹思〖注〗尹思,人名。

集證·184.744:思言敬事

集證・184.745:思言

集證・184.747:思言敬事

集證・184.748:思言

集證・184.750:思事

集證・184.755:忠仁思士

集證・184.756:忠仁思士

集證・185.772:相思得志〖注〗相思得志,希望志向得以實現。

2324  慮

睡簡・爲吏・21:故某慮(閭)贅壻某叟之乃(仍)孫〖注〗慮,讀爲鄉閭的“閭”。

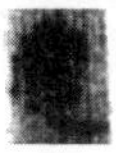
睡簡・爲吏・43:慎前慮後

新封泥 B・2.11:取慮丞印〖注〗取慮,地名。

2325  心

秦編鐘・甲鐘(秦銅・10.1):克明又心

秦編鐘・甲鐘左鼓・摹(秦銅・11.2):克明又心

秦編鐘・丁鐘(秦銅・10.4):克明又心

秦鎛鐘・2 號鎛(秦銅・12.5):克明又心

秦鎛鐘・3 號鎛(秦銅・12.8):克明又心

石鼓文・馬薦(先鋒本):□天□虹□皮□走驕=馬薦薙=莽=敚=雉□心其一□之

詛楚文・湫淵(中吳本):外之則冒改氒(厥)心

詛楚文・湫淵(中吳本):昔我先君穆公及楚成王是繆(勠)力同心

詛楚文・巫咸(中吳本):外之則冒改氒(厥)心

詛楚文・巫咸(中吳本):昔我先君穆公及楚成王是繆(勠)力同心

詛楚文・亞駝(中吳本):外之則冒改氒(厥)心

秦駰玉版・乙・摹:虔心以下

天簡 29・乙:病心腸

睡簡・語書・11:毋(無)公端之心

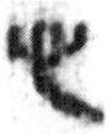
睡簡・語書・9:故有公心

睡簡・語書・5:私好、鄉俗之心不變

睡簡・6 號牘・背:驚敢大心問姑秭(姊)

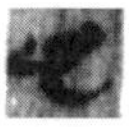
睡簡・答問・25:祠固用心腎及它支(肢)物

睡簡・答問・52:廣眾心

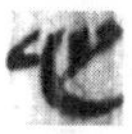
睡簡・答問・51:譽適(敵)以恐眾心者

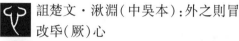

睡簡・日甲・89 背:入七月八日心

睡簡・日甲・86 背:入四月旬五日心

睡簡・日甲・87 背:入五月旬二日心

睡簡・日甲・93 背:入十一月二旬五日心

睡簡・日甲・94 背:入十二月二日三日心

睡簡・日甲・67背:人毋(無)故而心悲也

睡簡・日甲・36背:以棘椎桃秉(柄)以㱿(敲)其心

睡簡・日甲・33背:以桑心爲丈(杖)

睡簡・日甲・48正:玄戈毄(繫)心

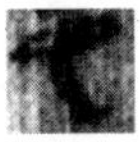
睡簡・日甲・56正:心、尾少吉

睡簡・日甲・53正:心、尾大吉

睡簡・日甲・147正:有心冬(終)

睡簡・日乙・98:入四月旬五日心

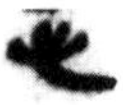
睡簡・日乙・99:入五月旬二日心

睡簡・日乙・96:入二月九日直心

睡簡・日乙・97:入三月七日直心

睡簡・日乙・95:入正月二日一日心

睡簡・日乙・100:入六月旬心

睡簡・日乙・100:心,不可祠及行

睡簡・日乙・102:入八月五日心

睡簡・日乙・106:入十二月二日三日心

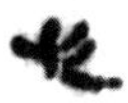
睡簡・日乙・103:入九月三日心

睡簡・日乙・104:入十月朔日心

睡簡・日乙・105:入十一月二旬五日心

睡簡・日乙・101:入七月八日心

睡簡・爲吏・2:肖人聶心

睡簡・爲吏・39:民心既寧

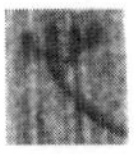
睡簡・爲吏・37:民心乃寧

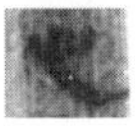
睡簡・爲吏・37:術(怵)愁(惕)之心

睡簡・爲吏・4:民心將移乃難親

關簡・180:心

關簡・135:十月心〖注〗心,二十八宿之一。

關簡・336:搕某叚(瘕)心疾

關簡・337:而心疾不智(知)而咸戴

關簡・337:即令病心者南首臥

關簡・345:馬心〖注〗馬心,疑指馬的某種疾病。心,或讀爲“騣”。

關簡・345:某馬心天

帛書・足臂・22:有(又)煩心

帛書・足臂・25:心煩而意(噫)

帛書・足臂・25:心痛

帛書・病方・83:尋尋豙且貫而心

帛書・病方・84:鳳[貫]而心

帛書・病方・263:以寒水戔(濺)其心腹

帛書・灸經甲・45:心腸〈惕〉

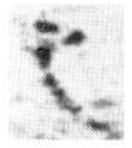
帛書・灸經甲・56:心痛與復(腹)張(脹)

帛書・灸經甲・61:有而心煩

帛書・灸經甲・63:心腸〈惕〉

帛書・灸經甲・63:心如縣(懸)

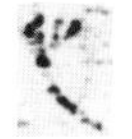
帛書・灸經甲・68:心滂滂如痛

帛書・足臂・14:煩心

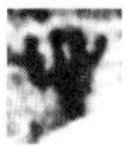
帛書・足臂・17:心□

帛書・足臂・21:有(又)煩心

帛書・足臂・22:煩心

帛書・足臂・25:之心

秦印編208:眞心

集證・184.753:壹心慎事

秦印編208:壹心慎事

秦印編208:壹心慎事

秦印編208:眞心

秦印編208:一心慎事

秦印編208:中心

秦印編208:眞心

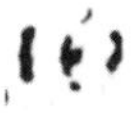
集證・185.765:忠心喜治〖注〗忠,讀爲“中”。中心,心中,內心。

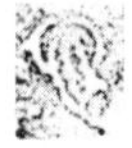
瓦書(秦陶・1610):司御心〖注〗心,人名。

瓦書・郭子直摹:司御心

2326　　息

秦駰玉版・甲・摹:而靡又(有)息休

天簡25・乙:意大息

睡簡・日甲・36背:一室人皆毋(無)氣以息

睡簡・爲吏・27:息子多少

睡簡・爲吏・16:施而息之

睡簡・秦律・63:豬、鷄之息子不用者〖注〗息子,指小豬、小雞。

帛書・病方・51:息癭(嚶)癭(嚶)然

帛書・灸經甲・66:久(灸)幾息則病已矣〖注〗幾息,既息。

秦印編208:楊息

秦印編208:王息

秦印編208:息家印

秦印編208:任息

封泥集353・1:新息鄉印〖注〗新息鄉,鄉名。

封泥集353・2:新息鄉印

封泥集353・3:新息鄉印

 集證·179.691:橋息〖注〗橋息,人名。

2327  情

 秦駰玉版·甲·摹:使明神智(知)吾情

 秦駰玉版·乙·摹:使明神智(知)吾情

 會稽刻石·宋刻本:靡有隱情

2328  志

 睡簡·雜抄·28:志馬舍乘車馬後〖注〗志,疑讀爲“特”,雄馬。

 睡簡·日甲·23背:君子不得志

 睡簡·日甲·3正:乃盈志

 睡簡·日甲·129正:必有死亡之志至〖注〗志,記。

 睡簡·日乙·135:有死亡之志致(至)

 睡簡·爲吏·48:志徹官治

 睡簡·爲吏·43:無志不徹

 睡簡·語書·13:志千里使有籍書之

 里簡·J1(9)981正:具志已前上

 集證·185.770:高志〖注〗高志,崇高遠大的志向。

 集證·185.771:高志

 集證·185.772:相思得志

 秦印編208:公孫志

 秦印編209:志從

 集證·178.668:楊志

 秦印編209:高志

 秦印編208:單志

 秦印編209:高志

 秦印編208:楊子得志

 秦印編209:高志

 秦印編208:左志

 秦印編209:高志

 秦印編208:志從〖注〗志從,志向順從、如意,即志向達到。

 秦印編209:相思得志

 秦印編209:志從

 秦印編209:志從

 秦印編209:志從

 秦印編209:高志

 秦印編209:高志

 封泥集370·1:谷志

 集證·173.604:高志

集證·185.769:志從

瓦書·郭子直摹:志是霾(埋)封〖注〗志,讀爲"識"或"誌",記錄。

集證·219.251:□□利志

青川牘·11.3:趙志

2329　意

睡簡·封診·82:毋(無)意毆〖注〗意,關於盜犯的猜測。

睡簡·日甲·83 正:人意之〖注〗意,讀爲"隱"。

睡簡·日乙·83:生子亡者,人意之

帛書·足臂·25:心煩而意(噫)

帛書·足臂·17:善意(噫)

秦印編 209:辛意

2330　𤸰(應)

詛楚文·湫淵(中吳本):亦應受皇天上帝及大沈氒(厥)湫之幾(機)靈德賜

詛楚文·巫咸(中吳本):亦應受皇天上帝及不(丕)顯大神巫咸[之]幾(機)靈德賜

詛楚文·亞駝(中吳本):亦應受皇天上帝及不(丕)顯大神亞駝之幾(機)靈德賜

睡簡·日甲·35 背:以人火𤸰(應)之〖編者按〗《字彙補》:"𤸰,應本字。"

睡簡·封診·58:𤸰(應)痏

睡簡·答問·38:貲一盾𤸰(應)律〖注〗應律,與法律符合。

睡簡·日甲·34 背:以人鼓𤸰(應)之

帛書·病方·103:𤸰(應)曰

封泥集 370·1:吳𤸰(應)〖注〗吳應,人名。

秦印編 209:王𤸰(應)

秦印編 209:公孫𤸰(應)

秦印編 209:𤸰(應)騂

秦印編 209:應璽

天簡 38·乙:𤸰(應)鐘音毆

天簡 38·乙:貞在𤸰(應)鐘

天簡 29·乙:𤸰(應)鐘皆曰

2331　慎 昚

泰山刻石·宋拓本:慎遵職事

睡簡·秦律·196:慎守唯敬(儆)

睡簡·爲吏·3:慎謹堅固

睡簡·爲吏·35:慎之慎之

睡簡·爲吏·43:慎前慮後

睡簡·爲吏·50:慎之[慎之]

睡簡·爲吏·5:慎度量

 集證・184.754：慎原（願）搴敬〖注〗慎願，即慎欲，節制個人欲望。

 秦印編 210：一心慎事〖注〗慎，慎重。

 秦印編 211：慎

 秦印編 210：一心慎事

 秦印編 211：慎守

 秦印編 210：一心慎事

 秦印編 210：慎

 秦印編 210：慎言敬願

 秦印編 210：敬長慎官

 新封泥 B・3.26：慎丞之印〖注〗慎，地名。

 封泥印 117：慎丞之印

 集證・184.753：一心慎事

2332　　忠

 睡簡・爲吏・39：爲人臣則忠

 睡簡・爲吏・42：以忠爲榦

 睡簡・爲吏・46：君鬼（懷）臣忠

 睡簡・爲吏・12：寬俗（容）忠信

 睡簡・語書・6：則爲人臣亦不忠矣

 帛書・脈法・83：季子忠謹

 集證・185.757：忠仁思士〖注〗忠仁，儒家提倡的道德準則。

 集證・185.764：忠信

 秦印編 209：張忠

 秦印編 209：莊忠

 秦印編 209：管忠

 秦印編 209：左忠

 秦印編 209：忠信

 秦印編 209：忠仁思士

 秦印編 209：忠仁思士

 秦印編 209：忠仁思士

 秦印編 209：忠仁思士

 秦印編 209：忠仁思士

 秦印編 209：忠仁

 秦印編 209：忠仁

 集證・184.755：忠仁思士

 集證・184.756：忠仁思士

 集證・185.765：忠心喜治〖注〗忠，讀爲“中”。

2333　　慤

 睡簡・語書・9：有（又）廉絜（潔）敦慤而好佐上〖注〗敦慤，忠厚誠實。

2334　快

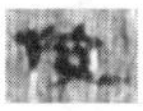
里簡·J1(8)158背:守府快行旁

秦印編210:快印

秦印編210:王快

秦印編210:橋快

集證·167.540:李快印〖注〗李快,人名。

2335　念

繹山刻石·宋刻本:追念亂世

秦印編210:相念

2336　憲

秦編鐘·甲鐘(秦銅·10.1):剌=(烈=)卲文公、静公、憲公不家(墜)于上〖注〗憲公,静公長子。

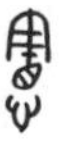
秦編鐘·甲鐘鉦部·摹(秦銅·11.1):剌=(烈=)卲文公、静公、憲公不家(墜)于上

秦編鐘·丙鐘(秦銅·10.3):剌=(烈=)卲文公、静公、憲公不家(墜)于上

秦鎛鐘·1號鎛(秦銅·12.1):剌=(烈=)卲文公、静公、憲公不家(墜)于上

秦鎛鐘·2號鎛(秦銅·12.4):剌=(烈=)卲文公、静公、憲公不家(墜)于上

秦鎛鐘·3號鎛(秦銅·12.7):剌=(烈=)卲文公、静公、憲公不家(墜)于上

三年相邦呂不韋矛一·摹(秦銅·59):[上]郡假守憲(?)〖注〗憲,人名。

睡簡·秦律·193:矦(候)、司寇及羣下吏毋敢爲官府佐、史及禁苑憲盜〖注〗憲盜,一種捕盜的職名。

秦印編210:憲倚

2337　懋

秦駰玉版·甲·摹:可(何)永懋憂盩〖注〗懋憂,憂懼,恐懼。李零讀爲“歎”。

秦駰玉版·乙·摹:可(何)永懋憂盩

2338　愿

秦印編210:慎言敬愿〖注〗愿,恭謹。

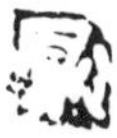
秦印編210:慎言敬愿

秦印編210:慎愿恭敬

2339　慧

睡簡·日甲·82背:辛名曰秦桃乙忌慧

秦印編210:肅慧

秦印編210:□慧

集證·174.623:張慧(?)〖注〗張慧,人名。

秦印編 298：王慧

秦印編 298：慧

秦印編 298：慧

2340　　恬

里簡・J1(9)2 正：陽陵守丞恬敢言之〖注〗恬，人名。

里簡・J1(9)9 正：陽陵守丞恬敢言之

里簡・J1(9)11 正：陽陵守丞恬敢言之

集證・165. 511：共恬〖注〗共恬，人名。

秦印編 211：王恬

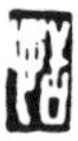
秦印編 211：趙恬

2341　　恢

秦印編 211：李恢

2342　　廑

秦印編 211：任廑

秦印編 211：廑

2343　　慶

秦公鎛鐘・摹（秦銅・16. 4）：高引又（有）慶〖編者按〗劉心源、羅振玉釋爲“廌”，容庚、郭沫若釋“慶”。有慶，古成語。

秦公簋・蓋（秦銅・14. 2）：高引又（有）慶

卌七年上郡守慶戈・摹（精粹 19）：卌七年上郡守慶造〖注〗慶，人名。

卌八年上郡守慶戈（長平圖版）：卌八年上郡守慶造

卌八年上郡守慶戈・摹（長平圖版）：卌八年上郡守慶造

睡簡・日甲・34 正：大事又（有）慶

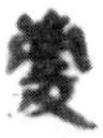
睡簡・日乙・60：先辱後慶

里簡・J1(9)1 背：陽陵守慶敢言之〖注〗慶，人名。

里簡・J1(9)10 背：陽陵守丞慶敢言之

帛書・病方・346：壽（擣）慶（蜣）良（螂）〖注〗蜣螂，藥名。

帛書・病方・347：取慶（蜣）良（螂）一斗

集證・179. 686：慶

秦印編 211：慶聚

秦印編 212：上官慶

秦印編 211：王慶

秦印編 212：慶印

秦印編 211：慶忌

秦印編 212：張慶

秦印編 211：王慶

集證・162.465:王慶〖注〗王慶,人名。

秦印編 211:武慶

秦印編 211:慶

秦印編 211:張慶

秦印編 211:慶宦

秦印編 211:干慶

秦印編 211:尹慶

秦印編 211:郝慶

秦印編 211:慶

新封泥 A・5.7:慶

集證・177.654:淳于慶忌

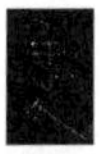秦陶・479:東武居貲上造慶忌〖注〗慶忌,人名。

秦陶・316:咸慶

秦陶・314:咸陽慶〖注〗慶,人名。

2344  懷

秦懷后磬・摹:氒(厥)名曰懷后〖注〗懷后,李學勤說指懷念賜器主以福的周王后。

睡簡・日甲・112 背:掓其畫中央土而懷之

封泥集 289・1:懷令之印〖注〗懷,地名。

2345  惾

秦陶・572:左惾〖注〗惾,人名。

2346  懼 愳

睡簡・爲吏・7:毋使民懼

2347  急

睡簡・6 號牘・正:急急急

睡簡・封診・71:索終急不能脫〖注〗急,緊。

睡簡・秦律・54:不急勿總

睡簡・秦律・183:不急者

睡簡・秦律・183:行命書及書署急者

睡簡・日乙・139:節(卽)有急行

睡簡・爲吏・8:下雖善欲獨可(何)急

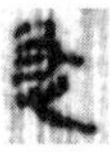睡簡・爲吏・7:邦之急

里簡・J1(16)6 正:急事不可留

關簡・187:所言者急事也

關簡・199:所言者急

關簡・199:占獄訟,急,後解

關簡・201:所言者末事、急事也

關簡・227:所言者急事也

關簡・223:急相郗(窮)事也

關簡・363:有行而急

帛書・病方・286:即急抒置甑□置其□

2348  愚

睡簡・爲吏・32・摹:智能愚

2349  惷

秦駰玉版・甲・摹:西東若惷〖注〗《說文》:"惷,愚也。"愚蠢。

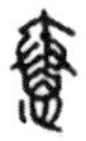秦駰玉版・乙・摹:西東若惷

2350  悍

八年丞甬戈・摹(集證・34):八年□□□□丞甬工悍〖注〗悍,人名。

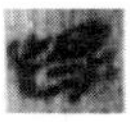睡簡・答問・79:妻悍

睡簡・日乙・100:取妻,妻悍

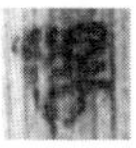睡簡・爲吏・5:斿(傲)悍寠(勠)暴

秦印編 212:許悍

集證・177.664:楊悍〖注〗楊悍,人名。

秦印編 212:馮悍

集證・174.614:張悍〖注〗張悍,人名。

秦陶・452:悍

2351  怪

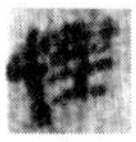睡簡・答問・69:其子新生而有怪物其身及不全而殺之

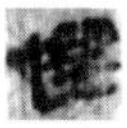睡簡・答問・69:毋(無)怪物

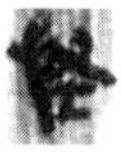睡簡・日甲・82 背:己名曰宜食成怪目

2352  忘

睡簡・日甲・63 背:人有思哀也弗忘

睡簡・日甲・160 背:吾歲不敢忘

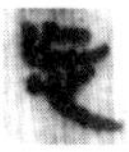睡簡・爲吏・23:五曰安家室忘官府

睡簡・爲吏・5:來者有稽莫敢忘

2353  恣

會稽刻石・宋刻本:暴虐恣行

2354  悝

秦印編 212:賈悝

2355  憿(慜)

詛楚文・湫淵(中吳本):使其宗祝卲鼛布慜(憿)告于不(丕)顯大神𠨘(厥)湫〖注〗布憿,發布憿文。

詛楚文·巫咸(中吳本):使其宗祝邵鼛布慭(懰)告于不(丕)顯大神巫咸

詛楚文·亞駝(中吳本):使其宗祝邵鼛布慭(懰)告于不(丕)顯大神亞駝

2356  惑

秦駰玉版·甲·摹:余毓子氒(厥)惑〖注〗惑,疑惑,迷亂。

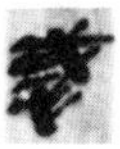
睡簡·日甲·32背:人毋(無)故而鬼惑之

2357  忌

天簡34·乙:行忌

天簡35·乙:中宵畏忌室有靈巫

睡簡·日乙·110:室忌

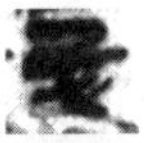
睡簡·日乙·113:蓋忌

睡簡·日甲·80正:其忌

睡簡·日甲·88正:其忌

睡簡·日甲·82背:辛名曰秦桃乙忌慧

睡簡·日甲·87正:其忌

睡簡·日甲·83正:其忌

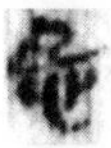
睡簡·日甲·84正:其忌

睡簡·日甲·92正:鷄忌日

睡簡·日甲·104正:土忌

睡簡·日甲·18正:禾忌日

睡簡·日甲·120背:衣忌日

睡簡·日甲·130背:土忌日

睡簡·日甲·131正:歲忌

睡簡·日甲·150背:田忌

睡簡·日甲·151背:五種忌

睡簡·日甲·115背:衣忌

睡簡·日乙·68:其忌

睡簡·日乙·66:其忌

睡簡·日乙·67:木忌

睡簡·日乙·70:其忌乙巳

睡簡·日乙·72:忌日

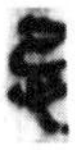
睡簡·日乙·76:忌,辛巳、卯

睡簡·日乙·73:其忌

睡簡·日乙·74:忌,壬戌

睡簡·日乙·75:忌,丁丑

睡簡·日乙·46:五種忌日

睡簡·日乙·188:圂忌日

睡簡・日乙・196:穿戶忌毋以丑穿門戶

睡簡・日乙・142:凡行者毋犯其大忌

睡簡・日乙・142:行龍戊、己,行忌

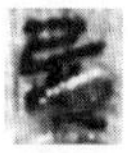
睡簡・日乙・110:室忌

岳山牘・M36:43 正:其忌

岳山牘・M36:43 正:其忌

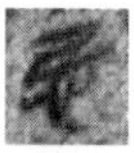
岳山牘・M36:43 正:其忌

岳山牘・M36:43 正:其忌

岳山牘・M36:43 正:其忌

集證・183.739:露毋忌〖注〗露毋忌,人名。

秦印編 212:忌周

秦印編 213:商忌

秦印編 212:忌赦

秦印編 213:趙毋忌印

秦印編 212:慶忌

秦印編 213:豸忌

集證・169.555:忌瘣(槐)〖注〗忌瘣,人名。瘣,或即"槐"之異體。

秦印編 213:楊毋忌

秦印編 212:臣忌

秦印編 213:王忌

集證・177.654:淳于慶忌

秦印編 212:忌箓

秦印編 212:陳毋忌

秦印編 212:王忌

秦印編 212:□忌

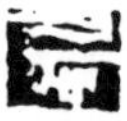
秦印編 212:唐忌

秦陶・479:東武居貲上造慶忌〖注〗慶忌,人名。

秦陶・372:咸陽□忌

2358  忿

睡簡・爲吏・11:毋以忿怒夬(決)

秦印邊款・摹(集證・171.574):忿〖注〗忿,或爲箴言類座右銘。

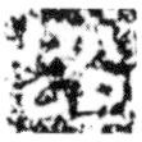
秦陶・1403:咸亭涇里忿器〖注〗忿,人名。

2359   悁㥯

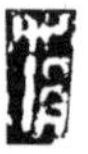
秦印編 213:左悁

集證・211.174:左司悁瓦〖注〗悁,人名。

集證・211.175:左司悁瓦

集證・211.173:左司悁瓦

秦陶・447:越悁〖注〗越悁,人名。

秦陶・547:左悁

秦陶・549:左悁

集證・210.155:左司悁瓦

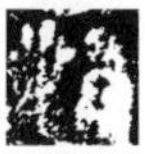
集證・210.156:左司悁瓦

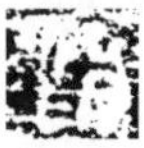
集證・210.157:左司悁瓦

集證・210.158:左司悁瓦

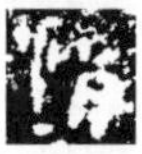
集證・210.160:左司悁瓦

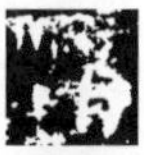
集證・210.161:左司悁瓦

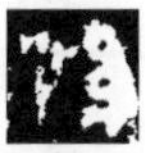
集證・210.164:左司悁瓦

集證・210.166:左司悁瓦

集證・211.168:左司悁瓦

集證・211.170:左司悁瓦

集證・211.171:左司悁瓦

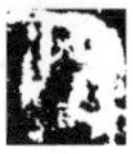
集證・211.172:左司悁瓦

2360　恚

秦印編 213:咸亭當柳恚器〖注〗恚,人名。

2361　怨 佱

睡簡・爲吏・25:則怨數至

2362　怒

詛楚文・湫淵(中吳本):張矜意(布)怒(弩)〖注〗怒,郭沫若說假爲"弩"。

詛楚文・巫咸(中吳本):張矜意(布)怒(弩)

詛楚文・亞駝(中吳本):張矜意(布)怒(弩)

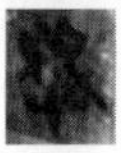
天簡 22・甲:丑旦有言怒

睡簡・爲吏・30:怒能喜

睡簡・爲吏・42:不時怒

睡簡・爲吏・11:毋以忿怒夬(決)

關簡・251:有告,遇怒

關簡・222:占戰斲(鬬),怒

關簡・248:有怒

關簡・248:遇怒

關簡・249:[寅]有得,怒

關簡・246:怒言

關簡・250:有怒

關簡・252:有告,遇怒

帛書・灸經甲・63:善怒

2363　惡

天簡 34・乙:惡行僂=

天簡 39・乙:有惡有增

睡簡・語書・14:以爲惡吏

睡簡・語書・11:輕惡言而易病人

睡簡・秦律・66:布惡

睡簡・秦律・65:美惡雜之

睡簡・秦律・119:其土惡不能雨

睡簡・日甲・88 背:咎在惡(堊)室〚注〛惡,讀爲"堊"。堊室,白土塗刷的房子,孝子居於堊室。

睡簡・日甲・23 背:多惡言

睡簡・日甲・25 背:鬼之所惡

睡簡・日甲・34 正:美惡自成

睡簡・日甲・44 背:鬼恆爲人惡瞢(夢)

睡簡・日甲・166 正:有惡言

睡簡・日甲・165 正:有惡言

睡簡・日甲・13 背:某有惡瞢(夢)

睡簡・日甲・13 背:人有惡瞢(夢)

睡簡・日乙・203:正西惡之〚注〛惡,又寫作"晉",讀爲"厭",鎮。

睡簡・日乙・194:凡人有惡夢

睡簡・日乙・194:某有惡夢

睡簡・爲吏・2:不敢徒語恐見惡

睡簡・爲吏・4:毋惡貧

睡簡・語書・10:惡吏不明瀍律令

睡簡・語書・10:而惡與人辨治

睡簡・語書・1:其所利及好惡不同

關簡・221:所言者惡事也

關簡・248:有惡言

關簡・256:遇惡

關簡・257:有惡言

關簡・253:有造,惡

關簡・254:有惡言

關簡・215:所言者惡事也

關簡・72:有惡言

帛書・病方・318:男子惡四〚注〛男子惡,人精。

2364　悔

睡簡・爲吏・41・摹:毋行可悔

睡簡・爲吏・10・摹:及官之敓豈可悔

2365　悲

睡簡・日甲・67 背:人毋(無)故而心悲也

2366　感

卲宮私官盉(秦銅・194):私工=感〖注〗感,人名。

秦印編 213:任感

2367　恙

睡簡・6 號牘・正:皆毋恙也□

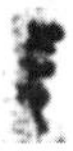
睡簡・6 號牘・正:驚多問新負、嬰皆得毋恙也

睡簡・6 號牘・正:母得毋恙也

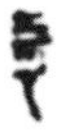
睡簡・6 號牘・正:母力毋恙也

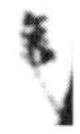
睡簡・11 號牘・正:黑夫、驚毋恙也

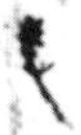
睡簡・11 號牘・正:母毋恙也

睡簡・日甲・59 背:家必有恙

睡簡・日甲・59 背:則亡恙矣

睡簡・日甲・118 正:命曰吉恙(祥)門

睡簡・日乙・249:甲失火,去不恙(祥)

睡簡・日乙・249:寅失火,去不恙(祥)

睡簡・日乙・250:辰失火,去不恙(祥)也

睡簡・語書・11:因恙(佯)瞋目扼捾(腕)以視(示)力

2368　惴

秦駰玉版・甲・摹:惴=小子〖注〗《説文》:"惴,憂懼也。"

秦駰玉版・乙・摹:惴=小子

秦印編 213:馮惴

2369　慽

秦駰玉版・甲・摹:爲我慼憂〖注〗慼,憂。

秦駰玉版・乙・摹:爲我慼憂

2370　慐(憂)

睡簡・日甲・81 背:乙名曰舍徐可不詠亡慐(憂)

天簡 38・乙:懮大敬不〖編者按〗懮,上從二"頁",乃《説文》"慐"字之繁體:"慐,愁也。"

2371　恐　忈

天簡 39・乙:恐

睡簡・答問・51:譽適(敵)以恐衆心者

睡簡・秦律・105:器敝久(記)恐靡(磨)者

 睡簡・日甲・29 正:廿四日恐

 睡簡・爲吏・2:不敢徒語恐見惡

2372  惕 愁

 睡簡・爲吏・37・摹:術(怵)愁(惕)之心〖注〗怵惕,戒懼。

2373  憐

 石鼓文・吴人(先鋒本):吴人憐亟

2374  忍

 睡簡・爲吏・36:仁能忍

 睡簡・爲吏・25:不忍其宗族昆弟

2375 憍

 集證・165.515:成憍〖注〗成憍,人名。或即長安君"成蟜"。

2376 怢

 帛書・灸經甲・55:得後與氣則怢然衰〖注〗怢,疑爲"快"字之誤。

2377 恂

 帛書・灸經甲・63:恂(喝)恂(喝)如喘

2378 悘

 秦印編 295:公孫悘

 秦印編 295:淳于悘

 秦印編 295:田悘

2379 憲

 秦編鐘・戊鐘(秦銅・10.5):憲音鍴=雝=(雍=)〖注〗憲,本爲心靈之專字,此讀爲"靈",美好。

 秦編鐘・乙鐘(秦銅・10.2):憲音鍴=雝=(雍=)

 秦鎛鐘・三號鎛(秦銅・12.8):憲音鍴=雝=(雍=)

 秦鎛鐘・一號鎛(秦銅・12.3):憲音鍴=雝=(雍=)

 秦鎛鐘・二號鎛(秦銅・12.6):憲音鍴=雝=(雍=)

 秦編鐘・乙鐘鉦部・摹(秦銅・11.5):憲音鍴=雝=(雍=)

2380 怞

 秦駰玉版・甲・摹:怞=(申申)反戍〈㾮〉〖注〗《集韻》:"怞,憂也。"王輝説"怞怞"讀爲"申申",重複,反覆。

 秦駰玉版・乙・摹:怞=(申申)反戍〈㾮〉

2381 慠

 會稽刻石・宋刻本:貪戾慠猛〖編者按〗《集韻》説"慠"同"傲"。

2382　意

詛楚文・巫咸（中吳本）：張矜意（布）怒（弩）〖注〗意，郭沫若讀爲“部”，分布。姜亮夫釋意怒，憤懣而怒。《玉篇》：“意，怒也。”

詛楚文・亞駝（中吳本）：張矜意（布）怒（弩）

詛楚文・湫淵（中吳本）：張矜意（布）怒（弩）

2383　傷

帛書・灸經甲・45：聞木音則傷〈惕〉然驚

2384　㥩

秦印編295：召㥩

秦印編295：㥩印

2385　𡪢

睡簡・日乙・2：𡪢結

2386　𢡎

秦印編295：王𢡎

2387　忕

秦陶・1124：忕

秦陶・1125：忕

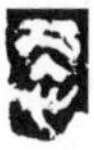
秦陶・1132：忕

2388　𢝊

睡簡・日甲・36背：以棘椎桃秉（柄）以𢝊（敲）其心

2389　思

睡簡・日甲・79背：名馬童龏思（勇）辰戌

2390　　𢡟

秦印編213：趙𢡟

卷十一

2391  水

 石鼓文·霝雨(先鋒本):□于水一方

 石鼓文·吾水(先鋒本):避水既瀞

 天簡38·乙:不失水火

 天簡39·乙:水旁

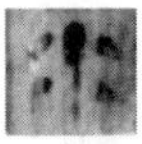 天簡39·乙:水

 天簡24·乙:利彼水

 睡簡·爲吏·25:水火盜賊

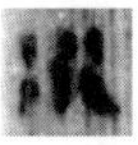 睡簡·爲吏·16:溝渠水道

 睡簡·答問·121:生定殺水中之謂殹

 睡簡·秦律·2:早〈旱〉及暴風雨、水潦、蚤(螽)蚰、羣它物傷稼者

 睡簡·秦律·4:毋敢伐材木山林及雍(壅)隄水〖注〗壅隄水,阻斷水流。

 睡簡·秦律·115:水雨

 睡簡·日甲·86背:土勝水

 睡簡·日甲·85背:水勝火

 睡簡·日甲·91背:北方水

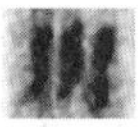 睡簡·日甲·65背:是水亡傷(殤)取之

 睡簡·日甲·78背:酉,水也〖注〗水,水雉,野雞。

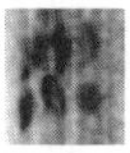 睡簡·日甲·72正:可以行水

 睡簡·日甲·38正:可以穿井、行水、蓋屋、飲樂、外除

 睡簡·日甲·32背:以水沃之

 睡簡·日甲·39背:水則乾

 睡簡·日甲·4正:以祭門行、行水〖注〗行水,乘船。

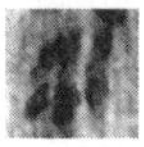 睡簡·日甲·51背:其居所水則乾

 睡簡·日甲·18背:水瀆(竇)南出

 睡簡·日甲·16背:水瀆(竇)西出

 睡簡·日甲·17背:水瀆(竇)北出

 睡簡·日甲·149正:好水

 睡簡·日乙·80:土勝水

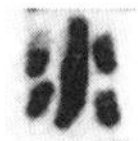 睡簡·日乙·82:壬癸水

 睡簡·日乙·87:辰申子水

 睡簡·日乙·100:可以水

 睡簡·日乙·189:人〈入〉水中及谷

睡簡・日乙・192:木水得也

里簡・J1(16)5 背:丙辰水下四刻

里簡・J1(16)5 背:水十一刻[刻]下九

里簡・J1(16)9 背:水十一刻[刻]下者十刻

里簡・J1(9)981 正迺甲寅夜水多

里簡・J1(9)984 背:水下八刻

里簡・J1(8)154 背:水十一刻[刻]下二

關簡・344:即以左手撟杯水歙(飲)女子

關簡・363:北行越水

關簡・342:前置杯水女子前

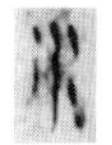
關簡・341:鯖癰(甕)水

關簡・173:水〖注〗水,五行之一

關簡・302:其下有水

關簡・369:用水多少

帛書・病方・408:水銀兩少半

帛書・病方・420:漬以水

帛書・病方・34:以水財煮李實

帛書・病方・48:小嬰兒以水[半]斗

帛書・病方・49:取一分置水中

帛書・病方・50:輒棄其水圂中

帛書・病方・54:而洒之桮(杯)水中

帛書・病方・58:取竈末灰三指最(撮)□水中

帛書・病方・77:而煮水一甕□一音(杯)

帛書・病方・92:水十五而米一

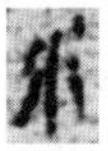
帛書・病方・94:洎水三斗

帛書・病方・104:以月晦日之丘井有水者

帛書・病方・154:湮汲水三斗

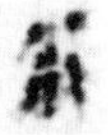
帛書・病方・156:取桮(杯)水歕(噴)鼓三

帛書・病方・168:以水一斗煮葵種一斗

帛書・病方・173:以水一斗半[煮一]分

帛書・病方・181:以水一斗煮膠一參、米一升

帛書・病方・192:以水與弱(溺)煮陳葵種而飲之

帛書・病方・263:以寒水戔(濺)其心腹

帛書・病方・270:水八米

帛書・病方・285:[傅]樂(藥)前洒以溫水

帛書・病方・318:以水銀二

帛書・病方・332:煮水二[斗]

帛書・病方・345:以水銀傅

帛書・病方・356:以肥滿剡豶膏□夷□善以水洒加(痂)

帛書・病方・358:先善以水洒

帛書・病方・361:以水銀、穀汁和而傅之

帛書・病方・408:□[雄]黄靡(磨)水銀手□

集證・142.146:浮水印〖注〗水,官名。

集證・149.254:白水弋丞〖注〗白水,宮苑名,或縣名。

秦印編214:浙江都水

秦印編214:白水弋丞

集證・203.72:左水疕

秦印編214:任水

秦印編214:琅邪水丞

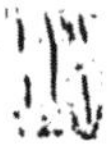
秦印編214:浮水印

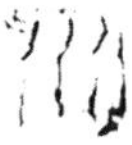
秦印編214:白水鄉印

秦印編214:郁水丞印

秦印編214:左水

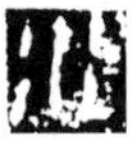
秦印編214:宮水壴

秦印編214:寺水

秦印編214:左水

秦印編214:左水

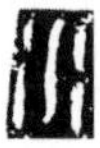
秦印編214:左水

秦印編214:左水

封泥集112・1:都水丞印〖注〗都水,官名。

封泥集217・1:白水之苑

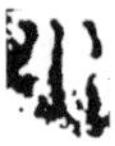
封泥集265・1:琅邪都水

封泥集266・1:琅邪水丞

封泥集354・1:白水鄉印

封泥集354・2:白水鄉印

封泥集354・3:白水鄉印

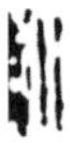
封泥集385・1:潼水

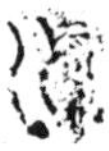
集證・150.280:都水丞印

集證・150.281:都水丞印

新封泥C・17.8:都水丞印

封泥印9:都水丞印

封泥印71:白水之苑

封泥印72:白水苑丞

新封泥D・31:白水苑丞

秦陶・975:宮水〖注〗宮水,官名。

秦陶・976:宮水

瓦書・郭子直摹:取杜才(在)酆邱到于潏水〖注〗潏水,水名。

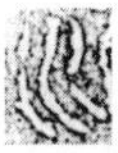瓦書(秦陶・1610):取杜才(在)酆邱到于潏水

秦陶・666:右水〖注〗右水,官名。

秦陶・689:左水〖注〗左水,官名。

秦陶・690:左水

秦陶・691:左水

秦陶・692:左水

秦陶・693:左水

秦陶・694:左水

秦陶・695:左水

秦陶・696:左水

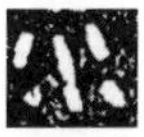秦陶・697:左水

秦陶・698:左水

秦陶・699:左水

秦陶・700:左水

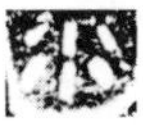秦陶・701:左水

秦陶・702:左水

秦陶・703:左水

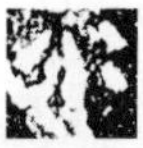秦陶・704:左水

秦陶・705:左水

秦陶・706:左水

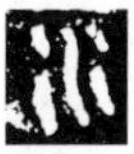秦陶・707:左水

秦陶・708:左水

秦陶・709:左水

秦陶・710:左水

秦陶・711:左水

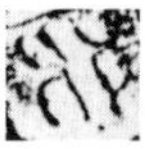秦陶・713:左水

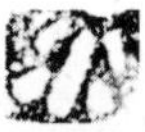秦陶・714:左水

秦陶・715:左水

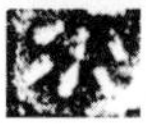秦陶・716:左水

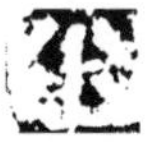秦陶・717:左水

秦陶・718:左水

秦陶・719:左水

秦陶・720:左水

秦陶・721:左水

秦陶・722:左水

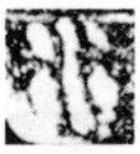秦陶・723:左水

秦陶・726:左水

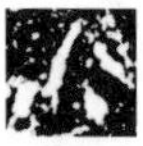
秦陶・727:左水

秦陶・728:左水

秦陶・729:左水

秦陶・730:左水

秦陶・731:左水

秦陶・732:左水

秦陶・733:左水

秦陶・734:左水

秦陶・735:左水

秦陶・736:左水

秦陶・737:左水

秦陶・738:左水

秦陶・739:左水

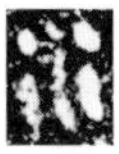
秦陶・740:左水

秦陶・741:左水

秦陶・742:左水

秦陶・743:左水

秦陶・744:左水

秦陶・745:左水

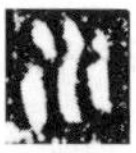
秦陶・746:左水

秦陶・747:左水

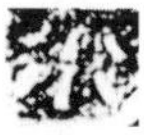
秦陶・748:左水

秦陶・749:左水

秦陶・750:左水

秦陶・751:左水

秦陶・752:左水

秦陶・753:左水

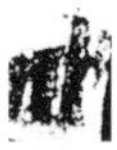
秦陶・754:左水

秦陶・756:左水

秦陶・757:左水

秦陶・758:左水

秦陶・759:左水

秦陶・760:左水

秦陶・761:左水

秦陶・762:左水

秦陶・763:左水

秦陶・764:左水

秦陶・765:左水

秦陶·766:左水

秦陶·767:左水疕

秦陶·768:左水疕

秦陶·769:左水疕

秦陶·770:左水

秦陶·771:左水

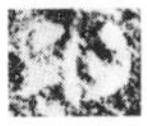
秦陶·772:左水

秦陶·773:左水

秦陶·774:左水

秦陶·775:左水

秦陶·776:左水

秦陶·777:左水

秦陶·778:左水

秦陶·779:左水

秦陶·792:大水〖注〗大水,官名。〖編者按〗或合釋爲泰字。

秦陶·793:大水

秦陶·798:大水

秦陶·802:大水

秦陶·805:水

秦陶·806:大水

秦陶·809:大水

秦陶·810:大水

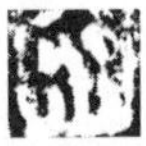
秦陶·812:大水

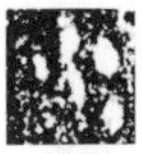
秦陶·814:大水

秦陶·816:大水

秦陶·817:大水

秦陶·818:大水

秦陶·819:大水

秦陶·820:大水

秦陶·821:大水

秦陶·822:大水

秦陶·823:大水

秦陶·824:大水

秦陶·825:大水

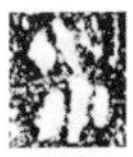
秦陶·827:大水

秦陶·828:大水

秦陶·829:大水

秦陶·830:大水

秦陶·831:大水

秦陶·832:大水

秦陶·833:大水

秦陶·834:大水

秦陶·835:大水

秦陶·836:大水

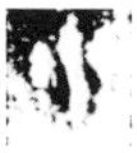
秦陶·837:大水

秦陶·838:大水

秦陶·839:大水

秦陶·840:大水

秦陶·841:大水

秦陶·842:大水

秦陶·844:大水

秦陶·845:大水

秦陶·846:大水

秦陶·843:水

秦陶·852:寺水〖注〗寺水,官名。

秦陶·853:寺水

秦陶·854:寺水

秦陶·856:寺水

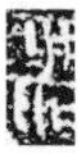
秦陶·857:寺水

秦陶·860:寺水

秦陶·861:寺水

秦陶·862:寺水

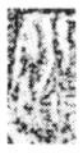
秦陶·865:寺水

秦陶·866:寺水

秦陶·867:寺水

秦陶·868:寺水

秦陶·869:寺水

秦陶·870:寺水

秦陶·871:寺水

秦陶·873:寺水

秦陶·874:寺水

秦陶·878:寺水

秦陶·879:寺水

秦陶·880:寺水

秦陶·881:寺水

秦陶·883:寺水

秦陶・884:寺水

秦陶・885:寺水

秦陶・886:寺水

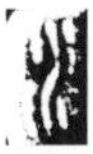
秦陶・887:寺水

秦陶・888:寺水

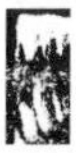
秦陶・889:寺水

秦陶・890:寺水

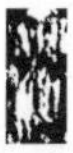
秦陶・891:寺水

秦陶・892:寺水

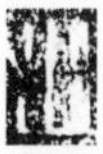
秦陶・893:寺水

秦陶・894:宮水

秦陶・895:宮水

秦陶・896:宮水

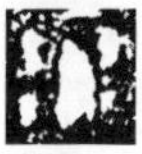
秦陶・899:宮水

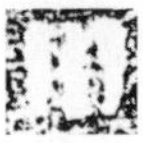
秦陶・901:宮水

秦陶・902:宮水

秦陶・904:宮水

秦陶・914:宮水壴

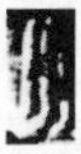
秦陶・917:宮水順

2392  河

睡簡・秦律・7:河(呵)禁所殺犬〖注〗呵,呵責。

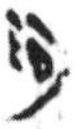
龍簡・82:河禁所殺犬

帛書・病方・128:潰之□可河(和)

封泥印・附二195:清河大守〖注〗清河,地名。

秦印編214:河間大守〖注〗河間,地名。

秦印編214:清河大守

封泥集251・1:河間大守

新封泥B・3.4:河間尉印

封泥印90:河間尉印

2393  潼

帛書・病方・196:賁者潼(腫)

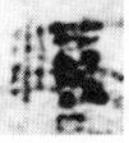
帛書・病方・353:以南(男)潼(童)弱(溺)一斗半并□

封泥集385・1:潼水

2394  江

睡簡・語書・8:別書江陵布〖注〗江陵,地名。

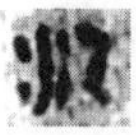
關簡・33:己巳宿江陵

關簡・34:庚午到江陵

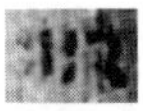 關簡·3:戊戌宿江陵

 封泥集·附一 407:浙江都水〖注〗浙江,地名。

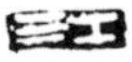 秦印編 214:江齜

 集證·164.505:江逵疾

 集證·164.504:江去疾〖注〗江去疾,人名。

 秦印編 214:江聾

 秦印編 214:江棄疾

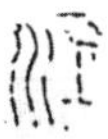 秦印編 214:江右鹽丞〖注〗江右,地名。

 封泥印 29:江右鹽□

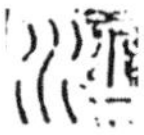 封泥集 270·1:江左鹽丞〖注〗江左,地名。

 封泥印 28:江左鹽丞

 集證·150.285:九江守印〖注〗九江,地名。

2395  沱(池)

 三年相邦呂不韋戟(秦銅·61):工池〖注〗池,人名。

 三年相邦呂不韋戟·摹(秦銅·61):工池

 十五年寺工鈹二·摹(秦銅·76):工池

 十七年寺工鈹一·摹(秦銅·79):工池

 十七年寺工鈹二·摹(秦銅·91.2):工池

 十七年寺工鈹四·摹(秦銅·82):工池

 十七年寺工鈹五·摹(秦銅·83):工池

 十七年寺工鈹六·摹(秦銅·84):工池

 十八年寺工鈹·摹(秦銅·85):工池

 睡簡·日甲·25 正:可以劈決池

 睡簡·日甲·104 正:不可□井池

 睡簡·日甲·14 背:爲池西南

 睡簡·日甲·15 背:爲池正北

 睡簡·爲吏·34:苑囿園池

 關簡·338:操杯米之池

 關簡·339:敢告曲池

 集證·148.242:上林郎池〖注〗郎池,官名。

 集證·148.241:池印〖注〗池,池監,官名。

 封泥集·附一 408:池印

 秦印編 215:曲池

 封泥集·附一 410:南池里印

 秦印編 215:李池

 秦印編 215:下池登

 秦印編 215:呂池

 秦印編 215:張池

秦印編 215:賈池

龍簡・1:諸叚兩雲夢池魚(籞)及有到雲夢禁中者得取灌□

2396  浙

封泥集・附一 407:浙江都水〖注〗浙江,地名。

2397  湔

帛書・病方・284:以彘膏未湔(煎)者炙銷(消)以和□傅之

帛書・病方・452:以彘膏已湔(煎)者膏之

2398  溫

關簡・324:而三溫鬵(煮)之〖注〗三溫,反復加熱。

關簡・317:令溫勿令焦

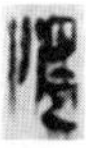
關簡・313:溫,歓(飲)之

關簡・311:溫病不汗者

帛書・病方・無編號殘:溫

帛書・病方・6:入三指最(撮)半咅(杯)溫酒

帛書・病方・8:溫酒一咅(杯)中□

帛書・病方・22:稍(消)石直(置)溫湯中

帛書・病方・24:入溫酒一咅(杯)中而飲之

帛書・病方・42:和以溫酒一咅(杯)

帛書・病方・43:卽溫衣陜(夾)坐四旁

帛書・病方・163:醓寒溫適

帛書・病方・174:寒溫適

帛書・病方・184:三溫之而飲之

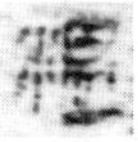
帛書・病方・185:三溫煮石韋若酒而飲之

帛書・病方・232:灸之令溫□

帛書・病方・237:以溫酒一杯和

帛書・病方・285:[傅]樂(藥)前洒以溫水

帛書・病方・296:溫衣臥□

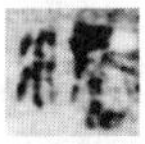
帛書・病方・302:溫衣□

帛書・病方・305:溫之

帛書・病方・333:湯溫適

帛書・病方・415:置溫所三日

帛書・病方・417:之溫內

帛書・病方・殘 6:□溫而以□裹□

帛書・病方・殘 7:寒溫不□

帛書・足臂・22:溫〈温(脈)〉絕如食頃

封泥印 112:溫丞之印〖注〗溫,地名。

秦印編 215:荊溫

秦印編 215:豎溫

2399 沮

集證・163.483:王彭沮〖注〗王彭沮,人名。沮,或讀爲“祖”。

秦印編 215:彭沮

2400 涂

睡簡・爲吏・33:屚(漏)屋涂(塗)㙉(塈)〖注〗塗塈,用灰泥塗抹房屋。

關簡・372:涂(塗)而燔之

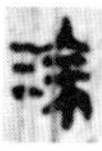
關簡・352:與腏以并涂(塗)囷廥下

帛書・病方・382:奚(鷄)矢鼠襄(壤)涂(塗)桼(漆)王

帛書・病方・93:即封涂(塗)厚二寸

帛書・病方・133:以涂(塗)之

帛書・病方・169:有(又)以涂(塗)隋(脽)□下及其上

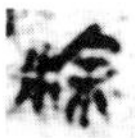
帛書・病方・258:涂(塗)乾

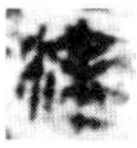
帛書・病方・258:涂(塗)上〈土〉

帛書・病方・340:以血涂(塗)之

帛書・病方・342:以久脂涂(塗)其上

帛書・病方・380:涂(塗)若以豕矢

漆器 M13・25(雲夢・附二):腊涂㛊

2401 溺

帛書・病方・330:取久溺中泥〖注〗久溺中泥,或稱“溺白垽、人中白”。

2402 涇

秦印編 216:長夷涇橋

集證・150.275:長夷涇橋

集證・137.79:涇下家馬〖注〗涇下,地名。

秦陶・1403:咸亭涇里忿器〖注〗涇里,里名。

2403 渭

睡簡・封診・66:其口鼻氣出渭(喟)然〖注〗喟,歎氣。

睡簡・封診・72:口鼻或不能渭(喟)然者

睡簡・封診・70:視口鼻渭(喟)然不毆

睡簡・封診・71:口鼻不渭(喟)然

2404 沔

石鼓文・汧殹(先鋒本):汧殹沔沔〖注〗舊釋“沔”或“泛”。羅振玉釋“沔”,水流滿。

2405 汧

石鼓文・霝雨(先鋒本):汧殹洎=〖注〗汧,水名。

石鼓文·汧殹(先鋒本):汧殹沔沔

秦陶·1252:汧□〖注〗汧,地名。

秦陶·1256:汧南

秦陶·1246:汧□

秦陶·1249:汧□

秦陶·1250:汧□

秦陶·1251:汧南

2406  漆

高奴禾石銅權(秦銅·32.1):三年漆工配、丞詘造

十二年上郡守壽戈·摹(秦銅·35):漆垣工師乘

□□年上郡守戈(集證·20):漆垣工師乘〖注〗漆垣,秦縣名。

□□年上郡守戈·摹(集證·20):漆垣工師乘

十五年上郡守壽戈(集證·23):漆垣工師乘

十五年上郡守壽戈·摹(集證·24):漆垣工師乘

廿七年上郡守趞戈·故宫藏·摹(秦銅·46):漆工師□〖注〗漆,"漆垣"之省文。

廿七年上郡守趞戈(集證·25.2):漆工師□

卅八年上郡守慶戈(長平圖版):漆工暂

卅八年上郡守慶戈·摹(長平圖版):漆工暂

卌年上郡守起戈二·摹(集證·30):漆工師(?)□

卌八年上郡假守鼂戈(珍金·88):漆工平

卌八年上郡假守鼂戈·摹(珍金·88):漆工平

廿年上郡戈·摹(集成11548.1):廿年漆工帀(師)攻(?)丞□造

漆垣戈(集成10935.2):漆垣

封泥印105:漆丞之印

秦印編216:漆工

集證·222.273:漆狀

漆器M8·12(雲夢·附二):漆士□

2407  洛

十二年上郡守壽戈(秦銅·35):洛都〖注〗洛都,地名。

十二年上郡守壽戈·摹(秦銅·35):洛都

十二年上郡守壽戈·摹(秦銅·35):洛都

廿五年上郡守厝戈·摹(秦銅·43):洛都

廿四年上郡守戟(潛山·19):洛都

封泥集285·1:洛都

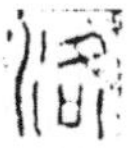封泥印138:洛都□□

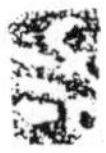秦印編216:咸陽成洛〖注〗成洛,人名。

2408　汾

廿二年臨汾守戈(集證·36.1):廿二年臨汾守曋〖注〗臨汾,王輝疑爲郡名。

廿二年臨汾守戈·摹(集證·36.1):廿二年臨汾守曋

2409　澮

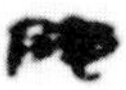
青川牘·摹:九月大除道及除澮

2410　蕩

里簡·J1(8)134 正:競(竟)陵蘯(蕩)陰狼叚(假)遷陵公船一〖注〗蕩陰,鄉里名。〖編者按〗此字或釋爲“漢”。

秦印編 79:張簜〖注〗簜,“蕩”字異體。

2411　灌

睡簡·日甲·51 背:以廣灌爲蒧以燔之〖注〗廣灌,疑爲植物名。

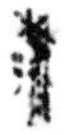
龍簡·1:諸叚兩雲夢池鱼(籞)及有到雲夢禁中者得取灌□

帛書·病方·258:以醬灌黄雌鷄

帛書·病方·409:潰其灌

帛書·病方·35:爲灌之

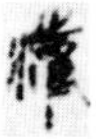
帛書·病方·115:其一名灌曾〖注〗灌曾,藥名。

帛書·病方·115:取灌青〖注〗灌青,藥名。

帛書·病方·116:有(又)復之而□灌青

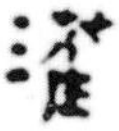
地圖注記·摹(地圖·5):北有灌夏百錦

2412　泠

集證·170.567:泠賢〖注〗泠賢,人名。

集證·170.568:泠賢

2413　深

石鼓文·霝雨(先鋒本):极深以□

睡簡·答問·88:深半寸

睡簡·秦律·11:勿深致〖注〗深,讀爲“甚”,超過。

睡簡·雜抄·15:敢深益其勞歲數者、貲一甲〖注〗深,讀爲“甚”,深益,增加。

帛書·病方·178:深至肘

帛書·病方·254:穿地深尺半

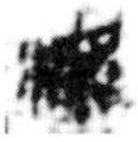
帛書·病方·266:令廣深大如盂

2414　淮

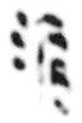
睡簡·11 號牘·正:黑夫等直佐淮陽

封泥集 269·1:淮陽弩丞〖注〗淮陽,地名。

2415　湨

帛書・病方・292:湨湨以痹〖注〗湨湨,即“員員”,急狀。

封泥集 359・1:湨郭鄉印〖注〗湨郭鄉,鄉名。

2416　泄

帛書・灸經甲・56:唐(溏)泄

2417　淩

秦印編 225:左淩

秦印編 225:趙淩

秦印編 225:任淩

2418　淨

泰山刻石・宋拓本:靡不清淨

2419　濕

帛書・病方・45:如產時居濕地久

帛書・病方・113:冒其所以犬矢濕者

2420　洙

帛書・病方・28:麻洙采(菜)〖注〗麻洙菜,古食品名。

2421　洋

秦印編 216:張洋

秦印編 216:駱洋

秦印編 216:楊洋

集證・175.637:章洋〖注〗章洋,人名。章,讀爲“郭”。

秦印編 216:蒙洋

2422　濁

集證・183.738:濁騷〖注〗濁騷,人名。

2423　溉

睡簡・爲吏・6:賢鄙溉(既)辥〖注〗溉,讀爲“既”。

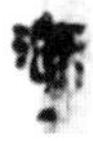
關簡・371:己巳、卯溉(塈)囷垤(窒)穴

2424　治

會稽刻石・宋刻本:常治無極

會稽刻石・宋刻本:大治濯俗

泰山刻石・宋拓本:治道運行

天簡 23・甲:死可以治

睡簡・語書・9:以一曹事不足獨治殹

睡簡・語書・10:而惡與人辨(別)治〖注〗辨,讀爲"別"。辨治,分治。

睡簡・語書・12:訏詢疾言以視(示)治

睡簡・語書・11:而有冒柢(抵)之治

睡簡・答問・79:夫毆治(笞)之

睡簡・答問・74:人奴妾治(笞)子

睡簡・答問・163:不會,治(笞)

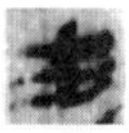
睡簡・答問・163:以將陽有(又)行治(笞)

睡簡・答問・163:治(笞)當駕(加)不當

睡簡・答問・163:治(笞)五十

睡簡・答問・106:勿治

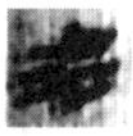
睡簡・答問・179:當者(諸)侯不治騷馬

睡簡・答問・107:亦不當聽治

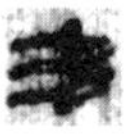
睡簡・答問・13:不當治(笞)

睡簡・答問・132:當治(笞)五十

睡簡・答問・13:其曹人當治(笞)不當

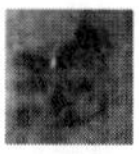
睡簡・封診・4:其律當治(笞)諒(掠)者

睡簡・封診・1:治(笞)諒(掠)爲下〖注〗笞掠,拷打。

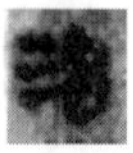
睡簡・秦律・148:輒治(笞)之

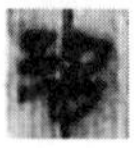
睡簡・秦律・149:弗輒治(笞)

睡簡・秦律・144:種時、治苗時各二旬

睡簡・秦律・14:治(笞)卅

睡簡・秦律・14:治(笞)主者寸十

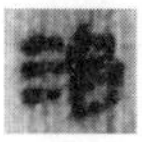
睡簡・雜抄・20:徒治(笞)五十

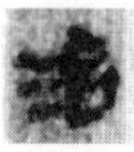
睡簡・雜抄・6:及治(笞)之

睡簡・雜抄・19:治(笞)人百

睡簡・日甲・79 正:生子,老爲人治也〖注〗治,疑讀爲"笞"。

睡簡・日乙・107:老爲人治也

睡簡・爲吏・26:執道毋治〖注〗治,讀爲"怠"。

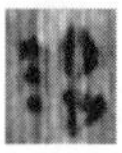
睡簡・爲吏・24:不治室屋

睡簡・爲吏・9:非以官祿夬助治

睡簡・爲吏・3:寬以治之

睡簡・爲吏・48:志徹官治

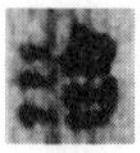
睡簡・爲吏・49:治之紀殹

睡簡・爲吏・43:無官不治

睡簡・爲吏・4:有嚴不治

睡簡・爲吏・10:當務而治

睡簡・爲吏・1:凡治事

睡簡・爲吏・14:治則敬自賴之

龍簡・251:□治除敗□

關簡・35:辛未治後府

關簡・51:丁亥治競(竞)陵

關簡・16:壬子治鐵官

關簡・17:癸丑治鐵官

關簡・20:丙辰治競(竞)陵

關簡・28:甲子治競(竞)陵

關簡・22:戊午治競(竞)陵

關簡・29:三月乙丑治競(竞)陵

關簡・26:壬戌治競(竞)陵

關簡・27:癸亥治競(竞)陵

關簡・23:己未治競(竞)陵

關簡・237:所言者變治事也

關簡・24:庚申治競(竞)陵

關簡・254:不治

關簡・25:辛酉治競(竞)陵

關簡・21:丁巳治競(竞)陵

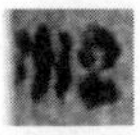
關簡・30:丙寅治競(竞)陵

關簡・324:治痿(痿)病

關簡・36:壬申治

關簡・37:癸酉治

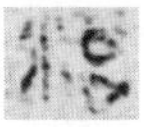
帛書・脈法・73:治病者取有餘而益不足殹

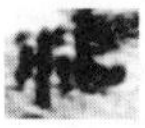
帛書・病方・27:治病時

帛書・病方・28:治病毋時

帛書・病方・28:足治病

帛書・病方・30:治之

帛書・病方・37:治以梟絮爲獨□傷

帛書・病方・117:治之[以]鳥卵勿毀半斗

帛書・病方・125:治病毋時

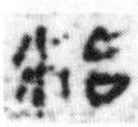
帛書・病方・135:治之以鮮産魚

帛書・病方・193:治之

帛書・病方・266:治之以柳蕈一捼、艾二

帛書・病方・332:治之

帛書・病方・336:及治病毋時

帛書・病方・387:治病毋時

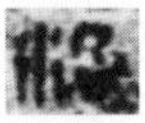
帛書・病方・454:治以丹□爲一合

帛書・病方・殘1:治以□雞、柍

帛書・病方・殘1:治以蜀焦(椒)一委(捼)

 帛書・病方・目錄：治瘧

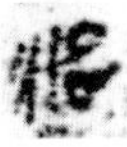 帛書・灸經甲・46：是陽明脈（脈）主治

 帛書・灸經甲・51：是耳脈（脈）主治

 帛書・灸經甲・53：是齒脈（脈）主治

 帛書・灸經甲・55：是钜陰脈（脈）主治

 帛書・灸經甲・61：可治毆

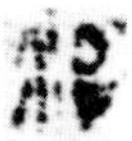 帛書・灸經甲・61：勿治毆

 帛書・灸經甲・71：是臂少陰脈（脈）主治

 帛書・足臂・23：可治

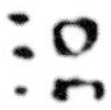 集證・185.765：忠心喜治〖注〗治，修養。

 秦印編217：徐治

 秦印編217：日敬毋治〖注〗治，讀爲"怠"，懈怠。

 秦印編217：日敬毋治

 秦印編217：正行治士

 秦印編217：治士

 秦印編217：正行治士

 秦印編217：日敬毋治

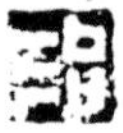 秦印編217：日敬毋治

 秦印編217：日敬毋治

 秦印編217：日敬毋治

 秦印編217：日敬毋治

 集證・184.751：正行治士〖注〗治，修養。

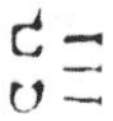 秦印編217：日敬毋治

 秦印編217：毋治

 秦印編217：正行治士

 秦印編217：日敬毋治

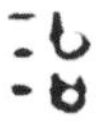 秦印編217：正行治士

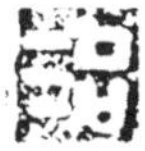 集證・184.743：日敬毋治

2425　　寖（浸）

 二年寺工壺（集證・32）：北寖（寢）〖注〗寖，同"寢"。

 二年寺工壺・摹（秦銅・52）：北寖（寢）

 雍工敃壺・摹（秦銅・53）：北寖（寢）

 封泥集200・5：上寖〖注〗上寖，寢宮名。

 集證・149.262：泰上寖左田

 封泥集200・4：上寖

 集證・136.48：上寖

 封泥集200・2：上寖

 封泥印59：上寖

封泥印 59:泰上寑□〖注〗泰上寑,秦始皇之父莊襄王陵寢。

新封泥 A·3.5:孝寑

帛書·病方·257:駱阮一名曰白苦、苦浸〖注〗苦浸,藥名。

帛書·病方·427:浸�章浸熇蟲

2426  渚

里簡·J1(16)9 正:渚里□〖注〗渚里,里名。

2427  濟

石鼓文·霝雨(先鋒本):盈渫濟=〖注〗濟,馬敘倫說借爲“湝”字。鄭業斆說濟濟,眾盛貌。

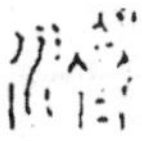
集證·157.394:濟陰丞印〖注〗濟陰,縣名。

集證·151.287:濟北大守〖注〗濟北,郡名。

2428  濡

帛書·病方·49:四支(肢)毋濡

帛書·病方·80:濡

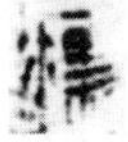
帛書·病方·240:以職膏濡

帛書·病方·356:濡加(痂)

帛書·病方·374:且以濡漿細□之□

帛書·病方·無編號殘:濡

2429  沽

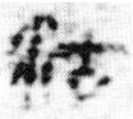
帛書·死候·88:則不沽〈活〉矣

秦印編 218:壯沽

秦印編 218:頻沽

2430  泥

帛書·病方·93:令泥盡火而歠(歠)之

帛書·病方·101:取井中泥

帛書·病方·306:以人泥塗之〖注〗人泥,人垢,即人身汗垢。

帛書·病方·330:取久溺中泥

帛書·病方·330:置泥器中

秦陶 A·2.1:泥陽〖注〗泥陽,地名。

2431  涶

帛書·病方·82:涶(唾)之

帛書·病方·308:即三涶(唾)之

帛書·病方·371:□鄉(嚮)涶(唾)之

2432  洇

帛書·足臂·14:洇□

2433  海

集證·141.141:南海司空〖注〗南海,地名。

2434  溥

封泥印 130:溥道〖注〗溥道,地名。

封泥印 131:溥道丞印

2435  衍

廣衍戈·摹(秦銅·192):廣衍〖注〗廣衍,地名。

廣衍銅矛·摹(秦銅·37):廣衍

帛書·病方·14:取彘膏、□衍并冶

封泥印 136:昫衍導(道)丞〖注〗昫衍,地名。

秦印編 218:王衍

秦印編 218:唐衍

秦印編 218:錡衍

秦印編 218:郝衍

新封泥 B·3.10:昫衍導(道)丞

2436  滔

石鼓文·而師(先鋒本):滔=是戴

2437  涣

秦印編 218:張涣

2438   活 㴎

秦印編 218:楊活

秦印編 218:醫活

2439  滂

石鼓文·霝雨(先鋒本):流迄滂=〖注〗或釋"湧",即涌字。

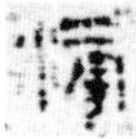
帛書·灸經甲·68:心滂滂如痛〖注〗滂滂,流蕩狀。

2440  汪

秦印編 218:汪嬰

秦印編 218:汪薺

秦印編 218:汪疏

秦陶·1094:汪

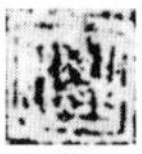
秦陶·1083:汪

秦陶·1084:汪

秦陶・1093:汪

2441　滕

秦陶・488:平陰居貲北游公士滕〖注〗滕,人名。

集證・200.55:杲里滕〖注〗滕,人名。

秦陶・492.3・摹:□貲□□不更滕〖注〗滕,人名。

2442　潏

瓦書・郭子直摹:取杜才(在)酆邱到于潏水〖注〗潏水,水名。

瓦書(秦陶・1610):取杜才(在)酆邱到于潏水

2443　波

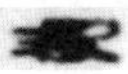青川牘・摹:修波(陂)隄〖注〗波,借爲"陂",澤障。

睡簡・日甲・142背:勿以筑(築)室及波(破)地

關簡・339:某癰某波(破)〖注〗波,借爲"破"。

秦印編219:韓波馬

2444　浮

睡簡・日甲・81背:丁名曰浮妾榮辨僕上

新封泥B・3.32:浮陽丞印〖注〗浮陽,地名。

封泥印112:浮陽丞印

2445　洞

里簡・J1(6)2:遷陵以郵行洞庭〖注〗洞庭,郡名。

里簡・J1(8)152正:洞庭上帬直(值)

里簡・J1(9)1背:以洞庭司馬印行事

里簡・J1(9)1背:洞庭叚(假)尉觿謂遷陵丞

里簡・J1(9)1正:上謁言洞庭尉

里簡・J1(9)1正:毋死戍洞庭郡

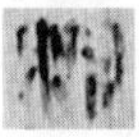里簡・J1(9)2背:洞庭叚(假)尉觿謂遷陵丞

里簡・J1(9)2背:以洞庭司馬印行事

里簡・J1(9)2正:不豺戍洞庭郡

里簡・J1(9)2正:上謁言洞庭尉

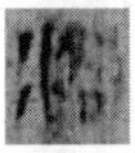里簡・J1(9)3背:洞庭叚(假)尉觿謂遷陵丞

里簡・J1(9)3背:以洞庭司馬印行事

里簡・J1(9)3正:不識戍洞庭郡

里簡・J1(9)3正:上謁言洞庭尉

里簡・J1(9)4背:以洞庭司馬印行事

里簡・J1(9)4正:上謁言洞庭尉

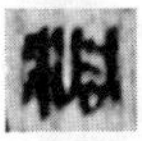里簡・J1(9)4正:衷戍洞庭郡

里簡・J1(9)5背:以洞庭司馬印行事

 里簡・J1(9)5 正:上謁言洞庭尉

 里簡・J1(9)5 正:盐戍洞庭郡

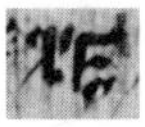 里簡・J1(9)6 背:以洞庭司馬印行事

 里簡・J1(9)6 背:洞庭叚(假)尉觿謂遷陵丞

 里簡・J1(9)6 正:上謁言洞庭尉

 里簡・J1(9)6 正:徐戍洞庭郡

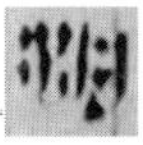 里簡・J1(9)7 背:以洞庭司馬印行事

 里簡・J1(9)7 背:洞庭叚(假)尉觿謂遷陵丞

 里簡・J1(9)7 正:欬戍洞庭郡

 里簡・J1(9)7 正:上謁言洞庭尉

 里簡・J1(9)8 背:以洞庭司馬印行事

 里簡・J1(9)8 正:上謁令洞庭尉

 里簡・J1(9)8 正:越人戍洞庭郡

 里簡・J1(9)9 背:以洞庭司馬印行事

 里簡・J1(9)9 背:洞庭叚(假)尉觿謂遷陵丞

 里簡・J1(9)9 正:上謁言洞庭尉

 里簡・J1(9)9 正:頯戍洞庭郡

 里簡・J1(9)10 背:以洞庭司馬印行事

 里簡・J1(9)10 背:洞庭叚(假)尉觿謂遷陵丞

 里簡・J1(9)10 正:上謁言洞庭尉

 里簡・J1(9)10 正:勝日戍洞庭郡

 里簡・J1(9)11 背:以洞庭司馬印行事

 里簡・J1(9)11 背:洞庭叚(假)尉觿謂遷陵丞

 里簡・J1(9)11 正:不采戍洞庭郡

 里簡・J1(9)11 正:上謁洞庭尉

 里簡・J1(9)12 背:以洞庭司馬印行事

 里簡・J1(9)12 背:洞庭叚(假)尉觿謂遷陵丞

 里簡・J1(16)6 正:洞庭守禮謂縣嗇夫、卒史嘉、叚(假)卒史穀、屬尉

 里簡・J1(16)6 正:今洞庭兵輸內史及巴、南郡、蒼梧

2446  涌

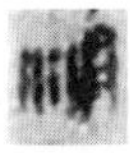 關簡・53:辛卯宿迣羅涌西

 關簡・54:壬辰宿迣離涌東

 關簡・51:己丑宿迣離涌西〖注〗離涌,地名。涌,指涌水。

2447  渾

 帛書・病方・52:爲湮汲三渾〖注〗三渾,澄清三次。

2448  清

 會稽刻石・宋刻本:咸化廉清

會稽刻石・宋刻本:遠近畢清

泰山刻石・宋拓本:靡不清淨

天簡28・乙:貞在黄鐘天下清明

睡簡・日甲・98正:其生(牲)清(青)

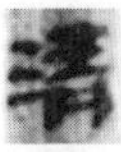睡簡・日甲・35背:喜契(潔)清

睡簡・日甲・157背:肥豚清酒美白粱

睡簡・日乙・233:清旦、食時、日則(昃)、莫(暮)、夕

關簡・368:以脩(滫)清一桮(杯)〖注〗滫清,澄清的泔水。

帛書・病方・193:水清

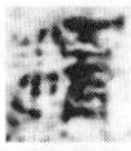帛書・病方・198:令斬足者清明東鄉(嚮)

帛書・病方・256:五六日清□

帛書・病方・133:以清煮膠〖注〗清,去滓的醴酒。

秦印編219:魯清

封泥印・附二195:清河大守〖注〗清河,地名。

集證・167.537:李清〖注〗李清,人名。

2449　淵𣶒囦

石鼓文・汧殹(先鋒本):丞(承)皮(彼)淖淵

2450　滿

帛書・病方・356:以肥滿剡豶膏□夷□善以水洒加(痂)

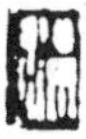秦印編219:陰滿

秦印編219:滿據

2451　滑

帛書・病方・254:先道(導)以滑夏鋌〖注〗夏,楸木。滑夏鋌,潤滑的楸木棒。

帛書・病方・333:踐木滑□

秦印編219:駱滑

秦印編219:茅乾滑

2452　澤

會稽刻石・宋刻本:被澤無彊

繹山刻石・宋刻本:利澤長久

關簡・88:澤〖注〗澤,水積聚處。

帛書・病方・365:以澤(釋)泔煮□〖注〗釋泔,米湯。

帛書・病方・110:投澤若淵下

帛書・病方・167:澤旁

帛書・病方・280:以[美]醯半升□澤(釋)泔二參

秦印編219:澤

秦印編219:周澤

秦印編219:李澤之

秦印編219:馮澤

2453 淫

三年相邦呂不韋矛二(撫順·1):徒淫〖注〗淫,人名。

詛楚文·湫淵(中吳本):淫夨(泆)甚(耽)亂

詛楚文·巫咸(中吳本):淫夨(泆)甚(耽)亂

詛楚文·亞駝(中吳本):淫夨(泆)甚(耽)亂

會稽刻石·宋刻本:禁止淫泆

睡簡·語書·3:去其淫避(僻)

睡簡·語書·3:鄉俗淫失(泆)之民不止〖注〗淫,嗜欲過度。

2454 泆

會稽刻石·宋刻本:禁止淫泆

2455 潰

帛書·病方·248:後而潰出血

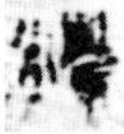
帛書·病方·332:癰潰

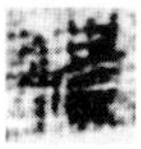
帛書·病方·409:潰其灌

帛書·病方·451:癰痛而潰

帛書·病方·456:癰而潰

2456 淺

秦印編219:柏淺

2457 淖

石鼓文·汧殹(先鋒本):丞(承)皮(彼)淖淵〖注〗淖淵,水池名。馬敘倫說"淖"借爲"倬"。

2458 滋

仲滋鼎·摹(集證·14):中(仲)滋正(?)衍(行)〖注〗仲滋,人名。

睡簡·日甲·34正:是胃(謂)滋昌

2459 沙 沚

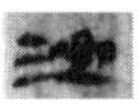
睡簡·日甲·45背:以沙人一升捽(實)其舂臼〖注〗沙人,即砂仁,植物名。

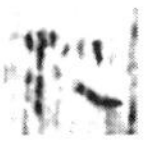
龍崗牘·正:沙羨丞甲、史丙免辟死爲庶人〖注〗沙羨,地名。

龍簡·35·摹:沙丘苑中風荼者〖注〗沙丘,地名。

帛書·病方·330:善擇去其蔡、沙石

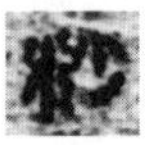
帛書·病方·130:取丹沙與鱣魚血〖注〗丹沙,即硃砂。

秦印編220:咸沙里疢

秦印編 220:咸沙壽□器

秦陶・1392:咸沙□壯

秦陶・1390:咸沙里疢〖注〗沙里,里名。

2460　瀆　瀆

睡簡・日甲・62 背:瀆以灰〖注〗瀆,疑爲"濆"字之誤。

睡簡・日甲・50 背:以灰瀆之

帛書・病方・195:瀆者三襄胡

帛書・病方・443:瀆者魃父魃母

帛書・病方・195:瀆者二襄胡

2461　浦　浦

封泥集・附一 409:留浦

封泥集・附一 409:營浦

封泥集・附一 409:敦浦

2462　沸　沸

帛書・病方・34:疾沸而抒

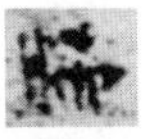
帛書・病方・69:令沸

帛書・病方・159:沸盡而去之

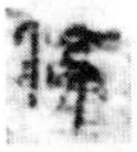
帛書・病方・172:令沸而飲之

帛書・病方・410:三沸止

帛書・病方・416:因炊[三]沸

帛書・病方・447:勿令疾沸

2463　汜　汜

里簡・J1(9)981 正:史逐將作者汜中

2464　溝　溝

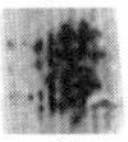
睡簡・爲吏・16:溝渠水道

2465　瀆　瀆

睡簡・日甲・16 背:水瀆(竇)西出

睡簡・日甲・17 背:水瀆(竇)北出

睡簡・日甲・18 背:水瀆(竇)南出

睡簡・爲吏・32:稟靳瀆(瀆)

2466　渠　渠

廿四年上郡守戟(潛山・19):丞申工隸臣渠〖注〗渠,人名。

睡簡・爲吏・16:溝渠水道

秦印編 220:王渠

秦印編 220:新城義渠

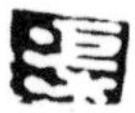
秦印編 220：陳義渠

秦印編 220：公乘渠

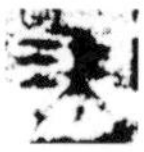
秦陶・1208：新城義渠〖注〗義渠，人名。

秦陶・1214：新城義渠

秦陶・1207：新城義渠

2467　決

睡簡・雜抄・6：決革，二甲〖注〗決革，破傷皮膚。

睡簡・日乙・24：成決光之日

睡簡・日乙・12：成決

龍簡・39：垣有壞決獸道出〖注〗決，決口，破缺。

2468　注

睡簡・日甲・31 背：注白湯

帛書・病方・57：注音(杯)中

2469　洪(沃)

睡簡・日甲・32 背：以水沃之〖注〗《說文》：“洪，溉灌也。”段玉裁注：“洪，隸作沃。”

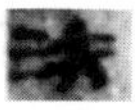
睡簡・日甲・59 背：沃之

關簡・348：以酒沃

帛書・病方・293：以酒沃

帛書・病方・64：而令人以酒財沃其傷

帛書・病方・64：已沃而□越之

帛書・病方・87：以酒沃

帛書・病方・95：稍沃以汁

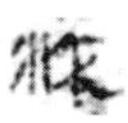
帛書・病方・179：沃

帛書・病方・193：沃以水

秦印編 296：咸平沃夤

集證・216. 220：咸沃里辰〖注〗沃里，里名。

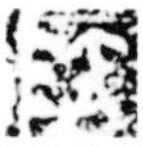
秦陶・1399：咸平沃夤〖注〗平沃，里名。

集證・216. 212：咸沃里辰

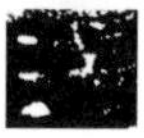
集證・216. 218：咸平沃夤

2470　湝

帛書・病方・361：先以湝脩(滫)□傅〖注〗湝，讀爲“酢”。酢滫，變酸了的米泔。

2471　津 雔

青川牘・摹：利津梁

睡簡・爲吏・14：千(阡)佰(陌)津橋〖注〗津，渡口。

集證・150. 276：宜陽津印

2472　　渡

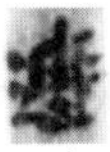
睡簡・日甲・83背:其咎才(在)渡衖

2473　　淦 汵

卜淦□高戈・摹(秦銅・188):卜淦□高乍(作)鑄永寶用逸宜〖注〗卜淦,張懋鎔、劉棟説爲地名,"卜"釋爲外。

秦印編220:新淦丞印

2474　　泛

睡簡・雜抄・25:虎未越泛蘚〖注〗泛,疑讀爲"覂",棄。或説,"泛蘚"爲聯綿詞,與"蹁躚"義同。

2475　　砅 濿(濿)

石鼓文・汧殹(先鋒本):濿又(有)小魚〖注〗濿,吴東發釋"濿",即"砅"之或體。《説文》:"砅,履石渡水也。"或釋"漫"。

2476　　湮

帛書・病方・52:爲湮汲三渾〖注〗湮汲,疑即地漿。

帛書・病方・57:孰澡(操)湮汲

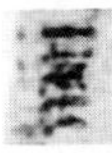
帛書・病方・97:湮汲一音(杯)入奚蠡中

帛書・病方・114:湮汲以飲之

帛書・病方・130:鷄湮居二□之□

帛書・病方・154:湮汲水三斗

帛書・病方・156:□三湮汲

2477　　没

睡簡・秦律・103:皆没入公〖注〗没入,没收。

龍簡・58:有(又)没入其車、馬、牛縣、道[官]

龍簡・102:没入私馬、牛、[羊]、[駒]、犢、羔縣道官

龍簡・147:與灋(法)没入其匿田之稼

龍簡・26・摹:没入其販假殹

2478　　淒

帛書・病方・69:即以汁□淒夕[下]〖注〗淒,疑讀爲"揩",摩。

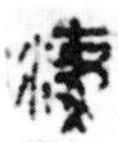
帛書・病方・70:淒傅之如前

2479　　澍

睡簡・日甲・124正:未不可以澍(樹)木

睡簡・日甲・124正:木長,澍(樹)者死

2480　　潦

睡簡・秦律・2:早〈旱〉及暴風雨、水潦、蚤(螽)蚰、羣它物傷稼者

集證・150.284:潦東守印〖注〗潦東,郡名。

2481  濩

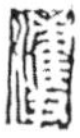 秦印編 221:濩留

2482  涿𣅳

 帛書・病方・428:先以黍潘孰洒涿(㻿)〖注〗㻿,凍瘡。

 帛書・病方・428:治□傅涿(㻿)

 帛書・病方・428:涿(㻿)

 帛書・病方・429:[雖]久涿(㻿)

 帛書・病方・434:踐而涿(㻿)者

 秦印編 221:涿喜

2483  沈

 詛楚文・湫淵(中吳本):不畏皇天上帝及大沈氒(厥)湫之光列(烈)威神〖注〗大沈,即大浸。

 詛楚文・湫淵(中吳本):親卬(仰)大沈氒(厥)湫而質焉

 詛楚文・湫淵(中吳本):亦應受皇天上帝及大沈氒(厥)湫之幾(禨)靈德賜

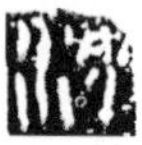 封泥集・附一 408:沈登傳送

 秦印編 221:沈登傳送

 秦印編 221:泰沈

 集證・203.77:泰沈

 集證・203.78:泰沈

 秦陶・807:泰沈

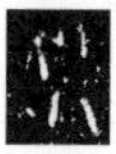 秦陶・808:泰沈

 集證・200.56:泰沈

 集證・200.57:泰沈

 集證・200.58:泰沈

 集證・200.59:泰沈

 集證・203.75:泰沈

 集證・203.76:泰沈

2484  漬

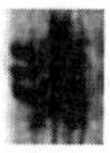 睡簡・日甲・113 正:可以漬米爲酒,酒美

 關簡・315:漬之

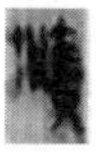 關簡・311:以淳(醇)酒漬布〖注〗漬,浸泡。

 帛書・足臂・8:目外漬(眥)痛〖注〗《說文》:"眥,目匡也。"

 帛書・病方・無編號殘:漬

 帛書・病方・5:□淳酒漬而餅之

 帛書・病方・37:漬□彘膏煎汁□

 帛書・病方・41:漬井𨪛□

 帛書・病方・172:漬襦頸及頭垢中

帛書・病方・201：漬女子布

帛書・病方・232：漬

帛書・病方・236：漬美醯一桮(杯)

帛書・病方・251：取署(署)莁(蘸)汁二斗以漬之

帛書・病方・259：漬以淳酒而垸之

帛書・病方・274：取商〈商〉牢漬醯中

帛書・病方・314：漬女子布

帛書・病方・337：以少(小)嬰兒弱(溺)漬羖羊矢

帛書・病方・351：以小童弱(溺)漬陵(菱)枝(芰)

帛書・病方・412：以酒漬之

帛書・病方・420：夏日勿漬

帛書・病方・420：漬以水

帛書・病方・422：漬以傅之

帛書・病方・441：漬女子未嘗丈夫者[布]□音(杯)

帛書・灸經甲・59：大漬(眥)旁〖注〗大眥,内眼角。

帛書・足臂・2：其直者貫目内漬(眥)

帛書・足臂・6：出目外漬(眥)

2485 　　滬

里簡・J1(9)981 正：滬流包(浮)船

里簡・J1(9)981 正：滬梟〖注〗滬,久漬。

2486 　　汔

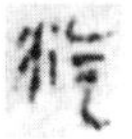帛書・病方・347：汔,以傅之〖注〗《說文》:"汔,水涸也。"

2487 　　消

帛書・病方・358：而炙蛇膏令消

2488 　　溼

石鼓文・鑾車(先鋒本)：遼(原)溼陰陽〖注〗吳大澂云:"古文溼、隰爲一字。"

2489 　　汙

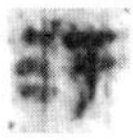睡簡・封診・66：汙兩卻(腳)

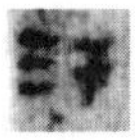睡簡・封診・59：襦北(背)及中衽□汙血

睡簡・封診・57：柀(被)汙頭北(背)及地

睡簡・日甲・146 正：少孤,汙

2490 　　湫

詛楚文・湫淵(中吳本)：不畏皇天上帝及大沈氒(厥)湫之光列(烈)威神〖注〗厥湫,神名。

詛楚文・湫淵(中吳本)：親卬(仰)大沈氒(厥)湫而質焉

詛楚文・湫淵(中吳本)：求蔑灋(廢)皇天上帝及大神氒(厥)湫之

卹祠、圭玉、羲(犧)牲

詛楚文・湫淵(中吳本):使其宗祝邵鼛布愍(檄)告於不(丕)顯大神氒(厥)湫

詛楚文・湫淵(中吳本):亦應受皇天上帝及大沈氒(厥)湫之幾(禨)靈德賜

2491  瀞

大墓殘磬(集證・78):瀞

大墓殘磬(集證・78):瀞

大墓殘磬(集證・77):□廷鋘(鎭)瀞(静)〖注〗鎮静,使安静。

石鼓文・吾水(先鋒本):遊水既瀞〖注〗瀞,吳大澂說即"清"字。

2492  洎

石鼓文・霝雨(先鋒本):汧殹洎=〖注〗《說文》:"洎,灌釜也。"或說通"溉",流。

帛書・病方・376:候其洎不盡一斗〖注〗洎,汁。

帛書・病方・415:以截、沐相半洎之

帛書・病方・無編號殘:洎

帛書・病方・15:以男子洎傅之〖注〗洎,本義爲肉汁。男子洎,人精。

帛書・病方・94:及汁更洎〖注〗洎,加水。

帛書・病方・94:洎水三斗

帛書・病方・193:洎以酸漿□斗

2493  湯

石鼓文・霝雨(先鋒本):徒驂湯=〖注〗湯湯,水流貌。或說借爲"蕩蕩"。

帛書・病方・437:以下湯敦(淳)符灰

帛書・病方・殘8:鞫去湯可一寸□

帛書・足臂・23:陽病北(背)如流湯

帛書・病方・22:稍(消)石直(置)溫湯中

帛書・病方・142:以湯沃□

帛書・病方・316:浴湯熱者熬彘矢

帛書・病方・317:以湯大熱者熬彘矢

帛書・病方・333:□湯中

帛書・病方・333:即炊湯

帛書・病方・333:即置小木湯中

帛書・病方・333:入足湯中

帛書・病方・334:湯寒則炊之

帛書・病方・335:病不□者一入湯中即瘳

帛書・病方・335:其甚者五、六入湯中而瘳

帛書・病方・379:而以湯洒去藥

帛書・病方・391:傅□湯

帛書・病方・409:先孰洒騷(瘙)以湯

帛書・病方・417:卽入湯中

帛書・病方・417:以爲湯

秦印編221:湯女

秦印編221:兆湯

秦印編221:李湯

秦印編221:原湯

集證・175.630:湯印〖注〗湯,人名。

2494　涚

集證・165.512:吳涚〖注〗吳涚,人名。

2495　浚

關簡・367:餔時浚兒

帛書・病方・176:浚取其汁

帛書・病方・293:卽浚□

帛書・病方・309:浚而熬之

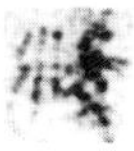
帛書・病方・174:浚取其汁

2496　潘

帛書・病方・428:先以黍潘孰洒涿(瘃)〖注〗黍潘,黍米汁。

封泥印152:潘□

集證・179.689:潘可

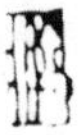
秦印編221:潘兒

秦印編221:州潘

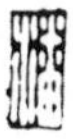
秦印編222:潘渫

秦印編221:潘辰

秦印編222:潘偃

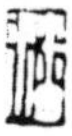
秦印編221:潘臣

秦印編221:潘胥□

2497　泔

帛書・病方・280:以[美]醯半升□澤(釋)泔二參〖注〗釋泔,米湯。

帛書・病方・365:以澤(釋)泔煮□

2498　滫

睡簡・日甲・26背:入人醯、醬、滫、將(漿)中〖注〗滫,米泔水。

2499　滓

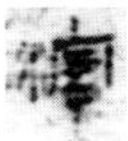
帛書・病方・174:去滓

2500　滌 脉(漿)

帛書・病方・193:泊以酸漿□斗〖注〗酸漿,指酸漿汁。朱駿聲説今隸作"漿"。

帛書・病方・250:爲藥漿方

帛書・病方・251:以爲漿

帛書・病方・374:且以濡漿細□之□

2501　汁

帛書・病方・4:孰(熟)□[飲]其汁

帛書・病方・18:出其汁

帛書・病方・34:浚取其汁

帛書・病方・36:飲其汁

帛書・病方・37:漬□彘膏煎汁□

帛書・病方・63:以汁洒之

帛書・病方・74:以□汁粲(餐)叔(菽)若苦

帛書・病方・87:飲其汁

帛書・病方・94:及汁更洎

帛書・病方・95:稍沃以汁

帛書・病方・95:飲汁

帛書・病方・99:歠(歠)汁

帛書・病方・100:以汁□之

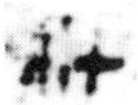
帛書・病方・168:浚取其汁

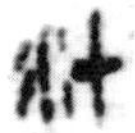
帛書・病方・168:爲汁一參

帛書・病方・168:以其汁煮膠一廷(梃)半

帛書・病方・170:亨(烹)葵而飲其汁

帛書・病方・171:熱歠(歠)其汁

帛書・病方・174:浚取其汁

帛書・病方・176:浚取其汁

帛書・病方・187:烝(蒸)而取其汁

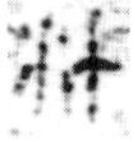
帛書・病方・189:以醯、酉(酒)三乃(沥)煮黍稷而飲其汁

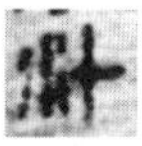
帛書・病方・193:浚去汁

帛書・病方・201:歠(歠)其汁

帛書・病方・201:以汁亨(烹)肉

帛書・病方・241:取其汁洎(漬)美黍米三斗

帛書・病方・251:取者(署)苽(蓏)汁二斗以漬之

帛書・病方・261:以爲四斗汁

帛書・病方・273:取汁四斗

帛書・病方・287:□卽取其汁盡飲之

帛書・病方・304:以汁洒之

 帛書・病方・307：足（捉）取汁而煎

 帛書・病方・311：以乳汁和

 帛書・病方・314：以汁傅之

 帛書・病方・332：汁如靡（糜）

 帛書・病方・361：以水銀、穀汁和而傅之〖注〗穀汁，米湯之類。

 帛書・病方・363：以桑汁涂（塗）之

 帛書・病方・373：如此□布［抒］取汁

 帛書・病方・402：以桑薪燔□其□令汁出

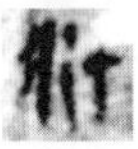 帛書・病方・451：鬻（煮）叔（菽）取汁洒□

 帛書・病方・453：而洒以叔（菽）汁

2502　洒

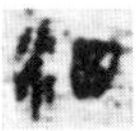 帛書・病方・22：以洒癰〖注〗洒，洗滌。

 帛書・病方・54：而洒之桮（杯）水中

 帛書・病方・63：以汁洒之

 帛書・病方・131：洒

 帛書・病方・178：薄洒之以美酒

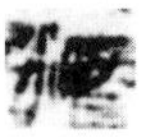 帛書・病方・273：以洒雎（疽）癰

 帛書・病方・285：［傅］樂（藥）前洒以温水

 帛書・病方・304：以汁洒之

 帛書・病方・341：［先］以酒洒

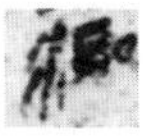 帛書・病方・342：孰洒加（痂）而傅之

 帛書・病方・356：以肥滿剡豶膏□夷□善以水洒加（痂）

 帛書・病方・358：先善以水洒

 帛書・病方・379：而以湯洒去藥

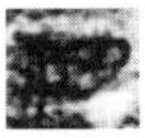 帛書・病方・392：□明日有（又）洒以湯

 帛書・病方・409：先孰洒騒（瘙）以湯

 帛書・病方・414：善洒

 帛書・病方・428：先以黍潘孰洒涿（瘃）

 帛書・病方・453：而洒以叔（菽）汁

 帛書・病方・455：勿洒

 帛書・病方・457：傅［藥］必先洒之

 帛書・病方・457：日一洒

 帛書・灸經甲・44：洒洒病寒〖注〗洒洒，寒貌。

2503　淬

 帛書・病方・247：淬醯中

2504　沐

 二年上郡守冰戈・摹（秦銅・55）：高工丞沐□

睡簡・日甲・104 正:毋以卯沐浴

關簡・374:以給、顛首、沐浥歙

關簡・314:卽沐〖注〗沐,洗頭髮。

關簡・314:取一匕以殽沐

帛書・病方・415:以截、沐相半洎之〖注〗沐,米湯。

帛書・病方・437:沐浴爲蠱者

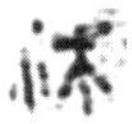帛書・病方・無編號殘:沐

2505  沬湏

滕縣不其簋器(秦銅・4):釁(眉)壽無彊(疆)

不其簋蓋(秦銅・3):釁(眉)壽無彊(疆)

秦公簋・蓋(秦銅・14.2):釁(眉)壽無疆

秦鎛鐘・3 號鎛(秦銅・12.9):釁(眉)壽無彊(疆)

秦鎛鐘・1 號鎛(秦銅・12.3):釁(眉)壽無彊(疆)

秦鎛鐘・2 號鎛(秦銅・12.6):釁(眉)壽無彊(疆)

大墓殘磬(集證・82):受釁(眉)壽無疆〖注〗釁,像用水盆洗臉形,卽釁(沬)字異體。金文多假"沬"爲眉壽之"眉"。

秦編鐘・乙鐘左篆部・摹(秦銅・11.7):釁(眉)壽無彊(疆)

秦公鎛鐘・摹(秦銅・16.4):釁(眉)壽無疆

2506  浴

睡簡・日甲・104 正:毋以卯沐浴

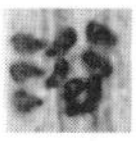睡簡・爲吏・40:變民習浴(俗)

關簡・368:今日庚午利浴㬪(蠶)〖注〗㬪,疑卽"蠶"字。浴蠶,育蠶選種的一種方法。

關簡・369:浴㬪(蠶)必以日毚(纔)始出時浴之

關簡・369:浴㬪(蠶)必以日毚(纔)始出時浴之

帛書・病方・416:居二日乃浴

帛書・病方・437:沐浴爲蠱者

帛書・病方・殘 1:□子令女子浴之

帛書・病方・49:三日一浴

帛書・病方・49:以浴之

帛書・病方・145:□以浴病者

帛書・病方・316:浴湯熱者敖彘矢

集證・135.42:南宮尚浴〖注〗尚浴,官名。

秦印編 222:尚浴府印

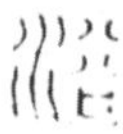秦印編 222:尚浴

秦印編 222:尚浴

封泥集 160・1:尚浴

 封泥集 160・4:尚浴

 封泥集 160・5:尚浴

 封泥集 161・1:尚浴府印

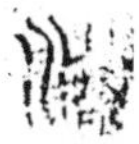 封泥集 161・2:尚浴府印

 集證・135.43:尚浴

 集證・135.44:尚浴府印

 封泥印 47:尚浴府印

 封泥印 47:尚浴

 新封泥 A・2.13:尚浴右般

2507  澡

 帛書・病方・57:孰澡(操)湮汲

 帛書・病方・186:澡石大若李樺

2508  洗

 關簡・324:洗其□

 秦印編 222:洗

2509  汲

 關簡・340:汲井

 帛書・病方・57:孰澡(操)湮汲〖注〗湮汲,疑即地漿。

 帛書・病方・97:湮汲一音(杯)入奚蠡中

 帛書・病方・114:湮汲以飲之

 帛書・病方・52:爲湮汲三渾

 帛書・病方・154:湮汲水三斗

 帛書・病方・156:□三湮汲

2510  淳

 睡簡・日甲・39 背:其上旱則淳〖注〗淳,濕潤。

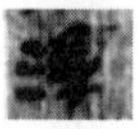 睡簡・日甲・51 背:旱則淳

 關簡・313:置淳(醇)酒中

 關簡・311:以淳(醇)酒漬布〖注〗淳酒,或作"醇酒"。

 關簡・375:淳毋下三斗〖注〗淳,沃也,澆注。

 帛書・病方・141:以淳(醇)酒□

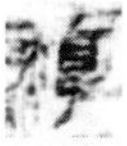 帛書・病方・176:以淳(醇)酒半斗

 帛書・病方・259:漬以淳(醇)酒而垸之

 帛書・病方・5:□淳(醇)酒漬而餅之

 帛書・病方・287:淳(醇)酒一斗淳之

 封泥集・附一408:右淳右般

 集證・177.654:淳于慶忌〖注〗淳于,複姓。

 秦印編 222:張淳

秦印編 222:淳于慝

秦印編 222:淳于齊

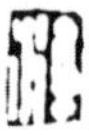
秦印編 222:淳于駭

秦印編 222:從淳狐

秦印編 222:淳于鼻

2511  渫

睡簡・日甲・122 正:其主必富三渫(世)〖注〗渫,讀爲“世”。

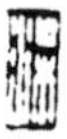
秦印編 222:潘渫

秦印編 222:右渫

秦陶・669:右渫

秦陶・667:右渫

2512  濯

會稽刻石・宋刻本:大治濯俗

龍簡・48・摹:去道過一里濯者□水(?)□〖注〗濯,洗滌。

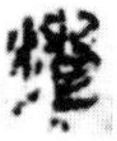
帛書・病方・338:傅之毋濯

2513  泰

會稽刻石・宋刻本:嘉保泰平

繹山刻石・宋刻本:既獻泰成

繹山刻石・宋刻本:自泰古始

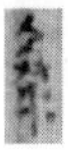
里簡・J1(16)6 正:當坐者言名史泰守府

關簡・335:敢告泰=山=高也

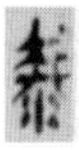
關簡・349:先農柂(恆)先泰父食

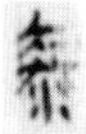
關簡・347:人皆祠泰父〖注〗泰父,即大父。

帛書・足臂・30:皆久(灸)臂泰(太)陽温(脈)

帛書・病方・222:而久(灸)其泰(太)陰、泰(太)陽□〖注〗太陰,人體脈名。

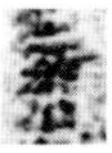
帛書・足臂・1:足泰(太)陽温(脈)

帛書・足臂・4:皆久(灸)泰(太)陽温(脈)

帛書・足臂・18:皆久(灸)足泰(太)陰温(脈)

帛書・足臂・19:交泰(太)陰温(脈)

帛書・足臂・25:臂泰(太)陰温(脈)

帛書・足臂・26:皆久(灸)臂泰(太)陰温(脈)

帛書・足臂・29:臂泰(太)陽温(脈)

秦印編 223:泰上寖左田

秦印編 223:泰倉

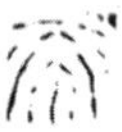
秦印編 223:泰醫丞印

秦印編 223:泰醫丞印

秦印編 223:泰醫丞印

秦印編 223:泰山司空

秦印編 223:泰上寖印

秦印編 223:泰倉丞印

秦印編 223:泰宮丞印

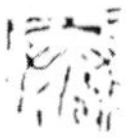
秦印編 223:泰庫官印

秦印編 223:泰廄丞印

秦印編 223:泰内丞印

秦印編 223:泰倉丞印

秦印編 223:泰行

封泥集 111・1:泰醫丞印

封泥集 111・2:泰醫丞印

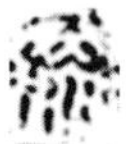
封泥集 111・5:泰醫丞印

封泥集 111・6:泰醫丞印

封泥集 111・7:泰醫丞印

封泥集 111・8:泰醫丞印

封泥集 111・10:泰醫丞印

封泥集 122・1:泰行〖注〗泰行,官名。

封泥集 122・3:泰行

封泥集 122・4:泰行

封泥集 126・1:泰倉

封泥集 127・1:泰内丞印〖注〗泰内,即太内、大内,官名。

封泥集 127・2:泰倉丞印

封泥集 134・3:泰官丞印

封泥集 135・2:泰官庫印

封泥集 135・4:泰官丞印

封泥集 135・6:泰官丞印

封泥集 135・7:泰官丞印

封泥集 135・8:泰官丞印

封泥集 135・9:泰官丞印

封泥集 175・2:泰匠丞印

封泥集 175・3:泰匠丞印

封泥集 175・4:泰匠丞印

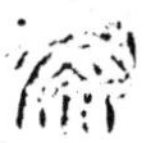
封泥集 175・5:泰匠丞印

封泥集 175・6:泰匠丞印

封泥集 175・9:泰匠丞印

封泥集 184・1:泰廄丞印〖注〗泰廄,即太廄、大廄。

封泥集 184・2:泰廄丞印

封泥集 184・3:泰廄丞印

 封泥集 218・1：泰山司空〖注〗泰山，地名。

 封泥集・附章 392・2：泰

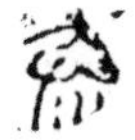 封泥集・附章 392・5：泰

 封泥集・附章 392・6：泰

 封泥集・附章 392・7：泰

 集證・133.8：泰醫丞印

 集證・133.9：泰醫丞印

 集證・136.57：泰官丞印

 集證・140.116：泰行

 集證・140.117：泰行

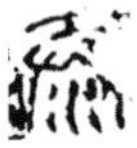 集證・140.121：泰倉

 集證・140.122：泰倉丞印

 集證・143.158：泰匠丞印

 集證・145.197：泰内丞印

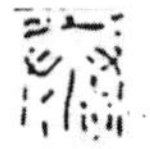 集證・145.202：泰官庫印

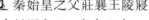

 集證・147.234：泰廏丞印

 封泥印 2：泰醫丞印

 封泥印 2：泰醫左府

 封泥印 5：泰宰

 封泥印 22：泰行

 封泥印 25：泰内

 封泥印 26：泰内丞印

 封泥印 30：泰倉

 封泥印 31：泰倉丞印

 封泥印 34：泰官

 封泥印 35：泰官丞印

 封泥印 35：泰官庫印

 封泥印 51：泰匠丞印

 封泥印 59：泰上寖□〖注〗泰上寖，秦始皇之父莊襄王陵寢。

 封泥印 60：康泰□寢

 新封泥 D・3：泰宰

 新封泥 D・4：泰醫左府

 新封泥 D・5：泰醫右府

 新封泥 D・6：泰内

 新封泥 D・10：泰官

 新封泥 D・26：康泰□寢

 新封泥 A・1.3：泰史

 新封泥 A・2.8：泰内

 封泥集・附一 399:泰倉

 封泥集・附一 401:泰上寖左田

 集證・149. 262:泰上寖左田

 秦陶・807:泰沈〖注〗泰,通"太、大"。

 秦陶・808:泰沈

 秦陶・1197:泰右東十八〖注〗泰,通"大",訓極。泰右,大右,極右。

 集證・200. 56:泰沈

 集證・200. 57:泰沈

 集證・200. 58:泰沈

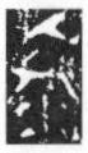 集證・200. 59:泰沈

 集證・203. 75:泰沈

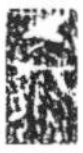 集證・203. 76:泰沈

 集證・203. 77:泰沈

 集證・203. 78:泰沈

2514　汗

 關簡・316:令汗出

 關簡・311:溫病不汗者

 帛書・灸經甲・41:汗出

 帛書・足臂・12:數熱汗出

 帛書・病方・32:一熨寒汗出

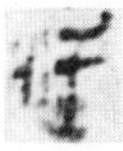 帛書・病方・43:汗出到足

 帛書・病方・291:令汗出到足

 帛書・死候・87:汗出如絲

 秦印編 223:牛汗

2515　涷

 封泥集 236・1:涷布之丞〖注〗涷布,官名。

 秦印編 215:涷布之印

2516　𤅊(讞)

 睡簡・秦律・122:勿𤅊〖注〗𤅊,即讞字。《後漢書》注:"請也。"

 睡簡・秦律・122:縣爲恆事及𤅊有爲殹

 睡簡・荅問・53:毄(繫)投書者鞫審𤅊之

 睡簡・荅問・190:守𤅊(獻)公冢者殹

2517　減

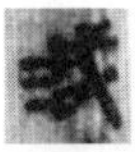 睡簡・秦律・82:稍減其秩、月食以賞(償)之

 睡簡・秦律・78:以其日月減其衣食〖注〗月減,按月扣除。

 睡簡・秦律・44:稟縣以減其稟

 睡簡・秦律・123:贏員及減員自二日以上

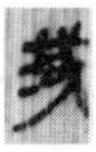 睡簡·效律·60:減皋一等

 睡簡·日甲·27正·摹:啻(帝)以殺巫減(咸)〖注〗巫咸,人名。

 睡簡·日甲·139背:其家日減

 睡簡·日乙·195:其室日減

 龍簡·149:遺者罪減焉一等

2518  滅

 會稽刻石·宋刻本:亂賊滅亡

 繹山刻石·宋刻本:熘害滅除

 繹山刻石·宋刻本:滅六暴强

2519  潔

 秦駰玉版·甲·摹:潔可以爲灋(法)〖注〗潔,廉潔。

2520 湣

 帛書·病方·69:而湣(晉)去其宰(滓)〖注〗湣,讀爲"晉",抑。

2521 桼

 秦陶·1342:咸郿里桼〖注〗桼,人名。

2522 洿

 帛書·病方·57:小(少)多如再食洿(漿)

2523 温

 帛書·足臂·5:足少陽温(脈)〖編者按〗王輝說"温"讀爲"筋",《足臂十一温灸經》與《靈樞·經筋篇》內容相近。一說即脈字,讀爲"脈"。

 帛書·足臂·9:皆久(灸)少陽温(脈)

 帛書·足臂·10:足陽明温(脈)

 帛書·足臂·12:皆久(灸)陽明温(脈)

 帛書·足臂·13:足少陰温(脈)

 帛書·足臂·18:皆久(灸)足泰(太)陰温(脈)

 帛書·足臂·19:交泰(太)陰温(脈)

 帛書·足臂·19:足帣(厥)陰温(脈)

 帛書·足臂·20:[久(灸)]帣(厥)陰温(脈)

 帛書·足臂·21:循温(脈)如三人參春

 帛書·足臂·25:臂泰(太)陰温(脈)

 帛書·足臂·26:皆久(灸)臂泰(太)陰温(脈)

 帛書·足臂·29:臂泰(太)陽温(脈)

 帛書·足臂·30:皆久(灸)臂泰(太)陽温(脈)

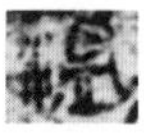 帛書·足臂·31:臂少陽温(脈)

 帛書·足臂·32:[皆]久(灸)臂少陽之温(脈)

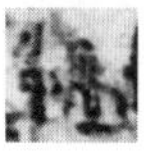 帛書·足臂·33:臂陽明温(脈)

帛書・足臂・34:皆久(灸)臂陽明温(脈)

帛書・足臂・34:上足温(脈)六、手[温(脈)五]

2524　湖

帛書・病方・41:湖與薛(櫱)半斗〖注〗湖,疑讀爲"弸",滿。

2525　沓

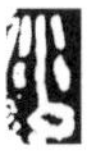
集證・163.487:公子沓〖注〗公子沓,或即秦惠文王之子公子雍。

2526　渧

關簡・50:戊子宿迣贏邑北上渧〖注〗上渧,地名。

2527　浘

帛書・病方・20:浘之〖注〗浘,水流。

2528　澍

睡簡・秦律・1:雨爲澍〈澍〉〖注〗澍,應爲"澍"字之誤。澍,及時雨。

睡簡・秦律・1:輒以書言澍〈澍〉稼、誘(秀)粟及豤(墾)田暘毋(無)稼者頃數

2529　淏

秦陶・1036:淏邦〖注〗淏邦,人名。

秦陶・1037:淏邦

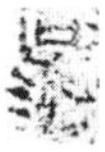
秦陶・1040:淏邦

2530　灙

大墓殘磬(集證・59):灙=(湯=)氒(厥)商〖注〗灙,湯字異體。湯湯,形容水盛,借指樂音洪亮。

2531　汙

石鼓文・汧殹(先鋒本):汙=趞=〖注〗汙,即"汗"字繁文,汗漫。或釋"澣"。

2532　渫

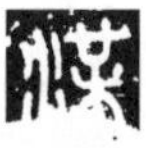
石鼓文・霝雨(先鋒本):盈渫濟=〖注〗渫,舊釋"渫"。或隸作"渫"。郭沫若說爲"涘"之異文,馬敘倫釋"湄"之異文,《說文》:"水草交爲湄。"

2533　渓

秦陶A・3.1:邽工共渓〖注〗共渓,人名。

2534　潪

龍簡・224・摹:魚潪直□

2535　彖

帛書・病方・55:復唾匕彖(漿)以揩

2536　潰

帛書·病方·162:潰(沸)

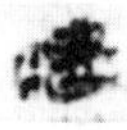
帛書·病方·162:潰(沸)下

帛書·病方·162:參(三)潰(沸)

帛書·病方·43:以敦(淳)酒半斗者(煮)潰(沸)

帛書·病方·44:煎之潰(沸)

2537　汈

帛書·病方·417:三汈

2538　滲

秦印編296:滲

2539　漡

集證·173.597:秦漡(湯)

2540　雝(雍)

大墓殘磬(集證·72):□寍(寢)龔(恭)雝(雍)

大墓殘磬(集證·73):□寍(寢)龔(恭)雝(雍)

大墓殘磬(集證·74):□寍(寢)龔(恭)雝(雍)〖注〗雝,本爲雍積之水。此訓和。

2541　汭

帛書·足臂·4:甩(衄)汭(衄)〖注〗衄,鼻出血。

帛書·足臂·11:甩(衄)汭(衄)

2542　浥

關簡·374:以給、顛首、沐浥歓

2543　沶

關簡·315:沶(和)稾(槁)本東〈柬〉灰中

2544　湇

帛書·病方·241:取其汁湇(漬)美黍米三斗〖注〗漬,浸泡。

2545　瀉

帛書·病方·381:瀉刀爲裝

2546　瀝

睡簡·爲吏·33:屚(漏)屋(涂)塗瀝(墼)

2547　泝

秦陶·903:宮泝〖注〗泝,人名。

秦陶·905:宮泝

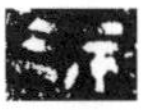 秦陶・906:宮沶

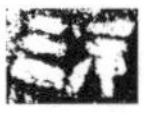 集證・205.91:宮沶

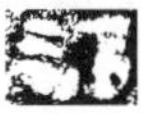 集證・205.92:宮沶

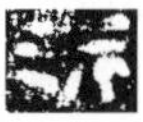 集證・205.93:宮沶

 集證・205.94:宮沶

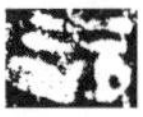 集證・205.95:宮沶

 集證・205.96:宮沶

 集證・205.97:宮沶

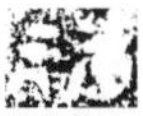 集證・205.98:宮沶

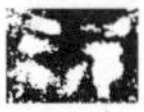 集證・205.99:宮沶

 集證・205.100:宮沶

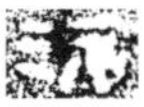 集證・205.101:宮沶

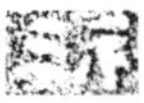 集證・205.102:宮沶

2548  𣶒(流)

 石鼓文・霝雨(先鋒本):流迄滂=〖注〗《說文》:"𣶒,水行也。篆文从水。"

 石鼓文・霝雨(先鋒本):涉馬□流

 繹山刻石・宋刻本:流血於野

 里簡・J1(9)981 正:漚流包(浮)船

 里簡・J1(9)3 正:毋聽流辭

 里簡・J1(9)9 正:纇有流辭

 帛書・死候・87:傅而不流

 帛書・足臂・23:陽病北(背)如流湯

 帛書・病方・殘7:取流水一斗

2549  𣸣(涉)

 涉戈(集成 10827):涉〖注〗涉,地名。

 石鼓文・霝雨(先鋒本):君子卽涉

2550  瀕

 秦印編 223:瀕陽丞印〖注〗瀕,卽"頻",頻陽,地名。

 秦印編 223:瀕陽丞印

 封泥集 272・1:瀕陽丞印

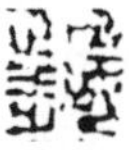 封泥印 94:瀕陽丞印

 秦印編 289:瀕城丞印

 秦陶・1245:瀕陽狀

 秦陶・1254:瀕陽工處

 秦陶・1257:瀕陽工處

 秦陶・1265:瀕沽

秦陶・1269：瀕陽工處

2551 　鄰

睡簡・秦律・61：隸臣欲以人丁鄰者二人贖〖注〗鄰，疑讀爲"齡"。丁齡，丁年，丁壯之年。

睡簡・秦律・61・摹：其老當免老、小高五尺以下及隸妾欲以丁鄰者一人贖

2552 　川

秦駰玉版・甲・摹：欲事天地、四亟（極）、三光、山川、神示（祇）、五祀、先祖

秦駰玉版・乙・摹：欲事天地、四亟（極）、三光、山川、神示（祇）、五祀、先祖

封泥印・附二197：□川府丞

秦印編224：四川輕車〖注〗四川，即泗川，地名。

集證・143.168：四川輕車

集證・151.289：四川大守

秦印編224：四川大守

封泥印92：四川大守

秦印編224：菑川府丞

集證・151.292：參川尉印

2553 　州

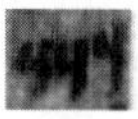睡簡・答問・100：可（何）謂"州告"〖注〗州，讀爲"周"，循环重複。

帛書・病方・263：人州出不可入者〖注〗州，竅，即肛門。州出，脫肛。

秦印編224：州潘

集證・165.514：州越〖注〗州越，人名。

2554 　泉

商鞅方升（秦銅・21）：重泉〖注〗重泉，地名。

封泥印95：重泉丞印

新封泥A・4.2：高泉家丞〖注〗高泉，地名。

秦印編224：重泉丞印

封泥集273・1：重泉丞印

封泥集273・2：重泉丞印

集證・152.315：重泉丞印

集證・152.316：重泉丞印

瓦當・1.2：槖泉宮當〖注〗槖泉宮，宮名。

瓦當・1.3：槖泉宮當

瓦當・1.4：槖泉宮當

2555  灥(原)

 會稽刻石・宋刻本:本原事速(蹟)

 泰山刻石・宋拓本:本原事業

 睡簡・答問・196:原者"署人"毆

 睡簡・爲吏・28:原壄(野)如廷

 秦印編 224:原都左尉

 秦印編 224:原妥

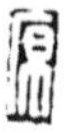 秦印編 224:原安

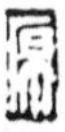 秦印編 224:原宇

 秦印編 224:原湯

 秦印編 224:原隱

 秦印編 224:大原守印

 秦印編 224:咸原少申

 封泥集 259・1:大原守印〖注〗大原,地名。

 集證・151.286:大原守印

 封泥印・待考 164:□原禁丞

 新封泥 D・32:□原禁丞〖注〗首字或釋"突"。

 新封泥 A・3.12:平原禁印〖注〗平原,禁苑名。

 集證・154.345:原都左尉〖注〗原都,地名。

 集證・184.754:慎原拳敬〖注〗原,讀爲"願",慎願卽慎欲,節制個人欲望。

 集證・173.599:原隱〖注〗原隱,人名。

 秦陶・1281:咸原少角〖注〗咸原,"咸陽原"之省文,地名。

 秦陶・1293:咸原少申

 集證・191.2:咸原少瓬

 秦陶・1278:咸原少角

 集證・216.222:咸原少㣧

 集證・191.3・摹:咸原少瓬

2556  永

 不其簋蓋(秦銅・3):永屯(純)霝冬(終)

 不其簋蓋(秦銅・3):子=孫=其永寶用享

 滕縣不其簋器(秦銅・4):永屯(純)霝冬(終)

 滕縣不其簋器(秦銅・4):子=孫=其永寶用享

 秦公鎛鐘・摹(秦銅・16.4):永寶

 石鼓文・吾水(先鋒本):天子永寍

 秦駰玉版・甲・摹:可(何)永懃憂盩〖注〗永,長。李零讀爲"詠"。

 秦駰玉版・乙・摹:可(何)永懃憂盩

 秦印編 224:永巷丞印

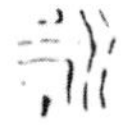
秦印編 224:永巷丞印

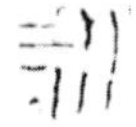
秦印編 224:永巷

封泥集 149・1:永巷丞印

封泥集 149・1:永巷

封泥集 150・1:永巷丞印

封泥集 150・3:永巷丞印

集證・134.18:永巷丞印

集證・134.19:永巷丞印

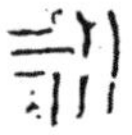
集證・134.21:永巷

新封泥 C・18.3:永巷丞印

封泥印 38:永巷

封泥印 39:永巷丞印

2557 羕 羕

大墓殘磬(集證・59):又(有)䶨(蠽)䵼(載)羕(漾)

大墓殘磬(集證・61):允樂子〈孔〉□羕(漾)

2558 𧖴 𠂢 𠂢 𧖴(脈)衇

帛書・病方・目錄:脈者

2559 谷 谷

天簡 25・乙:申石毆盜從西方再在山谷

睡簡・日甲・23 背:宇中有谷

睡簡・日乙・189:人〈入〉水中及谷

帛書・病方・82:而居□谷下

秦印編 225:谷南

封泥集 370・1:谷志〖注〗谷志,人名。

秦瓦当・1.6:來谷宮當〖注〗來谷宮,宫名。

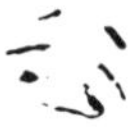
秦瓦当・3:來谷

地圖注記・摹(地圖・4):杨谷休

地圖注記・摹(地圖・5):北谷下道宛

地圖注記・摹(地圖・5):虎谷

地圖注記・摹(地圖・5):下杨谷

地圖注記・摹(地圖・3):故东谷

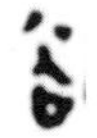
地圖注記・摹(地圖・4):柏谷

地圖注記・摹(地圖・4):燔史谷

地圖注記・摹(地圖・4):苦谷

地圖注記・摹(地圖・5):去谷口可五里

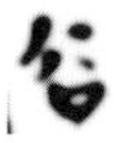
地圖注記・摹(地圖・5):上杨谷

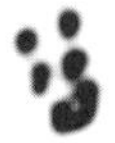
地圖注記・摹(地圖・5):苦谷

2560  谿

天簡 26・乙:谿衷癃

里簡・J1(9)11 正:陽陵谿里士五(伍)采有貲餘錢八百五十二〖注〗谿里,里名。

集證・158.409:谿鄉〖注〗谿鄉,鄉名。

地圖注記・摹(地圖・3):明谿

地圖注記・摹(地圖・5):輿谿

2561  冰凝

二年上郡守冰戈・摹(秦銅・55):二年上郡守冰造〖注〗冰,人名。

2562  凍

帛書・病方・431:烝(蒸)凍土

2563  冬㚇

不其簋蓋(秦銅・3):永屯(純)霝冬(終)

滕縣不其簋器(秦銅・4):永屯(純)霝冬(終)

商鞅方升(秦銅・21):冬十二月乙酉

秦駰玉版・乙・摹:孟冬十月

秦駰玉版・甲・摹:孟冬十月〖注〗孟冬,冬季之首月。

天簡 32・乙:宜□冬

天簡 38・乙:冬三月戊戌不可北行百里大兇(凶)

睡簡・日乙・110:冬三月丙丁

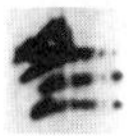
睡簡・日乙・77:秋三月辰、冬未

睡簡・日乙・177:冬之吉〖注〗冬,讀爲“中”。一說,讀爲“終”。

睡簡・日乙・217:冬三月

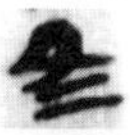
睡簡・日乙・111:季冬丙丁

睡簡・日甲・99 正:冬三月

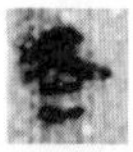
睡簡・秦律・90:冬衣以九月盡十一月稟之

睡簡・秦律・90:後計冬衣來年

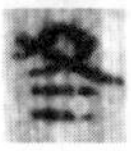
睡簡・秦律・94:春冬人五十五錢

睡簡・秦律・94:冬人百一十錢

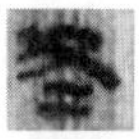
睡簡・秦律・94:其小者冬七十七錢

睡簡・秦律・95:其小者冬四錢

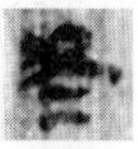
睡簡・秦律・108:隸臣、下吏、城旦與工從事者冬作

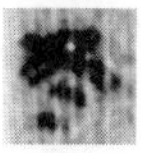
睡簡・日甲・99 正:冬三月

睡簡・日甲・6 背:冬三月奎、婁吉

睡簡・日甲・64 正:十月楚冬夕

睡簡・日甲・5 背:中冬竹〈箕〉、斗

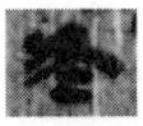

睡簡·日甲·102 正：冬三月丙丁

睡簡·日甲·106 正：冬三月亥

睡簡·日甲·105 背：冬三月壬癸

睡簡·日甲·1 背：冬三月季丙丁

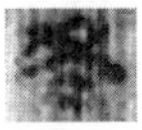

睡簡·日甲·139 正：冬三月未敫

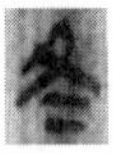

睡簡·日甲·136 背：冬之癸亥

睡簡·日甲·134 背：冬三月戊寅、己丑

睡簡·日甲·131 正：冬三月戊戌不可北

睡簡·日甲·140 背：冬三月毋起北鄉（嚮）室

睡簡·日甲·142 背：冬三月之日

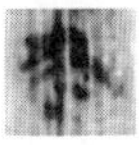

睡簡·日甲·149 正：先〈无〉冬（終）

睡簡·日甲·146 正：先〈无〉冬（終）〖注〗先，當爲"无"字。无終，无成。

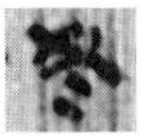

睡簡·日甲·147 正：有心冬（終）

睡簡·日甲·143 背：入月七日及冬未、春戌、夏丑、秋辰

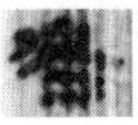

睡簡·日甲·153 正：冬

睡簡·日甲·155 正：冬戌亥

睡簡·日甲·1 正：冬三月未

睡簡·日乙·227：冬三月

睡簡·日乙·223：冬三月甲乙死者

帛書·病方·329：冬日取其本

帛書·病方·63：冬日煮其本

帛書·病方·170：冬□本

秦印編225：王冬可

瓦書（秦陶·1610）：冬十壹月辛酉

瓦書·郭子直摹：冬十壹月辛酉

瓦書·郭子直摹：顎以四年冬十壹月癸酉封之

2564　熖　冶

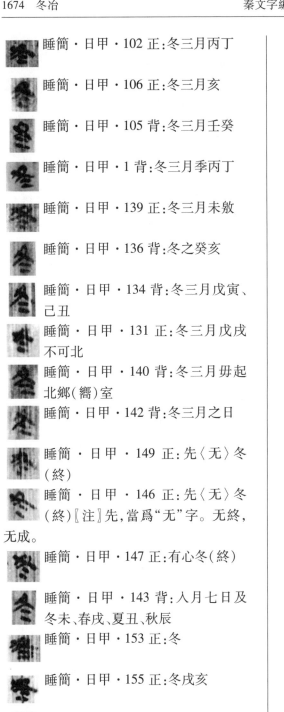

十五年上郡守壽戈（集證·23）：冶工隸臣□〖注〗冶工，卽工匠。

十五年上郡守壽戈·摹（集證·24）：冶工隸臣□

關簡·372：冶之

關簡·354：燔冶

帛書·病方·3：卽以赤荅一復冶□□〖注〗冶，碎。

帛書·病方·5：冶齊□

帛書·病方·6：卽冶

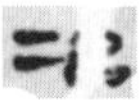

帛書·病方·7：百冶

帛書·病方·7：冶精

帛書·病方·8：冶[各]等

帛書·病方·8：冶而□一垸

帛書・病方・14:取彘膏、□衍并冶

帛書・病方・19:冶黄黔(芩)與□彘膏□之

帛書・病方・23:燔而冶

帛書・病方・23:乾而冶

帛書・病方・25:冶二

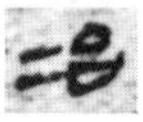
帛書・病方・25:冶一

帛書・病方・28:藥已冶

帛書・病方・28:壹冶藥

帛書・病方・29:冶

帛書・病方・29:冶林(朮)

帛書・病方・44:冶黄黔(芩)、甘草相半

帛書・病方・45:取封殖(埴)土冶之

帛書・病方・48:冶

帛書・病方・60:冶礜與橐莫

帛書・病方・67:冶等

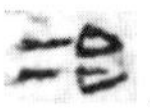
帛書・病方・69:乃以脂□所冶藥傅之

帛書・病方・100:冶灰

帛書・病方・114:段冶〖注〗段冶,椎碎。

帛書・病方・153:冶筴蓂少半升、陳葵種一□

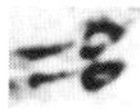
帛書・病方・162:毒堇冶三

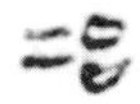
帛書・病方・164:冶厲(蠣)

帛書・病方・165:取葉、實并冶

帛書・病方・203:冶之

帛書・病方・215:靡(磨)取蠶種冶

帛書・病方・227:并冶

帛書・病方・227:冶困(菌)[桂]尺、獨□一升

帛書・病方・237:燔冶

帛書・病方・240:取內戶旁祠空中黍腏、燔死人頭皆冶

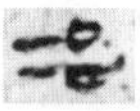
帛書・病方・249:冶桂六寸

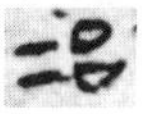
帛書・病方・250:取藺莖乾冶二升

帛書・病方・259:冶麋(蘼)蕪本、方(防)風、烏冢(喙)、桂皆等

帛書・病方・262:冶黄黔(芩)而婁(屢)傅之

帛書・病方・271:冶白薟(蘞)

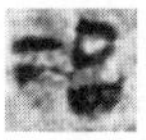
帛書・病方・283:并冶

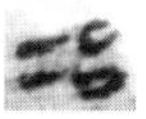
帛書・病方・284:□起而□冶

帛書・病方・307:卽冶厚柎(朴)和傅

帛書・病方・311:冶蘗米

帛書・病方・313:冶,布以傅之

帛書・病方・326:冶,以犬膽和

帛書・病方・327:熱膏沃冶中

帛書・病方・327:冶,豶膏以㯼

帛書・病方・328:□皆燔冶

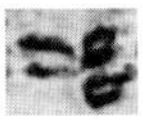
帛書・病方・338:冶雄黄

帛書・病方・339:冶僕累(壘)

帛書・病方・341:冶亭(葶)磿(藶)、莁夷(荑)

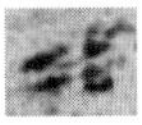
帛書・病方・342:冶牛膝、燔髶灰等

帛書・病方・345:[有(又)]以金鐐(鋊)冶末皆等

帛書・病方・349:燔牡鼠矢,冶

帛書・病方・350:冶烏豙(喙)、黎(藜)盧、蜀叔(菽)

帛書・病方・353:冶烏豙(喙)四果(顆)

帛書・病方・354:冶烏豙(喙)

帛書・病方・355:燔冶之

帛書・病方・356:冶巫(莁)夷(荑)半參

帛書・病方・357:燔而冶之

帛書・病方・362:財冶犁(藜)盧

帛書・病方・366:冶之

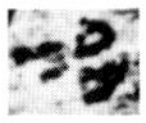
帛書・病方・372:已冶五物□取牛脂□細布□

帛書・病方・378:冶半夏一

帛書・病方・398:冶之

帛書・病方・402:冶顛(堇)葵□

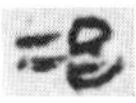
帛書・病方・419:冶之

帛書・病方・424:燔飯焦,冶

帛書・病方・439:即出而冶之

帛書・病方・441:冶桂入中

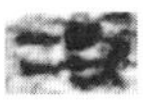
帛書・病方・451:燔,冶之

帛書・病方・殘5:□皆冶

秦印編225:冶縮

2565 洀

睡簡・日乙・157:洀〈辰〉少翏(瘳)

2566 雨  雨 

石鼓文・霝雨(先鋒本):霝雨□□

天簡29・乙:□歲戊雨

天簡29・乙:己雨禾秀

天簡29・乙:辛雨有年

天簡33・乙:大雨大虫小雨小虫

天簡 29・乙:壬雨

天簡 33・乙:大雨大虫小雨小虫

天簡 29・乙:雨禾秀毄甲雨

天簡 29・乙:雨禾秀毄甲雨

天簡 29・乙:庚雨

天簡 34・乙:正月甲乙雨

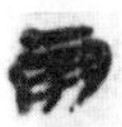睡簡・日乙・135:有爲也而遇雨

睡簡・日乙・62:正月以朔多雨歲善

睡簡・日乙・61:正月以朔多雨

睡簡・日乙・58:正月以朔多雨

睡簡・日乙・119:雨陰

睡簡・秦律・2:早〈旱〉及暴風雨、水潦、蚤(螽)蚰、羣它物傷稼者

睡簡・秦律・120:至秋毋(無)雨時而以繇(徭)爲之

睡簡・秦律・1:稼已生後而雨

睡簡・秦律・119:其土惡不能雨

睡簡・秦律・115:水雨

睡簡・秦律・1:亦輒言雨少多

睡簡・秦律・1:雨爲澍〈澍〉

睡簡・日甲・79 正:有(又)數詣風雨

睡簡・日甲・39 正:多雨

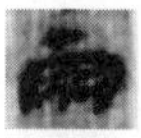睡簡・日甲・37 正:以雨,半日

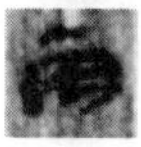睡簡・日甲・37 正:多雨

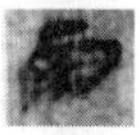睡簡・日甲・33 正:雖雨齊(霽)

睡簡・日甲・43 正:旦雨夕齊(霽)

睡簡・日甲・43 正:多雨

睡簡・日甲・43 正:夕雨不齊(霽)

睡簡・日甲・41 正:雖雨,見日

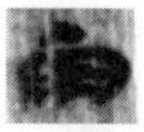睡簡・日甲・129 正:有爲而禺(遇)雨

睡簡・日乙・56:正月以朔多雨

睡簡・日乙・107:數詣風雨

關簡・333:令若毋見風雨

2567　靁(雷)[illegible]

帛書・病方・48:取雷尾〈戻(矢)〉三果(顆)〖注〗雷矢,"雷丸"的別名。雷丸,一種菌蕈。

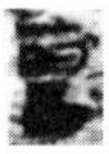帛書・病方・456:用良叔(菽)、雷矢各□而瞀(擣)之

2568　震[illegible]

睡簡・日甲・7 背:天以震高山

2569 霝 霝

不其簋蓋(秦銅·3):永屯(純)霝冬(終)

滕縣不其簋器(秦銅·4):永屯(純)霝冬(終)

石鼓文·霝雨(先鋒本):霝雨□□〖注〗《説文》:"霝,雨零也。"羅君惕説卽零字。

天簡28·乙:大祝霝巫

2570 零 零

秦公鎛鐘·摹(秦銅·16.4):以卲(昭)零(各)孝享

2571 零 零

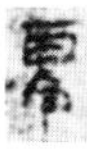
帛書·病方·411:以般服零〖注〗服零,卽茯苓,藥名。

2572 靁 靁

帛書·病方·206:令穨(㿗)者屋靁下東鄉(嚮)〖注〗屋靁,屋簷。

2573 屚 屚(漏)

睡簡·秦律·164:倉屚(漏)朽(朽)禾粟

睡簡·秦律·176:入禾、發屚(漏)倉

睡簡·爲吏·33:屚(漏)屋涂(塗)壓(塈)

睡簡·效律·22:倉屚(漏)朽(朽)禾粟

帛書·病方·398:燔屚(漏)籚(蘆)〖注〗漏蘆,藥名。

2574 露 露

關簡·348:某以壺露、牛胙

帛書·病方·424:露疕

集證·183.739:露毋忌〖注〗露毋忌,人名。

2575 霾 霾

瓦書·郭子直摹:志是霾(埋)封〖注〗霾,讀爲"埋",沉埋。

睡簡·答問·121:或曰生霾(埋)

2576 𩆜 𩆜

帛書·病方·21:薺(齏)杏𩆜〈𩆜(核)〉中人(仁)〖編者按〗《説文》:"覈,實也。𩆜,覈或从雨。"𩆜,"覈"之異體。

帛書·病方·244:小者如棗𩆜(核)者方

帛書·病方·246:大如棗𩆜(核)

帛書·病方·327:取無(蕪)夷(荑)中𩆜(核)

帛書·病方·390:其病所在曰□𩆜(核)

2577 𩄝

石鼓文·吾水(先鋒本):四𩣡𩄝=〖注〗薛尚功釋"霸"。郭忠恕釋

"䨨"。

2578  雲云

 龍簡・1:諸叚兩雲夢池鱼(籞)及有到雲夢禁中者得取灌□〖注〗雲夢,地名。

 龍簡・1:諸叚兩雲夢池鱼(籞)及有到雲夢禁中者得取灌□

 封泥印 102:雲陽〖注〗雲陽,地名。

 新封泥 A・3.17:右雲夢丞

 秦印編 226:馮雲佁

 秦印編 226:雲陽丞印

 秦印編 226:左雲丞印

 封泥集 278・1:雲陽丞印

 封泥集 278・2:雲陽丞印

 封泥集 278・4:雲陽丞印

 新封泥 B・3.6:雲陽

 封泥印 72:左雲夢丞

 封泥印 73:右雲夢丞

 封泥印 102:雲陽丞印

2579  云

 睡簡・日甲・62 背:曰"氣(餼)我食"云〖注〗云,句末助詞,無義。"雲、云"《說文》一字,云爲古文,但秦時用法已有別。

 睡簡・答問・20:云"與同辠"

 睡簡・日甲・122 正:云門

 睡簡・封診・40:所坐論云可(何)

 睡簡・封診・13:所坐論云可(何)

 睡簡・答問・20:云'反其辠'者

 集證・185.767:云子思士〖注〗云,說。或爲語首助詞。

 秦印編 226:云子思士

 秦印編 226:云子思士

 秦印編 226:云子思士

2580  魚

 石鼓文・汧殹(先鋒本):帛(白)魚皪=

 石鼓文・汧殹(先鋒本):瀟又(有)小魚

 石鼓文・汧殹(先鋒本):其魚隹(惟)可(何)

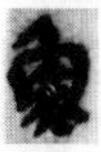 睡簡・日乙・174:鮮魚從西方來

 睡簡・秦律・5:毋□毒魚鼈

 睡簡・日甲・82 背:庚名曰甲郢相衛魚

 睡簡・日甲・72 正:得之於黃色索魚、堇西(酒)

 睡簡・日乙・59:可魚(漁)邋(獵)

睡簡・日乙・184：□索魚堇□閒

睡簡・日乙・185：得於肥肉、鮮魚、卵

睡簡・日乙・178：鮮魚從西方來

龍簡・224：魚灊直□

龍簡・1・摹：諸叚兩雲夢池魚（籞）及有到雲夢禁中者得取灌□

關簡・97：魚米四斗

帛書・灸經甲・39：上出魚股之［外］〖注〗魚股，指股部前面的股四頭肌，屈膝時狀如魚形。

帛書・灸經甲・54：出魚股陰下廉

帛書・病方・23：取𩵦魚〖注〗𩵦魚，疑卽鮧魚。

帛書・病方・27：毋食魚

帛書・病方・125：服藥時毋食魚

帛書・灸經甲・59：上出魚股內廉

帛書・病方・215：食衣白魚一七〖注〗衣白魚，藥名。

帛書・病方・215：亦靡（磨）白魚、長足〖注〗白魚，藥名。

帛書・病方・249：以煮青蒿大把二、鮒魚如手者七〖注〗鮒魚，卽鯽魚。

帛書・病方・135：治之以鮮產魚〖注〗鮮產魚，活魚。

帛書・病方・312：燔魚衣〖注〗魚衣，苔。

帛書・病方・375：𩵦肉、魚及女子

秦印編226：張魚

秦陶・1141：魚

秦陶・1151：魚

2581　魼

故宮藏秦子戈（集證・10）：左右帀魼用逸宜〖注〗帀魼，王輝讀爲"師旅"。陳平讀爲"賁旅"。李學勤讀爲"匝夾"。

故宮藏秦子戈・摹（集證・10）：左右帀魼用逸宜

珍秦齋秦子戈（珍金・38）：左右帀魼用逸宜

珍秦齋秦子戈・摹（珍金・38）：左右帀魼用逸宜

香港秦子戈二・摹（新戈・2）：左右帀魼逸宜

秦子矛（集證・12）：□右帀魼用逸宜

2582　鯉

石鼓文・汧殹（先鋒本）：鰋鯉處之〖注〗鯉，魚名。

石鼓文・汧殹（先鋒本）：隹（惟）鱮隹（惟）鯉

2583　鱣

帛書・病方・341：以牡□膏、鱣血饍

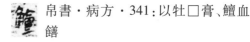

2584　鱮

石鼓文・汧殹(先鋒本):隹(惟)鱮隹(惟)鯉〖注〗《説文》:"鱮,魚名。"

2585　鮒

帛書・病方・249:以煮青蒿大把二、鮒魚如手者七〖注〗鮒魚,即鯽魚。

2586　鰋 鰋

石鼓文・汧殹(先鋒本):鰋鯉處之〖注〗《説文》:"鰋,鮀也。或从匽。"

2587　鮮

石鼓文・汧殹(先鋒本):其䈞氏鮮

青川牘・摹:鮮草離〖注〗鮮,于豪亮讀爲"獮",除去。

睡簡・日甲・74 正:得之犬肉、鮮卵白色

睡簡・日乙・185:得於肥肉、鮮魚、卵

睡簡・日乙・178:鮮魚從西方來

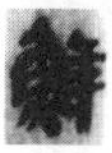
睡簡・日乙・174:鮮魚從西方來

帛書・病方・135:治之以鮮產魚〖注〗鮮產魚,活魚。

帛書・病方・238:服藥時禁毋食彘肉、鮮魚

秦印編 226:鮮于何

秦印編 226:鮮于趞

秦印編 226:建鮮

秦印編 226:貴鮮

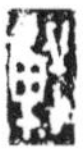
集證・161. 447:上官鮮〖注〗鮮,人名。

2588　魿

秦印編 226:魿嬰

2589　鮑

秦印編 226:鮑可舍

2590　魮

秦印編 226:帶魮〖注〗帶魮,人名。

2591　鱄

石鼓文・汧殹(先鋒本):又(有)鱄又(有)鮊〖注〗鱄,即鯆字,魚名。或釋"鰟",《説文》:"鰟,赤尾魚。"

2592　鮭

集證・183. 727:鮭匽〖注〗鮭匽,人名。

2593　鯖

關簡・341:鯖甕(甕)水〖注〗鯖,疑讀作"清"。

2594 鮊

石鼓文·汧殹(先鋒本):又(有)鱄又(有)鮊〖注〗鮊,魚名。羅振玉釋"鮊"。或釋"綿"。

2595 鰯

石鼓文·汧殹(先鋒本):黃帛(白)其鰯〖注〗鄭樵、羅振玉釋"鯾"。吳大澂釋"鮞"。《說文》:"鮞,蚌也。"

2596 鯡

秦陶·1195:鯡

2597   瀫(漁)

石鼓文·汧殹(先鋒本):君子漁之〖注〗漁,捕魚。羅振玉說"敫、魰、䰻、漁"并是"漁"字。

睡簡·日甲·138 正:利以漁邋(獵)、請謁、責人、摯(執)盜賊

2598  燕

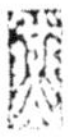秦印編 227:破燕

2599  龍

睡簡·日甲·81 正:男子龍庚寅

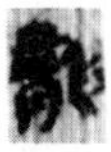睡簡·日甲·81 正:女子龍丁

睡簡·日甲·18 正:稷龍寅、秫丑〖注〗龍,禁忌。劉樂賢說龍爲䶮字省形,讀爲"讋"。

睡簡·日乙·65:五穀龍日

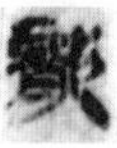睡簡·日乙·38:龍,戊、己

睡簡·日乙·32:龍,壬辰、申

睡簡·日乙·39:龍,辛□

睡簡·日乙·36:龍,戊寅、辛巳

睡簡·日乙·34:龍,丙寅、庚寅

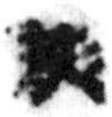睡簡·日乙·52:祠史先龍丙望

睡簡·日乙·142:行龍戊、己

帛書·灸經甲·44:喜龍〖注〗喜龍,疑原作"喜申(伸)"。

帛書·病方·154:以龍須(鬚)一束并者(煮)□〖注〗龍須,"石龍蒭"的別名,藥名。

秦印編 227:孫龍

秦印編 227:龍講

集證·179.690:龍多〖注〗龍多,人名。

2600   龔(翼)

秦編鐘·甲鐘頂篆部·摹(秦銅·11.3):翼受明德〖注〗翼,敬也。

秦編鐘·丁鐘(秦銅·10.4):翼受明德

秦鎛鐘·2 號鎛(秦銅·12.5):翼受明德

秦鎛鐘·3 號鎛(秦銅·12.8):翼受明德

睡簡・日甲・88 背:巳,翼也

睡簡・日甲・94 正:翼,利行

睡簡・日甲・6 背:凡参、翼、軫以出女

睡簡・日甲・47 正:張、翼少吉

睡簡・日甲・50 正:玄戈毄(繫)翼

睡簡・日甲・58 正:張、翼少吉

睡簡・日甲・56 正:張、翼大吉

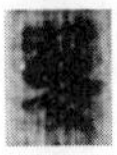睡簡・日甲・53 正:畢、張、翼大凶

睡簡・日乙・94:翼,利行

關簡・239:斗乘翼

關簡・161:翼

關簡・133:翼〖注〗翼,二十八宿之一。

2601  非

青川牘・摹:非除道之時

睡簡・爲吏・9:非以官禄夬助治

睡簡・爲吏・32:五曰非上〖注〗非,非議。

睡簡・爲吏・18:非邦之故也

睡簡・答問・80:非必珥所入乃爲夬(決)

睡簡・答問・80:所夬(決)非珥所入殹

睡簡・答問・31:抉之非欲盜殹

睡簡・答問・44:非盜牛殹

睡簡・答問・197:且非是

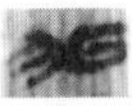睡簡・答問・174:以爲非隸臣子殹

睡簡・答問・103:"非公室告"可(何)殹

睡簡・答問・134:非傷殹

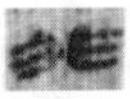睡簡・答問・104:非公室告

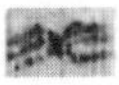睡簡・答問・104:可(何)謂"非公室告"

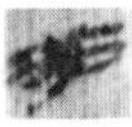睡簡・答問・104:是謂"非公室告"

睡簡・答問・15:非前謀殹

睡簡・秦律・23:非入者是出之

睡簡・秦律・195:非其官人殹

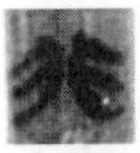睡簡・秦律・17:其非疾死者

睡簡・秦律・103:入叚(假)而而毋(無)久及非其官之久也

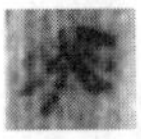睡簡・秦律・151:非適(謫)辠殹而欲爲冗邊五歲

睡簡・雜抄・18:非歲紅(功)及毋(無)命書

睡簡・雜抄・12:非吏殹

睡簡・日甲・33 背:非鬼也

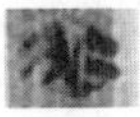睡簡・日甲・55 背:而非人也

睡簡・日甲・13 背:非繭乃絜

龍簡・118・摹:非田時毆

關簡・350:臣非異也

集證・184.742:非有毋半

秦印編 227:李次非

集證・173.601:徐非人〖注〗徐非人,人名。

2602  靡

秦駰玉版・甲・摹:而靡又(有)息休

秦駰玉版・乙・摹:而靡又(有)[息]休

會稽刻石・宋刻本:靡有隱情

泰山刻石・宋拓本:靡不清淨

睡簡・秦律・86:有久識者靡(磨)蚩(徹)之〖注〗靡,即"磨"。

睡簡・秦律・196:閉門輒靡其旁火〖注〗靡,熄滅。

睡簡・秦律・104:靡(磨)蚩(徹)其久(記)

睡簡・秦律・105:其久(記)靡(磨)不可智(知)者、令齎賞(償)

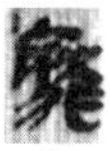
睡簡・秦律・105:器敝久(記)恐靡(磨)者

睡簡・秦律・105:遝其未靡

關簡・346:以靡(摩)其鼻中

關簡・316:以靡(摩)之〖注〗靡,讀爲"摩",摩擦。

帛書・病方・56:取其靡(磨)如麋(糜)者

帛書・病方・56:以相靡(磨)殹

帛書・病方・106:甶(塊)一靡(磨)□

帛書・病方・106:靡(磨)尤(疣)北

帛書・病方・107:靡(磨)大者

帛書・病方・107:已靡(磨)

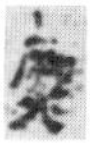
帛書・病方・108:靡(磨)又(疣)内辟(壁)二七

帛書・病方・109:葵莖靡(磨)又(疣)二七

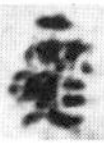
帛書・病方・109:靡(磨)又(疣)以葵戟

帛書・病方・111:靡(磨)宥(疣)

帛書・病方・111:靡(磨)宥(疣)室北

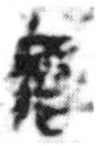
帛書・病方・180:兩人爲靡(磨)其尻

帛書・病方・215:靡(磨)取蠶種冶

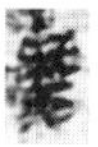
帛書・病方・215:亦靡(磨)白魚、長足

帛書・病方・218:再靡(磨)之

帛書・病方・320:以靡(磨)般(瘢)令□之

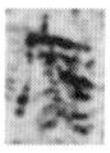
帛書・病方・322:靡(磨)□以□

帛書・病方・345:靡(磨)之血

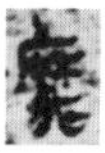
帛書・病方・374:即取水銀靡(磨)掌中

帛書・病方・380:以履下靡(磨)抵之

帛書・病方・408:□[雄]黄靡(磨)水銀手□

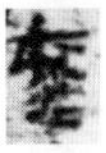
帛書・病方・414:□靡(磨)脂□脂

帛書・病方・414:以靡(磨)其騷(瘙)

帛書・病方・殘1:□靡(摩)如數

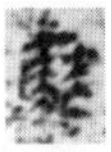
帛書・病方・殘14:□令人靡(摩)身□

帛書・病方・殘14:□靡(摩)身膿(體)

帛書・病方・殘13:靡

卷十二

2603 孔

秦子簋蓋(珍金·35):又(有)㚅(柔)孔嘉

秦子簋蓋·摹(珍金·31):又(有)㚅(柔)孔嘉

秦公鎛鐘·摹(秦銅·16.4):其音鍴=雝=(雍=)孔煌

石鼓文·吴人(先鋒本):中囿孔□

石鼓文·而師(先鋒本):弓矢孔庶

石鼓文·鑾車(先鋒本):□弓孔碩

石鼓文·鑾車(先鋒本):徒馭孔庶

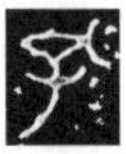
石鼓文·汧殹(先鋒本):其胠孔庶〖注〗孔,甚也。

石鼓文·田車(先鋒本):麌豖孔庶

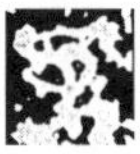
石鼓文·田車(先鋒本):田車孔安

睡簡·日甲·69背:多〈名〉鼠鼷孔午郢

集證·163.492:孔龔〖注〗孔龔,人名。

集證·163.491:孔柏〖注〗孔柏,人名。

秦印編227:孔別

2604 乳

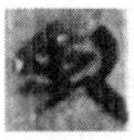
睡簡·日甲·29背:是哀乳之鬼

關簡·314:取新乳狗子

帛書·足臂·10:上出乳內兼(廉)

帛書·足臂·11:乳內兼(廉)痛

帛書·病方·239:或如鼠乳狀

帛書·病方·311:以乳汁和

秦印編227:杜乳

2605 不

不其簋蓋(秦銅·3):不嬰(其)〖注〗不嬰,"嬰"爲"其"字異構。李學勤説"嬰"乃秦莊公名,"不"爲無義助詞。

不其簋蓋(秦銅·3):不嬰(其)

不其簋蓋(秦銅·3):不嬰(其)拜䭬(稽)手(首)休

滕縣不其簋器(秦銅·4):不嬰(其)

滕縣不其簋器(秦銅·4):不嬰(其)

滕縣不其簋器(秦銅·4):不嬰(其)拜䭬(稽)手(首)休

秦編鐘·甲鐘(秦銅·10.1):剌=(烈=)卲文公、静公、憲公不家(墜)于上〖注〗不墜,不喪失。

秦編鐘·甲鐘鉦部·摹(秦銅·11.1):剌=(烈=)卲文公、静公、憲公不家(墜)于上

秦編鐘·丙鐘(秦銅·10.3):剌=(烈=)卲文公、静公、憲公不家(墜)于上

秦鎛鐘·1號鎛(秦銅·12.1):剌=(烈=)卲文公、静公、憲公不家(墜)于上

秦鎛鐘·2號鎛(秦銅·12.4):剌=(烈=)卲文公、静公、憲公不家(墜)于上

秦鎛鐘·3號鎛(秦銅·12.7):剌=(烈=)卲文公、静公、憲公不家(墜)于上

秦公鎛鐘·摹(秦銅·16.1):不(丕)顯朕皇且(祖)受天命

秦公鎛鐘·摹(秦銅·16.1):不家(墜)上〈才或于〉上

秦公鎛鐘·摹(秦銅·16.3):鎭(鎮)静不廷〖注〗不廷,指遠方夷狄與王朝關係疏遠者或背叛而不臣服者。

秦公簋·器(秦銅·14.1):不(丕)顯朕皇且(祖)受天命

秦公簋·蓋(秦銅·14.2):鎭(鎮)静不廷

仲滋鼎·摹(集證·14):不□

商鞅方升(秦銅·21):不壹歉疑者〖注〗不壹,明確知道其不符合標準。

高奴禾石銅權(秦銅·32.2):不壹歉疑者

始皇詔銅方升一(秦銅·98):不壹歉疑者

始皇詔銅方升三(秦銅·100):不壹歉疑者

始皇詔銅橢量一(秦銅·102):不壹歉疑者

始皇詔銅橢量二(秦銅·103):不壹歉疑者

始皇詔銅橢量三(秦銅·104):不壹歉疑者

始皇詔銅橢量四(秦銅·105):不壹歉疑者

始皇詔銅橢量五(秦銅·106):不壹歉疑者

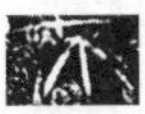
始皇詔銅橢量六(秦銅·107):不壹歉疑者

武城銅橢量(秦銅·109):不壹歉疑者

始皇詔銅權一(秦銅·110):不壹歉疑者

始皇詔銅權三(秦銅·112):不壹歉疑者

始皇詔銅權四(秦銅·113):不壹歉疑者

始皇詔銅權六(秦銅·115):不壹歉疑者

始皇詔銅權九(秦銅·118):不壹歉疑者

始皇詔銅權十(秦銅·119):不壹歉疑者

始皇詔銅權十一(珍金·124):不壹歉疑者

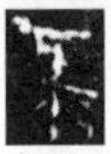
始皇詔鐵石權三(秦銅·122):不壹歉疑者

始皇詔鐵石權四(秦銅·123):不壹歉疑者

始皇詔銅石權(秦銅·126):不壹歉疑者

始皇詔十六斤銅權一(秦銅·127):不壹歉疑者

始皇詔十六斤銅權二（秦銅·128）：不壹歉疑者

始皇詔十六斤銅權三（秦銅·129）：不壹歉疑者

始皇詔十六斤銅權四（秦銅·130.2）：不壹歉疑者

大騩銅權（秦銅·131）：不稱成功盛德

大騩銅權（秦銅·131）：不壹歉疑者

大騩銅權（秦銅·131）：今襲號而刻辭不稱始皇帝

旬邑銅權（秦銅·133）：不稱成功盛德

旬邑銅權（秦銅·133）：不壹歉疑者

旬邑銅權（秦銅·133）：今襲號而刻辭不稱始皇帝

始皇詔八斤銅權一（秦銅·134）：不壹歉疑者

始皇詔八斤銅權二（秦銅·135）：不壹歉疑者

僅存銘始皇詔銅權·一（秦銅·135-1）：不壹歉疑者

僅存銘始皇詔銅權·二（秦銅·135-2）：不壹歉疑者

僅存銘始皇詔銅權·三（秦銅·135-3）：不壹歉疑

僅存銘始皇詔銅權·四（秦銅·135-4）：不壹歉疑者

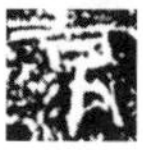
僅存銘始皇詔銅權·6（秦銅·135-6）：不壹歉疑者

僅存銘始皇詔銅權·七（秦銅·135-7）：不壹歉疑者

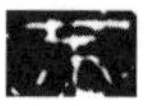
僅存銘始皇詔銅權·八（秦銅·135-8）：不壹歉疑者

僅存銘始皇詔銅權·九（秦銅·135-9）：不壹歉疑者

僅存銘始皇詔銅權·十（秦銅·135-10）：不壹歉疑者

僅存銘始皇詔銅權·十一（秦銅·135-11）：不壹歉疑者

僅存銘始皇詔銅權·十二（秦銅·135-12）：不壹歉疑者

僅存銘始皇詔銅權·十三（秦銅·135-13）：不壹歉疑者

僅存銘始皇詔銅權·十四（秦銅·135-14）：不壹歉疑者

僅存銘始皇詔銅權·十七（秦銅·135-17）：不壹歉疑者

僅存銘兩詔銅權（秦銅·135-18.1）：不壹歉疑者

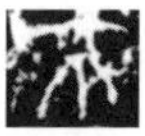
僅存銘兩詔銅權（秦銅·135-18.2）：不稱成功盛德

僅存銘兩詔銅權（秦銅·135-18.2）：不壹歉疑者

僅存銘兩詔銅權（秦銅·135-18.2）：今襲號而刻辭不稱始皇帝

始皇詔版一（秦銅·136）：不壹歉疑者

始皇詔版三（秦銅·138）：不壹歉疑者

始皇詔版七（秦銅·143）：不壹歉疑者

始皇詔版八（秦銅·144）：不壹歉疑者

北私府橢量·始皇詔（秦銅·146）：不壹歉疑者

北私府橢量·始皇詔（秦銅·146）：不壹歉疑者

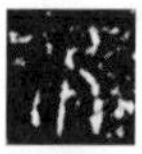
北私府橢量·二世詔（秦銅·147）：今襲號而刻辭不稱始皇帝

兩詔橢量一（秦銅·148）：不稱成功盛德

兩詔橢量一（秦銅·148）：今襲號而刻辭不稱始皇帝

兩詔橢量二（秦銅·149）：不稱成功盛德

兩詔橢量二（秦銅·149）：不壹歉疑者

兩詔橢量二（秦銅·149）：今襲號而刻辭不稱始皇帝

兩詔橢量三之一（秦銅·150）：不壹歉疑者

兩詔橢量三之二（秦銅·151）：不稱成功盛德

兩詔橢量三之二（秦銅·151）：今襲號而刻辭不稱始皇帝

左樂兩詔鈞權（集證·43）：不稱成功[盛德]

左樂兩詔鈞權（集證·43）：今襲號而刻辭不稱始皇帝

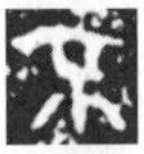
二世元年詔版一（秦銅·161）：不稱成功盛德

二世元年詔版一（秦銅·161）：今襲號而刻辭不稱始皇帝

二世元年詔版二（秦銅·162）：今襲號而刻辭不稱始皇帝

二世元年詔版三（秦銅·163）：不稱成功盛德

二世元年詔版三（秦銅·163）：今襲號而刻辭不稱始皇帝

二世元年詔版四（秦銅·164）：不稱成功盛德

二世元年詔版四（秦銅·164）：今襲號而刻辭不稱始皇帝

二世元年詔版五（秦銅·165）：不稱成功盛德

二世元年詔版五（秦銅·165）：今襲號而刻辭不稱始皇帝

二世元年詔版六（秦銅·166）：不稱成功盛德

二世元年詔版六（秦銅·166）：今襲號而刻辭不稱始皇帝

二世元年詔版八（秦銅·168）：不稱成功盛德

二世元年詔版八（秦銅·168）：今襲號而刻辭不稱始皇帝

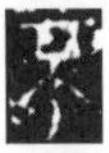
二世元年詔版九（秦銅·169）：今襲號而刻辭不稱始皇帝

二世元年詔版九（秦銅·169）：不稱成功盛德

二世元年詔版十一（秦銅·171）：今襲號而刻辭不稱始皇帝

二世元年詔版十二（秦銅·172）：不稱成功盛德

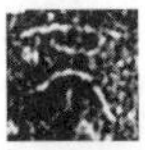
二世元年詔版十三（集證·50）：不稱成功盛德

二世元年詔版十三（集證·50）：今襲號而刻辭不稱始皇帝

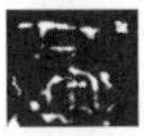
兩詔版（秦銅·174.1）：不壹歉疑者

兩詔銅權一（秦銅·175）：不稱成功盛德

兩詔銅權一（秦銅·175）：今襲號而刻辭不稱始皇帝

兩詔銅權二（秦銅·176）：不稱成功盛德

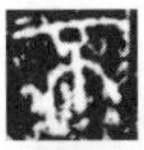
兩詔銅權二（秦銅·176）：不壹歉疑者

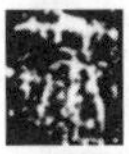
兩詔銅權二（秦銅·176）：今襲號而刻辭不稱始皇帝

兩詔銅權三（秦銅·178）：不稱成功盛德

兩詔銅權三（秦銅·178）：不壹歉疑者

兩詔銅權三（秦銅·178）：今襲號而刻辭不稱始皇帝

兩詔銅權四（秦銅·179.1）：不壹歉疑者

兩詔斤權一（集證·45）：不壹歉疑者

兩詔斤權一(集證・45):不稱成功盛德

兩詔斤權一・摹(集證・46):不稱成功盛德

兩詔斤權一・摹(集證・46):不壹歉疑者

兩詔斤權一・摹(集證・46):今襲號而刻辭不稱始皇帝

兩詔斤權二・摹(集證・49):不稱成功盛德

兩詔斤權二・摹(集證・49):不壹歉疑者

兩詔斤權二・摹(集證・49):今襲號而刻辭不稱始皇帝

平陽銅權・摹(秦銅・182):不稱成功盛德

平陽銅權・摹(秦銅・182):不壹歉疑者

平陽銅權・摹(秦銅・182):今襲號而刻辭不稱始皇帝

美陽銅權(秦銅・183):不稱成功盛德

美陽銅權(秦銅・183):不壹歉疑者

□年相邦呂不韋戈(珍金・98):□年相邦呂不韋造

□年相邦呂不韋戈・摹(珍金・98):□年相邦呂不韋造

五年相邦呂不韋戈一(集證・33):五年相邦呂不韋造

五年相邦呂不韋戈二(秦銅・68.1):五年相邦呂不韋造

五年相邦呂不韋戈二・摹(秦銅・68.1):五年相邦呂不韋造

五年相邦呂不韋戈三・摹(秦銅・69):五年相邦呂不韋造

八年相邦呂不韋戈・摹(秦銅・71):八年相邦呂不韋造

四年相邦呂不韋矛・摹(秦銅・66):四年相邦呂不韋造

三年相邦呂不韋戟(秦銅・61):三年相邦呂不韋造

三年相邦呂不韋戟・摹(秦銅・61):三年相邦呂不韋造

四年相邦呂不韋戟・摹(秦銅・65):四年相邦呂不韋造

七年相邦呂不韋戟一(秦銅・70):七年相邦呂不韋造

七年相邦呂不韋戟二・摹(俑坑・3.2):七年相邦呂不韋造

九年相邦呂不韋戟・摹(集證・35):九年相邦呂不韋造

大墓殘磬(集證・76):不廷鋘(鎮)□

石鼓文・而師(先鋒本):□□□不〖注〗不,郭沫若讀爲“否”。

石鼓文・吾水(先鋒本):害(曷)不余從

石鼓文・吾水(先鋒本):母(毋)不□□

詛楚文・湫淵(中吳本):偖(吾)不敢曰可

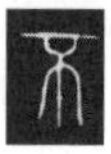
詛楚文・湫淵(中吳本):不畏皇天上帝及大沈氒(厥)湫之光列(烈)威神

詛楚文・湫淵(中吳本):內之則虣(暴)虐(虐)不(無)姑(辜)

詛楚文・湫淵(中吳本):使其宗祝邵鼛布憝(檄)告于不(丕)顯大神氒(厥)湫〖注〗不顯,即丕顯。丕,大。顯,顯赫。

詛楚文・湫淵(中吳本):毋相爲不利

詛楚文・巫咸(中吳本):偖(吾)不敢曰可

詛楚文・巫咸(中吳本):不畏皇天上帝及不(丕)顯大神巫咸之光列

（烈）威神

詛楚文・巫咸（中吳本）：不畏皇天上帝及不（丕）顯大神巫咸之光列（烈）威神

詛楚文・巫咸（中吳本）：內之則虣（暴）虐（虐）不（無）辜

詛楚文・巫咸（中吳本）：親卬（仰）不（丕）顯大神巫咸而質焉

詛楚文・巫咸（中吳本）：求蔑灋（廢）皇天上帝及不（丕）顯大神巫咸之卹祠、圭玉、羲（犧）牲

詛楚文・巫咸（中吳本）：使其宗祝卲鬹布愍（檄）告于不（丕）顯大神巫咸

詛楚文・亞駝（中吳本）：毋相爲不利

詛楚文・亞駝（中吳本）：亦應受皇天上帝及不（丕）顯大神亞駝之幾（機）靈德賜

詛楚文・巫咸（中吳本）：毋相爲不利

詛楚文・巫咸（中吳本）：亦應受皇天上帝及不（丕）顯大神巫咸［之］幾（機）靈德賜

詛楚文・亞駝（中吳本）：衙（吾）不敢曰可

詛楚文・亞駝（中吳本）：不畏皇天上帝及不（丕）顯大神亞駝之光列（烈）威神

詛楚文・亞駝（中吳本）：不畏皇天上帝及不（丕）顯大神亞駝之光列（烈）威神

詛楚文・亞駝（中吳本）：內之則虣（暴）虐（虐）不（無）辜

詛楚文・亞駝（中吳本）：親卬（仰）不（丕）顯大神亞駝而質焉

詛楚文・亞駝（中吳本）：求蔑灋（廢）皇天上帝及不（丕）顯大神亞駝之卹祠、圭玉、羲（犧）牲

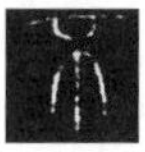
詛楚文・亞駝（中吳本）：使其宗祝卲鬹布愍（檄）告于不（丕）顯大神亞駝

秦駰玉版・甲・摹：而不得氒（厥）方

秦駰玉版・甲・摹：若明神不□其行

秦駰玉版・甲・摹：孰敢不精

秦駰玉版・乙・摹：而不得氒（厥）方

秦駰玉版・乙・摹：若明神不□其行

秦駰玉版・乙・摹：孰敢不精

會稽刻石・宋刻本：倍死不貞

會稽刻石・宋刻本：莫不順令

會稽刻石・宋刻本：輿舟不傾

會稽刻石・宋刻本：子不得母

琅邪臺刻石：不稱成功盛德

琅邪臺刻石：今襲號而金石刻辭不稱始皇帝

泰山刻石・宋拓本：不稱成功盛德

泰山刻石・宋拓本：不懈於治

泰山刻石・宋拓本：今襲號而金石刻辭不稱始皇帝

泰山刻石・宋拓本：靡不清淨

泰山刻石・宋拓本：罔不賓服

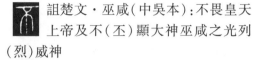

繹山刻石·宋刻本：兵不復起

繹山刻石·宋刻本：不稱成功盛德

繹山刻石·宋刻本：今襲號而金石刻辭不稱始皇帝

繹山刻石·宋刻本：經時不久

青川牘·摹：而有陷敗不可行

青川牘·摹：四年十二月不除道者

天簡38·乙：冬三月戊戌不可北行百里大兇三

天簡38·乙：不失水火

天簡35·乙：風不利雞二日

天簡39·乙：室有有法祠口舌不整

天簡39·乙：不死不亡

天簡35·乙：風不利犬三日

天簡39·乙：不死不亡

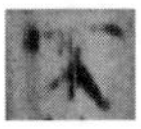
天簡23·甲：不得癰疾

天簡25·乙：不

天簡25·乙：不捡

天簡25·乙：不遠

天簡26·乙：遠所毆不得

天簡30·乙：不遂居家者

天簡34·乙：庚申不可垣

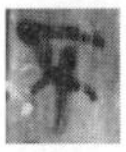
天簡34·乙：三月己丑不可［東行］

天簡35·乙：黄鐘不合音數

天簡35·乙：風不利豕

睡簡·語書·13：令、丞以爲不直〖注〗不直，罪名，不公正。

睡簡·語書·10：是以不爭書

睡簡·語書·11：不羞辱

睡簡·答問·43：不端

睡簡·答問·43：今乙不盜牛

睡簡·答問·43：爲告不審

睡簡·答問·43：不傷人

睡簡·答問·21：不同居不爲盜主

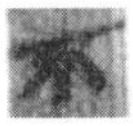
睡簡·答問·21：不同居不爲盜主

睡簡·秦律·164：其不可食者不盈百石以下

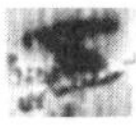
睡簡·秦律·164：其不可食者不盈百石以下

睡簡·日甲·7背：不居

睡簡·效律·50：計用律不審而贏

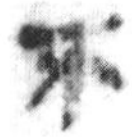
睡簡·語書·6：是即不勝任

睡簡·答問·27：未置及不直（置）者不爲"具"

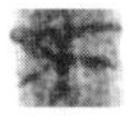 睡簡・日甲・9背:不可取妻

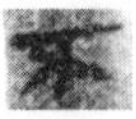 睡簡・日甲・7背:不吉

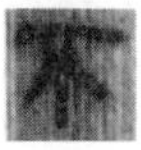 睡簡・效律・50:不備

 睡簡・語書・6:不智毆

 睡簡・6號牘・背:且令故民有爲不如令者實□

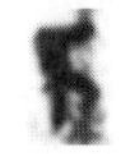 睡簡・6號牘・背:聞新地城多空不實者

 睡簡・11號牘・背:辭相家爵不也

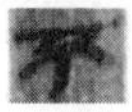 睡簡・答問・80:今夬(決)耳故不穿

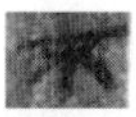 睡簡・答問・29:議不爲過羊

 睡簡・答問・206:不當貣(貸)

 睡簡・答問・26:不盡一具

 睡簡・答問・26:及盜不直(置)者

 睡簡・答問・207:不當氣(餼)而誤氣(餼)之

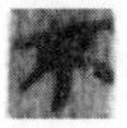 睡簡・答問・27:未置及不直(置)者不爲"具"

 睡簡・答問・23:當以衣及布畀不當

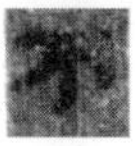 睡簡・答問・24:衣不當

 睡簡・答問・25:益〈盜〉一腎臧(贓)不盈一錢

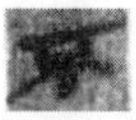 睡簡・答問・21:且不爲

 睡簡・答問・98:不當論

 睡簡・答問・98:典、老雖不存

 睡簡・答問・98:審不存

 睡簡・答問・98:問當論不當

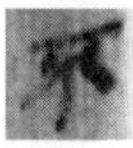 睡簡・答問・96:不能定辠人

 睡簡・答問・96:不審

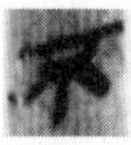 睡簡・答問・96:爲告不審

 睡簡・答問・97:當以告不審論

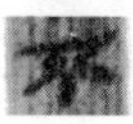 睡簡・答問・93:端令不致

 睡簡・答問・9:受分臧(贓)不盈一錢

 睡簡・答問・94:史不與嗇夫和

 睡簡・答問・94:贖辠不直

 睡簡・答問・95:今郡守爲廷不爲

 睡簡・答問・68:不覺

 睡簡・答問・68:告不聽〖注〗告不聽,對控告不予受理。

 睡簡・答問・68:問甲當論及收不當

 睡簡・答問・69:不欲其生

 睡簡・答問・69:其子新生而有怪物其身及不全而殺之

 睡簡・答問・63:將上不仁邑里者而縱之

 睡簡・答問・64:不重

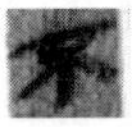 睡簡・答問・61:嗇夫不以官爲事

 睡簡・答問・61:畚(遷)者妻當包不當

 睡簡・答問・74:皆論不毄(也)

 睡簡・答問・7:臧(贓)不盈一錢

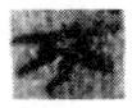 睡簡・答問・38:廷行事以不審論

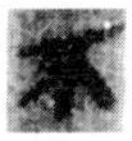 睡簡・答問・32:其他不爲

 睡簡・答問・36:爲不直

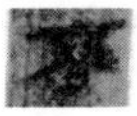 睡簡・答問・34:爲不直

 睡簡・答問・3:問辠當駕(加)如害盜不當

 睡簡・答問・48:告不審

 睡簡・答問・48:爲告黥城旦不審

 睡簡・答問・46:而不智(知)其羊數

 睡簡・答問・47:不盜牛

 睡簡・答問・47:爲告不審

 睡簡・答問・47:貲盾不直

 睡簡・答問・44:或曰爲告不審

 睡簡・答問・44:問甲當論不當

 睡簡・答問・44:亦不當購

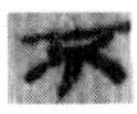 睡簡・答問・45:且爲告不審

 睡簡・答問・53:見書而投者不得

 睡簡・答問・10:甲盜不盈一錢

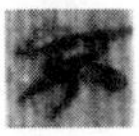 睡簡・答問・182:不論論

 睡簡・答問・182:臧(藏)者論不論

 睡簡・答問・186:宇相直者不爲"院"

 睡簡・答問・180:其邦徒及僞吏不來

 睡簡・答問・183:不當

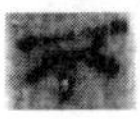 睡簡・答問・185:得比公士贖耐不得

 睡簡・答問・1:不盈五人

 睡簡・答問・12:不謀

 睡簡・答問・102:當三環之不

 睡簡・答問・12:甲乙雅不相智(知)

 睡簡・答問・102:免老告人以爲不孝

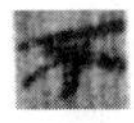 睡簡・答問・19:父盜子,不爲盜

 睡簡・答問・195:不入養主

 睡簡・答問・195:不收

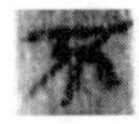 睡簡・答問・195:雖不養主而入量(糧)者

 睡簡・答問・168:不智(知)亡

 睡簡・答問・169:其棄妻亦當論不當

睡簡・答問・169:棄妻不書

睡簡・答問・166:當論不當

睡簡・答問・166:不當論

睡簡・答問・163:不會

睡簡・答問・163:今士五(伍)甲不會

睡簡・答問・163:治(笞)當駕(加)不當

睡簡・答問・161:它不爲

睡簡・答問・170:不收

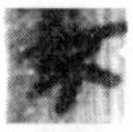睡簡・答問・179:當者(諸)侯不治騷馬

睡簡・答問・107:亦不當聽治

睡簡・答問・100:其所告且不審

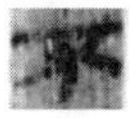睡簡・答問・138:問甲當購不當

睡簡・答問・103:不爲“公室告”

睡簡・答問・13:其曹人當治(笞)不當

睡簡・答問・133:得比公痒(癃)不得

睡簡・答問・13:臧(贜)不盈一錢

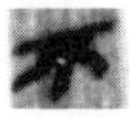睡簡・答問・14:不智(知)

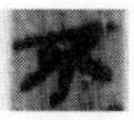睡簡・答問・146:論當除不當

睡簡・答問・143:遝免、徙不遝

睡簡・答問・144:事它郡縣而不視其事者

睡簡・答問・145:令當免不當

睡簡・答問・158:問當論不當

睡簡・答問・159:當負不當出

睡簡・答問・156:當伍及人不當

睡簡・答問・157:不論□爲匿田

睡簡・答問・157:當論不當

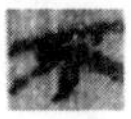睡簡・答問・150:實官戶扇不致

睡簡・答問・155:當坐伍人不當

睡簡・答問・105:亦不當聽

睡簡・答問・100:而論其不審

睡簡・答問・119:吏當論不當

睡簡・答問・116:子小不可別

睡簡・封診・80:不可迹

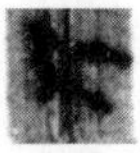睡簡・封診・80:不智(知)盜人數及之所

睡簡・封診・80:皆不可爲廣袤

睡簡・封診・87:不可智(知)子

睡簡・封診・83:不智(知)其里□可(何)物及亡狀

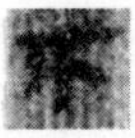睡簡・封診・9:不會封

 睡簡·封診·92:甲等不肯來

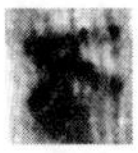 睡簡·封診·96:以迺二月不識日去亡

 睡簡·封診·94:丙而不把毒

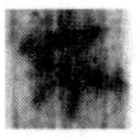 睡簡·封診·62:聞濾(號)寇者不毆

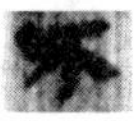 睡簡·封診·69:乃視舌出不出

 睡簡·封診·66:不周項二寸

 睡簡·封診·67:不可智(知)人迹

 睡簡·封診·65:足不傅地二寸

 睡簡·封診·74:不智(知)穴盜者可(何)人、人數

 睡簡·封診·74:結衣不得

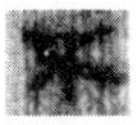 睡簡·封診·71:索迹不鬱

 睡簡·封診·71:索終急不能脫

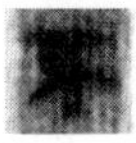 睡簡·封診·37:不田作

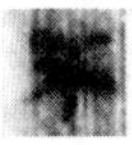 睡簡·封診·37:不聽甲令

 睡簡·封診·50:甲親子同里士五(伍)丙不孝

 睡簡·封診·59:不可智(知)賊迹

 睡簡·封診·53:刺其鼻不疐(嚏)

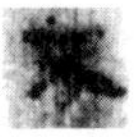 睡簡·封診·55:署中某所有賊死、結髮、不智(知)可(何)男子一人

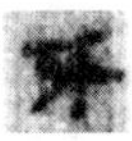 睡簡·封診·51:誠不孝甲所

 睡簡·秦律·88:凡糞其不可買(賣)而可以爲薪及蓋藹〈蘙〉者

 睡簡·秦律·89:取不可葆繕者

 睡簡·秦律·86:縣、都官以七月糞公器不可繕者

 睡簡·秦律·87:糞其有物不可以須時

 睡簡·秦律·83:效其官而有不備者

 睡簡·秦律·8:無豤(墾)不豤(墾)

 睡簡·秦律·81:隃(逾)歲而弗入及不如令者

 睡簡·秦律·29:上贏不備縣廷

 睡簡·秦律·23:其不備

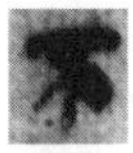 睡簡·秦律·25:後節(卽)不備

 睡簡·秦律·99:不同程者毋同其出

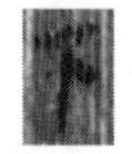 睡簡·秦律·97:不從令者貲一甲

 睡簡·秦律·95:隸臣妾之老及小不能自衣者

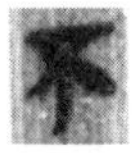 睡簡·秦律·95:亡、不仁其主及官者

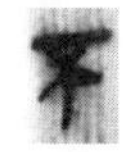 睡簡·秦律·68:吏循之不謹

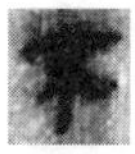 睡簡·秦律·6:百姓犬入禁苑中而不追獸及捕獸者

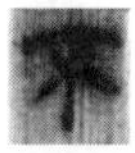 睡簡·秦律·62:不得贖

 睡簡·秦律·69:小物不能各一錢者

 睡簡·秦律·66:不行

 睡簡・秦律・66:其廣袤不如式者

 睡簡・秦律・63:豬、鷄之息子不用者

 睡簡・秦律・64:不盈千者

 睡簡・秦律・64:錢善不善

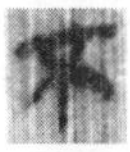 睡簡・秦律・78:終歲衣食不踐以稍賞(償)

 睡簡・秦律・70:不能逮其輸所之計

 睡簡・秦律・73:不盈十人者

 睡簡・秦律・73:都官佐、史不盈十五人者

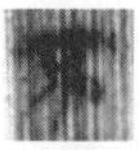 睡簡・秦律・74:不盈七人者

 睡簡・秦律・38:其有不盡此數者

 睡簡・秦律・32:令令、丞與賞(償)不備

 睡簡・秦律・32:索(索)而論不備

 睡簡・秦律・31:□不備

 睡簡・秦律・4:不夏月

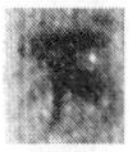 睡簡・秦律・49:其不從事

 睡簡・秦律・46:及告歸盡月不來者

 睡簡・秦律・46:有秩吏不止

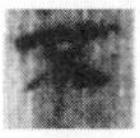 睡簡・秦律・58:減舂城旦月不盈之稟

 睡簡・秦律・56:不操土攻(功)

 睡簡・秦律・5:是不用時

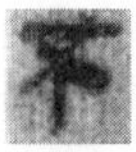 睡簡・秦律・54:不急勿總

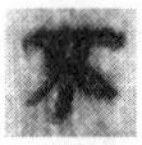 睡簡・秦律・5:唯不幸死而伐綰(棺)享(槨)者

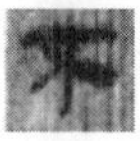 睡簡・秦律・51:隸臣、城旦高不盈六尺五寸

 睡簡・秦律・51:隸妾、舂高不盈六尺二寸

 睡簡・秦律・189:令、丞爲不從令

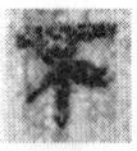 睡簡・秦律・183:不急者

 睡簡・秦律・184:隸臣妾老弱及不可誠仁者勿令

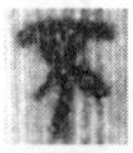 睡簡・秦律・185:宜到不來者

 睡簡・秦律・181:不更以下到謀人
〖注〗不更,秦爵之四級。

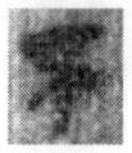 睡簡・秦律・181:宦奄如不更

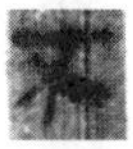 睡簡・秦律・126:不攻閒車

 睡簡・秦律・126:及不芥(介)車

 睡簡・秦律・126:及叚(假)人食牛不善

 睡簡・秦律・102:其不可刻久(記)者

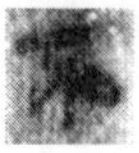 睡簡・秦律・123:其程攻(功)而不當者

 睡簡・秦律・123:爲不察

 睡簡・秦律・124:其不審

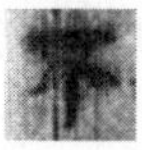 睡簡・秦律・125:及大車轅不勝任

睡簡・秦律・125：皆不勝任而折

睡簡・秦律・121：不得爲繇（徭）

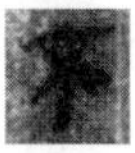
睡簡・秦律・12：有不從令者有辠〖注〗不從令，法律習語，違反法令。

睡簡・秦律・196：有不從令而亡、有敗、失火

睡簡・秦律・194：不用者

睡簡・秦律・160：不得除其故官佐、吏以之新官

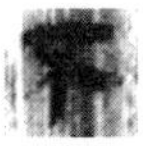
睡簡・秦律・162：不備

睡簡・秦律・167：度禾、芻稾而不備十分一以下

睡簡・秦律・167：而以律論其不備

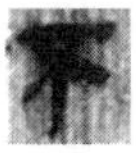
睡簡・秦律・161：官嗇夫節（即）不存

睡簡・秦律・178：公器不久（記）刻者

睡簡・秦律・177：效公器贏、不備

睡簡・秦律・173：而以律論不備者

睡簡・秦律・174：及者（諸）移贏以賞（償）不備

睡簡・秦律・174：有贏、不備而匿弗謁

睡簡・秦律・175：有（又）與主廥者共賞（償）不備

睡簡・秦律・138：以日當刑而不能自衣食者

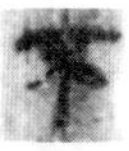
睡簡・秦律・136：不得代

睡簡・秦律・130：爲車不勞稱議脂之

睡簡・秦律・104：不可久者

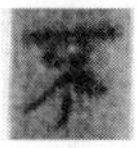
睡簡・秦律・146：司寇不踐

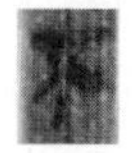
睡簡・秦律・145：城旦司寇不足以將

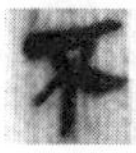
睡簡・秦律・159：所不當除而敢先見事

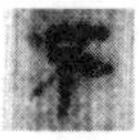
睡簡・秦律・156：其不完者〖注〗不完，因受肉刑而形體殘缺。

睡簡・秦律・105：其久靡不可智（知）者、令齎賞（償）

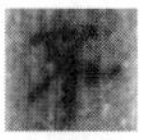
睡簡・秦律・153：皆不得受其爵及賜

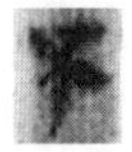
睡簡・秦律・15：銷敝不勝而毀者

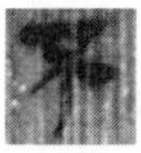
睡簡・秦律・112：盈期不成學者

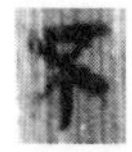
睡簡・秦律・119：其土惡不能雨〖注〗不能，不耐。

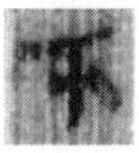
睡簡・雜抄・28：已馳馬不去車

睡簡・雜抄・2：除士吏、發弩嗇夫不如律

睡簡・雜抄・22：殿而不負費

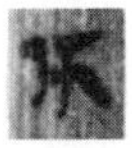
睡簡・雜抄・2：發弩嗇夫射不中

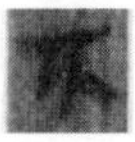
睡簡・雜抄・2：及發弩射不中

睡簡・雜抄・29：及不會膚期

睡簡・雜抄・26：豹旞（遂），不得

睡簡・雜抄・26：虎失（佚），不得

睡簡・雜抄・24：榦可用而久以爲不可用

睡簡・雜抄・24:工久(記)榦曰不可用

睡簡・雜抄・25:而貲工曰不可者二甲

睡簡・雜抄・9:奔摯(縶)不如令

睡簡・雜抄・9:不勝任

睡簡・雜抄・6:當除弟子籍不得
〖注〗不得,不合宜。

睡簡・雜抄・6:置任不審

睡簡・雜抄・32:百姓不當老

睡簡・雜抄・32:及占瘩(癃)不審

睡簡・雜抄・32:至老時不用請

睡簡・雜抄・39:縣嗇夫、尉及士吏行戍不以律

睡簡・雜抄・37:不死者歸

睡簡・雜抄・37:有(又)後察不死

睡簡・雜抄・37:戰死事不出

睡簡・雜抄・34:署君子、敦(屯)長、僕射不告

睡簡・雜抄・34:徒卒不上宿

睡簡・雜抄・35:不如辭

睡簡・雜抄・4:不辟(避)席立

睡簡・雜抄・1:上造以上不從令

睡簡・雜抄・15:不完善(繕)

睡簡・雜抄・11:不當稟軍中而稟者

睡簡・日甲・80背:其面不全

睡簡・日甲・80背:夙得莫(暮)不得

睡簡・日甲・80正:不可爲室及入之

睡簡・日甲・88背:不皆(偕)居

睡簡・日甲・8背:不可取妻、家(嫁)子

睡簡・日甲・86正:不可食六畜

睡簡・日甲・85正:不可食六畜

睡簡・日甲・81背:乙名曰舍徐可不詠亡恴(憂)

睡簡・日甲・81正:不可爲它事

睡簡・日甲・81正:不利出入人

睡簡・日甲・81正:不可行

睡簡・日甲・81正:以生子,不完

睡簡・日甲・20背:不吉

睡簡・日甲・20背:不利人

睡簡・日甲・28背:不害人矣

睡簡・日甲・2背:不棄

睡簡・日甲・22背:不吉

睡簡・日甲・22背:不窮必刑

睡簡·日甲·22背:不終迣(世)

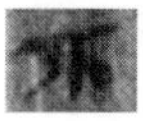
睡簡·日甲·27背:不可止

睡簡·日甲·27背:其所不可咼(過)也

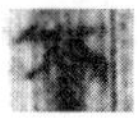
睡簡·日甲·27正:弦望及五辰不可以興樂□

睡簡·日甲·23背:不吉

睡簡·日甲·23背:君子不得志

睡簡·日甲·24背:爲民不羊(祥)

睡簡·日甲·24背:則不畏人矣

睡簡·日甲·21背:不吉

睡簡·日甲·2正:不成以祭

睡簡·日甲·98背:六壬不可以船行

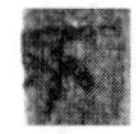
睡簡·日甲·9背:不可取妻

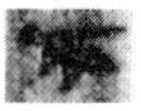
睡簡·日甲·92背:不出三月有得

睡簡·日甲·92正:不可出女

睡簡·日甲·99背:六庚不可以行

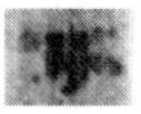
睡簡·日甲·96背:不出卒歲

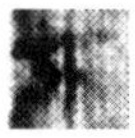
睡簡·日甲·93正:申不可出貨

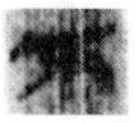
睡簡·日甲·94正:不可臧(藏)

睡簡·日甲·91背:此胃者不出

睡簡·日甲·91背:生子不牷(全)

睡簡·日甲·9正:不可以行作

睡簡·日甲·68正:若不[酢]

睡簡·日甲·62背:則不屬矣

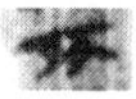
睡簡·日甲·66背:不害矣

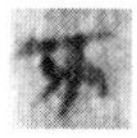
睡簡·日甲·66背:則不來矣

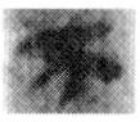
睡簡·日甲·61背:不終日

睡簡·日甲·78背:夙得莫(暮)不得

睡簡·日甲·78正:不出三月有大得

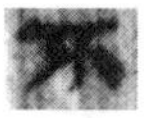
睡簡·日甲·78正:妻不到

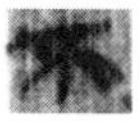
睡簡·日甲·78正:亡者,不得

睡簡·日甲·7背:不可家(嫁)女、取妻

睡簡·日甲·79背:夙得莫(暮)不得

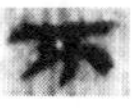
睡簡·日甲·79正:不出三歲必有大得

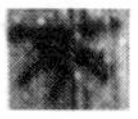
睡簡·日甲·76正:不擇(釋)

睡簡·日甲·77背:夙得莫(暮)不得

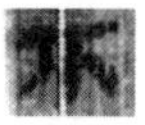
睡簡·日甲·77正:不死毋晨

睡簡·日甲·77正:若不酢

睡簡·日甲·73背:多〈名〉獾不圖射亥戌

 睡簡・日甲・73 背:爲人不轂(穀)

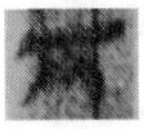 睡簡・日甲・73 正:不可取妻

 睡簡・日甲・75 背:其身不全

 睡簡・日甲・75 正:若不酢

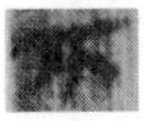 睡簡・日甲・75 正:不盈三歲死

 睡簡・日甲・71 背:不全於身

 睡簡・日甲・30 背:則不來矣

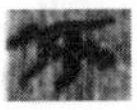 睡簡・日甲・38 正:不可臨官、飲食、樂、祠祀

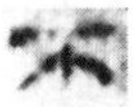 睡簡・日甲・38 正:不可取婦、家(嫁)女、出入貨及生(牲)

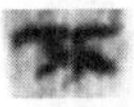 睡簡・日甲・38 正:亡者,不得

 睡簡・日甲・3 背:不出三歲

 睡簡・日甲・3 背:牽牛以取織女而不果

 睡簡・日甲・39 正:歲善而柀不產

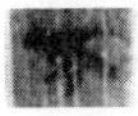 睡簡・日甲・39 正:子不產

 睡簡・日甲・36 背:不能童(動)作

 睡簡・日甲・36 背:不飲食

 睡簡・日甲・36 背:是不辜鬼

 睡簡・日甲・36 背:則不來

 睡簡・日甲・36 正:不可見人

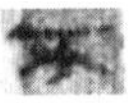 睡簡・日甲・36 正:不可取婦、家(嫁)女

 睡簡・日甲・36 正:不可殺

 睡簡・日甲・36 正:又(有)疾,不死

 睡簡・日甲・33 背:則不來矣

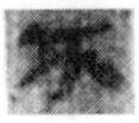 睡簡・日甲・33 正:不可復(覆)室蓋屋

 睡簡・日甲・34 背:不見其鼓

 睡簡・日甲・35 背:則不來矣

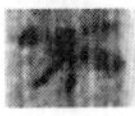 睡簡・日甲・31 正:凡丁丑不可以葬

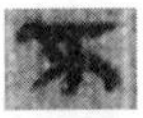 睡簡・日甲・40 正:不可飲食哥(歌)樂

 睡簡・日甲・40 正:可取,不可鼠(予)

 睡簡・日甲・40 正:是胃(謂)其羣不捧

 睡簡・日甲・40 正:以辭不合(答)

 睡簡・日甲・40 正:有爲不成

 睡簡・日甲・4 背:不出二歲

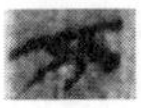 睡簡・日甲・42 背:不可辭

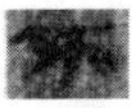 睡簡・日甲・42 背:不可止

 睡簡・日甲・42 正:不免

 睡簡・日甲・49 背:不可去

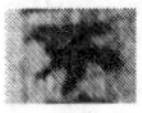 睡簡・日甲・49 背:不來矣

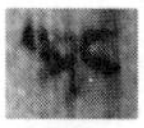
睡簡・日甲・49 正:離日不可以家(嫁)女、取婦及入人民畜生

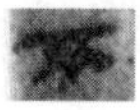
睡簡・日甲・46 背:不可以辭

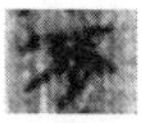
睡簡・日甲・46 背:則不來矣

睡簡・日甲・46 正:不可又(有)爲也

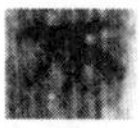
睡簡・日甲・46 正:久不已

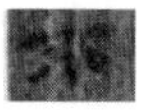
睡簡・日甲・47 背:女子不狂癡

睡簡・日甲・43 背:則不來矣

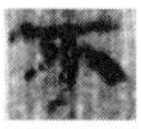
睡簡・日甲・43 正:夕雨不齊(霽)

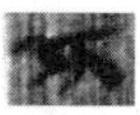
睡簡・日甲・44 正:不得必死

睡簡・日甲・44 正:不可祠祀、哥(歌)樂

睡簡・日甲・44 正:不可以見人、取婦、家(嫁)女

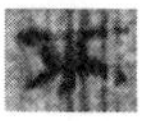
睡簡・日甲・44 正:不可又(有)爲也

睡簡・日甲・44 正:久不巳

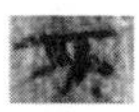
睡簡・日甲・45 背:不來矣

睡簡・日甲・41 背:不出三年

睡簡・日甲・41 背:不可御(禦)

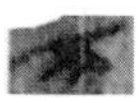
睡簡・日甲・50 背:是幼殤死不葬

睡簡・日甲・50 背:則不來矣

睡簡・日甲・58 正:不出歲亦寄焉

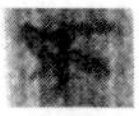
睡簡・日甲・5 背:不死,棄

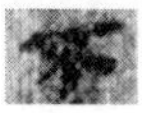
睡簡・日甲・52 背:是不辜鬼處之

睡簡・日甲・59 背:不出壹歲

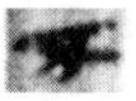
睡簡・日甲・59 背:不過三言

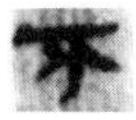
睡簡・日甲・59 正:虚四徹不可入客、寓人及臣妾

睡簡・日甲・53 正:日不可以行

睡簡・日甲・54 背:若不

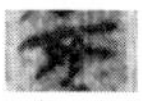
睡簡・日甲・51 背:則不來矣

睡簡・日甲・5 正:兑(說)不羊(祥)

睡簡・日甲・100 正:不可以取婦、家(嫁)女、禱祠、出貨

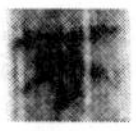
睡簡・日甲・100 正:不可以筑(築)室

睡簡・日甲・108 背:是日在行不可以歸

睡簡・日甲・108 背:在室不可以行

睡簡・日甲・108 正:不可以垣

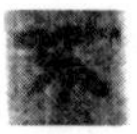
睡簡・日甲・10 背:不可取妻

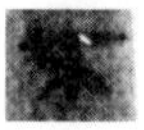
睡簡・日甲・10 背:不終

睡簡・日甲・102 背:不可以殺

睡簡・日甲・102 正:不死

睡簡・日甲・106 背:此皆不可殺

 睡簡・日甲・106 正:不可興土攻(功)

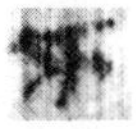 睡簡・日甲・106 正:五月六月不可興土攻(功)

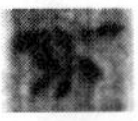 睡簡・日甲・107 正:不可壞垣、起之

 睡簡・日甲・103 背:不可以殺

 睡簡・日甲・103 正:以筑(築)室,不居

 睡簡・日甲・103 正:月不盡五日

 睡簡・日甲・104 背:不可以殺

 睡簡・日甲・104 正:不可□井池

 睡簡・日甲・104 正:不可爲土攻(功)

 睡簡・日甲・105 背:不可以殺

 睡簡・日甲・101 正:不可以爲室、覆屋

 睡簡・日甲・10 正:不可以之野外

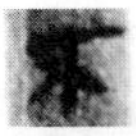 睡簡・日甲・1 背:取妻,不終

 睡簡・日甲・120 背:不卒歲必衣絲

 睡簡・日甲・128 背:丁卯不可以船行

 睡簡・日甲・128 背:六庚不可以行

 睡簡・日甲・128 背:六壬不可以船行

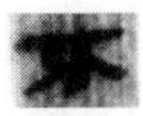 睡簡・日甲・128 正:不可具爲百事

 睡簡・日甲・122 背:身不傷

 睡簡・日甲・122 背:以坐而飲酉(酒)矢兵不入於身

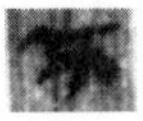 睡簡・日甲・129 正:不出三月

 睡簡・日甲・129 正:其央(殃)不出歲中

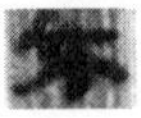 睡簡・日甲・126 正:不可燔糞

 睡簡・日甲・127 背:子、卯、午、酉不可入寄者及臣妾

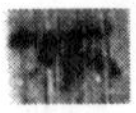 睡簡・日甲・123 正:不周門

 睡簡・日甲・124 正:未不可以澍(樹)木

 睡簡・日甲・125 正:戌不可以爲牀

 睡簡・日甲・121 背:不可材(裁)衣

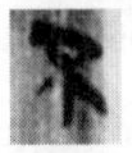 睡簡・日甲・121 背:不可爲複衣

 睡簡・日甲・121 背:月不盡五日

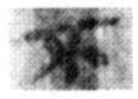 睡簡・日甲・19 背:不宜子

 睡簡・日甲・19 背:其君不瘁(癃)必窮

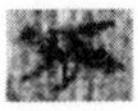 睡簡・日甲・19 正:不可以行

 睡簡・日甲・162 正:不計去

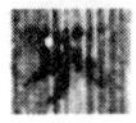 睡簡・日甲・162 正:不說(悅)

 睡簡・日甲・162 正:有告,不聽

 睡簡・日甲・166 正:晏見,不詒(怡)

 睡簡・日甲・163 正:百事不成

睡簡・日甲・161 正:有告,不聽

睡簡・日甲・17 背:不吉

睡簡・日甲・132 正:以行不吉

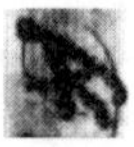
睡簡・日甲・139 背:不可垣

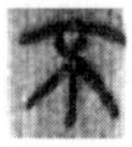
睡簡・日甲・136 背:百事不吉

睡簡・日甲・136 正:不可以行

睡簡・日甲・137 背:不可垣

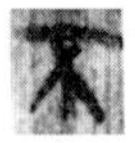
睡簡・日甲・134 背:不可爲土攻(功)

睡簡・日甲・134 正:不吉

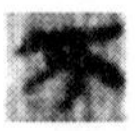
睡簡・日甲・134 正:凡此日不可以行

睡簡・日甲・131 背:當其地不可起土攻(功)

睡簡・日甲・131 正:冬三月戊戌不可北

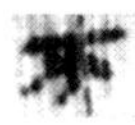
睡簡・日甲・131 正:凡春三月己丑不可東

睡簡・日甲・131 正:秋三月己未不可西

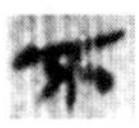
睡簡・日甲・131 正:夏三月戊辰不可南

睡簡・日甲・148 背:正月不可垣

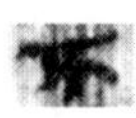
睡簡・日甲・148 正:不女爲醫

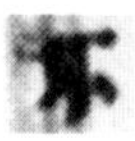
睡簡・日甲・14 背:不利

睡簡・日甲・14 背:婦不媚於君

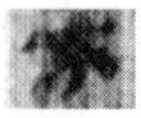
睡簡・日甲・142 正:不吉

睡簡・日甲・149 正:不吉

睡簡・日甲・146 背:凡此日不可入官及入室

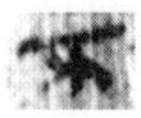
睡簡・日甲・147 正:不吉

睡簡・日甲・143 背:不可初穿門、爲戶牖、伐木、壞垣、起垣、徹屋及殺

睡簡・日甲・143 正:不吉

睡簡・日甲・143 正:不正

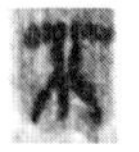
睡簡・日甲・144 背:丁亥不可爲戶

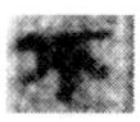
睡簡・日甲・14 正:利棗(早)不利莫(暮)

睡簡・日甲・150 背:不可初田及興土攻(功)

睡簡・日甲・150 正:不復字

睡簡・日甲・15 背:不吉

睡簡・日甲・15 背:不盈

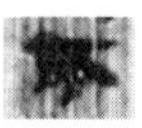
睡簡・日甲・159 正:日虒見,不言

睡簡・日甲・157 正:有告,不聽

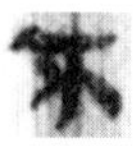
睡簡・日甲・155 正:不果

睡簡・日甲・155 正:不吉

睡簡・日甲・118 背:身不傷

睡簡・日甲・118 背:矢兵不入於身

睡簡・日甲・117 背:不可材(裁)衣

睡簡・日甲・117 背:不可爲複衣

睡簡・日甲・117 背:月不盡五日

睡簡・日甲・114 背:不卒歲必衣絲

睡簡・日甲・115 背:不可以裚新衣

睡簡・日甲・11 正:□人,不得

睡簡・日甲・11 正:利以兑(說)明(盟)組(詛)、百不羊(祥)

睡簡・日甲・1 正:凡不可用者

睡簡・日乙・80:不可爲室及入之

睡簡・日乙・80:以取妻,不寧

睡簡・日乙・86:不可食畜生

睡簡・日乙・85:不可食六畜

睡簡・日乙・81:不可爲它事

睡簡・日乙・81:東臂(壁),不可行

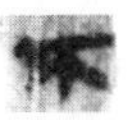睡簡・日乙・殘 3:□屋兇不□

睡簡・日乙・殘 4:□不吉□

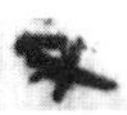睡簡・日乙・殘 5:□不吉□

睡簡・日乙・殘 5:□寅卯四月巳午不可以殺□

睡簡・日乙・204:不去有死

睡簡・日乙・205:不去有咎

睡簡・日乙・220:不去其室有死

睡簡・日乙・22:生子年不可遠行

睡簡・日乙・22:遠行不仮(返)

睡簡・日乙・238:不然必有疵於前

睡簡・日乙・238:不武乃工考(巧)

睡簡・日乙・238:丁卯,不正

睡簡・日乙・231:不計而徙

睡簡・日乙・242:辛卯生,不吉

睡簡・日乙・249:去不恙(祥)

睡簡・日乙・249:不復失火

睡簡・日乙・249:去不恙(祥)

睡簡・日乙・246:辛酉生,不吉

睡簡・日乙・247:不出三日必死

睡簡・日乙・247:不利父母

睡簡・日乙・243:壬寅生,不吉

睡簡・日乙・244:丁未生,不吉

睡簡・日乙・245:辛亥生,不吉

睡簡・日乙・250:去不恙(祥)也

睡簡・日乙・255:爲閒者不寡夫乃寡婦

睡簡・日乙・251:去不善

睡簡・日乙・21:不可以行

睡簡・日乙・92:不可出女

睡簡・日乙・96:不可蓋室

睡簡・日乙・94:不可臧(藏)

睡簡・日乙・62:不可以見人、取妻、嫁女

睡簡・日乙・64:不可以鼠(予)

睡簡・日乙・77:皆不可以大祠

睡簡・日乙・40:無不可有爲也

睡簡・日乙・42:不出三歲必代寄焉

睡簡・日乙・42:凡五巳不可入寄者

睡簡・日乙・47:不可以始種穫、始賞(嘗)

睡簡・日乙・43:不可祠

睡簡・日乙・44:不可以使人及畜六畜

睡簡・日乙・44:丁卯不可以船行

睡簡・日乙・44:六庚不可以行

睡簡・日乙・44:六壬不可以船行

睡簡・日乙・45:不可以臧(藏)蓋

睡簡・日乙・58:歲善而被不全

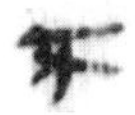
睡簡・日乙・59:[以辭]不合(答)

睡簡・日乙・59:不可攻

睡簡・日乙・59:可取不可鼠(予)

睡簡・日乙・56:不成其行

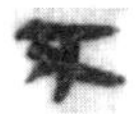
睡簡・日乙・56:不可取妻、嫁女、見人

睡簡・日乙・57:不可取妻、嫁女

睡簡・日乙・100:不可祠及行

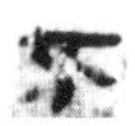
睡簡・日乙・102:不可祠

睡簡・日乙・106:妻不到

睡簡・日乙・106:亡者,不得

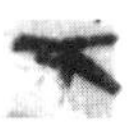
睡簡・日乙・103:不可攻

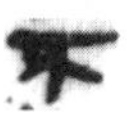
睡簡・日乙・103:不到三年死

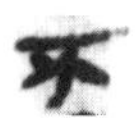
睡簡・日乙・104:以桔(結)者,不僤(釋)

睡簡・日乙・101:不可取妻

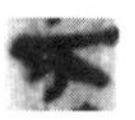
睡簡・日乙・182:不閒

睡簡・日乙・187:不酢(作)

睡簡・日乙・185:丁酢(作),不□

睡簡・日乙・127:□亥不可伐室中尌(樹)木

睡簡・日乙・124：不可以入臣妾及寄者

睡簡・日乙・125：不可築興土攻(功)

睡簡・日乙・192：辛卯壬午不可寧人

睡簡・日乙・196：不見其光

睡簡・日乙・195：不錢則布

睡簡・日乙・195：不璽(繭)則絮

睡簡・日乙・191：不可卜筭、爲屋

睡簡・日乙・191：辰不可以哭、穿肄(殔)

睡簡・日乙・169：晝夕不得

睡簡・日乙・167：晝夕不得

睡簡・日乙・163：晝夕不得

睡簡・日乙・165：朝兆不得

睡簡・日乙・161：晝夕不得

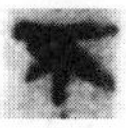
睡簡・日乙・179：朝兆不得

睡簡・日乙・177：朝兆不得

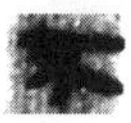
睡簡・日乙・173：晝夕不得

睡簡・日乙・175：朝兆不得

睡簡・日乙・171：朝兆不得

睡簡・日乙・137：它日唯(雖)有不吉之名

睡簡・日乙・134：不可具爲百[事]

睡簡・日乙・134：其央(殃)不出歲

睡簡・日乙・135：不出三月

睡簡・日乙・14：不可以作大事

睡簡・日乙・147：丁不可祠道旁

睡簡・日乙・147：戊辰不可祠道踌(旁)

睡簡・日乙・147：正□癸不可祠人伏

睡簡・日乙・150：不得必死

睡簡・日乙・159：晝夕不得

睡簡・日乙・157：朝兆不得

睡簡・日乙・118：不可取婦、家(嫁)女、入畜生

睡簡・日乙・112：屋不壞折

睡簡・日乙・117：以筑(築)室，室不居

睡簡・日乙・113：不可以蓋

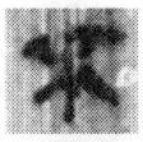
睡簡・爲吏・20：二曰不安其鼂(朝)

睡簡・爲吏・2：不敢徒語恐見惡

睡簡・爲吏・22：四曰受令不僂

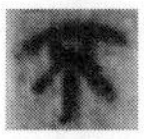
睡簡・爲吏・2：賤不可得

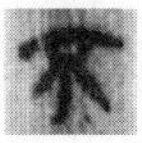
睡簡・爲吏・29：斷割不刖

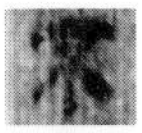睡簡・爲吏・26:二曰不智(知)所使

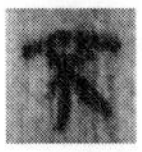睡簡・爲吏・26:外不員(圓)

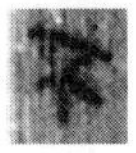睡簡・爲吏・27:攻城用其不足

睡簡・爲吏・24:不忍其宗族昆弟

睡簡・爲吏・24:不治室屋

睡簡・爲吏・24:一曰不察所親

睡簡・爲吏・24:中不方

睡簡・爲吏・25:名不章

睡簡・爲吏・9:不賃(任)其人

睡簡・爲吏・3:表若不正

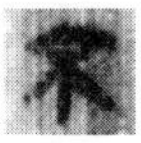睡簡・爲吏・36:食不可賞(償)

睡簡・爲吏・37:不可[不]長

睡簡・爲吏・37:臨事不敬

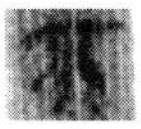睡簡・爲吏・37:强良不得

睡簡・爲吏・33:材(財)不可歸

睡簡・爲吏・33:璽而不發

睡簡・爲吏・34:謀不可遺

睡簡・爲吏・35:不踐以貧(分)人

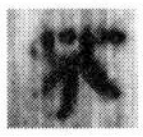睡簡・爲吏・35:言不可追

睡簡・爲吏・48:言不可追

睡簡・爲吏・42:不時怒

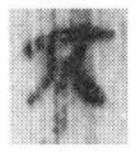睡簡・爲吏・42:無官不治

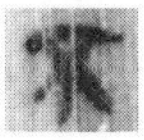睡簡・爲吏・42:興事不時

睡簡・爲吏・49:某(謀)不可遺

睡簡・爲吏・46:貴不敬

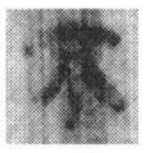睡簡・爲吏・43:無志不徹

睡簡・爲吏・44:長不行

睡簡・爲吏・44:夬(決)獄不正

睡簡・爲吏・44:君子不病殹

睡簡・爲吏・45:不精於材(財)

睡簡・爲吏・45:富不施

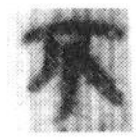睡簡・爲吏・4:有嚴不治

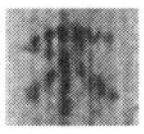睡簡・爲吏・50:不取句(苟)富

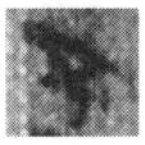睡簡・爲吏・50:貨不可歸

睡簡・爲吏・51:不取句(苟)免

睡簡・爲吏・12:事不且須

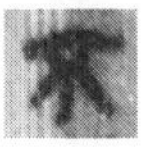睡簡・爲吏・1:貧不可得

睡簡・爲吏・15:囷造之士久不陽

 睡簡・爲吏・11:不有可茝

 睡簡・效律・8:數而贏、不備

 睡簡・效律・22:不盈百石以下

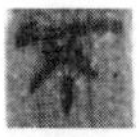 睡簡・效律・22:其不可飤(食)者

 睡簡・效律・26:而以律論其不備

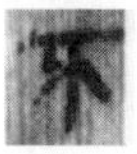 睡簡・效律・25:度禾、芻稾而不備

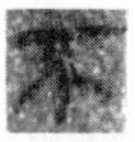 睡簡・效律・6:參不正

 睡簡・效律・6:鈞不正

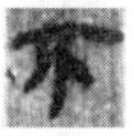 睡簡・效律・7:黄金衡贏(纍)不正

 睡簡・效律・7:升不正

 睡簡・效律・3:不盈十六兩到八兩

 睡簡・效律・3:衡石不正

 睡簡・效律・36:有(又)與主廥者共賞(償)不備

 睡簡・效律・33:而以律論不備者

 睡簡・效律・34:及者(諸)移贏以賞(償)不備

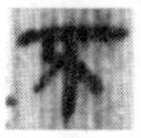 睡簡・效律・34:有贏不備

 睡簡・效律・3:甬(桶)不正

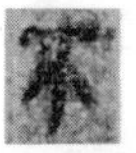 睡簡・效律・4:不盈二升到一升

 睡簡・效律・46:不盈二百斗以下到百斗

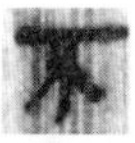 睡簡・效律・47:不盈百斗以下到十斗

 睡簡・效律・47:不盈十斗以下及稟鬃縣中而負者

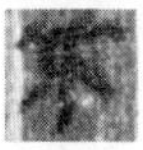 睡簡・效律・44:及物之不能相易者

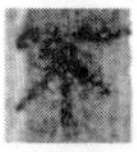 睡簡・效律・45:以職(識)耳不當之律論之

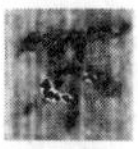 睡簡・效律・41:而責其不備旅衣札

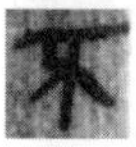 睡簡・效律・58:不盈廿二錢

 睡簡・效律・58:及不當出而出之

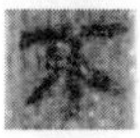 睡簡・效律・5:半石不正

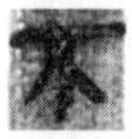 睡簡・效律・5:斗不正

 睡簡・效律・50:以效贏、不備之律貲之

 睡簡・效律・18:故嗇夫及丞皆不得除

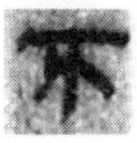 睡簡・效律・12:十分一以到不盈五分一

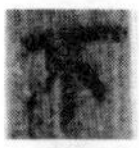 睡簡・效律・12:縣料而不備其見(現)數五分一以上

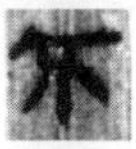 睡簡・效律・19:節(卽)官嗇夫免而效不備

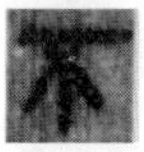 睡簡・效律・1:其有贏、不備

 睡簡・效律・14:百分一以到不盈十分一

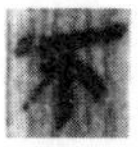 睡簡・效律・11:縣料而不備者

 睡簡・語書・9:事無不能殹

 睡簡・語書・9:以一曹事不足獨治殹

睡簡・語書・6:則爲人臣亦不忠矣

睡簡・語書・7:舉劾不從令者

睡簡・語書・7:是卽不廉毆

睡簡・語書・3:鄉俗淫失(泆)之民不止

睡簡・語書・4:不便於民

睡簡・語書・5:私好、鄉俗之心不變

睡簡・語書・5:聞吏民犯灋爲閒(奸)私者不止

睡簡・語書・10:不廉絜(潔)

睡簡・語書・10:不智(知)事

睡簡・語書・10:惡吏不明灋律令

睡簡・語書・12:故如此者<u>不</u>可不爲罰

睡簡・語書・1:或不便於民

睡簡・語書・1:其所利及好惡不同

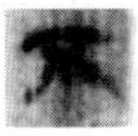
睡簡・語書・13:故如此者不可<u>不</u>爲罰

龍簡・143・摹:□不到所租□直(值)

龍簡・141:然租不平而劾者

龍簡・118・摹:及田不□坐□

龍簡・117:田不從令者

龍崗牘・正:辟死論不當爲城旦

龍簡・8:不從律者

龍簡・20・摹:□不出者

龍簡・203:[爭]而不剋者

龍簡・264・摹:□不從[令]□

龍簡・232:□不盈□

龍簡・237・摹:□者(?)不□

龍簡・252:□旁不可□

龍簡・259・摹:□之不如[令]□

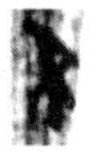
龍簡・214:南郡用節不紿時令□

龍簡・6:不從(?)□

龍簡・77:黔首犬入禁苑中而不追獸及捕□

龍簡・33・摹:不□

龍簡・41:不盈廿二錢到一錢

龍簡・12・摹:有不當入而闌入

龍簡・125・摹:不遺程、敗程租者

龍簡・125:不以敗程租上□

龍簡・196:黔首□不幸死

龍簡・193・摹:不盈十石及過十□

龍簡・193:不盈廿石到十石

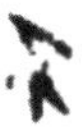
龍簡・191・摹:不盈十石到一石

龍簡・160:迸徙其田中之臧(贜)而不□

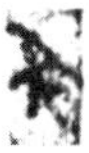
龍簡・176:□租者不丈□

龍簡・136・摹:租不能實□

龍簡・140:不盈一尺到□

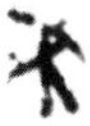
龍簡・140:租笄索不平一尺以上

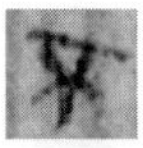
里簡・J1(16)6 正:急事不可留

里簡・J1(16)9 正:皆不移年籍

里簡・J1(9)1 正:[司空]不名計

里簡・J1(9)1 正:不智(知)何縣署

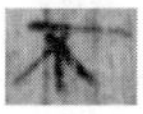
里簡・J1(9)2 正:[司空]不名計

里簡・J1(9)2 正:不狖戍洞庭郡

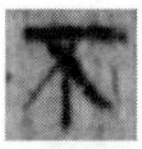
里簡・J1(9)2 正:不智(知)何縣署

里簡・J1(9)2 正:令不狖署所縣責
〖注〗不[ ],人名。

里簡・J1(9)2 正:陽陵仁陽士五(伍)不狖有貲錢八百卅六

里簡・J1(9)2 正:已訾責不狖家

里簡・J1(9)3 正:[司空]不名計

里簡・J1(9)3 正:不識戍洞庭郡

里簡・J1(9)3 正:不智(知)何縣署

里簡・J1(9)4 正:[司空]不名計

里簡・J1(9)4 正:不智(知)何縣署

里簡・J1(9)5 正:[司空]不名計

里簡・J1(9)5 正:不智(知)何縣署

里簡・J1(9)6 正:[司空]不名計

里簡・J1(9)7 正:[司空]不名計

里簡・J1(9)7 正:不智(知)何縣署

里簡・J1(9)8 正:[司空]不名計

里簡・J1(9)8 正:不智(知)何縣署

里簡・J1(9)9 正:[司空]不名計

里簡・J1(9)9 正:不智(知)何縣署

里簡・J1(9)10 正:[司空]不名計

里簡・J1(9)10 正:不智(知)何縣署

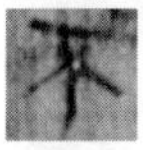
里簡・J1(9)11 正:[司空]不名計

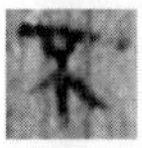
里簡・J1(9)11 正:不采戍洞庭郡
〖注〗不采,人名。不,无義助词。

里簡・J1(9)11 正:不智(知)何縣署

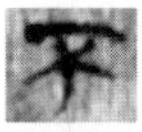
里簡・J1(9)981 正:[亡]不定言

里簡・J1(9)981 正:問不亡定

里簡・J1(16)6 正:不欲興黔首

里簡・J1(9)3 正:陽陵下里士五(伍)不識有貲餘錢千七百廿八〖注〗不識,人名。不,无義助词。

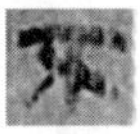關簡・140:亡人不得

關簡・143:凡窮(窮)日,不利有爲毆

關簡・191:占獄訟,不解

關簡・196:戰斲(鬬),不合

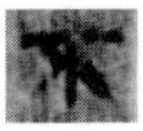關簡・195:逐盜、追亡人,不得

關簡・190:占戰斲(鬬),不合

關簡・199:不善不成

關簡・199:不善不成

關簡・190:不得

關簡・249:不得言

關簡・350:某不能腸(傷)其富

關沮牘・背・壹:月不盡四日

關簡・200:占行者,不發

關簡・200:占戰斲(鬬),不合

關簡・208:占市旅者,不吉

關簡・208:占戰斲(鬬),不合

關簡・202:占市旅,不吉

關簡・202:占戰斲(鬬),不合

關簡・209:占約結,不成

關簡・206:占市旅,不吉

關簡・206:占行者,不發

關簡・206:占戰斲(鬬),不吉

關簡・207:不害〖注〗不害,沒有妨害。

關簡・207:占約結,不成

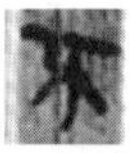關簡・203:吉事不成

關簡・203:占獄訟,不勝

關簡・204:不勝

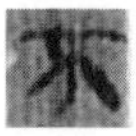關簡・204:占市旅者,不吉

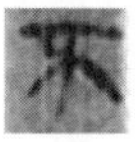關簡・205:占獄訟,不吉

關簡・205:占約結,不成

關簡・205:占逐盜、追亡人,不得

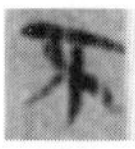關簡・201:占獄訟,不勝

關簡・201:占約結,不成

關簡・228:市旅,不吉

關簡・228:戰斲(鬬),不合

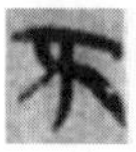關簡・222:占戰斲(鬬),怒,不合

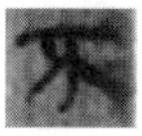關簡・222:逐盜、追亡人,不得

 關簡・229:占獄訟,不吉

 關簡・229:占約結,不成

 關簡・226:占亡,不得

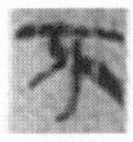 關簡・226:占戰斲(鬬),不合

 關簡・227:占約結,不吉

 關簡・227:占逐盜、追亡人,不得

 關簡・224:不死

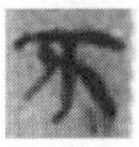 關簡・224:勝之,不合

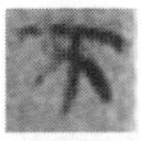 關簡・225:約結,不成

 關簡・221:占獄訟,不成

 關簡・262:直㣫(徹),不得

 關簡・230:來者,不至

 關簡・230:市旅,不吉

 關簡・230:占行,不發

 關簡・230:占戰斲(鬬),不合

 關簡・232:占來者,不至

 關簡・232:占市旅,不吉

 關簡・232:占行者,不發

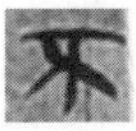 關簡・236:不至

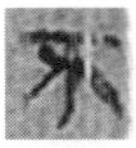 關簡・236:占戰斲(鬬),不合

 關簡・233:不吉

 關簡・233:占約結,不成

 關簡・233:占逐盜、追亡人,不得

 關簡・234:占來者,不至

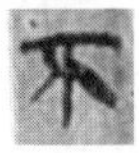 關簡・234:占市旅,不吉

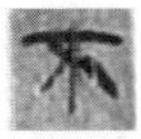 關簡・234:占戰斲(鬬),不吉

 關簡・231:占獄訟,不解

 關簡・231:占約結,不成

 關簡・240:占戰斲(鬬),不合

 關簡・242:以有求,不得

 關簡・242:占戰斲(鬬),不合

 關簡・249:不得言

 關簡・246:不言

 關簡・247:告,不聽

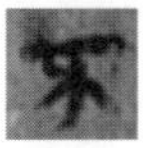 關簡・241:占逐盜、追亡人,不得

 關簡・252:告,不聽

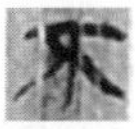 關簡・253:百事不成

 關簡・254:不治

關簡·255:不說(悅)

關簡·251:告,不聽

關簡·218:占市旅者,不吉

關簡·218:占戰蟨(鬭),不吉

關簡·212:占行者,不發

關簡·212:占戰蟨(鬭),不合

關簡·219:占獄訟,不勝

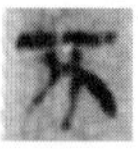
關簡·219:占約結,不成

關簡·216:占市旅,不吉

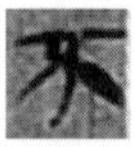
關簡·216:占戰蟨(鬭),不合

關簡·217:不勝

關簡·217:吉事不成

關簡·213:占逐盜、追亡人,不得

關簡·214:占戰蟨(鬭),不合

關簡·215:占獄訟,不吉

關簡·211:所言者分楬事也,不成

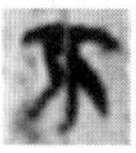
關簡·309:不已

關簡·363:不得須良日

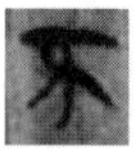
關簡·337:而心疾不智(知)而咸戴

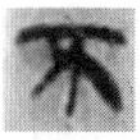
關簡·313:令人不單(憚)病

關簡·311:溫病不汗者

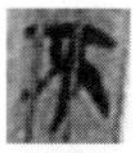
關簡·188:占[市旅]者,不吉

關簡·188:戰蟨(鬭),不合

關簡·189:請謁事也,不成

關簡·189:占獄訟,不吉

關簡·189:占約結,不成

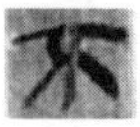
關簡·187:不吉

關簡·190:占來者,不至

關簡·190:占市旅,不吉

關簡·190:占行者,不發

關簡·198:占戰蟨(鬭),勝,不合

關簡·192:[占行]者,不發

關簡·192:占市旅,不吉

關簡·192:占戰蟨(鬭),不吉

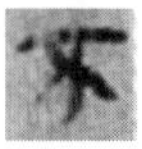
關簡·199:占約結,不成

帛書·足臂·22:不得臥

帛書·足臂·22:不過三日死

帛書·足臂·24:不死

帛書・脈法・73:□上而不下

帛書・脈法・73:治病者取有餘而益不足殹

帛書・脈法・76:謂上〈之〉不還

帛書・脈法・84:言不可不察殹

帛書・病方・15:皆不般(瘢)

帛書・病方・24:不可

帛書・病方・24:至不癰而止

帛書・病方・26:不者

帛書・病方・26:有頃不痛

帛書・病方・27:不痛

帛書・病方・30:身信(伸)而不能詘(屈)

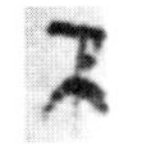
帛書・病方・40:□礜不□盡□

帛書・病方・51:屎(矢)不化而青

帛書・病方・53:爲若不已

帛書・病方・82:□不而□而鳳鳥□

帛書・病方・96:不已

帛書・病方・100:不傷人

帛書・病方・111:不出一月宥(疣)已

帛書・病方・116:不已

帛書・病方・145:[人]病馬不間(癇)者

帛書・病方・158:□及瘺不出者方

帛書・病方・160:不已

帛書・病方・164:毒堇不暴(曝)

帛書・病方・173:弱(溺)不利

帛書・病方・177:不過三飲而已

帛書・病方・177:不已

帛書・病方・183:不已

帛書・病方・186:不已

帛書・病方・193:不去〖注〗不去,不消。

帛書・病方・207:子胡不已之有

帛書・病方・230:以爲不仁

帛書・病方・247:不已

帛書・病方・248:不後上鄉(嚮)者方

帛書・病方・259:不智(知)益一

帛書・病方・263:人州出不可入者

帛書・病方・282:不痛已□

帛書・病方・288:不過數飲

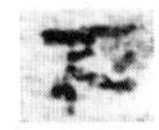
帛書・病方・306:不已

帛書・病方・311:不瘢

帛書・病方・311:不痛

帛書・病方・370:□若不去

帛書・病方・376:候其洎不盡一斗

帛書・病方・381:不亡

帛書・病方・382:若不能桼(漆)甲兵

帛書・病方・383:令人終身不鬆

帛書・病方・422:久疕不已

帛書・病方・殘7:寒溫不□

帛書・病方・目錄:人病[□]不間(癇)

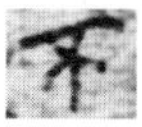帛書・病方・目錄:人病蛇不間(癇)

帛書・病方・無編號殘:不

帛書・死候・87:傅而不流

帛書・死候・88:則不沽〈活〉矣

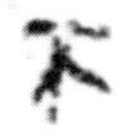帛書・灸經甲・48:不可以顧

帛書・灸經甲・56:不能臥

帛書・灸經甲・60:不可以印(仰)

帛書・足臂・17:不耆(嗜)食

帛書・足臂・21:不過三日死

秦印編227:女不害

秦印編227:不識

秦印編227:李不敬

陶量(秦印編227):不

陶量(秦印編227):不

陶量(秦印編227):不

集證・161.452:女不害〖注〗女不害,人名。

瓦書・郭子直摹:卑司御不更顝封之〖注〗不更,秦爵名。

瓦書(秦陶・1610):卑司御不更顝封之

秦陶・406:不

秦陶・407:不

秦陶・408:不

秦陶・410:不

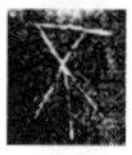秦陶・411:不

秦陶・412:不

秦陶・413:不

秦陶・414:不

秦陶・415:不

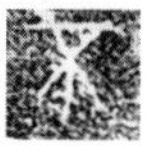秦陶・416:不

秦陶・420.1:不

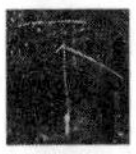
秦陶・480:東武不更所資〖注〗不更,秦爵名。

秦陶・481:東武東閒居貲不更瞗

秦陶・484:博昌居此(貲)用里不更余

秦陶・491:闌(蘭)陵居貲便里不更牙

秦陶・1253:不

秦陶・1589:灋(法)度量則不□

秦陶・1594:□度量則不□

秦陶・1595:不□

秦陶・1596:不□

秦陶・1604:不□

秦陶・492.2・摹:牂(皆)[居]貲□□不更□必

始皇詔陶印(《研究》附):不壹歉疑者

2606  否

會稽刻石・宋刻本:善否陳前

2607   至 𡐀

秦駰玉版・乙・摹:至於足□之病

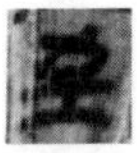
天簡24・乙:日入至晨

天簡26・乙:日入至晨

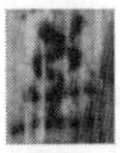
天簡26・乙:日入至晨

天簡29・乙:旦至日中

天簡30・乙:日中至日入

天簡31・乙:日中至日入

天簡28・乙:至日中

天簡34・乙:日中至日入

天簡35・乙:四以四倍之至於四

天簡31・乙:至日入

睡簡・爲吏・25:則怨數至

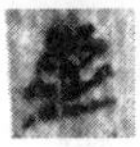
睡簡・日甲・129正:命曰央(殃)蚤(早)至

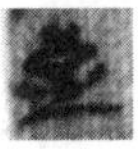
睡簡・日甲・129正:小大必至

睡簡・日乙・135:命之央(殃)蚤(早)至

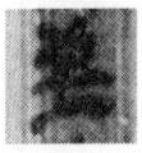
睡簡・爲吏・12:五者畢至

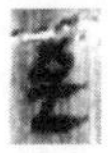
睡簡・秦律・120:至秋毋(無)雨時而以繇(徭)爲之

睡簡・秦律・175:至計而上廥籍內史

睡簡・雜抄・32:至老時不用請

睡簡・日甲・129正:必有死亡之志至

里簡・J1(9)8正:至今未報

里簡·J1(9)9背:至今未報

里簡·J1(9)11正:至今未報

里簡·J1(16)9正:毋以智(知)劾等初產至今年數

里簡·J1(9)2正:至今未報

里簡·J1(9)4正:至今未報

里簡·J1(9)5正:至今未報

里簡·J1(9)6正:至今未報

里簡·J1(9)7背:至今未報

關簡·198:占來者,亟至

關簡·192:占來者,亟至

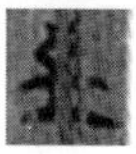
關簡·196:占來者,亟至

關簡·200:占來者,亟至

關簡·208:占來者,未至

關簡·202:占來者,未至

關簡·204:占來者,未至

關簡·220:占來者,未至

關簡·228:占來者,未至

關簡·226:占來者,亟至

關簡·224:占來者,亟至

關簡·230:來者,不至

關簡·238:占來者,亟至

關簡·232:占來者,不至

關簡·236:不至

關簡·234:占來者,不至

關簡·240:占來者,亟至

關簡·242:占來者,亟至

關簡·210:占來者,亟至

關簡·218:占來者,至

關簡·216:占來者,亟至

關簡·214:未至

關簡·188:占來者,未至

關簡·190:占來者,不至

關簡·194:[占來]者,未至

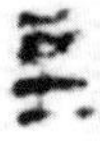
帛書·病方·166:前[日]至可六、七日秀(秀)

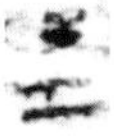
帛書·病方·178:深至肘

帛書·病方·24:至不癰而止

帛書·病方·164:以夏日至到□毒堇

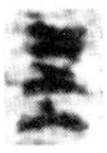
帛書·病方·203:三指最(撮)至節

2608  到

 天簡35・乙:三以三倍之到三止

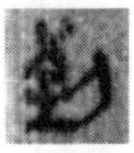 睡簡・效律・13:直(值)過二百廿錢以到千一百錢

 睡簡・效律・14:百分一以到不盈十分一

 睡簡・效律・15:直(值)過千一百錢以到二千二百錢

 睡11號牘・正:書到皆爲報

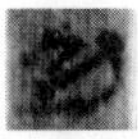 睡簡・答問・2:不盈二百廿以下到一錢

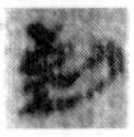 睡簡・答問・2:不盈六百六十到二百廿錢

 睡簡・答問・4:未到

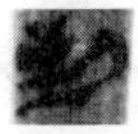 睡簡・答問・57:到關而得

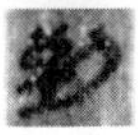 睡簡・答問・12:毚(纔)到

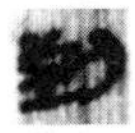 睡簡・答問・164:已閲及敦(屯)車食若行到繇(徭)所乃亡

 睡簡・封診・86:有(又)訊甲室人甲到室居處及復(腹)痛子出狀

 睡簡・封診・85:甲到室卽病復(腹)痛

 睡簡・封診・60:男子死(屍)所到某亭百步

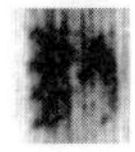 睡簡・封診・35:深到骨

 睡簡・秦律・35:到十月牒書數

 睡簡・秦律・5:到七月而縱之

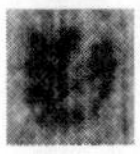 睡簡・秦律・51:到九月盡而止其半石

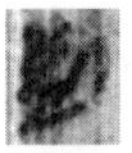 睡簡・秦律・182:上造以下到官佐、史毋(無)爵者

 睡簡・秦律・184:必書其起及到日月夙莫(暮)

 睡簡・秦律・185:宜到不來者

 睡簡・秦律・181:不更以下到謀人

 睡簡・秦律・164:百石以上到千石

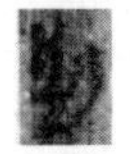 睡簡・秦律・139:毋過九月而觱(畢)到其官

 睡簡・秦律・115:六日到旬

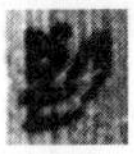 睡簡・秦律・115:失期三日到五日

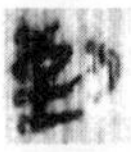 睡簡・雜抄・28:卒歲六匹以下到一匹

 睡簡・雜抄・36:尚有棲未到戰所

 睡簡・日甲・78正:妻不到

 睡簡・日甲・41背:到雷焚人〖注〗到,疑讀爲"菿",大。

 睡簡・日甲・157背:到主君所

 睡簡・日甲・111背:行到邦門困(閫)

 睡簡・日乙・236:甲子到乙亥是右〈君〉也

 睡簡・日乙・106:妻不到

 睡簡・日乙・103:不到三年死

 睡簡・日乙・140:遠行者毋以壬戌、癸亥到室

 睡簡・日乙・141:久宦者毋以甲寅到室

 睡簡・效律・8:過二百廿錢以到千一百錢

 睡簡・效律・8:直(值)百一十錢以到二百廿錢

 睡簡・效律・23:百石以到千石

 睡簡・效律・9:過千一百錢以到二千二百錢

 睡簡・效律・3:不盈十六兩到八兩

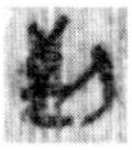 睡簡・效律・46:到官試之

 睡簡・效律・47:不盈百斗以下到十斗

 睡簡・效律・47:不盈二百斗以下到百斗

 睡簡・效律・5:不盈半升到少半升

 睡簡・效律・59:廿二錢以到六百六十錢

 睡簡・效律・56:過二百廿錢以到二千二百錢

 睡簡・效律・12:十分一以到不盈五分一

 睡簡・效律・13:過千一百錢以到二千二百錢

 龍簡・140:不盈一尺到☐

 龍簡・143:☐不到所租☐直(值)

 龍簡・40・摹:二百廿錢到百一十錢

 龍簡・41・摹:不盈廿二錢到一錢

 龍簡・103:諸馬、牛到所

 龍簡・1・摹:諸叚兩雲夢池魚(籞)及有到雲夢禁中者得取灌☐

 龍簡・188:不盈[十]石到一石

 龍簡・192・摹:不盈三☐到六☐

 龍簡・193:不盈廿石到十石

 龍簡・191・摹:不盈十石到一石

 里簡・J1(8)152 正:今書已到

 里簡・J1(8)152 正:書到言

 里簡・J1(8)156:書到言

 里簡・J1(8)158 正:主令史下絡帬直(值)書已到

 關簡・222:占來者,到

 關簡・263:斃(數)朔日以到六日

 關簡・263:七日以到十二日

 關簡・263:十九日以到廿四日

 關簡・263:十三日以到十八日

 關簡・264:廿五日以到卅日

 關簡・348:到囷下

 關簡・34:庚午到江陵

 關簡・349:到明出種

 關簡・354:裹臧(藏)到種禾時

 關簡・351:到囷下

帛書・病方・殘4：熱之皆到□

帛書・脈法・72：到下一□

帛書・病方・26：取三指最（撮）到節一

帛書・病方・112：從顛到項

帛書・病方・125：二、三月十五日到十七日取鳥卵

帛書・病方・126：居雖十［餘］歲到□歲

帛書・病方・163：取三指最（撮）到節一

帛書・病方・164：以夏日至到□毒堇

帛書・病方・263：而到（倒）縣（懸）其人

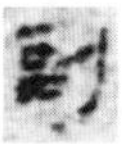
帛書・病方・291：令汗出到足

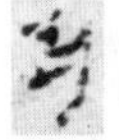
帛書・病方・334：到餔［時］出休

秦印編228：挐到

秦印編228：王到

瓦書・郭子直摹：北到于桑匽（堰）之封

瓦書・郭子直摹：取杜才（在）酆邱到于潏水

瓦書（秦陶・1610）：取杜才（在）酆邱到于潏水〖注〗“到于”二字合文。

地圖注記・摹（地圖・4）：宛到□廿五里

2609　　臺

集證・148.248：安臺丞印〖注〗安臺，地名。

集證・148.249：安臺丞印

封泥印66：章臺〖注〗章臺，宮名。

封泥印67：安臺丞印

秦印編228：楊臺

秦印編228：李臺

秦印編228：安臺丞印

秦印編228：安臺丞印

秦印編228：章臺

封泥集209・1：章臺

封泥集209・2：章臺

封泥集212・1：安臺丞印

封泥集212・2：安臺丞印

封泥集212・3：安臺丞印

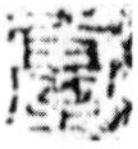
封泥集212・4：安臺丞印

封泥集212・5：安臺丞印

封泥集212・6：安臺丞印

封泥集212・8：安臺丞印

封泥集212・9：安臺丞印

封泥集212・10：安臺丞印

 封泥集212·11:安臺丞印

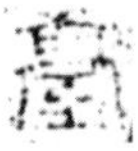 封泥集212·12:安臺丞印

 封泥集212·14:安臺丞印

 封泥集212·15:安臺丞印

 封泥集212·16:安臺丞印

 封泥集212·17:安臺丞印

 封泥集212·18:安臺丞印

 封泥集213·22:安臺丞印

 封泥集213·23:安臺丞印

 封泥集213·24:安臺丞印

 封泥集349·1:臺鄉

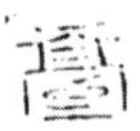 封泥集349·2:臺鄉

 集證·148.244:章臺

 集證·148.245:章臺

 集證·148.246:安臺丞印

 集證·148.247:安臺丞印

 新封泥C·19.7:安臺丞印

 廿九年漆奩·黄盛璋摹(集證·27):工大人臺〖注〗臺,人名。

 廿九年漆奩·王輝摹(集證·27):工大人臺

2610  西棲卤囟

 不其簋蓋(秦銅·3):駿方嚴允(玁狁)廣伐西俞〖注〗西俞,王國維説"俞"讀爲"隃",爲山阜之通名。李學勤讀爲"西隅",泛指周之西部邊遠地區。

 不其簋蓋(秦銅·3):王命我羞追于西〖注〗西,地名,西垂(陲),秦後於此置西縣。

 滕縣不其簋器(秦銅·4):駿方嚴允(玁狁)廣伐西俞

 滕縣不其簋器(秦銅·4):王命我羞追于西

 信宫罍(珍金·129):古西共左今左般〖注〗西,地名。

 信宫罍(珍金·131):西廿〈共〉左

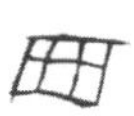 信宫罍·摹(珍金·129):古西共左今左般

 信宫罍·摹(珍金·131):西廿〈共〉左

 秦政伯喪戈一(珍金·42):戮政西旁(方)

 秦政伯喪戈一·摹(珍金·42):戮政西旁(方)

 秦政伯喪戈二·摹(珍金·43):戮政西旁(方)

 十五年上郡守壽戈·摹(集證·24):西都〖注〗西都,地名。

 廿年相邦冉戈(集證·25.1):西工師□〖注〗西,西縣,地名。

 廿年相邦冉戈·摹(秦銅·42):西工師□

 廿六年戈·王輝摹(珍金179):西工室閹

 卅四年蜀守戈·摹(集證·29):西工市(師)□〖注〗西工師,官名。

蜀西工戈（秦銅・206）：蜀西工〖注〗西工，“西工師”之省文，官名。

蜀西工戈・摹（秦銅・206）：蜀西工

石鼓文・霝雨（先鋒本）：舫舟西逮〖注〗郭沫若釋“囟”，借爲“匆”，匆促。

石鼓文・吳人（先鋒本）：𠭯（載）西𠭯（載）北

秦駰玉版・甲・摹：西東若惷

秦駰玉版・乙・摹：西東若惷

石板（集證・227）：內西七〖注〗西，方位词。

天簡39・乙：從西方入

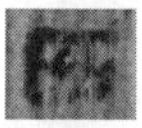
天簡39・乙：從西方出

天簡21・甲：旦南吉日中西吉

天簡21・甲：日中西吉

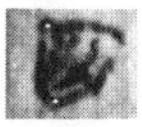
天簡22・甲：西吉

天簡23・甲：昏西吉

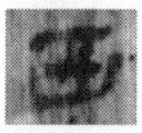
天簡25・乙：從西方［入］再在山谷

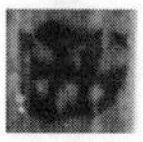
天簡30・乙：日中西吉

天簡33・乙：旦西吉日中北吉

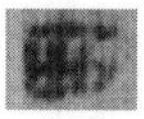
天簡34・乙：卯孤失虛左正西

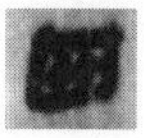
睡簡・日乙・145：西北行

睡簡・日乙・157：西聞言兇（凶）

睡簡・日乙・159：西先行

睡簡・日甲・16背：宇多於西南之西

睡簡・日甲・16背：宇多於西南之西

睡簡・日甲・20背：圂居西北𡇼

睡簡・日甲・20背：井居西北𡇼

睡簡・日甲・23背：圈居宇西北

睡簡・日甲・23背：垣東方高西方之垣

睡簡・日甲・21背：西方下

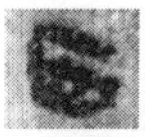
睡簡・日甲・90背：西方金

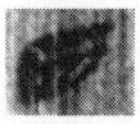
睡簡・日甲・98正：毋起西鄉（嚮）室

睡簡・日甲・98正：西鄉（嚮）門

睡簡・日甲・60正：西北毄（繫）

睡簡・日甲・60正：西精

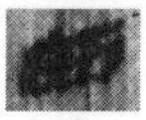
睡簡・日甲・60正：西南刺離

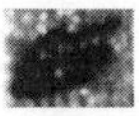
睡簡・日甲・62正：西北少吉

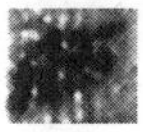
睡簡・日甲・62正：西徙大吉

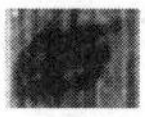
睡簡・日甲・66正：西旦亡

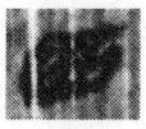
睡簡・日甲・64正：西數反其鄉

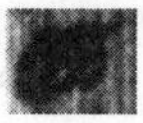
睡簡・日甲・65正：西禺（遇）英（殃）

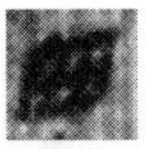
睡簡·日甲·61正:若以是月殹西徙

睡簡·日甲·61正:西北剌離

睡簡·日甲·61正:西南少吉

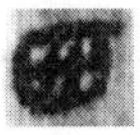
睡簡·日甲·74背:名西茝亥旦

睡簡·日甲·75正:煩居西方

睡簡·日甲·75正:歲在西方

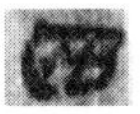
睡簡·日甲·71背:旦閉夕啟西方

睡簡·日甲·39背:是會蟲居其室西臂(壁)

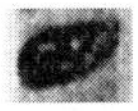
睡簡·日甲·40背:取西南隅

睡簡·日甲·58背:取白茅及黄土而西(洒)之

睡簡·日甲·59正:西北辱

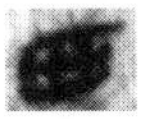
睡簡·日甲·59正:西困

睡簡·日甲·59正:西南室毀

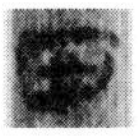
睡簡·日甲·126背:庚子、寅、辰西徙

睡簡·日甲·121背:以西有(又)以東行

睡簡·日甲·19背:井居西南匽

睡簡·日甲·19背:圈居宇西南

睡簡·日甲·16背:囷居宇西南匽

睡簡·日甲·16背:水瀆(竇)西出

睡簡·日甲·17背:宇多於西北之北

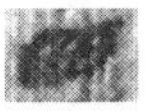
睡簡·日甲·138正:東南、西吉

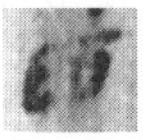
睡簡·日甲·13背:乃繹(釋)髮西北面坐

睡簡·日甲·132正:毋以癸甲西南行

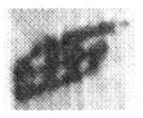
睡簡·日甲·132正:毋以乙丙西北行

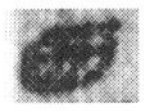
睡簡·日甲·136正:東西凶

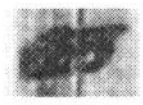
睡簡·日甲·136正:西南吉

睡簡·日甲·137正:西南吉

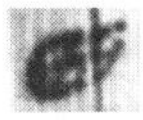
睡簡·日甲·131正:秋三月己未不可西

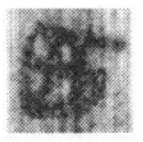
睡簡·日甲·140背:秋三月毋起西鄉(嚮)室

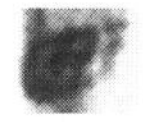
睡簡·日甲·14背:囷居宇西北?

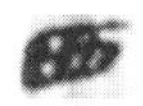
睡簡·日甲·14背:爲池西南

睡簡·日甲·15背:内居西北

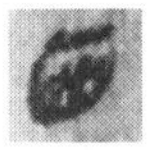
睡簡·日甲·118背:以西有(又)以東行

睡簡·日甲·112正:紡月、夏夕〈尸〉、八月作事西方

睡簡·日甲·115正:井居西南

睡簡·日乙·殘1二:西

睡簡·日乙·200:西北反鄉

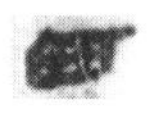
睡簡·日乙·200:正西吉富

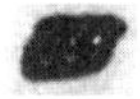
睡簡·日乙·208:去室西南受兇(凶)

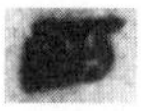
睡簡·日乙·209:正西南有憙

睡簡·日乙·207:西方

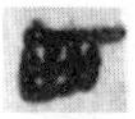
睡簡·日乙·203:正西惡之

睡簡·日乙·204:去室西

睡簡·日乙·248:凡生子北首西鄉(嚮)

睡簡·日乙·259:其室在西方

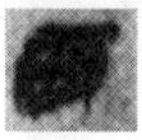
睡簡·日乙·253:盜在西方

睡簡·日乙·253:其門西北出

睡簡·日乙·255:其室在西方

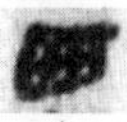
睡簡·日乙·210:其西北有憙

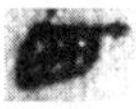
睡簡·日乙·213:其西受兇(凶)

睡簡·日乙·74:西鄉(嚮)壽

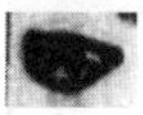
睡簡·日乙·75:西北鄉(嚮)者被刑

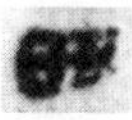
睡簡·日乙·184:中歲在西

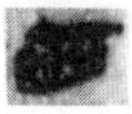
睡簡·日乙·198:西北執辱

睡簡·日乙·198:西南斲(鬬)

睡簡·日乙·198:正西夬麗

睡簡·日乙·199:西南反鄉

睡簡·日乙·199:正西盡

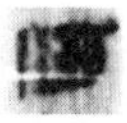
睡簡·日乙·197:西北續光

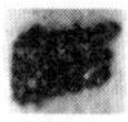
睡簡·日乙·197:西南執辱

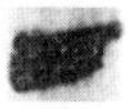
睡簡·日乙·197:正西郤逐

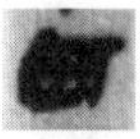
睡簡·日乙·169:西聞言

睡簡·日乙·167:西兇(凶)

睡簡·日乙·163:西南得

睡簡·日乙·161:西先行

睡簡·日乙·178:鮮魚從西方來

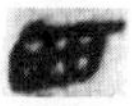
睡簡·日乙·177:西見兵

睡簡·日乙·173:西吉

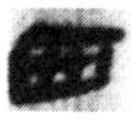
睡簡·日乙·174:鮮魚從西方來

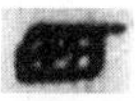
睡簡·日乙·175:西兇(凶)

睡簡·日乙·171:西南吉

睡簡·日乙·142:西□巳

關簡·51:己丑宿迣離涌西

關簡·148:西首者壽

關簡·266:西方

關簡·329:之東西垣日出所燭

 關簡・363:西行越金

 關簡・361:求西北方

 關簡・361:求西方

 關簡・356:從西南入

 關簡・53:辛卯宿迣羅涌西

 帛書・病方・206:令人操築西鄉(嚮)

 帛書・病方・66:西方□主冥冥人星

 封泥集・附一400:西鄉〖注〗西鄉,鄉名。

 集證・135.40:西宮中官〖注〗西宮,宮名。

 秦印編229:西鄉

 秦印編228:西宮中官

 秦印編229:西鄉

 秦印編228:駱西

 秦印編229:西鄉

 秦印編228:西平鄉印

 秦印編229:西部

 秦印編228:西共丞印

 秦印編229:西市

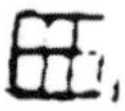 秦印編228:西平孝鄉

 秦印編229:西道

 秦印編228:西中謁府

 秦印編228:西陵丞印

 秦印編228:西方謁者

 秦印編228:西共鄉印

 秦印編228:西共丞印

 封泥印・待考162:西田□□

 新封泥A・1.5:郎中西田

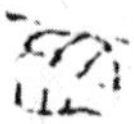 封泥集223・1:西方謁者

 封泥集223・2:西方謁者

 封泥集244・1:西共丞印

 封泥集244・3:西共丞印

 封泥集245・1:西鹽

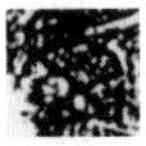 封泥集245・5:西共丞印

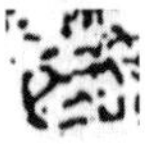 封泥集246・1:西采金印

 封泥集298・1:西成丞印〖注〗西成,地名。

 封泥集337・1:西鄉

 封泥集337・2:西鄉

 封泥集337・3:西鄉

封泥集 337・4:西鄉

封泥集 337・5:西鄉

封泥集 337・6:西鄉

封泥集 337・7:西鄉

封泥集 338・1:西鄉之印

封泥集 338・2:西鄉之印

封泥集 338・3:西鄉之印

封泥集 338・5:西鄉之印

封泥集 355・1:西昌鄉印〖注〗西昌鄉,鄉名。

封泥集 355・1:西平鄉印〖注〗西平鄉,鄉名。

封泥集 355・2:西昌鄉印

封泥集 355・2:西平鄉印

封泥集 355・3:西昌鄉印

封泥集 355・3:西平鄉印

集證・134. 27:西方謁者

集證・141. 128:西鹽

集證・141. 129:西采金印

集證・157. 383:西共丞印〖注〗西共,指西縣共廚。

新封泥 C・16. 16:西□丞印

新封泥 C・16. 21:西共

封泥印 28:西鹽

封泥印 77:西方謁者

封泥印 77:西中謁府

封泥印 119:西陵丞印

封泥印 125:西共丞印

新封泥 A・4. 11:西方中謁

秦陶・1238:西道

秦陶・1239:西道

秦陶・1240:西道

南郊 137・125:西奐蘇氏十斗〖注〗西奐,地名。

南郊 716・217:西

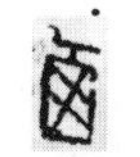
秦陶・1234:西道

秦陶・1236:西道

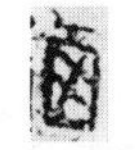
秦陶・1237:西道

集證・219. 245:咸□西辟〖注〗西辟,人名。

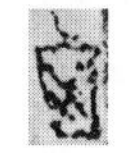
秦陶 A・2. 4:西處

秦陶 A・2. 3:西道

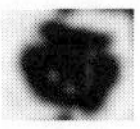
地圖注記・摹(地圖・3):故西山

睡簡・雜抄・35：尚有棲未到戰所〖注〗棲，讀爲“遲”。

2611　㱾

秦公鎛鐘・摹（秦銅・16.3）：㱾（柔）燮百邦〖注〗柔燮，安和。

2612　鹽　鹽

睡簡・秦律・182：鹽廿二分升二

里簡・J1(9)5 正：令鹽署所縣責

里簡・J1(9)5 正：鹽戍洞庭郡

里簡・J1(9)5 正：陽陵下里士五（伍）鹽有貲錢三百八十四〖注〗鹽，人名。

帛書・病方・169：贛戎鹽若美鹽〖注〗戎鹽，又名胡鹽。

帛書・病方・169：贛戎鹽若美鹽

帛書・病方・30：爦（熬）鹽令黃

帛書・病方・31：更爦（熬）鹽以熨

帛書・病方・46：鹽一

帛書・病方・80：以鹽傅之

帛書・病方・115：取如□鹽廿分斗一

帛書・病方・117：□甘鹽□

帛書・病方・135：□而以鹽財和之

封泥印 28：江左鹽丞

封泥印 28：西鹽

封泥印 29：江右鹽□

秦印編 228：琅左鹽丞

秦印編 228：琅左鹽丞

秦印編 228：琅邪左鹽

秦印編 228：江右鹽丞

秦印編 228：江右鹽丞

秦印編 228：江左鹽丞

秦印編 228：西鹽

封泥集 245・1：西鹽

封泥集 266・1：琅邪左鹽

封泥集 270・1：江右鹽丞

封泥集 270・1：江左鹽丞

集證・141.128：西鹽

集證・141.130：江右鹽丞

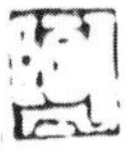
封泥集・附一 407：琅左鹽丞

2613　戶 床　戶 床

睡簡・日乙・196：穿戶忌：毋以丑穿門戶

睡簡・日乙・196：穿戶忌毋以丑穿門戶

睡簡・答問・209：人戶、馬牛及者(諸)貨材(財)直(值)過六百六十錢爲"大誤"

睡簡・答問・165：弗令出戶賦之謂殹

睡簡・答問・165：可(何)謂"匿戶"及"敖童弗傅"

睡簡・答問・149：實官戶關不致

睡簡・答問・150：實官戶扇不致

睡簡・封診式・73：閉其戶

睡簡・秦律・22：而遺倉嗇夫及離邑倉佐主稟者各一戶以氣(餼)

睡簡・秦律・22：餘之索而更爲發戶

睡簡・秦律・21：萬石一積而比黎之爲戶

睡簡・秦律・197：乃閉門戶

睡簡・秦律・168：萬[石一積而]比黎之爲戶

睡簡・秦律・169：而遺倉嗇夫及離邑倉佐主稟者各一戶

睡簡・雜抄・33：戶一盾

睡簡・日甲・28 正：鼠襄戶

睡簡・日甲・45 背：復(覆)䶢戶外

睡簡・日甲・45 背：爲桑丈(杖)奇(倚)戶內

睡簡・日甲・102 正：毋以丑徐(除)門戶

睡簡・日甲・18 背：井當戶牖閒

睡簡・日甲・143 背：不可初穿門、爲戶牖、伐木、壞垣、起垣、徹屋及殺

睡簡・日甲・154 背：毋以子、丑傅戶〖注〗傅戶，疑指傅籍。

睡簡・日乙・殘 9：□戶入□

睡簡・日乙・33：祠戶日

睡簡・日乙・40：乙戶

睡簡・爲吏・21：魏戶律

睡簡・爲吏・9：門戶關龠(鑰)

睡簡・爲吏・19：勿令爲戶

睡簡・效律・29：而遺倉嗇夫及離邑倉佐主稟者各一戶

睡簡・效律・27：萬石一積而比黎之爲戶

睡簡・效律・60：人戶、馬牛一以上爲大誤

睡簡・效律・57：人戶、馬牛一

里簡・J1(8)155：廷主戶發〖注〗戶，人名。

里簡・J1(16)9 正：劾等十七戶徙都鄉

關簡・354：取戶旁腏黍

帛書・灸經甲・45：欲獨閉戶牖而處

帛書・病方・319：居室塞窗閉戶

帛書・病方・442：中別爲□之倡而笄門戶上各一

漆器(龍簡・7)：戶

2614　扇　扇

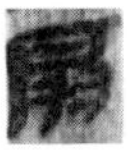 睡簡·答問·150:實官戶扇不致

2615　房　房

 睡簡·封診·73:自宵臧(藏)乙復(複)結衣一乙房內中〖注〗房,旁。房內,居室側房。

 睡簡·封診·74:人已穴房內

 睡簡·封診·75:與鄉□隸臣某即乙、典丁診乙房內

 睡簡·日甲·49正:玄戈毄(繫)房〖注〗房,二十八宿之一。

 睡簡·日甲·57正:角、房少吉

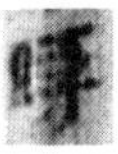 睡簡·日甲·54正:角、房大吉

 睡簡·日乙·92:四月房十四日

 關簡·134:房

 關簡·339:禹步擯房榮

 關簡·193:[斗乘]房

 關簡·168:房

2616　戹　戹

 睡簡·答問·179:騷馬蟲皆麗衡戹(軛)鞅鞻轅靷(靷)

 睡簡·答問·179:以火炎其衡戹(軛)

2617　門　門

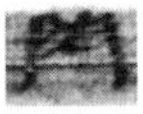 睡簡·日甲·114正:貨門

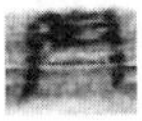 睡簡·日甲·114正:高門

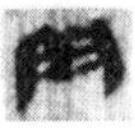 睡簡·日甲·116正:南門,將軍門

 睡簡·日甲·116正:南門,將軍門

 睡簡·日甲·116正:徙門

 睡簡·答問·160:其邑邦門

 睡簡·答問·160:旞(遺)火延燔里門

 睡簡·秦律·196:閉門輒靡其旁火

 睡簡·秦律·197:乃閉門戶

 睡簡·日甲·20背:入里門之右

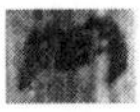 睡簡·日甲·29背:鬼恆夜鼓人門

 睡簡·日甲·98正:西鄉(嚮)門

 睡簡·日甲·96正:南鄉(嚮)門

 睡簡·日甲·97正:東鄉(嚮)門

 睡簡·日甲·33背:狼恆謼(呼)人門曰

 睡簡·日甲·4正:以祭門行、行水

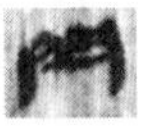 睡簡·日甲·102正:毋以丑徐(除)門戶

 睡簡·日甲·18背:小宮大門

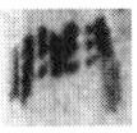 睡簡・日甲・120 正:北門

 睡簡・日甲・120 正:貨門

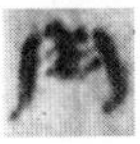 睡簡・日甲・120 正:屈門

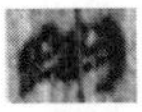 睡簡・日甲・122 正:大伍門

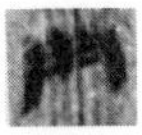 睡簡・日甲・122 正:云門

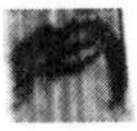 睡簡・日甲・126 正:北門

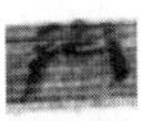 睡簡・日甲・126 正:不周門

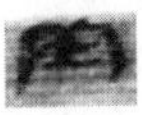 睡簡・日甲・126 正:大吉門

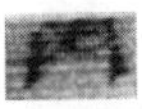 睡簡・日甲・126 正:失行門

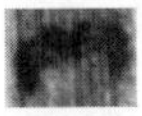 睡簡・日甲・123 正:不周門

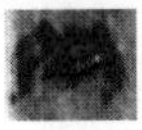 睡簡・日甲・123 正:則光門

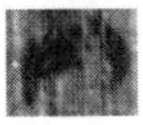 睡簡・日甲・124 正:食過門

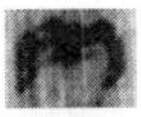 睡簡・日甲・125 正:曲門

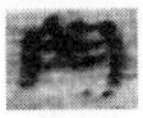 睡簡・日甲・125 正:屈門

 睡簡・日甲・121 正:辟門

 睡簡・日甲・121 正:高門

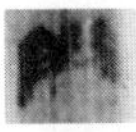 睡簡・日甲・121 正:曲門

 睡簡・日甲・121 正:失行門

 睡簡・日甲・19 背:大宮小門

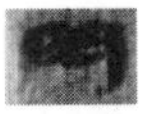 睡簡・日甲・17 背:門出衡

 睡簡・日甲・132 正:辰之門也

 睡簡・日甲・132 正:凡四門之日

 睡簡・日甲・132 正:日之門也

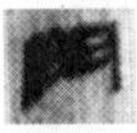 睡簡・日甲・132 正:星之門也

 睡簡・日甲・132 正:月之門也

 睡簡・日甲・143 背:不可初穿門、爲戶牖、伐木、壞垣、起垣、徹屋

 睡簡・日甲・143 背:門

 睡簡・日甲・118 正:倉門

 睡簡・日甲・118 正:大伍門

 睡簡・日甲・118 正:獲門

 睡簡・日甲・118 正:命曰吉恙(祥)門

 睡簡・日甲・118 正:起門

 睡簡・日甲・119 正:東門

 睡簡・日甲・119 正:南門

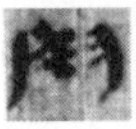 睡簡・日甲・119 正:是胃(謂)邦君門

 睡簡・日甲・119 正:則夸〈光〉門

 睡簡・日甲・119 正:雚門

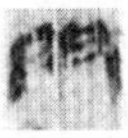 睡簡・日甲・116 正:徙門

 睡簡・日甲・117 正:辟門

 睡簡・日甲・117 正:刑門

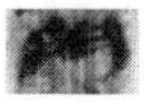 睡簡・日甲・114 正:顧(顧)門

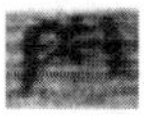 睡簡・日甲・114 正:東門

 睡簡・日甲・114 正:獲門

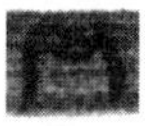 睡簡・日甲・114 正:刑門

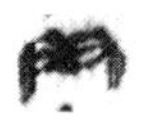 睡簡・日甲・115 正:倉門

 睡簡・日甲・115 正:門

 睡簡・日甲・115 正:起門

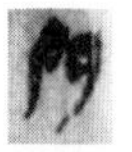 睡簡・日甲・111 背:行到邦門困(閫)

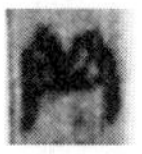 睡簡・日乙・253:其門西北出

 睡簡・日乙・97:祠、爲門行

 睡簡・日乙・35:祠門日

 睡簡・日乙・102:[出]邦門

 睡簡・日乙・196:穿戶忌毋以丑穿門戶

 睡簡・爲吏・23:叚(假)門逆呂(旅)

 睡簡・爲吏・9:門戶關龠(鑰)

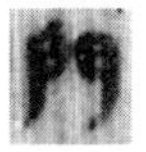 睡簡・爲吏・18:叚(假)門逆呂(旅)〖注〗假門,讀爲“賈門”,商賈之家。

 龍簡・4・摹:皆與闌入門同罪

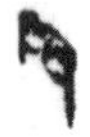 龍簡・5・摹:及□佩〈佩〉入司馬門久(?)□〖注〗司馬門,皇家建築設施的外門,有衛兵把守。

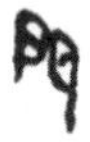 龍簡・2・摹:竇出入及毋(無)符傳而闌入門者

 龍簡・60・摹:馳道與弩道同門、橋及限(?)□

 龍簡・3:傳者入門

 關簡・191:門有客

 關簡・209:門有客

 關簡・207:門有客

 關簡・203:門有客

 關簡・205:門有客

 關簡・201:門有客

 關簡・229:門有客

 關簡・227:門有客

 關簡・223:門有客

 關簡・225:門有客

 關簡・221:門有客

 關簡・239:門有客

 關簡・237:門有客

 關簡・231:門有客

 關簡・241:門有客

關簡・219:門有客

關簡・217:門有客

關簡・211:門有客

關簡・189:門有客

關簡・187:門有客

關簡・199:門有客

關簡・197:門有客

關簡・193:門有客

帛書・病方・53:斬若門右

帛書・病方・442:中別爲□之倡而笄門戶上各一

帛書・病方・53:取若門左

秦印編 229:東門脫

2618　閈　閈

集證・175.634:𩫖閈〖注〗𩫖閈,人名。𩫖,讀爲"郭"。

2619　閭　閭

天簡 34・乙:人閭□

封泥集・附一 410:長枝閭左

集證・181.714:閭民信〖注〗閭民信,人名。

封泥集 357・7:東閭鄉印〖注〗東閭鄉,鄉名。

秦印編 229:閭枝長左

秦印編 229:郭京閭

秦印編 229:閭丘勝

秦印編 229:閭支政

封泥集 357・6:東閭鄉印

封泥集 357・1:東閭鄉印

封泥集 357・2:東閭鄉印

封泥集 357・3:東閭鄉印

封泥集 357・4:東閭鄉印

封泥集 357・5:東閭鄉印

2620　閻 壛　閻 壛

睡簡・11 號牘・背:爲黑夫、驚多問夕陽呂嬰、匧里閻諍丈人得毋恙□矣

睡簡・日乙・88:天閻

秦印編 229:閻萃

秦印編 229:閻魁

秦印編 229:閻義

秦印編 229:烏晌閻

秦印編 229:歐晌閻

秦印編 229:閻夸

秦印編 229:閻廣

2621  闠

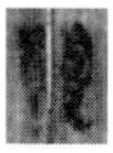
睡簡・秦律・147:毋敢之市及留舍闠外〖注〗闠,市的外門。

2622  闕

秦印編 229:闕叔

集證・183.731:闕弱〖注〗闕弱,人名。

2623  閬

睡簡・語書・12:阬閬强肮(伉)以視(示)强〖注〗阬閬,高大的様子。

關簡・354:令禾毋閬(稂)〖注〗閬,通"稂",穀物之穗生而不成者。

封泥印 136:閬中丞印〖注〗閬中,地名。

2624  開(開)闓

繹山刻石・宋刻本:以開爭理

天簡 22・甲:卯危辰成巳開

睡簡・日甲・20 正:開午

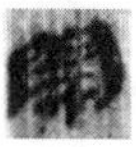
睡簡・日甲・128 正:凡是日赤啻(帝)恆以開臨下民而降其英(殃)

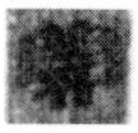
睡簡・日甲・17 正:開卯

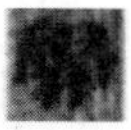
睡簡・日甲・14 正:開子

睡簡・日乙・134:凡是日赤啻(帝)恆以開臨下民而降央(殃)

2625  閒 [illegible]

四年相邦樛斿戈(秦銅・26.1):櫟陽工上造閒〖注〗閒,人名。

七年上郡守閒戈・摹(秦銅・33):七年上郡守閒造

七年上郡守閒戈・照片(秦銅・33):七年上郡守閒造

會稽刻石・宋刻本:陰通閒使

秦駰玉版・甲・摹:無閒無瘳〖注〗《類編》:"閒,廁也,瘳也。"痊癒。

秦駰玉版・乙・摹:無閒無瘳

天簡 34・乙:重言閒=

天簡 31・乙:辰閒

天簡 24・乙:爲有中閒

睡簡・語書・4:故騰爲是而脩灋律令、田令及爲閒(奸)私方而下之

睡簡・語書・5:聞吏民犯灋爲閒(奸)私者不止

睡簡・日乙・182:有閒,不閒,死

睡簡・日乙・182:有閒,不閒,死

睡簡・秦律・126:不攻閒車〖注〗閒,《爾雅・釋詁》:"代也。"攻閒,修繕。

睡簡・秦律・130:攻閒其扁(辨)解

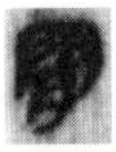
睡簡·秦律·130:一脂、攻閒大車一兩(輛)

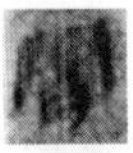
睡簡·日甲·72正:甲有閒

睡簡·日甲·76正:戊有閒

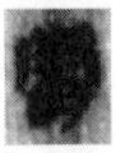
睡簡·日甲·74正:丙有閒

睡簡·日甲·71背:臧(藏)於瓦器閒

睡簡·日甲·18背:井當戶牖閒

睡簡·日甲·129正:必先計月中閒日

睡簡·日甲·16正:可以築閒牢〖注〗閒,讀爲"閑",養馬之所。

睡簡·日乙·258:其閒在室

睡簡·日乙·253:一宇閒之,食五口

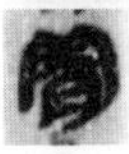
睡簡·日乙·255:爲閒(奸)者不寡夫乃寡婦

睡簡·日乙·187:戊有閒

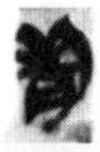
睡簡·日乙·183:壬閒

睡簡·日乙·184:□索魚堇□閒

睡簡·日乙·185:丙有閒

睡簡·爲吏·7:上毋閒陜

睡簡·爲吏·17:聽閒(諫)勿塞

睡簡·語書·2:故後有閒(干)令下者〖注〗閒,讀爲"干",亂。

帛書·足臂·19:循大指閒

帛書·足臂·33:出中指閒

帛書·灸經甲·70:起於臂兩骨之閒之閒

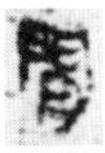
帛書·灸經甲·70:起於臂兩骨之閒之閒〖注〗後"之閒"二字係衍文。

帛書·病方·48:嬰兒病閒(癇)方〖注〗嬰兒病癇,即小兒癇。癇,癲。

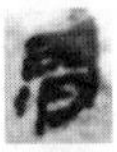
帛書·病方·50:□閒(癇)多眾〖注〗癇,癲。

帛書·病方·50:閒(癇)者

帛書·病方·58:令孰奮兩手如□閒手□道□

帛書·病方·145:[人]病馬不閒(癇)者

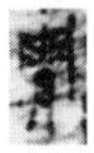
帛書·病方·目録:人病[□]不閒(癇)

帛書·病方·目録:人病蛇不閒(癇)

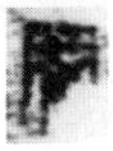
帛書·灸經甲·50:出臂外兩骨之閒

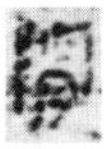
帛書·灸經甲·67:出内陰兩骨之閒

帛書·足臂·5:枝於骨閒

帛書·足臂·19:上入脞閒

集證·171.578:信徒閒〖注〗信徒閒,人名。

封泥集251·1:河閒大守〖注〗河閒,地名。

封泥印90:河閒尉印

秦印編230:李閒

秦印編230:魏閒

秦印編 230:楊閒

秦印編 230:閒

秦印編 230:□閒

秦印編 230:趙閒

秦印編 230:楊閒

新封泥 B·3.4:河閒尉印〖注〗河閒,郡名。

集證·167.536:李閒〖注〗李閒,人名。

秦陶·481:東武東閒居貲不更瞗〖注〗東閒,地名。

2626 閼 閼

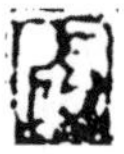
閼輿戈(集成 10929):閼輿〖注〗閼輿,地名。

集證·175.635:章閼

2627 闌 闌

王廿三年家丞戈(珍金·68):左工丞闌〖注〗闌,人名。

王廿三年家丞戈·摹(珍金·68):左工丞闌

睡簡·答問·48:未出徼闌亡〖注〗闌,無符傳出入。

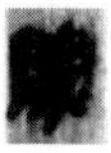
睡簡·答問·167:男子乙亦闌亡

睡簡·答問·139:有秩吏捕闌亡者

龍簡·12·摹:有不當入而闌入

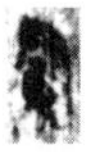
龍簡·2:竇出入及毋(無)符傳而闌入門者〖注〗闌入,無通行憑證擅自闖入。

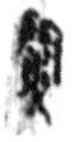
龍簡·4:皆與闌入門同罪

帛書·病方·209:令闌(爛)而已

帛書·病方·307:闌(爛)者

帛書·病方·415:取闌(蘭)根、白付

秦印編 230:支闌

秦印編 230:紀闌多

秦印編 230:祝闌

秦印編 230:高闌

秦印編 230:王闌

秦陶·491:闌(蘭)陵居貲便里不更牙〖注〗蘭陵,縣名。

2628 閉 閉

睡簡·封診式·73:閉其戶

睡簡·秦律·196:閉門輒靡其旁火

睡簡·日甲·72 背:旦閉夕啟北方

睡簡·日甲·75 背:旦啟夕閉東方

睡簡·日甲·71 背:旦閉夕啟西方

睡簡·日甲·103 正:閉貨貝

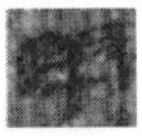睡簡・日甲・18 正:閉巳

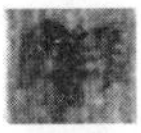睡簡・日甲・17 正:閉辰

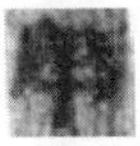睡簡・日甲・14 正:閉丑

睡簡・日乙・169:朝閉夕啟

睡簡・日乙・163:朝閉夕啟

睡簡・日乙・165:朝啟夕閉

睡簡・日乙・161:朝閉夕啟

睡簡・秦律・197:乃閉門戶

睡簡・日甲・22 正:閉酉

睡簡・日甲・78 背:旦啟夕閉

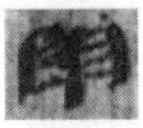睡簡・日甲・40 正:私公必閉

睡簡・日乙・179:[朝]啟夕閉

睡簡・日乙・177:朝啟夕閉

睡簡・日乙・173:朝閉夕啟

睡簡・日乙・175:朝啟[夕]閉

睡簡・日乙・171:朝啟多夕閉

睡簡・日乙・159:[朝]閉夕啟

睡簡・日乙・157:朝啟夕閉

關簡・144:是謂三閉〖注〗閉,停止。

帛書・病方・319:居室塞窗閉戶

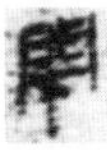帛書・灸經甲・45:欲獨閉戶牖而處

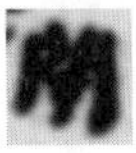地圖注記・摹(地圖・3):閉

2629　關　關

睡簡・答問・57:到關而得

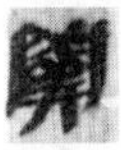睡簡・答問・140:盜出朱(珠)玉邦關及買(賣)於客者

睡簡・秦律・97:關市〖注〗關市,官名,管理關和市的税收等事務。

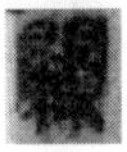睡簡・爲吏・9:門戶關龠(鑰)

龍簡・5・摹:關〖注〗關,關卡。

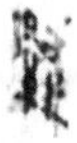龍簡・52:禁苑在關外□〖注〗關外,函谷關外。

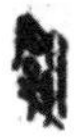龍簡・53:關外及縣、道官爲□

2630　閹　閹

秦印編 230:王閹

2631　闟　闟

集證 219. 248:咸闟里林

2632　閱　閱

睡簡・答問・164:已閱及敦(屯)車食若行到繇(徭)所乃亡〖注〗閱,

檢閱。

睡簡・爲吏・22:樓椑矢閱〖注〗閱,讀爲“穴”。矢穴,城上射箭用的穴口。

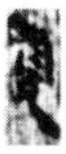龍簡・181:□復(?)閱

秦印編 230:臣閱

秦印編 230:騇閱

2633  閔 𢡟(夓)

秦印編 230:閔目

秦印編 230:閔成

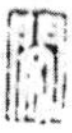秦印編 230:閔伺

秦印編 230:閔都君印

2634 閒

龍簡・37・摹:盜死獸直(值)賈(價)以閒(闕)□〖注〗閒,“闕”字異體。

2635 闕

睡簡・編年記・13:攻伊闕〈闕〉

睡簡・編年記・13:十四年,伊闕〈闕〉

睡簡・爲吏・23:叚(假)門逆闕(旅)

秦印編 296:秦闕

秦印編 296:王闕

秦印編 296:李闕

2636 闑

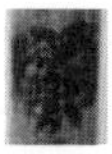睡簡・答問・25:公祠未闑〖注〗闑,疑闋字。闋,結束。

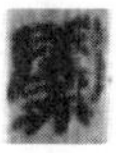睡簡・答問・27:可(何)謂“祠未闑”

睡簡・答問・27:置豆俎鬼前未徹乃爲“未闑”

2637 閈

睡簡・日乙・26:閈〈閉〉丑〖編者按〗《龍龕手鑑》以“閈”爲“閉”之俗字。

睡簡・日乙・28:閈〈閉〉卯

睡簡・日乙・29:閈〈閉〉辰

睡簡・日乙・30:閈〈閉〉巳〖注〗閈,“閉”字之訛。

睡簡・日乙・31:閈〈閉〉午

睡簡・日乙・32:閈〈閉〉未

睡簡・日乙・33:閈〈閉〉申

睡簡・日乙・34:閈〈閉〉酉

睡簡・日乙・35:閈〈閉〉戌

睡簡・日乙・36:閈〈閉〉亥

睡簡・日乙・37:閈〈閉〉子

 睡簡・日乙・46:閈〈閉〉日

2638 閿

 秦印編 296:閿延

2639 閭

 秦印編 296:章閭

2640 耳

 睡簡・答問・80:夬(決)裂男若女耳

 睡簡・答問・80:今夬(決)耳故不穿

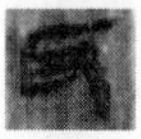 睡簡・答問・80:鬭夬(決)人耳

 睡簡・答問・83:齧斷人鼻若耳若指若脣

 睡簡・答問・79:夬(決)其耳

 睡簡・封診・88:而不可智(知)目、耳、鼻、男女

 睡簡・日甲・69 背:疵在耳

 睡簡・日甲・76 背:盜者長須(鬚)耳

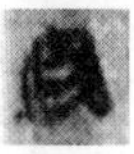 睡簡・日甲・75 背:長耳而操蔡

 睡簡・日甲・158 背:令耳悤(聰)目明

 睡簡・日乙・255:疵而在耳

 睡簡・爲吏・38:審耳目口

 睡簡・爲吏・39:十耳當一目

 睡簡・效律・45:以職(識)耳不當之律論之

 關簡・352:即斬豚耳

 帛書・足臂・31:奏(湊)耳

 帛書・灸經甲・48:起於耳後

 帛書・灸經甲・50:耳聾

 帛書・灸經甲・50:耳脈(脈)

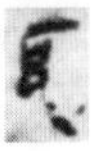 帛書・灸經甲・51:耳聾

 帛書・灸經甲・51:是耳脈(脈)主治

 帛書・足臂・2:之耳

 帛書・足臂・6:出於項、耳

 帛書・足臂・8:耳前痛

 秦印編 231:高疾耳

 秦印編 231:董耳

 秦印編 231:公耳續

 秦印編 231:李耳

 秦印編 231:公耳異〖注〗公耳異,人名。

 秦印編 231:聶益耳

 秦印編 231:耳

集證・163.490:公耳異

2641　耿

秦印編231:耿獻

秦印編231:耿佗

秦印編231:耿戲

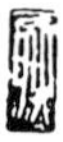
秦印編231:耿講

秦印編231:耿宬

2642　聯

秦印編231:賈聯

2643　聊

秦印編231:聊道

2644　聖

秦懷后磬・摹:子〈孔〉聖盡巧

會稽刻石・宋刻本:秦聖臨國

會稽刻石・宋刻本:聖德廣密

睡簡・語書・1:是以聖王作爲灋度

睡簡・日甲・142正:武以聖

睡簡・日乙・238:丙寅生,武,聖

睡簡・爲吏・49:上明下聖

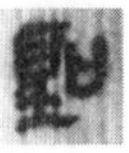
睡簡・爲吏・45:爲人下則聖〖注〗聖,疑讀爲"聽",聽從命令。

2645　聽

會稽刻石・宋刻本:兼聽萬事

泰山刻石・宋拓本:皇帝躬聽

睡簡・爲吏・18:聽其有矢〖注〗聽,等待。

睡簡・爲吏・15:聽有方

睡簡・答問・104:勿聽

睡簡・答問・68:告不聽〖注〗告不聽,對控告不予受理。

睡簡・答問・108:勿聽

睡簡・答問・106:勿聽

睡簡・答問・107:亦不當聽治

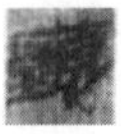
睡簡・答問・105:亦不當聽

睡簡・答問・100:勿聽

睡簡・答問・115:且未斷猶聽殹

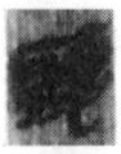
睡簡・答問・115:獄已斷乃聽

睡簡・秦律・93:縣、大内皆聽其官致

睡簡・秦律・159:及相聽以遣之〖注〗聽,謀劃。

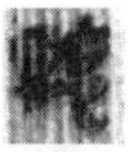
睡簡・秦律・100:縣及工室聽官爲正衡石贏(纍)、斗用(桶)、升

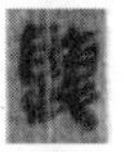
睡簡・雜抄・4:爲(僞)聽命書

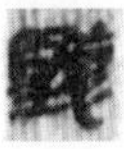
睡簡・日甲・160 正:有告,聽

睡簡・日甲・162 正:有告,聽

睡簡・日甲・162 正:有告,不聽

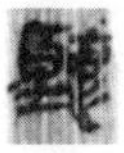
睡簡・日甲・163 正:有告,聽

睡簡・日甲・161 正:有告,聽

睡簡・日甲・161 正:有告,不聽

睡簡・日甲・159 正:有告,聽

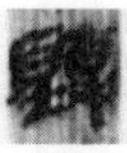
睡簡・日甲・157 正:有告,不聽

睡簡・日甲・157 正:有告,聽

里簡・J1(16)6 背:聽書從事

里簡・J1(8)133 背:聽書從事□

里簡・J1(9)3 正:毋聽流辭

里簡・J1(9)9 正:勿聽

里簡・J1(8)134 正:其聽書從事

關簡・253:告,聽之

關簡・252:告,不聽

關簡・252:告,聽之

關簡・251:告,不聽

關簡・251:告,聽之

關簡・248:有告,聽

關簡・249:有告,聽

關簡・247:告,不聽

關簡・247:告,聽之

關簡・250:告,聽之

關簡・250:請謁,聽

關簡・257:有言,聽

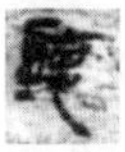
帛書・病方・204:神女倚序聽神吾(語)

帛書・脈法・72:脈(脈)亦聽(聖)人之所貴殹

2646  職

會稽刻石・宋刻本:審別職任

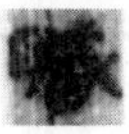
睡簡・爲吏・19:久(記)刻職(識)物

帛書・病方・21:以職(膱)膏弁〖注〗膱,黏。

帛書・病方・355:以彘職(膱)膏殺弁

2647  聲

天簡 28・乙:比於宮聲

睡簡・答問・52:聲聞左右者

集證・174.619:張聲〖注〗張聲,人名。

2648 聞 䎽 聞䎽

睡簡・11號牘・正:聞王得苟得毋恙也

睡簡・答問・98:不聞號寇

睡簡・答問・52:聲聞左右者

睡簡・日甲・148正:壬申生子,聞

睡簡・日乙・169:西聞言

睡簡・日乙・175:南聞言

睡簡・日乙・157:西聞言兇(凶)

睡簡・語書・8:以令、丞聞

睡簡・語書・5:聞吏民犯灋爲間(奸)私者不止

秦印編232:聞賜

秦印編232:公孫聞尼

集證・141.140:聞陽司空〖注〗聞陽,地名。

秦印編232:聞陽司空

秦懷后磬・摹:樂又(有)聞于百□〖編者按〗"聞"字突出人耳作聽聞之狀,乃"聞"之本字,即《說文》婚字籀文"𦖞"。《說文》以"聞"讀作"婚"。

2649 聘 聘

商鞅方升(秦銅・21):齊遣卿夫=(大夫)眾來聘

2650 聾 聾

帛書・灸經甲・51:耳聾

帛書・足臂・4:產聾

帛書・足臂・8:聾

帛書・足臂・31:產聾

2651 聶 聶

睡簡・爲吏・2:肖人聶(懾)心〖注〗聶,讀爲"懾",畏懼。

集證・183.729:聶華〖注〗聶華,人名。

秦印編232:聶益耳

2652 貙

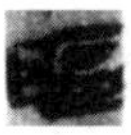睡簡・答問・210:可(何)謂"羊貙(軀)"

2653 𦣝 頤 𩠐 𦣝(頤)𩠐

天簡33・乙:兑頤□=殹

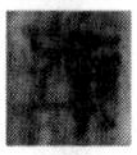天簡26・乙:免顏大頤

天簡29・乙:兑頤赤黑

 帛書・病方・378:頤癰者

2654 巸 𡰯

 高奴禾石銅權(秦銅・32.1):三年漆工巸、丞詘造〖注〗巸,人名。

 秦印編 232:巸

 秦印編 232:巸

 秦印編 232:茅巸

2655 手 𠦬

 不其簋蓋(秦銅・3):不嬰(其)拜䭫(稽)手(首)休

 滕縣不其簋器(秦銅・4):不嬰(其)拜䭫(稽)手(首)休

 睡簡・日甲・69 背:手黑色

 睡簡・日甲・154 正:在手者巧盜

 睡簡・封診・88:其頭、身、臂、手指、股以下到足、足指類人

 睡簡・封診・87:大如手

 睡簡・封診・78:內中及穴中外壤上有厀(膝)、手迹

 睡簡・封診・78:厀(膝)、手各六所

 里簡・J1(9)1 背:嘉手

 里簡・J1(9)9 背:嘉手

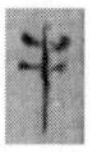 里簡・J1(9)9 背:堪手

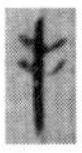 里簡・J1(9)9 背:敬手

 里簡・J1(9)2 正:堪手

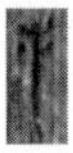 里簡・J1(8)156:欣手

 里簡・J1(8)158 背:欣手

 里簡・J1(9)1 背:敬手

 里簡・J1(9)1 正:儋手

 里簡・J1(9)2 正:堪手

 里簡・J1(9)3 背:嘉手

 里簡・J1(9)3 背:堪手

 里簡・J1(9)4 背:敬手

 里簡・J1(9)4 正:儋手

 里簡・J1(9)4 正:堪手

 里簡・J1(9)5 背:嘉手

 里簡・J1(9)5 正:儋手

 里簡・J1(9)5 正:堪手

 里簡・J1(9)6 背:嘉手

 里簡・J1(9)6 正:儋手

 里簡・J1(9)6 正:堪手

 里簡・J1(9)7 背:嘉手

里簡·J1(9)7 背:敬手

里簡·J1(9)7 背:堪手

里簡·J1(9)8 背:嘉手

里簡·J1(9)8 正:儋手

里簡·J1(9)8 正:堪手

里簡·J1(9)9 正:堪手

里簡·J1(9)10 背:嘉手

里簡·J1(9)10 背:敬手

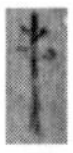
里簡·J1(9)10 背:糾手

里簡·J1(9)11 背:嘉手

里簡·J1(9)11 背:敬手

里簡·J1(9)12 背:嘉手

里簡·J1(9)12 背:敬手

里簡·J1(9)981 背:壬手

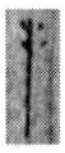
里簡·J1(9)984 背:朝手

里簡·J1(16)5 背:釦手

里簡·J1(16)6 背:釦手

里簡·J1(8)154 背:圂手

里簡·J1(8)157 背:壬手〖注〗手,訓“親”,親自簽署。

關簡·344:卽以左手撟杯水歓(飲)女子

關簡·324:牛脂大如手

關簡·340:以左手袤[牽]繘

帛書·病方·58:令孰奮兩手如□間手□道□

帛書·病方·58:令孰奮兩手如□間手□道□

帛書·病方·46:稍□手足而已

帛書·病方·66:侯(候)天甸(電)而兩手相靡(摩)

帛書·病方·123:及毋手傅之

帛書·病方·134:或在手指□

帛書·病方·190:以衣中衽(紝)緇〈績〉約左手大指一

帛書·病方·249:以煮青蒿大把二、鮒魚如手者七

帛書·病方·281:令如□炙手以靡(磨)□傅□之

帛書·病方·367:□手

帛書·病方·408:□[雄]黄靡(磨)水銀手□

帛書·灸經甲·48:乘手北(背)

帛書·灸經甲·50:起於手北(背)

帛書·灸經甲·67:在於手掌中

帛書·灸經甲·68:甚[則]交兩手而戰

帛書·足臂·3:手痛

帛書・足臂・34:上足温(脈)六、手[温(脈)五]

瓦書・郭子直摹:史羈手〖注〗郭子直説爲手書、手跡。孫常敍釋“失”字,讀爲“秩”。

2656  掌

帛書・病方・374:即取水銀靡(磨)掌中

帛書・灸經甲・67:在於手掌中

2657  指

睡簡・答問・83:齧斷人鼻若耳若指若脣

睡簡・答問・90:以兵刃、投(殳)梃、拳指傷人

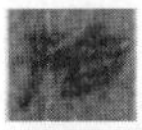睡簡・答問・79:若折支(肢)指、胅體(體)

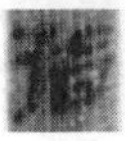睡簡・答問・149:容指若抉

睡簡・封診・88:其頭、身、臂、手指、股以下到足、足指類人

睡簡・爲吏・29:則民傷指〖注〗傷,輕慢。傷指,對其指示不予重視。

關簡・312:取車前草實,以三指竄(撮)〖注〗三指撮,一種古代用藥的估量方法。

關簡・315:齊約大如小指

關簡・372:大如母(拇)指

關簡・336:赤隗獨指

帛書・足臂・31:出中指

帛書・足臂・33:出中指間

帛書・灸經甲・52:起於次指與大指上

帛書・灸經甲・52:起於次指與大指上

帛書・病方・6:入三指最(撮)半音(杯)溫酒

帛書・病方・24:取三指最(撮)一

帛書・病方・26:取三指最(撮)到節一

帛書・病方・42:以三指一撮

帛書・病方・57:取竈末灰三指最(撮)□水中

帛書・病方・72:以三指大捽(撮)飲之

帛書・病方・73:大如指

帛書・病方・135:使人鼻抉(缺)指斷

帛書・病方・155:久(灸)左足中指

帛書・病方・163:取三指最(撮)到節一

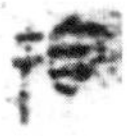帛書・病方・190:以衣中衽(紝)緇〈績〉約左手大指一

帛書・病方・203:三指最(撮)至節

帛書・病方・213:□中指蚤(搔)二[七]

帛書・病方・272:并以三指大最(撮)一入桮(杯)酒中

帛書・病方・439:令病者每旦以三指三最(撮)藥入一桮(杯)酒若鬻(粥)中而飲之

帛書・病方・443:編若十指

帛書・病方・殘4:□其指□

帛書・病方・殘4:□視其指端及□

帛書・病方・殘5:□在足指若□

帛書・灸經甲・58:毄(繫)於足大指菆(叢)[毛]之上

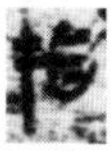
帛書・足臂・3:病足小指廢

帛書・足臂・7:病足小指次[指]廢

帛書・足臂・11:病足中指廢

帛書・足臂・16:出大指內兼(廉)骨蔡(際)

帛書・足臂・17:病足大指廢

帛書・足臂・19:循大指間

帛書・足臂・29:出小指

2658 拳

睡簡・答問・90:以兵刃、投(殳)梃、拳指傷人

2659 揖

秦印編232:揖童

2660 捧(拜)𢪐

不其簋蓋(秦銅・3):不嬰(其)拜䭬(稽)手(首)休

滕縣不其簋器(秦銅・4):不嬰(其)拜䭬(稽)手(首)休

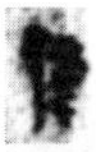
睡簡・11號牘・正:黑夫、驚敢再拜問中

睡簡・秦律・153:其已拜〖注〗拜,拜爵。

睡簡・日甲・166正:必有拜也

2661 揞

秦印編232:王揞

睡簡・語書11・摹:因恙(佯)瞋目扼揞(腕)以視(示)力

2662 抵

帛書・病方・380:以履下靡(磨)抵之〖注〗抵,疑爲"抵"字之誤。抵,側擊。

關簡・133:九月抵(氐)〖注〗抵,通"氐",二十八宿之一。

關簡・191:[斗乘]抵(氐)

關簡・191:相抵亂(讕)也〖注〗抵讕,拒不承認。

2663 扶 𢻱

睡簡・答問・208:及將長令二人扶出之

秦印編232:駟扶

2664 挈

帛書・病方・131:以蚤挈(契)虒令赤〖注〗契,刻劃。

帛書・病方・殘4:□枲枲,挈去□

2665　拑

二年寺工壺・摹(秦銅・52):丞拑〖注〗拑,人名。

2666　摯

睡簡・日甲・24正:摯(執)巳

睡簡・日甲・25正:摯(執)午

睡簡・日甲・18正:摯(執)亥

睡簡・日甲・17正:摯(執)戌

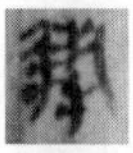
天簡22・甲:亥定子摯(執)

天簡22・甲:平子定丑摯(執)寅

天簡31・乙:定寅摯(執)卯彼辰危巳

秦印編233:吕摯

2667　操

王四年相邦張儀戈(集證・17):庶長□操之造□界戟

王八年内史操戈(珍金・56):王八年内史操左之造〖注〗操,人名。

王八年内史操戈・摹(珍金・56):王八年内史操左之造

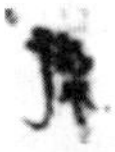
睡簡・11號牘・正:母操夏衣來

睡簡・秦律・62:女子操敃紅及服者

睡簡・秦律・56:不操土攻(功)

睡簡・秦律・56:城旦舂、舂司寇、白粲操土攻(功)

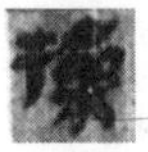
睡簡・日甲・28背:操以咼(過)之

睡簡・日甲・75背:長耳而操蔡

睡簡・爲吏・5:操邦柄

里簡・J1(9)981正:遣佐壬操副詣廷

關簡・328:乃以所操瓦蓋之

關簡・329:操兩瓦

關簡・327:前見地瓦,操

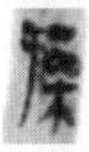
關簡・330:即以所操瓦而蓋□

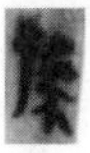
關簡・338:操杯米之池

關簡・333:操歸

關簡・342:即操杯米

關簡・341:左操杯

帛書・病方・411:以爲大丸,操

帛書・病方・195:操柏杵

帛書・病方・200:操葮(鍛)石毄(擊)而母

帛書・病方・205:即操布改之二七

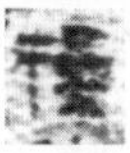
帛書・病方・206:令人操築西鄉(嚮)

 秦印编 233:王操

2668 捦 㩒

 天簡 25 · 乙:不捦〖編者按〗《說文》:"捦,急持衣裣也。捦或从禁。"段玉裁注:"古假借作禽,俗作擒,作捦。"

2669 摶

 石鼓文 · 鑾車(先鋒本):鄘□宣摶〖注〗摶,或釋"摶、㩌"。

 秦印編 235:摶方

2670 摢

 秦印編 233:滿摢

 秦印編 233:摢丙

2671 挾

 龍簡 · 17 · 摹:亡人挾弓、弩、矢居禁中者〖注〗挾,攜帶,挾持。

 帛書 · 病方 · 208:今人挾提穨(癩)者

2672 把

 睡簡 · 答問 · 205:甲把其衣錢匿臧(藏)乙室

 睡簡 · 答問 · 5:買(賣),把錢偕邦亡

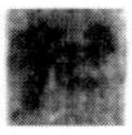 睡簡 · 答問 · 131:把其叚(假)以亡

 睡簡 · 封診 · 85:今甲裹把子來詣自告

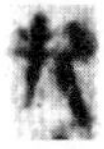 睡簡 · 封診 · 94:丙而不把毒〖注〗把毒,帶毒。

 睡簡 · 日乙 · 166:把者精(青)色

 睡簡 · 日乙 · 170:把者赤色

 睡簡 · 日乙 · 178:把者白色

 睡簡 · 日乙 · 172:把者[赤]色

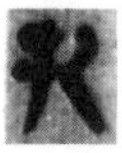 睡簡 · 日乙 · 174:把者白色

 睡簡 · 日乙 · 158:把者黑色

 帛書 · 病方 · 249:以煮青蒿大把二、鮒魚如手者七

 帛書 · 病方 · 17:以續[鐖(斷)]根一把〖注〗把,計量草類藥物的一種估量單位。

 帛書 · 病方 · 43:擇薤一把

 帛書 · 病方 · 239:把其本小者而盭(盭)絕之

 秦印編 233:王把

 秦印編 233:張把

 秦印編 233:蔡把

2673 搹(扼)𢪆

 睡簡 · 語書 · 11:因恙(佯)瞋目扼指(腕)以視(示)力

2674　提

睡簡・答問・82:大可(何)如爲“提”〖注〗提,絕,拔脫頭髮。

睡簡・答問・82:智(知)以上爲“提”

帛書・病方・208:今人挾提穨(癩)者

2675　揗

帛書・足臂・21:揗温(脈)如三人參舂〖注〗揗,摩順。揗脈,切脈。

2676　掾

睡簡・效律・52:其他冗吏、令史掾計者〖注〗掾,一種屬吏。

睡簡・效律・55:司馬令史掾苑計

2677　捋

青川牘・摹:捋(埒)高尺〖注〗捋,借爲“埒”。《說文》:“埒,卑垣也。”《集韻》:“耕田起土也。”

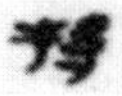
青川牘・摹:以秋八月修封捋(埒)

2678　掄

秦印編 234:李掄

秦印編 234:掄

集證・183.737:掄

2679　擇

秦懷后磬・摹:擇其吉石〖編者按〗此字或釋“澤”,讀爲“擇”。

睡簡・雜抄・24:工擇榦

睡簡・日甲・64 背:擇(釋)以投之

睡簡・日甲・78 正:以結者,易擇(釋)

睡簡・秦律・68:毋敢擇行錢、布

睡簡・日乙・106:以結者,易擇(釋)

睡簡・日乙・194:覺而擇(釋)之

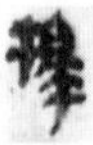
睡簡・日乙・194:西北鄉(嚮)擇(釋)髮而駟(呬)〖注〗釋,解除。

帛書・病方・43:擇薤一把〖注〗擇,取。

帛書・病方・330:善擇去其蔡、沙石

帛書・病方・343:勿擇(釋)

集證・182.722:擇疢〖注〗擇疢,人名。

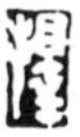
秦印編 234:文擇

2680　捉

帛書・病方・18:以布捉取

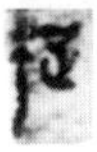
帛書・病方・19:即以布捉[取]

2681　捽

 睡簡・封診・84：甲與丙相捽〖注〗《說文》："捽，持頭髮也。"

 帛書・病方・72：以三指大捽（撮）飲之

2682　撮

 帛書・病方・42：以三指一撮〖注〗三指一撮，古代用藥的一种估量方法。

2683　捊（抱）

 帛書・病方・103：令尤（疣）者抱禾

 帛書・病方・196：必令同族抱□穨（㿗）者

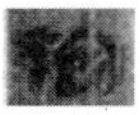 睡簡・日甲・45背：女鼠抱子逐人

2684　承

 會稽刻石・宋刻本：天下承風

 帛書・病方・97：左承之

 集證・156.370：承丞之印〖注〗承，地名。

 封泥集291・2：承丞之印

2685　招

 秦印編234：干招印

2686　撫辷

 帛書・病方・409：撫以布

2687　揗

 帛書・病方・55：復唾匕炙（漿）以揗〖注〗揗，即揗字。摩拭。

2688　投

 天簡24・乙：爲式投得

 天簡24・乙：日入至晨投中大呂

 天簡26・乙：日入至晨投中夾（?）鐘

 天簡26・乙：日入至晨投中姑洗

 天簡28・乙：旦至日中投中夾鐘

 天簡29・乙：旦至日中投中林鐘

 天簡31・乙：占疾投其日辰時

 天簡31・乙：投中大□

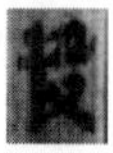 天簡34・乙：投中夾鐘

 睡簡・日乙・106：投符地，禹步三

 睡簡・日乙・146：多投福

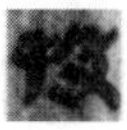 睡簡・日甲・57背：乃投以屨

 睡簡・答問・90：以兵刃、投（殳）梃、拳指傷人

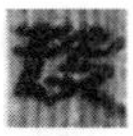 睡簡・答問・53:見書而投者不得

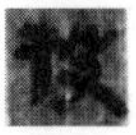 睡簡・日甲・28背:見其神以投之

 睡簡・日甲・28背:以白石投之

 睡簡・日甲・63背:以屨投之

 睡簡・日甲・64背:擇(釋)以投之

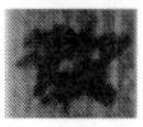 睡簡・日甲・49背:以犬矢投之

 關簡・344:而投杯地

 關簡・338:投米

 關簡・343:投米地

 帛書・病方・443:投若□水

 秦印編234:投還

2689 抉

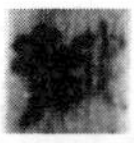 睡簡・答問・30:可(何)謂"抉籥(鑰)"

 睡簡・答問・30:抉籥(鑰)者已抉啟之乃爲抉

 睡簡・答問・30:抉籥(鑰)者已抉啟之乃爲抉

 睡簡・答問・30:抉籥(鑰),贖黥〖注〗抉,撬。

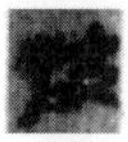 睡簡・答問・30:且未啟亦爲抉

 睡簡・答問・31:抉之非欲盜毆

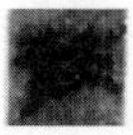 睡簡・答問・31:已啟乃爲抉

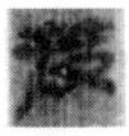 睡簡・答問・149:容指若抉

 睡簡・秦律・84:抉出其分〖注〗《說文》:"抉,挑也。"

 帛書・病方・135:使人鼻抉(缺)指斷

 帛書・病方・370:抉取若刀

2690 撓

 帛書・病方・24:皆合撓〖注〗撓,攪和。

 帛書・病方・46:合撓而烝(蒸)

 帛書・病方・49:撓

 帛書・病方・173:合撓

 帛書・病方・353:撓,以傅之

 帛書・病方・409:孰撓之

 帛書・病方・454:撓之

2691 擾(擾)

 秦印編234:賈擾〖編者按〗《廣韻》說"擾"同"擾"。

 秦印編234:馬擾

2692 揚 敭

 帛書・病方・92:揚去氣

2693　舉(擧)

睡簡・答問・70:即弗舉而殺之〖注〗舉,養育。

睡簡・日乙・247:勿舉,不利父母

睡簡・語書・6:自從令、丞以下智(知)而弗舉論〖注〗舉,檢舉、揭發。

睡簡・語書・7:舉劾不從令者〖注〗舉劾,檢舉。

里簡・J1(8)152 正:舉事可爲恆程者

關簡・140:利以舉大事

帛書・病方・31:熱則舉

帛書・病方・269:則舉之

秦印編 235:咸鄏里舉〖注〗舉,人名。

秦陶・1333:咸鄏里舉

2694　振

帛書・灸經甲・41:振寒〖注〗振寒,惡寒戰慄。

2695　撟

關簡・344:即以左手撟杯水歓(飲)女子〖注〗撟,舉起。

秦印編 235:撟

秦印編 235:笵撟

秦印編 235:撟

2696　揄

秦陶・490・摹:贛揄(榆)得〖注〗贛榆,縣名。

秦簡・編年・10・摹:喜揄史

2697　擅

睡簡・答問・69:擅殺子

睡簡・答問・72:擅殺、刑、髡其後子

睡簡・答問・73:人奴擅殺子

睡簡・答問・71:而擅殺之

睡簡・答問・161:擅有鬼立(位)殹

睡簡・答問・148:勿敢擅强質

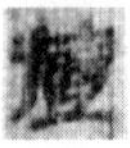
睡簡・答問・104:主擅殺、刑、髡其子、臣妾

睡簡・秦律・106:毋擅叚(假)公器

睡簡・雜抄・34:擅下

睡簡・爲吏・16:三曰擅裚割

2698　失

天簡 21・甲:日失(昳)吉

天簡 23・甲:日失(昳)吉

天簡 33・乙:日失(昳)凶夕日吉

天簡 34・乙:甲辰旬申酉虛寅卯孤失虛左正西

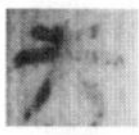
天簡 38・乙:不失水火

天簡 38・乙:日失(昳)吉夕日凶

睡簡・爲吏・13:吏有五失

睡簡・語書・3:鄉俗淫失(泆)之民不止〖注〗《左傳・隱公三年》正義:"泆謂放恣無藝。"

睡簡・答問・33:吏爲失刑辠〖注〗失刑,用刑不當。

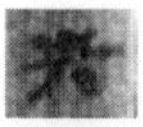
睡簡・答問・35:吏爲失刑辠

睡簡・答問・48:沒錢五千而失之

睡簡・答問・102:亟執勿失

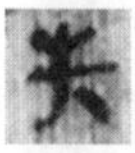
睡簡・答問・115:如失刑辠

睡簡・答問・115:失鋈(夭)足

睡簡・秦律・126:車空失〖注〗空失,疑讀爲"控跌",傾覆。

睡簡・秦律・196:有不從令而亡、有敗、失火

睡簡・秦律・115:失期三日到五日

睡簡・雜抄・26:虎失(佚),不得〖注〗佚,通"逸",逃走。

睡簡・日甲・121 正:失行門

睡簡・日乙・249:丙失火

睡簡・日乙・249:丁失火

睡簡・日乙・249:甲失火

睡簡・日乙・249:卯失火

睡簡・日乙・249:乙失火

睡簡・日乙・249:寅失火

睡簡・日乙・249:子失火

睡簡・日乙・250:辰失火

睡簡・日乙・250:庚失火

睡簡・日乙・250:己失火

睡簡・日乙・250:卯失火

睡簡・日乙・250:失火

睡簡・日乙・250:巳失火

睡簡・日乙・250:戊失火

睡簡・日乙・252:亥失火

睡簡・日乙・251:癸失火

睡簡・日乙・251:壬失火

睡簡・日乙・251:申失火

睡簡・日乙・251:未失火

睡簡・日乙・251:午失火

睡簡・日乙・251:辛失火

睡簡・日乙・251:酉失火

 睡簡·爲吏·46:失之毋□

 龍簡·136:町失三分〖注〗失,偏失,偏差。

 龍簡·143:虛租而失之如□

 龍簡·137·摹:直(值)其所失臧(贓)及所受臧(贓)

 龍崗牘·正:吏論失者已坐以論〖注〗失,過失。

 龍簡·186·摹:失廿石以□

 龍簡·187:失租廿石□

 關簡·200:得而復失之

 關簡·245:日失(昳)時

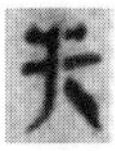 關簡·219:必後失之

 關簡·162:日失(昳)〖注〗昳,日昃也。

2699  抒

 帛書·病方·34:疾沸而抒〖注〗抒,將水汲出。

 帛書·病方·249:抒置甕中

 帛書·病方·286:卽急抒置甑□置其□

 帛書·病方·377:抒臧(藏)之

2700   拓 摭

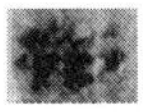 睡簡·日甲·46背:取女筆以拓之〖注〗拓,推、舉。

2701  拾

 秦印編235:臣拾

 秦印編235:徐拾

 秦印編235:茅拾

2702  掇

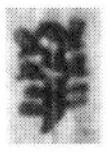 睡簡·日甲·63背:完掇其葉二七〖注〗掇,取。

 睡簡·爲吏·7:掇民之欲政乃立〖注〗掇,疑讀爲"輟",止。

2703  援

 睡簡·答問·101:偕旁人不援

 睡簡·日甲·66正:十二月楚援夕

 睡簡·日甲·67正:七月爨月、援夕

 秦印編235:援子

 秦印編235:援

 秦印編235:田援

 秦印編235:張援

 秦印編235:李援

 集證·222.277:烏氏援〖注〗援,人名。

2704　擢

秦印編233:□擢〖編者按〗此字也可能應隸爲"擢",擢字異體。

2705　拔

睡簡·答問·81:縛而盡拔其須麋(眉)

帛書·病方·102:即拔尤(疣)去之

封泥集346·1:拔鄉之印〖注〗拔鄉,鄉名。

2706　擣

帛書·病方·殘1:□柏[杵]擣者□

2707　攣

帛書·病方·46:以扁(遍)熨直育(肎)攣筋所〖注〗《說文》:"攣,係也。"

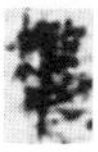
帛書·病方·223:傴攣而未大者[方]

2708　捼

帛書·病方·266:治之以柳蕈一捼、艾二〖注〗《說文》:"捼,推也。一曰兩手相切摩也。"

2709　括

帛書·病方·360:先括(刮)加(痂)潰

2710　摹

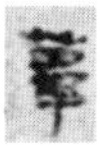
帛書·病方·429:摹以捚(理)去之〖注〗摹,撫。

2711　掩

秦陶A·1.14:都船掩〖注〗掩,人名。

2712　播 敽

睡簡·封診式·77:直穴播壤〖注〗播,棄。

2713　捕

睡簡·答問·125:能自捕及親所智(知)爲捕

睡簡·答問·66:求盜追捕辠人

睡簡·答問·53:能捕者購臣妾二人

睡簡·答問·10:其見智(知)之而弗捕

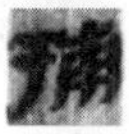
睡簡·答問·126:後自捕所亡

睡簡·答問·125:能自捕及親所智(知)爲捕

睡簡·答問·138:甲捕乙

睡簡·答問·130:捕得取錢

睡簡·答問·130:捕亡

睡簡·答問·139:有秩吏捕闌亡者

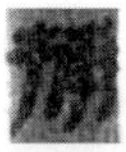
睡簡・答問・136：今中〈甲〉盡捕告之〖注〗捕告，逮捕告官。

睡簡・答問・137：今甲捕得其八人

睡簡・答問・130：所捕耐辠以上得取

睡簡・答問・135：捕亡完城旦

睡簡・答問・140：購如捕它辠人

睡簡・封診・22：而捕來詣

睡簡・封診・20：甲、乙捕索（索）其室而得此錢、容（鎔）

睡簡・封診・95：捕校上來詣之

睡簡・秦律・6：百姓犬入禁苑中而不追獸及捕獸者

睡簡・秦律・6：其追獸及捕獸者

睡簡・雜抄・38：捕盜律曰

睡簡・雜抄・38：捕人相移以受爵者

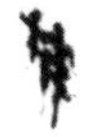
龍簡・74：□捕詷〈詗〉□

龍簡・19・摹：□追捕之

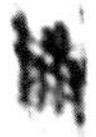
龍簡・80：□及捕□

龍簡・76・摹：□捕者貲二甲□

2714　　挐

帛書・病方・317：以酒挐〖注〗挐，假爲"濘"，濕。

秦印編236：挐到

秦印編236：挐冢

秦印編236：妾挐

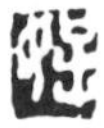
秦印編236：王狐挐

秦印編236：挐安

2715　　挌

睡簡・答問・66：辠人挌（格）殺求盜〖注〗格，擊。

2716　　拲 桊

集證・184.754：慎愿拲敬〖注〗拲，古刑罰名，《說文》："拲，兩手同械也。"借作恭敬之"恭"。

2717　　捐

秦印編236：張捐之

2718　　搜

帛書・病方・123：□食甚□搜

2719　　掖

睡簡・日甲・153正：在掖（腋）者愛

2720　　掐

帛書・死候・87：舌掐（陷）橐（卵）卷

2721　扣

帛書・病方・245:若有堅血如扣末而出者〖注〗扣,裂。

2722　㧓

廿七年上郡守趞戈・故宮藏・摹(秦銅・46):丞㧓〖注〗㧓,人名。

2723　擊

睡簡・答问・90:擊(揢)以布〖注〗擊,即“揢(揢)”,《說文》:“揢,撫也。”

睡簡・答問・90:可(何)謂“擊”

2724　搕

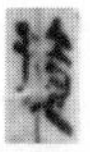
關簡・336:即兩手搕病者腹

關簡・336:搕某叚(瘕)心疾

2725　掓

睡簡・日甲・111背:掓其畫中央土而懷之〖注〗掓,拾。

2726　擕

帛書・病方・295:人擕之甚□

2727　捚

帛書・病方・429:摹以捚(理)去之〖注〗捚,假爲“理”,整治。

帛書・病方・429:已捚

帛書・病方・429:捚如前

2728　搗

帛書・病方・68:□搗(搗)而煮之〖編者按〗朱駿聲說“搗”即“擣”或“搗”之異體。

2729　拼

帛書・病方・182:薤一拼(葉)〖注〗葉,《說文》:“小束也。”

帛書・病方・301:□三拼葉

2730　撫

帛書・病方・292:撫(撫)靡(摩)□而□

2731　擅

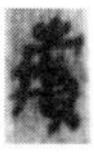
睡簡・日乙・259:其人擅黑

2732　摹

帛書・病方・373:發摹(歊)〖注〗歊,熱氣。

2733　尪

帛書・足臂・4:尪(鼽)洟(衄)〖注〗鼽,鼻流清涕。

帛書・足臂・11:尪(鼽)洟(衄)

2734　擥

秦印編 233：異擥

2735　控

睡簡・日甲・45 背：以沙人（砂仁）一升控（實）其舂臼〖注〗控，讀爲"實"，充實。

2736  脊

睡簡・答問・75：鬭折脊項骨

睡簡・日甲・80 背：長脊

帛書・足臂・3：夾（挾）脊痛

帛書・足臂・13：循脊內□兼（廉）

帛書・病方・50：頸脊强而復（腹）大

帛書・灸經甲・62：上穿脊之□廉

帛書・足臂・14：脊內兼（廉）痛

秦印編 236：李脊

2737  女

不其簋蓋（秦銅・3）：柔（永）追女（汝）

不其簋蓋（秦銅・3）：女（汝）多禽

不其簋蓋（秦銅・3）：女（汝）多折首執訊

不其簋蓋（秦銅・3）：女（汝）小子

不其簋蓋（秦銅・3）：女（汝）休〖注〗汝休，汝善自爲之。

不其簋蓋（秦銅・3）：女（汝）以我車宕伐嚴允（玁狁）于高陶（陶）

不其簋蓋（秦銅・3）：女（汝）肇誨于戎工

不其簋蓋（秦銅・3）：易（賜）女（汝）弓一矢束

不其簋蓋（秦銅・3）：余命女（汝）御追于畧

滕縣不其簋器（秦銅・4）：女（汝）多禽

滕縣不其簋器（秦銅・4）：女（汝）多折首執訊

滕縣不其簋器（秦銅・4）：女（汝）小子

滕縣不其簋器（秦銅・4）：女（汝）休

滕縣不其簋器（秦銅・4）：女（汝）以我車宕伐嚴允（玁狁）于高陶（陶）

滕縣不其簋器（秦銅・4）：女（汝）肇誨于戎工

滕縣不其簋器（秦銅・4）：易（賜）女（汝）弓一矢束

滕縣不其簋器（秦銅・4）：余命女（汝）御追于畧

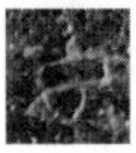秦子簋蓋（珍金・34）：義（宜）其士女〖注〗士女，泛指男女百姓人民。

秦子簋蓋・摹（珍金・31）：義（宜）其士女

會稽刻石・宋刻本：男女絜誠

泰山刻石・宋拓本：男女體順

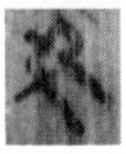天簡 29・乙：女可毆

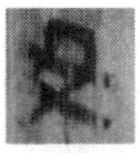
天簡32・乙:多女子吉

天簡32・乙:女子吉宜□

睡簡・日乙・125:可以家(嫁)女、取婦、寇〈冠〉帶、祠

睡簡・日乙・16:生男女□

睡簡・日乙・118:不可取婦、家(嫁)女、入畜生

睡簡・爲吏・18:徼人婦女

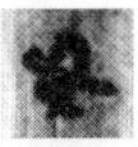
睡簡・日甲・4背:直牽牛、須女出女

睡簡・日甲・4背:直牽牛、須女出女

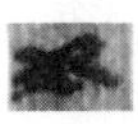
睡簡・答問・80:夬(決)裂男若女耳

睡簡・答問・167:女子甲去夫亡

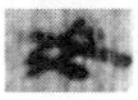
睡簡・答問・174:女子北其子

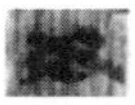
睡簡・答問・174:問女子論可(何)毆

睡簡・答問・175:以其乘車載女子

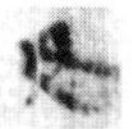
睡簡・封診・86:即診嬰兒男女、生髮及保(胞)之狀

睡簡・封診・84:自晝與同里大女子丙鬭

睡簡・封診・68:即令甲、女載丙死(屍)詣廷

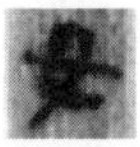
睡簡・秦律・62:女子操敃紅及服者

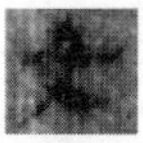
睡簡・秦律・59:女子參

睡簡・秦律・110:隸妾及女子用箴(針)爲緡(文)繡它物

睡簡・秦律・110:女子一人當男子一人

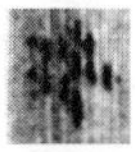
睡簡・日甲・82正:女子愛而口臭

睡簡・日甲・81正:女子龍丁

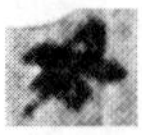
睡簡・日甲・20背:女子爲正

睡簡・日甲・2背:禹以取梌(塗)山之女日也

睡簡・日甲・2背:直參以出女

睡簡・日甲・21背:女子爲正

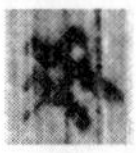
睡簡・日甲・92正:不可出女

睡簡・日甲・96背:必有大女子死

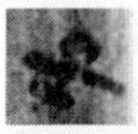
睡簡・日甲・6背:丁巳以出女

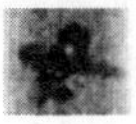
睡簡・日甲・6背:凡參、翼、軫以出女

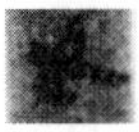
睡簡・日甲・6背:凡取妻、出女之日

睡簡・日甲・7背:不可家(嫁)女、取妻

睡簡・日甲・7正:女必出於邦

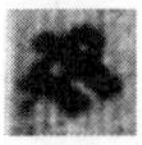
睡簡・日甲・38正:不可取婦、家(嫁)女、出入貨及生(牲)

睡簡・日甲・3背:牽牛以取織女而不果

睡簡・日甲・3背:直營室以出女

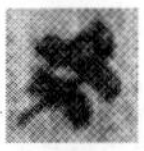
睡簡・日甲・32背:男女未入宮者毄(擊)鼓奮鐸槃(譟)之

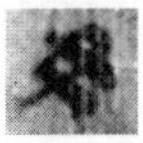
睡簡・日甲・32正:可取婦、家(嫁)女、㓝(製)衣常(裳)

睡簡・日甲・39 正:取婦、家(嫁)女

睡簡・日甲・36 正:不可取婦、家(嫁)女

睡簡・日甲・34 背:鬼恒從男女

睡簡・日甲・42 正:可取婦、家(嫁)女、葬貍(埋)

睡簡・日甲・42 正:男女爲盜

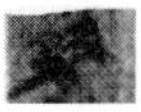
睡簡・日甲・46 背:取女筆以拓之

睡簡・日甲・44 背:丈夫女子隋(墮)須(鬚)羸髮黄目

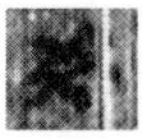
睡簡・日甲・44 正:不可以見人、取婦、家(嫁)女

睡簡・日甲・50 正:離日不可以家(嫁)女、取婦及入人民畜生

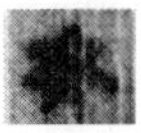
睡簡・日甲・51 正:須女、虚大吉

睡簡・日甲・101 正:不可以取婦、家(嫁)女、禱祠、出貨

睡簡・日甲・120 正:女子爲巫

睡簡・日甲・12 正:男女必美

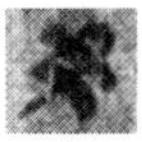
睡簡・日甲・19 背:女子喜宮斲(鬭)

睡簡・日甲・16 背:有女子言

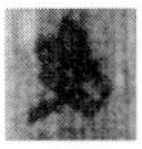
睡簡・日甲・136 背:有女喪

睡簡・日甲・136 正:可以取婦、家(嫁)女

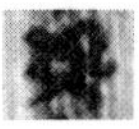
睡簡・日甲・148 正:不女爲醫

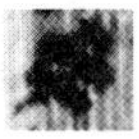
睡簡・日甲・148 正:女子爲也

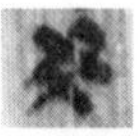
睡簡・日甲・146 正:好女子

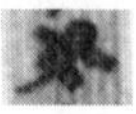
睡簡・日甲・146 正:女爲賈

睡簡・日甲・150 正:女子以巳字

睡簡・日甲・15 背:女子爲正

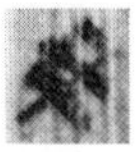
睡簡・日甲・156 正:女果以死

睡簡・日甲・156 正:以作女子事

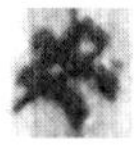
睡簡・日甲・155 正:牽牛以取織女

睡簡・日乙・82:以取妻,女子愛

睡簡・日乙・248:女子爲邦君妻

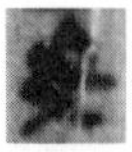
睡簡・日乙・242:女子爲巫

睡簡・日乙・247:女子爲人妾

睡簡・日乙・244:女子爲醫

睡簡・日乙・256:盜女子也

睡簡・日乙・253:其疵其上得□其女若母爲巫

睡簡・日乙・213:其女子也

睡簡・日乙・92:不可出女

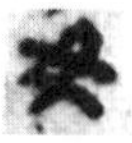
睡簡・日乙・99:取婦、家(嫁)女、出入貨

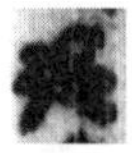
睡簡・日乙・94:男爲見(覡),女爲巫

睡簡・日乙・62:不可以見人、取妻、嫁女

睡簡·日乙·56:不可取妻、嫁女、見人

睡簡·日乙·57:不可取妻、嫁女

睡簡·日乙·53:取妻、嫁女

睡簡·日乙·108:午、未、申、丑、亥女子日

睡簡·日乙·108:以女子日病

睡簡·日乙·108:以女子日死

睡簡·日乙·109:女子日,辰、午、未、申、亥、丑

龍簡·2·摹:□女[子]□

關簡·347:令女子之市買牛胙、市酒

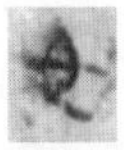
關簡·344:即以左手撟杯水畝(飲)女子

關簡·379:女杯復產□之期曰益若子乳

關簡·331:女子以米二七

關簡·342:前置杯水女子前

關簡·142:取(娶)婦、嫁女

關簡·322:女子欲[飲]七

關簡·323:女子二七

關簡·368:腹毋辟(避)男女牝牡者

關簡·368:女毋辟(避)瞀暮=(嗼嗼)者

關簡·378:即女子□

帛書·病方·441:漬女子未嘗丈夫者[布]□音(杯)

帛書·病方·殘1:□子令女子浴之

帛書·病方·436:燔女子布

帛書·病方·13:女子繊

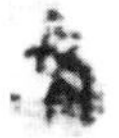
帛書·病方·60:女子同藥

帛書·病方·105:女子二七

帛書·病方·111:女子二七

帛書·病方·145:病者女[子]□

帛書·病方·146:男子□即以女子初有布

帛書·病方·187:女子瘁

帛書·病方·188:女子瘁

帛書·病方·201:漬女子布

帛書·病方·204:神女倚序聽神吾(語)

帛書·病方·224:男女皆可

帛書·病方·232:□[取]女子月事布

帛書·病方·314:漬女子布

帛書·病方·375:彘肉、魚及女子

帛書·病方·381:女子二七

集證·161.452:女不害〖注〗女不害,人名。

秦印編 236:湯女

秦印編 236:女乘

秦印編 236:女不害

秦印編 236:黽女

秦印編 236:張女

秦印編 236:女敞

秦印編 236:女突

秦印編 236:女丑

秦印編 236:女喜

秦印編 236:女陰丞印

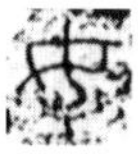
封泥集 304・1:女陰丞印〖注〗女陰,地名。

封泥印 116:女陰

封泥集 306・1:女陽丞印

封泥集 306・2:女陽丞印

新封泥 B・3.21:女陰

集證・155.350:女陰丞印

封泥印 115:女陽丞印〖注〗女陽,即汝陽,地名。

漆器 M11・51(雲夢・附二):大女子嬰

漆器 M14・17(雲夢・附二):女

漆器 M13・32(雲夢・附二):小女子甲

漆器(關簡 148):大女□

漆器 M6・5(雲夢・附二):大女子嬰

漆器 M7・19(雲夢・附二):女里從〖注〗女里,里名。

漆器 M7・27(雲夢・附二):大女子嬰

漆器 M8・7(雲夢・附二):大女子嬰

漆器 M11・2(雲夢・附二):小女子

漆器 M11・3(雲夢・附二):錢里大女子

漆器 M11・7(雲夢・附二):小女子

漆器 M11・11(雲夢・附二):大女子嬰

漆器 M11・17(雲夢・附二):大女子

漆器 M11・21(雲夢・附二):小女子

漆器 M11・22(雲夢・附二):大女子

漆器 M11・24(雲夢・附二):小女子

漆器 M11・28(雲夢・附二):大女子嬰

漆器 M11・29(雲夢・附二):大女子疪

漆器 M11・35(雲夢・附二):大女子嬰

漆器 M11・46(雲夢・附二):大女子

漆器 M11・49(雲夢・附二):小女子

2738  姓

 詛楚文・湫淵(中吳本):伐威(滅)我百姓

 詛楚文・巫咸(中吳本):伐威(滅)我百姓

 詛楚文・亞駝(中吳本):伐威(滅)我百姓

 秦駰玉版・甲・摹:姓(生)爲刑灋(法)〖注〗姓,讀爲"生",創製。

 秦駰玉版・乙・摹:姓(生)爲刑灋(法)

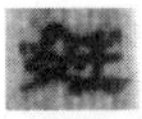 睡簡・爲吏・51:玆(慈)愛萬姓〖注〗萬姓,即百姓。

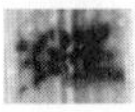 睡簡・爲吏・14:百姓榣(搖)貳乃難請

 睡簡・效律・49:百姓或之縣就(僦)及移輸者

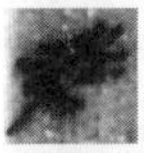 睡簡・秦律・6:百姓犬入禁苑中而不追獸及捕獸者

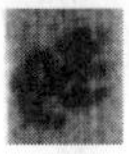 睡簡・秦律・65:百姓市用錢

 睡簡・秦律・76:公有責(債)百姓未賞(償)

 睡簡・秦律・77:百姓叚(假)公器及有責(債)未賞(償)

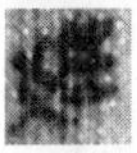 睡簡・秦律・48:百姓有欲叚(假)者

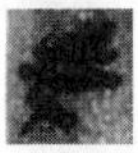 睡簡・秦律・12:百姓居田舍者毋敢醢(酤)酉(酒)

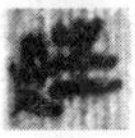 睡簡・秦律・102:其叚(假)百姓甲兵

 睡簡・秦律・194:毋叚(假)百姓

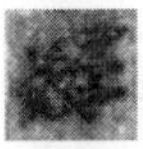 睡簡・秦律・140:百姓有貲贖責(債)而有一臣若一妾

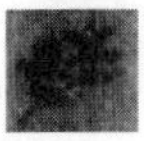 睡簡・秦律・151:百姓有母及同牲(生)爲隸妾

 睡簡・雜抄・32:百姓不當老

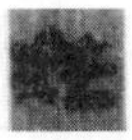 睡簡・雜抄・14:軍人稟所、所過縣百姓買其稟

 睡簡・日乙・243:戊戌生,姓楚

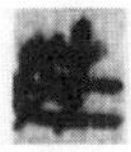 睡簡・日乙・180:母枼(世)見之爲姓(眚)

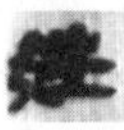 睡簡・日乙・187:外鬼爲姓(眚)

 睡簡・日乙・183:王父爲姓(眚)

 睡簡・日乙・185:外鬼、傷(殤)死爲姓(眚)

 睡簡・日乙・181:生人爲姓(眚)

 睡簡・日乙・160:外鬼爲姓(眚)

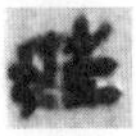 睡簡・日乙・160:巫亦爲姓(眚)

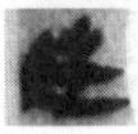 睡簡・日乙・168:高王父譴姓(眚)

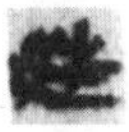 睡簡・日乙・166:巫爲姓(眚)

 睡簡・日乙・164:中鬼見社爲姓(眚)

 睡簡・日乙・170:外鬼兄枼(世)爲姓(眚)

 睡簡・日乙・178:高王父爲姓(眚)

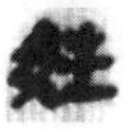 睡簡・日乙・172:母葉(世)外死爲姓(眚)

 睡簡・日乙・176:巫爲姓(眚)

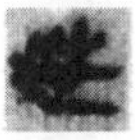 睡簡・日乙・174:粃(牲?)爲姓(眚)

 睡簡・日乙・158:外鬼父葉(世)爲姓(眚)〖注〗眚,災。

秦印編 241:□姓

2739 姜

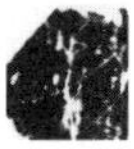
秦陶・492.1:嫍(鄒)上造姜〖注〗姜,人名。

2740 姬

不其簋蓋(秦銅・3):用乍(作)朕皇且(祖)公白(伯)、孟姬障段

滕縣不其簋器(秦銅・4):用乍(作)朕皇且(祖)公白(伯)、孟姬障段

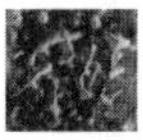
秦子簋蓋(珍金・34):秦子姬用享〖注〗秦子姬,器主,董珊說爲秦子之母,卽魯姬子。李學勤說"秦子姬"讀爲"秦子、姬",卽器主秦子和其姬姓妻。

秦子簋蓋・摹(珍金・31):秦子姬用享

秦編鐘・甲鐘(秦銅・10.1):公及王姬曰〖注〗王姬,周王之女,秦武公之母或妻。

秦編鐘・甲鐘左鼓・摹(秦銅・11.2):公及王姬曰

秦編鐘・丙鐘(秦銅・10.3):公及王姬曰

秦鎛鐘・1 號鎛(秦銅・12.1):公及王姬曰

秦鎛鐘・2 號鎛(秦銅・12.4):公及王姬曰

秦鎛鐘・3 號鎛(秦銅・12.7):公及王姬曰

2741 姚

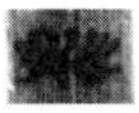
睡簡・爲吏・43:民將姚(逃)去〖注〗姚,與"逃"同。

集證・172.585:姚爲〖注〗姚爲,人名。

集證・172.586:姚攀〖注〗姚攀,人名。

集證・172.587:姚得〖注〗姚得,人名。

秦印編 237:姚禹

秦印編 237:姚廣

秦印編 237:姚迎

秦印編 237:姚郢

秦印編 237:姚□

秦印編 237:姚屯

秦印編 237:姚戎臣

秦印編 237:姚疌

秦印編 237:歐姚

秦印編 237:姚緱

秦印編 237:姚猗

秦印編 237:姚螓

秦印編 237:姚齮

秦印編 237:姚䄫

集證・172.583:姚章〖注〗姚章,人名。

集證・172.584:姚鄭〖注〗姚鄭,人名。

集證・172.582：姚枚〖注〗姚枚，人名。

2742　嫁

會稽刻石・宋刻本：妻爲逃嫁

會稽刻石・宋刻本：有子而嫁

睡簡・日乙・57：不可取妻、嫁女

睡簡・日乙・53：取妻、嫁女

睡簡・日乙・62：不可以見人、取妻、嫁女

睡簡・日乙・56：不可取妻、嫁女、見人

睡簡・日乙・155：□祭祀、嫁子、作大事

關簡・141：取（娶）婦、嫁女

2743　婚 㛰

詛楚文・湫淵（中吳本）：絆（縫）以婚姻

詛楚文・巫咸（中吳本）：絆（縫）以婚姻

詛楚文・亞駝（中吳本）：絆（縫）以婚姻

2744　姻 婣

詛楚文・湫淵（中吳本）：絆（縫）以婚姻

詛楚文・巫咸（中吳本）：絆（縫）以婚姻

詛楚文・亞駝（中吳本）：絆（縫）以婚姻

2745　妻 㜊

會稽刻石・宋刻本：妻爲逃嫁

睡簡・日乙・132：及夫妻同衣

睡簡・日乙・15：利以見人、祭、作大事、取妻

睡簡・日乙・117：夫妻必有死者

睡簡・答問・168：甲取（娶）人亡妻以爲妻

睡簡・日甲・86 正：取妻，必二妻

睡簡・日甲・9 背：不可取妻

睡簡・答問・15：可（何）以論妻

睡簡・答問・62：其妻先自告

睡簡・答問・61：畱（遷）者妻當包不當

睡簡・答問・79：妻悍

睡簡・答問・77：問死者有妻、子當收

睡簡・答問・18：甲妻、子與甲同辠

睡簡・答問・168：甲取（娶）人亡妻以爲妻

睡簡・答問・169：其棄妻亦當論不當

睡簡・答問・169：棄妻不書

睡簡・答問・166：女子甲爲人妻

睡簡・答問・167：相夫妻

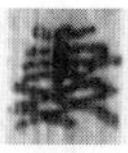
睡簡・答問・170:妻賸(媵)臣妾、衣器當收不當

睡簡・答問・170:妻先告

睡簡・答問・171:妻賸(媵)臣妾、衣器當收

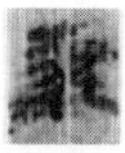
睡簡・答問・171:妻有辠以收

睡簡・答問・136:夫、妻、子五人共盜

睡簡・答問・14:可(何)以論妻

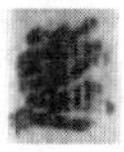
睡簡・答問・14:妻所匿三百

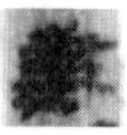
睡簡・答問・15:告妻

睡簡・答問・15:可(何)以論妻

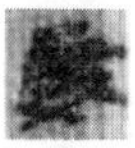
睡簡・答問・15:妻所匿百一十

睡簡・答問・116:收其外妻、子

睡簡・封診・8:封有鞫者某里士五(伍)甲家室、妻、子、臣妾、衣器、畜產

睡簡・封診・73:乙獨與妻丙晦臥堂上

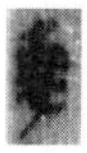
睡簡・秦律・85:毋責妻、同居

睡簡・秦律・201:有妻毋(無)有

睡簡・秦律・94:隸臣、府隸之毋(無)妻者及城旦

睡簡・秦律・142:妻更及有外妻者

睡簡・秦律・141:隸臣有妻

睡簡・秦律・155:謁歸公士而免故妻隸妾一人者

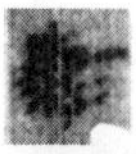
睡簡・日甲・80正:以取妻,妻不寧

睡簡・日甲・8背:不可取妻、家(嫁)子

睡簡・日甲・86正:取妻,必二妻

睡簡・日甲・83正:以取妻,男子愛

睡簡・日甲・84正:以取妻,妻愛

睡簡・日甲・9背:不可取妻

睡簡・日甲・93正:取妻

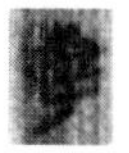
睡簡・日甲・94正:取妻,必棄

睡簡・日甲・95正:取妻

睡簡・日甲・91正:有妻子

睡簡・日甲・6背:凡取妻、出女之日

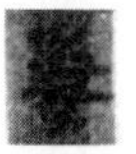
睡簡・日甲・6背:以奎,夫愛妻

睡簡・日甲・6背:以婁,妻愛夫

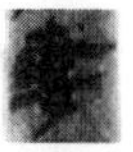
睡簡・日甲・65背:人妻妾若朋友死

睡簡・日甲・78正:取妻,妻不到

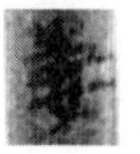
睡簡・日甲・7背:不可家(嫁)女、取妻

睡簡・日甲・7背:以取妻

睡簡・日甲・72正:取妻,妻悍

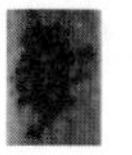
睡簡・日甲・73正:不可取妻

睡簡・日甲・39背:是上神下取妻

睡簡・日甲・5背:敝毛之士以取妻

睡簡・日甲・5背:以取妻

睡簡・日甲・10背:不可取妻

睡簡・日甲・1背:取妻,不終

睡簡・日甲・12背:牝月牡日取妻

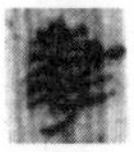睡簡・日甲・127正:凡且有大行、遠行若飲食、歌樂、聚畜生及夫妻同衣

睡簡・日甲・17正:可以取妻、入人、起事

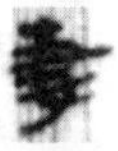睡簡・日甲・155正:丁丑、己丑取妻

睡簡・日乙・80:以取妻,不寧

睡簡・日乙・82:以取妻,女子愛

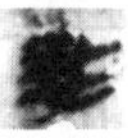睡簡・日乙・89:取妻

睡簡・日乙・86:□取妻必二

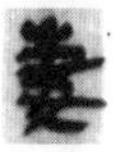睡簡・日乙・83:以取妻

睡簡・日乙・84:以取妻,妻愛

睡簡・日乙・201:不可取妻

睡簡・日乙・248:女子爲邦君妻

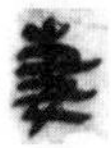睡簡・日乙・98:取妻,妻貧

睡簡・日乙・96:取妻,妻妬

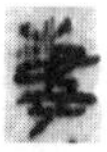睡簡・日乙・93:取妻

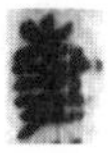睡簡・日乙・94:取妻,必棄

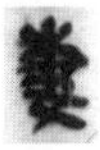睡簡・日乙・95:乘車、衣常(裳)、取妻

睡簡・日乙・91:取妻

睡簡・日乙・62:不可以見人、取妻、嫁女

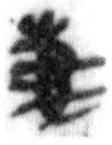睡簡・日乙・56:不可取妻、嫁女、見人

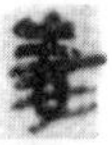睡簡・日乙・57:不可取妻、嫁女

睡簡・日乙・53:取妻、嫁女

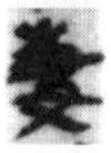睡簡・日乙・100:取妻,妻悍

睡簡・日乙・102:取妻,妻多舌

睡簡・日乙・106:取妻,妻不到

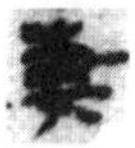睡簡・日乙・103:取妻,妻爲巫

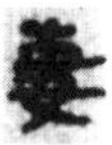睡簡・日乙・105:嫛女,祠、賈市、取妻

睡簡・日乙・101:不可取妻

2746  婦

詛楚文・湫淵(中吳本):刑戮孕婦

詛楚文・亞駝(中吳本):刑戮孕婦

天簡27・乙:是=夫婦皆居

睡簡・日乙・118:不可取婦、家(嫁)女、入畜生

睡簡・日乙・60:可取婦□

睡簡・日乙・125:可以家(嫁)女、取婦、寇〈冠〉帶、祠

睡簡・日乙・117:以出母〈女〉、取婦

睡簡・爲吏・18:徹人婦女

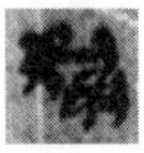
睡簡・日甲・23背:取婦爲小內

睡簡・日甲・6正:祭祀、家(嫁)子、取(娶)婦、入材

睡簡・日甲・38正:不可取婦、家(嫁)女、出入貨及生(牲)

睡簡・日甲・32正:可取婦、家(嫁)女、製(製)衣常(裳)

睡簡・日甲・39正:取婦、家(嫁)女

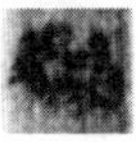
睡簡・日甲・36正:不可取婦、家(嫁)女

睡簡・日甲・4背:囊婦以出

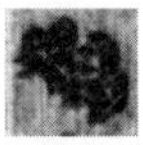
睡簡・日甲・42正:可取婦、家(嫁)女、葬貍(埋)

睡簡・日甲・100正:中子婦死

睡簡・日甲・136正:可以取婦、家(嫁)女

睡簡・日甲・156正:毋以戌亥家(嫁)子、取婦

睡簡・日乙・255:爲閒者不寡夫乃寡婦

睡簡・日乙・99:取婦、家(嫁)女、出入貨

關簡・141:取(娶)婦、嫁女

帛書・病方・443:毋匿□北□巫婦求若固得

2747　　媲

集證・192.9:媲〖注〗媲,人名。

2748　　嫪

秦陶・492.1:嫪(鄝)上造姜〖注〗鄝,地名。

2749　　母

杜虎符(秦銅・25):雖母(毋)會符

新郪虎符(集證・38):雖母(毋)會符

新郪虎符・摹(集證・37):雖母(毋)會符

石鼓文・吾水(先鋒本):母(毋)不□□

會稽刻石・宋刻本:子不得母

睡簡・日乙・247:不利父母

睡簡・日乙・253:其女若母爲巫

睡簡・日乙・180:母枼(世)見之爲姓(眚)

睡簡・秦律・50:雖有母而與其母冗居公者

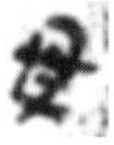
睡簡・6號牘・正:母得毋恙也

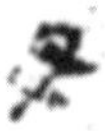
睡簡・6號牘・正:母力毋恙也

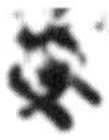
睡簡・6號牘・正:願母幸遺錢五六百

睡簡・11號牘・正:母必爲之

 睡簡・11 號牘・正:母操夏衣來

 睡簡・11 號牘・正:母視安陸絲布賤

 睡簡・11 號牘・正:母毋恙也

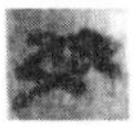 睡簡・答問・21:人奴妾盜其主之父母

 睡簡・答問・78:比大父母

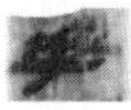 睡簡・答問・78:今毆高大父母〖注〗高大父母,曾祖父母。

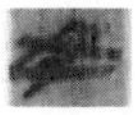 睡簡・答問・78:毆大父母〖注〗大父母,祖父母。

 睡簡・答問・178:臣邦父、秦母謂殹

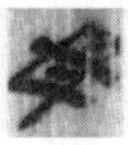 睡簡・答問・172:同母異父相與奸

 睡簡・答問・177:臣邦父母產子及產它邦而是謂"真"

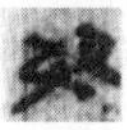 睡簡・答問・103:子盜父母

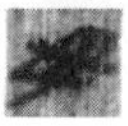 睡簡・答問・104:子告父母

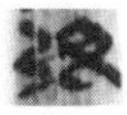 睡簡・答問・116:弗買(賣)子母謂殹(也)〖注〗子母,孩子的母親。

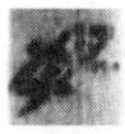 睡簡・答問・116:可(何)謂"從母爲收"

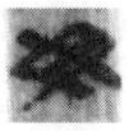 睡簡・答問・116:令從母爲收

 睡簡・秦律・74:食其母日粟一斗

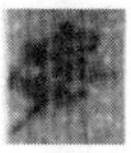 睡簡・秦律・50:雖有母而與其母冗居公者

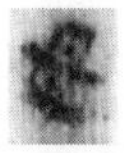 睡簡・秦律・155:欲歸爵二級以免親父母爲隸臣妾者一人

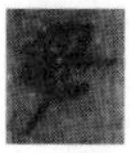 睡簡・秦律・151:百姓有母及同牲(生)爲隸妾

 睡簡・日甲・91 正:母以己巳、壬寅殺犬

 睡簡・日甲・78 正:祠父母良日

 睡簡・日甲・72 正:王母爲祟

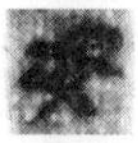 睡簡・日甲・76 正:母(毋)逢人

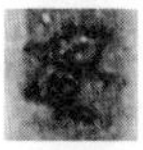 睡簡・日甲・3 背:父母必從居

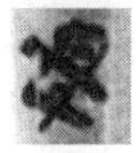 睡簡・日甲・4 背:父母有咎

 睡簡・日甲・50 背:爰母處其室

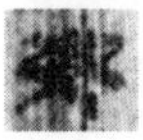 睡簡・日甲・54 正:戊午去父母同生

 睡簡・日甲・102 正:害於驕母〖注〗驕,疑讀爲"高"。高母,高祖母。

 睡簡・日甲・143 正:毋(無)母

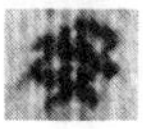 睡簡・日甲・144 正:去父母南

 睡簡・日甲・15 背:不利其母

 睡簡・日乙・殘 9:□父母□

 睡簡・日乙・172:母葉(世)外死爲姓(眚)

 睡簡・日乙・117:以出母〈女〉、取婦

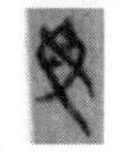 關簡・327:請獻驪牛子母

 關簡・372:大如母(拇)指

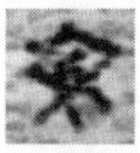 帛書・病方・207:而父與母皆盡柏築之顛

 帛書・病方・225:取□母□上

帛書・病方・443:瀆者魃父魃母

帛書・病方・84:母爲鳳鳥蓐

帛書・病方・96:母居南止

帛書・病方・199:父乖母强

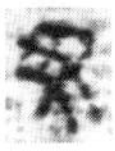帛書・病方・200:操葮(鍛)石毄(擊)而母

秦印編 237:李母人

集證・162.473:王母人〖注〗王母人,人名。

秦印編 237:母治

南郊 710・200:楊母方母方

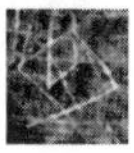南郊 710・200:楊母方母方

2750  姑

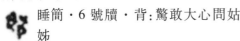

詛楚文・湫淵(中吳本):內之則虣(暴)唐(虐)不(無)姑(辜)〖注〗姑,讀爲"辜"。

睡簡・6 號牘・背:驚敢大心問姑姊

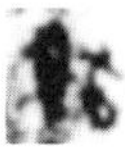睡簡・11 號牘・背:爲黑夫、驚多問姑姊、康樂孝須(嬃)故□長姑外內□

睡簡・雜抄・40:令姑(嫴)堵一歲

2751  威

詛楚文・湫淵(中吳本):不畏皇天上帝及大沈氒(厥)湫之光列(烈)威神

詛楚文・湫淵(中吳本):以盟(明)大神之威神

詛楚文・巫咸(中吳本):不畏皇天上帝及不(丕)顯大神巫咸之光列(烈)威神

詛楚文・巫咸(中吳本):以盟(明)大神之威神

詛楚文・亞駝(中吳本):不畏皇天上帝及不(丕)顯大神亞駝之光列(烈)威神

詛楚文・亞駝(中吳本):以盟(明)大神之威神

會稽刻石・宋刻本:義威誅之

繹山刻石・宋刻本:威動四極

睡簡・爲吏・12:下恆行巧而威故移

2752  姊

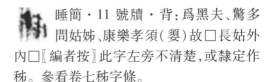

睡簡・11 號牘・背:爲黑夫、驚多問姑姊、康樂孝須(嬃)故□長姑外內□〖編者按〗此字左旁不清楚,或隸定作秭。參看卷七秭字條。

睡簡・6 號牘・背:驚敢大心問姑姊

秦印編 237:譊姊

2753  娶

秦印編 237:娶

2754  奴 伖

高奴簋・摹(秦銅・198):高奴一斗名(?)一〖注〗高奴,地名。

高奴禾石銅權（秦銅·32.1）：高奴

高奴禾石銅權（秦銅·32.2）：高奴

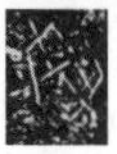
王五年上郡疾戈（秦銅·27）：高奴工□

王五年上郡疾戈·摹（秦銅·27）：高奴工□

六年上郡守閒戈（登封·4.2）：高奴工師蕃鬼薪工臣

廿五年上郡守厝戈·摹（秦銅·43）：高奴工師竈丞申

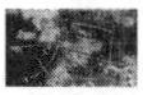
高奴戈（珍金·114）：高奴

高奴戈·摹（珍金·115）：高奴

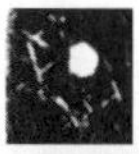
高奴矛（秦銅·201）：高奴

廿四年上郡守戟（潛山·19）：高奴工師□

睡簡·日甲·162正：禺（遇）奴（怒）

睡簡·答問·20：人奴妾盜其主之父母

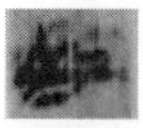
睡簡·答問·73：人奴擅殺子

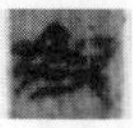
睡簡·答問·74：人奴妾治（笞）子

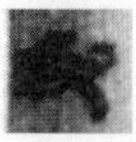
睡簡·答問·106：父殺傷人及奴妾

睡簡·答問·103：父母擅殺、刑、髡子及奴妾

睡簡·答問·141：或捕告人奴妾盜百一十錢

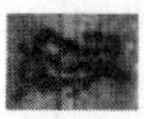
睡簡·秦律·142：人奴妾毄（繫）城旦舂

睡簡·日甲·160正：有奴（怒）

秦印編238：郭兇奴

秦印編238：笵□奴

秦印編238：司馬奴

秦印編238：王奴

集證·160.441：奴盧之印〖注〗奴盧，官名。或讀爲“盧奴”，地名。

秦陶A·2.7：安奴

秦陶·1454：伖子

2755　　嫢

秦印編238：新嫢

2756　　始

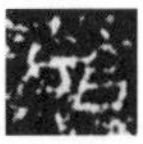
北私府橢量·二世詔（秦銅·147）：今襲號而刻辭不稱始皇帝

北私府橢量·二世詔（秦銅·147）：盡始皇帝爲之

大騩銅權（秦銅·131）：今襲號而刻辭不稱始皇帝

大騩銅權（秦銅·131）：盡始皇帝爲之

二世元年詔版八（秦銅·168）：今襲號而刻辭不稱始皇帝

二世元年詔版八（秦銅·168）：盡始皇帝爲之

二世元年詔版二（秦銅·162）：今襲號而刻辭不稱始皇帝

二世元年詔版二（秦銅·162）：盡始皇帝爲之

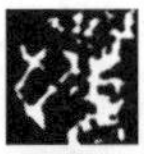
二世元年詔版九(秦銅・169):今襲號而刻辭不稱始皇帝

二世元年詔版六(秦銅・166):今襲號而刻辭不稱始皇帝

二世元年詔版六(秦銅・166):盡始皇帝爲之

二世元年詔版三(秦銅・163):今襲號而刻辭不稱始皇帝

二世元年詔版三(秦銅・163):盡始皇帝爲之

二世元年詔版十二(秦銅・172):盡始皇帝爲之

二世元年詔版十三(集證・50):今襲號而刻辭不稱始皇帝

二世元年詔版十三(集證・50):盡始皇帝爲之

二世元年詔版十一(秦銅・171):今襲號而刻辭不稱始皇帝

二世元年詔版十一(秦銅・171):盡始皇帝爲之

二世元年詔版四(秦銅・164):今襲號而刻辭不稱始皇帝

二世元年詔版四(秦銅・164):盡始皇帝爲之

二世元年詔版五(秦銅・165):今襲號而刻辭不稱始皇帝

二世元年詔版五(秦銅・165):盡始皇帝爲之

二世元年詔版一(秦銅・161):今襲號而刻辭不稱始皇帝

二世元年詔版一(秦銅・161):盡始皇帝爲之

兩詔斤權一・摹(集證・46):今襲號而刻辭不稱始皇帝

兩詔斤權一・摹(集證・46):盡始皇帝爲之

兩詔斤權二・摹(集證・49):今襲號而刻辭不稱始皇帝

兩詔斤權二・摹(集證・49):盡始皇帝爲之

兩詔斤權一(集證・45):盡始皇帝爲之

兩詔銅權三(秦銅・178):今襲號而刻辭不稱始皇帝

兩詔銅權三(秦銅・178):盡始皇帝爲之

兩詔銅權一(秦銅・175):今襲號而刻辭不稱始皇帝

兩詔橢量二(秦銅・149):今襲號而刻辭不稱始皇帝

兩詔橢量二(秦銅・149):盡始皇帝爲之

兩詔橢量三之二(秦銅・151):今襲號而刻辭不稱始皇帝

兩詔橢量三之二(秦銅・151):盡始皇帝爲之

兩詔橢量一(秦銅・148):今襲號而刻辭不稱始皇帝

兩詔橢量一(秦銅・148):盡始皇帝爲之

美陽銅權(秦銅・183):今襲號而刻辭不稱始皇帝

美陽銅權(秦銅・183):盡始皇帝爲之

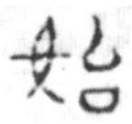
平陽銅權・摹(秦銅・182):今襲號而刻辭不稱始皇帝

平陽銅權・摹(秦銅・182):盡始皇帝爲之

僅存銘兩詔銅權(秦銅・135-18.2):今襲號而刻辭不稱始皇帝

僅存銘兩詔銅權(秦銅・135-18.2):盡始皇帝爲之

旬邑銅權(秦銅・133):今襲號而刻辭不稱始皇帝

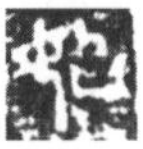
旬邑銅權(秦銅・133):盡始皇帝爲之

左樂兩詔鈞權(集證·43):今襲號而刻辭不稱始皇帝

左樂兩詔鈞權(集證·43):盡始皇帝爲之

秦懷后磬·摹:王始(姒)之盩〖注〗始,李學勤讀爲"姒"。王姒,指周王后。

石鼓文·而師(先鋒本):嗣王始□

泰山刻石·宋拓本:今襲號而金石刻辭不稱始皇帝

泰山刻石·宋拓本:金石刻盡始皇帝所爲也

會稽刻石·宋刻本:始定刑名

琅邪臺刻石:今襲號而金石刻辭不稱始皇帝〖注〗始皇帝,秦始皇嬴政。

琅邪臺刻石:金石刻盡始皇帝所爲也

繹山刻石·宋刻本:今襲號而金石刻辭不稱始皇帝

繹山刻石·宋刻本:金石刻盡始皇帝所爲也

繹山刻石·宋刻本:自泰古始

睡簡·日甲·68背:以望之日日始出而食之

睡簡·日甲·40正:利弋邋(獵)、報讎、攻軍、韋(圍)城、始殺

睡簡·日乙·48:不可以始種穫、始賞(嘗)

睡簡·爲吏·47:君子敬如始〖注〗如始,始終如一。

睡簡·日甲·52背:以庚日日始出時濆門以灰

睡簡·日甲·14正:可以入人、始寇〈冠〉、乘車

睡簡·日乙·91:可始寇〈冠〉

龍簡·158:黔首或始穜(種)即故□

關簡·365:猜始

關簡·132:從朔日始斄(數)之

關簡·262:斄(數)從朔日始

關簡·369:浴𧉮(蠶)必以日毚(纔)始出時浴之

帛書·病方·289:血雎(疽)始發

帛書·病方·292:氣雎(疽)始發

帛書·病方·46:道頭始

帛書·病方·49:浴之道頭上始

帛書·病方·106:道南方始

帛書·病方·199:以月十六日始毀

帛書·病方·259:始食一

帛書·病方·274:雎(疽)始起

秦印編238:公孫得始

集證·166.525:安始〖注〗安始,人名。或爲吉語。

2757　媚

睡簡·日甲·14背:婦不媚於君〖注〗媚,愛。

睡簡·日甲·119背:媚人

睡簡·日乙·246:媚人

秦印編 238:蘇媚

2758  好

石鼓文・車工(先鋒本):遬車既好〖注〗好,善。

睡簡・日乙・241:好貨

睡簡・語書・9:有(又)廉絜(潔)敦慤而好佐上

睡簡・語書・5:私好、鄉俗之心不變

睡簡・日甲・76 背:爲人我我然好歌無(舞)

睡簡・日甲・32 背:好下樂入

睡簡・日甲・148 正:好家室

睡簡・日甲・148 正:武而好衣劍

睡簡・日甲・142 正:好家室

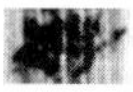
睡簡・日甲・149 正:好水

睡簡・日甲・146 正:好女子

睡簡・日甲・146 正:男好衣佩而貴

睡簡・日甲・143 正:好言語

睡簡・日甲・144 正:好田野邑屋

睡簡・日乙・239:甲戌生,好甲

睡簡・日乙・240:庚辰,好[女]子

睡簡・日乙・240:好言五(語)

睡簡・日乙・246:壬戌生,好室家

睡簡・日乙・246:戊午生,好田邋(獵)

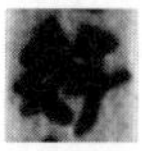
睡簡・日乙・243:丙申生,好室

睡簡・日乙・245:癸丑生,好□

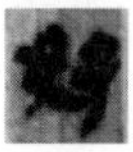
睡簡・語書・1:其所利及好惡不同

關簡・247:復好見之

秦印編 238:好令

封泥印 108:好畤丞印〖注〗好畤,地名。

2759  嫛

睡簡・6 號牘・正:驚多問新負、嫛皆得毋恙也〖注〗嫛,人名。

2760  媱

秦印編 238:楊媱

漆器 M9・39(雲夢・附二):□□媱

2761  嬛

秦印編 239:令嬛

2762  委

睡簡・效律・49:上節(即)發委輸〖注〗委輸,以車運送。

里簡・J1(16)6 正:傳送委[輸]

帛書・病方・殘 1:治以蜀焦(椒)一委(捼)〖注〗《說文》:“捼,推也。一曰兩手相切摩也。”

集證・192.6:委

2763  媒

秦印編 239:田媒

2764  婺

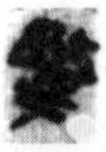
睡簡・日乙・105:婺女

關簡・205:婺=(婺女)

關簡・173:婺=(婺女)

關簡・140:婺=(婺女)〖注〗婺女,即須女,二十八宿之一。

關簡・205:斗乘婺=(婺女)

2765  如

北私府橢量・二世詔(秦銅・147):如後嗣爲之者

大騩銅權(秦銅・131):如後嗣爲之者

二世元年詔版八(秦銅・168):如後嗣爲之者

二世元年詔版二(秦銅・162):如後嗣爲之者

二世元年詔版九(秦銅・169):如後嗣爲之者

二世元年詔版六(秦銅・166):如後嗣爲之者

二世元年詔版三(秦銅・163):如後嗣爲之者

二世元年詔版十三(集證・50):如後嗣爲之者

二世元年詔版十一(秦銅・171):如後嗣爲之者

二世元年詔版四(秦銅・164):如後嗣爲之者

二世元年詔版五(秦銅・165):如後嗣爲之者

二世元年詔版一(秦銅・161):如後嗣爲之者

兩詔斤權一・摹(集證・46):如後嗣爲之者

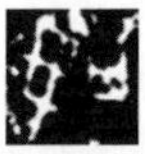
兩詔版(秦銅・174.1):如後嗣爲之者

兩詔斤權二・摹(集證・49):如後嗣爲之者

兩詔銅權二(秦銅・176):如後嗣爲之者

兩詔銅權三(秦銅・178):如後嗣爲之者

兩詔銅權五(秦銅・180):如後嗣爲之者

兩詔橢量二(秦銅・149):如後嗣爲之者

兩詔橢量三之二(秦銅・151):如後嗣爲之者

兩詔橢量一(秦銅・148):如後嗣爲之者

美陽銅權(秦銅・183):如後嗣爲之者

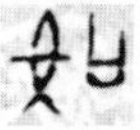
平陽銅權・摹(秦銅・182):如後嗣爲之者

旬邑銅權(秦銅・133):如後嗣爲之者

左樂兩詔鈞權(集證·43):如後嗣爲之者

石鼓文·鑾車(先鋒本):迂貙如虎

石鼓文·鑾車(先鋒本):□徒如章

石鼓文·吾水(先鋒本):金(今)及如□□

秦駰玉版·乙·摹:能自復如故

秦駰玉版·乙·摹:王室相如

秦駰玉版·甲·摹:王室相如〖注〗相如,相若,相似。

繹山刻石·宋刻本:如後嗣爲之者

琅邪臺刻石:如後嗣爲之者

泰山刻石·宋拓本:如後嗣爲之者

天簡25·乙:中期如參合之數

睡簡·效律·12:其貲、誶如數者然

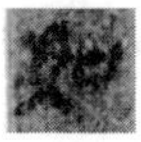
睡簡·效律·53:如令、丞

睡簡·效律·54:如它官然

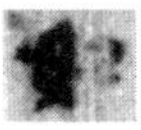
睡簡·語書·6:如此

睡簡·語書·12:故如此者不可不爲罰

睡簡·6號牘·背:且令故民有爲不如令者實□

睡簡·11號牘·背:爲黑夫、驚多問嬰汜季吏可(何)如

睡簡·答問·82:大可(何)如爲"提"

睡簡·答問·208:可(何)如爲"大痍"

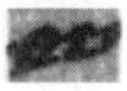
睡簡·答問·209:可(何)如爲"大誤"

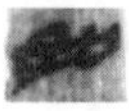
睡簡·答問·90:如貲布

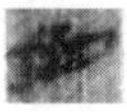
睡簡·答問·90:入齎錢如律

睡簡·答問·63:當毄(繫)作如其所縱

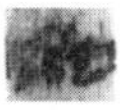
睡簡·答問·64:可(何)如爲"封"

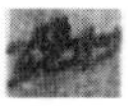
睡簡·答問·3:問辠當駕(加)如害盜不當

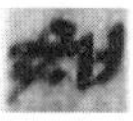
睡簡·答問·51:"翏(戮)"者可(何)如

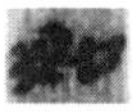
睡簡·答問·126:它辠比羣盜者皆如此

睡簡·答問·121:"定殺"可(何)如

睡簡·答問·194:後更其律如它

睡簡·答問·162:"履錦履"之狀可(何)如

睡簡·答問·107:皆如家辠

睡簡·答問·142:可(何)如爲"犯令、灋(廢)令"

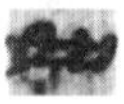
睡簡·答問·140:購如捕它辠人

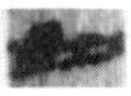
睡簡·答問·114:其他辠比羣盜者亦如此

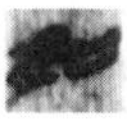
睡簡·答問·115:如失刑辠

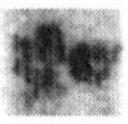
睡簡·封診·76:上如豬竇狀

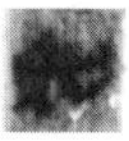
睡簡·封診·48:署(遷)丙如甲告

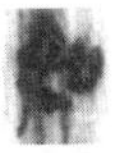
睡簡・秦律・83:如其事

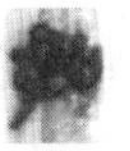
睡簡・秦律・81:隃(逾)歲而弗入及不如令者

睡簡・秦律・28:其出入、增積及效如禾

睡簡・秦律・96:衣如隸臣妾

睡簡・秦律・95:如舂衣

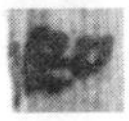
睡簡・秦律・66:其廣袤不如式者

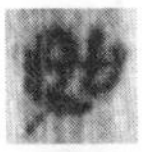
睡簡・秦律・123:如縣然

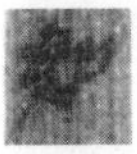
睡簡・秦律・190:如廄律

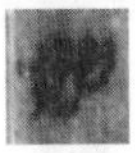
睡簡・秦律・194:正之如用者

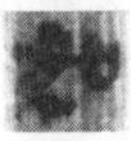
睡簡・秦律・163:它如律

睡簡・秦律・176:芻稾如禾

睡簡・秦律・170:如入禾然

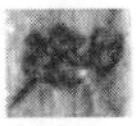
睡簡・秦律・138:令居其衣如律然

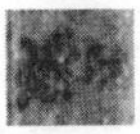
睡簡・秦律・141:衣食之如城旦舂

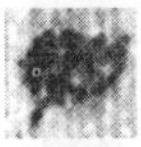
睡簡・秦律・101:如從興戍然

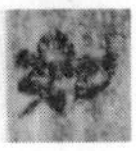
睡簡・雜抄・2:除士吏、發弩嗇夫不如律

睡簡・雜抄・35:不如辭

睡簡・日甲・24背:告如詰之〖注〗如,而。

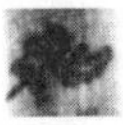
睡簡・日甲・64背:東北鄉(嚮)如(茹)

睡簡・日甲・36正:徙官自如

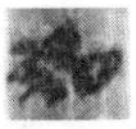
睡簡・日甲・41背:如席處

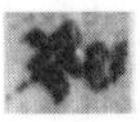
睡簡・日甲・50背:大如杵

睡簡・日乙・108:男子日如是

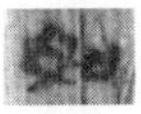
睡簡・爲吏・28:原壄(野)如廷

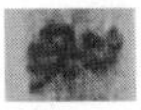
睡簡・爲吏・48:言如盟

睡簡・爲吏・47:君子敬如始〖注〗如始,始終如一。

睡簡・爲吏・50:昭如有光

睡簡・效律・29:如入禾然

睡簡・效律・21:它如律

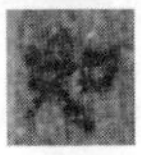
睡簡・效律・37:芻稾如禾

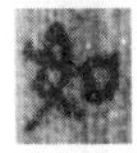
睡簡・效律・48:負之如故

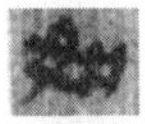
睡簡・效律・52:其吏主者坐以貲、誶如官嗇夫

睡簡・效律・55:如令史坐官計劾然

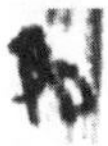
龍簡・143:虛租而失之如□

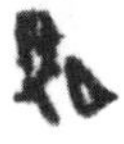
龍簡・216・摹:□如三分□

龍簡・44:如守縣□金錢□

龍簡・117・摹:論之如律〖注〗論之如律,法律用語,依法論處。

龍簡・146:如它人告□

龍簡・218・墓:□如盜之□

里簡・J1(16)5 背:它如律令

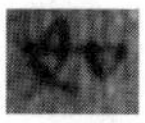
里簡・J1(8)156:它如律令

關簡・353:恆以臘日塞禱如故

關簡・372:大如母(拇)指

關簡・352:農夫笱(苟)如□

關簡・317:小大如黑子

關簡・315:齊約大如小指

關簡・324:牛脂大如手

關簡・321:大如扁(蝙)蝠矢而乾之

帛書・足臂・22:溫〈温(脈)〉絕如食頃

帛書・足臂・23:陽病北(背)如流湯

帛書・脈法・75:用碧(砭)啟脈(脈)者必如式

帛書・病方・3:令大如荅

帛書・病方・27:飲藥如數

帛書・病方・28:病已如故

帛書・病方・36:如其實數

帛書・病方・45:如產時居濕地久〖注〗如,當。

帛書・病方・53:如篲(彗)星

帛書・病方・53:下如䏲(衃)血

帛書・病方・54:有血如蠅羽者

帛書・病方・55:如前

帛書・病方・56:取其靡(磨)如麋(糜)者

帛書・病方・57:小(少)多如再食浐(漿)

帛書・病方・58:令孰奮兩手如□間手□道□

帛書・病方・60:如□

帛書・病方・70:淒傅之如前

帛書・病方・73:大如指

帛書・病方・105:取凷(塊)大如雞卵者

帛書・病方・115:取如□鹽廿分斗一

帛書・病方・125:病已如故

帛書・病方・128:稍如恆

帛書・病方・131:如此數

帛書・病方・160:如此數

帛書・病方・164:類石如泔從前出

帛書・病方・238:如前數

帛書・病方・239:或如鼠乳狀

帛書・病方・242:厚如韭葉

帛書・病方・244:大者如棗

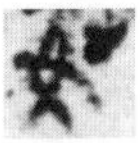
帛書・病方・244:如孰(熟)二斗米頃

帛書・病方・244:小者如棗覈(核)者方

帛書・病方・245:其中有如兔髕

帛書・病方・245:若有堅血如拍末而出者

帛書・病方・246:大如棗覈(核)

帛書・病方・247:如此數

帛書・病方・249:以煮青蒿大把二、鮒魚如手者七

帛書・病方・259:大如黑叔(菽)

帛書・病方・266:令廣深大如盎

帛書・病方・270:取石大如卷(拳)二七

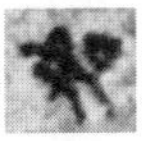
帛書・病方・281:令如□炙手以靡(磨)□傅□之

帛書・病方・292:如□狀

帛書・病方・295:如人殚之□

帛書・病方・332:汁如靡(糜)

帛書・病方・347:礜大如李

帛書・病方・368:而以善蔵六斗□如此□醫以此教惠□

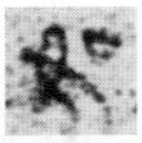
帛書・病方・387:[病已]如故

帛書・病方・393:傅[藥]如前

帛書・病方・395:十餘日而瘳如故

帛書・病方・413:如□裹

帛書・病方・423:如牛目

帛書・病方・429:捚如前

帛書・病方・434:如食頃而已

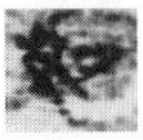
帛書・病方・殘1:□靡(摩)如數

帛書・病方・殘2:□如前

帛書・病方・無編號殘:如

帛書・灸經甲・63:悁(喝)悁(喝)如喘

帛書・灸經甲・63:心如縣(懸)〖注〗如,而。

帛書・灸經甲・63:坐而起則目瞙(眡)如毋見

帛書・灸經甲・68:心滂滂如痛〖注〗如,而。

帛書・足臂・21:揗温(脈)如三人參春

秦印編239:如

集證・181.705:趙相如印〖注〗趙相如,人名。

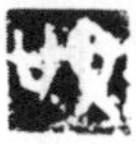
秦印編239:如

秦印編239:王如

秦印編239:司馬如

秦印編239:柏如

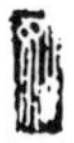
秦印編 239:如意

秦印編 239:咸陽如頃

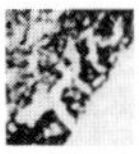
秦陶·1294:咸邑如戌〖注〗如戌,人名。

秦陶·568:如

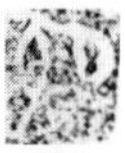
秦陶·571:左如

秦陶·1115:如

秦陶·1162:如

秦陶·1216:新城如步〖注〗如步,人名。

2766  婧 侑

集證·162.464:王婧〖注〗王婧,人名。

2767  嬰

七年上郡守閒戈·照片(秦銅·33):桼(漆)垣工師嬰〖注〗嬰,人名。

七年上郡守閒戈·摹(秦銅·33):桼(漆)垣工師嬰

睡簡·秦律·69·摹:勿嬰〖注〗嬰,繫。

睡簡·日甲·29背·摹:鬼嬰兒恒爲人號曰

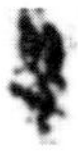
睡簡·11號牘·背:爲黑夫、驚多問嬰汜季吏可(何)如

睡簡·封診·86:卽診嬰兒男女、生髮及保(胞)之狀

睡簡·日甲·78背:名多酉起嬰

帛書·病方·337:以少(小)嬰兒弱(溺)漬羖羊矢

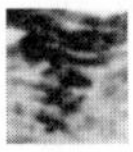
帛書·病方·45:嬰兒索痙〖注〗嬰兒索痙,產婦子瘈一類病症。一說,爲小兒臍帶風。

帛書·病方·48:小嬰兒以水[半]斗

帛書·病方·48:嬰兒病間(癇)方〖注〗嬰兒病癇,卽小兒癇。癇,癲。

帛書·病方·51:嬰兒瘛〖注〗嬰兒瘛,卽小兒瘈瘲。

帛書·病方·54:嬰兒瘛所

帛書·病方·216:嬰以一升

集證·172.581:矦嬰〖注〗矦嬰,人名。

封泥印 147:步嬰

秦印編 240:□嬰

秦印編 240:王嬰

秦印編 240:嬰斟

秦印編 240:張嬰

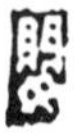
秦印編 240:王嬰

秦印編 240:張嬰

秦印編 240:汪嬰

秦印編 240:嬰獲

秦印編 240:朱嬰

秦印編 240:焦嬰

秦印編 240:蘇嬰

秦印編 240:寺嬰

秦印編 240:魿嬰

秦印編 240:張嬰

秦印編 240:笵嬰

秦印編 240:宋嬰

秦印編 240:李嬰

秦陶・627:右司空嬰〖注〗嬰,人名。

秦陶・628:右司空嬰

漆器 M13・30(雲夢・附二):蓐嬰□

2768　媮

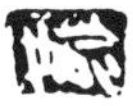秦印編 240:媮私

2769　嫛

秦印編 240:王嫛

秦印編 240:章嫛

2770　嫚

集證・176.645:陰嫚〖注〗陰嫚,人名。

秦印編 241:陰嫚

2771　嬯

秦印編 241:嬯

2772　婁 [囟/女]

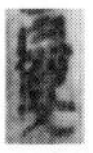天簡 35・乙:合音婁者是謂天絕紀〖編者按〗婁,讀爲"數"。《説文》:"婁,空也。一曰務也。"馬敘倫説:"數從婁聲,故得以婁爲數。"

睡簡・日甲・83 正:婁,利祠及行

睡簡・日甲・6 背:冬三月奎、婁吉

睡簡・日甲・6 背:以婁,妻愛夫

睡簡・日甲・58 正:牴(氐)、奎、婁大凶

睡簡・日乙・83:婁,祠及百事

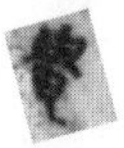關簡・177:婁

關簡・146:婁〖注〗婁,二十八宿之一。

關簡・217:[婁:斗乘]婁

帛書・病方・344:婁(屢)復[之]

2773　奸

睡簡・答問・65:內(納)奸,贖耐

睡簡・答問・65:人未蝕奸而得

睡簡・答問・61:以奸爲事

睡簡・答問・75：臣强與主奸

睡簡・答問・172：同母異父相與奸

睡簡・封診式・95：乙、丙相與奸

2774  娗

集證・172.593：娗〖注〗娗，人名。

2775  娷

秦印編241：娷

2776 婡

秦印編297：文婡

2777 掞

南郊707・194.12：□里□掞〖注〗掞，人名。

2778 妥

秦印編297（原妥）〖編者按〗段玉裁注補“妥”字，謂《説文》失收。

秦印編297：韓妥

秦印編297：昭妥

2779 妬

睡簡・日乙・96：取妻，妻妬〖注〗《玉篇》：“妬，同妒。”

2780 敎

詛楚文・湫淵（中吳本）：幽剌（約）敎（親）戚〖注〗敎戚，舊釋親戚。

詛楚文・湫淵（中吳本）：述（遂）取徆（吾）邊城新郢及鄔（於）、［長］、敎（莘）

詛楚文・亞駝（中吳本）：幽剌（約）敎（親）戚

詛楚文・亞駝（中吳本）：述（遂）取徆（吾）邊城新郢及鄔（於）、［長］、敎（莘）

詛楚文・巫咸（中吳本）：幽剌（約）敎（親）戚

詛楚文・巫咸（中吳本）：述（遂）取徆（吾）邊城新郢及鄔（於）、［長］、敎（莘）〖注〗敎，地名。

2781 嬫

秦陶・327：嬫

秦陶・328：咸嬫

秦陶・325：咸嬫

2782 婸

秦印編297：程婸

2783　娭

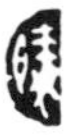
秦印編 297:楊娭

2784　癹

秦印編 297:癹去疾

2785  毋

北私府橢量·二世詔(秦銅·147):使毋疑〖注〗毋,否定副詞,不。

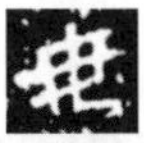
大騩銅權(秦銅·131):使毋疑

二世元年詔版八(秦銅·168):使毋疑

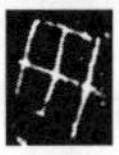
二世元年詔版九(秦銅·169):使毋疑

二世元年詔版六(秦銅·166):使毋疑

二世元年詔版七(秦銅·167):使毋疑

二世元年詔版三(秦銅·163):使毋疑

二世元年詔版十二(秦銅·172):使毋疑

二世元年詔版十三(集證·50):使毋疑

二世元年詔版十一(秦銅·171):使毋疑

二世元年詔版四(秦銅·164):使毋疑

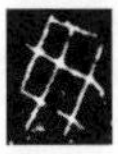
二世元年詔版五(秦銅·165):使毋疑

二世元年詔版一(秦銅·161):使毋疑

兩詔斤權一·摹(集證·46):使毋疑

兩詔斤權二·摹(集證·49):使毋疑

兩詔斤權二·照片(集證·47.2):使毋疑

兩詔斤權一(集證·45):使毋疑

兩詔銅權二(秦銅·176):使毋疑

兩詔銅權三(秦銅·178):使毋疑

兩詔銅權四(秦銅·179.2):使毋疑

兩詔銅權一(秦銅·175):使毋疑

兩詔橢量二(秦銅·149):使毋疑

兩詔橢量一(秦銅·148):使毋疑

美陽銅權(秦銅·183):使毋疑

平陽銅權·摹(秦銅·182):使毋疑

僅存銘兩詔銅權(秦銅·135-18.2):使毋疑

旬邑銅權(秦銅·133):使毋疑

十六年少府戈(珍金·102):工毋〖注〗毋,人名。

十六年少府戈·摹(珍金·102):工毋

詛楚文·湫淵(中吳本):毋相爲不利

詛楚文·巫咸(中吳本):毋相爲不利

詛楚文・亞駝(中吳本):毋相爲不利

天簡 24・乙:彼日毋可以有爲殹

天簡 27・乙:大族冡(蕤)賓毋射之卦曰

天簡 29・乙:投中毋射犬殹

天簡 32・乙:凡爲行者毋犯其鄉之忌

天簡 34・乙:千里之行毋以壬戌癸亥徙死

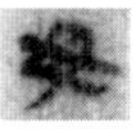
睡簡・語書・11:毋(無)公端之心

睡簡・語書・5:毋巨(歫)於辠

睡簡・語書・10:毋(無)以佐上

睡簡・6 號牘・背:衷唯毋方行新地

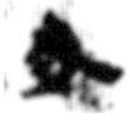
睡簡・6 號牘・正:皆毋恙也□

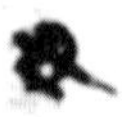
睡簡・6 號牘・正:驚多問新負、嬰皆得毋恙也

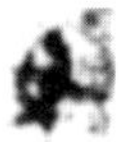
睡簡・6 號牘・正:母得毋恙也

睡簡・6 號牘・正:母力毋恙也

睡簡・6 號牘・正:縎布謹善者毋下二丈五尺□

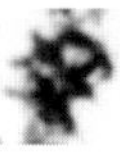
睡簡・11 號牘・背:爲黑夫、驚多問東室季須(嬃)苟得毋恙也

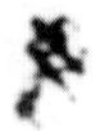
睡簡・11 號牘・背:聞王得苟得毋恙也

睡簡・11 號牘・背:毋與□勉力也

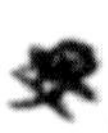
睡簡・11 號牘・正:黑夫、驚毋恙也

睡簡・11 號牘・正:母毋恙也

睡簡・答問・89:毋(無)痏痏

睡簡・答問・69:毋(無)怪物

睡簡・答問・71:士五(伍)甲毋(無)子

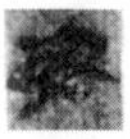
睡簡・答問・37:毋論

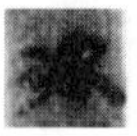
睡簡・答問・40:毋論

睡簡・答問・52:毋(無)恆數

睡簡・答問・10:毋論

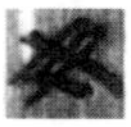
睡簡・答問・129:毋論

睡簡・答問・125:除毋(無)辠

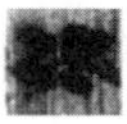
睡簡・答問・162:毋敢履錦履

睡簡・答問・175:毋論

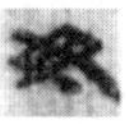
睡簡・答問・11:毋論

睡簡・封診・82:毋(無)意殹

睡簡・封診・29:流行毋(無)所主舍

睡簡・封診・96:毋(無)它坐

睡簡・封診・94:毋(無)它坐

睡簡・封診・7:或覆問毋(無)有

睡簡・封診・38:丙毋(無)病殹

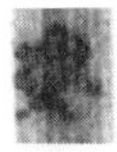
睡簡・封診・30:皆毋(無)它坐辠

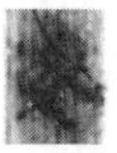
睡簡・封診・46:令終身毋得去䙴(遷)所

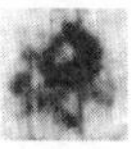
睡簡・封診・53:丙毋(無)麋(眉)

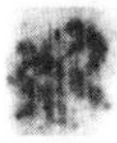
睡簡・封診・53:毋(無)它坐

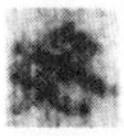
睡簡・封診・51:毋(無)它坐辠

睡簡・秦律・88:毋(無)用

睡簡・秦律・82:貧窶毋(無)以賞(償)者

睡簡・秦律・85:毋責妻、同居

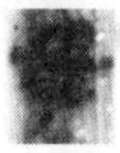
睡簡・秦律・81:其責(債)毋敢隃(逾)歲

睡簡・秦律・26:毋敢增積

睡簡・秦律・201:有妻毋(無)有

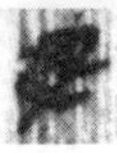
睡簡・秦律・99:不同程者毋同其出

睡簡・秦律・93:隸臣妾、舂城旦毋用

睡簡・秦律・94:隸臣、府隸之毋(無)妻者及城旦

睡簡・秦律・68:毋敢擇行錢、布

睡簡・秦律・6:麛時毋敢將犬以之田

睡簡・秦律・78:毋過三分取一

睡簡・秦律・74:小官毋(無)嗇夫者

睡簡・秦律・71:計毋相繆

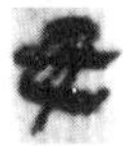
睡簡・秦律・31:其毋(無)故吏者

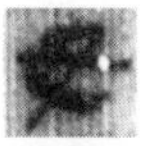
睡簡・秦律・47:毋過日一食

睡簡・秦律・4:毋□毒魚鱉

睡簡・秦律・4:毋敢伐材木山林及雍(壅)隄水

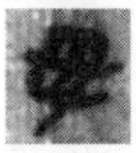
睡簡・秦律・4:毋敢夜草爲灰

睡簡・秦律・45:毋以傳貣(貸)縣

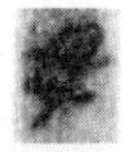
睡簡・秦律・188:毋口請

睡簡・秦律・182:上造以下到官佐、史毋(無)爵者

睡簡・秦律・128:毋(無)金錢者乃月爲言脂、膠

睡簡・秦律・12:百姓居田舍者毋敢醢(酤)酉(酒)

睡簡・秦律・123:毋獨令匠

睡簡・秦律・121:縣毋敢擅壞更公舍官府及廷

睡簡・秦律・120:至秋毋(無)雨時而以繇(徭)爲之

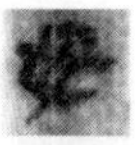
睡簡・秦律・198:毋依臧(藏)府、書府

睡簡・秦律・192:毋敢從史之事

睡簡・秦律・197:毋敢以火入臧(藏)府、書府中

睡簡・秦律・197:毋火

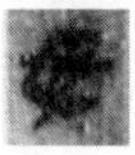
睡簡・秦律・193:侯(候)、司寇及羣下吏毋敢爲官府佐、史及禁苑憲盜

睡簡・秦律・194:毋叚(假)百姓

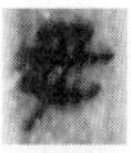 睡簡·秦律·195:毋敢舍焉

 睡簡·秦律·191:令斂史毋從事官府

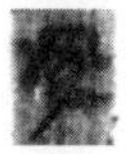 睡簡·秦律·106:其叚(假)者死亡、有辠毋(無)責也

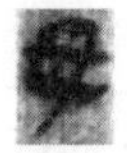 睡簡·秦律·106:毋擅叚(假)公器

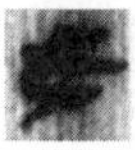 睡簡·秦律·161:令君子毋(無)害者若令史守官〖注〗無害,文書習語,辦事沒有疵病。

 睡簡·秦律·161:毋令官佐、史守

 睡簡·秦律·177:毋齎者乃直(值)之

 睡簡·秦律·139:毋過九月而觱(畢)到其官

 睡簡·秦律·137:毋除繇(徭)戍

 睡簡·秦律·103:入叚(假)而而毋(無)久(記)及非其官之久(記)也

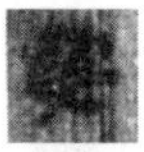 睡簡·秦律·131:毋(無)方者乃用版

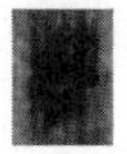 睡簡·秦律·145:毋令居貲贖責(債)將城旦舂

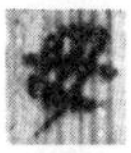 睡簡·秦律·100:毋過歲壺〈壹〉

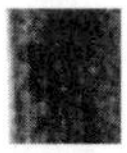 睡簡·秦律·158:毋須時

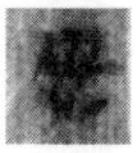 睡簡·秦律·151:毋賞(償)興日

 睡簡·秦律·1:輒以書言澍〈澍〉稼、誘(秀)粟及豤(墾)田暘毋(無)稼者頃數

 睡簡·雜抄·28:毋(勿)敢炊飭

 睡簡·雜抄·39:同居毋并行

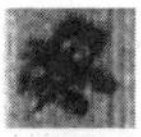 睡簡·雜抄·31:其六毋(無)子

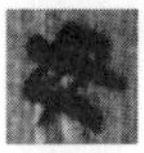 睡簡·雜抄·31:其四毋(無)子

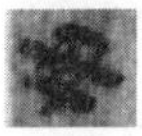 睡簡·雜抄·18:非歲紅(功)及毋(無)命書

 睡簡·日甲·27背:人毋(無)故鬼攻之不已

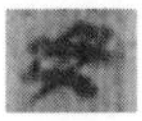 睡簡·日甲·25背:道(導)令民毋麗(罹)兇(凶)央(殃)

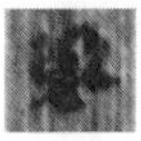 睡簡·日甲·2正:生子毋(無)弟

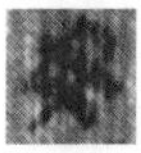 睡簡·日甲·98正:毋起西鄉(嚮)室

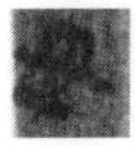 睡簡·日甲·9背:雖有,毋(無)男

 睡簡·日甲·9背:毋(無)子

 睡簡·日甲·99正:毋起北鄉(嚮)室

 睡簡·日甲·96正:毋起東鄉(嚮)室

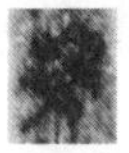 睡簡·日甲·97正:毋起南鄉(嚮)室

 睡簡·日甲·67背:人毋(無)故而心悲也

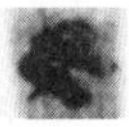 睡簡·日甲·61背:毋(無)氣之徒而蹱(動)

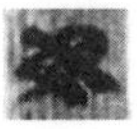 睡簡·日甲·6正:毋(無)咎

 睡簡·日甲·78正:毋(無)它同生

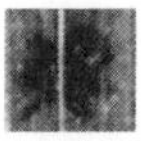 睡簡·日甲·77正:不死毋晨

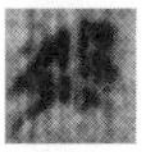 睡簡·日甲·38正:毋(無)大央(殃)

 睡簡·日甲·32背:人毋(無)故而鬼惑之

睡簡·日甲·32 背:人毋(無)故而鬼有鼠(予)

睡簡·日甲·36 背:一室人皆毋(無)氣以息

睡簡·日甲·37 背:一宅中毋(無)故而室人皆疫

睡簡·日甲·37 正:歲半入,毋(無)兵

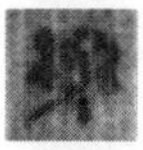

睡簡·日甲·34 正:它毋(無)小大盡吉

睡簡·日甲·35 背:令人色柏(白)然毋(無)氣

睡簡·日甲·35 正:歲善,毋(無)兵

睡簡·日甲·40 背:一宅之中毋(無)故室人皆疫

睡簡·日甲·49 背:人毋(無)故而鬼祠(伺)其宮

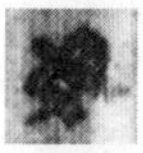

睡簡·日甲·43 正:毋(無)兵

睡簡·日甲·41 背:其上毋(無)草

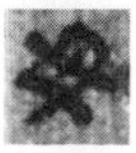

睡簡·日甲·41 正:毋(無)大兵

睡簡·日甲·50 背:人毋(無)故一室人皆箠(垂)延(涎)

睡簡·日甲·50 背:室毋(無)故而寒

睡簡·日甲·56 背:人之六畜毋(無)故而皆死

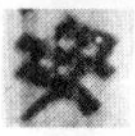

睡簡·日甲·57 背:人毋(無)故室皆傷

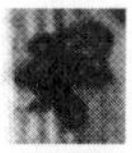

睡簡·日甲·57 正:毋以辛酉入寄者

睡簡·日甲·102 正:毋以丑徐(除)門戶

睡簡·日甲·109 正:毋以木〈未〉斬大木

睡簡·日甲·103 正:毋以寅祭祀鑿井

睡簡·日甲·104 正:毋以卯沐浴

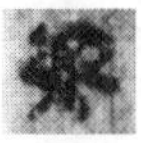

睡簡·日甲·105 正:毋可有爲

睡簡·日甲·101 正:毋以子卜筮

睡簡·日甲·1 背:毋可有爲

睡簡·日甲·128 正:皆毋(無)所利

睡簡·日甲·122 正:利毋(無)爵者

睡簡·日甲·129 正:句(苟)毋(無)直赤啻(帝)臨日

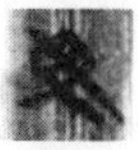

睡簡·日甲·127 背:毋以庚午入室

睡簡·日甲·127 背:毋以戌、亥遠去室

睡簡·日甲·127 正:毋以正月上旬午

睡簡·日甲·19 背:毋(無)寵

睡簡·日甲·17 背:毋(無)臧(藏)貨

睡簡·日甲·130 正:毋(無)敢額(顧)

睡簡·日甲·130 正:毋(無)所大害

睡簡·日甲·130 正:毋止

睡簡·日甲·138 背:毋起北南陳垣及繒(增)之

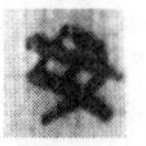

睡簡·日甲·138 背:毋起土攻(功)

睡簡·日甲·132 正:毋以丁庚東北行

睡簡・日甲・132 正:毋以癸甲西南行

睡簡・日甲・132 正:毋以乙丙西北行

睡簡・日甲・136 正:毋行

睡簡・日甲・140 背:春三月毋起東鄉(嚮)室

睡簡・日甲・140 背:冬三月毋起北鄉(嚮)室

睡簡・日甲・140 背:秋三月毋起西鄉(嚮)室

睡簡・日甲・140 背:夏三月毋起南鄉(嚮)室

睡簡・日甲・143 正:毋(無)母

睡簡・日甲・15 背:毋(無)子

睡簡・日甲・156 正:毋以戌亥家(嫁)子、取婦

睡簡・日甲・155 背:毋歌

睡簡・日甲・155 背:毋哭

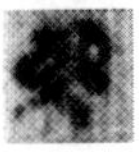
睡簡・日甲・112 正:毋以酉台(始)寇〈冠〉帶劍

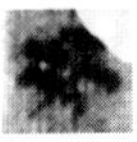
睡簡・日甲・114 正:興毋(無)定處

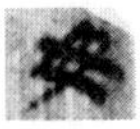
睡簡・日甲・115 正:膾毋絕縣(懸)肉

睡簡・日甲・111 背:某行毋(無)咎

睡簡・日乙・殘 6:□人祠有細單毋大□

睡簡・日乙・239:武有力,毋(無)終

睡簡・日乙・246:貧,毋(無)終

睡簡・日乙・63:毋(無)兵

睡簡・日乙・61:歲中,毋(無)兵

睡簡・日乙・30:初田毋以丁亥、戊戌

睡簡・日乙・46:毋可有爲也

睡簡・日乙・43:長行毋以戌亥遠去室

睡簡・日乙・43:久行毋以庚午入室

睡簡・日乙・44:它毋有爲也

睡簡・日乙・45:毋可有爲也

睡簡・日乙・56:毋(無)兵

睡簡・日乙・56:毋(無)可爲

睡簡・日乙・54:□毋小大

睡簡・日乙・106:毋(無)它同生

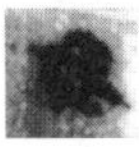
睡簡・日乙・107:上車毋顧

睡簡・日乙・105:三月死,毋(無)晨

睡簡・日乙・126:命曰毋(無)上剛

睡簡・日乙・126:毋以子卜筮

睡簡・日乙・125:命曰毋(無)後

睡簡・日乙・121:毋以戌辰、己巳入(納)寄者

睡簡・日乙・196:穿戶忌毋以丑穿門戶

睡簡・日乙・132:毋以正月上旬午

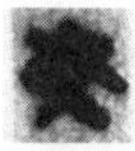
睡簡・日乙・134:皆毋(無)所利

睡簡・日乙・131:毋以戊辰、己巳入寄人

睡簡・日乙・140:遠行者毋以壬戌、癸亥到室

睡簡・日乙・142:凡行者毋犯其大忌

睡簡・日乙・142:南毋以辰、申

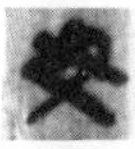
睡簡・日乙・146:毋(無)王事

睡簡・日乙・144:毋以丙、丁、戊、壬□

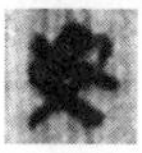
睡簡・日乙・141:久宦者毋以甲寅到室

睡簡・爲吏・8:二曰精(清)廉毋謗

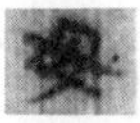
睡簡・爲吏・8:疾而毋諰

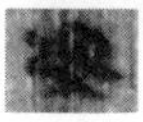
睡簡・爲吏・8:嚴剛毋暴

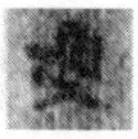
睡簡・爲吏・26:埶道毋治

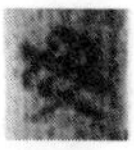
睡簡・爲吏・25:上亦毋驕

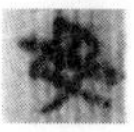
睡簡・爲吏・9:簡而毋鄙

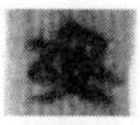
睡簡・爲吏・9:廉而毋刖

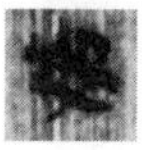
睡簡・爲吏・6:安静毋苛

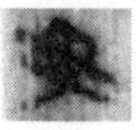
睡簡・爲吏・7:賦斂毋(無)度

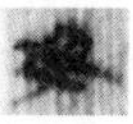
睡簡・爲吏・7:上毋間陆

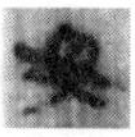
睡簡・爲吏・7:毋使民懼

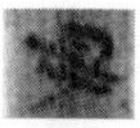
睡簡・爲吏・38:倨驕毋(無)人

睡簡・爲吏・34:身亦毋薛(辥)

睡簡・爲吏・3:毋喜富

睡簡・爲吏・31:則士毋所比

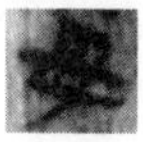
睡簡・爲吏・40:既毋後憂

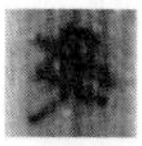
睡簡・爲吏・48:毋岑(矜)岑(矜)

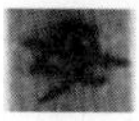
睡簡・爲吏・49:毋施當

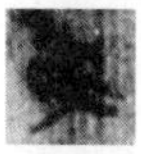
睡簡・爲吏・49:毋衰衰

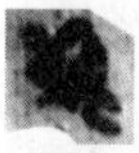
睡簡・爲吏・46:失之毋□

睡簡・爲吏・47:毋窮窮

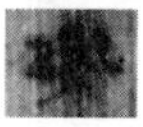
睡簡・爲吏・4:審悉毋(無)私

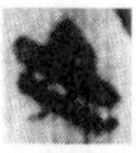
睡簡・爲吏・44:死毋(無)名

睡簡・爲吏・4:毋惡貧

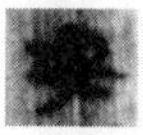
睡簡・爲吏・41:毋行可悔

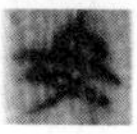
睡簡・爲吏・10:毋復期勝

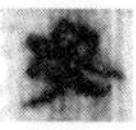
睡簡・爲吏・13:毋發可異史(使)煩請

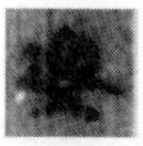
睡簡・爲吏・1:毋(無)辠毋(無)辠

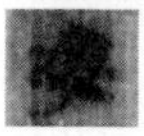
睡簡・爲吏・11:毋以忿怒夬(決)

龍簡・142:詐(詐)毋少多

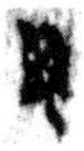
龍簡・119:唯毋令獸□

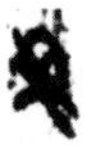
龍簡・85:而毋敢射[殺]□

龍簡・2・摹:竇出入及毋(無)符傳而闌入門者

龍簡・28:□去耎(壖)廿里毋敢每(謀)殺□

龍簡・27・摹:禁毋敢取耎(壖)中獸

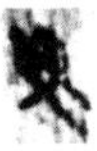
龍簡・32:毋(無)罪

龍簡・34:毋(無)罪

龍簡・43・摹:令終身毋得見□

龍簡・103:毋敢穿穽及置它機

里簡・J1(9)1 正:令毋死署所縣責

里簡・J1(9)1 正:毋死戍洞庭郡

里簡・J1(9)1 正:陽陵宜居士五(伍)毋死有貲餘錢八千六十四

〖注〗毋死,人名。

里簡・J1(9)3 正:毋聽流辭

里簡・J1(9)9 正:道遠毋環書

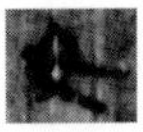
里簡・J1(8)154 正:毋當令者

里簡・J1(16)9 正:毋以智(知)劾等初產至今年數

關簡・354:令禾毋閬(稂)

關簡・368:腹毋辟(避)男女牝牡者

關簡・368:目毋辟(避)胡者

關簡・368:女毋辟(避)督暮=(暯暯)者

關簡・363:毋須良日可也

關簡・372:毋下九日

關簡・375:淳毋下三斗

關簡・333:及毋與人言

關簡・333:令若毋見風雨

關簡・333:毋令人見之

關簡・341:毋下一升

帛書・病方・441:令毋臭

帛書・病方・443:毋匿□北□巫婦求若固得

帛書・病方・450:毋禁,毋禁

帛書・病方・450:毋禁,毋禁

帛書・病方・12:令傷者毋痛

帛書・病方・12:毋血出

帛書・病方・14:令傷毋般(瘢)

帛書・病方・23:令金傷毋痛方

帛書・病方・25:令金傷毋痛

帛書・病方・27:毋食魚

帛書・病方・27:毋飲藥

帛書・病方・28:毋近内

帛書・病方・28:治病毋時

帛書・病方・32:毋見風

帛書・病方・33:毋禁

帛書・病方・33:毋時

帛書・病方・35:節(卽)毋李實時□

帛書・病方・36:毋禁

帛書・病方・40:毋禁

帛書・病方・41:毋去其足

帛書・病方・49:四支(肢)毋濡

帛書・病方・55:毋徵

帛書・病方・64:令毋痛及易瘳方

帛書・病方・65:毋禁

帛書・病方・84:毋敢上下尋

帛書・病方・122:雖俞(愈)而毋去其藥

帛書・病方・123:及毋手傅之

帛書・病方・124:服藥時毋食魚

帛書・病方・124:先毋食□二、三日

帛書・病方・125:治病毋時

帛書・病方・130:白毋奏(腠)

帛書・病方・136:毋禁

帛書・病方・164:毋禁

帛書・病方・164:毋時

帛書・病方・177:先莫(暮)毋食

帛書・病方・181:夕毋食

帛書・病方・194:毋時

帛書・病方・196:令某積(癩)毋一

帛書・病方・250:毋飲它

帛書・病方・268:而毋蓋其盄空(孔)

帛書・病方・268:會毋□

帛書・病方・288:毋禁

帛書・病方・289:痛毋適

帛書・病方・308:從竈出毋延

帛書・病方・319:毋出

帛書・病方・319:毋見星月一月

帛書・病方・321:□毋而已

帛書・病方・335:卽毋入[湯]中矣

帛書・病方・336:服藥時毋禁

帛書・病方・336:及治病毋時

帛書・病方・338:傅之毋濯

帛書・病方・362:毋禁

帛書・病方・374:傅藥毋食□

帛書・病方・387:治病毋時

帛書・病方・410:夕毋食

帛書・病方・419:疕毋名而養(癢)

帛書・病方・殘6:□止毋傅癰□

秦印邊款・摹(集證・171.574):毋思〖注〗或爲箴言類座右銘。

秦印編241:田毋鐸

秦印編242:駱毋地

秦印編241:楊毋忌

秦印編242:毋丘得

秦印編241:趙毋忌印

秦印編242:毋地

秦印編241:畀毋忌

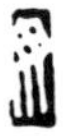秦印編241:毋期

秦印編242:毋□

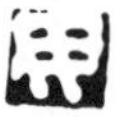秦印編241:胡毋忌

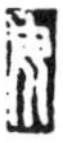秦印編242:毋智

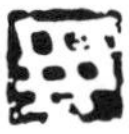秦印編242:日敬毋治

秦印編242:日敬毋治

秦印編242:日敬毋治

秦印編242:日敬毋治

秦印編242:日敬毋治

秦印編242:日敬毋治

集證・164.498:毋智〖注〗毋智,人名。

集證・170.570:羌毋智〖注〗羌毋智,人名。

集證・183.739:露毋忌〖注〗露毋忌,人名。

集證・184.743:日敬毋治

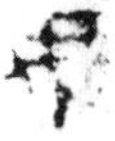集證・221.259:寺工毋死〖注〗毋死,人名。

2786  民

秦公鎛鐘・摹(秦銅・16.2):協龢萬民

秦公簋・器(秦銅・14.1):邁(萬)民是敕〖注〗萬民,指一般民眾。

秦駰玉版・甲・摹:蹵=(掔掔)桒(烝)民之事明神〖注〗烝民,指民眾、百姓。

秦駰玉版・乙・摹:蹵=(掔掔)桒(烝)民之事明神

 睡簡・語書・1:民各有鄉俗

 睡簡・語書・5:令吏民皆明智(知)之

 睡簡・語書・1:或不便於民

 睡簡・6號牘・背:且令故民有爲不如令者實□

 睡簡・答問・157:部佐匿者(諸)民田

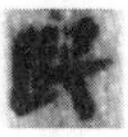 睡簡・答問・157:已租者(諸)民

 睡簡・答問・157:者(諸)民弗智(知)

 睡簡・日甲・24背:鬼害民罔(妄)行

 睡簡・日甲・24背:爲民不羊(祥)

 睡簡・日甲・25背:道(導)令民毋麗兇(凶)央(殃)

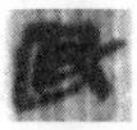 睡簡・日甲・128正:凡是日赤啻(帝)恆以開臨下民而降其英(殃)

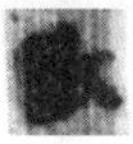 睡簡・日甲・130正:凡民將行

 睡簡・日乙・60:入貨、人民、畜生

 睡簡・日乙・62:出入人民、畜生

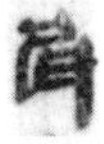 睡簡・日乙・57:出入人民、畜生

 睡簡・日乙・53:入人民、畜生

 睡簡・日乙・134:凡是日赤啻(帝)恆以開臨下民而降央(殃)

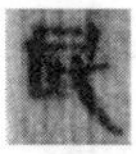 睡簡・爲吏・29:使民望之

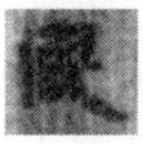 睡簡・爲吏・29:則民傷指

 睡簡・爲吏・23:或衛(率)民不作

 睡簡・爲吏・24:民之既教

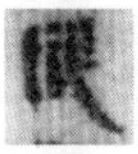 睡簡・爲吏・9:審民能

 睡簡・爲吏・7:掇民之欲政乃立

 睡簡・爲吏・7:毋使民懼

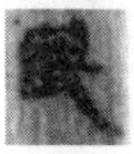 睡簡・爲吏・39:苛難留民

 睡簡・爲吏・39:民心既寧

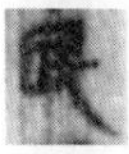 睡簡・爲吏・3:民將望表以戾真

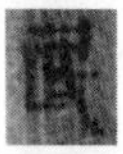 睡簡・爲吏・37:民心乃寧

 睡簡・爲吏・34:觀民之詐

 睡簡・爲吏・40:變民習浴(俗)

 睡簡・爲吏・4:民心將移乃難親

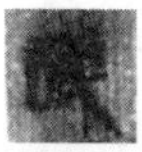 睡簡・爲吏・43:民將姚(逃)去

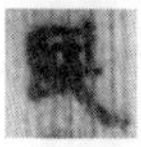 睡簡・爲吏・5:與民有期

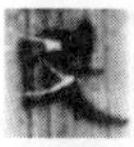 睡簡・爲吏・18:審智(知)民能

 睡簡・爲吏・19:善度民力

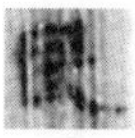 睡簡・爲吏・19:一曰見民杲(倨)敖(傲)

 睡簡・語書・6:而養匿邪避(僻)之民

 睡簡・語書・3:而吏民莫用

 睡簡·語書·3:鄉俗淫失(泆)之民不止

 睡簡·語書·3:以教道(導)民

 睡簡·語書·4:不便於民

 帛書·病方·380:今若爲下民疕

 集證·186.778:宜民和眾〖注〗宜民,使民眾安寧。

 秦印編242:安民正印〖注〗安民正,官名,掌獄訟。

 集證·186.777:宜民和眾

 集證·181.714:閭民信〖注〗閭民信,人名。

 秦印編242:宜民和衆

 集證·143.171:安民正印

 秦陶·456:民四

2787  弗

 不其簋蓋(秦銅·3):弗以我車圅(陷)于囏(艱)

 滕縣不其簋器(秦銅·4):弗以我車圅(陷)于囏(艱)

 秦駰玉版·乙·摹:余亦弗智(知)〖注〗弗,否定副词。

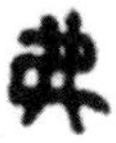 秦駰玉版·乙·摹:眾人弗智(知)

 秦駰玉版·甲·摹:余亦弗智(知)

 秦駰玉版·甲·摹:眾人弗智(知)

 天簡35·乙:弗敬戒

 天簡39·乙:弗能勝

 睡簡·效律·21:雖弗效

 睡簡·效律·34:而匿弗謁

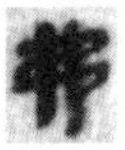 睡簡·語書·6:若弗智(知)

 睡簡·語書·6:自從令、丞以下智(知)而弗舉論

 睡簡·秦律·11:過二月弗稟、弗致者

 睡簡·秦律·11:過二月弗稟、弗致者

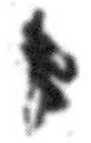 睡簡·6號牘·正:室弗遺

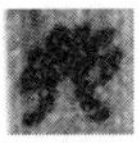 睡簡·答問·20:弗當坐

 睡簡·答問·205:而實弗盜之謂毆

 睡簡·答問·69:即弗舉而殺之

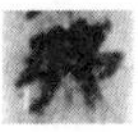 睡簡·答問·77:弗言而葬

 睡簡·答問·77:其室人弗言吏

 睡簡·答問·30:弗能敃即去

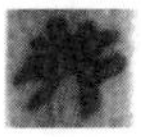 睡簡·答問·30:抉之弗能敃即去

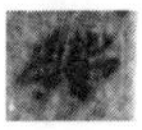 睡簡·答問·33:吏弗直(值)

 睡簡·答問·35:吏弗直(值)

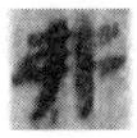 睡簡·答問·58:咸陽及它縣發弗智(知)者當皆貲

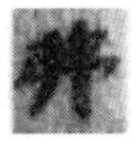 睡簡·答問·10:其見智(知)之而弗捕

睡簡·答問·10：乙弗覺

 睡簡·答問·180：弗坐

睡簡·答問·180：徒、吏與偕使而弗爲私舍人

睡簡·答問·16：弗智（知）

睡簡·答問·167：甲弗告請（情）

睡簡·答問·167：乙卽弗棄

睡簡·答問·164：卽亡弗會

睡簡·答問·165：弗令出戶賦之謂殹

睡簡·答問·165：可（何）謂“匿戶”及“敖童弗傅”

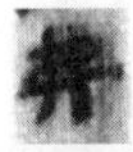

睡簡·答問·165：匿戶弗繇（徭）、使

睡簡·答問·173：丙弗智（知）

睡簡·答問·142：弗爲

睡簡·答問·147：弗爲更籍

睡簡·答問·157：弗言

睡簡·答問·157：者（諸）民弗智（知）

睡簡·答問·154：弗止

睡簡·答問·11：弗智（知）盜

睡簡·答問·116：弗買（賣）子母謂殹

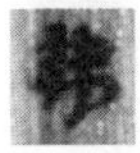

睡簡·秦律·82：弗得居

睡簡·秦律·81：隃（逾）歲而弗入及不如令者

睡簡·秦律·68：列伍長弗告

睡簡·秦律·78：其弗令居之

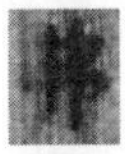

睡簡·秦律·77：而弗收責

睡簡·秦律·189：過二月弗置嗇夫

睡簡·秦律·162：故吏弗效

睡簡·秦律·106：弗亟收者有辠

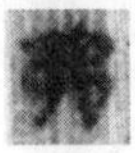

睡簡·秦律·16：其入之其弗亟而令敗者

睡簡·秦律·163：去者弗坐

睡簡·秦律·163：雖弗效

睡簡·秦律·163：新吏弗坐

睡簡·秦律·174：有贏、不備而匿弗謁

睡簡·秦律·175：大嗇夫、丞智（知）而弗辠

睡簡·秦律·115：乏弗行

睡簡·雜抄·26：弗得

睡簡·雜抄·23：及弗備

睡簡·雜抄·36：敦（屯）長、什伍智（知）弗告

睡簡·雜抄·33：典、老弗告

睡簡·雜抄·12：令、尉、士吏弗得

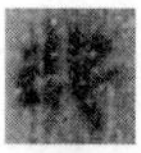 睡簡·雜抄·12:徒食、敦(屯)長、僕射弗告

 睡簡·雜抄·13:同車食、敦(屯)長、僕射弗告

 睡簡·雜抄·13:縣司空、司空佐史、士吏將者弗得

 睡簡·雜抄·14:吏部弗得

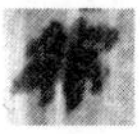 睡簡·日甲·68背:乃解衣弗袵入而傅(搏)者之

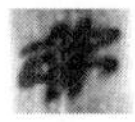 睡簡·日甲·63背:人有思哀也弗忘

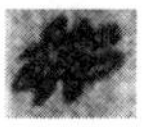 睡簡·日甲·41背:弗去

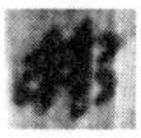 睡簡·日甲·58背:若弗得

 睡簡·日甲·102正:弗居

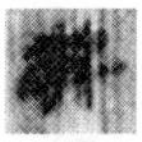 睡簡·日甲·103正:亦弗居

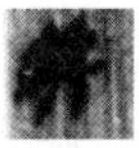 睡簡·日甲·126正:賤人弗敢居

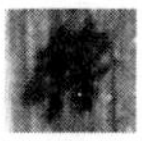 睡簡·日甲·124正:五歲弗更

 睡簡·日甲·130背:凡有土事弗果居

 睡簡·日甲·152背:其歲或弗食

 睡簡·日甲·119正:賤人弗敢居

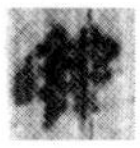 睡簡·日甲·119正:十六歲弗更

 睡簡·日甲·116正:賤人弗敢居

 睡簡·日甲·117正:弗而耐乃刑

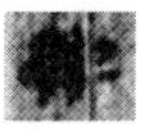 睡簡·日甲·114正:三歲中弗更

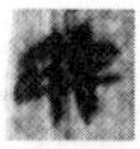 睡簡·日甲·115正:十六歲弗更

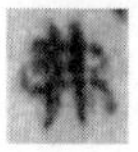 睡簡·日乙·49:歲或弗食

 睡簡·日乙·110:弗居

 睡簡·日乙·116:百虫弗居

 睡簡·日乙·115:百虫弗居

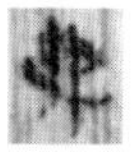 睡簡·爲吏·24:寡人弗欲

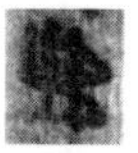 睡簡·爲吏·30:四馬弗能追也

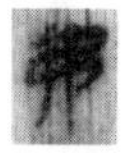 睡簡·爲吏·17:四曰犯上弗智(知)害

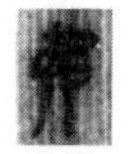 睡簡·效律·20:故吏弗效

 睡簡·效律·20:新吏弗坐

 睡簡·效律·21:去者弗坐

 睡簡·效律·35:大嗇夫、丞智(知)而弗皋

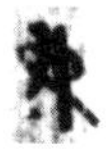 龍簡·53:令、丞弗得

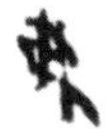 龍簡·64·摹:□道中而弗得

 龍簡·45:吏弗劾論

 龍簡·172·摹:□雖弗爲輕租直(值)

 龍簡·138·摹:有犯令者而(?)弗得

 龍簡·234·摹:□主弗得

 龍簡·21:伍人弗言者

里簡·J1(8)134 正:弗□屬

里簡·J1(12)10 正:蠻、衿、害弗智(知)□

里簡·J1(9)1 正:[家]貧弗能入

里簡·J1(9)2 正:[家]貧弗能入

里簡·J1(9)3 正:弗服

里簡·J1(9)4 正:[家]貧弗能入

里簡·J1(9)5 正:[家]貧弗能入

里簡·J1(9)6 正:[家]貧弗能入

里簡·J1(9)7 正:[家]貧弗能入

里簡·J1(9)8 正:[家]貧弗能入

里簡·J1(9)9 正:[家]貧弗能入

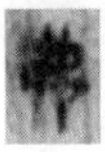
里簡·J1(9)9 正:弗服

里簡·J1(9)10 正:[家]貧弗能入

里簡·J1(9)11 正:[家]貧弗能入

里簡·J1(9)981 正:弗予

里簡·J1(16)6 正:縣弗令傳之而興黔首

關簡·207:弗得

關簡·371:鼠弗穿

關簡·209:弗得

帛書·病方·35:節(即)其病甚弗能飲者

帛書·病方·121:熱弗能支而止

帛書·病方·246:弗能剥

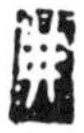
秦印編 242:姜帍弗印

2788  弋

睡簡·日甲·40 正:利弋邋(獵)、報讎、攻軍、韋(圍)城、始殺

龍簡·31:諸弋射甬道、禁苑外卌(?)里(?)毄(繫)

龍簡·30:黔首其欲弋射耎(壖)獸者勿禁〖注〗弋射,用帶繩的箭矢射發。

集證·149.254:白水弋丞〖注〗弋,佐弋,官名。

秦印編 242:白水弋丞

秦印編 242:弋射

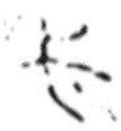
秦印編 242:北宮弋丞

秦印編 242:北宮弋丞

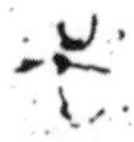
秦印編 242:代弋丞印

秦印編 242:弋左

封泥集 140·1:佐弋丞印

封泥集 140·3:佐弋丞印

封泥集 205·2:北宮弋丞

集證・135.37:北宮弋丞

集證・135.38:佐弋丞印

封泥印 36:佐弋丞印

封泥印 64:北宮弋丞

秦陶・1112:弋

秦陶・1131:弋

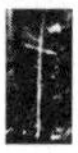
秦陶・212:弋六十八

2789  也

北私府橢量・二世詔(秦銅・147):其於久遠也

大騩銅權(秦銅・131):其於久遠也

二世元年詔版八(秦銅・168):其於久遠也

二世元年詔版二(秦銅・162):其於久遠也

二世元年詔版九(秦銅・169):其於久遠也

二世元年詔版六(秦銅・166):其於久遠也

二世元年詔版三(秦銅・163):其於久遠也

二世元年詔版十三(集證・50):其於久遠也

二世元年詔版十一(秦銅・171):其於久遠也

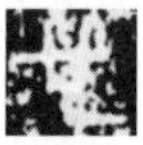
二世元年詔版四(秦銅・164):其於久遠也

二世元年詔版五(秦銅・165):其於久遠也

二世元年詔版一(秦銅・161):其於久遠也

兩詔銅權一(秦銅・175):其於久遠也

兩詔橢量二(秦銅・149):其於久遠也

兩詔橢量三之二(秦銅・151):其於久遠也

兩詔橢量一(秦銅・148):其於久遠也

美陽銅權(秦銅・183):其於久遠也

僅存銘兩詔銅權(秦銅・135-18.2):其於久遠也

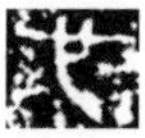
旬邑銅權(秦銅・133):其於久遠也

左樂兩詔鈞權(集證・43):其於久遠也

詛楚文・湫淵(中吳本):將之以自救也

秦駰玉版・甲・摹:余無辠也

秦駰玉版・乙・摹:余無辠也

泰山刻石・宋拓本:其於久遠也

琅邪臺刻石:金石刻盡始皇帝所爲也

琅邪臺刻石:其於久遠也

繹山刻石・宋刻本:金石刻盡始皇帝所爲也

繹山刻石・宋刻本:其於久遠也

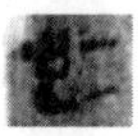
睡簡・日甲・7 背:交徙人也可也

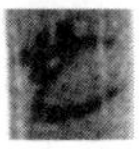
睡簡・日甲・7 背:交徙人也可也

睡簡・6號牘・正:皆毋恙也□

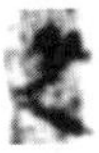
睡簡・6號牘・正:驚多問新負、婴皆得毋恙也

睡簡・6號牘・正:母得毋恙也

睡簡・6號牘・正:母力毋恙也

睡簡・11號牘・背:辭相家爵不也

睡簡・11號牘・背:爲黑夫、驚多問東室季須(婴)苟得毋恙也

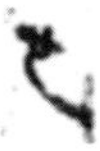
睡簡・11號牘・正:母毋恙也

睡簡・11號牘・正:傷未可智(知)也

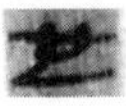
睡簡・答問・64:贖耐,可(何)重也

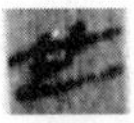
睡簡・答問・195:其子入養主之謂也

睡簡・秦律・106:其段(假)者死亡、有辠毋(無)責也

睡簡・秦律・103:入段(假)而而毋(無)久(記)及非其官之久(記)也

睡簡・日甲・80背:亥,豕也

睡簡・日甲・88背:巳,翼也

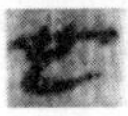
睡簡・日甲・89背:午,室四隣也

睡簡・日甲・86背:其後必有子將弟也死

睡簡・日甲・83背:子,女也

睡簡・日甲・84背:丑,鼠也

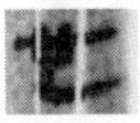
睡簡・日甲・85背:寅,罔也

睡簡・日甲・2背:禹以取梌(塗)山之女日也

睡簡・日甲・27背:其所不可咼(過)也

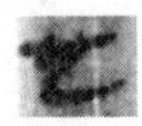
睡簡・日甲・90背:未,瘵也

睡簡・日甲・92背:酉,巫也

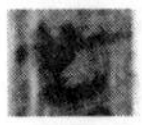
睡簡・日甲・93背:其咎在室馬牛豕也

睡簡・日甲・93背:戌,就也

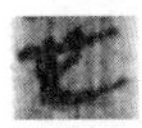
睡簡・日甲・91背:申,石也

睡簡・日甲・68背:可得也乃

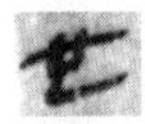
睡簡・日甲・68背:是遽鬼執人以自伐〈代〉也

睡簡・日甲・69背:子,鼠也

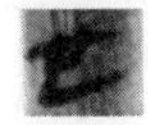
睡簡・日甲・63背:人有思哀也弗忘

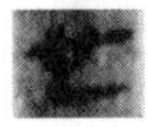
睡簡・日甲・61背:大事也

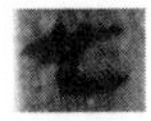
睡簡・日甲・61背:小事也

睡簡・日甲・70背:丑,牛也

睡簡・日甲・78背:酉,水也

睡簡・日甲・72背:卯,兔也

睡簡・日甲・79背:其爲人也剛履

睡簡・日甲・79背:戌,老羊也

睡簡・日甲・79正:生子,老爲人治也

睡簡・日甲・76 背：未，馬也

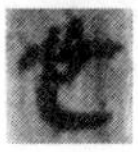
睡簡・日甲・77 背：其爲人也鞞鞞(𨑳𨑳)然

睡簡・日甲・77 背：申，環也

睡簡・日甲・73 背：車人，親也

睡簡・日甲・74 背：巳，蟲也

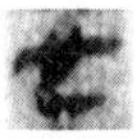
睡簡・日甲・75 背：午，鹿也

睡簡・日甲・71 背：寅，虎也

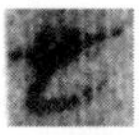
睡簡・日甲・32 正：臨官立(莅)正(政)相宜也

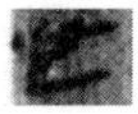
睡簡・日甲・33 背：非鬼也

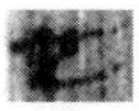
睡簡・日甲・34 正：有爲也

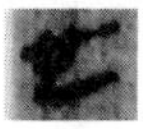
睡簡・日甲・48 背：不可得也

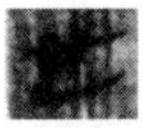
睡簡・日甲・46 正：不可又(有)爲也

睡簡・日甲・47 正：禹之離日也

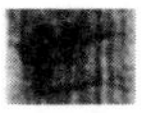
睡簡・日甲・44 正：不可又(有)爲也

睡簡・日甲・58 背：獨也

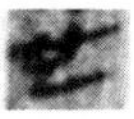
睡簡・日甲・59 背：是夭(妖)也

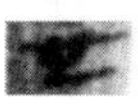
睡簡・日甲・59 背：寺(待)其來也

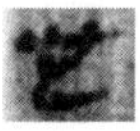
睡簡・日甲・55 背：必枯骨也

睡簡・日甲・55 背：而非人也

睡簡・日甲・129 正：凡是有爲也

睡簡・日甲・166 正：必有拜也

睡簡・日甲・132 正：辰之門也

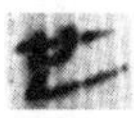
睡簡・日甲・132 正：日之門也

睡簡・日甲・132 正：星之門也

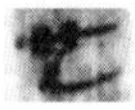
睡簡・日甲・132 正：行之敫也

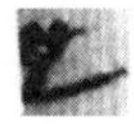
睡簡・日甲・132 正：月之門也

睡簡・日甲・14 正：建日，良日也

睡簡・日甲・14 正：有爲也，吉

睡簡・日甲・153 正：戊子以有求也

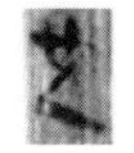
睡簡・日甲・110 背：是謂出亡歸死之日也

睡簡・日乙・殘 2：也

睡簡・日乙・殘 5：□遺也□

睡簡・日乙・203：死者主也

睡簡・日乙・236：甲子到乙亥是右〈君〉也

睡簡・日乙・249：爲人隋也

睡簡・日乙・250：去不恙(祥)也

睡簡・日乙・256：盜女子也

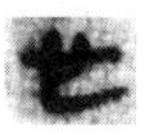
睡簡・日乙・213：其女子也

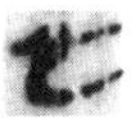 睡簡・日乙・77:可有求也

 睡簡・日乙・40:皆利日也

 睡簡・日乙・46:毋可有爲也

 睡簡・日乙・44:它毋有爲也

 睡簡・日乙・45:毋可有爲也

 睡簡・日乙・58:雨,白〈日〉也

 睡簡・日乙・107:老爲人治也

 睡簡・日乙・189:人〈入〉水中及谷,得也

 睡簡・日乙・190:丙丁夢□,喜也

 睡簡・日乙・190:木金得也

 睡簡・日乙・192:木水得也

 睡簡・日乙・192:喜也

 睡簡・日乙・193:金,得也

 睡簡・日乙・193:喜也

 睡簡・日乙・191:得喜也

 睡簡・日乙・134:節(卽)以有爲也

 睡簡・日乙・135:凡且有爲也

 睡簡・日乙・135:有爲也而遇雨

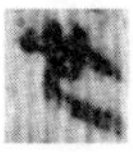 睡簡・爲吏・33:舌者,符璽也

 睡簡・爲吏・31:四馬弗能追也

 睡簡・爲吏・18:非邦之故也

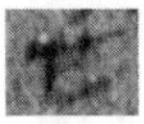 岳山牘・M36:43 正:以五卯祠之必有得也

 龍崗牘・背:令自尚(常)也

 關簡・193:人中子也

 關簡・191:所言者憂病事也

 關簡・191:占約結,相抳亂也

 關簡・209:所言者危行事也

 關簡・203:所言者請謁、獄訟事也

 關簡・205:所言者憂病事也

 關簡・201:所言者末事、急事也

 關簡・229:所言者家室、請謁事也

 關簡・227:所言者急事也

 關簡・223:急相窮(窮)事也

 關簡・225:所言者錢財事也

 關簡・221:所言者惡事也

 關簡・239:所言者行事也

 關簡・237:所言者變治事也

 關簡・233:所言者憂病事也

關簡・235：所言者家室、故事也

關簡・231：所言者獄訟、請謁事也

關簡・243：即斗所乘也

關簡・244：此直引也

關簡・241：所言者宦御若行者也

關簡・219：所言者凶事也

關簡・217：所言者獄訟事、請謁事也

關簡・213：［所言］者善事也

關簡・215：所言者惡事也

關簡・211：所言者分楬事也

關簡・328：所謂“牛”者，頭虫也

關簡・363：毋須良日可也

關簡・376：我智（知）令=某=瘧=者某也

關簡・335：□之孟也

關簡・350：臣非異也

關簡・350：農夫事也

關簡・189：請謁事也

關簡・189：所言者行事也

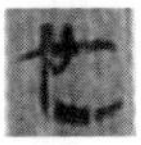關簡・187：所言者急事也

關簡・197：所言者吉事也

秦印編243：王也

2790　　　氏

不其簋蓋（秦銅・3）：白（伯）氏曰〖注〗伯氏，即秦仲。

不其簋蓋（秦銅・3）：白（伯）氏曰

滕縣不其簋器（秦銅・4）：白（伯）氏曰

滕縣不其簋器（秦銅・4）：白（伯）氏曰

盧氏戈：彙編1330〖注〗盧氏，地名。

十四年□平〈守〉匽氏戟（珍金・60）：十四年□平〈守〉匽氏造戟

十四年□平〈守〉匽氏戟・摹（珍金・60）：十四年□平〈守〉匽氏造戟

秦駰玉版・乙・摹：氏（是）亓（其）名曰陘（經）

秦駰玉版・甲・摹：氏（是）其名曰陘（經）〖注〗氏，讀爲“是”，此。

關簡・142：氏（是）謂小彘（徹）

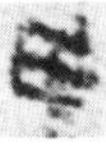帛書・脈法・82：氏□則□此□

集證・171.574：郝氏

秦印編243：張氏家印

秦印編243：夔氏

秦印編243：張氏

集證・222.277：烏氏援

秦印編 243:李氏

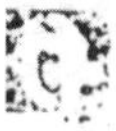
秦印編 243:段氏

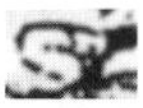
新封泥 B・3.13:盧氏丞印

封泥印 110:盧氏丞印〖注〗盧氏,地名。

封泥印 113:緱氏丞印〖注〗緱氏,地名。

南郊 714・208:□氏

南郊 714・209:李氏九斗二參

秦陶・485:楊氏居貲大教〖注〗楊氏,地名。

秦陶・486:[楊]氏居貲公士富

秦陶・487:楊氏居貲武德公士契必

秦陶・1267:烏氏工昌〖注〗烏氏,地名。

秦陶・1484:隱成呂氏缶

秦陶・1485:北園王氏缶

秦陶・1487:隱成呂氏缶

秦陶・1488:北園呂氏缶

集證・222.269:皮氏卯〖注〗皮氏,地名。

南郊 712・204:杜氏

南郊 137・125:西奐蘇氏十斗

南郊 324・134.2:馮氏十斗

南郊 708・195:杜氏十斗

南郊 709・197:樂定王氏九斗

南郊 709・198:南陽趙氏十斗

南郊 712・203:杜氏

2791  氒(厥)

秦編鐘・乙鐘(秦銅・10.2):乍(作)氒(厥)龢鐘〖注〗厥,其。

秦編鐘・乙鐘鉦部・摹(秦銅・11.5):乍(作)氒(厥)龢鐘

秦編鐘・戊鐘(秦銅・10.5):乍(作)氒(厥)龢鐘

秦鎛鐘・1 號鎛(秦銅・12.3):乍(作)氒(厥)龢鐘

秦鎛鐘・2 號鎛(秦銅・12.6):乍(作)氒(厥)龢鐘

秦鎛鐘・3 號鎛(秦銅・12.8):乍(作)氒(厥)龢鐘

秦公鎛鐘・摹(秦銅・16.1):保𩁹(乂)氒(厥)秦

秦公鎛鐘・摹(秦銅・16.3):氒(厥)名曰昔(叶)邦

秦公簋・器(秦銅・14.1):保𩁹(乂)氒(厥)秦

秦懷后磬・摹:氒(厥)名曰懷后

秦懷后磬・摹:氒(厥)益曰鄴

大墓殘磬(集證・59):瀛=(湯=)氒(厥)商

大墓殘磬(集證・83):氒(厥)音鍴=鎗=

詛楚文・湫淵(中吳本):不畏皇天上帝及大沈氒(厥)湫之光列(烈)

威神〚注〛厥湫,神名。

詛楚文·湫淵(中吳本):親卬(仰)大沈氒(厥)湫而質焉

詛楚文·湫淵(中吳本):求蔑灋(廢)皇天上帝及大神氒(厥)湫之衈祠、圭玉、羲(犧)牲

詛楚文·湫淵(中吳本):使其宗祝邵鼛布慜(檄)告於不(丕)顯大神氒(厥)湫

詛楚文·湫淵(中吳本):外之則冒改氒(厥)心

詛楚文·湫淵(中吳本):亦應受皇天上帝及大沈氒(厥)湫之幾(機)靈德賜

詛楚文·巫咸(中吳本):外之則冒改氒(厥)心

詛楚文·亞駝(中吳本):外之則冒改氒(厥)心

秦駰玉版·甲·摹:而不得氒(厥)方

秦駰玉版·甲·摹:氒(厥)氣𤸫(戕)周(凋)

秦駰玉版·甲·摹:余毓子氒(厥)惑

秦駰玉版·乙·摹:而不得氒(厥)方

秦駰玉版·乙·摹:氒(厥)氣𤸫(戕)周(凋)

秦駰玉版·乙·摹:余毓子氒(厥)惑

天簡30·乙:氒(厥)以少病

天簡28·乙:氒(厥)乃處之〚編者按〛此字或釋"久"。

2792  氏

石鼓文·汧殹(先鋒本):其籃氏鮮〚注〛《説文》:"氏,至也。"此爲助詞。

睡簡·日甲·96背:室氏

睡簡·日乙·98:氏,祠及行、出入[貨]

秦印編243:氏牛

2793  戈

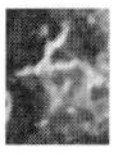秦政伯喪戈一(珍金·42):乍(作)遣(造)元戈喬黄

秦政伯喪戈一·摹(珍金·42):乍(作)遣(造)元戈喬黄

秦政伯喪戈二(珍金·43):乍(作)遣(造)元戈喬黄

秦政伯喪戈二·摹(珍金·43):乍(作)遣(造)元戈喬黄

元用戈·摹(秦銅·187):□元用戈

九年相邦吕不韋戟·摹(集證·35):東工守文居戈三

睡簡·日甲·55正:玄戈毄(繫)茅(昴)

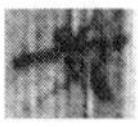睡簡·日甲·51正:玄戈毄(繫)張

睡簡·日甲·49正:玄戈毄(繫)房

睡簡·日甲·47正:玄戈毄(繫)尾〚注〛玄戈,星名。

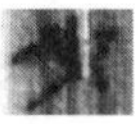睡簡·日甲·50正:玄戈毄(繫)翼

睡簡·日甲·58正:玄戈毄(繫)虚

睡簡·日甲·52正:玄戈毄(繫)七星

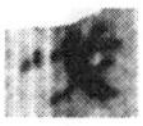睡簡·日甲·57正:玄戈毄(繫)危

睡簡·日甲·53 正:玄戈毄(繫)此(觜)巂

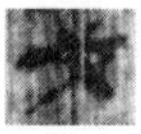
睡簡·日甲·54 正:玄戈毄(繫)畢

2794　　肁

不其簋蓋(秦銅·3):女(汝)肁誨于戎工〖注〗肁,讀爲“肇”,訓始。

滕縣不其簋器(秦銅·4):女(汝)肁誨于戎工

2795　　戎

不其簋蓋(秦銅·3):女(汝)及戎大辜(敦)戟(摶)

不其簋蓋(秦銅·3):女(汝)肁誨于戎工〖注〗工,讀爲“功”。戎功,軍事活動。

不其簋蓋(秦銅·3):戎大同

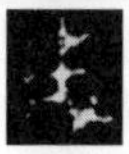
滕縣不其簋器(秦銅·4):女(汝)及戎大辜(敦)戟(摶)

滕縣不其簋器(秦銅·4):女(汝)肁誨于戎工

滕縣不其簋器(秦銅·4):戎大同

石鼓文·田車(先鋒本):遊戎止陕

繹山刻石·宋刻本:戎臣奉詔

睡簡·答問·113:臣邦真戎君長

關簡·132:此所謂戎磨日毆

帛書·病方·169:贛戎鹽若美鹽〖注〗戎鹽,又名胡鹽。

集證·174.612:張破戎〖注〗張破戎,人名。

集證·142.154:王戎兵器〖注〗王戎,王所乘用之車。

秦印編 244:李戎

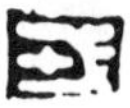
秦印編 243:戎夜

秦印編 244:宛戎夫

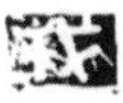
秦印編 243:趙戎

秦印編 244:任戎人

秦印編 243:□戎

秦印編 244:右行戎

秦印編 243:司馬戎

秦印編 244:咸卜里戎

秦陶·1410:咸卜里戎

秦印編 244:咸卜里戎

秦印編 243:王戎

秦印編 244:咸卜里戎

秦印編 243:戎□

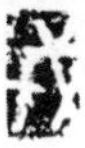
秦印編 244:咸戎里旗

秦印編 243:姚戎臣

秦印編 243:連戎

秦印編 243:戎篋

秦印編243:馮戎臣

秦陶·1408:咸卜里戎

秦陶·573:左戎〖注〗戎,人名。

秦陶·1405:咸戎里旗〖注〗戎里,里名。

秦陶·1406:咸卜□戎

秦陶·570:戎

2796　　戟(戟)

大良造鞅戟·摹(秦銅·24):□□年大良造鞅之造戟

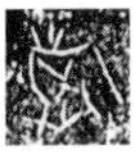王四年相邦張儀戈(集證·17):庶長□操之造□界戟〖注〗戟,兵器名。

睡簡·答問·85:鈹、戟、矛有室者

帛書·病方·109:靡(磨)又(疣)以葵戟〖注〗戟,疑爲"幹"之誤。

2797　　賊

會稽刻石·宋刻本:亂賊滅亡

睡簡·答問·134:問乙賊殺人

睡簡·答問·103:賊殺傷、盜它人爲"公室"

睡簡·答問·119:甲賊傷人

睡簡·答問·86:賊,當黥爲城旦

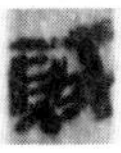睡簡·答問·98:賊入甲室

睡簡·答問·98:賊傷甲

睡簡·答問·66:廷行事爲賊

睡簡·答問·66:問殺人者爲賊殺人

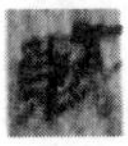睡簡·答問·76:欲賊殺主

睡簡·答問·43:甲告乙盜牛若賊傷人〖注〗賊,殺傷。

睡簡·答問·44:今乙賊傷人

睡簡·答問·134:甲告乙賊傷人

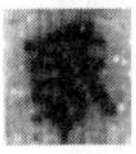睡簡·爲吏·19:從而賊(則)之〖注〗則,糾正,約束。

龍簡·73·摹:□賊迹

龍簡·18:城旦舂其追盜賊、亡人〖注〗賊,强盜。

龍簡·123·摹:盜賊以田時殺□

2798　　戍

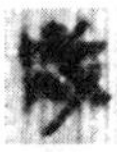睡簡·秦律·101:如從興戍然

睡簡·秦律·137:毋除繇(徭)戍

睡簡·雜抄·39:戍律曰〖注〗戍律,律名,關於行戍的法律。

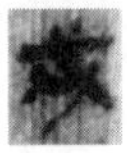睡簡·雜抄·39:縣嗇夫、尉及士吏行戍不以律

睡簡·雜抄·40:戍者城及補城

睡簡·雜抄·41:令戍者勉補繕城

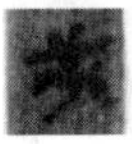睡簡·雜抄·12:戍二歲

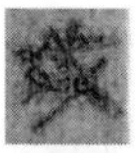 睡簡・雜抄・12：貲戍一歲

 睡簡・雜抄・13：戍一歲

 睡簡・雜抄・13：貲戍二歲

 里簡・J1(9)11 正：乃移戍所

 里簡・J1(9)10 正：勝日戍洞庭郡

 里簡・J1(9)11 正：不采戍洞庭郡

 里簡・J1(9)1 正：乃移戍所

 里簡・J1(9)1 正：毋死戍洞庭郡

 里簡・J1(9)2 正：不豺戍洞庭郡

 里簡・J1(9)3 正：不識戍洞庭郡

 里簡・J1(9)4 正：乃移戍所

 里簡・J1(9)4 正：衷戍洞庭郡

 里簡・J1(9)5 正：乃移戍所

 里簡・J1(9)5 正：鹽戍洞庭郡

 里簡・J1(9)6 正：徐戍洞庭郡

 里簡・J1(9)7 正：欬戍洞庭郡

 里簡・J1(9)8 正：乃移戍所

 里簡・J1(9)8 正：越人戍洞庭郡

 里簡・J1(9)9 正：頯戍洞庭郡

 里簡・J1(9)10 正：乃移戍所

2799　戰　　戰

 繹山刻石・宋刻本：功戰日作

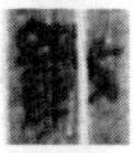 睡簡・日甲・32 正：利野戰

 睡簡・日甲・34 正：俖(倍)時以戰

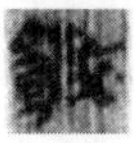 睡簡・日甲・44 正：利以戰伐

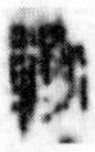 睡簡・封診・32：與戰刑(邢)丘城

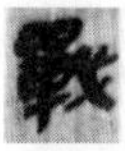 睡簡・雜抄・36：城陷，尚有棲未到戰所

 睡簡・雜抄・36：告曰戰圍以折亡

 睡簡・雜抄・37：戰死事不出

 關簡・198：占戰斲(鬭)

 關簡・192：占戰斲(鬭)

 關簡・196：戰斲(鬭)

 關簡・194：占戰斲(鬭)

 關簡・200：占戰斲(鬭)

 關簡・208：占戰斲(鬭)

 關簡・202：占戰斲(鬭)

 關簡・206：占戰斲(鬭)

 關簡・204：占戰斲(鬭)

關簡・220:占戰斲(鬭)

關簡・228:戰斲(鬭)

關簡・222:占戰斲(鬭)

關簡・226:占戰斲(鬭)

關簡・224:占戰斲(鬭)

關簡・265:以此見人及戰斲(鬭)皆可

關簡・230:占戰斲(鬭)

關簡・238:占戰斲(鬭)

關簡・232:占戰斲(鬭)

關簡・236:占戰斲(鬭)

關簡・234:占戰斲(鬭)

關簡・240:占戰斲(鬭)

關簡・242:占戰斲(鬭)

關簡・210:占戰斲(鬭)

關簡・218:占戰斲(鬭)

關簡・212:占戰斲(鬭)

關簡・216:占戰斲(鬭)

關簡・214:占戰斲(鬭)

關簡・188:戰斲(鬭)

關簡・190:占戰斲(鬭)

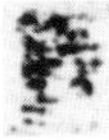
帛書・灸經甲・68:甚[則]交兩手而戰

秦印編 244:戰過

2800  戲

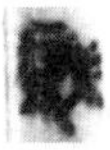
睡簡・封診・32:今日見丙戲旞

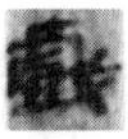
睡簡・日甲・32 背:善戲人

睡簡・日甲・47 背:戲女子

封泥印 103:戲丞□□〖注〗戲,地名。

秦印編 244:王戲

秦印編 244:王戲

秦印編 244:猳戲

秦印編 244:耿戲

秦印編 244:戲

秦印編 244:戲丞之印

集證・152.306:戲丞之印

集證・220.256:咸獿陽戲〖注〗陽戲,人名。

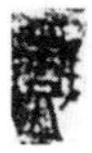
秦陶・1243:戲□

2801　或 域　或域

秦編鐘・甲鐘(秦銅・10.1):我先且(祖)受天命商(賞)宅受或(國)〖注〗受國,李零說用作被動語態。

秦編鐘・甲鐘(秦銅・10.1):以康奠協朕或(國)

秦編鐘・甲鐘鉦部・摹(秦銅・11.1):我先且(祖)受天命商(賞)宅受或(國)

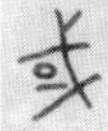
秦編鐘・甲鐘左篆部・摹(秦銅・11.4):以康奠協朕或(國)

秦編鐘・丙鐘(秦銅・10.3):我先且(祖)受天命商(賞)宅受或(國)

秦編鐘・丁鐘(秦銅・10.4):以康奠協朕或(國)

秦鎛鐘・1號鎛(秦銅・12.1):我先且(祖)受天命商(賞)宅受或(國)

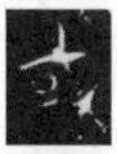
秦鎛鐘・1號鎛(秦銅・12.2):以康奠協朕或(國)

秦鎛鐘・2號鎛(秦銅・12.5):以康奠協朕或(國)

秦鎛鐘・3號鎛(秦銅・12.8):以康奠協朕或(國)

大墓殘磬(集證・80):或教自上□

石鼓文・霝雨(先鋒本):或陰或陽

石鼓文・霝雨(先鋒本):或陰或陽

睡簡・爲吏・23:或衛(率)民不作

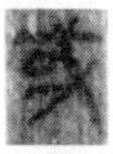
睡簡・效律・49:百姓或之縣就(僦)及移輸者

睡簡・語書・1:或不便於民〖注〗或,有。

睡簡・日甲・43背:或死或病

睡簡・日甲・43背:或死或病

睡簡・答問・88:或鬬

睡簡・答問・8:或曰貲二甲

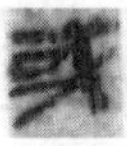
睡簡・答問・87:或與人鬬

睡簡・答問・83:或鬬

睡簡・答問・81:或與人鬬

睡簡・答問・208:支(肢)或未斷

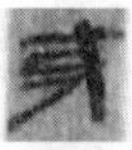
睡簡・答問・26:或直(值)廿錢

睡簡・答問・25:今或益〈盜〉一腎

睡簡・答問・7:或盜采人桑葉

睡簡・答問・77:或自殺

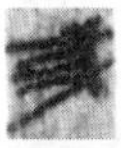
睡簡・答問・37:或以赦前盜千錢

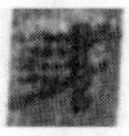
睡簡・答問・34:或端爲

睡簡・答問・44:或曰爲告不審

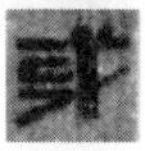
睡簡・答問・108:或告

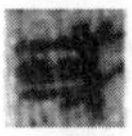
睡簡・答問・122:或曰當罨(遷)罨(遷)所定殺

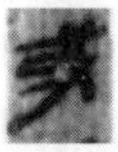
睡簡・答問・121:或曰生埋

睡簡・答問・196:或曰守囚卽"更人"殹

睡簡・答問・168:或入公

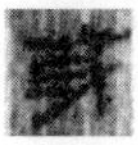
睡簡・答問・174:或黥顔頯爲隸妾

睡簡・答問・174:或曰完

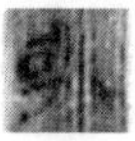
睡簡・秦律・126:或私用公車牛

睡簡・秦律・137:或欲籍(藉)人與并居之

睡簡・秦律・104:其或叚(假)公器

睡簡・秦律・118:卒歲而或뀟(決)壞

睡簡・秦律・119:及雖未盈卒歲而或盜뀟(決)道出入

睡簡・秦律・117:未卒歲或壞뀟(決)

睡簡・日甲・37背:或死或病

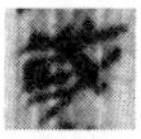
睡簡・日甲・143正:或生(眚)於目〖注〗或,有。

睡簡・日甲・152背:其歲或弗食

睡簡・日乙・49:歲或弗食

睡簡・日乙・113:若或死焉

龍簡・158:黔首或始穜(種)即故□

龍簡・159:□或即言其田實(?)□

龍簡・155・摹:或者□

龍簡・287:□或□

龍簡・6・摹:或取其□

龍簡・65・摹:或入

龍簡・36・摹:或捕詣吏

龍簡・134・摹:或稼□

帛書・病方・134:或在鼻

帛書・病方・134:或在口旁

帛書・病方・134:或在手指□

帛書・病方・134:或齒齦

帛書・病方・239:或如鼠乳狀

2802 戮 戮

秦政伯喪戈一(珍金・42):戮政西旁(方)〖注〗戮,施陳,引申爲"勉"。李學勤釋爲"並"。

秦政伯喪戈一・摹(珍金・42):戮政西旁(方)

秦政伯喪戈二・摹(珍金・43):戮政西旁(方)

詛楚文・亞駝(中吳本):刑戮孕婦

詛楚文・湫淵(中吳本):刑戮孕婦

詛楚文・巫咸(中吳本):刑戮孕婦

天簡30・乙:斬伐寫=殺戮安=

2803 戋 戋

秦印編244:臣戋

2804  武

秦公鎛鐘・摹（秦銅・16.3）：䀇=（藹=）文武

秦公簋・蓋（秦銅・14.2）：䀇=（藹=）文武

銅弩機刻文・摹（秦銅・156.1）：武

脩武府耳盃・摹（秦銅・197）：脩武府〖注〗脩武，地名。

□□年丞相觸戈・摹（秦銅・39）：武〖注〗武，人名。

十八年上郡戈・摹（秦銅・41）：上郡武庫〖注〗武庫，庫名。

廿一年相邦冉戈二（珍金・65）：武〖注〗武，"武庫"之省文。

廿一年相邦冉戈二・摹（珍金・65）：武

廿五年上郡守厝戈・摹（秦銅・43）：上郡武庫

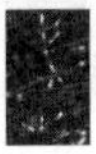
卅年詔事戈（珍金・75）：武庫

卅年詔事戈・摹（珍金・75）：武庫

卅二年相邦冉戈（珍金・81）：武，北廿（?）

卅二年相邦冉戈・摹（珍金・81）：武，北廿（?）

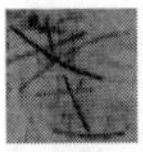
卌八年上郡假守鼂戈（珍金・89）：廣武〖注〗廣武，地名。

卌八年上郡假守鼂戈・摹（珍金・89）：廣武

卌八年上郡假守鼂戈（珍金・89）：上郡武庫

卌八年上郡假守鼂戈・摹（珍金・89）：上郡武庫

五年相邦呂不韋戈三・摹（秦銅・69）：武庫

廿年上郡戈・摹（集成 11548.2）：上〈巫〉郡武庫

廿六年蜀守武戈（集證・36.2）：廿六年蜀守武造〖注〗武，人名。

廿六年蜀守武戈・摹（集證・36.2）：廿六年蜀守武造

上黨武庫戈（集成 11054）：上黨武庫

元年丞相斯戈・摹（秦銅・160）：武庫

廣衍矛・摹（秦銅・37）：上武〖注〗上武，"上郡武庫"之省文。

十三年少府矛・摹（秦銅・73）：武庫受（授）屬邦

少府矛・摹（秦銅・72）：武庫受（授）屬邦

上郡矛（秦銅・196）：上郡武庫

武都矛・摹（秦銅・208）：武都〖注〗武都，地名。

寺工矛一・摹（秦銅・95）：武庫受（授）屬邦

繹山刻石・宋刻本：武義直方

睡簡・日乙・245：庚戌生，武，貧

睡簡・日乙・241：轂於武，好貨

睡簡・日甲・148 正：武而好衣劍〖注〗武，勇武。

睡簡・日甲・142 正：武以聖

睡簡・日甲・146 正：武而貧

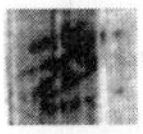
睡簡・日甲・141 正：武以攻（工）巧

睡簡・日乙・238：不武乃工考（巧）

睡簡・日乙・239:武有力

睡簡・日乙・242:武有力

集證・159.425:昌武君印〖注〗昌武君,封君名。

秦印編244:昌武君印

秦印編245:趙武

秦印編244:脩武亭印

秦印編245:武以

秦印編244:武柏私印

秦印編245:東武市

秦印編244:武敞

秦印編245:陳武

秦印編244:武蒙

秦印編245:王武

秦印編244:翟武

秦印編245:武慶

秦印編245:武乘印

秦印編245:王武

秦印編245:輔武

秦印編245:王武

秦印編245:武庫丞印

秦印編245:東武市

封泥集173・1:武庫丞印

封泥集173・2:武庫丞印

封泥集387・1:司馬武

新封泥B・3.29:長武丞印〖注〗長武,地名。

集證・145.201:武庫丞印

封泥印83:武庫

封泥印84:武庫丞印

封泥印107:長武丞印

封泥印113:□武陽丞

封泥印124:安武丞印〖注〗安武,地名。

新封泥D・21:武庫

封泥集・附一405:脩武庫印

封泥集・附一407:昌武君印

集證・145.205:脩武庫印

瓦書・郭子直摹:周天子使卿夫=(大夫)辰來致文武之酢(胙)〖注〗武,周武王。

瓦書(秦陶・1610):周天子使卿夫=(大夫)辰來致文武之酢(胙)

秦陶・477:東武羅〖注〗東武,地名。

秦陶·478:東武徐

秦陶·479:東武居貲上造慶忌

秦陶·480:東武不更所脊

秦陶·481:東武東閒居貲不更瞗

秦陶·487:楊氏居貲武德公士契必〖注〗武德,地名。

秦陶 A·2.8:宜陽工武

秦陶 A·2.9:宜陽工武

南郊 137·124.16:武南〖注〗武南,地名。

漆器 M8·2(雲夢·附二):武

漆器 M8·2(雲夢·附二):武就

漆器 M9·6(雲夢·附二):武□來

漆器 M8·2(雲夢·附二):武就

漆器 M9·6(雲夢·附二):武□來

2805  戔

帛書·病方·263:以寒水戔(濺)其心腹

2806  戚

詛楚文·湫淵(中吳本):幽剌(約)敘(親)戚

詛楚文·巫咸(中吳本):幽剌(約)敘(親)戚

詛楚文·亞駝(中吳本):幽剌(約)敘(親)戚

秦印編 245:戚平

秦印編 245:兒戚

2807 戟

不其簋蓋(秦銅·3):女(汝)及戎大辜(敦)戟(搏)〖注〗戟字从戈,尃聲,爲搏字異體。金文或从干,用干、戈以搏。

2808 戴

石鼓文·而師(先鋒本):滔=是戴〖注〗吳廣霈釋"戠"。羅振玉隸作"戠"。

2809 弋

秦印編 298:琴弋

2810   我 𢦓

不其簋蓋(秦銅·3):弗以我車函(陷)于囏(艱)

不其簋蓋(秦銅·3):女(汝)以我車宕伐嚴允(玁狁)于高陶(陶)

不其簋蓋(秦銅·3):王命我羞追于西

滕縣不其簋器(秦銅·4):弗以我車函(陷)于囏(艱)

滕縣不其簋器(秦銅·4):女(汝)以我車宕伐嚴允(玁狁)于高陶(陶)

滕縣不其簋器(秦銅·4):王命我羞追于西

秦編鐘·甲鐘(秦銅·10.1):我先且(祖)受天命商(賞)宅受或(國)

秦編鐘·甲鐘鉦部·摹(秦銅·11.1):我先且(祖)受天命商(賞)宅受或(國)

秦編鐘·丙鐘(秦銅·10.3):我先且(祖)受天命商(賞)宅受或(國)

秦鎛鐘·1號鎛(秦銅·12.1):我先且(祖)受天命商(賞)宅受或(國)

秦鎛鐘·2號鎛(秦銅·12.4):我先且(祖)受天命商(賞)宅受或(國)

秦鎛鐘·3號鎛(秦銅·12.7):我先且(祖)受天命商(賞)宅受或(國)

四年相邦呂不韋戟·摹(秦銅·65):丞我〖注〗我,讀爲"義",人名。

石鼓文·而師(先鋒本):古(故)我來□

石鼓文·乍邍(先鋒本):導遳(徵)我嗣

詛楚文·亞駝(中吳本):昔我先君穆公及楚成王是繆(勠)力同心

詛楚文·亞駝(中吳本):欲剗伐我社禝(稷)

詛楚文·湫淵(中吳本):伐威(滅)我百姓

詛楚文·湫淵(中吳本):且復略我邊城

詛楚文·湫淵(中吳本):昔我先君穆公及楚成王是繆(勠)力同心

詛楚文·亞駝(中吳本):伐威(滅)我百姓

詛楚文·亞駝(中吳本):率者(諸)矦之兵以臨加我

詛楚文·亞駝(中吳本):且復略我邊城

詛楚文·湫淵(中吳本):欲剗伐我社禝(稷)

詛楚文·巫咸(中吳本):伐威(滅)我百姓

詛楚文·巫咸(中吳本):率者(諸)矦之兵以臨加我

詛楚文·巫咸(中吳本):且復略我邊城

詛楚文·巫咸(中吳本):昔我先君穆公及楚成王是繆(勠)力同心

詛楚文·巫咸(中吳本):欲剗伐我社禝(稷)

秦駰玉版·甲·摹:爲我慼憂

秦駰玉版·乙·摹:爲我慼憂

睡簡·日甲·29背:鼠(予)我食

睡簡·日甲·62背:曰"氣(餼)我食"云

睡簡·日甲·76背:爲人我我然好歌無(舞)〖注〗我我,容貌美好貌。

關簡·345:某爲我已之

關簡·347:我獨祠先農

關簡·376:我智(知)令=某=瘧=者某也

秦印編245:我錯

秦印編245:我思

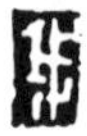
秦印編245:畀我

2811　羛羛　　義羛

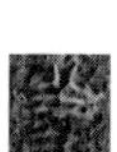
秦子簋蓋(珍金·35):義(宜)其士女〖注〗義,讀爲"宜"。李學勤讀爲"儀"。

秦子簋蓋・摹(珍金・31):義(宜)其士女

秦編鐘・甲鐘頂篆部・摹(秦銅・11.3):蓋=(譪=)允義

秦編鐘・丁鐘(秦銅・10.4):蓋=(譪=)允義〖注〗義,適宜。

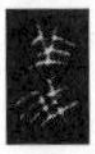秦鎛鐘・2號鎛(秦銅・12.5):蓋=(譪=)允義

秦鎛鐘・3號鎛(秦銅・12.8):蓋=(譪=)允義

王四年相邦張儀戈(集證・17):王四年相邦張義(儀)〖注〗張儀,人名。

十三年相邦義戈・摹(秦銅・30):十三年相邦義(儀)之造〖注〗義,即儀字,人名。

□年相邦呂不韋戈(珍金・98):丞義〖注〗義,人名。

□年相邦呂不韋戈・摹(珍金・98):丞義

廿一年舌或戈・摹(珍金・138):義陽〖注〗義陽,地名。

三年相邦呂不韋戟(秦銅・61):丞義

三年相邦呂不韋戟・摹(秦銅・61):丞義

七年相邦呂不韋戟一(秦銅・70):丞義

七年相邦呂不韋戟二・摹(俑坑・3.2):丞義

會稽刻石・宋刻本:男秉義程

會稽刻石・宋刻本:飾省宣義

會稽刻石・宋刻本:義威誅之

泰山刻石・宋拓本:大義箸明

繹山刻石・宋刻本:武義直方

睡簡・秦律・27:義積之〖注〗義,宜。

睡簡・日甲・72背:多〈名〉兔竈陘突垣義酉

睡簡・爲吏・11:申之義

里簡・J1(8)134正:上謁言之卒史衰、義所

里簡・J1(8)134正:在復獄已卒史衰、義報(?)

里簡・J1(8)134正:今而補曰謁問復獄卒史衰、義〖注〗義,人名。

集證・174.616:張義〖注〗張義,人名。

秦印編245:義蘛

秦印編245:陳義渠

秦印編245:閻義

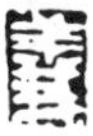秦印編245:義游

秦印編245:薛義

秦印編245:義譻

秦陶・1214:新城義渠〖注〗義渠,人名。

秦陶・1210:新城義渠

秦陶・1208:新城義渠

2812　　琴 

秦印編246:琴□

2813 瑟爽

封泥印 8:寺樂左瑟〖注〗左瑟,官名。

秦印編 246:寺樂左瑟

2814 直稟

繹山刻石・宋刻本:武義直方

王家台・12:□直□

睡簡・效律・13:直(值)過二百廿錢以到千一百錢

睡簡・效律・15:直(值)過千一百錢以到二千二百錢

睡簡・效律・39:[毋齎]者乃直(值)之

睡簡・效律・58:直(值)其賈(價)

睡簡・效律・12:直(值)其賈(價)

睡簡・效律・1:物直(值)之

睡簡・11 號牘・正:黑夫等直佐淮陽

睡簡・答問・209:人戶、馬牛及者(諸)貨材(財)直(值)過六百六十錢爲"大誤"

睡簡・答問・26:或直(值)廿錢

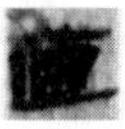
睡簡・答問・26:及盜不直(置)者

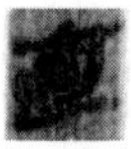
睡簡・答問・27:未置及不直(置)者不爲"具"

睡簡・答問・92:所殺直(值)二百五十錢

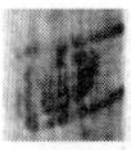
睡簡・答問・93:論獄[何謂]"不直"

睡簡・答問・94:贖辠不直

睡簡・答問・9:臧(贓)直(值)千錢

睡簡・答問・69:直以多子故〖注〗直,僅。

睡簡・答問・36:爲不直〖注〗直,公正。

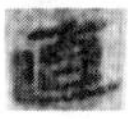
睡簡・答問・33:吏弗直(值)

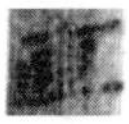
睡簡・答問・33:其獄鞫乃直(值)臧(贓)

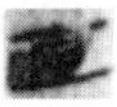
睡簡・答問・35:吏弗直(值)

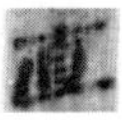
睡簡・答問・35:以得時直(值)臧(贓)

睡簡・答問・35:獄鞫乃直(值)臧(贓)

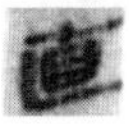
睡簡・答問・35:臧(贓)直(值)百一十

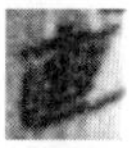
睡簡・答問・35:臧(贓)直(值)過六百六十

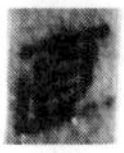
睡簡・答問・49:誣人盜直(值)廿

睡簡・答問・49:直(值)百

睡簡・答問・47:貲盾不直

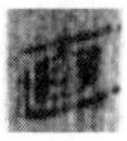
睡簡・答問・12:其臧(贓)直(值)各四百

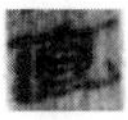
睡簡・答問・17:臧(贓)直(值)百一十

睡簡・封診・83:以此直(值)衣賈(價)

睡簡・封診・77:直穴播壤

睡簡·封診·32:直以劍伐痍丁〖注〗直,故意。

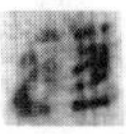
睡簡·封診·58:其襦北(背)直痏者〖注〗直,相當。

睡簡·秦律·80:嗇夫即以其直(值)錢分負其官長及冗吏

睡簡·秦律·92:直(值)卅六錢

睡簡·秦律·91:直(值)六十錢

睡簡·秦律·91:直(值)卌六錢

睡簡·秦律·16:令以其未敗直(值)賞(償)之

睡簡·秦律·177:毋齎者乃直(值)之〖注〗值,估價。

睡簡·秦律·148:直(值)一錢

睡簡·日甲·2背:直參以出女

睡簡·日甲·3背:直營室以出女

睡簡·日甲·4背:直牽牛、須女出女

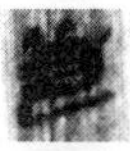
睡簡·日甲·129正:句(苟)毋(無)直赤啻(帝)臨日

睡簡·日甲·130正:直述(術)吉〖注〗直術,走道路中央。

睡簡·日甲·156背:穿壁直中

睡簡·日乙·96:入二月九日直心

睡簡·日乙·97:入三月七日直心

睡簡·日乙·136:直赤啻(帝)臨日

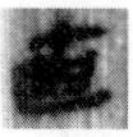
睡簡·爲吏·2:必精絜(潔)正直

睡簡·效律·8:直(值)百一十錢以到二百廿錢

龍簡·224:魚濡直□

龍簡·37:盜死獸直(值)賈(價)以閈(關)□〖注〗值,價值。

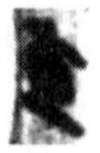
龍簡·172:□雖弗爲輕租直(值)

龍簡·137:直(值)其所失臧(贓)及所受臧(贓)

龍簡·131·摹:□程直(值)希(稀)之□

里簡·J1(8)152正:洞庭上帬直(值)

里簡·J1(8)158正:主令史下絡帬直(值)書已到

關簡·262:勶(徹)周竈=周勶=周竈=周□日直竈(窮)

關簡·262:直勶(徹)

關簡·262:直周

關簡·133:直周中三畫者

關簡·244:此直引也

關簡·133:直一者

關簡·133:直周者

帛書·足臂·6:其直者貫腋

帛書·病方·22:稍(消)石直(置)溫湯中

帛書·病方·45:其肎(肎)直而口釦

帛書·病方·46:以扁(遍)熨直肎(肎)攣筋所

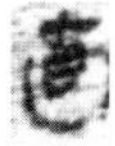
帛書・病方・196:直(置)東鄉(嚮)窗道外

帛書・病方・262:巢塞直(脏)者〖注〗脏,直腸。

帛書・病方・262:入直(脏)中

帛書・病方・265:其直(脏)痛

帛書・病方・265:痔者其直(脏)旁有小空(孔)

帛書・病方・268:令直(脏)直(值)檠空(孔)

帛書・病方・269:令煙熏直(脏)

帛書・病方・438:并直(置)瓦赤鋪(䰞)中

帛書・足臂・1:其直者貫□

帛書・足臂・2:其直者貫目內漬(眥)

封泥集・附一409:直壐〖注〗直,地名。

秦印編246:莊直

秦陶・1394:咸直里文〖注〗直里,里名。

2815　亡

秦駰玉版・甲・摹:典灋(法)蘚(鮮)亡

秦駰玉版・乙・摹:典灋(法)蘚(鮮)亡

會稽刻石・宋刻本:亂賊滅亡

天簡39・乙:不死不亡

天簡23・甲:除日逃亡不得

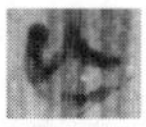
天簡24・乙:盜以亡

天簡25・乙:亡以其盜從北方[入]

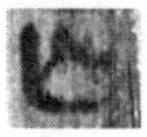
天簡27・乙:盜者中人毆

睡簡・日乙・135:有死亡之志致(至)

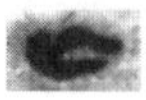
睡簡・日乙・151:亡者

睡簡・日乙・149:亡日

睡簡・日乙・150:凡以此往亡必得

睡簡・答問・205:即告亡

睡簡・答問・60:未行而死若亡

睡簡・答問・48:告人曰邦亡

睡簡・答問・48:未出徼闌亡

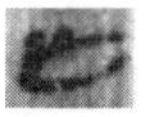
睡簡・答問・5:把錢偕邦亡〖注〗邦亡,逃出秦國國境。

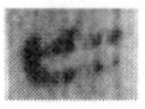
睡簡・答問・181:邦亡來通錢過萬

睡簡・答問・129:餽遺亡鬼薪於外

睡簡・答問・126:後自捕所亡

睡簡・答問・126:亡,以故辠論

睡簡・答問・127:從事有(又)亡

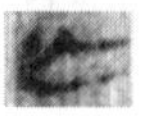
睡簡・答問・127:鬼薪亡

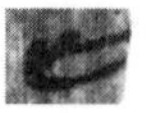
睡簡・答問・127:須亡者得

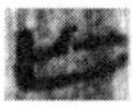 睡簡・答問・127:有(又)去亡

 睡簡・答問・125:將司人而亡

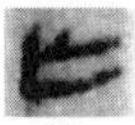 睡簡・答問・168:不智(知)亡

 睡簡・答問・168:甲取(娶)人亡妻以爲妻

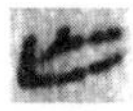 睡簡・答問・166:去亡

 睡簡・答問・167:男子乙亦闌亡

 睡簡・答問・167:女子甲去夫亡

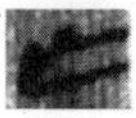 睡簡・答問・164:即亡弗會

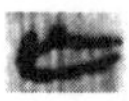 睡簡・答問・164:已閱及敦(屯)車食若行到繇(徭)所乃亡

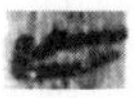 睡簡・答問・179:可(何)謂"亡券而害"

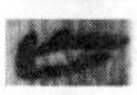 睡簡・答問・179:亡校券右爲害

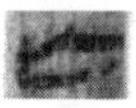 睡簡・答問・138:告盜書丞印以亡

 睡簡・答問・132:去亡,已奔

 睡簡・答問・139:有秩吏捕闌亡者

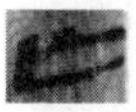 睡簡・答問・137:當刑城旦,亡

 睡簡・答問・133:亡而得

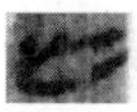 睡簡・答問・135:捕亡完城旦

 睡簡・答問・131:把其叚(假)以亡

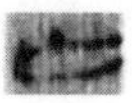 睡簡・答問・131:以亡論

 睡簡・答問・131:自出,以亡論

 睡簡・答問・146:後自得所亡

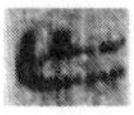 睡簡・答問・146:亡久書、符券、公璽、衡羸(纍)

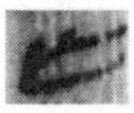 睡簡・答問・153:有(又)亡

 睡簡・答問・116:亡之

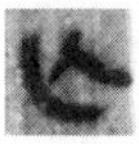 睡簡・封診・83:不智(知)其里□可(何)物及亡狀

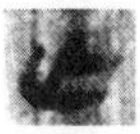 睡簡・封診・96:以迺二月不識日去亡

 睡簡・封診・74:毋(無)它亡殹

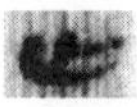 睡簡・封診・17:去亡以命

 睡簡・秦律・84:牧將公畜生而殺、亡之

 睡簡・秦律・95:亡、不仁其主及官者

 睡簡・秦律・78:其所亡衆

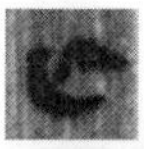 睡簡・秦律・77:及隸臣妾有亡公器、畜生者

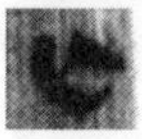 睡簡・秦律・77:其人死亡〖注〗"死亡"爲一詞;一説,亡,逃亡。

 睡簡・秦律・18:其乘服公馬牛亡馬者而死縣

 睡簡・秦律・184:書有亡者

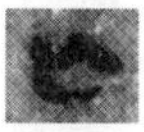 睡簡・秦律・196:有不從令而亡、有敗、失火

 睡簡・秦律・106:其叚(假)者死亡、有辠毋(無)責也

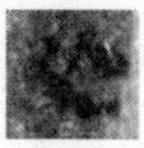 睡簡・秦律・135:其或亡之

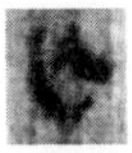睡簡・秦律・157:其有死亡及故有夬(缺)者

睡簡・秦律・101:叚(假)而有死亡者

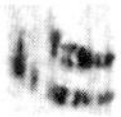睡簡・雜抄・22:未取省而亡之

睡簡・雜抄・36:告曰戰圍以折亡

睡簡・雜抄・4:亡符

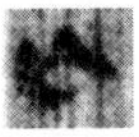睡簡・日甲・86 正:亡者,得

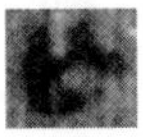睡簡・日甲・83 正:生子亡者

睡簡・日甲・81 背:乙名曰舍徐可不詠亡悳(憂)

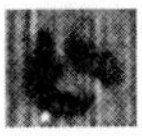睡簡・日甲・66 正:西旦亡

睡簡・日甲・64 正:東旦亡

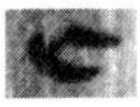睡簡・日甲・65 背:人恆亡赤子

睡簡・日甲・65 背:是水亡傷(殤)取之〖編者按〗“水亡傷”或讀爲“水罔象”。

睡簡・日甲・65 正:南旦亡

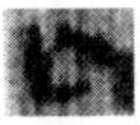睡簡・日甲・78 正:亡者,不得

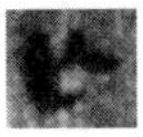睡簡・日甲・38 正:亡者

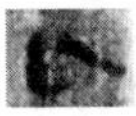睡簡・日甲・3 背:棄若亡

睡簡・日甲・36 正:亡人,自歸

睡簡・日甲・40 正:亡者

睡簡・日甲・44 正:亡者

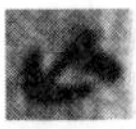睡簡・日甲・59 背:勿(忽)見而亡

睡簡・日甲・59 背:則亡恙矣

睡簡・日甲・129 正:必有死亡之志至

睡簡・日甲・19 正:以亡,必摯(執)而入公而止

睡簡・日甲・133 正:行,亡

睡簡・日甲・152 正:在外者奔亡

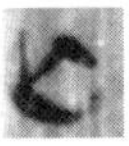睡簡・日甲・110 背:是謂出亡歸死之日也

睡簡・日乙・83:生子亡者

睡簡・日乙・221:南室有亡子

睡簡・日乙・250:亡貨

睡簡・日乙・258:己亡,盜三人

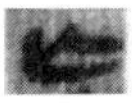睡簡・日乙・259:庚亡,盜丈夫

睡簡・日乙・256:丁亡,盜女子也

睡簡・日乙・257:戊亡,盜在南方

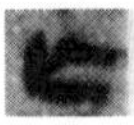睡簡・日乙・253:甲亡,盜在西方

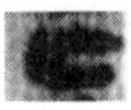睡簡・日乙・254:乙亡

睡簡・日乙・255:丙亡

睡簡・日乙・251:臣妾亡

睡簡・日乙・62:亡者

睡簡・日乙・59:亡者

睡簡・日乙・106:亡者

睡簡・日乙・182:煩□色亡

睡簡・日乙・163:必有大亡

睡簡・日乙・179:以入,小亡

龍簡・18:城旦舂其追盜賊、亡人

龍簡・17・摹:亡人挾弓、弩、矢居禁中者〖注〗亡,逃亡。

龍簡・112:亡馬、牛、駒、犢、[羔]〖注〗亡,走失,或說指死亡。

龍簡・101:馬、牛殺之及亡之

里簡・J1(9)981 正:亡

里簡・J1(9)981 正:問不亡定

里簡・J1(9)981 正:船亡審

里簡・J1(9)981 正:謾曰亡

關簡・139:亡人不得

關簡・143:亡人得

關簡・209:占逐盜、追亡人

關簡・207:占逐、追亡人

關簡・203:占逐盜、追亡人

關簡・205:占逐盜、追亡人

關簡・201:占逐盜、追亡人

關簡・220:占逐盜、追亡人

關簡・222:逐盜、追亡人

關簡・229:占逐盜、追亡人

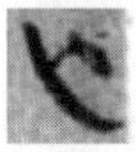
關簡・226:占亡,不得

關簡・227:占逐盜、追亡人

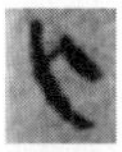
關簡・223:占逐盜、追亡人

關簡・239:占逐盜、追亡人

關簡・233:占逐盜、追亡人

關簡・235:占逐盜、追亡人

關簡・231:占逐盜、追亡人

關簡・241:占逐盜、追亡人

關簡・218:占逐盜、追亡人

關簡・213:占逐盜、追亡人

關簡・215:占逐盜、追亡人

關簡・211:占逐盜、追亡人

關簡・361:甲子亡馬牛

關簡・189:占逐盜、追亡人

關簡・187:逐盜、追亡人

關簡・199:占逐盜、追亡人

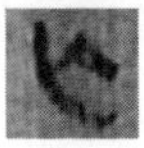
關簡・197:占逐盜、追亡人

關簡・193:占逐盜、追亡人

關簡・195:逐盜、追亡人

關簡・191:占逐盜、追亡人

帛書・病方・381:不亡

帛書・病方・381:壐(爾)亡

2816  乍

不其簋蓋(秦銅・3):用乍(作)朕皇且(祖)公白(伯)、孟姬隮段

滕縣不其簋器(秦銅・4):用乍(作)朕皇且(祖)公白(伯)、孟姬隮段

上博秦公鼎三(集證・1):秦公乍(作)寶用鼎

上博秦公鼎四(集證・2):秦公乍(作)寶用鼎

上博秦公簋一(集證・3):秦公乍(作)寶段

上博秦公簋二(集證・4.1):秦公乍(作)寶段

秦公壺(集證・9):秦公乍(作)鑄隮壺

秦公壺(集證・9):秦公乍(作)鑄隮壺

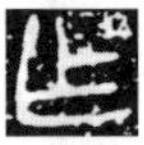
上博秦公鼎一(集證・5):秦公乍(作)鑄用鼎

上博秦公鼎二(集證・6):秦公乍(作)鑄用鼎

禮縣秦公鼎一(集證・8.1):秦公乍(作)鑄用鼎

禮縣秦公鼎二(集證・8.2):秦公乍(作)鑄用鼎

禮縣秦公簋(集證・8.3):秦公乍(作)鑄用段

秦編鐘・乙鐘(秦銅・10.2):乍(作)氒(厥)龢鐘

秦編鐘・乙鐘鉦部・摹(秦銅・11.5):乍(作)氒(厥)龢鐘

秦編鐘・丁鐘(秦銅・10.4):乍(作)氒(厥)龢鐘

秦鎛鐘・1號鎛(秦銅・12.2):乍(作)氒(厥)龢鐘

秦鎛鐘・3號鎛(秦銅・12.8):乍(作)氒(厥)龢鐘

秦公鎛鐘・摹(秦銅・16.3):乍(作)盄(淑)龢□(鍾?)

秦公簋・器(秦銅・14.2):乍(作)𡖞宗彝

秦政伯喪戈一(珍金・42):乍(作)遣(造)元戈喬黃

秦政伯喪戈一・摹(珍金・42):乍(作)遣(造)元戈喬黃

秦政伯喪戈二・摹(珍金・43):乍(作)遣(造)元戈喬黃

傳世秦子戈(集證・11):秦子乍(作)遣(造)公族元用

香港秦子戈二・摹(新戈・2):秦子乍(作)遣(造)公族元用

故宮藏秦子戈(集證・10):秦子乍(作)遣(造)中辟元用

故宮藏秦子戈・摹(集證・10):秦子乍(作)遣(造)中辟元用

珍秦齋秦子戈(珍金・38):秦子乍(作)遣(造)左辟元用

珍秦齋秦子戈・摹(珍金・38):秦子乍(作)遣(造)左辟元用

卜淦□高戈・摹(秦銅・188):卜淦□高乍(作)鑄永寶用逸宜

吉爲作元用劍・摹(秦銅・189):吉爲乍(作)元用〖注〗爲作,"作爲"之倒文。

吉爲作元用劍・摹(秦銅・189):吉爲乍(作)元用

秦懷后磬・摹:自乍(作)違(造)殸(磬)

大墓殘磬(集證・70):乍(作)疐配天

石鼓文・乍邍(先鋒本):乍(作)邍(原)乍(作)□

石鼓文・乍邍(先鋒本):乍(作)邍(原)乍(作)□

睡簡・日甲・42 正:是胃(謂)乍陰乍陽

2817  𣞤(无)

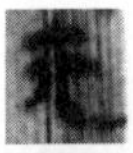睡簡・爲吏・42:无官不治

睡簡・爲吏・43:无志不徹

帛書・灸經甲・40:甚則无膏〖注〗无膏,指全身皮膚失去潤澤。

帛書・足臂・23:陽病折骨絶筋而无陰病

2818  勻

不其簋蓋(秦銅・3):用勻多福〖注〗《説文》:"勻,气也。"气,今字作"乞",乞求。

滕縣不其簋器(秦銅・4):用勻多福

里簡・J1(8)157 正:除士五(伍)成里勻、成〖注〗勻,人名。

里簡・J1(8)157 正:勻爲鄉人

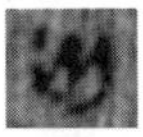里簡・J1(8)157 背:已除成、勻爲啟陵鄉人

集證・161.453:王勻〖注〗王勻,人名。

秦印編 246:勻

秦陶・1110:勻

秦陶・1107:勻

秦陶・1108:勻

秦陶・1109:勻

秦陶・1174:勻

秦陶・1111:勻

秦陶・1166:勻

2819  區

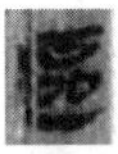關簡・55:癸巳宿區邑〖注〗區邑,地名。

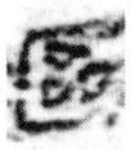帛書・病方・179:合而一區

秦印編 247:區盧客

2820  匿

睡簡・答問・205:甲把其衣錢匿臧(藏)乙室

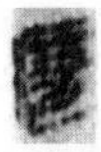睡簡・答問・165:可(何)謂"匿戶"及"敖童弗傅"

睡簡・答問・165:匿戶弗繇(徭)、使

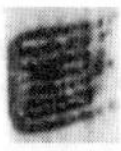
睡簡·答問·14:妻所匿三百

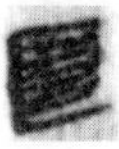
睡簡·答問·14:妻智(知)夫盜而匿之

睡簡·答問·157:不論□爲匿田

睡簡·答問·157:部佐匿者(諸)民田

睡簡·答問·157:部佐爲匿田

睡簡·答問·157:爲匿田

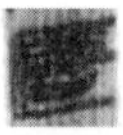
睡簡·答問·15:妻所匿百一十

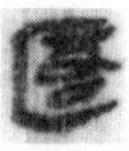
睡簡·秦律·174:有贏、不備而匿弗謁

睡簡·雜抄·32:匿敖童

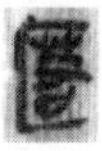
睡簡·效律·34:而匿弗謁

睡簡·語書·6:而養匿邪避(僻)之民〖注〗養匿,縱容包庇。

龍簡·147:坐其所匿税臧(贓)

龍簡·144·摹:租者監者詣受匿(?)租所□然□

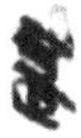
龍簡·72:□匿盜□

龍簡·73:其罪匿之□〖注〗匿,包庇,藏匿。

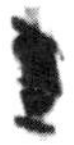
龍簡·165:□者租匿田□

龍簡·142·摹:皆以匿租者〖注〗匿租,隱匿應繳的租賦不繳。

龍簡·147·摹:與灋(法)沒入其匿田之稼

關簡·333:匿屋中

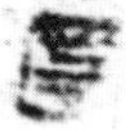
帛書·病方·443:毋匿□北□巫婦求若固得

2821 匧 匧(陋)

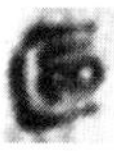
睡簡·日甲·14背:囷居宇西北匧〖注〗《説文》:"匧,側逃也。一曰箕屬。"徐鉉等曰:"丙非聲,義當从内會意,疑傳寫之誤。"徐灝注箋:匧、陋古今字。

睡簡·日甲·15背:囷居宇東南匧

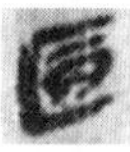
睡簡·日甲·16背:囷居宇西南匧

睡簡·日甲·17背:囷居宇東北匧

睡簡·日甲·19背:井居西南匧

睡簡·日甲·20背:井居西北匧

睡簡·日甲·20背:圂居西北匧

2822 匽 匽

秦編鐘·乙鐘(秦銅·10.2):以匽(燕)皇公

秦編鐘·乙鐘鉦部·摹(秦銅·11.5):以匽(燕)皇公

秦編鐘·戊鐘(秦銅·10.5):以匽(燕)皇公

秦鎛鐘·1號鎛(秦銅·12.3):以匽(燕)皇公

秦鎛鐘·2號鎛(秦銅·12.6):以匽(燕)皇公

秦鎛鐘·3號鎛(秦銅·12.9):以匽(燕)皇公

十四年□平〈守〉匽氏戟(珍金·60):十四年□平〈守〉匽氏造戟

〖注〗匽,古姓氏。李學勤説□平爲地名;匽氏爲職官名。董珊説匽氏爲人名;□平爲職官名。

十四年□平匽氏戟・摹(珍金・60):十四年□平〈守〉匽氏造戟

大墓殘磬(集證・59):天子匽(燕)喜〖注〗匽,或作"宴、燕",樂。

大墓殘磬(集證・61):天子匽(燕)喜

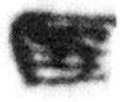
青川牘・摹:王命丞相戊(茂)、内史匽氏

睡簡・日甲・81 背:戊名曰匽爲勝殏

秦印編 247:韓匽

秦印編 247:鮭匽

集證・183.727:鮭匽〖注〗鮭匽,人名。

瓦書・郭子直摹:北到于桑匽(堰)之封〖注〗匽,讀爲"堰"。桑堰,地名。

2823　匹

睡簡・雜抄・28:卒歲六匹以下到一匹

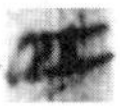
睡簡・答問・158:有馬一匹自牧之

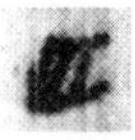
睡簡・封診式・21:及馬一匹

睡簡・雜抄・28:卒歲六匹以下到一匹

2824　匠

睡簡・秦律・123:度攻(功)必令司空與匠度之〖注〗匠,匠人,技工。

睡簡・秦律・124:毋獨令匠

秦印編 247:大匠〖注〗大匠,官名。

秦印編 247:大匠

新封泥 E・9:大匠

秦陶・783:大匠

集證・221.261:大匠

秦陶・785:大匠

集證・221.263:大匠

秦陶・789:大匠

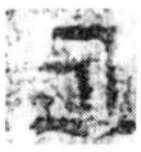
秦陶 A・1.1:大匠

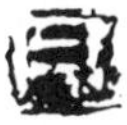
秦印編 247:匠

秦印編 247:匠

秦陶・784:匠

秦陶・797:匠

秦陶・803:匠

秦印編 247:將匠安

新封泥 A・1.11:泰匠

封泥集 175・14:泰匠丞印

封泥集 175・12:泰匠丞印

封泥集 175·1：泰匠丞印〖注〗泰匠，即太匠。

封泥集 175·2：泰匠丞印

封泥集 175·3：泰匠丞印

封泥集 175·4：泰匠丞印

封泥印 51：泰匠丞印

秦印編 247：泰匠丞印

秦印編 247：泰匠丞印

集證·143. 158：泰匠丞印

封泥集 175·5：泰匠丞印

封泥集 175·6：泰匠丞印

封泥集 175·7：泰匠丞印

封泥集 175·9：泰匠丞印

新封泥 A·1. 10：大匠丞印〖注〗大匠，太匠，官名。

新封泥 C·16. 20：大匠丞印

新封泥 E·10：大匠丞印

秦陶·1127：□匠

2825　匧（篋）

睡簡·答問·204：可（何）謂“匧面”〖注〗匧，即篋字。

睡簡·答問·204：命客吏曰“匧”

2826　匵

睡簡·日甲·62 背：凡鬼恆執匵以入人室〖注〗匵，竹製的淘米用具。

2827　匽

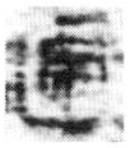
帛書·病方·183：匽（寢）東鄉（嚮）弱（溺）之

2828　曲

梆室門楣刻字：五十一年曲陽士五（伍）邦〖注〗曲陽，地名。

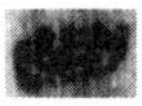
睡簡·日甲·125 正：曲門

睡簡·日甲·121 正：曲門

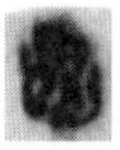
關簡·339：敢告曲池〖注〗曲，折，彎。

集證·154. 342：曲陽左尉

集證·160. 442：宣曲喪吏

封泥集·附一 408：曲池

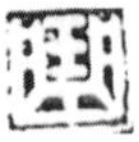
封泥集·附一 410：宣曲喪吏〖注〗宣曲，地名。

2829　甾 由

先秦幣·107. 1：兩甾〖注〗甾，即錙字。《説文》：“錙，六銖也。”

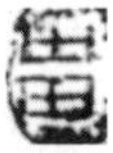
先秦幣·107. 3：兩甾

先秦幣·107. 4：兩甾

 先秦幣・107.5：兩甾

 先秦幣・107.6：兩甾

 先秦幣・107.7：兩甾

 先秦幣・107.8：兩甾

 鑄錢・1.1：兩甾

2830  畚(畚)

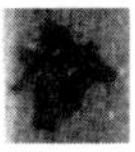 睡簡・秦律・64：千錢一畚〖注〗畚，一種用蒲草之類編製的容器。

2831  瓦

 睡簡・秦律・148：城旦舂毀折瓦器、鐵器、木器

 睡簡・日甲・74 背：臧(藏)於瓦器下

 睡簡・日甲・71 背：臧(藏)於瓦器閒

 睡簡・日甲・57 背：乃疾瘫(糯)瓦以還□已矣

 里簡・J1(8)134 正：以求故荊積瓦

 關簡・327：見垣有瓦

 關簡・327：前見地瓦

 關簡・330：即以所操瓦而蓋□

 關簡・328：乃以所操瓦蓋之

 關簡・328：置垣瓦下

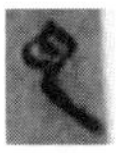 關簡・329：先貍(埋)一瓦垣止(址)下

 關簡・327：卽取垣瓦貍(埋)東陳垣止(址)下

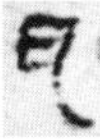 帛書・病方・5：煏瓦鬵炭□〖注〗瓦鬵，一種陶製烹器。

 帛書・病方・351：以瓦器盛

 帛書・病方・438：并直(置)瓦赤鏽(鬴)中

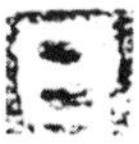 秦印編 247：瓦

 秦印編 247：左司高瓦

 秦印編 247：左司高瓦

 秦印編 247：瓦

 集證・213.201：左司歇瓦

 瓦書・郭子直摹：乃爲瓦書

 瓦書(秦陶・1610)：乃爲瓦書

 秦陶・532：左司陘瓦

 秦陶・537：左司陘瓦

 秦陶・538：左司陘瓦

 秦陶・539：左司高瓦

 秦陶・540：左司高瓦

 秦陶・541：左司高瓦

 秦陶・542：左司陘瓦

秦陶·543:左司高瓦

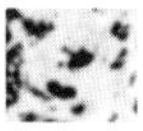

秦陶·556:左司歇瓦

秦陶·557:左司歇瓦

秦陶·558:左司歇瓦

秦陶·559:左司歇瓦

秦陶·561:左司歇瓦

秦陶·564:左司高瓦

秦陶·566:左司歇瓦

秦陶·787:大瓦

秦陶·801:瓦

秦陶·1035:瓦

秦陶·1272:枸邑利瓦

集證·203.71:左司陘瓦

集證·208.131:左司高瓦

集證·208.132:左司高瓦

集證·208.133:左司高瓦

集證·208.134:左司高瓦

集證·208.135:左司高瓦

集證·208.136:左司高瓦

集證·208.137:左司高瓦

集證·208.138:左司高瓦

集證·208.139:左司高瓦

集證·208.140:左司高瓦

集證·208.141:左司高瓦

集證·208.142:左司高瓦

集證·209.143:左司高瓦

集證·209.144:左司高瓦

集證·209.145:左司高瓦

集證·209.146:左司高瓦

集證·209.147:左司高瓦

集證·209.148:左司高瓦

集證·209.149:左司高瓦

集證·209.152:左司高瓦

集證·209.153:左司高瓦

集證·210.155:左司悁瓦

集證·210.156:左司悁瓦

集證·210.157:左司悁瓦

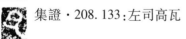

集證·210.158:左司悁瓦

集證・210.160:左司悁瓦

集證・210.162:左司悁瓦

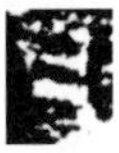集證・210.163:左司悁瓦

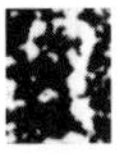集證・210.165:左司悁瓦

集證・210.166:左司悁瓦

集證・211.167:左司悁瓦

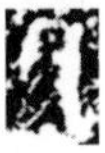集證・211.168:左司悁瓦

集證・211.170:左司悁瓦

集證・211.171:左司悁瓦

集證・211.173:左司悁瓦

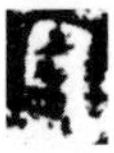集證・211.174:左司悁瓦

集證・211.175:左司悁瓦

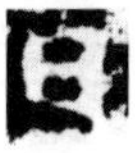集證・212.178:左司歍瓦

集證・212.179:左司歍瓦

集證・212.182:左司歍瓦

集證・212.183:左司歍瓦

集證・212.184:左司歍瓦

集證・212.185:左司歍瓦

集證・212.186:左司歍瓦

集證・212.188:左司歍瓦

集證・212.189:左司歍瓦

集證・213.190:左司歍瓦

集證・213.191:左司歍瓦

集證・213.192:左司歍瓦

集證・213.193:左司歍瓦

集證・213.194:左司歍瓦

集證・213.195:左司歍瓦

集證・213.196:左司歍瓦

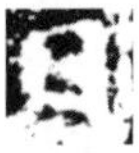集證・213.197:左司歍瓦

集證・213.198:左司歍瓦

集證・213.199:左司歍瓦

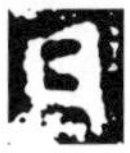集證・213.200:左司歍瓦

2832 瓬

集證・191.2:咸原少瓬〖注〗少瓬，人名。

集證・191.3・摹:咸原少瓬

2833 甑 鬵

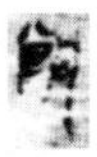帛書・病方・286:即急抒置甑□置其□

2834  甗

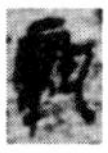
帛書・病方・94:以食□逆甗下

帛書・病方・95:兔□肉陀(他)甗中

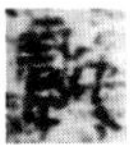
帛書・病方・214:以甗衣爲弦

2835  甌

帛書・病方・18:□者二甌〖注〗甌,小盆。

2836 甈

王五年上郡疾戈・摹(秦銅・27):高奴工甈〖注〗甈,人名。〖編者按〗此字或釋"甈",即甈字異文。

王五年上郡疾戈(秦銅器・27):高奴工甈

2837  弓

不其簋蓋(秦銅・3):易(賜)女(汝)弓一矢束

石鼓文・車工(先鋒本):騂=角弓

石鼓文・而師(先鋒本):弓矢孔庶

石鼓文・鑾車(先鋒本):□弓孔碩

石鼓文・田車(先鋒本):秀弓寺(持)射〖注〗秀,潘迪說同"綉",綉弓,戎弓。馬敘倫說爲"搯"省,引弓。

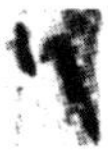
龍簡・17:亡人挾弓、弩、矢居禁中者

帛書・病方・214:以稈爲弓

帛書・病方・380:以桼(漆)弓矢

秦印編248:弓騷

封泥集・附一408:弓舍〖注〗弓舍,官名。

2838  弧

帛書・病方・225:以爲弧

2839  張

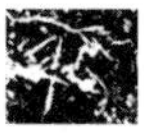
王四年相邦張儀戈(集證・17):王四年相邦張義(儀)〖注〗張儀,人名。

詛楚文・湫淵(中吳本):張矜意(布)怒(弩)

詛楚文・巫咸(中吳本):張矜意(布)怒(弩)

詛楚文・亞駝(中吳本):張矜意(布)怒(弩)

睡簡・編年・52:王稽、張祿死〖注〗張祿,人名,即范雎。

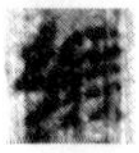
睡簡・日甲・47正:張、翼少吉〖注〗張,二十八宿之一。

睡簡・日甲・58正:張、翼少吉

睡簡・日甲・56正:張、翼大吉

睡簡・日甲・51正:玄戈毄(繫)張

睡簡・日甲・102背:天所以張生時〖注〗張,使强大興盛。

睡簡・日甲・103背:天所以張生時

 睡簡・日甲・104背:天所以張生時

 睡簡・日甲・105背:天所以張生時

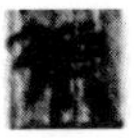 睡簡・日甲・1正(七月張)

 睡簡・日乙・93:張,百事吉

 關簡・159:張

 關簡・237:[斗乘]張

 關簡・132:七月張

 帛書・灸經甲・56:心痛與復(腹)張(脹)

 帛書・足臂・17:腹張(脹)

 帛書・病方・殘7:腹張(脹)

 帛書・灸經甲・55:使復(腹)張(脹)

 帛書・足臂・22:有(又)腹張(脹)

 集證・175.624:張視〖注〗張視,人名。

 封泥印149:張□

 秦印編248:張午

 秦印編249:張疢

 秦印編250:張生

 秦印編248:張大夫

 秦印編249:張忠

 秦印編250:張莫

 秦印編248:張建

 秦印編249:張佗

 秦印編250:張去疢

 秦印編248:張講

 秦印編250:張隗

 秦印編248:張圂

 秦印編249:張頛

 秦印編250:張渙

 秦印編249:張□

 秦印編250:張慶

 秦印編248:張得

 秦印編249:張援

 秦印編250:張襄

 秦印編249:張利

 秦印編250:張畀

 秦印編248:張獻

 秦印編249:張絀

 秦印編250:安張

秦印編 248:張競

秦印編 249:張敦

秦印編 248:張封

秦印編 249:張□

秦印編 248:張眥

秦印編 249:張臣

秦印編 248:張章

秦印編 249:張佗

秦印編 249:張相

秦印編 248:張土

秦印編 249:張舍

秦印編 248:張彗

秦印編 249:張黑

秦印編 248:張夫

秦印編 249:張嬰

秦印編 249:張魏

秦印編 248:張洋

秦印編 249:張坡

秦印編 248:張弟

秦印編 249:張嬰

秦印編 248:張嬰

秦印編 249:張成

秦印編 248:張御

秦印編 249:張視

秦印編 248:張中

秦印編 249:張雛

秦印編 248:張旗

秦印編 249:張黚

秦印編 248:張痤

秦印編 249:張茅

秦印編 248:張難

秦印編 249:張氏

秦印編 248:張□

秦印編 249:張欬

秦印編 248:張和

秦印編 249:張白

秦印編 248:張圂

秦印編 249:張生

秦印編 248:張□

秦印編 249:張渙

秦印編 249:張夫

秦印編 249:張沭

秦印編 249:張爲

秦印編 249:張荼

秦印編 249:張章

秦印編 249:張政

集證・174.608:張斿

集證・174.609:張喜

集證・174.611:張隗

集證・174.612:張破戎

集證・174.613:張章

集證・174.614:張悍

集證・174.615:張犯

集證・174.616:張義

集證・174.617:張睦

集證・174.619:張聲

集證・174.620:張利

集證・174.621:張狀

集證・174.622:張驌

南郊 715・212:張米

漆器 M13・18(雲夢・附二):張

漆器 M13・23(雲夢・附二):張

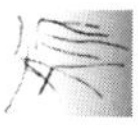
漆器 M13・30(雲夢・附二):張

漆器 M13・16(雲夢・附二):張

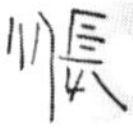
漆器 M11・6(雲夢・附二):張

漆器 M13・12(雲夢・附二):張

漆器 M13・15(雲夢・附二):張

2840  彊

不其簋蓋(秦銅・3):釁(眉)壽無彊(疆)

滕縣不其簋器(秦銅・4):釁(眉)壽無彊(疆)

秦編鐘・乙鐘(秦銅・10.2):釁(眉)壽無彊(疆)

秦編鐘・乙鐘左篆部・摹(秦銅・11.7):釁(眉)壽無彊(疆)

秦鎛鐘・1號鎛(秦銅・12.3):釁(眉)壽無彊(疆)

秦鎛鐘・2號鎛(秦銅・12.6):釁(眉)壽無彊(疆)

秦鎛鐘・3號鎛(秦銅・12.9):釁(眉)壽無彊(疆)

會稽刻石・宋刻本:被澤無彊(疆)

秦印編 250:郭彊

秦印編 250:咸鄘里彊

秦陶・1349:咸鄘里彊〖注〗彊,人名。

秦陶・231:宫彊

秦陶・227:宫彊

秦陶・228:宫彊

秦陶・229:宫彊

龍簡・154:黔首皆從千(阡)佰(陌)彊(疆)畔之其□〖注〗疆畔,田界。

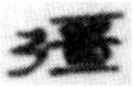青川牘・摹:正彊(疆)畔

2841 引 引

秦公鎛鐘・摹(秦銅・16.4):高引又(有)慶〖注〗引,長。

秦公簋・蓋(秦銅・14.2):高引又(有)慶

關簡・244:此直引也

帛書・病方・61:取丘(蚯)引(蚓)矢二升

2842 弘 弘

秦印編 250:弘

2843 弩 弩

睡簡・雜抄・2:發弩嗇夫射不中

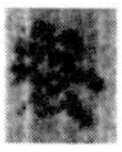睡簡・雜抄・2:除士吏、發弩嗇夫不如律〖注〗發弩,專司射弩的兵種。

龍簡・62:□馬弩道□

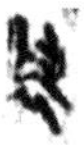龍簡・17:亡人挾弓、弩、矢居禁中者

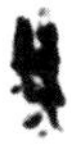龍簡・92:□弩矢□

龍簡・60・摹:馳道與弩道同門、橋及限(?)□

龍簡・60:及弩道絕馳道〖注〗弩道,疑爲射放弩箭之工事。

集證・143.166:發弩

封泥印 27:弩工室印

秦印編 251:發弩

秦印編 251:弩工室印

秦印編 251:淮陽弩丞

秦印編 251:衡山發弩

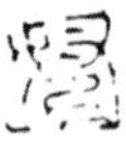秦印編 251:琅邪發弩

秦印編 251:弩工室印

封泥集 234・1:發弩

封泥集 234・1:弩工室印

封泥集 234・2:發弩

封泥集 234・3:發弩

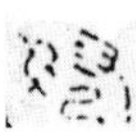封泥集 235・1:發弩

 封泥集 254・1:衡山發弩

 集證・143. 167:琅邪發弩

 封泥集 269・1:淮陽弩丞

 封泥印 140:淮陽弩丞

2844  發

 天簡 35・乙:發

 睡簡・爲吏・13:毋發可異史(使)煩請

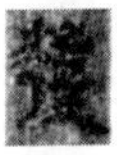 睡簡・效律・37:入禾及發屚(漏)倉

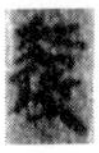 睡簡・效律・49:上節(卽)發委輸

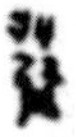 睡簡・6 號牘・背:若大發(廢)毀

 睡簡・答問・58:咸陽及它縣發弗智(知)者當皆貲

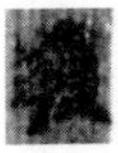 睡簡・答問・53:燔書,勿發〖注〗發,把書信拆開觀看。

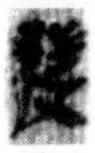 睡簡・秦律・22:效者發

 睡簡・秦律・22:餘之索而更爲發戶

 睡簡・秦律・27:長吏相雜以入禾倉及發

 睡簡・秦律・65:乃發用之

 睡簡・秦律・176:入禾、發屚(漏)倉

 睡簡・秦律・115:御中發徵

 睡簡・雜抄・2:除士吏、發弩嗇夫不如律〖注〗發弩,專司射弩的兵種。

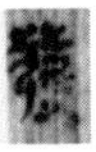 睡簡・雜抄・2:發弩嗇夫射不中

 睡簡・雜抄・2:及發弩射不中

 睡簡・日甲・142 背:是胃(謂)發蟄

 睡簡・日乙・45:它人必發之

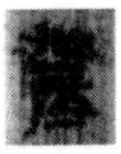 睡簡・爲吏・27:發正亂昭〖注〗發,舉。或說發讀爲"撥"。

 睡簡・爲吏・34:壐而不發

 睡簡・爲吏・13:將發令

 里簡・J1(9)11 正:署金布發

 里簡・J1(9)981 背:扁發

 里簡・J1(9)11 正:報署主責發

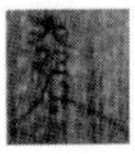 里簡・J1(8)155:廷主戶發

 里簡・J1(9)1 正:[報]署金布發

 里簡・J1(9)1 正:報署主責發

 里簡・J1(9)2 正:報署主責發

 里簡・J1(9)2 正:署金布發

 里簡・J1(9)4 正:[報]署金布發

 里簡・J1(9)4 正:報署主責發

 里簡・J1(9)5 正:[報]署金布發

 里簡・J1(9)5 正:報署主責發

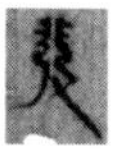 里簡・J1(9)6 正:[報]署金布發

 里簡・J1(9)6 正:報署主責發

 里簡・J1(9)7 正:[報]署金布發

 里簡・J1(9)7 正:報署主責發

 里簡・J1(9)8 正:報署主責發

 里簡・J1(9)8 正:署金布發

 里簡・J1(9)9 正:報署主責發

 里簡・J1(9)9 正:署金布發

 里簡・J1(9)10 正:[報]署金布發

 里簡・J1(9)10 正:報署主責發

 關簡・196:[占]行者,已發

 關簡・200:占行者,不發

 關簡・208:占[行]者,已發

 關簡・202:占行者,已發

 關簡・206:占行者,不發

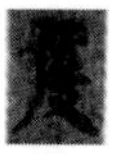 關簡・204:發而難

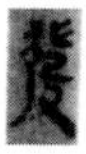 關簡・220:占行者,未發

 關簡・228:[占行者],未發

 關簡・222:占行者,發

 關簡・224:占行者,發

 關簡・225:占行者,發

 關簡・230:占行,不發

 關簡・238:占行者,發

 關簡・232:占行者,不發

 關簡・234:占行者,未發

 關簡・240:占行者,已發

 關簡・242:占行者,已發

 關簡・210:占[行者],已發

 關簡・218:占行者,發

 關簡・212:占來者,未發

 關簡・212:占行者,不發

 關簡・216:占行者,□發

 關簡・213:占行者,未發

 關簡・321:卽發,以□四分升一歙(飲)之

 關簡・334:令毋見=復發

 關簡・187:占行者,未發

 關簡・190:占行者,不發

 關簡・198:占行者,已發

關簡・192:[占行]者,不發

帛書・病方・112:發

帛書・病方・128:令藥已成而發之

帛書・病方・134:其所發毋恆處

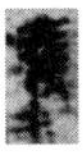帛書・病方・223:治積(癩)初發

帛書・病方・286:諸疽物初發者

帛書・病方・289:血雎(疽)始發

帛書・病方・292:氣雎(疽)始發

帛書・病方・295:□雎(疽)發

帛書・病方・365:癰自發者

帛書・病方・373:發享(歊)

封泥集・附一404:詔發〖注〗詔發,官名。

集證・143.166:發弩

封泥集234・2:發弩

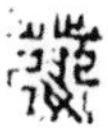秦印編250:發弩

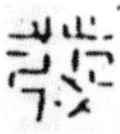封泥集234・3:發弩

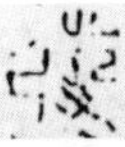封泥集235・1:發弩

封泥集234・1:發弩

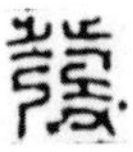封泥集254・1:衡山發弩

集證・143.167:琅邪發弩

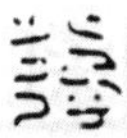封泥印・附二199:琅邪發弩

秦印編250:王發

秦印編250:楊發

2845　弨

秦印編298:橋弨

2846　　弦

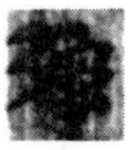睡簡・日甲・27正:弦望及五辰不可以興樂□

帛書・病方・214:以甗衣爲弦

2847　　盭

秦編鐘・甲鐘(秦銅・10.1):盭龢胤士〖注〗盭,讀若"戾",定。盭龢,戾和,即安和。

秦編鐘・甲鐘左鼓・摹(秦銅・11.3):盭龢胤士

秦編鐘・丁鐘(秦銅・10.4):盭龢胤士

秦鎛鐘・1號鎛(秦銅・12.2):盭龢胤士

秦鎛鐘・2號鎛(秦銅・12.5):盭龢胤士

秦鎛鐘・3號鎛(秦銅・12.8):盭龢胤士

2848  孫

 不其簋蓋（秦銅・3）：子=孫=其永寶用享

 滕縣不其簋器（秦銅・4）：子=孫=其永寶用享

 秦子簋蓋（珍金・34）：子子孫孫

 秦子簋蓋・摹（珍金・31）：子子孫孫

 詛楚文・湫淵（中吳本）：枼（世）萬子孫

 詛楚文・巫咸（中吳本）：枼（世）萬子孫

 詛楚文・亞駝（中吳本）：枼（世）萬子孫

 秦駰玉版・甲・摹：又（有）秦曾孫小子駰曰〖注〗曾孫，孫之子；或泛指。

 秦駰玉版・甲・摹：枼（葉）萬子孫

 秦駰玉版・乙・摹：枼（葉）萬子孫

 秦駰玉版・乙・摹：又（有）秦曾孫小子駰曰

 睡簡・爲吏・21：故某慮贅壻某叟之乃（仍）孫〖注〗仍孫，耳孫。

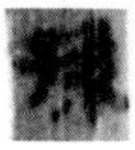 睡簡・答問・185：內公孫毋（無）爵者當贖刑〖注〗內公孫，宗室後裔。

 睡簡・日甲・100 正：孫子死

 集證・163.488：公孫齮〖注〗公孫，複姓。

 集證・176.647：孫穿〖注〗孫穿，人名。

 瓦書・郭子直摹：子=孫=

 瓦書（秦陶・1610）：子=孫=

 秦印編 251：公孫穀印

 秦印編 251：公孫

 秦印編 251：孫嘉

 秦印編 251：公孫徒得

 秦印編 251：孫樂

 秦印編 251：公孫慝

 秦印編 251：孫弟

 秦印編 251：孫詘

 秦印編 251：公孫聞尼

 秦印編 251：公孫市

 秦印編 251：公孫得始

 秦印編 251：孫從

 秦印編 251：公孫鶩

 封泥集 376・1：孫平

2849  繇

 里耶秦簡・J1（16）6 正：乃興繇（徭）

 睡簡・秦律・124：而以其實爲繇（徭）徒計

 睡簡・秦律・117：勿計爲繇（徭）

睡簡・秦律・118：而勿計爲繇(徭)

睡簡・秦律・120：至秋毋(無)雨時而以繇(徭)爲之

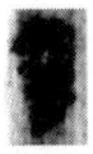
睡簡・秦律・121：不得爲繇(徭)

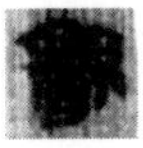
睡簡・爲吏・4：均繇(徭)賞罰

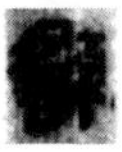
睡簡・答問・164：當繇(徭)

睡簡・答問・164：皆爲"乏繇(徭)"

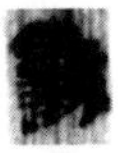
睡簡・答問・164：已閱及敦(屯)車食若行到繇(徭)所乃亡

睡簡・答問・165：匿戶弗繇(徭)、使

睡簡・答問・199：有大繇(徭)而曹鬭相趣